# 绍兴统计年鉴

## SHAOXING STATISTICAL YEARBOOK

## 2014

绍 兴 市 统 计 局
国家统计局绍兴调查队 编

中国统计出版社
China Statistics Press

# 绍兴统计年鉴－2014

## 编 辑 委 员 会

# Shaoxing Statistical Yearbook 2014

## Editorial Board

# 绍兴统计年鉴－2014

## 编 辑 人 员

主　　编：赵泽良　陈德洪
叶飞霞

副 主 编：陈烈虎　胡云欣　张国苗　俞灵燕　郭元祥
彭上升　张成新

责任编辑：陈越月　朱美红　曹　晶

资料编辑人员：（按姓氏笔划为序）

| | | | | | |
|---|---|---|---|---|---|
| 马　丽 | 马雅琴 | 马国成 | 王　岚 | 王　斌 | 王国建 |
| 毛英特 | 冯勇强 | 冯肖军 | 朱美红 | 许卫卫 | 庄　辉 |
| 何晓红 | 何勇梅 | 李月红 | 李旭光 | 李永刚 | 芦利峰 |
| 沈土林 | 吴晓娟 | 沈露勤 | 沈研铮 | 张　琳 | 张　西 |
| 张　阳 | 张　剑 | 何　晖 | 张　梅 | 张海燕 | 张玉霞 |
| 吴庆国 | 陈　线 | 陈　松 | 陈　浩 | 陈卓佳 | 孟　琳 |
| 邵洁慧 | 林　啸 | 祝　淮 | 俞　麟 | 俞　洁 | 施菲菲 |
| 费秀峰 | 赵春明 | 胡祖平 | 施加乐 | 钱裕铭 | 钱正操 |
| 徐　彪 | 曹　晶 | 章　勤 | 龚波平 | 傅　江 | 傅　苗 |
| 蒋秋琴 | 焦志伟 | 蔡春雅 | 潘　威 | | |

英文编辑：何晓红　蒋燕青　祝　淮　李月红　朱朝晖　许卫卫

# Shaoxing Statistical Yearbook 2014

# Editorial Staff

**Editor-in-chief:** Zhao Zeliang　Chen Dehong　Ye Feixia

**Associate Editors-in-chief:** Chen Liehu　Hu Yunxin　Zhang Guomiao　Yu Lingyan　Guo Yuanxiang　Peng Shangsheng　Zhang Chengxin

**Coordinators:** Chen Yueyue　Zhu Meihong　Cao Jing

**Editorial Staff:** (in order of strokes of Chinese surname)

| | | |
|---|---|---|
| Ma Li | Ma Yaqin | Ma Guocheng |
| Wang Lan | Wang Bin | Wang Guojian |
| Mao Yingte | Feng Yongqiang | Feng Xiaojun |
| Zhu Meihong | Xu Weiwei | Zhuang Hui |
| He Xiaohong | He Yongmei | Li Yuehong |
| Li Xuguang | Li Yonggang | Lu Lifeng |
| Shen Tulin | Wu Xiaojuan | Shen Luqin |
| Shen Yanzheng | Zhang Ling | Zhang Xi |
| Zhang Yang | Zhang Jian | He Hui |
| Zhang Mei | Zhang Haiyan | Zhang Yuxia |
| Wu Qingguo | Chen Xian | Chen Song |
| Chen Hao | Chen Zhuojia | Meng Lin |
| Shao Jiehui | Lin Xiao | Zhu Huai |
| Yu Lin | Yu Jie | Shi Feifei |
| Fei Xiufeng | Zhao Chunming | Hu Zuping |
| Shi Jiale | Qian Yuming | Qian Zhengcao |
| Xu Biao | Cao Jing | Zhang Qin |
| Gong Boping | Fu Jiang | Fu Miao |
| Jiang Qiuqin | Jiao Zhiwei | Cai Chunya |
| Pan Wei | | |

**English Editors:** He Xiaohong　Jiang Yanqing　Zhu Huai　Li Yuehong　Zhu Chaohui　Xu Weiwei

# 编 者 说 明

一、《绍兴统计年鉴-2014》是一部全面反映绍兴市经济和社会发展的资料性年刊。本书收录了绍兴各县(市)和浙江省、长江三角洲地区城市2013年经济和社会各方面大量的统计数据，以及历史重要年份和近二十余年的全市主要统计数据。

二、全书内容共分12个部分，即：1.综合；2.人口和劳动工资；3.农业；4.工业；5.交通、邮电及电力；6.固定资产投资和建筑业；7.国内贸易和对外经济；8.财政、金融、保险；9.物价及人民生活；10.文化、教育、科技和卫生事业；11.其他；12.浙江省及长江三角洲地区各地资料。另附：绍兴市国民经济和社会发展统计公报、2013年度绍兴市社会经济综合评价情况。各篇前设本篇主要统计指标增长情况和统计图表，篇末附有《主要统计指标解释》。

三、资料中所使用的度量衡单位均采用国际统一标准计量单位。

四、本年鉴的资料来源大部分来自年度统计报表，一部分来自抽样调查。

五、本年鉴部分数据合计数或相对数由于单位取舍不同而产生的计算误差均未作机械调整。

六、本年鉴对过去发表的统计资料重新予以核实，凡与本年鉴数据有出入的，以本年鉴为准。

七、本年鉴表中的符号使用说明：“－”表示数据不足本表最小单位数或为零；“空格”表示该项统计指标数据不详或无该项数据；“#”表示其中的主要项。

八、2013年绍兴市部分行政区划调整：撤销绍兴县，设立柯桥区；撤销上虞市，设立上虞区；原绍兴县的孙端镇、陶堰镇、富盛镇划入越城区。本年鉴中各区、县（市）名称及顺序已相应调整。

九、本年鉴以下栏目2013年数据用新行政区划口径：行政区划、地区生产总值、人口、劳动工资、农业总产值、工业、民用车辆拥有量、固定资产投资、建筑业、限额以上批零住餐业、外资、规模以上工业企业科技、环保、城市建设、计划生育及婚姻。除上述栏目外，2013年其余栏目均按原行政区划口径统计；2012年及以前年份指标均按原行政区划口径统计。

# PREFACE

Ⅰ.*Shaoxing Statistical Yearbook 2014* is an annual statistics publication，which covers very comprehensive data at Shaoxing，Zhejiang and Yangse River Delta in 2013 and some selected data at historically important years and the most recent twenty years，reflects various aspects of Shaoxing's social and economic development.

Ⅱ.The book contains the following 12 parts，1.General Survey; 2.Population and Wages; 3.Agriculture; 4.Industry; 5.Transportation，Post and Telecommunications and Electricity; 6.Investment in Fixed Assets and Construction; 7.Domestic Trade，Foreign Trade and Economic Cooperation; 8.Public Finance，Banking and Insurance; 9.Price and People's Livelihood; 10.Culture，Education，Technology，Science and Public Health; 11.Others; 12.Reference By City and Prefecture in Zhejiang province and Yangse River Delta. In the appendices listed are Statistical Bulletins on Economy and Social Development Shaoxing in 2013. Mainly Statistical Indicators and Charts at the beginning of each part. In addition，Explanatory Notes on Main Statistical Indicators are provided at the end of each part.

Ⅲ.The units of measurement used in this book are internationally standard measurement units.

Ⅳ.The major data sources of this publication are obtained from annual statistical reports，and some from sample surveys.

Ⅴ.Statistical discrepancies due to rounding are not adjusted in this yearbook.

Ⅵ.The statistics in former statistical yearbook have been already checked.

The data in Shaoxing Statistical Yearbook 2013 shall be regarded as authentic ones.

Ⅶ.Notations used in this yearbook:

"—" indicates that the figure is not large enough to be measured with the smallest unit or indicates 0 in the table;

"(blank)" indicates that the data not available;

"#"indicates the major items of the total.

Ⅷ.Shaoxing adjusted partial administrative divisions in 2013: cancel Shaoxing county, set up Keqiao district; cancel Shangyu city, set up Shangyu district; Sunduan town, Taoyan town and Fusheng town of Shaoxing city divided into Yuecheng district. The names and the rank of each district and county (city) in this yearbook has been adjusted accordingly.

Ⅸ.The following column data with 2013 in this yearbook used new administrative caliber: Administrative Divisions, Gross Domestic Product, Population, Wage, Agriculture, Industry, Number of Civil Vehicles, Investment in Fixed Assets, Construction, Wholesale and Retail Trade above Designated Size, Accommodation and Catering Serviced Above Designated Size, Foreign Capital, Scientific and Technical Activities of above Designated Size Industrial Enterprises, Environment Protection, City Construction, family planning, Marriage. In addition to the above programs, the rest of the columns of 2013 are calculated by the original administrative caliber statistics; The data of 2012 and before years are calculated by the original administrative caliber statistics.

# 目　　录

# CONTENTS

## 特载

## SPECIAL ARTICLES



## 一、综合

## Chapter 1　GENERAL SURVEY

## 二、人口和劳动工资

## Chapter 2 POPULATION AND WAGES

## 三、农业

## Chapter 3 AGRICULTURE

## 四、工业

## Chapter 4 INDUSTRY

## 五、交通、邮电及电力

## Chapter 5 TRANSPORTATION，POST AND TELECOMMUNICATIONS，ELECTRICITY

## 六、固定资产投资和建筑业

## Chapter 6 INVESTMENT IN FIXED ASSETS，CONSTRUCTION

## 七、国内贸易和对外经济

## Chapter 7 DOMESTIC TRADE，FOREIGN TRADE AND ECONOMIC COOPERATION

## 八、财政、金融、保险

## Chapter 8 PUBLIC FINANCE，BANKING AND INSURANCE

## 九、物价、人民生活

## Chapter 9 PRICES AND PEOPLE'S LIVELIHOOD

## 十、文化、教育、科技和卫生事业

## Chapter 10 CULTURE，EDUCATION，TECHNOLOGY，SCIENCE AND PUBLIC HEALTH

## 十一、其他
## Chapter 11 OTHERS

## 十二、浙江省及长江三角洲地区城市资料

## Chapter 12 REFERENCE BY CITY AND PREFECTUREIN ZHEJIANG PROVINCE AND YANGTSE RIVER DELTA

# 特　　载

# SPECIAL ARTICLES

# 2013年绍兴市国民经济和社会发展
# 统 计 公 报

## Statistical Bulletin on National Economy and Social Development of Shaoxing in 2013

绍兴市统计局　国家统计局绍兴调查队

2013 年是贯彻落实党的“十八大”精神开局之年，是干好“一三五”、实现“四翻番”的起步之年，也是发展形势极为错综复杂的一年。一年来，全市上下认真贯彻中央和省各项方针、政策，实施“重构绍兴产业、重建绍兴水城”战略部署，强化创新驱动，深化改革开放，统筹城乡发展，着力改善民生，实现了经济社会平稳健康发展。

## 一、综　合

初步核算，2013 年全市生产总值（GDP）3967.29 亿元，比上年增长 8.5%。其中，第一产业增加值 193.27 亿元，第二产业增加值 2102.93 亿元，第三产业增加值 1671.09 亿元，分别增长 3.1%、8.6%和 9.0%。GDP 总量居全省第 4 位，增速居全省第 6 位。人均 GDP（按常住人口计算）80212 元（按年平均汇率折算为 12953 美元），增长 8.3%。人均 GDP 列全省第 4 位，增速列全省第 6 位。第一、二、三次产业结构由上年的 5.1∶53.8∶41.1 调整为 4.9∶53.0∶42.1。

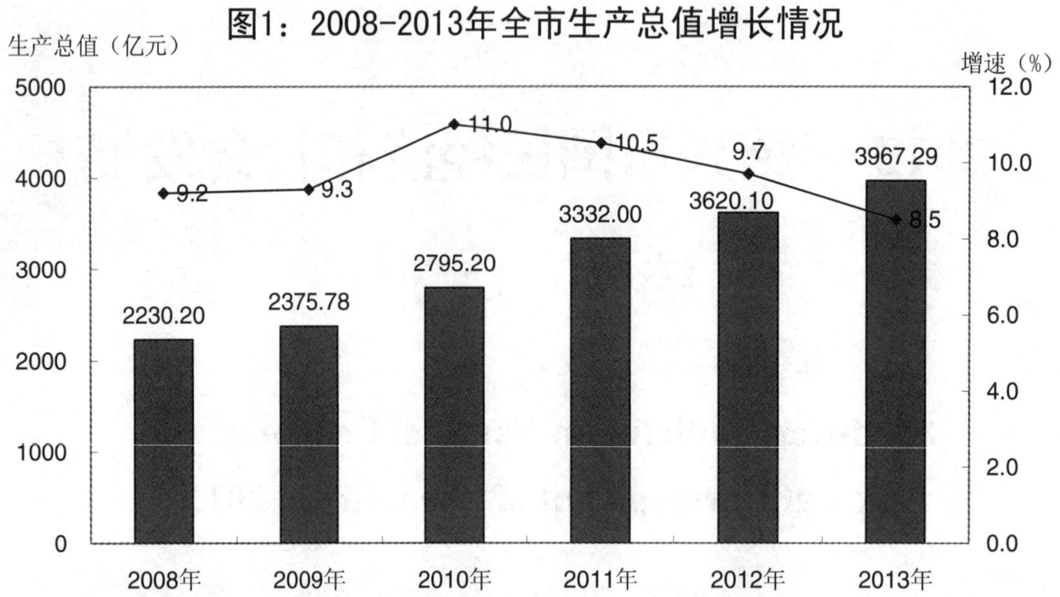


全年居民消费价格比上年上涨2.0%。调查的八大类商品价格“五涨三跌”，其中衣着上涨4.7%，食品上涨3.8%，居住上涨2.7%，家庭设备用品及维修服务上涨1.7%，娱乐教育文化用品及服务上涨0.4%；交通和通信下降1.0%，烟酒下降0.9%，医疗保健和个人用品下降0.7%。商品零售价格上涨1.0%。工业生产者出厂价格和购进价格分别下降1.7%和1.3%。

**表1　2013年居民消费价格变化情况**

| 分类名称 | 同比增长（%） |
|---|---|
| 居民消费价格总指数 | 2.0 |
| 一、食品 | 3.8 |
| #粮食 | 1.2 |
| 肉禽及其制品 | 3.6 |
| 蛋 | 4.9 |
| 水产品 | 3.3 |
| 二、烟酒 | –0.9 |
| #烟草 | 0.0 |
| 酒 | –2.9 |
| 三、衣着 | 4.7 |
| #服装 | 5.4 |
| 四、家庭设备用品及维修服务 | 1.7 |
| 五、医疗保健和个人用品 | –0.7 |
| 六、交通和通信 | –1.0 |
| 七、娱乐教育文化用品及服务 | 0.4 |
| 八、居住 | 2.7 |

全年财政总收入502.15亿元，比上年增长7.0%，其中公共财政预算收入293.07亿元，增长10.3%。公共财政预算支出312.11亿元，增长12.0%。

年末全市城镇就业人员161万人，其当年新增11.36万人。城镇失业人员实现再就业4.3万人，就业困难人员实现再就业1.28万人，自主创业2.3万人，创业带动就业6.2万人。年末城镇登记失业人员4.80万人，比上年增长22.2%，城镇登记失业率2.89%，比上年下降 0.02个百分点。

## 二、农业和农村建设

全年农林牧副渔业总产值291.26亿元，比上年增长3.0%。农作物播种面积330.71千公顷，下降0.1%。其中粮食播种面积188756公顷，比上年增长0.5%。油料播种面积25610公顷，下降0.7%；棉花播种面积1895公顷，下降8.3%；蔬菜种植面积65310公顷，下降2.1%；中草药材种植面积2231公顷，增长6.8%；果用瓜种植面积10400公顷，增长2.9%；花卉苗木种植面积16746公顷，与去年持平。

全年粮食产量120.68万吨，比上年增长0.5%。其中，早稻产量20.36万吨，增长2.7%；晚稻产量74.56万吨，下降0.70%。大小麦产量5.76万吨，增长1.9%。

年末生猪存栏123.74万头，比上年下降1.1%；出栏196.75万头，下降0.8%。全年肉类总产量17.81万吨，比上年下降2.4%。其中，猪肉产量14.15万吨，下降1.8%；鸡鸭鹅蛋产量4.96万吨，下降3.3%。

全年水产品产量9.95万吨，比上年增长3.0%。

全年有效灌溉面积152.55千公顷，比上年增加0.68千公顷；全年新增节水灌溉面积3.86千公顷；新增农村饮水安全达标人口15.68万人；新增水土流失综合治理面积6.74千公顷。

**表2　2013年全市农业主要产品产量**

| 产 品 名 称 | 计量单位 | 2013年 | 同比增长(%) |
|---|---|---|---|
| 粮食 | 万吨 | 120.68 | 0.5 |
| # 谷物 | 万吨 | 107.03 | 0.5 |
| 油料 | 万吨 | 5.52 | 1.8 |
| # 油菜籽 | 万吨 | 4.20 | 1.4 |
| 棉花 | 吨 | 2551 | 1.3 |
| 茶叶 | 吨 | 49710 | -3.0 |
| 蔬菜 | 万吨 | 229.22 | -4.7 |
| 果用瓜 | 万吨 | 34.87 | 0.8 |
| 食用菌 | 吨 | 5810 | 154.8 |

| 产 品 名 称 | 计量单位 | 2013 年 | 同比增长(%) |
|---|---|---|---|
| 肉类 | 万吨 | 17.81 | -2.4 |
| # 猪肉 | 万吨 | 14.15 | -1.8 |
| 鸡鸭鹅蛋 | 万吨 | 4.96 | -3.3 |
| 蚕茧 | 吨 | 2599 | -5.6 |
| 水产品 | 吨 | 99459 | 3.0 |

全年财政对农林水事务投入 33.20 亿元，比上年增长 17.8%。财政预算内资金用于“三农”131.8 亿元，增长 14.56%；财政资金用于美丽乡村建设 7.04 亿元，增长 11.85%。大力开展美丽乡村“四级联创”，成功创建省美丽乡村先进县 1 个、市级先进乡镇 12 个、市级精品村（历史文化村落）重点培育村 29 个、美丽农家 1.41 万户。完成待整治村建设 120 个，村庄整治基本实现全覆盖。柯桥区柯岩湖塘、诸暨市赵家东和等第一批 10 个示范区基本建成，第二批 10 个示范区建设全面启动。结合“双清”、“四边三化”、“三改一拆”工程，加大环境综合整治力度，农村环境整治、保洁常态化、规范化、制度化水平进一步提高。积极推进空心村改造试点，开展了全市性的摸底大调查，出台了扶持政策，成立了组织机构，第一批 78 个村试点工作顺利推进，初步探索形成了“原地改造”、“土地收储”、“退宅还耕”、宅基地置换等多种行之有效的改造模式。绍兴市、柯桥区、诸暨市被省委、省政府授予全省“千村示范、万村整治”工程五年建设先进单位称号。

## 三、工业和建筑业

全年全部工业增加值 1882.10 亿元，比上年增长 9.0%，其中规模以上工业增加值增长 9.2%。规模以上工业中，国有控股企业增加值增长 4.0%，集体企业增加值下降 4.9%，股份制企业增加值增长 9.8%，外商投资企业增加值增长 4.0%，港澳台商投资企业增加值增长 5.7%，私营企业增加值增长 10.2%。轻工业增加值增长 6.9%，重工业增加值增长 12.1%。

规模以上工业中，六大战略性新兴产业总产值 2563.30 亿元，同比增长 9.0%，增速高于规模以上工业增速 0.8 个百分点，占规模以上工业比重 27.7%，比重比上年提高 2.1 个百分点。其中，先进装备制造业增长 12.5%，节能环保产业和生物医药产业分别增长 10.3%和 10.0%，新能源产业增长 8.0%，新兴信息产业和新材料产业分别增长 4.8%和 4.4%。

规模以上工业新产品产值 2607.24 亿元，同比增长 18.8%，高于工业总产值增幅 10.6 个百分点；新产品产值率 28.1%，比去年提高 1.9 个百分点。黄酒产量 385013 千升，袜子产量 584785 万双，染料产量 616115

吨，聚酯产量 155.19 万吨，同比分别增长 3.2%、14.1%、12.7%和 4.6%。印染布产量 190.10 亿米，领带产量 15725 万条，同比分别下降 6.5%和 3.8%。

**表 3　2013 年全市规模以上工业主要产品产量**

| 指标名称 | 计量单位 | 产量 | 同比增长（%） |
|---|---|---|---|
| 纱 | 吨 | 347212 | 6.2 |
| 布 | 亿米 | 55.09 | 4.5 |
| 印染布 | 亿米 | 190.10 | -6.5 |
| 领带 | 万条 | 15725 | -3.8 |
| 袜子 | 万双 | 584785 | 14.1 |
| 家具 | 万件 | 432.26 | 8.2 |
| 染料 | 吨 | 616115 | 12.7 |
| 合成纤维单体 | 万吨 | 273.49 | 5.2 |
| 合成纤维聚合物 | 万吨 | 155.54 | 4.6 |
| 化学药品原药 | 吨 | 134204 | -4.8 |
| 化学纤维 | 万吨 | 453.60 | 2.7 |
| 塑料制品 | 万吨 | 233.23 | 11.2 |
| 水泥 | 万吨 | 1242.29 | 3.5 |
| 平板玻璃 | 万重量箱 | 1653.39 | -5.0 |
| 钢材 | 万吨 | 195.27 | 7.6 |
| 滚动轴承 | 万套 | 48631 | 7.1 |
| 交流电动机 | 万千瓦 | 2019.30 | 18.2 |
| 太阳能电池 | 千瓦 | 269902 | 35.6 |
| 电光源 | 万只 | 39739 | 24.7 |
| 液晶（LCD）电视机 | 万台 | 339.45 | 5.1 |
| 汽车仪器仪表 | 万台 | 438.62 | 6.6 |
| 黄酒 | 千升 | 385013 | 3.2 |
| 伞 | 万把 | 14045 | -11.8 |
| 珍珠饰品 | 万元 | 426325 | 9.3 |

全年规模以上工业利润总额484.68亿元，同比增长10.4%。其中，国有控股企业12.27亿元，下降2.3%；股份制企业56.81亿元，增长3.8%；外商及港澳台投资企业95.30亿元，增长10.6%；私营企业243.25亿元，增长12.8%。产品销售利润率5.5%，与上年持平。

全年建筑业增加值220.83亿元，比上年增长5.4%。资质以上建筑企业利润总额145.07亿元，增长21.6%；税金总额201.64亿元，增长19.2%。

## 四、固定资产投资和房地产业

全年固定资产投资2001.99亿元，比上年增长16.2%。国有投资382.34亿元，增长16.1%，占固定资产投资比重19.1%；非国有投资1619.64亿元，增长16.2%，占固定资产投资比重80.9%，其中民间投资1532.68亿元，增长18.7%，占固定资产投资比重76.6%。

图2：2008-2013年全市固定资产投资增长情况

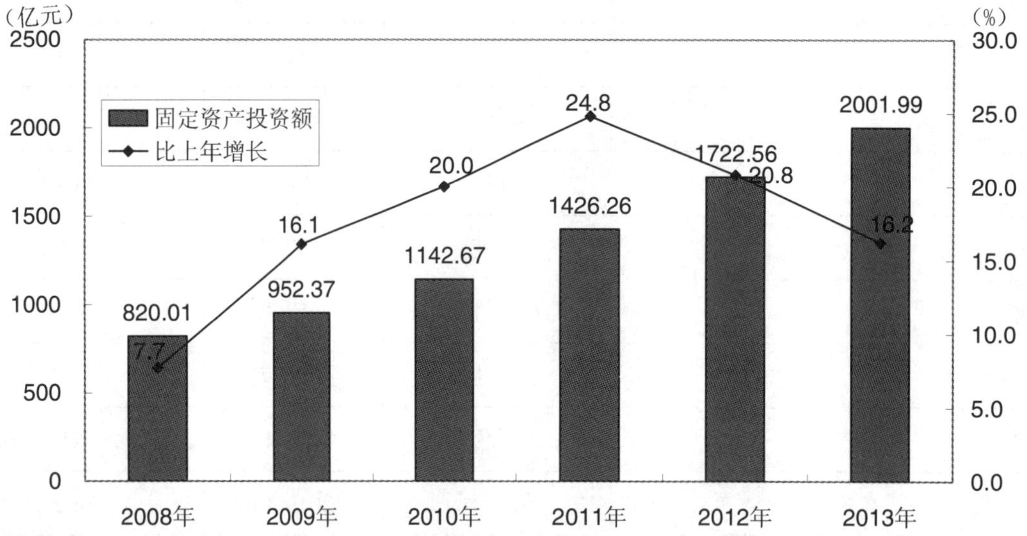


固定资产投资中，第一产业投资15.05亿元，比上年增长60.1%；第二产业投资999.79亿元，增长13.4%；第三产业投资987.15亿元，增长18.7%。全年施工项目3818个，比上年增长16.8%，其中新开工项目2426个，增长11.5%。

全年工业投资999.79亿元，比上年增长13.4%，总量居全省第2位。其中新兴产业投资394.27亿元，增长27.7%，增速高于工业投资14.3个百分点，占工业投资比重39.4%。

全年房地产开发投资536.99亿元，比上年增长14.8%。其中，住宅投资418.29亿元，比上年增长20.5%；办公楼投资24.59亿元，下降5.9%；商业营业用房投资54.16亿元，下降8.9%。

全年商品房销售面积 607.74 万平方米，销售额 568.65 亿元，比上年分别增长 25.6%和 35.7%。房屋施工面积 3603.59 万平方米，增长 13.5%；房屋竣工面积 462.09 万平方米，下降 5.3%；待售面积 292.73 万平方米，增长 26.4%。

## 五、国内贸易

全年社会消费品零售总额 1318.39 亿元，比上年增长 13.8%。其中，城镇消费品零售额 1142.90 亿元，增长 13.8%；乡村消费品零售额 175.50 亿元，增长 13.5%。分行业看，批发零售业零售额 1210.30 亿元，增长 14.4%；住宿餐饮业零售额 108.09 元，增长 7.8%。

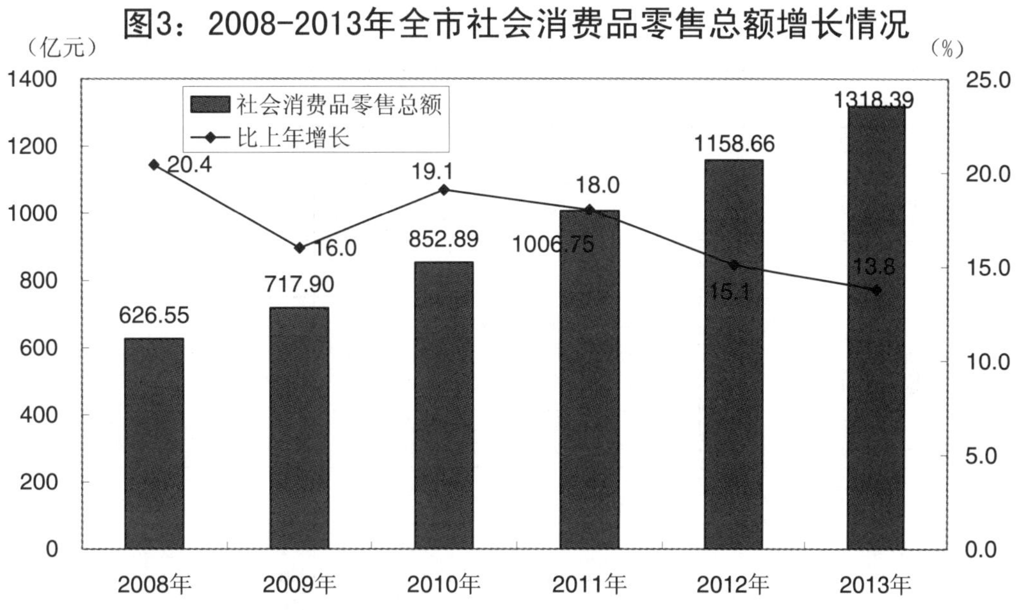


在限额以上批发零售业商品分类零售额中，零售额增幅由高到低分别为：金银珠宝类零售额比上年增长 52.7%，汽车类增长 22.3%，食品、饮料、烟酒类增长 12.4%，日用品类增长 12.1%，中西药品类增长 9.0%，服装、鞋帽、针纺织品类增长 5.5%，石油及制品类增长 2.2%，家用电器和音像器材类下降 1.4%。

年末有商品交易市场 413 个，其中成交额超亿元市场 68 个，超十亿元市场 28 个，超百亿元市场 8 个。全年商品市场成交额 2574 亿元，比上年增长 12.0%，其中消费品市场成交额 1498.82 亿元，增长 14.6%；生产资料市场成交额 1075.17 亿元，增长 8.6%。中国轻纺城和钱清轻纺原料市场成交额分别为 639.49 亿元和 465.54 亿元，增长 14.8%和 12.1%。

# 六、对外经济

全年货物进出口总额333.70亿美元，比上年增长4.0%。其中，进口54.53亿美元，下降16.7%；出口279.16亿美元，增长9.2%。有进出口国家和地区197个，比上年减少8个。其中出口额超1000万美元的国家和地区109个，比上年减少2个。美国、阿联酋、巴西分别居出口额前三位国家，出口额分别为36.92亿美元、16.89亿美元和13.90亿美元。机电产品出口47.83亿美元，增长9.1%；化工产品出口17.65亿美元，增长11.8%；高新技术产品出口8.99亿美元，下降10.0%；纺织服装出口188.97亿美元，增长9.8%。新登记备案企业1696家，累计获进出口经营权企业17993家。全市出口超1000万美元企业627家，比上年增加49家。

**表4　2013年全市进出口主要分类情况**

| | 绝对数（亿美元） | 比上年增长（%） |
|---|---|---|
| 进出口总额 | 333.70 | 4.0 |
| 1.出口额 | 279.16 | 9.2 |
| #一般贸易 | 253.40 | 9.6 |
| 加工贸易 | 25.72 | 5.5 |
| #机电产品 | 47.83 | 9.1 |
| #高新技术产品 | 8.99 | -10.0 |
| #纺织及服装 | 188.97 | 9.8 |
| 2.进口额 | 54.53 | -16.7 |
| #一般贸易 | 42.07 | -20.1 |
| 加工贸易 | 11.64 | -3.4 |
| #机电产品 | 4.22 | -1.9 |

全年新批外资项目138个，比上年增加4个。合同外资9.39亿美元，比上年增长12.9%；实到外资8.08亿美元，下降15.3%。新批（含增资）总投资1000万美元以上项目55只，比上年增加7只，超额完成全年引进50只大项目的目标任务。

全年新批境外投资企业49家（增资企业14家）。境外投资企业总投资额34167万美元，其中中方投资额33207万美元，比上年增长28.4%。境外工程营业额12519万美元，增长18.1%。全年服务外包合同签订额1.61亿美元，增长56.5%。其中离岸合同额1.51亿美元，增长100%；完成合同执行额9924万美元，增长23.0%。其中离岸执行额9085万美元，增长39.6%。

# 七、交通、邮电和旅游

全年货物运输总量 9871 万吨，比上年增长 6.4%，其中公路、水运货物运输总量分别为 8560 万吨、1311 万吨，分别增长 6.3%、7.2%。货物运输周转量 1185468 万吨公里，增长 6.7%，其中公路、水运货运周转量 877218 万吨公里、308250 万吨公里，分别增长 7.1%、5.7%。

全年旅客运输总量 17546 万人，比上年增长 0.2%，其中公路、水运旅客运输总量分别为 17441 万人、105 万人，分别增长 0.2%、7.1%。旅客运输周转量 495883 万人公里，增长 3.3%，其中公路、水运旅客运输周转量分别为 495573 万人公里、310 万人公里，分别增长 3.3%、17.4%。年末公路通车里程 9785 公里，增长 2.1%。

**表 5　2013 年全市公路、水路运输量情况**

| | 单位 | 绝对值 | 比上年增长（%） |
|---|---|---|---|
| 货物周转量 | 万吨公里 | 1185468 | 6.7 |
| #公路 | 万吨公里 | 877218 | 7.1 |
| 水运 | 万吨公里 | 308250 | 5.7 |
| 旅客周转量 | 万人公里 | 495883 | 3.3 |
| #公路 | 万人公里 | 495573 | 3.3 |
| 水运 | 万人公里 | 310 | 17.4 |

年末民用车辆拥有量 111 万辆，比上年末增长 10.4%。其中汽车 74 万辆，增长 17.8%。

全年邮电业务收入 61.80 亿元，比上年增长 6.4%。年末固定电话用户（含小灵通）179.04 万户，移动电话用户（通话用户）526.90 万户。固定电话普及率 40.54 号线/百人，比上年下降 8.4%；移动电话普及率 119.30 部/百人，增长 5.7%。互联网用户数（不含手机上网用户）134.53 万户，增长 6.6%。

年末有旅行社 132 家，比上年增加 9 家。全年旅游总收入 584.35 亿元，比上年增长 15.4%。其中，国内旅游收入 569.25 亿元，增长 15.9%；旅游外汇收入 24385.59 万美元，增长 1.1%。接待游客 5683.34 万人次，比上年增长 15.2%。其中接待国内旅游者 5613.71 万人次，增长 15.4%；接待入境旅游者 69.63 万人次，增长 1.4%。

**表 6　2008–2013 年全市接待旅游人数**

| 年份 | 入境旅游人数（万人次） | 国内旅游人数（万人次） |
|---|---|---|
| 2008 | 39.88 | 2435.05 |

| 年份 | 入境旅游人数（万人次） | 国内旅游人数（万人次） |
|---|---|---|
| 2009 | 43.17 | 2851.00 |
| 2010 | 52.28 | 3436.44 |
| 2011 | 60.35 | 4127.62 |
| 2012 | 68.68 | 4865.92 |
| 2013 | 69.63 | 5613.71 |

## 八、金融、证券和保险

年末金融机构本外币各项存款余额6461.73亿元，比上年末增长9.1%，其中人民币存款余额增长8.9%。金融机构本外币贷款余额5644.15亿元，增长10.0%，其中人民币贷款余额增长10.4%。年末个人本外币储蓄存款余额2735.52亿元，比上年末增长9.3%。

**表7　2013年全市金融机构本外币存贷款情况**

| 指标 | 年末数（亿元） | 比上年增长（%） |
|---|---|---|
| 各项存款余额 | 6461.73 | 9.1 |
| #单位存款 | 3417.84 | 7.7 |
| 储蓄存款 | 2735.52 | 9.3 |
| 各项贷款余额 | 5644.15 | 10.0 |
| #短期贷款 | 4278.26 | 8.1 |
| 中长期贷款 | 1312.97 | 17.6 |

年末有上市公司52家，其中境外上市公司11家。上市公司数量列全省第3位，居地级市首位。当年实现股权再融资上市公司2家，融资额11.42亿元。小贷公司35家，注册资本95.8亿元，全年累计发放贷款567.41亿元。

全年保险业实现保费收入84.24亿元，比上年增长12.0%，其中产险收入40.24亿元，增长16.6%；人身险收入44亿元，增长8.1%。

## 九、教育和科学技术

年末有普通高校9所，中等职业教育学校21所。普通本专科招生2.35万人，在校生7.75万人，毕业生 1.91 万人，普通高考录取率 83.7%。各类中等职业教育（含技工学校）招生 1.95 万人，在校生 6.07 万人，毕业生 2.25 万人。18 所中职学校 32 个专业开设“3+2”职业教育，11 所中职学校 16 个专业开设“五年一贯制”职业教育。普通高中招生 3.51 万人，在校生 10.96 万人，毕业生 3.67 万人；初中招生 4.85 万人，在校生 14.24 万人，毕业生 5.09 万人。初中毕业生升学率 99.32%，比上年提高 0.04 个百分点。小学招生 4.79 万人，在校生 29.96 万人，毕业生 4.97 万人，小学毕业生升学率 100%。义务教育标准化学校建设走在全省前列，累计有 474 所通过省厅验收，创建率达到 92.4%，居全省第一。拥有幼儿园 659 所，在园幼儿 12.95 万人。其中新建、改建幼儿园 50 所，省等级幼儿园创建率 91%，市级标准化幼儿园创建率 67.84%。保障符合条件的外来务工人员子女 100%入学，全市义务教育段接纳进城务工人员子女入学 10.9 万人，占在校生总数的 24.9%。

全年财政用于科学技术支出 15.87 亿元，比上年增长 20.0%，财政科技支出占财政支出比重为 5.1%。全年新上创新基金、重点新产品、火炬计划、星火计划等国家级科技项目 170 项，新上省重大科技专项计划等省级科技计划项目 145 项，省级新产品 1070 项。新增省级高新技术产业园区 1 家，新认定国家需要重点扶持高新技术企业 56 家，省级以上创新型试点（示范）企业 13 家，省科技型中小企业 292 家，2 家企业入选国家知识产权示范企业，9 家企业入选国家知识产权优势企业。14 家企业入围全省百强创新企业，入选数列全省第 2 位。新增科技孵化面积 13 万平方米、新增入孵企业 145 家，启动市区总计达 50 万平方米孵化器建设工程。新认定省级企业研究院 9 家，省产业技术创新战略联盟 2 家，省级高新技术特色产业基地、省级重点实验室、省级工程技术研究中心各 1 家，省级高新技术企业研发中心 29 家，市级科技企业孵化器 3 家。国家知识产权试点城市通过验收，成立知识产权维权援助中心，开通“12330”维权热线。全年共申请专利 27651 件、授权 15123 件，同比分别增长 25.6%、22.4%，其中发明专利申请 3351 件、授权 729 件，同比分别增长 9.4%、12.8%。

# 十、文化、卫生和体育

年末有艺术表演团体 7 个；艺术表演团体全年演出 893 场次，比上年下降 2.8%，观众 155.79 万人次；广播电台 1 座，电视台 1 座，广播电视台 5 座。广播、电视综合覆盖率均达到 100%。有线电视用户数 142.3 万户，入户率 87.92%。有剧场（国有）8 个，电影院 28 个，电影放映 16.01 万场次，比上年下降 7.7%。

全市有群艺馆、文化馆(站)125 个，公共图书馆 6 个。公共图书馆总藏量 296.35 万册，比上年增长 1.1%。文物藏品实际数量 90177 件，比上年增长 0.7%。公共发行报纸 8 种，年发行量 14000 万份；出版期刊 2

种，年发行量 3.9 万册。

“绍兴数字图书馆”如期建成，其中“绍兴电视图书馆”被文化部列为创建国家级公共文化服务体系示范项目。

开展第四批国家级非遗项目预申报工作，向省文化厅推荐越歌、绍兴目连戏、绍兴花雕酿制技艺等 9 个项目申报第四批国家级非遗项目。积极开展第四批浙江省级代表性传承人申报工作，我市 16 位传承人榜上有名。年末有国家级非遗项目 21 项，省级非遗项目 72 项；国家级、省级代表性传承人 14 位和 85 位。

年末有卫生机构 2559 个（含村卫生室 1035 个），比上年下降 2.9%。其中医院 41 个，增长 2.5%；卫生院及分院（社区卫生服务中心、站）919 个，下降 4.6%。卫生机构床位数 20084 张，其中医院床位 15887 张，分别增长 6.9%、9.4%。医生数 11605 人，注册护士数 10537 人，分别增长 9.1%、10.9%。每万人拥有医疗床位数 45.47 张，每万人拥有医生 26.28 人，分别比上年增长 6.6%和 8.9%。

深入推进公立医院综合改革,医药费用保持平稳,新农合实际报销比例 58.4%、政策范围内医药费用占比 85.1%、住院病人本区域就诊率 89.9%，均列全省第一。批准设置民营医院 9 家，袍江医院续建。启用健康卡（自费），并实现市、县、镇、村级联网，先诊疗后结算和自助服务正式试点。医药卫生科技成果获奖数列全省第一，市妇保院产科、市人民医院神经外科和普通外科被确定为首批浙东区域专病中心建设单位。绍兴市被确定为国家基层卫生综合改革重点联系市。市级标准化村卫生室达标率 56.04%,站（室）实行紧密型一体化管理率 91.85%,106 个社区卫生服务中心（乡镇卫生院）签约服务 54.15 万人。人感染 H7N9 禽流感有序应对，全市甲乙丙类传染病报告发病率较上年下降 12.16%。组织开展 17 次卫生监督专项检查或整治活动，共监督 27870 户（次）。

年末有体育场（馆）20 个，比上年增加 3 个。当年组织迎新健步走、万人登山暨市区第十六届千人登会稽山、全市第三届三人制篮球赛、全民健身日活动暨第八届体育节等系列全民健身活动。引进重大体育赛事，举办绍兴环城河国际皮划艇马拉松比赛，2013-2014 全国男子排球联赛。我市有 3 名运动员获得亚洲锦标赛冠军，6 名运动员获得全国锦标赛 9 枚金牌，并打破一项全国纪录。在十二届全运会上，绍兴籍运动员共获得 4 金 1 银 8 铜，奖牌数列全省第 4 位。积极开展省级运动休闲示范基地、运动休闲旅游示范基地、精品线路和优秀项目的创建活动，诸暨东白湖管委会已成功创建省运动休闲旅游优秀项目。全市体育彩票累计销售超 5.5 亿元，同比增长 17%。

# 十一、人口、人民生活和社会保障

据2013年市统计局人口变动抽样调查，年末常住人口494.9万人，比上年增加0.6万人。

据2013年市公安局人口变动抽样调查，年末户籍人口441.66万人，其中男性221.17万人，女性220.49万人，分别占总人口的50.1%和49.9%；全年出生人数33460人，人口出生率7.58‰；死亡人数30436人，死亡率6.90‰；自然增长人口3024人，自然增长率0.68‰。

据对城镇住户抽样调查，全市城镇居民人均可支配收入40454元，农村居民人均纯收入19618元，分别比上年增长9.6%和10.8%。城镇居民人均消费支出24469元，增长10.2%；农村居民人均生活消费支出12402元，增长11.7%。城镇居民家庭恩格尔系数35.7%，比上年提高0.5个百分点；农村居民家庭恩格尔系数36.1%，比上年下降1.6个百分点。

图4：2008-2013年全市城乡居民收入情况

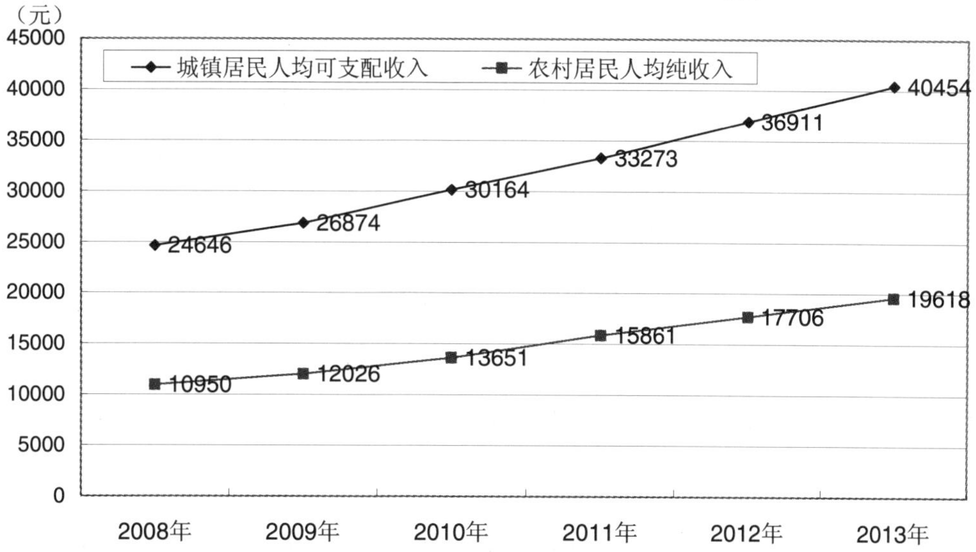


表8：2013年绍兴城乡居民收入增长情况

单位：元、%

| 城镇居民收入情况 | | | 农村居民收入情况 | | |
|---|---|---|---|---|---|
| | 绝对值 | 比上年增长 | | 绝对值 | 比上年增长 |
| 人均可支配收入 | 40454 | 9.6 | 人均纯收入 | 19618 | 10.8 |
| #工资性收入 | 28170 | 7.1 | #工资性收入 | 10818 | 8.9 |
| 经营净收入 | 6186 | 24.5 | 家庭经营现金收入 | 7198 | 13.7 |
| 财产性收入 | 1549 | 12.1 | 财产性收入 | 502 | 21.2 |
| 转移性收入 | 8036 | 4.7 | 转移性收入 | 1101 | 7.4 |

全市职工基本养老保险和城乡居民社会养老保险总参保人数 333.78 万人，职工基本医疗保险和城乡居民基本医疗保险总参保人数 473.65 万人。工伤、失业、生育保险总参保人数分别达到 186.02 万人、108.94 万人和 125.01 万人，比上年分别增长 8.2%、9.2%和 10.5%。年末全市城乡居民基本医疗保险参保人数 300.58 万人，参保率 94.54 %。新农合筹资标准每人每年 760 元，比上年增加 200 元。第四轮参合农民健康体检完成 145.27 万人次，其中 60 岁以上老人体检 58.35 万人，体检率达到 82.22%。

年末有城乡居家养老服务照料中心 519 个，新增养老机构床位数 1166 张。4 个单位被命名为全国“敬老文明号”，28 个单位被命名为省级“敬老文明号”；上虞率先开展老年友好型城市创建；首轮命名老年宜居社区 37 个；动员和组织开展“敬老月”系列活动，营造浓郁的敬老爱老助老社会氛围。2282 名五保供养对象供养标准提升至平均每人每年 10836 元，比上年增长 6.23%，集中供养率继续保持 100%。实施低保提标扩面，城镇低保标准平均达到每人每月 516 元，比上年增长 10.26%；农村低保标准平均达到每人每月 426 元，增长 19.33%；全年发放低保金 23126.4 万元，比上年增加 867.7 万元。积极开展慈善救助工作，全年共支出善款 1.33 亿元，救助困难群众 320553 人次。年内共发行福利彩票 10.02 亿元，比上年增长 31%，福彩公益金投入 4446.65 万元，建设民生保障项目 260 个，资助困难群众 7409 人次。

全年实际开工保障性安居工程 26833 套（户），完成计划的 170.58%，其中公共租赁住房 4224 套，完成计划的 113.49%；新增城市廉租住房保障 346 户，其中租赁补贴 324 户，完成计划的 202.5%；基本建成保障性安居工程住房 13786 套，其中竣工 10856 套，完成计划的 155.08%。

## 十二、资源、环境保护和社会安全

已建成水库有 555 座，比上年增加 1 座。水库总容量 12.95 亿立方米，增长 1.3%。水利工程年供水量 19.86 亿立方米，增长 5.5%。

年末实有耕地面积 209.89 千公顷，比上年下降 0.1%。其中水田 139.38 千公顷，下降 0.3%；旱地 60.47 千公顷，增长 0.5%。

全年完成造林更新面积 4.58 万亩，森林覆盖率 54.03%。建成省级森林城镇 25 个（其中新建 7 个）、森林村庄 78 个（其中新建 30 个），建成市级森林城镇 41 个（其中新建 10 个）、森林村庄 203 个（其中新建 53 个）。新增省级现代林业精品园创建点 6 个，建成市级以上现代林业园区 85 个（其中新建 24 个），市级以上森林公园 26 家（其中新发展 1 家），市级以上林业观光园 85 家（其中新建 13 家）。

全年平均气温 17.9℃，年降水量 1463.7 毫米。

全年化学需氧量排放量比上年下降3.69%，其中工业和生活化学需氧量排放量下降4.14%；氨氮排放量比上年下降4.47%，其中工业和生活氨氮排放量下降5.29%；二氧化硫排放量比上年下降5.79%；氮氧化物排放量比上年下降7.40%。四项指标均超额完成省政府下达的目标。

预计全年万元生产总值能耗下降4.1%，完成省政府下达下降3.5%的目标。

全年共发生各类事故1568起，死亡552人，直接经济损失1547.9万元，比上年分别下降3.69%、0.18%和2.37%。实现事故总起数、死亡人数和直接经济损失三项指标“零增长”的目标。其中，工矿商贸企业共发生事故36起，死亡45人，直接经济损失1129.5万元；道路交通共发生事故1530起，死亡507人，直接经济损失384.3万元；水上交通共发生事故2起，无人员死亡，直接经济损失35万元。生产经营性火灾共发生事故973次，死亡1人，直接经济损失3115.9万元。

说明：

1. 本公报2013年所列各项数据为年度初步统计数。

2. 全市生产总值和各产业增加值绝对数按现行价格计算，其中2012年、2013年为快报数，增长速度按可比价格计算。

3. 规模以上工业是指年主营业务收入2000万元及以上法人工业企业。

4. 居民家庭恩格尔系数是指居民家庭食品消费支出占生活消费总支出的比重。

# 2013 年度绍兴市 30 强镇（乡）（不含街道）

| 镇（乡）名称 | 镇（乡）名称 |
|---|---|
| 1. 柯桥区马鞍镇 | 16. 柯桥区安昌镇 |
| 2. 诸暨市店口镇 | 17. 诸暨市次坞镇 |
| 3. 诸暨市大唐镇 | 18. 诸暨市同山镇 |
| 4. 柯桥区钱清镇 | 19. 上虞区崧厦镇 |
| 5. 柯桥区齐贤镇 | 20. 诸暨市牌头镇 |
| 6. 诸暨市草塔镇 | 21. 诸暨市直埠镇 |
| 7. 诸暨市枫桥镇 | 22. 上虞区小越镇 |
| 8. 柯桥区杨汛桥镇 | 23. 嵊州市仙岩镇 |
| 9. 上虞区道墟镇 | 24. 诸暨市阮市镇 |
| 10. 嵊州市甘霖镇 | 25. 诸暨市街亭镇 |
| 11. 诸暨市璜山镇 | 26. 上虞区梁湖镇 |
| 12. 柯桥区夏履镇 | 27. 柯桥区平水镇 |
| 13. 柯桥区兰亭镇 | 28. 诸暨市山下湖镇 |
| 14. 袍江区斗门镇 | 29. 诸暨市安华镇 |
| 15. 柯桥区福全镇 | 30. 柯桥区漓渚镇 |

注：因统计资料所限，全市各街道办事处不列入强镇（乡）排序范围。

# 2013年度绍兴市主要行业排头兵企业评价结果

## 全市工业企业销售收入50强

1.浙江远东化纤集团有限公司
2.绍兴电力局
3.浙江大东南集团有限公司
4.三花控股集团有限公司
5.浙江龙盛集团股份有限公司
6.万丰奥特控股集团有限公司
7.浙江盾安精工集团有限公司
8.卧龙控股集团有限公司
9.浙江日月首饰集团有限公司
10.精功集团有限公司
11.浙江新纵横投资有限公司
12.浙江海亮股份有限公司
13.天洁集团有限公司
14.浙江永通染织集团有限公司
15.海亮集团有限公司
16.绍兴亿丰化纤有限公司
17.浙江永利实业集团有限公司
18.浙江天圣化纤有限公司
19.国网浙江诸暨市供电公司
20.浙江南方石化工业有限公司
21.浙江闰土股份有限公司
22.浙江无名皮塑集团有限责任公司
23.浙江古纤道新材料股份有限公司
24.绍兴诚邦化纤有限公司
25.浙江宏达金属冶炼有限公司
26.浙江绍兴三锦石化有限公司
27.金科控股集团有限公司
28.露笑科技股份有限公司
29.浙江星鹏铜材集团有限公司
30.浙江新和成股份有限公司
31.浙江兴日铁金属薄板有限公司
32.浙江嘉利珂钴镍材料有限公司
33.李字实业集团有限公司
34.浙江绍兴三圆石化有限公司
35.浙江金鑫化纤有限公司
36.浙江宏磊铜业股份有限公司
37.浙江绍兴苏泊尔生活电器有限公司
38.世纪阳光控股集团有限公司
39.浙江华孚色纺有限公司
40.绍兴华茂化纤有限公司
41.浙江欧亚薄膜材料有限公司
42.浙江医药股份有限公司新昌制药厂
43.天龙控股集团有限公司
44.浙江宏磊控股集团有限公司
45.浙江赐富化纤有限公司
46.雄峰控股集团有限公司
47.浙江稽山控股集团有限公司
48.浙江庆盛控股集团有限公司
49.绍兴市力博铜材有限公司
50.上峰集团有限公司

# 2013年度绍兴市主要行业排头兵企业评价结果(续一)

## 全市工业企业创利50强

1.浙江远东化纤集团有限公司
2.卧龙控股集团有限公司
3.浙江大东南集团有限公司
4.三花控股集团有限公司
5.浙江龙盛集团股份有限公司
6.浙江新和成股份有限公司
7.精功集团有限公司
8.万丰奥特控股集团有限公司
9.海亮集团有限公司
10.浙江盾安精工集团有限公司
11.浙江闰土股份有限公司
12.绍兴电力局
13.浙江医药股份有限公司新昌制药厂
14.浙江永利实业集团有限公司
15.绍兴亿丰化纤有限公司
16.天洁集团有限公司
17.浙江华通控股集团有限公司
18.浙江日月首饰集团有限公司
19.浙江天圣化纤有限公司
20.李字实业集团有限公司
21.浙江绍兴苏泊尔生活电器有限公司
22.浙江无名皮塑集团有限责任公司
23.世纪阳光控股集团有限公司
24.上峰集团有限公司
25.浙江四海氨纶纤维有限公司
26.浙江宏磊控股集团有限公司
27.浙江春晖集团有限公司
28.太子龙控股集团有限公司
29.浙江越剑机械制造有限公司
30.上虞新和成生物化工有限公司
31.浙江欧亚薄膜材料有限公司
32.浙江星鹏铜材集团有限公司
33.绍兴华茂化纤有限公司
34.诸暨华海氨纶有限公司
35.索密克汽车配件有限公司
36.金科控股集团有限公司
37.露笑科技股份有限公司
38.浙江越红控股集团有限公司
39.绍兴紫薇化纤有限公司
40.浙江庆盛控股集团有限公司
41.宝业集团股份有限公司
42.浙江宏达金属冶炼有限公司
43.浙江海亮股份有限公司
44.浙江绍兴三锦石化有限公司
45.越美集团有限公司
46.绍兴诚邦化纤有限公司
47.浙江金鑫化纤有限公司
48.浙江兴日铁金属薄板有限公司
49.绍兴中成热电有限公司
50.浙江绍兴昕欣纺织有限公司

# 2013 年度绍兴市主要行业排头兵企业评价结果(续二)

| 纺织行业工业企业销售收入 30 强 | 纺织行业工业企业创利 30 强 |
|---|---|
| 1.浙江新纵横投资有限公司 | 1.浙江永利实业集团有限公司 |
| 2.浙江永通染织集团有限公司 | 2.绍兴亿丰化纤有限公司 |
| 3.绍兴亿丰化纤有限公司 | 3.浙江天圣化纤有限公司 |
| 4.浙江永利实业集团有限公司 | 4.浙江四海氨纶纤维有限公司 |
| 5.浙江天圣化纤有限公司 | 5.太子龙控股集团有限公司 |
| 6.浙江南方石化工业有限公司 | 6.绍兴华茂化纤有限公司 |
| 7.浙江古纤道新材料股份有限公司 | 7.诸暨华海氨纶有限公司 |
| 8.绍兴诚邦化纤有限公司 | 8.浙江越红控股集团有限公司 |
| 9.浙江金鑫化纤有限公司 | 9.绍兴紫薇化纤有限公司 |
| 10.浙江华孚色纺有限公司 | 10.浙江庆盛控股集团有限公司 |
| 11.绍兴华茂化纤有限公司 | 11.越美集团有限公司 |
| 12.天龙控股集团有限公司 | 12.绍兴诚邦化纤有限公司 |
| 13.浙江赐富化纤有限公司 | 13.浙江金鑫化纤有限公司 |
| 14.雄峰控股集团有限公司 | 14.浙江绍兴昕欣纺织有限公司 |
| 15.浙江稽山控股集团有限公司 | 15.绍兴国周控股集团有限公司 |
| 16.浙江庆盛控股集团有限公司 | 16.裕隆控股集团有限公司 |
| 17.浙江越红控股集团有限公司 | 17.浙江红绿蓝纺织印染有限公司 |
| 18.绍兴紫薇化纤有限公司 | 18.浙江南方石化工业有限公司 |
| 19.裕隆控股集团有限公司 | 19.浙江永通染织集团有限公司 |
| 20.太子龙控股集团有限公司 | 20.浙江大和纺织印染服装（集团）有限公司 |
| 21.诸暨华海氨纶有限公司 | 21.浙江天洋控股集团有限公司 |
| 22.浙江大和纺织印染服装（集团）有限公司 | 22.浙江稽山控股集团有限公司 |
| 23.绍兴县鹏越纺织有限公司 | 23.富润控股集团有限公司 |
| 24.富润控股集团有限公司 | 24.浙江古纤道股份有限公司 |
| 25.越美集团有限公司 | 25.绍兴怡华纺织有限公司 |
| 26.浙江神鹰集团有限公司 | 26.浙江袜业有限公司 |
| 27.步森集团有限公司 | 27.绍兴明业印染有限公司 |
| 28.浙江古纤道股份有限公司 | 28.浙江正元集团有限公司 |
| 29.浙江古纤道绿色纤维有限公司 | 29.浙江洁丽雅股份有限公司 |
| 30.浙江五洋印染有限公司 | 30.浙江康隆达特种防护科技股份有限公司 |

# 2013年度绍兴市主要行业排头兵企业评价结果(续三)

| 建筑企业综合实力20强 | 房地产企业综合实力20强 |
|---|---|
| 1.浙江中成建工集团有限公司 | 1.绍兴龙嘉房地产开发有限公司 |
| 2.浙江宝业建设集团有限公司 | 2.浙江金昌房地产集团有限公司 |
| 3.中设建工集团有限公司 | 3.绍兴市金地申兴房地产发展有限公司 |
| 4.五洋建设集团股份有限公司 | 4.绍兴金科房地产有限公司 |
| 5.中厦建设集团有限公司 | 5.绍兴中冶新域置业有限公司 |
| 6.浙江展诚建设集团股份有限公司 | 6.绍兴金绿泉置业有限公司 |
| 7.浙江八达建设集团有限公司 | 7.绍兴县赞成置业有限公司 |
| 8.浙江天工建设集团有限公司 | 8.绍兴宝业四季园房地产有限公司 |
| 9.东方建设集团有限公司 | 9.绍兴恒大置业有限公司 |
| 10.浙江亚厦装饰股份有限公司 | 10.浙江金城控股集团有限公司 |
| 11.华升建设集团有限公司 | 11.坤和建设（绍兴）有限公司 |
| 12.浙江勤业建工集团有限公司 | 12.诸暨市越都置业有限公司 |
| 13.长业建设集团有限公司 | 13.诸暨菲达置业有限公司 |
| 14.浙江中富建筑集团股份有限公司 | 14.卧龙地产集团股份有限公司 |
| 15.浙江万达建设集团有限公司 | 15.华城地产集团有限公司 |
| 16.浙江林盛建设发展有限公司 | 16.绍兴信达建设开发有限公司 |
| 17.浙江舜江建设集团有限公司 | 17.绍兴景瑞置业有限公司 |
| 18.浙江暨阳建设集团有限公司 | 18.诸暨鸿迪祥生房地产开发有限公司 |
| 19.中鑫建设集团有限公司 | 19.绍兴柏盛房地产开发有限公司 |
| 20.浙江中联建设集团有限公司 | 20.浙江祥生房地产开发有限公司 |

# 2013年度绍兴市主要行业排头兵企业评价结果(续四)

| 商场销售十强 | 商场利润十强 |
|---|---|
| 1.浙江供销超市有限公司 | 1.浙江上百贸易有限公司 |
| 2.诸暨雄风百货广场有限公司 | 2.绍兴市国商大厦有限责任公司 |
| 3.浙江上百贸易有限公司 | 3.绍兴大通商城股份有限公司 |
| 4.绍兴大通商城股份有限公司 | 4.浙江供销超市有限公司 |
| 5.浙江省诸暨第一百货有限公司 | 5.嵊州市国商大厦有限公司 |
| 6.绍兴市国商大厦有限责任公司 | 6.新昌县国贸实业有限公司 |
| 7.绍兴大通超市有限公司 | 7.浙江震元医药连锁有限公司 |
| 8.绍兴英特大通医药有限公司 | 8.诸暨雄风百货广场有限公司 |
| 9.嵊州市国商大厦有限公司 | 9.绍兴市千客隆超市有限公司 |
| 10.浙江天宝坊黄金珠宝有限公司 | 10.诸暨市华天商贸有限公司 |

# 2013 年度绍兴市主要行业排头兵企业评价结果(续五)

## 全市二十大交易市场

1.浙江绍兴中国轻纺城

2.钱清中国轻纺原料城

3.绍兴越州轻纺工贸园区

4.浙江大唐轻纺袜业城

5.诸暨华东汽配水暖城

6.诸暨华东国际珠宝城

7.诸暨市小商品市场

8.绍兴市蔬菜果品批发交易市场

9.新昌县江南名茶市场

10.浙江石狮商贸城

11.绍兴染料城

12.诸暨市农副产品批发市场

13.浙江南方五金城

14.浙江农副产品批发市场

15.绍兴大通集团公司农副产品批发交易市场

16.浙江嵊州（中国）领带城

17.绍兴金德隆五金机电城

18.绍兴市大昌水产批发市场

19.绍兴市永宁废旧金属交易市场

20.浙江亚太粮食批发交易市场

# 一

# 综　合

# CHAPTER 1 GENERAL SURVEY

# 地区生产总值及发展指数

## Gross Domestic Product and Its Indices

(1978年=100)

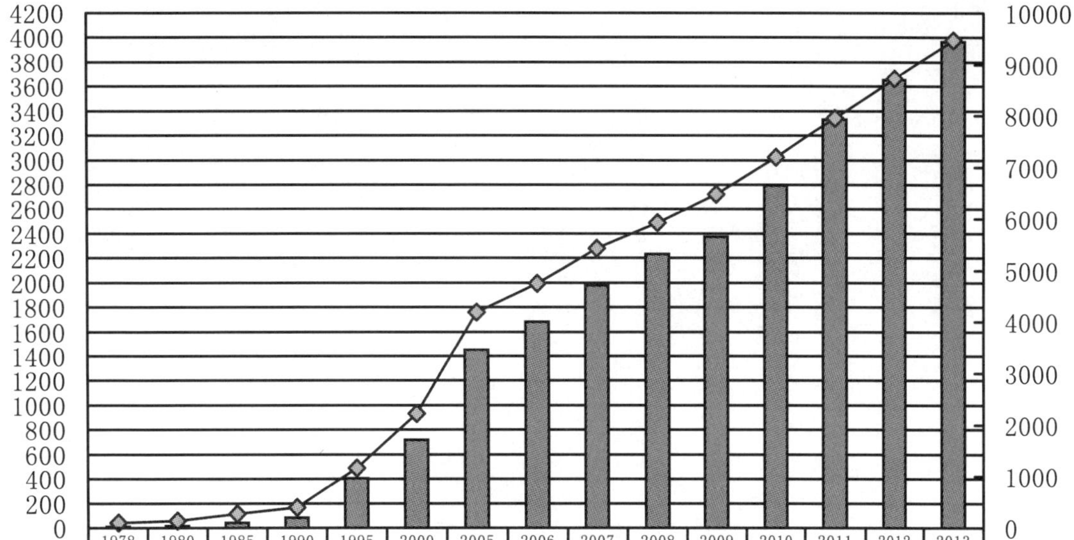


| | 1978 | 1980 | 1985 | 1990 | 1995 | 2000 | 2005 | 2006 | 2007 | 2008 | 2009 | 2010 | 2011 | 2012 | 2013 |
|---|---|---|---|---|---|---|---|---|---|---|---|---|---|---|---|
| GDP(亿元) | 11 | 17 | 40 | 82 | 405 | 717 | 1450 | 1682 | 1979 | 2230 | 2376 | 2795 | 3332 | 3654 | 3967 |
| 发展指数 | 100 | 131 | 269 | 395 | 1170 | 2215 | 4185 | 4742 | 5429 | 5929 | 6483 | 7196 | 7952 | 8723 | 9465 |

# 地区生产总值三次产业构成

## Composition of Gross Domestic Product

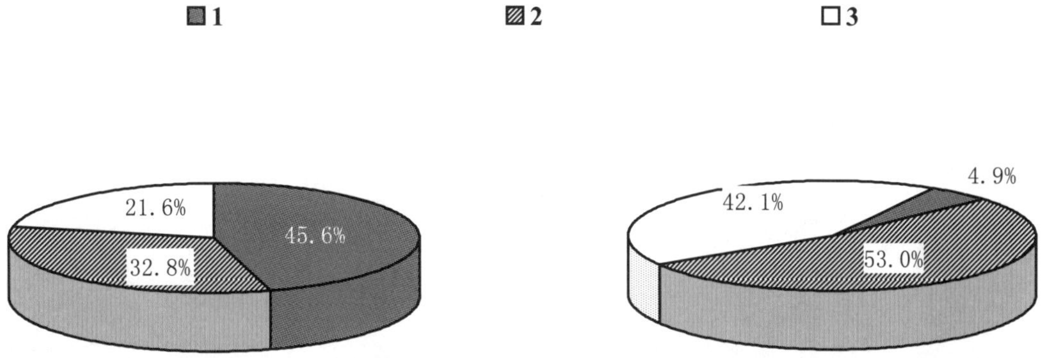


1978年　　　　2013年

# 行政区划及自然资源

## 行政区划

绍兴简称绍。下辖三区二市一县：越城区、柯桥区、上虞区、诸暨市、嵊州市和新昌县。全市共有乡 15 个、镇 79 个、街道 24 个、居委会 498 个，行政村 2176 个。

## 位　　置

绍兴市位于浙江省中北部，钱塘江口以南，介于北纬 29° 13′ 36″ 至 30° 16′ 17″，东经 119° 53′ 02″ 至 121° 13′ 38″ 之间。东连宁波市，南接台州和金华市，西接杭州市，北隔钱塘江与嘉兴相望。东西长 130.03 公里，南北宽 116.86 公里，海岸线长 40 公里，总面积 8279 平方公里。

## 地　　貌

绍兴处于浙西山地丘陵、浙东丘陵山地和浙北平原三大地貌单元的交接地带，地貌比较复杂。境内地势南高北低，由北部绍虞平原向南逐渐过渡为丘陵山地。全市地貌可概括为“四山三盆两江一平原”。山地丘陵构成“山”字形的骨架，其中部会稽山脉主峰东白山，海拔 1194.6 米，为全市的最高峰。

## 面　　积

全市总面积 8279 平方公里，市区建成区面积为 197.46 平方公里。

## 河　　流

绍兴河道密布、湖泊众多，向以“水乡泽国”享誉海内外。境内主要有汇入钱塘江的曹娥江、浦阳江、鉴湖水系；浙东运河东西横贯北部，与南北向河流沟通，交织成北部平原区河密率很高的河网水系。

## 气　　候

绍兴地处亚热带季风气候区，季风显著，四季分明，气候温和，湿润多雨。年平均气温在 17.9℃左右，年降水量 1463.7 毫米左右。

# Administrative Divisions & Natural Resources

## Administrative Divisions

Shaoxing is called Shao in short. It governs three district, two county-level cities and one county: Yuecheng District, Keqiao District, Shangyu District, Zhuji city, Shengzhou city and Xinchang County. There are 15 small towns, 79 towns, 24 sub-districts, 498 neighborhood committee and 2176 villages in Shaoxing.

## Location

Shaoxing lies in the center-north of Zhejiang, on the south of Qiangtang River, between 29° 13′ 36″ N to 30° 16′ 17″ N, and 119° 53′ 02″ E to 121° 13′ 38″ E. It borders on Ningbo on the east, Taizhou and Jinhua on the south, Hangzhou on the west and Jaxing on the north across the Qiantang River. It spans 130.03 km long from east to west, 116.86 km wide from north to south. The coastline stretches for 40 km. The total area of the city is 8279 square kilometers.

## Topography

Shaoxing is situated at the junction belt of three different topography units, with a rather diversified topography. Within its territory, the south is higher than the north, changing from plain area of north to the hilly regions of south. The topography of the city can be summarized as "40 percent mountain, 30 percent basin, 20 percent river and 10 percent plain". The mountainous and hilly region forms a structure of W shape. The highest peak of the city is the 1194.6 meter high Dongbai Mt, main peak of Kuaiji Mountain.

## Area

The total area of Shaoxing is 8279 sq. km. the Built-up Urban District covers197.46 sq.km.

## Rivers

Shaoxing has been long widely renowned as a "land of waters", thanks to its dense rivers and numerous lakes. There are mainly the Cao'e River, Puyang River and Jianhu Water System within its territory. The East Zhejiang Canal flows through the city from west to east, interwoven with the local rivers a dense network of rivers in the north plain region.

## Climate

Shaoxing's climate belongs to monsoon of subtropical moist marine climate zone, with distinct four seasons, Shaoxing has a mild climate with plenty rainfall. Average temperature of the year is around 17.9℃ and annual precipitation is around 1463.7millimeter.

# 1-1 绍兴市行政区划

## Divisions of Administrative Areas

单位：个 (unit)

| 年份 (地区) | Year (Region) | 镇 Town | 乡 Township | 街道 Subdistrict | 社区(居民)委员会 Community (Neighborhood) Committee | 村民委员会 Villager Committee | 土地面积(平方公里) Area of Land (sq.km) |
|---|---|---|---|---|---|---|---|
| | 1985 | 56 | 273 | 4 | | 5164 | 8256 |
| | 1990 | 81 | 243 | 4 | | 5161 | 8256 |
| | 1995 | 100 | 36 | 5 | 317 | 5142 | 8256 |
| | 1996 | 102 | 34 | 5 | 341 | 5146 | 8256 |
| | 1997 | 102 | 34 | 6 | 359 | 5146 | 8256 |
| | 1998 | 102 | 34 | 6 | 371 | 5145 | 8256 |
| | 1999 | 102 | 34 | 6 | 406 | 5125 | 8256 |
| | 2000 | 101 | 34 | 6 | 424 | 5124 | 8256 |
| | 2001 | 80 | 18 | 20 | 336 | 5141 | 8256 |
| | 2002 | 80 | 18 | 20 | 235 | 5102 | 8256 |
| | 2003 | 80 | 18 | 20 | 299 | 4625 | 8256 |
| | 2004 | 80 | 18 | 20 | 427 | 4446 | 8256 |
| | 2005 | 80 | 17 | 20 | 399 | 4077 | 8256 |
| | 2006 | 79 | 15 | 23 | 436 | 2939 | 8256 |
| | 2007 | 79 | 15 | 24 | 437 | 2890 | 8256 |
| | 2008 | 79 | 15 | 24 | 458 | 2222 | 8256 |
| | 2009 | 79 | 15 | 24 | 480 | 2195 | 8256 |
| | 2010 | 79 | 15 | 24 | 488 | 2188 | 8256 |
| | 2011 | 79 | 15 | 24 | 479 | 2186 | 8256 |
| | 2012 | 79 | 15 | 24 | 482 | 2186 | 8256 |
| | 2013 | 79 | 15 | 24 | 498 | 2176 | 8279 |
| **分区、县(市)** | **Grouped By District and County(city)** | | | | | | |
| 越城区 | Yuecheng District | 10 | – | 7 | 160 | 251 | 493 |
| 柯桥区 | Keqiao District | 12 | – | 4 | 107 | 251 | 1066 |
| 上虞区 | Shangyu District | 15 | 3 | 3 | 104 | 339 | 1406 |
| 诸暨市 | Zhuji City | 23 | 1 | 3 | 67 | 468 | 2311 |
| 嵊州市 | Shengzhou City | 11 | 6 | 4 | 42 | 452 | 1789 |
| 新昌县 | Xinchang County | 8 | 5 | 3 | 18 | 415 | 1214 |

# 1-2 分区、县（市）乡、镇、街道名称（2013年末）

## Names of Townships，Towns and Subdistricts in Each District and County (City)(End of 2013)

| 地 区<br>Region | 乡、镇、街道数<br>Number | 乡、镇、街道名称<br>Townships，Towns and Subdistricts |
|---|---|---|
| **市 区<br>Urban District** | | |
| 越城区<br>Yuecheng District | 17 | 塔山街道、府山街道、蕺山街道、北海街道、城南街道、稽山街道、迪荡街道、东湖镇、灵芝镇、东浦镇、鉴湖镇、皋埠镇、马山镇、斗门镇、孙端镇、富盛镇、陶堰镇<br>Tashan Subdistrict、Fushan Subdistrict、Jishan Subdistrict、Beihai Subdistrict、Chengnan Subdistrict、Jishan Subdistrict、Didang Subdistrict、 Donghu Town、Lingzhi Town、Dongpu Town、Jianhu Town、Gaobu Town、Mashan Town、Doumen Town、Sunduan Town、Fusheng Town、Taoyan Town |
| 柯桥区<br>Keqiao District | 16 | 柯桥街道、柯岩街道、华舍街道、湖塘街道、齐贤镇、钱清镇、福全镇、马鞍镇、平水镇、安昌镇、王坛镇、兰亭镇、稽东镇、杨汛桥镇、漓渚镇、夏履镇<br>Keqiao Subdistrict、Keyan Subdistrict、Huashe Subdistrict、Hutang Subdistrict、Qixian Town、Qianqing Town、Fuquan Town、Ma'an Town、Pingshui Town、Anchang Town、Wangtan Town、Lanting Town、Jidong Town、Yangxunqiao Town、Lizhu Town、Xialv Town |
| 上虞区<br>Shangyu District | 21 | 百官街道、曹娥街道、东关街道、道墟镇、长塘镇、上浦镇、汤浦镇、章镇镇、下管镇、丰惠镇、永和镇、梁湖镇、驿亭镇、小越镇、谢塘镇、盖北镇、崧厦镇、沥海镇、岭南乡、陈溪乡、丁宅乡<br>Baiguan Subdistrict、Chao'e Subdistrict、Dongguan Subdistrict、Daoxu Town、Changtang Town、Shaopu Town、Tangpu Town、Zhangzheng Town、Xiaguan Town、Fenghui Town、Yonghe Town、Lianghu Town、Yiting Town、Xiaoyue Town、Xietang Town、Gaibei Town、Songxia Town、Lihai Town、Lingnan Township、Chenxi Township、Dingzhai Township |
| **县(市)<br>County (Cities)** | | |
| 诸暨市<br>Zhuji City | 27 | 暨阳街道、浣东街道、陶朱街道、大唐镇、应店街镇、次坞镇、店口镇、阮市镇、直埠镇、江藻镇、山下湖镇、枫桥镇、赵家镇、马剑镇、五泄镇、草塔镇、王家井镇、牌头镇、同山镇、安华镇、街亭镇、璜山镇、陈宅镇、岭北镇、浬浦镇、东白湖镇、东和乡<br>Jiyang Subdistrict、Huandong Subdistrict、Taozhu Subdistrict、Datang Town、Yingdian Town、Ciwu Town、Diankou Town、Ruanshi Town、Zhibu Town、Jiangzao Town、Shanxiahu Town、Fengqiao Town、Zhaojia Town、Majian Town、Wuxie Town、Caota Town、Wangjiajing Town、Paitou Town、Tongshan Town、Anhua Town、Jieting Town、Huangshan Town、Chenzhai Town、Lingbei Town、Lipu Town、 Dongbaihu Town、Donghe Township |
| 嵊州市<br>Shengzhou City | 21 | 鹿山街道、剡湖街道、三江街道、浦口街道、甘霖镇、长乐镇、黄泽镇、三界镇、崇仁镇、石璜镇、仙岩镇、谷来镇、金庭镇、北漳镇、下王镇、雅璜乡、竹溪乡、通源乡、里南乡、贵门乡、王院乡<br>Lushan Subdistrict、Shanhu Subdistrict、Sanjiang Subdistrict、Pukou Subdistrict、Ganlin Town、Changle Town、Huangze Town、Sanjie Town、Chongren Town、Shihuang Town、Xianyan Town、Gulai Town、JinTing Town、Beizhang Town、Xiawang Town、Yahuang Township、Zhuxi Township、Tongyuan Township、Linan Township、Guimen Township、Wangyuan Township |
| 新昌县<br>Xinchang County | 16 | 羽林街道、南明街道、七星街道、澄潭镇、梅渚镇、镜岭镇、回山镇、儒岙镇、大市聚镇、小将镇、沙溪镇、城南乡、东茗乡、双彩乡、新林乡、巧英乡<br>Yulin Subdistrict、Nanming Subdistrict、Qixing Subdistrict、Chengtan Town、Meizhu Town、Jingling Town、Huishan Town、Ru'ao Town、Dashiju Town、Xiaojiang Town、Shaxi Town、Chengnan Township、Dongming Township、Shuangcai Township、Xinlin Township、Qiaoying Township |

# 1－3 各区、县（市）日照时数（2013年）

## Sunshine Hours in Each District and County (City) (2013)

单位：小时　　(hour)

| 地区 | Region | 全年 Annual Total | 1月 Jan. | 2月 Feb. | 3月 Mar. | 4月 Apr. | 5月 May | 6月 June | 7月 July | 8月 Aug. | 9月 Sept. | 10月 Oct. | 11月 Nov. | 12月 Dec. |
|---|---|---|---|---|---|---|---|---|---|---|---|---|---|---|
| 柯桥区 | Keqiao District | 1989.7 | 96.2 | 49.0 | 145.7 | 177.2 | 179.0 | 95.7 | 337.4 | 262.5 | 188.6 | 159.2 | 170.9 | 128.3 |
| 上虞区 | Shangyu District | 1931.5 | 95.1 | 53.3 | 151.0 | 183.7 | 173.7 | 99.9 | 330.1 | 243.8 | 185.2 | 139.6 | 151.7 | 124.4 |
| 诸暨市 | Zhuji City | 1987.7 | 106.8 | 43.6 | 153.1 | 170.0 | 181.1 | 89.1 | 323.3 | 255.6 | 187.6 | 159.2 | 164.8 | 153.5 |
| 嵊州市 | Shengzhou City | 1757.7 | 91.3 | 40.2 | 136.2 | 164.8 | 161.9 | 66.3 | 288.1 | 229.7 | 183.1 | 136.3 | 149.7 | 110.1 |
| 新昌县 | Xinchang County | 2028.2 | 118.9 | 52.4 | 150.1 | 175.3 | 173.8 | 96.4 | 338.1 | 256.9 | 204.0 | 163.3 | 170.3 | 128.7 |

# 1－4 各区、县（市）降水量（2013年）

## Precipitation in Each District and County (City) (2013)

单位：毫米　　(millimeter)

| 地区 | Region | 全年 Annual Total | 1月 Jan. | 2月 Feb. | 3月 Mar. | 4月 Apr. | 5月 May | 6月 June | 7月 July | 8月 Aug. | 9月 Sept. | 10月 Oct. | 11月 Nov. | 12月 Dec. |
|---|---|---|---|---|---|---|---|---|---|---|---|---|---|---|
| 柯桥区 | Keqiao District | 1706.3 | 45.2 | 83.9 | 144.0 | 112.9 | 129.2 | 311.7 | 10.5 | 274.6 | 75.9 | 402.4 | 31.4 | 84.6 |
| 上虞区 | Shangyu District | 1729.3 | 41.8 | 88.5 | 115.7 | 114.8 | 67.9 | 297.1 | 26.5 | 330.2 | 67.7 | 456.7 | 34.3 | 88.1 |
| 诸暨市 | Zhuji City | 1276.9 | 37.5 | 88.8 | 152.1 | 178.1 | 72.8 | 278.1 | 18.4 | 126.2 | 33.9 | 161.1 | 40.1 | 89.8 |
| 嵊州市 | Shengzhou City | 1224.0 | 21.4 | 79.4 | 146.2 | 133.8 | 52.2 | 277.0 | 10.3 | 183.7 | 19.0 | 164.4 | 45.2 | 91.4 |
| 新昌县 | Xinchang County | 1382.0 | 27.9 | 81.6 | 136.6 | 112.8 | 86.1 | 295.5 | 23.9 | 214.8 | 39.6 | 208.5 | 53.7 | 101.0 |

# 1－5 各区、县（市）平均气温（2013年）

## Average Temperature in Each District and County (City) (2013)

单位：摄氏度　　(℃)

| 地区 | Region | 年平均 Annual Average | 1月 Jan. | 2月 Feb. | 3月 Mar. | 4月 Apr. | 5月 May | 6月 June | 7月 July | 8月 Aug. | 9月 Sept. | 10月 Oct. | 11月 Nov. | 12月 Dec. |
|---|---|---|---|---|---|---|---|---|---|---|---|---|---|---|
| 柯桥区 | Keqiao District | 18.5 | 4.5 | 7.3 | 12.4 | 17.2 | 23.5 | 25.3 | 32.8 | 31.9 | 25.6 | 20.0 | 14.4 | 6.9 |
| 上虞区 | Shangyu District | 17.7 | 4.3 | 7.3 | 11.8 | 16.4 | 22.8 | 24.8 | 31.7 | 30.8 | 25.0 | 19.1 | 13.2 | 5.6 |
| 诸暨市 | Zhuji City | 17.9 | 4.5 | 7.5 | 12.4 | 16.7 | 23.3 | 24.9 | 32.0 | 31.2 | 25.1 | 19.0 | 13.1 | 5.6 |
| 嵊州市 | Shengzhou City | 17.8 | 4.6 | 7.6 | 12.2 | 16.5 | 22.8 | 24.7 | 31.4 | 30.7 | 25.0 | 18.9 | 13.1 | 5.8 |
| 新昌县 | Xinchang County | 17.6 | 4.4 | 7.6 | 12.0 | 16.3 | 22.6 | 24.7 | 31.4 | 30.8 | 24.5 | 18.6 | 12.7 | 5.5 |

# 1－6 全市国民经济和社会发展主要指标

| 指　　标 | Item | 1978 |
|---|---|---|
| **人　口　　(万人)** | **Population　(10 000 persons)** | |
| 年末户籍人口 | Year-end Population | 378.43 |
| #农业人口 | Non-agricultural Population | 346.82 |
| **就业与劳动工资** | **Employment and Wage** | |
| 年末全社会从业人员　(万人) | Employed Persons (year-end)　(10 000 persons) | |
| #城镇以上单位在岗职工 | Staff and Workers at work in Urban Units | |
| 城镇以上单位在岗职工平均工资(元) | Average Wages of Staff and Workers at work in Urban Units　(yuan) | |
| **国民核算** | **National Accounting** | |
| 地区生产总值(现价)　(亿元) | Gross Domestic Product　(100 million yuan) | 11.29 |
| 人均地区生产总值　(元) | Per Capita GDP　(yuan) | 299 |
| **农　业** | **Agriculture** | |
| 农林牧渔业总产值　(亿元) | Farming,Forestry,Animal Husbandry and Fishery (100 million yuan) | 7.09 |
| **工　业　　(亿元)** | **Industry　(100 million yuan)** | |
| 全部工业总产值 | Gross Industrial Output Value | 9.34 |
| #规模以上工业 | All above Designated Size Industrial Enterprises | |
| **运输邮电** | **Transportation and Postal** | |
| 全社会货运量　(万吨) | Passenger Traffic of the Whole Society　(10 000 tons) | 693 |
| 全社会客运量　(万人次) | Passenger Traffic of the Whole Society　(10 000 persons) | 1509 |
| 邮电业务收入　(亿元) | Postal and Telecommunication Business Income　(100 million yuan) | |
| **国内贸易** | **Domestic Trade** | |
| 社会消费品零售总额　(亿元) | Total Retail Sales of Consumer Goods　(100 million yuan) | 3.68 |
| **对外经济和国际旅游　(万美元)** | **Foreign Trade and International Tourism　(USD 10 000)** | |
| 1.进出口总额(海关) | Total Exports and Imports | |
| #自营出口总额 | Exports | |
| 2.协议(合同)外资金额 | Amount of Foreign Capital in the Signed Agreements & Contracts | |
| 实际利用外资 | Amount of Foreign Capital Actually Utilized | |
| 3.接待境外旅游者人数　(万人) | Number of Foreign Tourists　(10 000 persons) | 0.17 |
| **电　力　　(亿千瓦时)** | **Electricity　(100 million kwh)** | |
| 全社会用电量 | Electricity Consumption of the Whole Society | 4.49 |
| #工业用电 | Electricity Consumption of Industry | 3.44 |
| 生活用电 | Electricity Consumption by Residents | 0.34 |
| **固定资产投资　　(亿元)** | **Investment in Fixed Assets　(100 million yuan)** | |
| 固定资产投资 | Investment in Fixed Assets | |
| #房地产开发投资 | Investment in Real Estate Development | |

注：①2003 年始，社会消费零售不包括制造业、农业生产者直接销售部分。 ②2009 年起，金融系统存贷款由人民币口径改为本外币口径。③“城镇以上单位在岗职工平均工资”2007 年及以前为“城镇以上单位职工平均工资”。④“固定资产投资”2010 年及以前为“全社会固定资产投资”。

# National Economy and Social Development Indicators of Shaoxing

| 1985 | 1990 | 1995 | 2000 | 2005 | 2006 | 2007 | 2008 | 2009 | 2010 | 2011 | 2012 | 2013 |
|---|---|---|---|---|---|---|---|---|---|---|---|---|
| 394.88 | 412.67 | 424.70 | 432.69 | 435.09 | 435.50 | 436.24 | 437.06 | 437.74 | 438.91 | 440.01 | 440.83 | 441.66 |
| 344.66 | 359.06 | 359.65 | 352.02 | 308.38 | 303.26 | 299.92 | 297.09 | 294.27 | 290.38 | 287.94 | 284.24 | 281.49 |
| | | 293.58 | 274.45 | 284.83 | 293.72 | 300.88 | 315.37 | 328.99 | 341.81 | 343.28 | 343.90 | 344.39 |
| | 41.79 | 43.61 | 37.35 | 58.09 | 60.85 | 60.08 | 78.34 | 91.75 | 102.99 | 113.57 | 117.68 | 135.54 |
| | 2161 | 6716 | 11428 | 24440 | 26745 | 29807 | 30636 | 32502 | 35125 | 39810 | 45614 | 50380 |
| 40.04 | 82.38 | 404.70 | 716.85 | 1449.81 | 1682.04 | 1978.72 | 2230.20 | 2375.78 | 2795.20 | 3332.00 | 3654.03 | 3967.29 |
| 1016 | 2002 | 9561 | 16586 | 33336 | 38641 | 45397 | 51075 | 54316 | 63770 | 75820 | 82966 | 89911 |
| 15.90 | 29.03 | 83.27 | 118.31 | 141.40 | 142.56 | 162.60 | 178.14 | 190.06 | 225.80 | 260.17 | 278.77 | 291.21 |
| 60.03 | 169.72 | 939.05 | 1855.31 | 4290.97 | 5118.99 | 6218.60 | 6953.51 | 7127.14 | 8623.86 | 10434.88 | 11511.25 | 12574.71 |
| | | | 1045.13 | 3215.07 | 3910.87 | 4869.01 | 5390.20 | 5518.91 | 6797.39 | 7932.68 | 8551.25 | 9339.31 |
| 1142 | 2517 | 6531 | 6470 | 9559 | 10119 | 11032 | 11273 | 8528 | 8931 | 8899 | 9274 | 9871 |
| 4162 | 4134 | 9574 | 11753 | 14202 | 14989 | 15878 | 16340 | 17088 | 17398 | 17415 | 17512 | 17546 |
| | | | 19.58 | 34.19 | 36.50 | 41.24 | 45.69 | 47.34 | 48.87 | 53.64 | 58.10 | 61.80 |
| 14.77 | 31.40 | 115.88 | 215.36 | 382.80 | 443.34 | 520.21 | 626.55 | 771.90 | 852.89 | 1006.75 | 1158.66 | 1318.39 |
| | 3349 | 49137 | 166245 | 1048473 | 1394914 | 1929473 | 2382668 | 2049048 | 2701612 | 3350542 | 3209794 | 3336958 |
| | 3338 | 44917 | 127735 | 814162 | 1050294 | 1381235 | 1749502 | 1576149 | 2108906 | 2598605 | 2555689 | 2791629 |
| | 1132 | 26166 | 16642 | 202139 | 216311 | 236516 | 166823 | 94194 | 144641 | 115468 | 83173 | 93903 |
| | 503 | 12959 | 11598 | 90095 | 97188 | 110476 | 77235 | 81117 | 95327 | 80468 | 95400 | 80782 |
| 0.47 | 0.80 | 2.71 | 4.80 | 20.19 | 28.03 | 36.09 | 39.88 | 43.17 | 52.28 | 60.35 | 68.68 | 69.63 |
| 10.54 | 19.89 | 42.42 | 77.67 | 185.52 | 214.44 | 239.58 | 244.13 | 258.87 | 295.68 | 324.60 | 337.71 | 359.56 |
| 8.46 | 15.51 | 34.01 | 63.29 | 158.62 | 183.25 | 203.65 | 204.19 | 215.20 | 245.27 | 268.68 | 276.83 | 290.81 |
| 1.05 | 2.52 | 4.91 | 7.03 | 13.47 | 15.88 | 18.17 | 20.37 | 22.04 | 24.83 | 27.20 | 29.86 | 34.49 |
| 9.12 | 17.21 | 162.31 | 247.18 | 676.13 | 765.75 | 843.37 | 915.75 | 1055.03 | 1245.56 | 1426.26 | 1722.56 | 2001.99 |
| | | | 36.15 | 103.33 | 128.57 | 178.59 | 202.06 | 210.46 | 297.80 | 403.24 | 467.71 | 536.99 |

Note: a) From the year 2003, the social consumption and wholesale value does not include the manufacturing and agricultural direct sales. b) The deposit and loan of financial systems use RMB and foreign Currency instead of RMB from 2009. c) Staff and workers at work in Urban Units'statistical approach is staff and works in Urban Units in the year of 1978-2008. d)"Investment in Fixed Assets" is "Investment in Fixed Assets of the Whole Society "in 2010 and before.

## 1-6 续表

| 指　　标 | | Item | | 1978 |
|---|---|---|---|---|
| **财　　政** | **(亿元)** | **Public Finance** | **(100 million yuan)** | |
| 财政收入 | | Financial Revenue | | 1.86 |
| #公共财政预算收入 | | Pulic Financial Revenue | | |
| 公共财政预算支出 | | Public Financial Expenditures | | 0.74 |
| **金　　融** | **(亿元)** | **Finance** | **(100 million yuan)** | |
| 金融机构年末存款余额 | | Deposit Balance of Financial Institutions | | 2.29 |
| #城乡居民储蓄余额 | | Amount of Residential Saving Deposits in Urban and Rural Areas | | 0.69 |
| 金融机构年末贷款余额 | | Loans Balance of Financial Institutions | | 3.62 |
| **物价指数** | **(%)** | **Price Indices** | **(%)** | |
| 居民消费价格指数 | | Consumer Price Index | | |
| **人民生活** | **(元)** | **People's Livelihood** | **(yuan)** | |
| 农村居民人均纯收入 | | Per Capita Net Income of Rural Residents | | |
| 城镇居民人均可支配收入 | | Per Capita Disposable Income of Urban Households | | |
| **教　　育** | **(人)** | **Education** | **(person)** | |
| 在校学生数 | | Students Enrollment | | |
| 小　学 | (万人) | Primary Schools | (10 000 persons) | 49.29 |
| 初　中 | (万人) | Junior Schools | (10 000 persons) | 17.91 |
| 高　中 | (万人) | Senior Schools | (10 000 persons) | 6.06 |
| 普通高校 | | Regular Institutions of Higher Education | | 615 |
| 中等职业学校 | | Secondary Vocational Schools | | |
| 专任教师数 | | Full-time Teachers | | |
| 小　学 | | Primary Schools | | 16687 |
| 初高中 | | Junior & Senior Schools | | 10873 |
| 普通高校 | | Regular Institutions of Higher Education | | 63 |
| 中等职业学校 | | Secondary Vocational Schools | | |
| **卫　　生** | | **Health Care** | | |
| 卫生机构床位数 | (张) | Number of Healthcare Beds | (bed) | 5495 |
| #医院、卫生院 | | Hospitals | | |
| 卫生技术人员数 | (人) | Number of Medical Personnel | (person) | 6171 |
| #医　生 | | Doctors | | 2620 |

# Continued

| 1985 | 1990 | 1995 | 2000 | 2005 | 2006 | 2007 | 2008 | 2009 | 2010 | 2011 | 2012 | 2013 |
|---|---|---|---|---|---|---|---|---|---|---|---|---|
| | | | | | | | | | | | | |
| 5.72 | 10.12 | 20.60 | 47.87 | 150.56 | 184.73 | 237.12 | 274.65 | 298.53 | 349.25 | 426.45 | 469.31 | 502.15 |
| | | 9.52 | 24.54 | 76.13 | 94.55 | 122.12 | 143.60 | 160.43 | 193.23 | 239.69 | 265.76 | 293.07 |
| 2.16 | 4.59 | 10.96 | 25.76 | 80.04 | 95.49 | 113.76 | 144.09 | 169.54 | 221.95 | 253.31 | 278.71 | 312.11 |
| | | | | | | | | | | | | |
| 14.47 | 54.11 | 239.41 | 655.66 | 1864.89 | 2267.16 | 2639.27 | 3232.22 | 4139.54 | 4948.32 | 5510.14 | 5923.60 | 6461.73 |
| 7.37 | 34.08 | 162.88 | 398.93 | 889.10 | 1045.04 | 1086.85 | 1406.04 | 1707.01 | 1945.72 | 2227.67 | 2503.32 | 2735.52 |
| 17.19 | 50.32 | 193.64 | 458.51 | 1381.68 | 1700.85 | 2029.62 | 2419.88 | 3296.95 | 3934.27 | 4463.09 | 5129.15 | 5644.15 |
| | | | | | | | | | | | | |
| | | | | 101.2 | 101.4 | 103.7 | | | | | | |
| | | | | | | | | | | | | |
| 569 | 1212 | 3183 | 4982 | 7704 | 8619 | 9730 | 10950 | 12026 | 13651 | 15861 | 17706 | 19618 |
| | | | 9422 | 17516 | 19486 | 21971 | 24646 | 26874 | 30164 | 33273 | 36911 | 40454 |
| | | | | | | | | | | | | |
| 34.93 | 34.01 | 33.25 | 34.81 | 33.28 | 32.63 | 32.01 | 30.98 | 30.02 | 30.04 | 30.38 | 30.24 | 29.96 |
| 17.25 | 14.06 | 15.24 | 17.20 | 17.02 | 16.94 | 17.09 | 18.12 | 17.60 | 17.08 | 15.43 | 14.73 | 14.24 |
| 2.67 | 2.83 | 3.37 | 5.65 | 10.62 | 10.29 | 10.25 | 9.83 | 10.16 | 10.39 | 11.13 | 11.10 | 10.96 |
| 1238 | 1512 | 2313 | 5800 | 30702 | 38332 | 44103 | 50258 | 52898 | 53869 | 56455 | 59758 | 77532 |
| | | | 53673 | 80454 | 70151 | 69823 | 67497 | 66678 | 66039 | 69287 | 64422 | 60672 |
| 13315 | 13026 | 13005 | 14551 | 14527 | 14550 | 14646 | 14548 | 14625 | 14764 | 14837 | 15278 | 15632 |
| 8623 | 9197 | 9939 | 12537 | 16430 | 16715 | 16961 | 17201 | 17431 | 17876 | 18216 | 18476 | 18317 |
| 191 | 253 | 275 | 714 | 1946 | 2133 | 2300 | 2494 | 2561 | 2690 | 2761 | 2874 | 3807 |
| | | | 2768 | 2740 | 2816 | 2876 | 2815 | 2785 | 2663 | 2619 | 2699 | 2760 |
| | | | | | | | | | | | | |
| 6176 | 7767 | 8289 | 9719 | 12158 | 12883 | 13630 | 14007 | 14719 | 15820 | 16849 | 18796 | 20084 |
| | 7417 | 8055 | 9285 | 11195 | 11853 | 12595 | 13132 | 13759 | 14846 | 15678 | 17477 | 18826 |
| 8345 | 9940 | 11339 | 11284 | 16776 | 18013 | 18460 | 19295 | 20899 | 22155 | 23931 | 25722 | 27854 |
| 3673 | 5288 | 6113 | 5707 | 8074 | 8459 | 8827 | 8901 | 9298 | 9593 | 10091 | 10638 | 11605 |

## 1－7 越城区国民经济和社会发展主要指标

| 指　标 | Item | 1978 |
|---|---|---|
| **人　口　（万人）** | **Population (10 000 persons)** | |
| 年末总人口 | Year-end Population | |
| #农业人口 | Non-agricultural Population | |
| **就业与劳动工资** | **Employment** | |
| 城镇以上单位在岗职工人数 (万人) | Number of Staff and Workers in Urban Units (10 000 persons) | |
| 城镇以上单位在岗职工平均工资(元) | Average Wages of Staff and Workers in Urban Units (yuan) | |
| **国民核算** | **National Accounting** | |
| 地区生产总值(现价) (亿元) | Gross Domestic Product (100 million yuan) | 1.40 |
| 人均地区生产总值 (元) | Per Capita GDP (yuan) | |
| **农　业** | **Agriculture** | |
| 农林牧渔业总产值 (亿元) | Farming，Forestry，Animal Husbandry and Fishery (100 million yuan) | |
| **工　业　(亿元)** | **Industry (100 million yuan)** | |
| 规模以上工业 | All above Designated Size Industrial Enterprises | |
| **运输邮电** | **Transportation and Postal** | |
| 全社会货运量 (万吨) | Passenger Traffic of the Whole Society (10 000 tons) | |
| 全社会客运量 (万人次) | Passenger Traffic of the Whole Society (10 000 persons) | |
| 邮电业务收入 (亿元) | Postal and Telecommunication Business Income (100 million yuan) | |
| **国内贸易　(亿元)** | **Domestic Trade (100 million yuan )** | |
| 社会消费品零售总额 | Total Retail Sales of Consumer Goods | |
| **对外经济和国际旅游　(万美元)** | **Foreign Trade and International Tourism (USD 10 000)** | |
| 1.进出口总额（海关） | Total Exports and Imports | |
| #自营出口总额 | Exports | |
| 2.协议(合同)外资金额 | Amount of Foreign Capital in the Signed Agreements & Contracts | |
| 实际利用外资 | Amount of Foreign Capital Actually Utilized | |
| 3.接待境外旅游者人数 (万人) | Number of Foreign Tourists (10 000 persons) | |
| **电　力　(亿千瓦时)** | **Electricity (100 million kwh)** | |
| 全社会用电量 | Electricity Consumption of the Whole Society | |
| #工业用电 | Electricity Consumption of Industry | |
| 生活用电 | Electricity Consumption by Residents | |
| **固定资产投资　(亿元)** | **Investment in Fixed Assets (100 million yuan)** | |
| 全社会固定资产投资 | Investment in Fixed Assets | |
| #房地产开发投资 | Investment in Real Estate Development | |

注：①2003 年始，社会消费零售不包括制造业、农业生产者直接销售部分。②2000 年、2002 年、2003 年市区行政区划曾有调整。③2009 年起，金融系统存贷款由人民币口径改为本外币口径。④“城镇以上单位在岗职工平均工资”2007 年及以前为“城镇以上单位职工平均工资”。⑤“固定资产投资”2010 年及以前为“全社会固定资产投资”。⑥2013 年 GDP 均为快报数。

# National Economy and Social Development Indicators of Yuecheng District

| 1985 | 1990 | 1995 | 2000 | 2005 | 2006 | 2007 | 2008 | 2009 | 2010 | 2011 | 2012 | 2013 |
|---|---|---|---|---|---|---|---|---|---|---|---|---|
| | | | | | | | | | | | | |
| 25.09 | 27.80 | 30.63 | 59.09 | 64.84 | 64.89 | 64.99 | 64.90 | 64.90 | 65.04 | 65.26 | 65.55 | 74.46 |
| 9.37 | 9.82 | 9.46 | 30.17 | 18.94 | 18.56 | 18.17 | 17.90 | 17.52 | 16.86 | 16.39 | 15.93 | 22.79 |
| | | | | | | | | | | | | |
| | 11.55 | 12.75 | 9.73 | 18.47 | 19.41 | 20.55 | 18.32 | 27.79 | 25.65 | 28.21 | 29.74 | 33.20 |
| | 2378 | 7511 | 12206 | 23232 | 24680 | 26982 | 28565 | 31125 | 33110 | 39764 | 47078 | 51561 |
| | | | | | | | | | | | | |
| 6.51 | 13.74 | 50.53 | 111.26 | 258.91 | 297.77 | 344.24 | 381.13 | 407.58 | 466.70 | 546.45 | 591.98 | 667.42 |
| 2631 | 4968 | 16651 | 18940 | 40048 | 45904 | 53010 | 58687 | 62801 | 71836 | 83879 | 90513 | 89792 |
| | | | | | | | | | | | | |
| 0.39 | 0.79 | 2.67 | 10.76 | 9.92 | 9.03 | 10.87 | 10.44 | 9.98 | 11.49 | 12.79 | 12.74 | 21.16 |
| | | | | | | | | | | | | |
| | | | 159.95 | 592.88 | 729.90 | 876.42 | 900.24 | 822.56 | 967.55 | 1127.51 | 1124.27 | 1245.06 |
| | | | | | | | | | | | | |
| 166 | 346 | 434 | 516 | 978 | 1032 | 1196 | 1214 | 1040 | 1001 | 1016 | 1072 | 1151 |
| 1336 | 911 | 1048 | 1908 | 2296 | 2419 | 2562 | 2627 | 2747 | 3096 | 3073 | 2840 | 2845 |
| | | | 5.56 | 9.61 | 10.41 | 12.19 | 12.82 | 13.38 | 13.3 | 25.87 | 28.78 | 30.02 |
| | | | | | | | | | | | | |
| 3.40 | 6.36 | 22.72 | 44.32 | 95.04 | 109.84 | 128.68 | 162.04 | 189.39 | 253.74 | 296.51 | 329.40 | 344.00 |
| | | | | | | | | | | | | |
| | | 17141 | 40358 | 223390 | 303739 | 408201 | 478583 | 401955 | 551791 | 728477 | 699460 | 788266 |
| | 1155 | 16046 | 28895 | 163379 | 211688 | 272598 | 338512 | 312961 | 431327 | 544916 | 524170 | 609227 |
| | | 5087 | 6342 | 43671 | 51816 | 48396 | 19218 | 18758 | 21264 | 21504 | 8239 | 12080 |
| | 59 | 4532 | 2857 | 20278 | 30086 | 24760 | 14283 | 13766 | 14656 | 14385 | 14132 | 15547 |
| | | 1.78 | 1.90 | 6.85 | 9.54 | 12.06 | 12.14 | 12.62 | 16.13 | 18.31 | 20.73 | 19.54 |
| | | | | | | | | | | | | |
| 3.24 | 4.35 | 7.29 | 15.70 | 35.35 | 39.70 | 43.31 | 43.27 | 42.31 | 48.52 | 53.25 | 54.86 | 58.99 |
| 2.93 | 3.80 | 5.99 | 12.66 | 28.32 | 31.89 | 34.09 | 33.26 | 31.11 | 35.7 | 39.13 | 39.62 | 42.02 |
| 0.14 | 0.27 | 0.55 | 1.17 | 2.84 | 3.35 | 3.82 | 4.19 | 4.65 | 5.19 | 5.61 | 6.07 | 7.02 |
| | | | | | | | | | | | | |
| 1.47 | 2.68 | 29.63 | 62.53 | 161.37 | 185.39 | 190.55 | 184.44 | 229.12 | 274.08 | 307.95 | 349.46 | 405.62 |
| | | | 13.80 | 32.67 | 35.09 | 52.74 | 58.31 | 65.57 | 81.33 | 112.26 | 150.87 | 171.44 |

Note: a) From the year 2003, the social consumption and wholesale value does not include the manufacturing and agricultural direct sales. b) The administration division was adjusted in the year of 2000, 2002 and 2003. c) The deposit and loan of financial systems use RMB and foreign Currency instead of RMB from 2009. d)Staff and workers at work in Urban Units'statistical approach is staff and works in Urban Units in the year of 1978-2008. e)"Investment in Fixed Assets" is "Investment in Fixed Assets of the Whole Society "in 2010 and before.f) The year of 2013's GDP is preliminary data,similarly hereinafter.

# 1-7 续表

| 指标 | | Item | | 1978 |
|---|---|---|---|---|
| **财　政** | **(亿元)** | **Public Finance** | **(100 million yuan)** | |
| 财政收入 | | Financial Revenue | | 0.08 |
| #公共财政预算收入 | | Pulic Financial Revenue | | |
| 公共财政预算支出 | | Public Financial Expenditures | | 0.06 |
| **金　融** | **(亿元)** | **Finance** | **(100 million yuan)** | |
| 金融机构年末存款余额 | | Deposit Balance of Financial Institutions | | 0.87 |
| #城乡居民储蓄余额 | | Amount of Saving Deposits in Urban and Rural Areas | | 0.28 |
| 金融机构年末贷款余额 | | Loans Balance of Financial Institutions | | 1.87 |
| **物价指数** | **(%)** | **Price Indices** | **(%)** | |
| 居民消费价格指数 | | Consumer Price Index of Urban Residents | | |
| 商品零售价格指数 | | Retail Price Index of Urban Residents | | |
| **人民生活** | **(元)** | **People's Livelihood** | **(yuan)** | |
| 城镇居民人均可支配收入 | | Per Capita Disposable Income of Urban Households | | |
| **教　育** | **(人)** | **Education** | **(person)** | |
| 在校学生数 | | Students Enrollment | | |
| 小　学 | (万人) | Primary Schools | (10 000 persons) | |
| 初　中 | (万人) | Junior Schools | (10 000 persons) | |
| 高　中 | (万人) | Senior Schools | (10 000 persons) | |
| 普通高校 | | Regular Institutions of Higher Education | | 615 |
| 专任教师数 | | Full-time Teachers | | |
| 小　学 | | Primary Schools | | |
| 初高中 | | Junior & Senior Schools | | |
| 普通高校 | | Regular Institutions of Higher Education | | 63 |
| **卫　生** | | **Health Care** | | |
| 卫生机构床位数 | (张) | Number of Healthcare Beds | (bed) | |
| #医院、卫生院 | | Hospitals | | |
| 卫生技术人员数 | (人) | Number of Medical Personnel | (person) | |
| #医　　生 | | Doctors | | |

Continued

| 1985 | 1990 | 1995 | 2000 | 2005 | 2006 | 2007 | 2008 | 2009 | 2010 | 2011 | 2012 | 2013 |
|---|---|---|---|---|---|---|---|---|---|---|---|---|
| | | | | | | | | | | | | |
| 1.55 | 2.67 | 5.41 | 13.01 | 37.70 | 47.57 | 59.87 | 69.16 | 74.75 | 83.46 | 98.16 | 103.76 | 108.12 |
| | | 2.60 | 7.32 | 21.18 | 26.83 | 33.86 | 38.96 | 43.01 | 48.33 | 59.22 | 63.75 | 67.46 |
| 0.54 | 1.04 | 2.46 | 7.18 | 22.27 | 27.19 | 29.82 | 38.43 | 40.58 | 55.57 | 63.53 | 68.74 | 73.19 |
| | | | | | | | | | | | | |
| 6.97 | 12.06 | 54.28 | 197.44 | 691.36 | 852.11 | 1014.65 | 1184.59 | 1496.50 | 1801.66 | 1963.18 | 2073.68 | 2219.33 |
| 3.25 | 6.21 | 24.10 | 89.39 | 262.07 | 313.16 | 327.05 | 420.40 | 498.72 | 552.89 | 632.98 | 679.69 | 717.14 |
| 8.43 | 13.49 | 51.05 | 152.72 | 543.14 | 649.23 | 785.93 | 915.21 | 1253.95 | 1513.82 | 1679.16 | 1941.71 | 2062.29 |
| | | | | | | | | | | | | |
| | 102.3 | 113.5 | 102.9 | 102.4 | 101.4 | 102.7 | 105.0 | 99.2 | 104 | 105.4 | 102.0 | 102.0 |
| | 101.8 | 112.9 | 98.7 | 101.4 | 100.9 | 102.1 | 106.9 | 99.7 | 103.9 | 105.0 | 101.4 | 101.0 |
| | | | | | | | | | | | | |
| | 1834 | 6025 | 9401 | 17319 | 19178 | 21717 | 23509 | 25418 | 27626 | 31368 | 34563 | 37881 |
| | | | | | | | | | | | | |
| 1.68 | 2.14 | 2.52 | 4.80 | 5.31 | 5.24 | 5.27 | 5.31 | 5.23 | 5.29 | 5.50 | 5.38 | 5.37 |
| 1.06 | 0.87 | 1.11 | 2.30 | 2.46 | 2.58 | 2.60 | 2.86 | 2.76 | 2.76 | 2.51 | 2.45 | 2.35 |
| 0.34 | 0.25 | 0.28 | 0.75 | 1.37 | 1.30 | 1.28 | 1.24 | 1.27 | 1.27 | 1.30 | 1.27 | 1.26 |
| 1238 | 1512 | 2313 | 5800 | 30702 | 38332 | 44103 | 50258 | 52898 | 53869 | 56455 | 59758 | 77532 |
| 635 | 744 | 876 | 1879 | 2086 | 2124 | 2157 | 2189 | 2255 | 2281 | 2350 | 2384 | 2384 |
| 615 | 704 | 795 | 1775 | 2193 | 2225 | 2240 | 2270 | 2301 | 2346 | 2413 | 2454 | 2509 |
| 191 | 253 | 275 | 714 | 1946 | 2133 | 2300 | 2494 | 2561 | 2690 | 2761 | 2874 | 3807 |
| | | | | | | | | | | | | |
| 1343 | 1677 | 1713 | 2150 | 2962 | 3132 | 3409 | 3517 | 3838 | 4168 | 4537 | 4814 | 4950 |
| | 1447 | 1563 | 1850 | 2452 | 2587 | 2859 | 3062 | 3371 | 3718 | 4050 | 4264 | 4420 |
| 1703 | 2021 | 2346 | 2338 | 4094 | 4196 | 4161 | 4351 | 4698 | 4883 | 5292 | 5793 | 6183 |
| 751 | 1073 | 1192 | 984 | 1858 | 1867 | 1917 | 1919 | 2048 | 2135 | 2157 | 2315 | 2483 |

# 1－8 历年绍兴市生产总值

## Gross Domestic Product of Shaoxing Municipality over the Years

单位：万元 (10 000 yuan)

| 年 份<br>Year | 地区生产总值<br>Gross Domestic Product | 第一产业<br>Primary Industry | 第二产业<br>Secondary Industry | | | 第三产业<br>Tertiary Industry |
|---|---|---|---|---|---|---|
| | | | | 工 业<br>Industry | 建筑业<br>Construction | |
| 1978 | 112865 | 51428 | 37063 | 31895 | 5168 | 24374 |
| 1979 | 143612 | 68988 | 46567 | 40021 | 6546 | 28057 |
| 1980 | 165450 | 65787 | 66799 | 58133 | 8666 | 32864 |
| 1981 | 187973 | 71992 | 78260 | 69751 | 8509 | 37721 |
| 1982 | 210541 | 84536 | 83045 | 75024 | 8021 | 42960 |
| 1983 | 223574 | 76444 | 100313 | 92034 | 8279 | 46817 |
| 1984 | 279489 | 94956 | 128458 | 118851 | 9607 | 56075 |
| 1985 | 400444 | 118335 | 204476 | 186954 | 17522 | 77633 |
| 1986 | 475005 | 128459 | 251861 | 232203 | 19658 | 94685 |
| 1987 | 567438 | 142010 | 310874 | 280280 | 30594 | 114554 |
| 1988 | 679570 | 159653 | 370697 | 335061 | 35636 | 149220 |
| 1989 | 761645 | 178070 | 406348 | 367414 | 38934 | 177227 |
| 1990 | 823755 | 197669 | 435664 | 396551 | 39113 | 190422 |
| 1991 | 981579 | 220376 | 538860 | 491463 | 47397 | 222343 |
| 1992 | 1272537 | 250724 | 731890 | 660715 | 71175 | 289923 |
| 1993 | 1997321 | 329515 | 1213713 | 1056685 | 157028 | 454093 |
| 1994 | 3045664 | 467246 | 1801327 | 1578193 | 223134 | 777091 |
| 1995 | 4047006 | 560470 | 2427235 | 2122777 | 304458 | 1059301 |
| 1996 | 4953947 | 639686 | 2954230 | 2611118 | 343112 | 1360031 |
| 1997 | 5642896 | 670531 | 3371562 | 3020807 | 350755 | 1600803 |
| 1998 | 6090956 | 704998 | 3632385 | 3271157 | 361228 | 1753573 |
| 1999 | 6509328 | 713780 | 3877726 | 3495704 | 382022 | 1917822 |
| 2000 | 7168454 | 746947 | 4206693 | 3760311 | 446382 | 2214814 |
| 2001 | 7880179 | 766060 | 4572042 | 4067191 | 504851 | 2542077 |
| 2002 | 8860602 | 758119 | 5137710 | 4546016 | 591694 | 2964773 |
| 2003 | 10352193 | 776451 | 6117633 | 5376296 | 741337 | 3458109 |
| 2004 | 12449920 | 863737 | 7431638 | 6518239 | 913399 | 4154545 |
| 2005 | 14498051 | 930629 | 8697940 | 7779947 | 917993 | 4869482 |
| 2006 | 16820447 | 973513 | 10085207 | 9098600 | 986607 | 5761727 |
| 2007 | 19787150 | 1051879 | 11849904 | 10754455 | 1095449 | 6885367 |
| 2008 | 22301962 | 1161869 | 13108366 | 11917399 | 1190967 | 8031727 |
| 2009 | 23757754 | 1244618 | 13611170 | 12245836 | 1365334 | 8901966 |
| 2010 | 27952029 | 1496661 | 15666095 | 13980663 | 1685432 | 10789273 |
| 2011 | 33319960 | 1720952 | 18343394 | 16323536 | 2019858 | 13255614 |
| 2012 | 36540321 | 1847987 | 19624106 | 17517865 | 2106241 | 15068228 |
| 2013 | 39672887 | 1932675 | 21029297 | 18820967 | 2208330 | 16710915 |

注：①本表按当年价格计算。②从 2002 年始，“农民家庭兼营工业”不再纳入第一产业，计为工业增加值。③1978-2004 年 GDP 根据第一次经济普查情况进行了修正，下同。④2005-2008 年 GDP 根据第二次经济普查情况进行了修正，下同。⑤2013 年 GDP 均为快报数,下同.

Note：a) Data in value terms in this table are calculated at current prices. b) From the year 2002，“farmer household spare industry” is no longer included in the primary industry，but as industry added value instead . c)The year of 1978-2004's GDP was adjusted according to the first economic census,similarly hereinafter. d)The year of 2005-2008's GDP was adjusted according to the second economic census,similarly hereinafter.e) The year of 2013's GDP is preliminary data,similarly hereinafter.

# 1－9 历年绍兴市生产总值构成

## Composition of Gross Domestic Product over the Years

单位：% (%)

| 年 份<br>Year | 地区生产总值<br>Gross Domestic Product | 第一产业<br>Primary Industry | 第二产业<br>Secondary Industry | 工 业<br>Industry | 建 筑 业<br>Construction | 第三产业<br>Tertiary Industry |
|---|---|---|---|---|---|---|
| 1978 | 100.0 | 45.6 | 32.8 | 28.2 | 4.6 | 21.6 |
| 1979 | 100.0 | 48.0 | 32.5 | 27.9 | 4.6 | 19.5 |
| 1980 | 100.0 | 39.8 | 40.3 | 35.1 | 5.2 | 19.9 |
| 1981 | 100.0 | 38.3 | 41.6 | 37.1 | 4.5 | 20.1 |
| 1982 | 100.0 | 40.2 | 39.4 | 35.6 | 3.8 | 20.4 |
| 1983 | 100.0 | 34.2 | 44.9 | 41.2 | 3.7 | 20.9 |
| 1984 | 100.0 | 34.0 | 45.9 | 42.5 | 3.4 | 20.1 |
| 1985 | 100.0 | 29.5 | 51.1 | 46.7 | 4.4 | 19.4 |
| 1986 | 100.0 | 27.1 | 53.0 | 48.9 | 4.1 | 19.9 |
| 1987 | 100.0 | 25.0 | 54.8 | 49.4 | 5.4 | 20.2 |
| 1988 | 100.0 | 23.5 | 54.5 | 49.3 | 5.2 | 22.0 |
| 1989 | 100.0 | 23.4 | 53.3 | 48.2 | 5.1 | 23.3 |
| 1990 | 100.0 | 24.0 | 52.9 | 48.1 | 4.8 | 23.1 |
| 1991 | 100.0 | 22.4 | 54.9 | 50.1 | 4.8 | 22.7 |
| 1992 | 100.0 | 19.7 | 57.5 | 51.9 | 5.6 | 22.8 |
| 1993 | 100.0 | 16.5 | 60.8 | 52.9 | 7.9 | 22.7 |
| 1994 | 100.0 | 15.4 | 59.1 | 51.8 | 7.3 | 25.5 |
| 1995 | 100.0 | 13.8 | 60.0 | 52.5 | 7.5 | 26.2 |
| 1996 | 100.0 | 12.9 | 59.6 | 52.7 | 6.9 | 27.5 |
| 1997 | 100.0 | 11.9 | 59.7 | 53.5 | 6.2 | 28.4 |
| 1998 | 100.0 | 11.6 | 59.6 | 53.7 | 5.9 | 28.8 |
| 1999 | 100.0 | 10.9 | 59.6 | 53.7 | 5.9 | 29.5 |
| 2000 | 100.0 | 10.4 | 58.7 | 52.5 | 6.2 | 30.9 |
| 2001 | 100.0 | 9.7 | 58.0 | 51.6 | 6.4 | 32.3 |
| 2002 | 100.0 | 8.5 | 58.0 | 51.3 | 6.7 | 33.5 |
| 2003 | 100.0 | 7.5 | 59.1 | 51.9 | 7.2 | 33.4 |
| 2004 | 100.0 | 6.9 | 59.7 | 52.4 | 7.3 | 33.4 |
| 2005 | 100.0 | 6.4 | 60.0 | 53.7 | 6.3 | 33.6 |
| 2006 | 100.0 | 5.7 | 60.0 | 54.1 | 5.9 | 34.3 |
| 2007 | 100.0 | 5.3 | 59.9 | 54.4 | 5.5 | 34.8 |
| 2008 | 100.0 | 5.2 | 58.8 | 53.4 | 5.4 | 36.0 |
| 2009 | 100.0 | 5.2 | 57.3 | 51.5 | 5.8 | 37.5 |
| 2010 | 100.0 | 5.4 | 56.0 | 50.0 | 6.0 | 38.6 |
| 2011 | 100.0 | 5.2 | 55.0 | 49.0 | 6.0 | 39.8 |
| 2012 | 100.0 | 5.1 | 53.7 | 47.9 | 5.8 | 41.2 |
| 2013 | 100.0 | 4.9 | 53.0 | 47.4 | 5.6 | 42.1 |

本表按当年价格计算。
Data in value terms in this table are calculated at current prices.

# 1－10 历年绍兴市生产总值发展指数

## Indices of Gross Domestic Product of Shaoxing Municipality over the Years

(1978年=100) (year of 1978=100)

| 年 份 Year | 地区生产总值 Gross Domestic Product | 第一产业 Primary Industry | 第二产业 Secondary Industry | 工 业 Industry | 建 筑 业 Construction | 第三产业 Tertiary Industry |
|---|---|---|---|---|---|---|
| 1978 | 100.0 | 100.0 | 100.0 | 100.0 | 100.0 | 100.0 |
| 1979 | 111.7 | 103.6 | 123.8 | 124.1 | 121.6 | 110.6 |
| 1980 | 131.0 | 100.5 | 178.7 | 181.3 | 162.8 | 122.8 |
| 1981 | 145.9 | 107.9 | 207.0 | 215.6 | 154.4 | 135.3 |
| 1982 | 159.1 | 120.0 | 221.7 | 234.1 | 145.2 | 147.9 |
| 1983 | 166.9 | 104.4 | 269.7 | 289.7 | 145.6 | 155.5 |
| 1984 | 202.8 | 122.9 | 343.2 | 372.9 | 159.9 | 177.1 |
| 1985 | 268.8 | 131.5 | 525.6 | 566.8 | 271.8 | 212.7 |
| 1986 | 309.3 | 134.8 | 637.9 | 695.4 | 282.7 | 238.8 |
| 1987 | 344.9 | 128.8 | 752.7 | 808.6 | 407.7 | 261.5 |
| 1988 | 367.0 | 116.8 | 833.3 | 899.6 | 424.5 | 282.6 |
| 1989 | 371.4 | 121.1 | 843.4 | 913.2 | 412.3 | 278.4 |
| 1990 | 394.7 | 129.4 | 904.9 | 990.1 | 378.9 | 282.4 |
| 1991 | 461.6 | 142.9 | 1097.0 | 1205.5 | 439.2 | 321.6 |
| 1992 | 563.5 | 152.7 | 1408.6 | 1546.2 | 569.3 | 392.7 |
| 1993 | 770.5 | 173.8 | 2056.5 | 2223.4 | 962.7 | 523.1 |
| 1994 | 980.1 | 182.1 | 2747.5 | 2981.6 | 1240.9 | 660.1 |
| 1995 | 1170.2 | 194.3 | 3374.0 | 3646.5 | 1579.7 | 775.0 |
| 1996 | 1402.7 | 212.7 | 4116.2 | 4496.2 | 1753.4 | 923.0 |
| 1997 | 1609.1 | 231.9 | 4783.1 | 5283.0 | 1797.3 | 1043.9 |
| 1998 | 1796.4 | 253.9 | 5376.2 | 5969.8 | 1896.1 | 1152.5 |
| 1999 | 1988.5 | 265.0 | 6021.3 | 6710.0 | 2030.7 | 1264.3 |
| 2000 | 2214.9 | 276.6 | 6737.8 | 7488.4 | 2343.5 | 1428.7 |
| 2001 | 2464.5 | 289.4 | 7532.9 | 8372.0 | 2634.1 | 1605.8 |
| 2002 | 2793.6 | 301.3 | 8662.8 | 9619.5 | 3047.6 | 1817.8 |
| 2003 | 3200.0 | 304.9 | 10144.2 | 11254.8 | 3599.2 | 2063.2 |
| 2004 | 3677.6 | 313.8 | 11838.2 | 13179.4 | 4077.9 | 2360.3 |
| 2005 | 4185.1 | 321.6 | 13602.1 | 15354.0 | 4126.9 | 2697.8 |
| 2006 | 4741.7 | 332.5 | 15343.2 | 17426.7 | 4399.2 | 3129.5 |
| 2007 | 5429.3 | 345.5 | 17675.4 | 20267.3 | 4623.6 | 3605.1 |
| 2008 | 5928.8 | 356.2 | 19230.8 | 22273.8 | 4489.5 | 4001.7 |
| 2009 | 6483.0 | 368.7 | 20525.0 | 23573.1 | 5246.5 | 4587.8 |
| 2010 | 7196.1 | 382.7 | 22515.9 | 25789.0 | 5918.1 | 5234.7 |
| 2011 | 7951.7 | 397.6 | 24790.0 | 28471.1 | 6367.9 | 5862.9 |
| 2012 | 8723.0 | 409.5 | 27194.6 | 31289.7 | 6839.1 | 6496.1 |
| 2013 | 9464.5 | 422.2 | 29533.3 | 34105.8 | 7208.4 | 7080.7 |

本表按可比价格计算。

The indices in this table are calculated at comparable prices.

# 1－11 历年绍兴市生产总值发展指数

## Indices of Gross Domestic Product of Shaoxing Municipality over the Years

(上年=100) (preceding year=100)

| 年 份<br>Year | 地区生产总值<br>Gross Domestic Product | 第一产业<br>Primary Industry | 第二产业<br>Secondary Industry | 工 业<br>Industry | 建 筑 业<br>Construction | 第三产业<br>Tertiary Industry |
|---|---|---|---|---|---|---|
| 1978 | | | | | | |
| 1979 | 111.7 | 103.6 | 123.8 | 124.1 | 121.6 | 110.6 |
| 1980 | 117.2 | 97.0 | 144.3 | 146.1 | 133.9 | 111.0 |
| 1981 | 111.3 | 107.4 | 115.8 | 118.9 | 94.9 | 110.2 |
| 1982 | 109.1 | 111.2 | 107.1 | 108.6 | 94.0 | 109.3 |
| 1983 | 104.9 | 87.0 | 121.6 | 123.7 | 100.3 | 105.1 |
| 1984 | 121.5 | 117.7 | 127.3 | 128.7 | 109.8 | 113.9 |
| 1985 | 132.5 | 107.0 | 153.1 | 152.0 | 170.0 | 120.1 |
| 1986 | 115.1 | 102.5 | 121.4 | 122.7 | 104.0 | 112.3 |
| 1987 | 111.5 | 95.5 | 118.0 | 116.3 | 144.2 | 109.5 |
| 1988 | 106.4 | 90.7 | 110.7 | 111.3 | 104.1 | 108.1 |
| 1989 | 101.2 | 103.7 | 101.2 | 101.5 | 97.1 | 98.5 |
| 1990 | 106.3 | 106.9 | 107.3 | 108.4 | 91.9 | 101.4 |
| 1991 | 116.9 | 110.4 | 121.2 | 121.8 | 115.9 | 113.9 |
| 1992 | 122.1 | 106.9 | 128.4 | 128.3 | 129.6 | 122.1 |
| 1993 | 136.7 | 113.8 | 146.0 | 143.8 | 169.1 | 133.2 |
| 1994 | 127.2 | 104.7 | 133.6 | 134.1 | 128.9 | 126.2 |
| 1995 | 119.4 | 106.7 | 122.8 | 122.3 | 127.3 | 117.4 |
| 1996 | 119.9 | 109.5 | 122.0 | 123.3 | 111.0 | 119.1 |
| 1997 | 114.7 | 109.0 | 116.2 | 117.5 | 102.5 | 113.1 |
| 1998 | 111.6 | 109.5 | 112.4 | 113.0 | 105.5 | 110.4 |
| 1999 | 110.7 | 104.3 | 112.0 | 112.4 | 107.1 | 109.7 |
| 2000 | 111.4 | 104.4 | 111.9 | 111.6 | 115.4 | 113.0 |
| 2001 | 111.3 | 104.7 | 111.8 | 111.8 | 112.4 | 112.4 |
| 2002 | 113.4 | 104.1 | 115.0 | 114.9 | 115.7 | 113.2 |
| 2003 | 114.5 | 101.2 | 117.1 | 117.0 | 118.1 | 113.5 |
| 2004 | 114.9 | 102.9 | 116.7 | 117.1 | 113.3 | 114.4 |
| 2005 | 113.8 | 102.5 | 114.9 | 116.5 | 101.2 | 114.3 |
| 2006 | 113.3 | 103.4 | 112.8 | 113.5 | 106.6 | 116.0 |
| 2007 | 114.5 | 103.9 | 115.2 | 116.3 | 105.1 | 115.2 |
| 2008 | 109.2 | 103.1 | 108.8 | 109.9 | 97.1 | 111.0 |
| 2009 | 109.3 | 103.5 | 106.7 | 105.8 | 116.9 | 114.6 |
| 2010 | 111.0 | 103.8 | 109.7 | 109.4 | 112.8 | 114.1 |
| 2011 | 110.5 | 103.9 | 110.1 | 110.4 | 107.6 | 112.0 |
| 2012 | 109.7 | 103.0 | 109.7 | 109.9 | 107.4 | 110.8 |
| 2013 | 108.5 | 103.1 | 108.6 | 109.0 | 105.4 | 109.0 |

本表按可比价格计算。

The indices in this table are calculated at comparable prices.

# 1-12 历年越城区生产总值

## Gross Domestic Product in Yuecheng District over the Years

单位：万元 (10 000 yuan)

| 年份 Year | 地区生产总值 Gross Domestic Product | 第一产业 Primary Industry | 第二产业 Secondary Industry | 工业 Industry | 建筑业 Construction | 第三产业 Tertiary Industry |
|---|---|---|---|---|---|---|
| 1978 | 14045 | 2099 | 8197 | 7734 | 463 | 3749 |
| 1979 | 17240 | 2577 | 10018 | 9462 | 556 | 4645 |
| 1980 | 25004 | 1736 | 16973 | 15918 | 1055 | 6295 |
| 1981 | 27822 | 1827 | 18274 | 17133 | 1141 | 7721 |
| 1982 | 30249 | 1939 | 19106 | 17598 | 1508 | 9204 |
| 1983 | 32639 | 1877 | 21099 | 19906 | 1193 | 9663 |
| 1984 | 41502 | 2840 | 26041 | 24766 | 1275 | 12621 |
| 1985 | 65118 | 3157 | 44195 | 42028 | 2167 | 17766 |
| 1986 | 75624 | 4102 | 51133 | 48288 | 2845 | 20389 |
| 1987 | 96812 | 4703 | 66225 | 61317 | 4908 | 25884 |
| 1988 | 113008 | 5035 | 72638 | 68155 | 4483 | 35335 |
| 1989 | 126206 | 5121 | 78010 | 73083 | 4927 | 43075 |
| 1990 | 137415 | 5760 | 85053 | 80623 | 4430 | 46602 |
| 1991 | 161700 | 6575 | 101415 | 96063 | 5352 | 53710 |
| 1992 | 198974 | 7066 | 128369 | 117128 | 11241 | 63539 |
| 1993 | 296304 | 9970 | 190369 | 158724 | 31645 | 95965 |
| 1994 | 414595 | 15576 | 255354 | 213788 | 41566 | 143665 |
| 1995 | 505279 | 17610 | 297022 | 246674 | 50348 | 190647 |
| 1996 | 624514 | 26760 | 345053 | 292068 | 52985 | 252701 |
| 1997 | 686823 | 26755 | 362707 | 313660 | 49047 | 297361 |
| 1998 | 691415 | 27039 | 332091 | 275846 | 56245 | 332285 |
| 1999 | 744068 | 27173 | 350149 | 283799 | 66350 | 366746 |
| 2000 | 1112628 | 71793 | 505323 | 391134 | 114189 | 535512 |
| 2001 | 1247725 | 71209 | 564717 | 425242 | 139475 | 611799 |
| 2002 | 1452918 | 66801 | 683902 | 531413 | 152489 | 702215 |
| 2003 | 1831304 | 57652 | 958802 | 746209 | 212593 | 814850 |
| 2004 | 2242916 | 57774 | 1192056 | 935178 | 256878 | 993086 |
| 2005 | 2589112 | 63479 | 1355854 | 1111109 | 244745 | 1169779 |
| 2006 | 2977675 | 64742 | 1572565 | 1292966 | 279599 | 1340368 |
| 2007 | 3442431 | 68246 | 1783551 | 1521025 | 262526 | 1590634 |
| 2008 | 3811345 | 65063 | 1920363 | 1649434 | 270929 | 1825919 |
| 2009 | 4075819 | 63306 | 1941059 | 1650478 | 290581 | 2071454 |
| 2010 | 4666983 | 73162 | 2172633 | 1828717 | 343916 | 2421188 |
| 2011 | 5464508 | 82101 | 2488532 | 2096200 | 392332 | 2893875 |
| 2012 | 5919786 | 82084 | 2573033 | 2168448 | 404585 | 3264669 |
| 2013 | 6674203 | 131981 | 2858652 | 2446177 | 412475 | 3683570 |

注:①2000 年以后年度市区地区生产总值按行政区划调整后的口径计算，下同。②本表按当年价格计算。

Note：a) After 2000，Gross Domestic Product of Urban District are calculated with administration division adjusted . The sane as in the following table . b) Data in value terms in this table are calculated at current prices.

# 1－13 历年越城区生产总值构成

## Composition of Gross Domestic Product in Yuecheng District over the Years

单位：%　　　　　　　　　　　　　　　　　　　　　　　　　　　　(%)

| 年 份<br>Year | 地区生产总值<br>Gross Domestic Product | 第一产业<br>Primary Industry | 第二产业<br>Secondary Industry | | | 第三产业<br>Tertiary Industry |
|---|---|---|---|---|---|---|
| | | | | 工 业<br>Industry | 建 筑 业<br>Construction | |
| 1978 | 100.0 | 14.9 | 58.4 | 55.1 | 3.3 | 26.7 |
| 1979 | 100.0 | 15.0 | 58.1 | 54.9 | 3.2 | 26.9 |
| 1980 | 100.0 | 6.9 | 67.9 | 63.7 | 4.2 | 25.2 |
| 1981 | 100.0 | 6.6 | 65.7 | 61.6 | 4.1 | 27.7 |
| 1982 | 100.0 | 6.4 | 63.2 | 58.2 | 5.0 | 30.4 |
| 1983 | 100.0 | 5.8 | 64.6 | 61.0 | 3.6 | 29.6 |
| 1984 | 100.0 | 6.8 | 62.8 | 59.7 | 3.1 | 30.4 |
| 1985 | 100.0 | 4.8 | 67.9 | 64.6 | 3.3 | 27.3 |
| 1986 | 100.0 | 5.4 | 67.6 | 63.9 | 3.7 | 27.0 |
| 1987 | 100.0 | 4.9 | 68.4 | 63.3 | 5.1 | 26.7 |
| 1988 | 100.0 | 4.4 | 64.3 | 60.3 | 4.0 | 31.3 |
| 1989 | 100.0 | 4.1 | 61.8 | 57.9 | 3.9 | 34.1 |
| 1990 | 100.0 | 4.2 | 61.9 | 58.7 | 3.2 | 33.9 |
| 1991 | 100.0 | 4.1 | 62.7 | 59.4 | 3.3 | 33.2 |
| 1992 | 100.0 | 3.6 | 64.5 | 58.9 | 5.6 | 31.9 |
| 1993 | 100.0 | 3.4 | 64.2 | 53.6 | 10.6 | 32.4 |
| 1994 | 100.0 | 3.7 | 61.6 | 51.6 | 10.0 | 34.7 |
| 1995 | 100.0 | 3.5 | 58.8 | 48.8 | 10.0 | 37.7 |
| 1996 | 100.0 | 4.3 | 55.3 | 46.8 | 8.5 | 40.4 |
| 1997 | 100.0 | 3.9 | 52.8 | 45.7 | 7.1 | 43.3 |
| 1998 | 100.0 | 3.9 | 48.0 | 39.9 | 8.1 | 48.1 |
| 1999 | 100.0 | 3.7 | 47.0 | 38.1 | 8.9 | 49.3 |
| 2000 | 100.0 | 6.5 | 45.4 | 35.1 | 10.3 | 48.1 |
| 2001 | 100.0 | 5.7 | 45.3 | 34.1 | 11.2 | 49.0 |
| 2002 | 100.0 | 4.6 | 47.1 | 36.6 | 10.5 | 48.3 |
| 2003 | 100.0 | 3.1 | 52.4 | 40.8 | 11.6 | 44.5 |
| 2004 | 100.0 | 2.6 | 53.1 | 41.7 | 11.4 | 44.3 |
| 2005 | 100.0 | 2.4 | 52.4 | 42.9 | 9.5 | 45.2 |
| 2006 | 100.0 | 2.2 | 52.8 | 43.4 | 9.4 | 45.0 |
| 2007 | 100.0 | 2.0 | 51.8 | 44.2 | 7.6 | 46.2 |
| 2008 | 100.0 | 1.7 | 50.4 | 43.3 | 7.1 | 47.9 |
| 2009 | 100.0 | 1.6 | 47.6 | 40.5 | 7.1 | 50.8 |
| 2010 | 100.0 | 1.6 | 46.5 | 39.2 | 7.3 | 51.9 |
| 2011 | 100.0 | 1.5 | 45.5 | 38.4 | 7.1 | 53.0 |
| 2012 | 100.0 | 1.4 | 43.5 | 36.6 | 6.9 | 55.1 |
| 2013 | 100.0 | 2.0 | 42.8 | 36.6 | 6.2 | 55.2 |

本表按当年价格计算。

Data in value terms in this table are calculated at current prices.

# 1－14 历年越城区生产总值发展指数

## Indices of Gross Domestic Product in Yuecheng District over the Years

(1978年=100) (year of 1978=100)

| 年 份<br>Year | 地区生产总值<br>Gross Domestic Product | 第一产业<br>Primary Industry | 第二产业<br>Secondary Industry | 工 业<br>Industry | 建 筑 业<br>Construction | 第三产业<br>Tertiary Industry |
|---|---|---|---|---|---|---|
| 1978 | 100.0 | 100.0 | 100.0 | 100.0 | 100.0 | 100.0 |
| 1979 | 116.4 | 94.9 | 120.7 | 121.0 | 115.3 | 119.0 |
| 1980 | 170.5 | 65.0 | 205.6 | 204.7 | 221.2 | 152.9 |
| 1981 | 186.1 | 67.1 | 219.1 | 218.4 | 231.1 | 180.0 |
| 1982 | 200.1 | 67.5 | 230.9 | 226.5 | 304.7 | 206.0 |
| 1983 | 214.8 | 62.8 | 257.1 | 258.4 | 235.6 | 208.7 |
| 1984 | 266.9 | 90.0 | 315.7 | 320.5 | 236.9 | 259.1 |
| 1985 | 395.5 | 85.9 | 516.9 | 525.4 | 375.1 | 316.4 |
| 1986 | 444.3 | 105.5 | 588.4 | 596.4 | 456.5 | 334.3 |
| 1987 | 537.6 | 104.5 | 729.5 | 729.5 | 729.9 | 384.2 |
| 1988 | 558.3 | 90.2 | 745.6 | 754.6 | 596.0 | 434.9 |
| 1989 | 555.5 | 85.4 | 739.6 | 749.1 | 582.2 | 440.0 |
| 1990 | 599.2 | 92.4 | 810.3 | 830.1 | 479.0 | 449.3 |
| 1991 | 689.7 | 104.4 | 947.8 | 971.6 | 553.5 | 503.2 |
| 1992 | 799.8 | 105.5 | 1134.3 | 1130.2 | 1004.4 | 557.2 |
| 1993 | 1030.0 | 128.8 | 1467.2 | 1379.5 | 2164.8 | 715.3 |
| 1994 | 1232.0 | 147.1 | 1764.6 | 1661.5 | 2578.6 | 850.1 |
| 1995 | 1395.9 | 152.4 | 1990.3 | 1873.5 | 2913.6 | 980.8 |
| 1996 | 1620.3 | 215.7 | 2212.9 | 2103.3 | 3027.0 | 1213.5 |
| 1997 | 1773.6 | 224.1 | 2353.8 | 2277.3 | 2798.7 | 1404.9 |
| 1998 | 1799.2 | 240.9 | 2228.5 | 2095.3 | 3288.0 | 1578.3 |
| 1999 | 1964.1 | 249.7 | 2406.4 | 2226.8 | 3926.6 | 1757.6 |
| 2000 | 2186.9 | 258.6 | 2694.1 | 2475.1 | 4575.2 | 1963.6 |
| 2001 | 2438.4 | 261.7 | 3041.2 | 2737.5 | 5522.1 | 2190.9 |
| 2002 | 2812.3 | 254.7 | 3653.8 | 3395.5 | 5959.9 | 2474.2 |
| 2003 | 3354.8 | 219.9 | 4724.6 | 4414.7 | 7553.6 | 2785.3 |
| 2004 | 3910.9 | 203.8 | 5618.3 | 5304.7 | 8634.9 | 3224.5 |
| 2005 | 4442.8 | 208.9 | 6303.7 | 6164.0 | 8349.9 | 3737.2 |
| 2006 | 5029.2 | 211.0 | 7198.8 | 7045.5 | 9502.2 | 4208.1 |
| 2007 | 5693.1 | 219.2 | 8098.7 | 8222.1 | 8875.1 | 4814.0 |
| 2008 | 6137.1 | 197.1 | 8584.6 | 8855.2 | 8555.6 | 5334.0 |
| 2009 | 6697.5 | 189.9 | 8886.8 | 9086.0 | 9353.9 | 6176.2 |
| 2010 | 7286.9 | 193.3 | 9508.9 | 9703.8 | 10111.6 | 6837.1 |
| 2011 | 7993.7 | 196.0 | 10288.6 | 10625.7 | 10212.7 | 7602.9 |
| 2012 | 8665.2 | 188.6 | 10977.9 | 11316.4 | 11019.5 | 8378.4 |
| 2013 | – | – | – | – | – | – |

本表按可比价格计算。

The indices in this table are calculated at comparable prices.

# 1－15 历年越城区生产总值发展指数

## Indices of Gross Domestic Product in Yuecheng District over the Years

(上年=100) (preceding year=100)

| 年份 Year | 地区生产总值 Gross Domestic Product | 第一产业 Primary Industry | 第二产业 Secondary Industry | 工业 Industry | 建筑业 Construction | 第三产业 Tertiary Industry |
|---|---|---|---|---|---|---|
| 1978 | | | | | | |
| 1979 | 116.4 | 94.9 | 120.7 | 121.0 | 115.3 | 119.0 |
| 1980 | 146.5 | 68.5 | 170.3 | 169.2 | 191.8 | 128.5 |
| 1981 | 109.1 | 103.2 | 106.6 | 106.7 | 104.5 | 117.7 |
| 1982 | 107.5 | 100.6 | 105.4 | 103.7 | 131.9 | 114.4 |
| 1983 | 107.3 | 93.0 | 111.3 | 114.1 | 77.3 | 101.3 |
| 1984 | 124.3 | 143.4 | 122.8 | 124.0 | 100.5 | 124.2 |
| 1985 | 148.2 | 95.4 | 163.7 | 164.0 | 158.3 | 122.1 |
| 1986 | 112.4 | 122.8 | 113.8 | 113.5 | 121.7 | 105.7 |
| 1987 | 121.0 | 99.0 | 124.0 | 122.3 | 159.9 | 114.9 |
| 1988 | 103.8 | 86.3 | 102.2 | 103.4 | 81.7 | 113.2 |
| 1989 | 99.5 | 94.7 | 99.2 | 99.3 | 97.7 | 101.2 |
| 1990 | 107.9 | 108.2 | 109.6 | 110.8 | 82.3 | 102.1 |
| 1991 | 115.1 | 113.0 | 117.0 | 117.1 | 115.6 | 112.0 |
| 1992 | 116.0 | 101.1 | 119.7 | 116.3 | 181.5 | 110.7 |
| 1993 | 128.8 | 122.1 | 129.4 | 122.1 | 215.5 | 128.4 |
| 1994 | 119.6 | 114.2 | 120.3 | 120.4 | 119.1 | 118.8 |
| 1995 | 113.3 | 103.6 | 112.8 | 112.8 | 113.0 | 115.4 |
| 1996 | 116.1 | 141.5 | 111.2 | 112.3 | 103.9 | 123.7 |
| 1997 | 109.5 | 103.9 | 106.4 | 108.3 | 92.5 | 115.8 |
| 1998 | 101.4 | 107.5 | 94.7 | 92.0 | 117.5 | 112.3 |
| 1999 | 109.2 | 103.6 | 108.0 | 106.3 | 119.4 | 111.4 |
| 2000 | 111.3 | 103.6 | 112.0 | 111.2 | 116.5 | 111.7 |
| 2001 | 111.5 | 101.2 | 112.9 | 110.6 | 120.7 | 111.6 |
| 2002 | 115.3 | 97.3 | 120.1 | 124.0 | 107.9 | 112.9 |
| 2003 | 119.3 | 86.3 | 129.3 | 130.0 | 126.7 | 112.6 |
| 2004 | 116.6 | 92.7 | 118.9 | 120.2 | 114.3 | 115.8 |
| 2005 | 113.6 | 102.5 | 112.2 | 116.2 | 96.7 | 115.9 |
| 2006 | 113.2 | 101.0 | 114.2 | 114.3 | 113.8 | 112.6 |
| 2007 | 113.2 | 103.9 | 112.5 | 116.7 | 93.4 | 114.4 |
| 2008 | 107.8 | 89.9 | 106.0 | 107.7 | 96.4 | 110.8 |
| 2009 | 109.1 | 96.4 | 103.5 | 102.6 | 109.3 | 115.8 |
| 2010 | 108.8 | 101.8 | 107.0 | 106.8 | 108.1 | 110.7 |
| 2011 | 109.7 | 101.4 | 108.2 | 109.5 | 101.0 | 111.2 |
| 2012 | 108.4 | 96.2 | 106.7 | 106.5 | 107.9 | 110.2 |
| 2013 | 107.4 | 101.5 | 105.9 | 106.9 | 100.2 | 108.8 |

本表按可比价格计算。
The indices in this table are calculated at comparable prices.

# 1－16　历年分区、县（市）生产总值

## Gross Domestic Product by District and County (City) over the Years

单位：万元　　　　(10 000 yuan)

| 年　份<br>Year | 全　市<br>Whole Municipality | 越城区<br>Yuecheng District | 柯桥区<br>Keqiao District | 上虞区<br>Shangyu District | 诸暨市<br>Zhuji City | 嵊州市<br>Shengzhou City | 新昌县<br>Xinchang County |
|---|---|---|---|---|---|---|---|
| 1978 | 112865 | 14045 | 26109 | 19782 | 24835 | 17490 | 10604 |
| 1979 | 143612 | 17240 | 33581 | 26058 | 31674 | 21990 | 13069 |
| 1980 | 165450 | 25004 | 37475 | 29325 | 33794 | 25246 | 14606 |
| 1981 | 187973 | 27822 | 46015 | 33819 | 35184 | 28136 | 16997 |
| 1982 | 210541 | 30249 | 52527 | 39027 | 39810 | 31399 | 17529 |
| 1983 | 223574 | 32639 | 63552 | 40059 | 36980 | 32101 | 18243 |
| 1984 | 279489 | 41502 | 83171 | 47242 | 48434 | 37202 | 21438 |
| 1985 | 400444 | 65118 | 123309 | 63174 | 67539 | 49805 | 31499 |
| 1986 | 475005 | 75624 | 153914 | 77744 | 78071 | 57169 | 32483 |
| 1987 | 567438 | 96812 | 170624 | 96563 | 93096 | 68439 | 41904 |
| 1988 | 679570 | 113008 | 196179 | 121666 | 115814 | 86501 | 51212 |
| 1989 | 761645 | 126206 | 213734 | 139342 | 134814 | 93557 | 53992 |
| 1990 | 823755 | 137415 | 251260 | 146831 | 140399 | 99845 | 61183 |
| 1991 | 981579 | 161700 | 311931 | 162519 | 164753 | 121725 | 82180 |
| 1992 | 1272537 | 198974 | 409038 | 204718 | 242795 | 159414 | 101467 |
| 1993 | 1997321 | 296304 | 605393 | 328819 | 434423 | 244980 | 136977 |
| 1994 | 3045664 | 414595 | 922334 | 586556 | 634501 | 328929 | 191629 |
| 1995 | 4047006 | 505279 | 1180609 | 770969 | 906033 | 447045 | 256648 |
| 1996 | 4953947 | 624514 | 1551650 | 886969 | 1183562 | 528410 | 325866 |
| 1997 | 5642896 | 686823 | 1746736 | 978487 | 1216016 | 560393 | 378532 |
| 1998 | 6090956 | 691415 | 1885099 | 1052060 | 1382533 | 597305 | 429905 |
| 1999 | 6509328 | 744068 | 2028629 | 1142943 | 1452311 | 651447 | 488823 |
| 2000 | 7168454 | 1112628 | 1825800 | 1289231 | 1569096 | 701619 | 573592 |
| 2001 | 7880179 | 1247725 | 2049003 | 1441394 | 1754116 | 782167 | 645284 |
| 2002 | 8860602 | 1452918 | 2361166 | 1541006 | 2002076 | 877807 | 723619 |
| 2003 | 10352193 | 1831304 | 2741026 | 1741186 | 2330563 | 1000405 | 854826 |
| 2004 | 12449920 | 2242916 | 3314210 | 1978227 | 2776697 | 1191027 | 1036583 |
| 2005 | 14498051 | 2589112 | 3875206 | 2286699 | 3249898 | 1413719 | 1171242 |
| 2006 | 16820447 | 2977675 | 4531314 | 2628642 | 3780275 | 1640929 | 1335719 |
| 2007 | 19787150 | 3442431 | 5433848 | 3106428 | 4415416 | 1934667 | 1520387 |
| 2008 | 22301962 | 3811345 | 6134275 | 3475591 | 4980291 | 2181406 | 1719001 |
| 2009 | 23757754 | 4075819 | 6557783 | 3681522 | 5277176 | 2316574 | 1873475 |
| 2010 | 27952029 | 4666983 | 7761092 | 4362648 | 6215361 | 2733513 | 2151122 |
| 2011 | 33319960 | 5464508 | 9317996 | 5236551 | 7400151 | 3279220 | 2562139 |
| 2012 | 36540321 | 5919786 | 10147712 | 5774648 | 8219025 | 3639848 | 2829390 |
| 2013 | 39672887 | 6674203 | 10686574 | 6249785 | 9008773 | 3963787 | 3064231 |

本表按当年价格计算。

Data in value terms in this table are calculated at current prices.

# 1－17　历年分区、县（市）生产总值发展指数

## Indices of Gross Domestic Product by District and County (City) over the Years

(1978 年=100)　　　　(year of 1978=100)

| 年　份<br>Year | 全　市<br>Whole Municipality | 越城区<br>Yuecheng District | 柯桥区<br>Keqiao District | 上虞区<br>Shangyu District | 诸暨市<br>Zhuji City | 嵊州市<br>Shengzhou City | 新昌县<br>Xinchang County |
|---|---|---|---|---|---|---|---|
| 1978 | 100.0 | 100.0 | 100.0 | 100.0 | 100.0 | 100.0 | 100.0 |
| 1979 | 111.7 | 116.4 | 121.4 | 117.5 | 109.7 | 115.1 | 116.8 |
| 1980 | 131.0 | 170.5 | 133.6 | 128.8 | 117.8 | 128.8 | 131.6 |
| 1981 | 145.9 | 186.1 | 161.2 | 143.8 | 117.7 | 135.0 | 148.3 |
| 1982 | 159.1 | 200.1 | 185.6 | 166.5 | 130.5 | 151.3 | 156.7 |
| 1983 | 166.9 | 214.8 | 225.2 | 167.3 | 127.8 | 152.5 | 162.0 |
| 1984 | 202.8 | 266.9 | 296.0 | 190.3 | 157.0 | 171.9 | 187.5 |
| 1985 | 268.8 | 395.5 | 433.3 | 244.8 | 192.0 | 210.2 | 226.1 |
| 1986 | 309.3 | 444.3 | 588.4 | 289.2 | 208.0 | 230.2 | 261.2 |
| 1987 | 344.9 | 537.6 | 614.4 | 340.1 | 243.1 | 273.7 | 304.4 |
| 1988 | 367.0 | 558.3 | 619.4 | 387.8 | 284.7 | 304.9 | 340.7 |
| 1989 | 371.4 | 555.5 | 611.5 | 384.1 | 332.6 | 305.8 | 322.6 |
| 1990 | 394.7 | 599.2 | 663.7 | 395.8 | 344.0 | 313.2 | 347.6 |
| 1991 | 461.6 | 689.7 | 821.5 | 443.1 | 396.2 | 397.7 | 466.2 |
| 1992 | 563.5 | 799.8 | 1024.3 | 536.5 | 550.7 | 492.8 | 552.4 |
| 1993 | 770.5 | 1030.0 | 1272.7 | 748.5 | 832.2 | 602.2 | 594.7 |
| 1994 | 980.1 | 1232.0 | 1644.9 | 959.4 | 1004.3 | 657.2 | 696.5 |
| 1995 | 1170.2 | 1395.9 | 1912.8 | 1133.7 | 1254.0 | 798.6 | 834.0 |
| 1996 | 1402.7 | 1620.3 | 2412.3 | 1248.7 | 1610.4 | 918.2 | 1056.0 |
| 1997 | 1609.1 | 1773.6 | 2725.2 | 1377.0 | 1684.2 | 972.1 | 1224.2 |
| 1998 | 1796.4 | 1799.2 | 3055.9 | 1513.2 | 1949.4 | 1075.4 | 1409.7 |
| 1999 | 1988.5 | 1964.1 | 3409.2 | 1707.3 | 2082.2 | 1193.8 | 1630.1 |
| 2000 | 2214.9 | 2186.9 | 3800.2 | 1940.6 | 2336.5 | 1289.8 | 1845.4 |
| 2001 | 2464.5 | 2438.4 | 4270.0 | 2181.7 | 2613.7 | 1435.4 | 2069.7 |
| 2002 | 2793.6 | 2812.3 | 4846.6 | 2355.3 | 2979.9 | 1609.0 | 2317.5 |
| 2003 | 3200.0 | 3354.8 | 5636.8 | 2661.2 | 3416.4 | 1814.0 | 2637.6 |
| 2004 | 3677.6 | 3910.9 | 6562.4 | 2998.5 | 3945.4 | 2062.4 | 3004.8 |
| 2005 | 4185.1 | 4442.8 | 7527.1 | 3367.3 | 4517.4 | 2367.6 | 3347.3 |
| 2006 | 4741.7 | 5029.2 | 8565.9 | 3791.6 | 5118.3 | 2663.6 | 3769.1 |
| 2007 | 5429.3 | 5693.1 | 9953.5 | 4333.8 | 5850.2 | 3039.1 | 4244.0 |
| 2008 | 5928.8 | 6137.1 | 10849.4 | 4706.5 | 6411.8 | 3343.1 | 4617.4 |
| 2009 | 6483.0 | 6697.5 | 11907.7 | 5120.9 | 7020.1 | 3649.4 | 5021.4 |
| 2010 | 7196.1 | 7286.9 | 13169.9 | 5812.2 | 7834.4 | 4116.5 | 5588.8 |
| 2011 | 7951.7 | 7993.7 | 14579.1 | 6410.9 | 8696.2 | 4532.3 | 6175.6 |
| 2012 | 8723.0 | 8665.2 | 16066.2 | 7052.0 | 9574.5 | 4962.9 | 6793.2 |
| 2013 | 9464.5 | – | – | 7686.7 | 10455.4 | 5359.9 | 7370.6 |

本表按可比价格计算。

The indices in this table are calculated at comparable prices.

# 1－18 历年分区、县（市）生产总值发展指数

## Indices of Gross Domestic Product by District and County (City) over the Years

(上年=100) (preceding year=100)

| 年 份<br>Year | 全 市<br>Whole Municipality | 越城区<br>Yuecheng District | 柯桥区<br>Keqiao District | 上虞区<br>Shangyu District | 诸暨市<br>Zhuji City | 嵊州市<br>Shengzhou City | 新昌县<br>Xinchang County |
|---|---|---|---|---|---|---|---|
| 1978 | | | | | | | |
| 1979 | 111.7 | 116.4 | 121.4 | 117.5 | 109.7 | 115.1 | 116.8 |
| 1980 | 117.2 | 146.5 | 110.1 | 109.6 | 107.3 | 111.9 | 112.7 |
| 1981 | 111.3 | 109.1 | 120.6 | 111.7 | 99.9 | 104.8 | 112.6 |
| 1982 | 109.1 | 107.5 | 115.2 | 115.8 | 110.9 | 112.1 | 105.6 |
| 1983 | 104.9 | 107.3 | 121.3 | 100.5 | 97.9 | 100.8 | 103.4 |
| 1984 | 121.5 | 124.3 | 131.4 | 113.7 | 122.9 | 112.7 | 115.8 |
| 1985 | 132.5 | 148.2 | 146.4 | 128.6 | 122.4 | 122.3 | 120.6 |
| 1986 | 115.1 | 112.4 | 135.8 | 118.2 | 108.3 | 109.5 | 115.5 |
| 1987 | 111.5 | 121.0 | 104.4 | 117.6 | 116.9 | 118.9 | 116.6 |
| 1988 | 106.4 | 103.8 | 100.8 | 114.0 | 117.1 | 111.4 | 111.9 |
| 1989 | 101.2 | 99.5 | 98.7 | 99.0 | 116.8 | 100.3 | 94.7 |
| 1990 | 106.3 | 107.9 | 108.5 | 103.1 | 103.4 | 102.4 | 107.7 |
| 1991 | 116.9 | 115.1 | 123.8 | 112.0 | 115.2 | 127.0 | 134.1 |
| 1992 | 122.1 | 116.0 | 124.7 | 121.1 | 139.0 | 123.9 | 118.5 |
| 1993 | 136.7 | 128.8 | 124.2 | 139.5 | 151.1 | 122.2 | 107.6 |
| 1994 | 127.2 | 119.6 | 129.3 | 128.2 | 120.7 | 109.1 | 117.1 |
| 1995 | 119.4 | 113.3 | 116.3 | 118.2 | 124.9 | 121.5 | 119.7 |
| 1996 | 119.9 | 116.1 | 126.1 | 110.1 | 128.4 | 115.0 | 126.6 |
| 1997 | 114.7 | 109.5 | 113.0 | 110.3 | 104.6 | 105.9 | 115.9 |
| 1998 | 111.6 | 101.4 | 112.1 | 109.9 | 115.7 | 110.6 | 115.2 |
| 1999 | 110.7 | 109.2 | 111.6 | 112.8 | 106.8 | 111.0 | 115.6 |
| 2000 | 111.4 | 111.3 | 111.5 | 113.7 | 112.2 | 108.0 | 113.2 |
| 2001 | 111.3 | 111.5 | 112.4 | 112.4 | 111.9 | 111.3 | 112.2 |
| 2002 | 113.4 | 115.3 | 113.5 | 108.0 | 114.0 | 112.1 | 112.0 |
| 2003 | 114.5 | 119.3 | 116.3 | 113.0 | 114.6 | 112.7 | 113.8 |
| 2004 | 114.9 | 116.6 | 116.4 | 112.7 | 115.5 | 113.7 | 113.9 |
| 2005 | 113.8 | 113.6 | 114.7 | 112.3 | 114.5 | 114.8 | 111.4 |
| 2006 | 113.3 | 113.2 | 113.8 | 112.6 | 113.3 | 112.5 | 112.6 |
| 2007 | 114.5 | 113.2 | 116.2 | 114.3 | 114.3 | 114.1 | 112.6 |
| 2008 | 109.2 | 107.8 | 109.0 | 108.6 | 109.6 | 110.0 | 108.8 |
| 2009 | 109.3 | 109.1 | 109.8 | 108.8 | 109.5 | 109.2 | 108.7 |
| 2010 | 111.0 | 108.8 | 110.6 | 113.5 | 111.6 | 112.8 | 111.3 |
| 2011 | 110.5 | 109.7 | 110.7 | 110.3 | 111.0 | 110.1 | 110.5 |
| 2012 | 109.7 | 108.4 | 110.2 | 110.0 | 110.1 | 109.5 | 110.0 |
| 2013 | 108.5 | 107.4 | 108.6 | 109.0 | 109.2 | 108.0 | 108.5 |

本表按可比价格计算。

The indices in this table are calculated at comparable prices.

# 1－19　历年分区、县（市）人均地区生产总值

## Per Capita Gross Domestic Product by District and County (City) over the Years

单位：元　　　　(yuan)

| 年　份<br>Year | 全　市<br>Whole Municipality | 越城区<br>Yuecheng District | 柯桥区<br>Keqiao District | 上虞区<br>Shangyu District | 诸暨市<br>Zhuji City | 嵊州市<br>Shengzhou City | 新昌县<br>Xinchang County |
|---|---|---|---|---|---|---|---|
| 1978 | 299 | | 299 | 290 | 265 | 257 | 275 |
| 1979 | 378 | | 384 | 379 | 335 | 321 | 336 |
| 1980 | 433 | | 428 | 424 | 355 | 366 | 372 |
| 1981 | 489 | | 526 | 486 | 369 | 406 | 429 |
| 1982 | 543 | | 597 | 555 | 414 | 450 | 437 |
| 1983 | 572 | 1389 | 718 | 566 | 382 | 457 | 449 |
| 1984 | 712 | 1716 | 939 | 666 | 499 | 527 | 523 |
| 1985 | 1016 | 2631 | 1392 | 890 | 692 | 704 | 763 |
| 1986 | 1198 | 2972 | 1731 | 1090 | 794 | 805 | 781 |
| 1987 | 1417 | 3705 | 1902 | 1340 | 939 | 958 | 999 |
| 1988 | 1680 | 4226 | 2164 | 1669 | 1156 | 1204 | 1213 |
| 1989 | 1865 | 4629 | 2332 | 1895 | 1332 | 1294 | 1273 |
| 1990 | 2002 | 4968 | 2714 | 1981 | 1380 | 1373 | 1435 |
| 1991 | 2371 | 5785 | 3340 | 2177 | 1614 | 1666 | 1919 |
| 1992 | 3057 | 7029 | 4349 | 2725 | 2369 | 2174 | 2362 |
| 1993 | 4774 | 10300 | 6394 | 4351 | 4225 | 3333 | 3182 |
| 1994 | 7239 | 14032 | 9697 | 7715 | 6143 | 4468 | 4443 |
| 1995 | 9561 | 16651 | 12352 | 10083 | 8714 | 6066 | 5941 |
| 1996 | 11635 | 20214 | 16109 | 11543 | 11312 | 7160 | 7531 |
| 1997 | 13188 | 21782 | 18022 | 12687 | 11565 | 7589 | 8738 |
| 1998 | 14182 | 21498 | 19380 | 13601 | 13099 | 8093 | 9917 |
| 1999 | 15107 | 22565 | 20846 | 14753 | 13713 | 8828 | 11262 |
| 2000 | 16586 | 18940 | 25214 | 16629 | 14781 | 9494 | 13200 |
| 2001 | 18200 | 20968 | 28294 | 18594 | 16531 | 10581 | 14835 |
| 2002 | 20443 | 24000 | 32875 | 19904 | 18897 | 11895 | 16629 |
| 2003 | 23869 | 28856 | 39089 | 22502 | 22055 | 13586 | 19678 |
| 2004 | 28668 | 34958 | 47180 | 25553 | 26305 | 16203 | 23888 |
| 2005 | 33336 | 40048 | 55044 | 29546 | 30773 | 19254 | 26973 |
| 2006 | 38641 | 45904 | 64164 | 33995 | 35779 | 22361 | 30745 |
| 2007 | 45397 | 53010 | 76630 | 40196 | 41710 | 26365 | 34950 |
| 2008 | 51075 | 58687 | 86091 | 44966 | 46891 | 29721 | 39467 |
| 2009 | 54316 | 62801 | 91563 | 47588 | 49529 | 31564 | 42991 |
| 2010 | 63770 | 71836 | 107808 | 56272 | 58188 | 37241 | 49314 |
| 2011 | 75820 | 83879 | 128727 | 67404 | 69110 | 44646 | 58616 |
| 2012 | 82966 | 90513 | 139686 | 74227 | 76616 | 49547 | 64541 |
| 2013 | 89911 | 89792 | 166508 | 80229 | 83803 | 53991 | 69759 |

本表按当年价格计算。

Data in value terms in this table are calculated at current prices.

# 1－20 历年分区、县（市）人均生产总值发展指数

## Indices of Per Capita Gross Domestic Product by District and County (City) over the Years

(上年=100) (preceding year=100)

| 年份 Year | 全市 Whole Municipality | 越城区 Yuecheng District | 柯桥区 Keqiao District | 上虞区 Shangyu District | 诸暨市 Zhuji City | 嵊州市 Shengzhou City | 新昌县 Xinchang County |
|---|---|---|---|---|---|---|---|
| 1978 | | | | | | | |
| 1979 | 110.9 | | 121.1 | 116.6 | 108.8 | 114.2 | 115.8 |
| 1980 | 116.6 | | 110.1 | 108.9 | 106.8 | 111.2 | 111.7 |
| 1981 | 110.7 | | 120.5 | 110.8 | 99.6 | 104.2 | 111.7 |
| 1982 | 108.2 | | 114.6 | 114.7 | 110.1 | 111.2 | 104.3 |
| 1983 | 104.0 | | 120.7 | 99.8 | 97.3 | 100.2 | 102.1 |
| 1984 | 121.0 | 120.7 | 131.2 | 113.5 | 122.3 | 112.2 | 114.8 |
| 1985 | 132.0 | 144.8 | 146.4 | 128.5 | 121.8 | 122.0 | 119.8 |
| 1986 | 114.3 | 109.3 | 135.3 | 117.7 | 107.6 | 109.1 | 114.6 |
| 1987 | 110.5 | 117.8 | 103.5 | 116.3 | 115.8 | 118.2 | 115.6 |
| 1988 | 105.3 | 101.5 | 99.8 | 112.7 | 115.9 | 110.7 | 111.2 |
| 1989 | 100.2 | 97.6 | 97.7 | 98.2 | 115.7 | 99.7 | 94.2 |
| 1990 | 105.5 | 106.3 | 107.4 | 102.2 | 102.9 | 101.8 | 107.2 |
| 1991 | 116.2 | 113.9 | 122.7 | 111.2 | 114.8 | 126.4 | 133.6 |
| 1992 | 121.4 | 114.5 | 123.8 | 120.3 | 138.5 | 123.5 | 118.1 |
| 1993 | 136.0 | 126.7 | 123.4 | 138.7 | 150.6 | 121.9 | 107.4 |
| 1994 | 126.5 | 116.5 | 128.7 | 127.4 | 120.1 | 109.0 | 116.9 |
| 1995 | 118.7 | 110.3 | 115.7 | 117.5 | 124.0 | 121.4 | 119.6 |
| 1996 | 119.2 | 114.0 | 125.1 | 109.6 | 127.6 | 114.8 | 126.4 |
| 1997 | 114.1 | 107.3 | 112.3 | 109.9 | 104.1 | 105.8 | 115.8 |
| 1998 | 111.2 | 99.5 | 111.7 | 109.6 | 115.3 | 110.7 | 115.1 |
| 1999 | 110.3 | 106.5 | 111.5 | 112.7 | 106.4 | 111.0 | 115.5 |
| 2000 | 111.0 | 109.6 | 111.5 | 113.6 | 112.0 | 107.9 | 113.1 |
| 2001 | 111.1 | 110.1 | 112.4 | 112.4 | 111.9 | 111.3 | 112.0 |
| 2002 | 113.2 | 113.4 | 113.2 | 108.1 | 114.2 | 112.3 | 111.9 |
| 2003 | 114.5 | 117.8 | 116.0 | 113.0 | 114.9 | 113.0 | 114.0 |
| 2004 | 114.8 | 115.3 | 116.2 | 112.6 | 115.6 | 113.9 | 114.0 |
| 2005 | 113.7 | 112.7 | 114.5 | 112.3 | 114.5 | 114.9 | 111.4 |
| 2006 | 113.2 | 112.8 | 113.4 | 112.7 | 113.2 | 112.5 | 112.5 |
| 2007 | 114.4 | 113.1 | 115.8 | 114.3 | 114.1 | 114.1 | 112.4 |
| 2008 | 109.0 | 107.8 | 108.5 | 108.5 | 109.2 | 110.0 | 108.7 |
| 2009 | 109.2 | 109.2 | 109.2 | 108.7 | 109.1 | 109.2 | 108.7 |
| 2010 | 110.8 | 108.7 | 110.0 | 113.3 | 111.3 | 112.8 | 111.2 |
| 2011 | 110.2 | 109.4 | 110.1 | 110.1 | 110.7 | 110.0 | 110.3 |
| 2012 | 109.5 | 108.0 | 109.8 | 109.9 | 109.9 | 109.5 | 109.7 |
| 2013 | 108.3 | 107.0 | 108.3 | 108.9 | 109.0 | 108.1 | 108.3 |

本表按可比价格计算。

The indices in this table are calculated at comparable prices.

# 1－21 分区、县（市）生产总值（2013 年）

## Gross Domestic Product by District and County (City) (2013)

单位：万元 (10 000 yuan)

| 指 标 | Item | 全 市 Whole Munici-pality | 越城区 Yuecheng District | 柯桥区 Keqiao District | 上虞区 Shangyu District | 诸暨市 Zhuji City | 嵊州市 Shengzhou City | 新昌县 Xinchang County |
|---|---|---|---|---|---|---|---|---|
| **地区生产总值** | **Gross Domestic Product** | **39672887** | **6674203** | **10686574** | **6249785** | **9008773** | **3963787** | **3064231** |
| 第一产业 | Primary Industry | 1932675 | 131981 | 325525 | 417057 | 487473 | 365640 | 204999 |
| 第二产业 | Secondary Industry | 21029297 | 2858652 | 6131030 | 3442214 | 4976623 | 2022953 | 1604796 |
| #工 业 | Industry | 18820967 | 2446177 | 5628275 | 3020732 | 4371636 | 1845717 | 1515401 |
| 建筑业 | Construction | 2208330 | 412475 | 502755 | 421482 | 604987 | 177236 | 89395 |
| 第三产业 | Tertiary Industry | 16710915 | 3683570 | 4230019 | 2390514 | 3544677 | 1575194 | 1254436 |

本表按当年价格计算。
Data in value terms in this table are calculated at current prices.

# 1－22 分区、县（市）生产总值发展指数（2013 年）

## Indices of Gross Domestic Product by District and County (City) (2013)

(上年=100) (preceding year=100)

| 指 标 | Item | 全 市 Whole Munici-pality | 越城区 Yuecheng District | 柯桥区 Keqiao District | 上虞区 Shangyu District | 诸暨市 Zhuji City | 嵊州市 Shengzhou City | 新昌县 Xinchang County |
|---|---|---|---|---|---|---|---|---|
| **地区生产总值** | **Gross Domestic Product** | **108.5** | **107.4** | **108.6** | **109.0** | **109.2** | **108.0** | **108.5** |
| 第一产业 | Primary Industry | 103.1 | 101.5 | 103.2 | 103.2 | 103.2 | 103.1 | 103.1 |
| 第二产业 | Secondary Industry | 108.6 | 105.9 | 107.9 | 110.0 | 109.7 | 109.9 | 110.4 |
| #工 业 | Industry | 109.0 | 106.9 | 107.7 | 111.2 | 109.7 | 110.8 | 111.0 |
| 建筑业 | Construction | 105.4 | 100.2 | 110.6 | 101.4 | 110.0 | 101.3 | 101.5 |
| 第三产业 | Tertiary Industry | 109.0 | 108.8 | 110.3 | 108.4 | 109.2 | 106.4 | 106.7 |

本表按可比价格计算。
The indices in this table are calculated at comparable prices.

# 主要统计指标解释

**地区生产总值（GDP）** 是按市场价格计算的地区生产总值的简称。它是一个国家(或地区)所有常住单位在一定时期内生产活动的最终成果。国内生产总值有三种表现形态，即价值形态、收入形态和产品形态。从价值形态看，它是所有常住单位在一定时期内所生产的全部货物和服务价值超过同期投入的全部非固定资产货物和服务价值的差额，即所有常住单位的增加值之和；从收入形态看，它是所有常住单位在一定时期内所创造并分配给常住单位和非常住单位的初次分配收入之和；从产品形态看，它是最终使用的货物和服务减去进口货物和服务。在实际核算中，国内生产总值的三种表现形态表现为三种计算方法，即生产法、收入法和支出法。三种方法分别从不同的方面反映国内生产总值及其构成。

**各个计划时期** 各个计划时期代表的年份如下:恢复时期为1950年至1952年;第一个五年计划时期(简称"一五"时期)为1953年至1957年；第二个五年计划时期(简称"二五"时期)为1958年至1962年；三年调整时期为1963年至1965年；第三个五年计划时期(简称"三五"时期)为1966年至1970年；第四个五年计划时期(简称"四五"时期)为1971年至1975年；第五个五年计划时期(简称"五五"时期)为1976年至1980年；第六个五年计划时期(简称"六五"时期)为1981年至1985年；第七个五年计划时期(简称"七五"时期)为1986年至1990年；第八个五年计划时期(简称"八五"时期)为1991年至1995年；第九个五年计划时期(简称"九五"时期)为1996年至2000年；第十个五年计划时期(简称"十五"时期)为2001年至2005年。

**国有企业** 指企业全部资产归国家所有，并按《中华人民共和国企业法人登记管理条例》规定登记注册的非公司制的经济组织。不包括有限责任公司中的国有独资公司。

**集体企业** 指企业资产归集体所有，并按《中华人民共和国企业法人登记管理条例》规定登记注册的经济组织。

**股份合作企业** 指以合作制为基础，由企业职工共同出资入股，吸收一定比例的社会资产投资组建，实行自主经营，自负盈亏，共同劳动，民主管理，按劳分配与按股分红相结合的一种集体经济组织。

**联营企业** 两个及两个以上相同或不同所有制性质的企业法人或事业单位法人，按自愿、平等、互利的原则，共同投资组成的经济组织。联营企业包括国有联营企业、集体联营企业、国有与集体联营企业和其他联营企业。

**有限责任公司** 指根据《中华人民共和国公司登记管理条例》规定登记注册，由两个以上，五十个以下的股东共同出资，每个股东以其所认缴的出资额对公司承担有限责任，公司以其全部资产对其债务承担责任的经济组织。有限责任公司包括国有独资公司以及其他有限责任公司。

(1)国有独资公司：指国家授权的投资机构或者国家授权的部门单独投资设立的有限责任公司。

(2)其他有限责任公司：指国有独资公司以外的有限责任公司。

**股份有限公司** 指根据《中华人民共和国公司登记管理条例》规定登记注册，其全部注册资本由等额股份构成并通过发行股票筹集资本，股东以其认购的股份对公司承担有限责任，公司以其全部资产对其债务承担责任的经济组织。

**私营企业** 指由自然人投资设立或由自然人控股，以雇佣劳动为基础的营利性经济组织。包括按照《公司法》、《合伙企业法》、《私营企业暂行条例》规定登记注册的私营有限责任公司、私营股份有限公司、私营合伙企业和私营独资企业。

**其他企业** 指上述企业之外的其他内资经济组织。

**外商投资企业** 指外国投资者根据中华人民共和国有关涉外经济的法律、法规，以合资、合作或独资的形式在中国大陆境内开办的企业。包括中外合资经营企业、中外合作经营企业和外资企业。

**港、澳、台投资企业** 指港、澳、台地区投资者参照中华人民共和国有关涉外经济的法律、法规，以合资、合作或独资的形式在祖国大陆举办的企业。包括合资经营企业、合作经营企业和独资企业。

**三次产业** 根据社会生产活动历史发展的顺序对产业结构的划分，产品直接取自自然界的部门称为第一产业，对初级产品进行再加工的部门称为第二产业，为生产和消费提供各种服务的部门称为第三产业。它是世界通用的产业结构分类，但各国的划分不尽一致。我国的三次产业划分是：

第一产业：农林牧渔业（包括农业、林业、牧业和渔业）。

第二产业：工业（包括采掘业、制造业、自来水、电力、蒸汽、热水、煤气）和建筑业。

第三产业：除第一、二产业以外的其他各业。由于第三产业包括的行业多、范围广，根据我国的实际情况，第三产业可分为两大部分：一是流通部门，二是服务部门。

# Explanatory Notes on Main Statistical Indicators

**Gross Domestic Product (GDP)** refers to the final products of all resident units in a country (or a region) during a certain period of time. Gross Domestic Product is expressed in three different forms, i.e.value,income, and products respectively. The form of value refers to the total value of all products and services produced by all resident units during a certain period of time minus total value of intimidate input of materials and services of the nature of non-fixed assets or the summation of the value-added of all resident units; the form of income includes all the income created by all resident units and distributed primarily to all resident and non-resident units; the form of products refers to the value of all final goods and services for final use by all resident units plus the value of net exports of goods and services during a given period of time. In the practice of national accounting, gross domestic product is calculated with three approaches, i.e.production approach, income approach, and expenditure approach, which reflect gross domestic product and its composition from different aspects.

**Various Planning Periods** the conventional division of time period is as follows :Economic Rehabilitation Period, 1950-1952;the First Five-year Plan period,1953-1957; the Second Five-year Plan period,1958-1962; the Third Five-year Plan period,1966-1970; the Fourth Five-year Plan period,1971-1975; the Fifth Five-year Plan period,1976-1980; the Sixth Five-year Plan period,1981-1985; the Seventh Five-year Plan period,1986-1990; the Eighth Five-year Plan period,1991-1995; the Ninth Five-year Plan period,1996-2000; the Tenth Five-year Plan period,2001-2005.

**State-owned Enterprises** refers to non-corporation economic units where the entire assets are owned by the state and which have registered in accordance with the Regulation of the People's Republic of China on the Management of Registration of Corporate Enterprises.Excluded from this category are sole state-funded corporations in the limited liability corporations.

**Collective-owned Enterprises** refers to economic units where the assets are owned collectively and which have registered in accordance with the Regulation of the People's Republic of China on the Management of Registration of Corporate Enterprises.

**Cooperative Enterprises** refers to a form of collective economic units (enterprises) where capitals come mainly from employees as their shares, with certain proportion of capital from the outside, where production is organized on the basis of independent operation, independent accounting for profits and losses, joint work, democratic management, and a distribution system that integrates remuneration according to work with dividend according to capital share.

**Joint Ownership Enterprises** refers to economic units established by two or more corporate enterprises or corporate institutions of the same or different ownership, through joint investment on the basis of equality, voluntary participation and mutual benefits. They include state joint ownership enterprises, collective joint ownership enterprises, joint state-collective enterprises, other joint ownership enterprises.

**Limited Liability Corporations** refers to economic units established with investment from 2-50 investors and registered in accordance with the Regulation of the People's Republic of China on the Management of Registration of Corporations, each investor bearing limited liability to the corporation depending on its share of investment, and the corporation bearing liability to its debt to the maximum of its total assets.Limited liability corporations include exclusive state-funded limited liability corporations and other limited liability corporations.

(1) Exclusive State-funded Corporations refers to limited liability corporations established with exclusive investment from investment institutions or departments authorized by the state.

(2) Other Limited Liability Corporations refers to limited liability corporations other than exclusive state-funded corporations.

**Share-holding Corporations Ltd.** refers to economic units registered in accordance with the Regulation of the People's Republic of China on the Management of Registration of Corporations, with total registered capitals divided into equal shares and raised through issuing stocks. Each investor bears limited liability to the corporation depending on the holding of shares,and the corporation bears liability to its debt to the maximum of its total assets.

**Private Enterprises** refers to profit-making economic units invested and established by natural persons, or controlled by natural persons using employed labour. Included in this category are private limited liability corporations, private shareholding corporations Ltd., private partnership enterprises and private-funded enterprises registered in accordance with the Corporation Law, Partnership Enterprises Law and Interim Regulations on Private Enterprises.

**Other Domestic-funded Enterprises** refers to domestic-funded economic units other than those mentioned above.

**Enterprises with Foreign Investment** refers to enterprises set up in mainland China in the forms of joint investment, cooperation or solely-owned investment by foreign investors in accordance with foreign-related economic laws & regulations of China. They include joint-venture enterprises with foreign investment, cooperation enterprises with foreign investment and enterprises with sole (exclusive) foreign investment.

**Enterprises with Investment from HongKong, Macao and Taiwan** refers to enterprises set up in mainland China in the forms of joint investment,cooperation or solely-owned investment by investors from HongKong, Macao and Taiwan in accordance with foreign-related economic laws & regulations of China. They include joint-venture enterprises, cooperative enterprises & solely-owned enterprises.

**Three Industries** Industry structure has been classified according to the historical sequence of development. Primary industry refers to extraction of natural resources; secondary industry involves processing of primary products;and tertiary industry provides services of various kinds for production and consumption. The above classification is universal although it varies to some extent form country to country. Industry in China comprises:

Primary industry: agriculture (including farming, forestry, animal husbandry and fishery).

Secondary industry: industry (including mining and quarrying, manufacturing, production and supply of electricity, water and gas) and construction.

Tertiary industry: all other industries not included in primary or secondary industry.

二

# 人口和劳动工资

# CHAPTER 2 POPULATION AND WAGES

# 人口、劳动力
# POPULATION AND WAGES

## 主要统计指标
## Main Statistical Indicators

| | | | |
|---|---|---|---|
| 2013 年末全市户籍人口 | Total Year-end Population of Whole Municipality | 441.66 | 万人 ($10^4$ persons) |
| 比年初增长 | Increase over the Beginning of the Year | 0.2 | % |
| 2013 年末越城区户籍人口 | Total Year-end Population of Urban District | 74.46 | 万人 ($10^4$ persons) |
| 比年初增长 | Increase over the Beginning of the Year | 0.4 | % |
| 2013 年末全市非农业人口 | Total Year-end Non-Agriculture Population of Whole Municipality | 160.17 | 万人 ($10^4$ persons) |
| 比年初增长 | Increase over the Beginning of the Year | 2.3 | % |
| 2013 年人口自然增长率 | Natural Growth Rate of Population | 0.68 | ‰ |
| 比上年增长 | Increase over Previous Year | 0.09 | 个千分点(per mille) |
| 2013 年末总户数 | Total Year-end Households of Whole Municipality | 161.55 | 万户($10^4$households) |
| 比年初增长 | Increase over the Beginning of the Year | -0.3 | % |
| 2013 年末从业人员 | Total Number of Employed Persons | 344.4 | 万人 ($10^4$ persons) |
| 比上年增长 | Increase over Previous Year | 0.2 | % |
| 2013 年末城镇以上单位在岗职工人数 | Number of Staff and Workers at work in Urban Units | 121.24 | 万人 ($10^4$ persons) |
| 比上年增长 | Increase over Previous Year | 3.0 | % |
| 2013 年城镇以上单位在岗职工平均工资 | Average Annual Wage of Staff and Workers at work in Urban Units | 50380 | 元 (yuan) |
| 比上年增长 | Increase over Previous Year | 10.5 | % |

## 年 末 总 人 口 数

**Total Ye1ar-end Population**

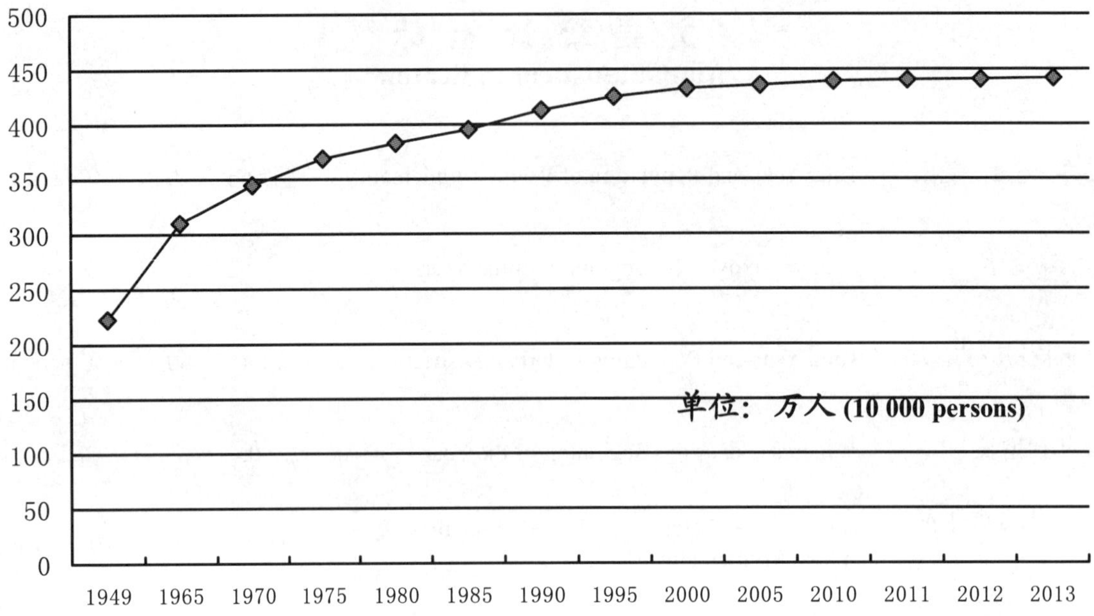


## 男 女 人 口 比 例 情 况

**Proportion of Male and Female**

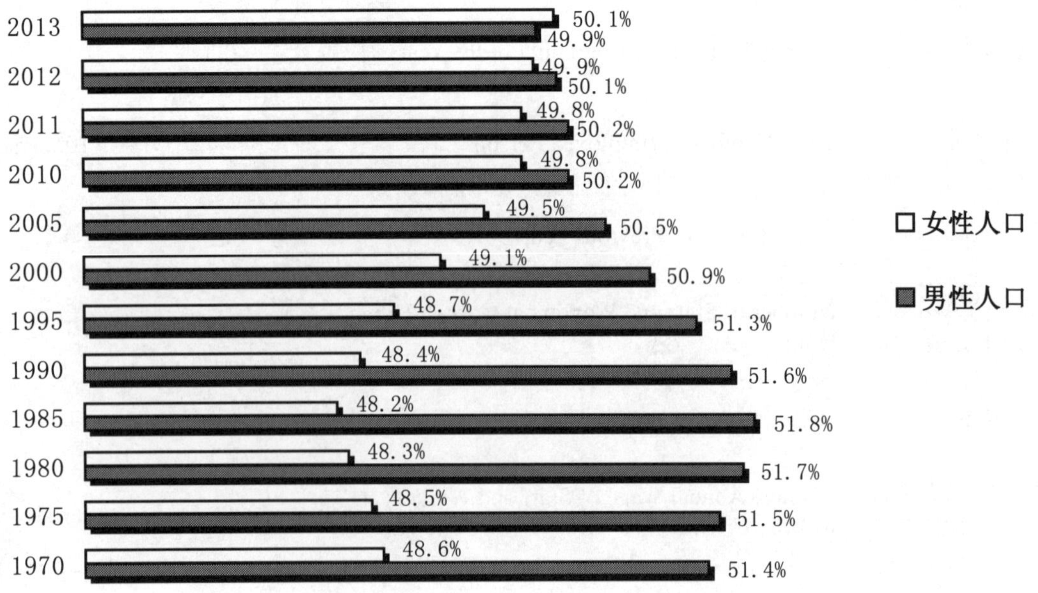

# 人口自然增长率

**Natural Growth Rate of Population**

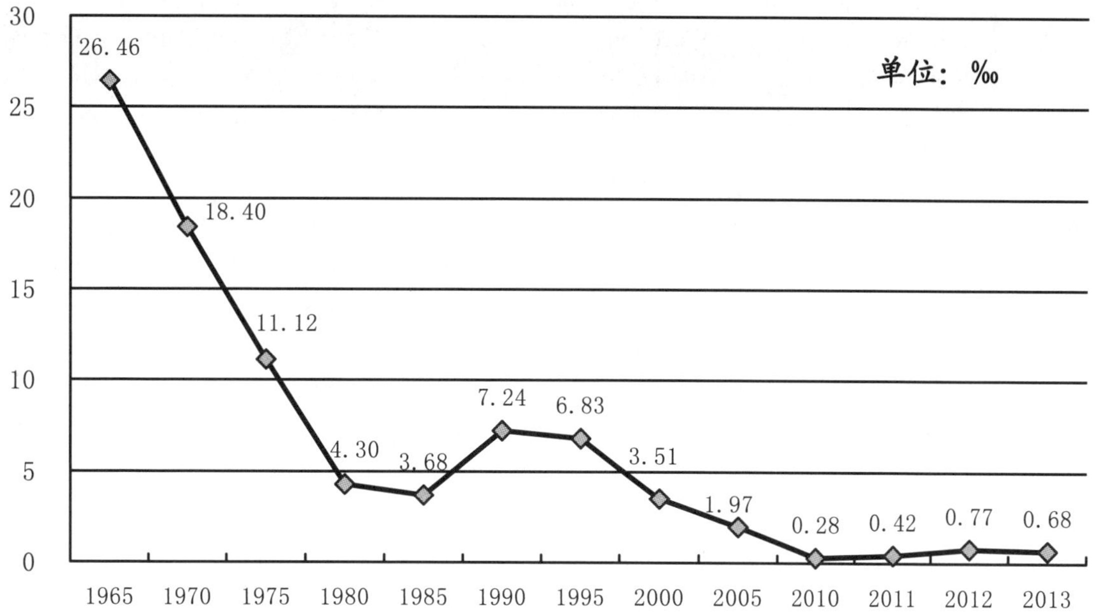


# 城镇以上单位在岗职工年平均工资

**Average Annual Wage of Staff and Workers at work in Urban Units**

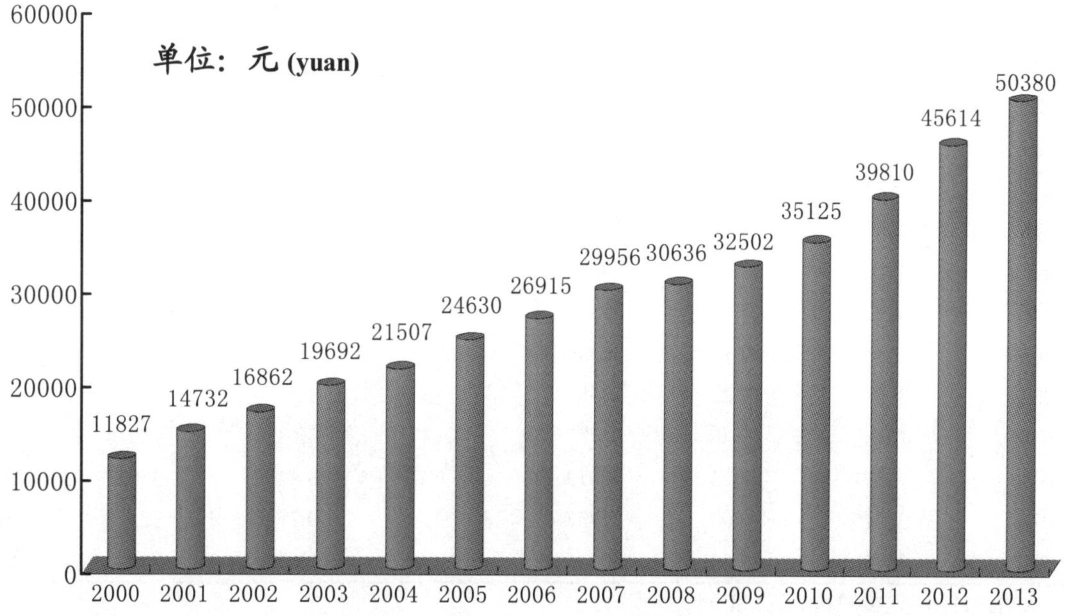

# 2－1 历年全市人口变动情况

# Population Changes of the Whole Municipality

| 年 份 Year | 出生人数（人） Birth Population (person) | 出生率（‰） Birth Rate (‰) | 死亡人数（人） Death Population (person) | 死亡率（‰） Death Rate (‰) | 自然增长率（‰） Natural Growth Rate (‰) | 迁入人口（人） Population Transferred into (person) | 迁出人口（人） Population Transferred out (person) |
|---|---|---|---|---|---|---|---|
| 1962 | 92192 | 32.89 | 25778 | 9.20 | 23.70 | | |
| 1965 | 104771 | 34.21 | 23758 | 7.76 | 26.46 | | |
| 1970 | 84160 | 24.64 | 21307 | 6.24 | 18.40 | | |
| 1975 | 65018 | 17.74 | 24247 | 6.62 | 11.12 | | |
| 1980 | 41530 | 10.87 | 25107 | 6.57 | 4.30 | | |
| 1985 | 41531 | 10.54 | 27049 | 6.86 | 3.68 | | |
| 1986 | 55045 | 13.88 | 25826 | 6.51 | 7.37 | | |
| 1987 | 68469 | 17.10 | 27598 | 6.89 | 10.21 | | |
| 1988 | 58797 | 14.53 | 28527 | 7.01 | 7.48 | | |
| 1989 | 61830 | 15.14 | 27062 | 6.63 | 8.51 | 51731 | 48952 |
| 1990 | 56839 | 13.81 | 27026 | 6.57 | 7.24 | 54621 | 54582 |
| 1991 | 53479 | 12.92 | 26449 | 6.39 | 6.53 | 36710 | 36219 |
| 1992 | 49400 | 11.87 | 27925 | 6.71 | 5.16 | 41192 | 41247 |
| 1993 | 53994 | 12.91 | 27853 | 6.66 | 6.25 | 31935 | 32795 |
| 1994 | 52450 | 12.47 | 28410 | 6.75 | 5.72 | 48327 | 49488 |
| 1995 | 58376 | 13.79 | 29454 | 6.96 | 6.83 | 55939 | 55100 |
| 1996 | 53564 | 12.58 | 28229 | 6.63 | 5.95 | 48192 | 49209 |
| 1997 | 50388 | 11.78 | 27604 | 6.45 | 5.32 | 43192 | 43193 |
| 1998 | 44197 | 10.29 | 29847 | 6.95 | 3.34 | 52889 | 54444 |
| 1999 | 44869 | 10.41 | 28324 | 6.57 | 3.84 | 69209 | 68948 |
| 2000 | 45736 | 10.58 | 30560 | 7.07 | 3.51 | 78055 | 80652 |
| 2001 | 41370 | 9.56 | 28210 | 6.52 | 3.04 | 70853 | 76877 |
| 2002 | 41089 | 9.48 | 29435 | 6.79 | 2.69 | 74655 | 80332 |
| 2003 | 37498 | 8.64 | 30815 | 7.10 | 1.54 | 54358 | 55826 |
| 2004 | 41698 | 9.60 | 28183 | 6.49 | 3.11 | 44141 | 48207 |
| 2005 | 39974 | 9.19 | 31395 | 7.22 | 1.97 | 42809 | 47105 |
| 2006 | 33263 | 7.64 | 29079 | 6.68 | 0.96 | 44865 | 44643 |
| 2007 | 34600 | 7.94 | 29410 | 6.75 | 1.19 | 45485 | 43005 |
| 2008 | 31328 | 7.17 | 30396 | 6.96 | 0.21 | 43136 | 35316 |
| 2009 | 31573 | 7.22 | 32583 | 7.45 | -0.23 | 25745 | 23508 |
| 2010 | 32438 | 7.40 | 31197 | 7.12 | 0.28 | 42278 | 31383 |
| 2011 | 31851 | 7.25 | 30013 | 6.83 | 0.42 | 35621 | 25508 |
| 2012 | 35215 | 8.00 | 31837 | 7.23 | 0.77 | 32368 | 26097 |
| 2013 | 33460 | 7.58 | 30436 | 6.90 | 0.68 | 28653 | 22643 |

注：人口统计均为公安户籍人口，下同。

Note:Data in this table were taken from the annual reports of the Bureau of Public Security (The same as the following table).

# 2-2 历年年末总户数

## Total Year-end Households over the Years

单位：万户　　(10 000households)

| 年 份<br>Year | 全 市<br>Whole Municipality | 越城区<br>Yuecheng District | 柯桥区<br>Keqiao District | 上虞区<br>Shangyu District | 诸暨市<br>Zhuji City | 嵊州市<br>Shengzhou City | 新昌县<br>Xinchang County |
|---|---|---|---|---|---|---|---|
| 1949 | 58.19 | | 18.60 | 8.47 | 14.55 | 10.43 | 6.14 |
| 1957 | 64.74 | | 19.50 | 11.07 | 15.12 | 12.02 | 7.03 |
| 1962 | 69.03 | | 20.91 | 12.31 | 15.95 | 12.44 | 7.42 |
| 1965 | 70.74 | | 21.27 | 12.55 | 16.57 | 12.77 | 7.58 |
| 1970 | 77.89 | | 23.62 | 13.86 | 17.90 | 14.13 | 8.38 |
| 1975 | 86.57 | | 25.92 | 15.48 | 19.91 | 16.15 | 9.11 |
| 1980 | 96.30 | | 27.87 | 17.13 | 22.92 | 18.26 | 10.12 |
| 1985 | 110.60 | 7.26 | 24.42 | 20.20 | 26.81 | 20.48 | 11.43 |
| 1986 | 114.67 | 7.60 | 25.05 | 20.64 | 28.27 | 21.06 | 12.05 |
| 1987 | 118.30 | 8.01 | 25.64 | 21.32 | 29.12 | 21.64 | 12.57 |
| 1988 | 123.07 | 8.32 | 26.71 | 21.90 | 30.68 | 22.57 | 12.89 |
| 1989 | 126.90 | 8.72 | 27.29 | 23.23 | 31.13 | 23.26 | 13.27 |
| 1990 | 128.87 | 8.99 | 27.72 | 23.47 | 31.73 | 23.47 | 13.50 |
| 1991 | 130.36 | 9.14 | 28.17 | 23.58 | 32.55 | 23.27 | 13.66 |
| 1992 | 133.82 | 9.37 | 28.48 | 24.13 | 34.07 | 23.76 | 14.01 |
| 1993 | 134.57 | 9.45 | 28.75 | 24.16 | 34.17 | 23.99 | 14.05 |
| 1994 | 135.95 | 9.76 | 28.79 | 24.55 | 34.54 | 24.17 | 14.14 |
| 1995 | 137.46 | 9.90 | 29.19 | 24.47 | 35.16 | 24.35 | 14.40 |
| 1996 | 139.73 | 10.07 | 30.08 | 25.25 | 35.16 | 24.72 | 14.46 |
| 1997 | 142.16 | 10.23 | 30.55 | 25.95 | 35.31 | 25.22 | 14.89 |
| 1998 | 143.85 | 10.47 | 31.13 | 26.00 | 35.69 | 25.43 | 15.13 |
| 1999 | 145.99 | 10.76 | 31.79 | 26.09 | 36.25 | 25.74 | 15.36 |
| 2000 | 147.73 | 19.69 | 23.52 | 26.18 | 36.80 | 25.96 | 15.59 |
| 2001 | 149.90 | 20.25 | 23.80 | 26.39 | 37.31 | 26.15 | 15.98 |
| 2002 | 152.20 | 20.92 | 24.12 | 26.58 | 37.82 | 26.55 | 16.21 |
| 2003 | 152.56 | 22.62 | 24.26 | 27.03 | 36.86 | 26.26 | 15.53 |
| 2004 | 155.18 | 23.00 | 24.66 | 27.54 | 37.35 | 26.83 | 15.79 |
| 2005 | 156.74 | 23.13 | 24.92 | 28.06 | 37.76 | 26.89 | 15.98 |
| 2006 | 159.00 | 23.26 | 25.27 | 28.53 | 38.77 | 27.03 | 16.14 |
| 2007 | 161.08 | 23.48 | 25.51 | 28.89 | 39.75 | 27.10 | 16.35 |
| 2008 | 162.23 | 23.55 | 25.79 | 29.20 | 40.14 | 27.06 | 16.49 |
| 2009 | 162.39 | 23.88 | 25.66 | 29.29 | 40.15 | 26.90 | 16.51 |
| 2010 | 161.88 | 23.43 | 25.54 | 29.38 | 40.22 | 26.79 | 16.52 |
| 2011 | 162.07 | 23.45 | 25.43 | 29.41 | 40.46 | 26.64 | 16.68 |
| 2012 | 162.00 | 23.48 | 25.32 | 29.41 | 40.45 | 26.47 | 16.87 |
| 2013 | 161.55 | 26.50 | 22.20 | 29.14 | 40.27 | 26.31 | 17.13 |

# 2-3 历年年末户籍人口

## Total Year-end Population over the Years

单位：万人 (10 000persons)

| 年份<br>Year | 全市<br>Whole Municipality | 越城区<br>Yuecheng District | 柯桥区<br>Keqiao District | 上虞区<br>Shangyu District | 诸暨市<br>Zhuji City | 嵊州市<br>Shengzhou City | 新昌县<br>Xinchang County |
|---|---|---|---|---|---|---|---|
| 1949 | 222.86 | | 67.97 | 36.71 | 54.00 | 40.69 | 23.49 |
| 1957 | 263.33 | | 80.09 | 46.75 | 62.46 | 46.72 | 27.31 |
| 1962 | 284.09 | | 84.98 | 50.73 | 66.61 | 51.22 | 30.55 |
| 1965 | 310.28 | | 91.82 | 55.49 | 74.51 | 55.60 | 32.86 |
| 1970 | 344.89 | | 100.75 | 61.94 | 84.82 | 61.49 | 35.89 |
| 1975 | 368.64 | | 106.50 | 66.65 | 91.62 | 66.12 | 37.75 |
| 1980 | 382.71 | | 109.74 | 69.29 | 95.20 | 69.05 | 39.43 |
| 1985 | 394.88 | 25.09 | 88.61 | 71.05 | 97.87 | 70.86 | 41.40 |
| 1986 | 398.24 | 25.80 | 89.23 | 71.57 | 98.67 | 71.19 | 41.78 |
| 1987 | 402.61 | 26.46 | 90.20 | 72.58 | 99.61 | 71.66 | 42.10 |
| 1988 | 406.54 | 27.02 | 91.09 | 73.21 | 100.84 | 72.07 | 42.31 |
| 1989 | 410.32 | 27.52 | 92.18 | 73.88 | 101.64 | 72.55 | 42.54 |
| 1990 | 412.67 | 27.80 | 92.98 | 74.39 | 101.84 | 72.91 | 42.75 |
| 1991 | 415.31 | 28.10 | 93.80 | 74.94 | 102.31 | 73.23 | 42.91 |
| 1992 | 417.16 | 28.51 | 94.28 | 75.31 | 102.64 | 73.41 | 43.00 |
| 1993 | 419.62 | 29.03 | 95.07 | 75.82 | 103.01 | 73.58 | 43.10 |
| 1994 | 421.83 | 30.07 | 95.15 | 76.23 | 103.58 | 73.65 | 43.16 |
| 1995 | 424.70 | 30.63 | 96.01 | 76.70 | 104.38 | 73.75 | 43.23 |
| 1996 | 426.84 | 31.17 | 96.64 | 76.98 | 104.88 | 73.86 | 43.31 |
| 1997 | 428.94 | 31.90 | 97.20 | 77.28 | 105.40 | 73.83 | 43.32 |
| 1998 | 430.04 | 32.43 | 97.33 | 77.43 | 105.69 | 73.78 | 43.38 |
| 1999 | 431.70 | 33.52 | 97.29 | 77.51 | 106.13 | 73.81 | 43.44 |
| 2000 | 432.69 | 59.09 | 72.42 | 77.54 | 106.18 | 73.99 | 43.47 |
| 2001 | 433.27 | 59.92 | 72.42 | 77.49 | 106.04 | 73.86 | 43.52 |
| 2002 | 433.59 | 61.15 | 72.00 | 77.35 | 105.85 | 73.73 | 43.51 |
| 2003 | 433.84 | 63.86 | 70.16 | 77.41 | 105.49 | 73.54 | 43.38 |
| 2004 | 434.72 | 64.46 | 70.33 | 77.42 | 105.63 | 73.47 | 43.41 |
| 2005 | 435.09 | 64.84 | 70.47 | 77.37 | 105.59 | 73.38 | 43.44 |
| 2006 | 435.50 | 64.89 | 70.77 | 77.28 | 105.72 | 73.39 | 43.46 |
| 2007 | 436.24 | 64.99 | 71.05 | 77.28 | 106.00 | 73.37 | 43.55 |
| 2008 | 437.06 | 64.90 | 71.46 | 77.31 | 106.42 | 73.42 | 43.56 |
| 2009 | 437.74 | 64.90 | 71.78 | 77.42 | 106.67 | 73.37 | 43.59 |
| 2010 | 438.91 | 65.04 | 72.20 | 77.64 | 106.96 | 73.43 | 43.65 |
| 2011 | 440.01 | 65.26 | 72.58 | 77.74 | 107.20 | 73.46 | 43.77 |
| 2012 | 440.83 | 65.55 | 72.72 | 77.85 | 107.35 | 73.46 | 43.91 |
| 2013 | 441.66 | 74.46 | 64.29 | 77.95 | 107.65 | 73.37 | 43.94 |

# 2-4 历年年末农业、非农业人口

# Total Year-End Agriculture and Non-agriculture over the Years

单位：万人 (10 000 persons)

| 年份 Year | 全市 Whole Municipality | | 越城区 Yuecheng District | |
|---|---|---|---|---|
| | 农业人口 Agriculture | 非农业人口 Non-Agriculture | 农业人口 Agriculture | 非农业人口 Non-Agriculture |
| 1978 | 346.82 | 31.61 | | |
| 1980 | 346.69 | 36.02 | | |
| 1981 | 345.61 | 39.92 | | |
| 1982 | 347.12 | 42.39 | | |
| 1983 | 348.35 | 43.35 | 9.56 | 14.39 |
| 1984 | 348.77 | 44.28 | 9.54 | 14.87 |
| 1985 | 344.66 | 50.22 | 9.37 | 15.72 |
| 1986 | 346.61 | 51.63 | 9.45 | 16.35 |
| 1987 | 350.34 | 52.27 | 9.55 | 16.91 |
| 1988 | 353.46 | 53.08 | 9.61 | 17.41 |
| 1989 | 356.38 | 53.93 | 9.72 | 17.79 |
| 1990 | 359.06 | 53.61 | 9.82 | 17.98 |
| 1991 | 361.65 | 53.65 | 9.97 | 18.14 |
| 1992 | 361.69 | 55.47 | 9.95 | 18.56 |
| 1993 | 359.71 | 59.91 | 9.84 | 19.18 |
| 1994 | 359.24 | 62.58 | 9.54 | 20.53 |
| 1995 | 359.65 | 65.05 | 9.46 | 21.17 |
| 1996 | 359.24 | 67.60 | 9.20 | 21.97 |
| 1997 | 358.83 | 70.11 | 9.08 | 22.82 |
| 1998 | 357.39 | 72.65 | 9.03 | 23.40 |
| 1999 | 354.39 | 77.31 | 8.81 | 24.72 |
| 2000 | 352.02 | 80.68 | 30.17 | 28.92 |
| 2001 | 347.53 | 85.73 | 28.82 | 31.10 |
| 2002 | 342.68 | 90.91 | 26.43 | 34.72 |
| 2003 | 330.84 | 103.01 | 21.22 | 42.64 |
| 2004 | 313.58 | 121.14 | 19.03 | 45.43 |
| 2005 | 308.38 | 126.71 | 18.94 | 45.90 |
| 2006 | 303.26 | 132.24 | 18.56 | 46.34 |
| 2007 | 299.92 | 136.32 | 18.17 | 46.81 |
| 2008 | 297.09 | 139.97 | 17.90 | 47.00 |
| 2009 | 294.27 | 143.46 | 17.52 | 47.38 |
| 2010 | 290.38 | 148.53 | 16.86 | 48.17 |
| 2011 | 287.94 | 152.07 | 16.39 | 48.87 |
| 2012 | 284.24 | 156.59 | 15.93 | 49.62 |
| 2013 | 281.49 | 160.17 | 22.79 | 51.68 |

## 2-5 全市人口基本情况（2013年末）

单位：人

| 指　　标 | Item | 全　市 Whole Municipality |
|---|---|---|
| **一、年末总户数　　(户)** | **Total Households (Year-end)　　(household)** | **1615461** |
| **二、年末户籍人口** | **Total Population (Year-end)** | **4416602** |
| 1.按性别分 | By Sex | |
| 男　　性 | Male | 2211739 |
| 女　　性 | Female | 2204863 |
| 2.按户粮关系分 | By Type | |
| 农业人口 | Agriculture | 2814897 |
| 非农业人口 | Non-Agriculture | 1601705 |
| **三、年平均人口** | **Average Population** | **4412471** |

## 2-6 全市年末人口变动情况（2013年）

单位：人

| 指　　标 | Item | 全　市 Whole Municipality |
|---|---|---|
| 迁　　入 | Population Transferred into | 28653 |
| 迁　　出 | Population Transferred out | 22643 |
| 出　　生 | Birth Population | 33460 |
| 死　　亡 | Death Population | 30436 |
| 自然增长数 | Natural Growth Population | 3024 |
| 出 生 率　　(‰) | Birth Rate　　(‰) | 7.58 |
| 死 亡 率　　(‰) | Death Rate　　(‰) | 6.90 |
| 自然增长率　　(‰) | Natural Growth Rate　　(‰) | 0.68 |

## Basic Statistics on Year-end Population of Whole Municipality (End of 2013)

(person)

| 越城区 Yuecheng District | 柯桥区 Keqiao District | 上虞区 Shangyu District | 诸暨市 Zhuji City | 嵊州市 Shengzhou City | 新昌县 Xinchang County |
|---|---|---|---|---|---|
| **265039** | **221963** | **291356** | **402743** | **263076** | **171284** |
| **744647** | **642922** | **779484** | **1076467** | **733667** | **439415** |
| | | | | | |
| 365810 | 316587 | 385672 | 539779 | 377426 | 226465 |
| 378837 | 326335 | 393812 | 536688 | 356241 | 212950 |
| | | | | | |
| 227891 | 313375 | 479816 | 915249 | 538952 | 339614 |
| 516756 | 329547 | 299668 | 161218 | 194715 | 99801 |
| **743295** | **641806** | **778993** | **1074998** | **734138** | **439242** |

## Population Changes of Whole Municipality (2013)

(person)

| 越城区 Yuecheng District | 柯桥区 Keqiao District | 上虞区 Shangyu District | 诸暨市 Zhuji City | 嵊州市 Shengzhou City | 新昌县 Xinchang County |
|---|---|---|---|---|---|
| 6006 | 4590 | 8284 | 5149 | 2553 | 2071 |
| 4580 | 2861 | 7225 | 2979 | 3169 | 1829 |
| 5913 | 4717 | 5606 | 8375 | 5269 | 3580 |
| 4536 | 4167 | 5539 | 7422 | 5476 | 3296 |
| 1377 | 550 | 67 | 953 | -207 | 284 |
| 7.96 | 7.35 | 7.20 | 7.79 | 7.18 | 8.15 |
| 6.10 | 6.49 | 7.11 | 6.90 | 7.46 | 7.50 |
| 1.86 | 0.86 | 0.09 | 0.89 | -0.28 | 0.65 |

# 2-7 越城区人口基本情况（2013年末）
# Basic Statistics on Population of Yuecheng District (End of 2013)

| 街道(镇) | Subdistricts & Towns | 总户数(户) Total Households (household) | 户籍人口(人) Total Population (person) | 按性别分 By Sex | | 按户粮关系分 By Type | |
|---|---|---|---|---|---|---|---|
| | | | | 男性 Male | 女性 Female | 农业人口 Agriculture | 非农业人口 Non-Agriculture |
| **总计** | **Total** | **265039** | **744647** | **365810** | **378837** | **227891** | **516756** |
| 塔山街道 | Tashan | 19738 | 56184 | 27500 | 28684 | 861 | 55323 |
| 蕺山街道 | Jishan | 21783 | 59411 | 29352 | 30059 | 14 | 59397 |
| 府山街道 | Fushan | 22991 | 66725 | 32593 | 34132 | 2120 | 64605 |
| 北海街道 | Beihai | 19087 | 56082 | 27910 | 28172 | 2317 | 53765 |
| 稽山街道 | Jishan | 15094 | 44231 | 21877 | 22354 | 3 | 44228 |
| 城南街道 | Chengnan | 18424 | 47431 | 23272 | 24159 | 5974 | 41457 |
| 东湖镇 | Donghu | 17993 | 47962 | 23292 | 24670 | 27361 | 20601 |
| 斗门镇 | Doumen | 18278 | 51854 | 25367 | 26487 | 6825 | 45029 |
| 东浦镇 | Dongpu | 17381 | 43384 | 21214 | 22170 | 23878 | 19506 |
| 鉴湖镇 | Jianhu | 9030 | 25406 | 12521 | 12885 | 18849 | 6557 |
| 皋埠镇 | Gaobu | 17724 | 53562 | 26153 | 27409 | 24981 | 28581 |
| 马山镇 | Mashan | 18850 | 52722 | 25888 | 26834 | 18045 | 34677 |
| 灵芝镇 | Linzhi | 18675 | 53297 | 26035 | 27262 | 23119 | 30178 |
| 孙端镇 | Sunduan | 14116 | 39222 | 19396 | 19826 | 31771 | 7451 |
| 富盛镇 | Fushen | 8035 | 23511 | 11745 | 11766 | 21495 | 2016 |
| 陶堰镇 | Taoyan | 7840 | 23663 | 11695 | 11968 | 20278 | 3385 |

# 2－8 离退休、退职人员人数及离退休金构成情况（2013 年）

## Number of Retired and Resigned Persons and Composition of Insurance and Welfare Funds (2013)

| 指标 | Item | 总计 Total | 1.企业 Enterprises | #国有企业 State-Owned enterprises | 2.事业 Institutions | 3.机关 Agencies and Organizations | 4.自由职业 Free profession |
|---|---|---|---|---|---|---|---|
| **年末离退休退职人数（人）** | **Retired and Resigned persons at the Year-end (person)** | **208998** | **105615** | **73620** | **4724** | **1909** | **23130** |
| #离休人员 | Retired Veteran Carders | 441 | 169 | 89 | 98 | 85 | – |
| 退休人员 | Retired | 207723 | 104935 | 73301 | 4607 | 1820 | 23060 |
| 退职人员 | Resigned | 834 | 511 | 230 | 19 | 4 | 70 |
| **离退休金构成（万元）** | **Pensions for Retired and Resigned Persons (10 000 yuan)** | **444215** | **219406** | **138419** | **25512** | **14749** | **46129** |
| #离休金 | Pensions for Retired Veterans | 4307 | 1698 | 886 | 912 | 811 | – |
| 退休金 | Pensions for Retired Persons | 438005 | 216534 | 137037 | 24525 | 13917 | 45992 |
| 退职生活费 | Resignation Allowances for Living Expenses | 1903 | 1174 | 496 | 75 | 21 | 137 |

# 2－9 按三次产业划分的从业人员人数及构成

## Number and Composition of Employed Persons by Type of Industry

| 年份 Year | 从业人员数（万人） Total (10000 persons) | 第一产业 Primary Industry | 第二产业 Secondary Industry | 第三产业 Tertiary Industry | 构成（%） Composition in Percentage 第一产业 Primary Industry | 第二产业 Secondary Industry | 第三产业 Tertiary Industry |
|---|---|---|---|---|---|---|---|
| 1995 | 293.58 | 113.52 | 119.59 | 60.47 | 38.7 | 40.7 | 20.6 |
| 2000 | 274.45 | 93.55 | 119.19 | 61.71 | 34.1 | 43.4 | 22.5 |
| 2001 | 282.56 | 85.72 | 131.06 | 65.78 | 30.3 | 46.4 | 23.3 |
| 2002 | 284.27 | 81.50 | 135.26 | 67.51 | 28.7 | 47.6 | 23.7 |
| 2003 | 284.66 | 80.17 | 136.73 | 67.76 | 28.2 | 48.0 | 23.8 |
| 2004 | 285.23 | 75.27 | 140.02 | 69.94 | 26.4 | 49.1 | 24.5 |
| 2005 | 284.83 | 64.52 | 147.65 | 72.66 | 22.7 | 51.8 | 25.5 |
| 2006 | 293.72 | 56.02 | 156.72 | 80.98 | 19.1 | 53.4 | 27.6 |
| 2007 | 300.88 | 52.71 | 161.56 | 86.61 | 17.5 | 53.7 | 28.8 |
| 2008 | 315.37 | 52.70 | 170.12 | 92.55 | 16.7 | 53.9 | 29.3 |
| 2009 | 328.99 | 52.21 | 171.92 | 104.86 | 15.87 | 52.26 | 31.87 |
| 2010 | 341.81 | 51.46 | 180.55 | 109.80 | 15.06 | 52.82 | 32.12 |
| 2011 | 343.28 | 51.52 | 180.77 | 110.99 | 15.01 | 52.66 | 32.33 |
| 2012 | 343.90 | 51.38 | 180.08 | 112.44 | 14.94 | 52.36 | 32.70 |
| 2013 | 344.39 | 51.28 | 179.11 | 114.00 | 14.89 | 52.01 | 33.10 |

# 2－10 城乡劳动力资源配置情况（2013 年末）

单位：万人

| 指　　标 | Item | 城乡合计 Total | 城　镇 Urban Area | 乡　村 Rural Area |
|---|---|---|---|---|
| **一、年末常住人口数** | **Total Population (Year-end)** | **494.90** | **267.24** | **227.66** |
| 年末 16 岁以上全部人口数 | Total Population Over 16 Year-old (Year-end) | 424.82 | 227.92 | 196.90 |
| 其中：不计入劳动力资源的人数 | Population not Added to the Total Labors | 32.81 | 19.27 | 13.54 |
| **二、年末劳动力资源总数** | **Total Labors (year-end)** | **392.01** | **208.65** | **183.36** |
| **三、经济活动人口** | **Economically Active Population** | **349.19** | **186.67** | **162.52** |
| **1. 从业人员** | **Total Number of Employed Persons** | **344.39** | **181.87** | **162.52** |
| **按就业身份分组** | **Grouped by Employed Status** | | | |
| 城镇单位从业人员 | Urban Units | 105.85 | 105.85 | － |
| 私营业主 | Private Enterprises | 8.34 | 4.09 | 4.25 |
| 个体户主 | Self-employed Individuals | 23.63 | 11.28 | 12.35 |
| 私营企业和个体从业人员 | Employed Person of Private Enterprises | 146.77 | 60.65 | 86.12 |
| 乡镇企业从业人员 | Employed Person of Township and Village Enterprises | － | － | － |
| 乡村农业劳动力 | Rural Labors | 50.76 | － | 50.76 |
| 其　　它 | Others | 9.04 | － | 9.04 |
| **按登记注册类型分组** | **Grouped by Registration Status** | | | |
| 国有单位 | State-owned Units | 14.84 | 14.23 | 0.61 |
| 集体单位 | Urban Collective Owned Units | 1.89 | 1.89 | － |
| 股份合作单位 | Share Holding Economic Units | 0.76 | 0.76 | － |
| 联营单位 | Joint Owned Economic Units | 0.16 | 0.16 | － |
| 有限责任公司 | Limited Liability Corporations | 70.94 | 50.71 | 20.23 |
| 股份有限公司 | Share Holding Enterprises | 20.23 | 13.85 | 6.38 |
| 私营企业 | Private Enterprises | 105.80 | 40.35 | 65.45 |
| 港、澳、台商投资单位 | Economic Units Funded by Entrepreneurs from Hong Kong，Macao & Taiwan | 15.13 | 10.01 | 5.12 |
| 外商投资单位 | Foreign Funded Economic Units | 9.44 | 6.54 | 2.90 |
| 个　　体 | Individuals | 46.74 | 20.89 | 25.85 |
| 其　　它 | Others | 58.46 | 22.48 | 35.98 |

# Disposition of Urban and Rural Labor Resources (End of 2013)

(10 000 persons)

| 指　　标 | Item | 城乡合计 Total | 城　镇 Urban Area | 乡　村 Rural Area |
|---|---|---|---|---|
| **按国民经济行业分组** | **Grouped by Sector** | | | |
| 农、林、牧、渔业 | Farming，Forestry，Animal Husbandry and Fishery | 51.28 | 1.25 | 50.03 |
| 采 矿 业 | Mining | 0.32 | 0.24 | 0.08 |
| 制 造 业 | Manufacturing | 126.45 | 72.67 | 53.78 |
| 电力、燃气及水的生产和供应业 | Production and Supply of Electric Power, Gas and Water | 1.42 | 1.34 | 0.08 |
| 建 筑 业 | Construction | 50.92 | 28.77 | 22.15 |
| 交通运输、仓储和邮政业 | Traffic，Storage and Mail Business | 40.51 | 23.86 | 16.65 |
| 信息传输、计算机服务和软件业 | Information Transfer，Computer Service and Software | 12.67 | 5.61 | 7.06 |
| 批发和零售业 | Wholesale and Retail Trade | 14.93 | 12.25 | 2.68 |
| 住宿和餐饮业 | Accommodation and Food | 3.02 | 1.48 | 1.54 |
| 金 融 业 | Finance | 5.51 | 4.40 | 1.11 |
| 房地产业 | Realty Business | 2.76 | 2.31 | 0.45 |
| 租赁和商务服务业 | Leasehold and Business Service | 5.44 | 3.94 | 1.50 |
| 科学研究、技术服务和地质勘查业 | Scientific Research，Technical Service and Geologic Examination | 1.92 | 1.56 | 0.36 |
| 水利、环境和公共设施管理业 | Water Conservancy，Environment and Public Institution Management | 2.53 | 2.01 | 0.52 |
| 居民服务和其他服务业 | Neighborhood Services and other Service | 5.83 | 4.64 | 1.19 |
| 教　　育 | Education | 6.63 | 5.43 | 1.20 |
| 卫生、社会保障和社会福利业 | Sanitation，Social Security and Social Welfare | 3.12 | 3.05 | 0.07 |
| 文化、体育和娱乐业 | Cultural，Physical and Entertainment | 3.97 | 2.84 | 1.13 |
| 公共管理和社会组织 | Public Administration and Social Organization | 5.16 | 4.22 | 0.94 |
| 国际组织 | International Organizations | – | – | – |
| **2. 城镇登记失业人员** | **Registered Unemployment Rate in Urban Areas** | **4.80** | **4.80** | **–** |
| **四、非经济活动人口** | **Non-economic Population** | **42.82** | **21.98** | **20.84** |
| 其中：16 岁以上在校学生 | Students at School above 16 Year-old | 23.69 | 16.09 | 7.60 |
| 家务劳动者 | Labors at home | 19.13 | 5.89 | 13.24 |

# 2－11 历年城镇以上单位职工年末人数

## Number of Staff and Workers in Urban Units over the Years

单位：人 (person)

| 年 份<br>Year | 全 市<br>Whole Municipality | 越城区<br>Yuecheng District | 柯桥区<br>Keqiao District | 上虞区<br>Shangyu District | 诸暨市<br>Zhuji City | 嵊州市<br>Shengzhou City | 新昌县<br>Xinchang County |
|---|---|---|---|---|---|---|---|
| 1986 | 372961 | 109269 | 68459 | 54305 | 65167 | 43868 | 31893 |
| 1987 | 392425 | 111044 | 70907 | 58771 | 69692 | 47013 | 34998 |
| 1988 | 407332 | 112597 | 73374 | 62249 | 69477 | 51705 | 37930 |
| 1989 | 408165 | 112444 | 70880 | 62302 | 74191 | 51087 | 37261 |
| 1990 | 417908 | 115467 | 74022 | 64992 | 72119 | 53471 | 37837 |
| 1991 | 419037 | 119917 | 57418 | 65369 | 79290 | 55892 | 41151 |
| 1992 | 417159 | 124076 | 51798 | 54010 | 88459 | 54022 | 44794 |
| 1993 | 449976 | 131250 | 59318 | 65893 | 91253 | 55749 | 46513 |
| 1994 | 430986 | 129683 | 56364 | 53996 | 94009 | 52436 | 44498 |
| 1995 | 436066 | 127469 | 56317 | 59059 | 95985 | 52104 | 45132 |
| 1996 | 464730 | 122462 | 56476 | 70046 | 114221 | 55860 | 45665 |
| 1997 | 461576 | 129438 | 56912 | 65546 | 109747 | 54691 | 45242 |
| 1998 | 423101 | 119013 | 52798 | 57685 | 102470 | 48876 | 42259 |
| 1999 | 401950 | 111275 | 48566 | 52889 | 103472 | 47376 | 38372 |
| 2000 | 373487 | 97266 | 36368 | 50185 | 107839 | 45204 | 36625 |
| 2001 | 352735 | 89651 | 31685 | 47236 | 106134 | 41264 | 36765 |
| 2002 | 365355 | 88596 | 30725 | 50384 | 113255 | 45938 | 36457 |
| 2003 | 389119 | 104133 | 33540 | 46086 | 121800 | 46661 | 36899 |
| 2004 | 472938 | 107244 | 35070 | 45228 | 189527 | 44500 | 51369 |
| 2005 | 580907 | 184683 | 39590 | 83224 | 171936 | 60001 | 41473 |
| 2006 | 608457 | 194128 | 37004 | 84796 | 194428 | 55956 | 42145 |
| 2007 | 680758 | 205469 | 80459 | 92177 | 196900 | 58719 | 47034 |
| 2008 | 783351 | 183182 | 173630 | 112619 | 208551 | 56868 | 48501 |
| 2009 | 917517 | 277851 | 174118 | 120767 | 244509 | 53840 | 46432 |
| 2010 | 1029896 | 256521 | 186853 | 173591 | 294113 | 70834 | 47984 |
| 2011 | 1135691 | 282052 | 279797 | 141901 | 314460 | 65109 | 52372 |
| 2012 | 1176791 | 297437 | 320595 | 141268 | 308003 | 53342 | 56146 |
| 2013 | 1212438 | 302824 | 325706 | 130721 | 329740 | 61283 | 62164 |

注：从 2008 年起劳动工资制度中职工指标取消，采用在岗职工口径，下同。

# 2－12　历年城镇国有经济单位职工年末人数

## Number of Staff and Workers in Urban State-owned Units over the Years

单位：人　　　　(person)

| 年　份<br>Year | 全　市<br>Whole Municipality | 越城区<br>Yuecheng District | 柯桥区<br>Keqiao District | 上虞区<br>Shangyu District | 诸暨市<br>Zhuji City | 嵊州市<br>Shengzhou City | 新昌县<br>Xinchang County |
|---|---|---|---|---|---|---|---|
| 1986 | 176303 | 62261 | 18755 | 24301 | 28676 | 23838 | 18472 |
| 1987 | 187383 | 64643 | 19842 | 26416 | 31016 | 25941 | 19525 |
| 1988 | 198864 | 66069 | 20788 | 27973 | 33128 | 28329 | 22577 |
| 1989 | 204508 | 67920 | 20860 | 29749 | 33898 | 28242 | 23839 |
| 1990 | 208736 | 69907 | 21482 | 29728 | 34525 | 29379 | 23715 |
| 1991 | 216855 | 71436 | 22285 | 30755 | 36278 | 30113 | 25988 |
| 1992 | 227989 | 73973 | 23439 | 32800 | 37235 | 31439 | 29103 |
| 1993 | 233485 | 78450 | 25787 | 32589 | 37932 | 31026 | 27701 |
| 1994 | 232558 | 76799 | 25584 | 33738 | 38142 | 30326 | 27969 |
| 1995 | 233553 | 73971 | 27497 | 34486 | 39506 | 31065 | 27028 |
| 1996 | 236771 | 75375 | 27484 | 35411 | 39441 | 31757 | 27303 |
| 1997 | 237289 | 77397 | 28984 | 31904 | 40951 | 31105 | 26948 |
| 1998 | 215990 | 67143 | 26546 | 28154 | 39204 | 30114 | 24829 |
| 1999 | 191804 | 61132 | 25300 | 25958 | 36657 | 24752 | 18005 |
| 2000 | 168304 | 47214 | 20319 | 24296 | 35259 | 27203 | 14013 |
| 2001 | 144826 | 39912 | 18167 | 23411 | 31362 | 18912 | 13062 |
| 2002 | 138538 | 33671 | 17619 | 22233 | 31136 | 20902 | 12977 |
| 2003 | 134097 | 31451 | 18805 | 19707 | 31180 | 19909 | 13045 |
| 2004 | 131291 | 31311 | 18182 | 19804 | 30478 | 18724 | 12792 |
| 2005 | 122470 | 29417 | 18767 | 20470 | 25341 | 15595 | 12880 |
| 2006 | 128313 | 30898 | 20029 | 20356 | 27600 | 16533 | 12897 |
| 2007 | 131341 | 32792 | 19245 | 21393 | 27479 | 17250 | 13182 |
| 2008 | 126179 | 30370 | 19599 | 20533 | 27245 | 15726 | 12706 |
| 2009 | 127997 | 32748 | 18475 | 19872 | 27415 | 16348 | 13139 |
| 2010 | 127572 | 30024 | 19072 | 20326 | 28384 | 16469 | 13297 |
| 2011 | 129748 | 28868 | 19872 | 22356 | 29423 | 17089 | 12140 |
| 2012 | 132592 | 32644 | 19754 | 20784 | 30530 | 16886 | 11994 |
| 2013 | 125524 | 26658 | 19586 | 19317 | 31840 | 15948 | 12175 |

Note:Workers's caliber was applied instead of Workers indicator among Labor and Wage System from 2008.

# 2-13 历年城镇集体经济类型单位职工年末人数

## Number of Staff and Workers in Urban Collective-Owned Units over the Years

单位：人 (person)

| 年 份<br>Year | 全 市<br>Whole Municipality | 越城区<br>Yuecheng District | 柯桥区<br>Keqiao District | 上虞区<br>Shangyu District | 诸暨市<br>Zhuji City | 嵊州市<br>Shengzhou City | 新昌县<br>Xinchang County |
|---|---|---|---|---|---|---|---|
| 1986 | 196658 | 47008 | 49704 | 30004 | 36491 | 20030 | 13421 |
| 1987 | 204580 | 46401 | 51065 | 32355 | 38214 | 21072 | 15473 |
| 1988 | 207302 | 46528 | 52079 | 34276 | 35878 | 23188 | 15353 |
| 1989 | 202091 | 44524 | 49154 | 32553 | 39818 | 22620 | 13422 |
| 1990 | 207361 | 44814 | 52540 | 35264 | 37192 | 23824 | 13727 |
| 1991 | 198924 | 47269 | 34739 | 34614 | 42413 | 24994 | 14895 |
| 1992 | 186252 | 49318 | 27947 | 21210 | 50222 | 22197 | 15358 |
| 1993 | 201086 | 47491 | 32425 | 32260 | 51070 | 21857 | 15983 |
| 1994 | 176605 | 47104 | 28449 | 18909 | 53687 | 15570 | 12886 |
| 1995 | 169292 | 38663 | 25514 | 22788 | 54214 | 13898 | 14215 |
| 1996 | 196685 | 33159 | 24690 | 32377 | 71439 | 21283 | 13737 |
| 1997 | 189974 | 36576 | 23894 | 28878 | 66589 | 20827 | 13210 |
| 1998 | 143205 | 27135 | 19925 | 13342 | 57675 | 16085 | 9043 |
| 1999 | 110626 | 23015 | 16069 | 8225 | 43451 | 14313 | 5553 |
| 2000 | 69557 | 13740 | 8441 | 6908 | 23887 | 13197 | 3384 |
| 2001 | 51619 | 4933 | 5287 | 4982 | 22231 | 11582 | 2604 |
| 2002 | 44897 | 4886 | 2832 | 4357 | 18791 | 11676 | 2355 |
| 2003 | 50679 | 12471 | 2465 | 4245 | 18635 | 10640 | 2223 |
| 2004 | 53607 | 6814 | 2347 | 3891 | 26965 | 9270 | 4320 |
| 2005 | 39794 | 7304 | 2643 | 7262 | 9531 | 9712 | 3342 |
| 2006 | 37757 | 7222 | 2769 | 5534 | 13188 | 7196 | 1848 |
| 2007 | 20584 | 3520 | 3733 | 5305 | 3479 | 2859 | 1688 |
| 2008 | 19211 | 3258 | 4132 | 4378 | 3708 | 1961 | 1774 |
| 2009 | 22973 | 7574 | 4211 | 4803 | 2796 | 1941 | 1648 |
| 2010 | 22172 | 9143 | 4329 | 3789 | 2925 | 1136 | 850 |
| 2011 | 19583 | 6034 | 3698 | 2324 | 2909 | 1192 | 3426 |
| 2012 | 16189 | 3294 | 2847 | 2132 | 2837 | 1958 | 3121 |
| 2013 | 17626 | 5519 | 2825 | 2331 | 1536 | 1776 | 3639 |

# 2－14 历年城镇其他各种经济类型单位职工年末人数

## Number of Staff and Workers in Urban Other Ownership Units over the Years

单位：人 (person)

| 年　份<br>Year | 全　市<br>Whole Municipality | 越城区<br>Yuecheng District | 柯桥区<br>Keqiao District | 上虞区<br>Shangyu District | 诸暨市<br>Zhuji City | 嵊州市<br>Shengzhou City | 新昌县<br>Xinchang County |
|---|---|---|---|---|---|---|---|
| 1986 | – | – | – | – | – | – | – |
| 1987 | 462 | – | – | – | 462 | – | – |
| 1988 | 1166 | – | 507 | – | 471 | 188 | – |
| 1989 | 1566 | – | 866 | – | 475 | 225 | – |
| 1990 | 1811 | 746 | – | – | 402 | 268 | 395 |
| 1991 | 3258 | 1212 | 394 | – | 599 | 785 | 268 |
| 1992 | 2918 | 785 | 412 | – | 1002 | 386 | 333 |
| 1993 | 15405 | 5309 | 1106 | 1044 | 2251 | 2866 | 2829 |
| 1994 | 21823 | 5780 | 2331 | 1349 | 2180 | 6540 | 3643 |
| 1995 | 33221 | 14835 | 3306 | 1785 | 2265 | 7141 | 3889 |
| 1996 | 31274 | 13928 | 4302 | 2258 | 3341 | 2820 | 4625 |
| 1997 | 34313 | 15465 | 4034 | 4764 | 2207 | 2759 | 5084 |
| 1998 | 63906 | 24735 | 6327 | 16189 | 5591 | 2677 | 8387 |
| 1999 | 99520 | 27128 | 7197 | 18706 | 23364 | 8311 | 14814 |
| 2000 | 135626 | 36312 | 7608 | 18981 | 48693 | 4804 | 19228 |
| 2001 | 156290 | 44806 | 8231 | 18843 | 52541 | 10770 | 21099 |
| 2002 | 181920 | 50039 | 10274 | 23794 | 63328 | 13360 | 21125 |
| 2003 | 204343 | 60211 | 12270 | 22134 | 71985 | 16112 | 21631 |
| 2004 | 288040 | 69119 | 14541 | 21533 | 132084 | 16506 | 34257 |
| 2005 | 418643 | 147962 | 18180 | 55492 | 137064 | 34694 | 25251 |
| 2006 | 442387 | 156008 | 14206 | 58906 | 153640 | 32227 | 27400 |
| 2007 | 528833 | 169157 | 57481 | 65479 | 165942 | 38610 | 32164 |
| 2008 | 637961 | 149554 | 149899 | 87708 | 177598 | 39181 | 34021 |
| 2009 | 766547 | 237529 | 151432 | 96092 | 214298 | 35551 | 31645 |
| 2010 | 880152 | 217354 | 163452 | 149476 | 262804 | 53229 | 33837 |
| 2011 | 986360 | 247150 | 256227 | 117221 | 282128 | 46828 | 36806 |
| 2012 | 1028010 | 261499 | 297994 | 118352 | 274636 | 34498 | 41031 |
| 2013 | 1069288 | 270647 | 303295 | 109073 | 296364 | 43559 | 46350 |

## 2－15 历年城镇以上单位职工工资总额

## Total Wages of Staff and Workers in Urban Units over the Years

单位：万元　　　　(10 000 yuan)

| 年 份<br>Year | 全 市<br>Whole Municipality | 越城区<br>Yuecheng District | 柯桥区<br>Keqiao District | 上虞区<br>Shangyu District | 诸暨市<br>Zhuji City | 嵊州市<br>Shengzhou City | 新昌县<br>Xinchang County |
|---|---|---|---|---|---|---|---|
| 1986 | 48233 | 15212 | 8434 | 6760 | 8352 | 5424 | 4051 |
| 1987 | 56114 | 17315 | 9760 | 7989 | 9725 | 6504 | 4821 |
| 1988 | 72889 | 22077 | 12938 | 10640 | 11723 | 8897 | 6614 |
| 1989 | 79592 | 24020 | 14079 | 11557 | 13102 | 9369 | 7465 |
| 1990 | 88146 | 26985 | 15107 | 12797 | 14238 | 10652 | 8367 |
| 1991 | 98962 | 30605 | 14247 | 14859 | 17035 | 12261 | 9955 |
| 1992 | 116695 | 38401 | 15654 | 14647 | 21870 | 13704 | 12419 |
| 1993 | 178892 | 55871 | 24739 | 27569 | 34678 | 19641 | 16394 |
| 1994 | 249571 | 82236 | 32654 | 29433 | 56395 | 27252 | 21601 |
| 1995 | 289166 | 95669 | 41968 | 35187 | 58576 | 31166 | 26600 |
| 1996 | 336428 | 102280 | 44222 | 49586 | 74745 | 35387 | 30208 |
| 1997 | 381906 | 117825 | 51227 | 50057 | 92525 | 38067 | 32205 |
| 1998 | 376639 | 114284 | 53274 | 48768 | 89055 | 37094 | 34164 |
| 1999 | 399292 | 118498 | 55025 | 51269 | 96981 | 41004 | 36515 |
| 2000 | 431195 | 123733 | 50025 | 58005 | 115472 | 44667 | 39293 |
| 2001 | 510509 | 146762 | 57768 | 69083 | 138252 | 52375 | 46269 |
| 2002 | 594021 | 157719 | 68299 | 75840 | 170610 | 67937 | 53617 |
| 2003 | 742774 | 198989 | 90329 | 92484 | 210807 | 81440 | 68725 |
| 2004 | 1001572 | 237121 | 104864 | 117762 | 350840 | 92254 | 98731 |
| 2005 | 1410955 | 426522 | 125444 | 233775 | 377760 | 146023 | 101431 |
| 2006 | 1565740 | 461675 | 138276 | 226065 | 481703 | 153121 | 104900 |
| 2007 | 1981463 | 540265 | 332924 | 273473 | 530598 | 174862 | 129341 |
| 2008 | 2381041 | 515936 | 583484 | 354484 | 602222 | 178736 | 146179 |
| 2009 | 2923702 | 823254 | 632601 | 391697 | 742363 | 180698 | 153089 |
| 2010 | 3479430 | 824913 | 756572 | 601983 | 867227 | 253802 | 174933 |
| 2011 | 4425898 | 1087835 | 1112790 | 591270 | 1155189 | 263567 | 215247 |
| 2012 | 5311926 | 1401780 | 1380059 | 650474 | 1364693 | 246518 | 268402 |
| 2013 | 6026388 | 1527842 | 1564067 | 710012 | 1626648 | 290979 | 306840 |

# 2－16 历年城镇国有经济单位职工工资总额

## Total Wages of Staff and Workers in Urban State-Owned Units over the Years

单位：万元 (10 000 yuan)

| 年 份<br>Year | 全 市<br>Whole Municipality | 越城区<br>Yuecheng District | 柯桥区<br>Keqiao District | 上虞区<br>Shangyu District | 诸暨市<br>Zhuji City | 嵊州市<br>Shengzhou City | 新昌县<br>Xinchang County |
|---|---|---|---|---|---|---|---|
| 1986 | 24510 | 9216 | 2527 | 3245 | 3889 | 3124 | 2509 |
| 1987 | 28526 | 10528 | 2910 | 3773 | 4619 | 3741 | 2955 |
| 1988 | 38783 | 13874 | 4204 | 5139 | 6137 | 5164 | 4265 |
| 1989 | 43540 | 15588 | 4523 | 6049 | 6727 | 5563 | 5090 |
| 1990 | 48649 | 17703 | 5039 | 6702 | 7309 | 6186 | 5710 |
| 1991 | 55986 | 19834 | 5931 | 7638 | 8701 | 7139 | 6743 |
| 1992 | 70417 | 25584 | 7328 | 9693 | 10576 | 8666 | 8569 |
| 1993 | 98317 | 36991 | 10544 | 13298 | 15290 | 11778 | 10416 |
| 1994 | 146980 | 55611 | 16526 | 20345 | 21496 | 18036 | 14966 |
| 1995 | 170581 | 62659 | 21367 | 23538 | 24973 | 20808 | 17236 |
| 1996 | 187186 | 68282 | 23826 | 26035 | 27469 | 22763 | 18811 |
| 1997 | 212577 | 79284 | 27888 | 25762 | 35075 | 24104 | 20464 |
| 1998 | 214279 | 72724 | 29873 | 26279 | 37776 | 25526 | 22101 |
| 1999 | 219924 | 73353 | 31606 | 28623 | 42246 | 24686 | 19410 |
| 2000 | 231018 | 71268 | 30949 | 32110 | 47362 | 30540 | 18789 |
| 2001 | 276651 | 83595 | 38869 | 42143 | 57224 | 32504 | 22316 |
| 2002 | 308197 | 80786 | 47370 | 45075 | 66969 | 41250 | 26749 |
| 2003 | 394007 | 96374 | 65177 | 55097 | 88300 | 52633 | 36426 |
| 2004 | 471296 | 116341 | 72927 | 68270 | 106710 | 61973 | 45075 |
| 2005 | 542833 | 132528 | 83308 | 91732 | 113409 | 68173 | 53683 |
| 2006 | 593708 | 142616 | 95619 | 95637 | 128728 | 80371 | 50737 |
| 2007 | 703012 | 174942 | 114089 | 117203 | 146578 | 89002 | 61198 |
| 2008 | 716787 | 171941 | 118073 | 119573 | 161410 | 83843 | 61947 |
| 2009 | 816355 | 201273 | 132373 | 128330 | 192397 | 92166 | 69816 |
| 2010 | 898101 | 207116 | 153502 | 147959 | 208949 | 106039 | 74536 |
| 2011 | 1000474 | 227811 | 175325 | 164597 | 234522 | 118430 | 79789 |
| 2012 | 1115860 | 296311 | 183367 | 168157 | 258293 | 126532 | 83200 |
| 2013 | 1132659 | 262038 | 189478 | 187644 | 280810 | 124769 | 87920 |

# 2－17 历年城镇集体经济单位职工工资总额

## Total Wages of Staff and Workers in Urban Collective-Owned Units over the Years

单位：万元 (10 000 yuan)

| 年 份<br>Year | 全 市<br>Whole Municipality | 越城区<br>Yuecheng District | 柯桥区<br>Keqiao District | 上虞区<br>Shangyu District | 诸暨市<br>Zhuji City | 嵊州市<br>Shengzhou City | 新昌县<br>Xinchang County |
|---|---|---|---|---|---|---|---|
| 1986 | 23723 | 5996 | 5907 | 3515 | 4463 | 2300 | 1542 |
| 1987 | 27512 | 6787 | 6850 | 4216 | 5030 | 2763 | 1866 |
| 1988 | 33955 | 8202 | 8700 | 5502 | 5493 | 3708 | 2350 |
| 1989 | 35735 | 8432 | 9440 | 5508 | 6220 | 3760 | 2375 |
| 1990 | 39076 | 9130 | 10069 | 6095 | 6797 | 4421 | 2564 |
| 1991 | 42193 | 10483 | 8225 | 7221 | 8166 | 4975 | 3123 |
| 1992 | 45454 | 12612 | 8210 | 4954 | 10983 | 4953 | 3742 |
| 1993 | 73967 | 16082 | 13734 | 13926 | 18477 | 6827 | 4921 |
| 1994 | 91002 | 22848 | 14843 | 8476 | 33685 | 5980 | 5170 |
| 1995 | 96865 | 22372 | 18356 | 10524 | 32196 | 6490 | 6927 |
| 1996 | 126406 | 22852 | 17317 | 22092 | 45307 | 10869 | 7969 |
| 1997 | 141466 | 24756 | 20140 | 20633 | 55711 | 12260 | 7966 |
| 1998 | 107565 | 17582 | 18377 | 8716 | 47119 | 9865 | 5906 |
| 1999 | 92737 | 17457 | 17238 | 6135 | 37765 | 9975 | 4167 |
| 2000 | 66114 | 11892 | 11525 | 6083 | 23429 | 10539 | 2646 |
| 2001 | 60960 | 5825 | 10036 | 5302 | 26982 | 10408 | 2407 |
| 2002 | 63677 | 6299 | 7974 | 5190 | 28944 | 12355 | 2916 |
| 2003 | 76418 | 14699 | 8868 | 5880 | 32352 | 11628 | 2991 |
| 2004 | 89412 | 9293 | 8732 | 6682 | 46146 | 11830 | 6729 |
| 2005 | 78577 | 10936 | 11054 | 13468 | 23877 | 13302 | 5940 |
| 2006 | 86080 | 10339 | 13759 | 10825 | 35257 | 12409 | 3491 |
| 2007 | 56048 | 9210 | 17123 | 12749 | 6881 | 6032 | 4053 |
| 2008 | 60035 | 10521 | 20006 | 12063 | 8625 | 4992 | 3828 |
| 2009 | 79113 | 25178 | 21983 | 14494 | 6489 | 5910 | 5059 |
| 2010 | 98951 | 46272 | 24171 | 14432 | 7969 | 3208 | 2899 |
| 2011 | 101850 | 48419 | 16920 | 13708 | 9802 | 3500 | 9501 |
| 2012 | 82435 | 22573 | 16019 | 12855 | 10076 | 6914 | 13998 |
| 2013 | 110926 | 48452 | 17054 | 16529 | 7254 | 6799 | 14838 |

# 2－18 历年城镇其他各种经济类型单位职工工资总额

# Total Wages of Staff and Workers in Urban Other Ownership Units over the Years

单位：万元 (10 000 yuan)

| 年份<br>Year | 全市<br>Whole Municipality | 越城区<br>Yuecheng District | 柯桥区<br>Keqiao District | 上虞区<br>Shangyu District | 诸暨市<br>Zhuji City | 嵊州市<br>Shengzhou City | 新昌县<br>Xinchang County |
|---|---|---|---|---|---|---|---|
| 1986 | – | – | – | – | – | – | – |
| 1987 | 76 | – | – | – | 76 | – | – |
| 1988 | 151 | – | 34 | – | 92 | 25 | – |
| 1989 | 317 | – | 115 | – | 156 | 46 | – |
| 1990 | 421 | 151 | – | – | 132 | 45 | 93 |
| 1991 | 782 | 288 | 91 | – | 167 | 147 | 89 |
| 1992 | 824 | 205 | 117 | – | 309 | 85 | 108 |
| 1993 | 6608 | 2797 | 462 | 345 | 911 | 1036 | 1057 |
| 1994 | 11589 | 3778 | 1285 | 612 | 1214 | 3235 | 1465 |
| 1995 | 21720 | 10638 | 2245 | 1125 | 1407 | 3868 | 2437 |
| 1996 | 22836 | 11146 | 3080 | 1458 | 1969 | 1755 | 3428 |
| 1997 | 27863 | 13785 | 3199 | 3662 | 1739 | 1703 | 3775 |
| 1998 | 54795 | 23978 | 5024 | 13773 | 4160 | 1703 | 6157 |
| 1999 | 86634 | 27688 | 6182 | 16511 | 16970 | 6344 | 12939 |
| 2000 | 134063 | 40573 | 7551 | 19812 | 44681 | 3588 | 17858 |
| 2001 | 172900 | 57343 | 8863 | 21639 | 54047 | 9462 | 21546 |
| 2002 | 222147 | 70635 | 12956 | 25576 | 74697 | 14332 | 23952 |
| 2003 | 272349 | 87916 | 16284 | 31507 | 90155 | 17179 | 29308 |
| 2004 | 440864 | 111487 | 23205 | 42810 | 197984 | 18451 | 46927 |
| 2005 | 789546 | 283055 | 31083 | 128576 | 240475 | 64549 | 41808 |
| 2006 | 885952 | 308719 | 28897 | 119603 | 317718 | 60342 | 50673 |
| 2007 | 1222403 | 356113 | 201712 | 143522 | 377139 | 79828 | 64089 |
| 2008 | 1604219 | 333475 | 445406 | 222848 | 432186 | 89901 | 80403 |
| 2009 | 2028234 | 596803 | 478245 | 248873 | 543477 | 82622 | 78214 |
| 2010 | 2482378 | 571525 | 578899 | 439592 | 650309 | 144555 | 97498 |
| 2011 | 3323575 | 811605 | 920546 | 412965 | 91865 | 141637 | 125957 |
| 2012 | 4113631 | 1082896 | 1180673 | 469462 | 1096324 | 113072 | 171204 |
| 2013 | 4782804 | 1217352 | 1357536 | 505840 | 1338583 | 159412 | 204081 |

# 2-19 历年城镇以上单位全部职工年平均工资

## Average Annual Wage of Staff and Workers in Urban Units over the Years

单位：元 (yuan)

| 年份<br>Year | 全市<br>Whole Municipality | 越城区<br>Yuecheng District | 柯桥区<br>Keqiao District | 上虞区<br>Shangyu District | 诸暨市<br>Zhuji City | 嵊州市<br>Shengzhou City | 新昌县<br>Xinchang County |
|---|---|---|---|---|---|---|---|
| 1986 | 1221 | 1291 | 1160 | 1187 | 1236 | 1172 | 1205 |
| 1987 | 1371 | 1480 | 1299 | 1318 | 1380 | 1296 | 1338 |
| 1988 | 1828 | 1990 | 1765 | 1739 | 1763 | 1767 | 1815 |
| 1989 | 1976 | 2150 | 1970 | 1868 | 1846 | 1863 | 2051 |
| 1990 | 2161 | 2378 | 2093 | 1992 | 2106 | 2023 | 2216 |
| 1991 | 2417 | 2581 | 2521 | 2289 | 2258 | 2268 | 2489 |
| 1992 | 2875 | 3142 | 3078 | 2759 | 2608 | 2586 | 2900 |
| 1993 | 4089 | 4436 | 4236 | 4210 | 3961 | 3593 | 3605 |
| 1994 | 5898 | 6309 | 5910 | 5485 | 6385 | 5263 | 4937 |
| 1995 | 6716 | 7511 | 7422 | 6116 | 6317 | 5976 | 6014 |
| 1996 | 7402 | 8445 | 7900 | 7134 | 6955 | 6447 | 6634 |
| 1997 | 8385 | 9232 | 8978 | 7554 | 8783 | 6962 | 7136 |
| 1998 | 8892 | 9643 | 9849 | 8125 | 8979 | 7627 | 7922 |
| 1999 | 9830 | 10442 | 11205 | 9575 | 9589 | 8464 | 9024 |
| 2000 | 11428 | 12206 | 13408 | 11051 | 11054 | 9853 | 10802 |
| 2001 | 14357 | 14832 | 18020 | 14358 | 12994 | 12414 | 12702 |
| 2002 | 16503 | 17655 | 22432 | 16297 | 15374 | 14602 | 14839 |
| 2003 | 19342 | 19070 | 27373 | 19811 | 18099 | 17346 | 18790 |
| 2004 | 21281 | 21179 | 30717 | 26517 | 18760 | 20854 | 20195 |
| 2005 | 24440 | 23232 | 32297 | 26873 | 22514 | 24681 | 24779 |
| 2006 | 26745 | 24680 | 38538 | 28196 | 25851 | 28069 | 25334 |
| 2007 | 29807 | 26982 | 41383 | 30867 | 27717 | 30351 | 27856 |
| 2008 | 30636 | 28565 | 33562 | 31539 | 29356 | 31529 | 30132 |
| 2009 | 32502 | 31125 | 35600 | 33439 | 30926 | 33441 | 33185 |
| 2010 | 35125 | 33110 | 40010 | 35250 | 32856 | 36509 | 36356 |
| 2011 | 39810 | 39764 | 40935 | 41901 | 37427 | 40761 | 41452 |
| 2012 | 45614 | 47078 | 43890 | 48616 | 44185 | 45830 | 48010 |
| 2013 | 50380 | 51561 | 49051 | 54674 | 49128 | 48001 | 51648 |

# 2－20　历年城镇国有经济单位职工年平均工资

## Average Annual Wage of Staff and Workers in Urban State-Owned Units over the Years

单位：元　　　　(yuan)

| 年　份<br>Year | 全　市<br>Whole Municipality | 越城区<br>Yuecheng District | 柯桥区<br>Keqiao District | 上虞区<br>Shangyu District | 诸暨市<br>Zhuji City | 嵊州市<br>Shengzhou City | 新昌县<br>Xinchang County |
|---|---|---|---|---|---|---|---|
| 1986 | 1292 | 1378 | 1243 | 1232 | 1254 | 1220 | 1286 |
| 1987 | 1451 | 1570 | 1367 | 1353 | 1426 | 1345 | 1460 |
| 1988 | 1994 | 2158 | 2040 | 1849 | 1885 | 1859 | 1990 |
| 1989 | 2167 | 2339 | 2175 | 2052 | 2024 | 1998 | 2222 |
| 1990 | 2361 | 2596 | 2366 | 2228 | 2153 | 2153 | 2397 |
| 1991 | 2625 | 2840 | 2695 | 2486 | 2442 | 2407 | 2654 |
| 1992 | 3157 | 3517 | 3216 | 2985 | 2887 | 2799 | 3126 |
| 1993 | 4346 | 5005 | 4175 | 4120 | 4147 | 3862 | 3798 |
| 1994 | 6351 | 7148 | 6643 | 6134 | 5707 | 5978 | 5391 |
| 1995 | 7380 | 8490 | 7862 | 6898 | 6499 | 6780 | 6402 |
| 1996 | 8023 | 9140 | 8832 | 7385 | 7299 | 7195 | 6942 |
| 1997 | 9010 | 10261 | 9872 | 8031 | 8714 | 7710 | 7583 |
| 1998 | 9859 | 10710 | 10976 | 9303 | 9780 | 8531 | 8688 |
| 1999 | 11317 | 11699 | 12482 | 11114 | 11533 | 9881 | 10245 |
| 2000 | 13488 | 14419 | 14772 | 13019 | 13609 | 11111 | 13458 |
| 2001 | 19192 | 21125 | 21596 | 18064 | 18255 | 17166 | 17211 |
| 2002 | 22361 | 24045 | 27163 | 20409 | 21623 | 21623 | 20792 |
| 2003 | 29636 | 30794 | 35068 | 28352 | 28700 | 26339 | 28274 |
| 2004 | 35866 | 37161 | 40835 | 34581 | 34222 | 33346 | 35414 |
| 2005 | 44554 | 45275 | 44564 | 44936 | 45125 | 43754 | 42121 |
| 2006 | 46872 | 46879 | 48790 | 47198 | 47203 | 49323 | 39682 |
| 2007 | 53751 | 53900 | 59471 | 54911 | 53443 | 51563 | 46652 |
| 2008 | 57399 | 57055 | 61789 | 58626 | 59968 | 53536 | 48928 |
| 2009 | 64221 | 61953 | 71844 | 65278 | 70880 | 56599 | 53230 |
| 2010 | 71207 | 69448 | 81395 | 74079 | 74673 | 64872 | 56712 |
| 2011 | 78364 | 79953 | 89033 | 76262 | 80822 | 69862 | 66847 |
| 2012 | 85297 | 91760 | 94636 | 82345 | 86075 | 75084 | 70081 |
| 2013 | 91343 | 99984 | 98697 | 98330 | 89013 | 78738 | 72548 |

# 2－21 历年城镇集体经济单位职工年平均工资

## Average Annual Wage of Staff and Workers in Urban Collective-Owned Units over the Years

单位：元 (yuan)

| 年 份<br>Year | 全 市<br>Whole Municipality | 越城区<br>Yuecheng District | 柯桥区<br>Keqiao District | 上虞区<br>Shangyu District | 诸暨市<br>Zhuji City | 嵊州市<br>Shengzhou City | 新昌县<br>Xinchang County |
|---|---|---|---|---|---|---|---|
| 1986 | 1157 | 1178 | 1128 | 1148 | 1221 | 1113 | 1093 |
| 1987 | 1296 | 1357 | 1272 | 1288 | 1337 | 1235 | 1183 |
| 1988 | 1670 | 1758 | 1663 | 1647 | 1641 | 1653 | 1565 |
| 1989 | 1783 | 1870 | 1887 | 1700 | 1670 | 1691 | 1761 |
| 1990 | 1951 | 2043 | 1979 | 1785 | 2044 | 1865 | 1891 |
| 1991 | 2182 | 2195 | 2408 | 2112 | 2077 | 2105 | 2180 |
| 1992 | 2521 | 2579 | 2966 | 2403 | 2373 | 2282 | 2475 |
| 1993 | 3757 | 3419 | 4270 | 4329 | 3803 | 3157 | 3215 |
| 1994 | 5338 | 4870 | 5278 | 4412 | 6947 | 3913 | 4148 |
| 1995 | 5826 | 5757 | 7026 | 4871 | 6193 | 4550 | 5160 |
| 1996 | 6609 | 6931 | 6949 | 6836 | 6779 | 5340 | 5753 |
| 1997 | 7632 | 7053 | 8122 | 7068 | 8866 | 5908 | 6006 |
| 1998 | 7691 | 6937 | 8887 | 6518 | 8565 | 6155 | 6265 |
| 1999 | 8344 | 7513 | 10227 | 7348 | 9049 | 6791 | 6635 |
| 2000 | 9320 | 8136 | 13179 | 8264 | 10093 | 7869 | 7324 |
| 2001 | 11433 | 11271 | 16958 | 10262 | 12176 | 8454 | 9274 |
| 2002 | 13919 | 12799 | 26821 | 11851 | 15280 | 15280 | 12166 |
| 2003 | 14839 | 11795 | 36153 | 11465 | 17567 | 10698 | 13802 |
| 2004 | 16900 | 14087 | 38382 | 16254 | 17455 | 12833 | 15766 |
| 2005 | 20419 | 15002 | 43881 | 20359 | 25762 | 13793 | 18881 |
| 2006 | 23626 | 14247 | 52099 | 19546 | 29247 | 17306 | 19678 |
| 2007 | 27808 | 26626 | 48866 | 24145 | 19774 | 21722 | 24491 |
| 2008 | 31468 | 32284 | 48452 | 29010 | 23656 | 23336 | 21914 |
| 2009 | 35172 | 34785 | 52279 | 32556 | 23342 | 25954 | 32831 |
| 2010 | 45334 | 51187 | 56979 | 39006 | 27500 | 29376 | 33899 |
| 2011 | 52457 | 82010 | 45766 | 57962 | 34071 | 29460 | 28069 |
| 2012 | 51005 | 69220 | 56885 | 60324 | 35618 | 35044 | 44410 |
| 2013 | 64680 | 88336 | 62744 | 70999 | 46503 | 36791 | 46209 |

# 2－22 历年城镇其他各种经济类型单位职工年平均工资

## Average Annual Wage of Staff and Workers in Urban Other Owned Units over the Years

单位：元 (yuan)

| 年 份<br>Year | 全 市<br>Whole Municipality | 越城区<br>Yuecheng District | 柯桥区<br>Keqiao District | 上虞区<br>Shangyu District | 诸暨市<br>Zhuji City | 嵊州市<br>Shengzhou City | 新昌县<br>Xinchang County |
|---|---|---|---|---|---|---|---|
| 1986 | – | – | – | – | – | – | – |
| 1987 | 1812 | – | – | – | 1812 | – | – |
| 1988 | 1495 | – | 885 | – | 1970 | 1558 | – |
| 1989 | 2364 | – | 1765 | – | 3281 | 2158 | – |
| 1990 | 2645 | 2537 | – | – | 3349 | 2029 | 2449 |
| 1991 | 2750 | 2884 | 2680 | – | 3485 | 1938 | 3319 |
| 1992 | 3245 | 3489 | 2986 | – | 3308 | 2580 | 3641 |
| 1993 | 4592 | 5595 | 4728 | 3346 | 4347 | 4076 | 3849 |
| 1994 | 5467 | 6698 | 5708 | 4778 | 5577 | 5114 | 4158 |
| 1995 | 6553 | 7231 | 6929 | 6237 | 6102 | 5371 | 6275 |
| 1996 | 7630 | 8296 | 7539 | 7534 | 6579 | 6053 | 7480 |
| 1997 | 8147 | 9034 | 7972 | 7326 | 7707 | 6388 | 7535 |
| 1998 | 8258 | 9492 | 8111 | 7483 | 7506 | 6334 | 7452 |
| 1999 | 8603 | 10049 | 8920 | 8493 | 7452 | 7232 | 8492 |
| 2000 | 9923 | 10869 | 9932 | 9681 | 9620 | 8059 | 9498 |
| 2001 | 10934 | 12558 | 10886 | 11029 | 10218 | 8648 | 10326 |
| 2002 | 12595 | 13900 | 12911 | 12743 | 12234 | 12234 | 11477 |
| 2003 | 13646 | 14511 | 13615 | 14243 | 13398 | 10671 | 13616 |
| 2004 | 15397 | 15054 | 16569 | 20825 | 15301 | 11227 | 14714 |
| 2005 | 18934 | 19251 | 17633 | 21442 | 18028 | 19020 | 16694 |
| 2006 | 20978 | 20665 | 21184 | 21996 | 21611 | 19430 | 18875 |
| 2007 | 23791 | 21672 | 34921 | 23159 | 23494 | 21244 | 20243 |
| 2008 | 25333 | 22651 | 29573 | 25369 | 24756 | 23117 | 23576 |
| 2009 | 27045 | 26552 | 30841 | 26753 | 25865 | 23291 | 24849 |
| 2010 | 29459 | 27179 | 34875 | 29884 | 27902 | 27756 | 28577 |
| 2011 | 34453 | 33933 | 37051 | 35247 | 32912 | 30445 | 34409 |
| 2012 | 40426 | 41300 | 40400 | 42200 | 39719 | 32339 | 41879 |
| 2013 | 45333 | 46003 | 45716 | 46641 | 44919 | 37137 | 46298 |

## 2－23　分区、县（市）城镇以上单位从业人员数（2013年末）

单位：人

| 指　　标 | Item | 全　市 Whole Municipality |
| --- | --- | --- |
| **单位从业人员** | **Employed persons** | **1355401** |
| #女　性 | Female | 336017 |
| (一)在岗职工 | Staff and Workers at Work | 1212438 |
| (二)劳务派遣人员 | Labor Dispatching Persons | 110676 |
| (三)其他从业人员 | Other Employed Persons | 32287 |

## 2－24　城镇以上单位劳动报酬（2013年）

单位：万元

| 指　　标 | Item | 全市 Whole Municipality |
| --- | --- | --- |
| **一、单位从业人员劳动报酬** | **Total Remuneration** | **6604486** |
| (一)在岗职工工资总额 | Wages of Staff and Workers at Work | 6026388 |
| (二)劳务派遣人员劳动报酬 | Remuneration Payment to Labor Dispatching Persons | 455720 |
| (三)其他从业人员劳动报酬 | Remuneration Payment to Other Employed Persons | 122378 |
| **二、在岗职工平均工资（元）** | **Average Wage of Staff and Workers at Work (yuan)** | **50380** |

## Number of Employed Persons in Urban Units by District and County (City)

## (End of 2013)

(person)

| 越城区 Yuecheng District | 柯桥区 Keqiao District | 上虞区 Shangyu District | 诸暨市 Zhuji City | 嵊州市 Shengzhou City | 新昌县 Xinchang County |
|---|---|---|---|---|---|
| **331956** | **334276** | **216441** | **342454** | **64729** | **65545** |
| 80144 | 70343 | 58114 | 73718 | 30596 | 23102 |
| 302824 | 325706 | 130721 | 329740 | 61283 | 62164 |
| 16083 | 2156 | 81878 | 6806 | 1729 | 2024 |
| 13049 | 6414 | 3842 | 5908 | 1717 | 1357 |

## Remuneration Payment in Urban Units (2013)

(10 000 yuan)

| 越城区 Yuecheng District | 柯桥区 Keqiao District | 上虞区 Shangyu District | 诸暨市 Zhuji City | 嵊州市 Shengzhou City | 新昌县 Xinchang County |
|---|---|---|---|---|---|
| **1665705** | **1607417** | **1035016** | **1675516** | **302514** | **318318** |
| 1527842 | 1564067 | 710012 | 1626648 | 290980 | 306839 |
| 81272 | 20690 | 310445 | 28467 | 7252 | 7594 |
| 56590 | 22661 | 14559 | 20401 | 4283 | 3884 |
| **51561** | **49051** | **54674** | **49128** | **48001** | **51648** |

# 2-25 全市城镇以上单位劳动工资统计情况（2013年）

单位：人

| 指　　标 | Item | 年末从业人员数 Number of Employed Persons (Year-end) |
|---|---|---|
| **总　　计** | **Total** | **1355401** |
| **按企业、事业、机关分组** | **Grouped by Enterprises，Institutions and Agencies** | |
| 1.企　业 | Enterprises | 1213316 |
| 2.事　业 | Institutions | 99198 |
| 3.机　关 | Agencies and Organizations | 35872 |
| 4.民间非营利组织 | | 3955 |
| 5.其他 | | 3060 |
| **按国民经济行业分组** | **Grouped by Sector** | |
| 1.农、林、牧、渔业 | Farming，Forestry，Animal Husbandry and Fishery | 556 |
| 2.采 矿 业 | Mining | 2066 |
| 3.制 造 业 | Manufacturing | 378857 |
| 4.电力、燃气及水的生产和供应业 | Production and Supply of Electric Power，Gas and Water | 12841 |
| 5.建 筑 业 | Construction | 721530 |
| 6.交通运输、仓储和邮政业 | Traffic，Storage and Mail Business | 13766 |
| 7.信息传输、计算机服务和软件业 | Information Transfer，Computer Service and Software | 4808 |
| 8.批发和零售业 | Wholesale and Retail Trade | 23915 |
| 9.住宿和餐饮业 | Accommodation and Food | 8419 |
| 10.金 融 业 | Finance | 21282 |
| 11.房地产业 | Realty Business | 7034 |
| 12.租赁和商务服务业 | Leasehold and Business Service | 10186 |
| 13.科学研究、技术服务和地质勘查业 | Scientific Research，Technical Service and Geologic Examination | 6999 |
| 14.水利、环境和公共设施管理业 | Water Conservancy，Environment and Public Institution Management | 9743 |
| 15.居民服务和其他服务业 | Neighborhood Services and Other Service | 531 |
| 16.教　　育 | Education | 54313 |
| 17.卫生、社会保障和社会福利业 | Sanitation，Social Security and Social Welfare | 30468 |
| 18.文化、体育和娱乐业 | Cultural，Physical and Entertainment | 6159 |
| 19.公共管理和社会组织 | Public Administration and Social Organization | 41928 |

# Total Wages of Staff and Workers of the Whole Municipality in Urban Units (2013)

(person)

| # 在岗职工人数 Number of Staff and Workers at Work | # 劳务派遣工人数 Number of Labor Dispatching Persons | 在岗职工工资总额(万元) Total Wages of Staff and Workers (10 000 yuan) | 在岗职工平均工资(元) Average Annual Wage of Staff and Workers at Work (yuan) |
|---|---|---|---|
| **1212438** | **110676** | **6026388** | **50380** |
| 1085052 | 105069 | 4913386 | 45907 |
| 91548 | 1890 | 762424 | 84427 |
| 29312 | 3555 | 306696 | 105249 |
| 3781 | 53 | 23630 | 63215 |
| 2745 | 109 | 20252 | 74954 |
| | | | |
| 555 | – | 1993 | 36711 |
| 1757 | 195 | 11385 | 63673 |
| 368455 | 6627 | 1559300 | 42704 |
| 9807 | 2872 | 91584 | 95251 |
| 621579 | 85412 | 2687212 | 43947 |
| 11188 | 2277 | 58733 | 54222 |
| 3500 | 1299 | 33987 | 96363 |
| 21301 | 1877 | 109302 | 51709 |
| 7999 | 90 | 31217 | 36978 |
| 17116 | 2829 | 225286 | 134797 |
| 6782 | 96 | 45158 | 68598 |
| 8616 | 1205 | 50467 | 59908 |
| 6255 | 97 | 39549 | 65198 |
| 8190 | 364 | 40192 | 49602 |
| 510 | 16 | 2857 | 55154 |
| 50048 | 1115 | 395342 | 79740 |
| 28665 | 397 | 253647 | 91099 |
| 5445 | 58 | 32925 | 60501 |
| 34670 | 3850 | 356252 | 103492 |

# 2-26 越城区城镇以上单位劳动工资统计情况（2013年）

单位：人

| 指　　标 | Item | 年末从业人员数 Number of Employed Persons (Year-end) |
|---|---|---|
| **总　　计** | **Total** | **331956** |
| **按企业、事业、机关分组** | **Grouped by Enterprises, Institutions and Agencies** | |
| 1.企　业 | Enterprises | 307074 |
| 2.事　业 | Institutions | 18391 |
| 3.机　关 | Agencies and Organizations | 5884 |
| 4.民间非营利组织 | | 343 |
| 5.其他 | | 264 |
| **按国民经济行业分组** | **Grouped by Sector** | |
| 1.农、林、牧、渔业 | Farming, Forestry, Animal Husbandry and Fishery | 22 |
| 2.采 矿 业 | Mining | 1807 |
| 3.制 造 业 | Manufacturing | 74848 |
| 4.电力、燃气及水的生产和供应业 | Production and Supply of Electric Power, Gas and Water | 3767 |
| 5.建 筑 业 | Construction | 177855 |
| 6.交通运输、仓储和邮政业 | Traffic, Storage and Mail Business | 7695 |
| 7.信息传输、计算机服务和软件业 | Information Transfer, Computer Service and Software | 3528 |
| 8.批发和零售业 | Wholesale and Retail Trade | 9978 |
| 9.住宿和餐饮业 | Accommodation and Food | 3991 |
| 10.金 融 业 | Finance | 15670 |
| 11.房地产业 | Realty Business | 2105 |
| 12.租赁和商务服务业 | Leasehold and Business Service | 2294 |
| 13.科学研究、技术服务和地质勘查业 | Scientific Research, Technical Service and Geologic Examination | 2941 |
| 14.水利、环境和公共设施管理业 | Water Conservancy, Environment and Public Institution Management | 1551 |
| 15.居民服务和其他服务业 | Neighborhood Services and Other Service | 76 |
| 16.教　　育 | Education | 9510 |
| 17.卫生、社会保障和社会福利业 | Sanitation, Social Security and Social Welfare | 6490 |
| 18.文化、体育和娱乐业 | Cultural, Physical and Entertainment | 988 |
| 19.公共管理和社会组织 | Public Administration and Social Organization | 6480 |

## Total Wages of Staff and Workers of the Yuecheng District in Urban Units (2013)

(person)

| # 在岗职工人数 Number of Staff and Workers at Work | # 劳务派遣工人数 Number of Labor Dispatching Persons | 在岗职工工资总额(万元) Total Wages of Staff and Workers (10 000 yuan) | 在岗职工平均工资(元) Average Annual Wage of Staff and Workers at Work (yuan) |
|---|---|---|---|
| **302824** | **16083** | **1527842** | **51561** |
| 281354 | 14532 | 1326856 | 48221 |
| 15955 | 998 | 149376 | 95460 |
| 4994 | 509 | 48643 | 97539 |
| 291 | 44 | 1821 | 62384 |
| 230 | – | 1146 | 50035 |
| | | | |
| 22 | – | 53 | 23955 |
| 1498 | 195 | 10051 | 65776 |
| 70127 | 4191 | 299753 | 43763 |
| 2834 | 856 | 31540 | 112966 |
| 168150 | 1879 | 659105 | 40114 |
| 5347 | 2135 | 29608 | 58135 |
| 2281 | 1247 | 23386 | 103618 |
| 7964 | 1662 | 49950 | 63020 |
| 3842 | – | 14551 | 36708 |
| 12705 | 1750 | 165167 | 133425 |
| 2022 | 28 | 15044 | 77347 |
| 1729 | 539 | 10890 | 61841 |
| 2438 | 56 | 15970 | 68894 |
| 1039 | 95 | 5892 | 57883 |
| 76 | – | 576 | 75842 |
| 8018 | 705 | 67554 | 85740 |
| 6177 | 79 | 66495 | 110438 |
| 861 | 48 | 7838 | 91350 |
| 5694 | 618 | 54419 | 95808 |

# 主 要 统 计 指 标 解 释

**人口数** 指一定时点、一定地区范围内的有生命的个人的总和。年度统计的年末人口数是指每年 12 月 31 日 24 时的常住人口数。不包括户籍不在本市的外来人数。

**出生率（又称粗出生率）** 指在一定时期内(通常为一年)出生的人数与同期平均人数(或期中人数)比率，一般用千分率表示。计算公式：

出生率=年出生人数/年平均人数×1000‰

出生人数是指活产婴儿，即胎儿脱离母体时(不管怀孕月数)，有过呼吸或其他生命现象。

目前出生率的计算，在市级有公安的户籍口径、计生委的常住人口统计口径；国家、省级还有年度人口抽样调查公布口径等。本年鉴用的为公安口径出生数，包括补报往年出生数在内。

年平均人数是年初、年底人口数的平均数，也可用年中人口数代替。

**死亡率（又称粗死亡率）** 指在一定时期内(通常为一年)一定地区的死亡人数与同期平均人数(或期中人数)之比，一般用千分率表示。计算公式：

死亡率=年死亡人数/年平均人数×1000‰

**人口自然增长率** 指在一定时期内(通常为一年)人口自然增加数(出生人数减死亡人数)与该时期内平均人数(或期中人数)之比，一般用行千分率表示。计算公式：

人口自然增长率=(本年出生人数-本年死亡人数)/年平均人数×1000‰=人口出生率－人口死亡率

**劳动力资源** 指全部人口中可能或已经参加社会劳动的人口。即一定劳动年龄以上有劳动能力的人口。计算方法是：在一定劳动年龄以上总人口中扣除丧失劳动能力的人口。

**单位从业人员** 指在各级国家机关、政党机关、社会团体及企业、事业单位中工作，取得工资或其他形式的劳动报酬的全部人员。包括：在岗职工、再就业的离退休人员、民办教师以及在各单位中工作的外方人员和港澳台方人员、兼职人员、借用的外单位人员和第二职业者。不包括离开本单位仍保留劳动关系的职工。

**在岗职工** 指在本单位工作并由单位支付工资的人员，以及有工作岗位，但由于学习、病伤产假等原因暂未工作，仍由单位支付工资的人员。

**在岗职工工资总额** 指各单位在一定时期内直接支付给本单位全部在岗职工的劳动报酬。

**工资总额的计算原则** 是以直接支付给职工的全部劳动报酬为依据。各单位支付给本单位全部职工的劳动报酬，不论是计入成本还是不计入成本，不论是以货币形式支付还是以实物形式支付，不论是单位自筹的资金还是上级(或政府财政部门)下拨的资金，不论是厂级单位筹集的资金还是下属车间(科室)及附属经营单位筹集的资金，均应列入工资总额计算的范围。

**职工平均工资** 指各单位的职工(包括在岗职工和离开本单位仍保留劳动关系的职工)在一定时期内平均每人所得的货币工资额。它表明一定时期内职工工资收入高低程度，是反映职工工资水平的主要指标。计算公式为：

职工平均工资=报告期实际支付的全部职工工资总额/报告期全部职工平均人数

# Explanatory Notes on Main Statistical Indicators

**Total Population** refers to the total number of people alive at a certain point of time within a given area.

The annual statistics on total population is taken at midnight, the 3lst of December, excluding migrant population without household register in Shaoxing city.

**Birth Rate or (Crude Birth Rate)** refers to the ratio of the number of births to the average population (or mid-period population) during a certain period of time (usually a year) which is often expressed in ‰. Birth rate in the chapter refers to annual birth rate. The following formula is used:

Birth Rate = Number of Births/Average Number of Population×1000‰

Number of births refers to live births i.e. the births when babies had showed any vital phenomena regardless of the length of pregnancy.

The current calculation of birth rate is based on data residency by the public security data of permanent residency by the family planning commission at city levels, and can also be based on annual population sampling at country and provincial levels, including the late registration for births of previous year.

Annual average number of population is the average of the number of population at the beginning of the year and that at the end of the year, and can be substituted with the mid-year population.

**Death Rate (or Crude Death Rate)** refers to the ratio of the number of deaths to the average population (or mid-period population) during a certain period of time (usually a year) which is often expressed in ‰. Death rate in the chapter refers to annual death rate. The following formula is used:

Death Rate= Number of Deaths/Annual Average Number of Population×1000‰

**Natural Growth Rate of Population** refers to the ratio of natural increase in population (number of births minus number of deaths) in a certain period of time (usually a year) to the average population (or mid-period population) of the same period which is often expressed in ‰. The following formulas are applied:

Natural Growth of Population = (Number of Births-Number of Deaths)/Average Number of Population× 1000‰

Natural Growth Rate of Population = Birth Rate-Death Rate

**Labor Force Resource** refers to the population who is capable or have already to participate the social work in the whole population in another word, the population with a certain working ability above a certain age. The calculate method: the whole population above a certain working age minus the population lost the working ability.

**Persons Employed in Various Units** refer to all the persons working in government agencies of various levels, political and party organizations, social organizations, enterprises and institutions, and receiving wages or other forms of payment, including fully-employed staff and workers, re-employed retirees, teachers in schools run by the local people, foreigners and Chinese compatriots from Hong Kong, Macao, and Taiwan working in various units, part-time employees, employees of other units working temporarily at current posts, and employees holding the second job, but exclude staff and workers who have left their working units while keeping their labor contract (employment relation) unchanged.

**Fully Employed Staff and Workers** refer to persons who work in, and receive wages from their working units, as well as persons who have their work posts, but are temporarily absent from work for reasons of study or on sick, injury or maternal leave and still receive wages from their working units.

**Total Wages of Staff and Workers** refer to the total remuneration payment to full-employed staff and workers in various units during a certain period of time.

**Calculation Principle of Gross Wages** is based on the total remuneration for labor that directly pays staff and workers. The total remuneration for labor offered by various work units should be included in the scope of calculation of gross wages on matter whether calculated in the cost, no matter whether pay in the form of currency or material object, no matter whether self-raised funds or appropriate money from the higher authorities (or government agencies), no matter whether self-raised funds by the factory (company) or self-raised by the affiliated workshops (departments) or affiliated management units.

**Average Wages of Staff and Workers** refers to the average wage in money terms per person during a certain period of time for staff and workers in enterprises, institutions, and government agencies, which reflects the general level of wage income during a certain period of time and is calculated as follows:

Average Wage of Staff and Workers = Total Wages of Staff and Workers in Reference Period/Average Number of Staff and Workers in Reference Period.

三

# 农　业

# CHAPTER 3 AGRICULTURE

# 农　业
# AGRICULTURE

## 主要统计指标
## Main Statistical Indicators

| | | | |
|---|---|---|---|
| 2013 年末农村从业人员数 | Rural employed persons at Year-end | 239.22 | 万人 ($10^4$ persons) |
| 比上年增长 | Increase over Previous Year | 2.3 | % |
| 2013 年农业总产值 | Gross Output Value of Farming | 291.21 | 亿元 ($10^8$ yuan) |
| 比上年增长 | Increase over Previous Year | 4.5 | % |
| 2013 年粮食总产量 | Total Output of Grain | 120.68 | 万吨 ($10^4$ tons) |
| 比上年增长 | Increase over Previous Year | 0.5 | % |
| 2013 年茶叶总产量 | Total Output of Tea | 49710 | 吨 (ton) |
| 比上年增长 | Increase over Previous Year | -3.1 | % |
| 2013 年油料总产量 | Total Output of Oil-bearing Crops | 55220 | 吨 (ton) |
| 比上年增长 | Increase over Previous Year | 1.8 | % |
| 2013 年猪肉产量 | Total Output of Meat | 141508 | 吨 (ton) |
| 比上年增长 | Increase over Previous Year | -1.9 | % |
| 2013 年水产品总产量 | Total Aquatic Products | 99459 | 吨 (ton) |
| 比上年增长 | Increase over Previous Year | 3.0 | % |

## 农林牧渔业总产值

## Gross Output Value of Farming,Forestry,Animal Husbandry and Fisher

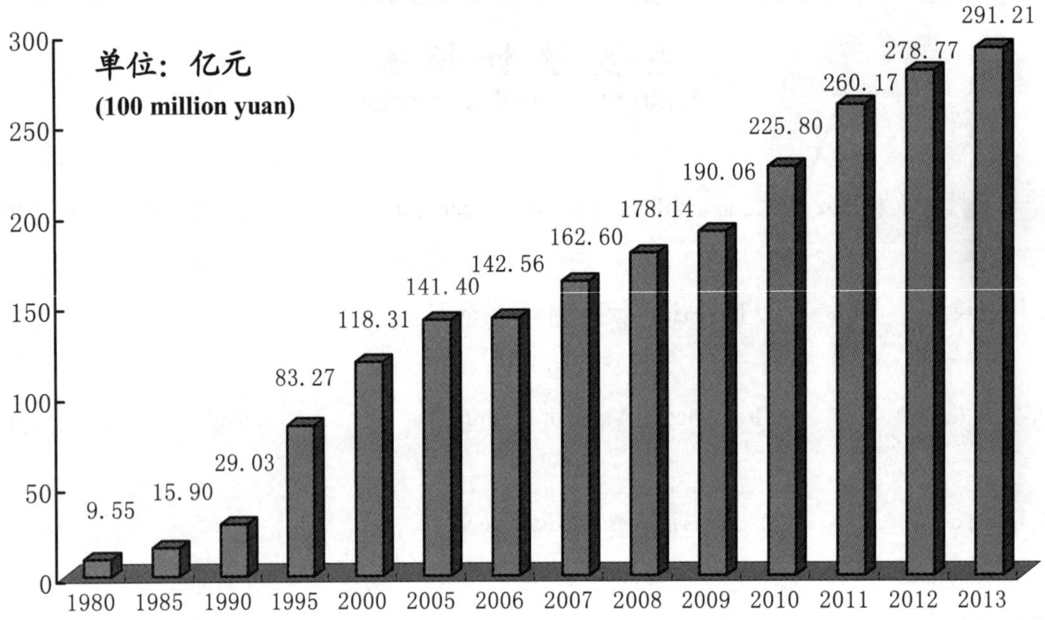


## 农业总产值构成

## Composition of Farming,Forestry,Animal Husbandry and Fisher

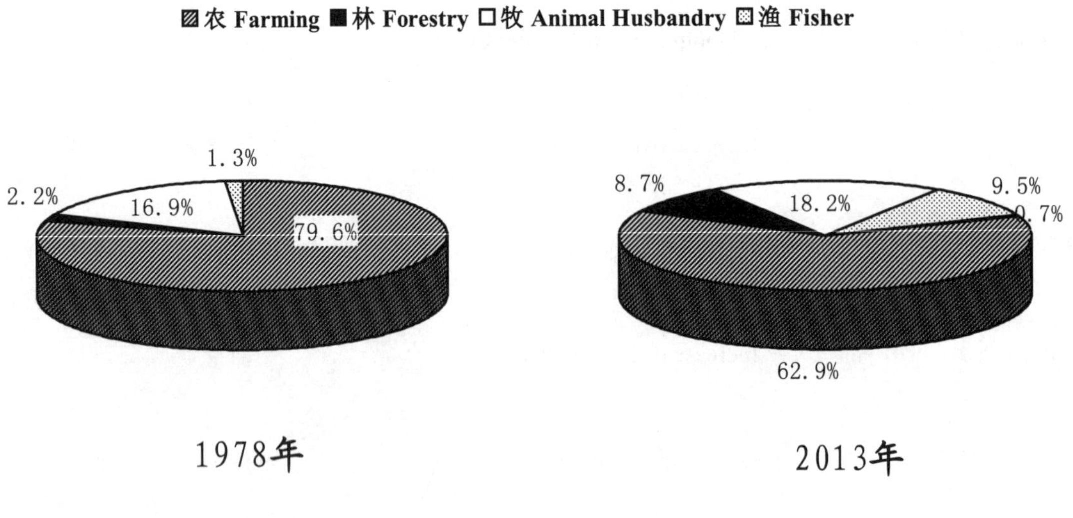

# 3－1 历年农村劳动力（从业）人员（年末数）

## Rural Labor Force (employed persons) over the Years (Year-end)

单位：万人 (10 000 persons)

| 年 份<br>Year | 全 市<br>Whole Municipality | 越城区<br>Yuecheng District | 柯桥区<br>Keqiao District | 上虞区<br>Shangyu District | 诸暨市<br>Zhuji City | 嵊州市<br>Shengzhou City | 新昌县<br>Xinchang County |
|---|---|---|---|---|---|---|---|
| 1949 | 80.99 | | 21.34 | 14.15 | 20.15 | 16.27 | 9.08 |
| 1952 | 85.76 | | 23.14 | 15.99 | 20.26 | 16.93 | 9.44 |
| 1957 | 98.85 | | 26.67 | 19.29 | 22.79 | 19.53 | 10.57 |
| 1962 | 107.52 | | 28.06 | 20.45 | 24.39 | 23.10 | 11.52 |
| 1965 | 126.60 | | 37.16 | 23.69 | 28.73 | 24.46 | 12.56 |
| 1970 | 149.65 | | 43.19 | 31.18 | 33.60 | 26.83 | 14.85 |
| 1975 | 170.99 | | 47.12 | 35.27 | 40.75 | 30.41 | 17.44 |
| 1980 | 184.38 | | 50.54 | 39.11 | 44.02 | 31.74 | 18.97 |
| 1985 | 205.15 | 6.00 | 49.24 | 40.83 | 50.85 | 36.71 | 21.52 |
| 1986 | 208.99 | 6.17 | 50.32 | 41.58 | 51.94 | 37.42 | 21.56 |
| 1987 | 212.86 | 6.27 | 49.89 | 42.69 | 53.54 | 38.10 | 22.37 |
| 1988 | 215.63 | 6.27 | 50.01 | 43.04 | 54.77 | 38.78 | 22.76 |
| 1989 | 214.89 | 6.33 | 47.67 | 43.12 | 55.58 | 39.15 | 23.04 |
| 1990 | 214.15 | 6.39 | 46.54 | 43.29 | 56.71 | 38.05 | 23.17 |
| 1991 | 221.53 | 6.52 | 47.28 | 41.77 | 59.28 | 40.08 | 26.60 |
| 1992 | 212.73 | 6.40 | 45.94 | 40.40 | 57.95 | 38.25 | 23.79 |
| 1993 | 209.69 | 6.31 | 44.01 | 38.59 | 58.89 | 38.10 | 23.79 |
| 1994 | 205.51 | 6.16 | 43.27 | 37.19 | 59.23 | 35.96 | 23.70 |
| 1995 | 201.53 | 6.19 | 42.20 | 35.83 | 58.17 | 35.34 | 23.80 |
| 1996 | 198.44 | 5.90 | 41.48 | 35.22 | 58.11 | 34.26 | 23.47 |
| 1997 | 200.24 | 5.67 | 42.89 | 35.66 | 57.94 | 34.68 | 23.40 |
| 1998 | 199.09 | 5.55 | 42.00 | 35.30 | 57.80 | 35.16 | 23.28 |
| 1999 | 197.40 | 5.44 | 41.83 | 34.70 | 57.11 | 35.12 | 23.20 |
| 2000 | 201.30 | 16.19 | 32.27 | 34.79 | 57.52 | 36.67 | 23.86 |
| 2001 | 211.98 | 17.85 | 35.77 | 38.69 | 57.66 | 36.33 | 25.68 |
| 2002 | 211.08 | 18.29 | 35.42 | 38.14 | 57.72 | 37.18 | 24.33 |
| 2003 | 216.07 | 19.71 | 39.16 | 38.78 | 57.85 | 37.09 | 23.48 |
| 2004 | 214.93 | 20.76 | 36.83 | 39.31 | 56.94 | 37.43 | 23.66 |
| 2005 | 216.99 | 21.89 | 37.72 | 38.41 | 58.05 | 37.68 | 23.24 |
| 2006 | 216.01 | 21.25 | 39.13 | 38.02 | 58.66 | 36.61 | 22.34 |
| 2007 | 220.11 | 22.25 | 41.46 | 38.16 | 59.11 | 37.02 | 22.11 |
| 2008 | 223.39 | 21.58 | 44.80 | 38.12 | 59.02 | 38.09 | 21.78 |
| 2009 | 226.67 | 21.72 | 46.56 | 37.30 | 59.31 | 40.27 | 21.51 |
| 2010 | 227.98 | 21.96 | 48.94 | 37.42 | 59.47 | 39.16 | 21.03 |
| 2011 | 230.45 | 22.44 | 49.79 | 37.77 | 59.42 | 39.60 | 21.43 |
| 2012 | 233.93 | 22.51 | 52.38 | 37.85 | 59.89 | 39.98 | 21.32 |
| 2013 | 239.22 | 22.59 | 53.61 | 38.51 | 60.18 | 43.17 | 21.16 |

## 3－2　农村劳动力资源及行业分布情况 (2013 年末)

单位：万人

| 指　　标 | Item | 全　市 Whole Municipality |
| --- | --- | --- |
| **农村住户数　(万户)** | **Number of Households　(10 000 households)** | **144.01** |
| **农村人口** | **Rural Population** | **398.65** |
| **农村劳动力资源总数** | **Rural Laborers** | **252.91** |
| **农村从业人员数** | **Rural Real Laborers** | **239.22** |
| (一)按性别分 | Grouped by Sex | |
| 男劳动力 | Male | 124.45 |
| 女劳动力 | Female | 114.77 |
| (二)按行业分 | Grouped by Sector | |
| 1.农林牧渔业 | Farming，Forestry，Animal Husbandry and Fishery | 50.03 |
| 2.工　　业 | Industry | 109.48 |
| 3.建 筑 业 | Construction | 28.27 |
| 4.其他行业从业人员 | Other Non-agricultural Trades | 51.44 |

注：本表数据来源于农村基本情况统计表。

## Rural Labor Force and Its Distribution by Sector（End of 2013）

(10 000 persons)

| 越城区<br>Yuecheng District | 柯桥区<br>Keqiao District | 上虞区<br>Shangyu District | 诸暨市<br>Zhuji City | 嵊州市<br>Shengzhou City | 新昌县<br>Xinchang County |
|---|---|---|---|---|---|
| **17.45** | **29.64** | **23.77** | **36.07** | **24.47** | **12.61** |
| **46.72** | **89.36** | **65.58** | **96.81** | **68.07** | **32.11** |
| **24.47** | **57.04** | **40.53** | **63.20** | **45.11** | **22.56** |
| **22.59** | **53.61** | **38.51** | **60.18** | **43.17** | **21.16** |
| 11.58 | 27.84 | 19.90 | 31.47 | 22.65 | 11.01 |
| 11.01 | 25.77 | 18.61 | 28.71 | 20.52 | 10.15 |
| 3.00 | 6.29 | 11.69 | 11.41 | 10.46 | 7.18 |
| 10.89 | 31.17 | 13.20 | 28.73 | 17.00 | 8.49 |
| 3.39 | 5.30 | 8.01 | 6.61 | 3.43 | 1.53 |
| 5.31 | 10.85 | 5.61 | 13.43 | 12.28 | 3.96 |

Note:Data come from statistical reporting of rural basic conditions.

# 3-3 农村社会基础设施（2013年末）

## Basic Establishment of Rural Areas（End of 2013）

单位：个

| 指标 | Item | 全市 Whole Municipality |
|---|---|---|
| 通宽带的村数 | Number of Village with Broadband | 2184 |
| 通电话的村数 | Number of Village with Telephone Communication | 2184 |
| 通自来水的村数 | Number of Village Having Tap Water | 2168 |
| 通有线电视的村数 | Number of Village Having Wire Television | 2184 |
| 通公路的村数 | Number of Village connected by roads | 2180 |
| 垃圾集中处理的村数 | Number of Village with Waste disposal | 2174 |

# 3-3 续表

## Continued

(unit)

| 指标 | Item | 越城区 Yuecheng District | 柯桥区 Keqiao District | 上虞区 Shangyu District | 诸暨市 Zhuji City | 嵊州市 Shengzhou City | 新昌县 Xinchang County |
|---|---|---|---|---|---|---|---|
| 通宽带的村数 | Number of Village with Broadband | 206 | 292 | 340 | 468 | 463 | 415 |
| 通电话的村数 | Number of Village with Telephone Communication | 206 | 292 | 340 | 468 | 463 | 415 |
| 通自来水的村数 | Number of Village Having Tap Water | 206 | 292 | 340 | 467 | 452 | 411 |
| 通有线电视的村数 | Number of Village Having Wire Television | 206 | 292 | 340 | 468 | 463 | 415 |
| 通公路的村数 | Number of Village connected by roads | 206 | 292 | 340 | 468 | 461 | 413 |
| 垃圾集中处理的村数 | Number of Village with Waste disposal | 206 | 292 | 340 | 468 | 460 | 408 |

# 3-4 历年分区、县（市）农林牧渔业总产值

## Gross Output Value of Farming，Forestry，Animal Husbandry and Fishery by District and County (City) over the Years

单位：万元 (10 000 yuan)

| 年 份<br>Year | 全 市<br>Whole Municipality | 越城区<br>Yuecheng District | 柯桥区<br>Keqiao District | 上虞区<br>Shangyu District | 诸暨市<br>Zhuji City | 嵊州市<br>Shengzhou City | 新昌县<br>Xinchang County |
|---|---|---|---|---|---|---|---|
| 1949 | 13974 | | 3917 | 2063 | 3848 | 2726 | 1420 |
| 1952 | 20660 | | 5610 | 3344 | 5996 | 3728 | 1982 |
| 1957 | 24872 | | 6146 | 4447 | 6869 | 4783 | 2627 |
| 1962 | 27815 | | 7067 | 4868 | 7825 | 5075 | 2980 |
| 1965 | 39309 | | 9539 | 8727 | 10317 | 6934 | 3792 |
| 1970 | 49472 | | 11530 | 9863 | 13568 | 9742 | 4769 |
| 1975 | 52158 | | 12554 | 10431 | 13148 | 10952 | 5073 |
| 1980 | 95502 | | 23502 | 18375 | 24999 | 19771 | 8855 |
| 1985 | 158962 | 3920 | 36628 | 28919 | 41655 | 30264 | 17576 |
| 1986 | 174823 | 5186 | 40577 | 34258 | 46378 | 33669 | 14755 |
| 1987 | 201478 | 6357 | 46729 | 41488 | 53306 | 36142 | 17456 |
| 1988 | 230298 | 7102 | 53434 | 52066 | 55170 | 42273 | 20253 |
| 1989 | 256223 | 7292 | 57336 | 65225 | 57889 | 46218 | 22263 |
| 1990 | 290287 | 7915 | 71578 | 71900 | 63179 | 51415 | 24300 |
| 1991 | 318869 | 9209 | 78830 | 73353 | 68043 | 60364 | 29070 |
| 1992 | 356633 | 9806 | 83924 | 79577 | 77461 | 72554 | 33311 |
| 1993 | 472245 | 14115 | 112139 | 102174 | 104782 | 98002 | 41033 |
| 1994 | 681985 | 23169 | 151519 | 144722 | 165045 | 133261 | 64269 |
| 1995 | 832738 | 26717 | 184039 | 183483 | 196144 | 162015 | 80340 |
| 1996 | 955209 | 39832 | 192697 | 222946 | 233370 | 181356 | 85008 |
| 1997 | 1012204 | 38773 | 203339 | 246093 | 242108 | 189270 | 92621 |
| 1998 | 1084958 | 39194 | 212501 | 259760 | 282068 | 195859 | 95576 |
| 1999 | 1109925 | 39893 | 217272 | 269260 | 283687 | 202680 | 97133 |
| 2000 | 1183122 | 107576 | 176266 | 288609 | 300471 | 206652 | 103548 |
| 2001 | 1207380 | 110208 | 192992 | 308433 | 309810 | 174744 | 111193 |
| 2002 | 1227796 | 103944 | 206557 | 307804 | 310065 | 191014 | 108412 |
| 2003 | 1266297 | 92103 | 214685 | 320192 | 325598 | 200500 | 113219 |
| 2004 | 1291929 | 87958 | 221301 | 324179 | 331704 | 218132 | 108663 |
| 2005 | 1414046 | 99222 | 243733 | 348777 | 359767 | 233401 | 129146 |
| 2006 | 1425617 | 90291 | 256539 | 328813 | 359088 | 254651 | 136235 |
| 2007 | 1626010 | 108717 | 299390 | 366378 | 410487 | 288590 | 152448 |
| 2008 | 1781427 | 104398 | 333964 | 402879 | 453684 | 320392 | 166110 |
| 2009 | 1900613 | 99846 | 358037 | 434114 | 484596 | 344347 | 179673 |
| 2010 | 2258049 | 114940 | 426344 | 506583 | 572370 | 419563 | 218249 |
| 2011 | 2601659 | 127851 | 494222 | 581588 | 660658 | 487910 | 249430 |
| 2012 | 2787681 | 127392 | 531661 | 626406 | 708670 | 523846 | 269706 |
| 2013 | 2912077 | 211645 | 476265 | 656658 | 743242 | 543573 | 280694 |

注：①2002 年开始不包括“农民家庭兼营工业”。②2003 年开始包括“农林牧渔服务业”(以下有关各表同)。③2004 年根据下管一级的要求，省局对我市农业总产值进行了核减（下同)。④根据省统计局 、 省人民政府第二次农业普查办公室文件精神，2006、2007 年我市农作物播种面积和产量、生猪、牛、羊、家禽存出栏数和肉产量，渔业产量，以第二次农业普查数据为基础进行进行了核减（下同）。同时对我市农业总产值、增加值进行了核减（下同）。

# 3－5 历年全市农林牧渔业总产值构成

## Composition of Gross Output Value of Farming，Forestry，Animal Husbandry and Fishery over the Years

单位：万元 (10 000 yuan)

| 年 份<br>Year | 农林牧渔业总产值<br>Total | 农 业<br>Farming | 林 业<br>Forestry | 牧 业<br>Animal Husbandry | 渔 业<br>Fishery | 农林牧渔服务业<br>Service for Farming, Forestry, Animal Husbandry and Fishery |
|---|---|---|---|---|---|---|
| 1949 | 13974 | 11395 | 985 | 1434 | 160 | |
| 1952 | 20660 | 16610 | 1181 | 2608 | 261 | |
| 1957 | 24872 | 19031 | 1128 | 4390 | 323 | |
| 1962 | 27815 | 21913 | 1597 | 3938 | 367 | |
| 1965 | 39309 | 30830 | 1314 | 6751 | 414 | |
| 1970 | 49472 | 38316 | 1348 | 9256 | 552 | |
| 1975 | 52158 | 40854 | 1113 | 9661 | 530 | |
| 1980 | 95502 | 75210 | 1788 | 17356 | 1148 | |
| 1985 | 158962 | 109072 | 5077 | 40012 | 4801 | |
| 1986 | 174823 | 120967 | 5824 | 39209 | 8823 | |
| 1987 | 201478 | 137620 | 7744 | 43874 | 12240 | |
| 1988 | 230298 | 152581 | 8727 | 55315 | 13675 | |
| 1989 | 256223 | 164792 | 9357 | 65880 | 16194 | |
| 1990 | 290287 | 195475 | 8952 | 69849 | 16011 | |
| 1991 | 318869 | 213505 | 10448 | 77627 | 17289 | |
| 1992 | 356633 | 232791 | 13645 | 89095 | 21102 | |
| 1993 | 472245 | 304149 | 22961 | 115041 | 30094 | |
| 1994 | 681985 | 431501 | 23838 | 186542 | 40104 | |
| 1995 | 832738 | 546313 | 27611 | 208660 | 50154 | |
| 1996 | 955209 | 611995 | 38119 | 235371 | 69724 | |
| 1997 | 1012204 | 639248 | 45217 | 240586 | 87153 | |
| 1998 | 1084958 | 699399 | 75921 | 196215 | 113423 | |
| 1999 | 1109925 | 703668 | 83422 | 180827 | 142008 | |
| 2000 | 1183122 | 710545 | 106916 | 200979 | 164682 | |
| 2001 | 1207380 | 716749 | 114048 | 202391 | 174192 | |
| 2002 | 1227796 | 709547 | 126013 | 207170 | 185066 | |
| 2003 | 1266297 | 726679 | 131721 | 213485 | 192140 | 2272 |
| 2004 | 1291929 | 740224 | 111690 | 263059 | 172510 | 4446 |
| 2005 | 1414046 | 841836 | 113769 | 269300 | 182723 | 6418 |
| 2006 | 1425617 | 920602 | 122159 | 233468 | 140149 | 9239 |
| 2007 | 1626010 | 993922 | 138694 | 319875 | 162432 | 11087 |
| 2008 | 1781427 | 1086254 | 148166 | 359993 | 174536 | 12478 |
| 2009 | 1900613 | 1181223 | 166798 | 356072 | 183330 | 13190 |
| 2010 | 2258049 | 1436307 | 190181 | 408204 | 208531 | 14826 |
| 2011 | 2601659 | 1617599 | 217313 | 515815 | 234151 | 16781 |
| 2012 | 2787681 | 1754108 | 240244 | 520909 | 254000 | 18420 |
| 2013 | 2912077 | 1832284 | 251963 | 531127 | 276581 | 20122 |

# 3－6 历年分区、县（市）农林牧渔业总产值发展指数

## Indices of Gross Output Value of Farming，Forestry，Animal Husbandry and Fishery over the Years

(1949年=100) (year of 1949=100)

| 年 份<br>Year | 全 市<br>Whole Municipality | 越城区<br>Yuecheng District | 柯桥区<br>Keqiao District | 上虞区<br>Shangyu District | 诸暨市<br>Zhuji City | 嵊州市<br>Shengzhou City | 新昌县<br>Xinchang County |
|---|---|---|---|---|---|---|---|
| 1949 | 100.0 | | 100.0 | 100.0 | 100.0 | 100.0 | 100.0 |
| 1952 | 146.1 | | 147.5 | 158.0 | 152.5 | 136.0 | 129.7 |
| 1957 | 185.8 | | 178.3 | 228.5 | 186.1 | 165.7 | 181.1 |
| 1962 | 161.0 | | 154.5 | 191.9 | 164.0 | 142.9 | 172.0 |
| 1965 | 242.1 | | 223.4 | 362.6 | 232.2 | 201.9 | 219.4 |
| 1970 | 260.0 | | 231.1 | 334.3 | 267.2 | 238.7 | 242.8 |
| 1975 | 268.3 | | 243.4 | 355.1 | 246.8 | 270.5 | 253.5 |
| 1980 | 373.6 | | 362.0 | 461.7 | 351.7 | 372.2 | 337.0 |
| 1985 | 490.9 | 109.3 | 504.6 | 610.8 | 430.3 | 452.0 | 491.0 |
| 1986 | 519.7 | 118.7 | 534.2 | 689.0 | 443.9 | 469.8 | 429.1 |
| 1987 | 404.2 | 119.5 | 524.7 | 730.0 | 451.9 | 480.7 | 444.2 |
| 1988 | 412.2 | 126.5 | 539.4 | 782.1 | 465.6 | 463.7 | 436.0 |
| 1989 | 547.3 | 142.8 | 527.7 | 796.1 | 473.4 | 471.1 | 442.4 |
| 1990 | 560.4 | 147.8 | 542.1 | 831.5 | 488.2 | 465.8 | 448.9 |
| 1991 | 582.1 | 147.1 | 560.0 | 855.8 | 507.5 | 493.5 | 470.6 |
| 1992 | 604.3 | 155.8 | 561.3 | 873.8 | 520.1 | 549.5 | 494.7 |
| 1993 | 639.6 | 163.3 | 582.5 | 958.8 | 532.5 | 595.8 | 522.3 |
| 1994 | 674.7 | 174.9 | 582.5 | 1044.6 | 529.6 | 666.8 | 581.6 |
| 1995 | 741.5 | 225.8 | 612.0 | 1128.6 | 596.2 | 755.8 | 612.4 |
| 1996 | 816.3 | 279.4 | 642.9 | 1213.5 | 686.6 | 842.7 | 652.9 |
| 1997 | 856.6 | 290.9 | 654.5 | 1291.7 | 724.5 | 892.5 | 679.2 |
| 1998 | 929.1 | 323.9 | 676.2 | 1450.2 | 833.9 | 909.8 | 722.3 |
| 1999 | 1050.8 | 350.9 | 817.4 | 1718.2 | 934.7 | 940.6 | 802.4 |
| 2000 | 1227.6 | 636.3 | 1238.1 | 1710.4 | 1026.7 | 981.1 | 866.9 |
| 2001 | 1310.4 | 794.1 | 1285.8 | 2144.9 | 1049.4 | 778.5 | 931.6 |
| 2002 | 1381.9 | 769.0 | 1407.5 | 2228.5 | 1072.9 | 896.2 | 982.6 |
| 2003 | 1425.2 | 681.4 | 1462.8 | 2318.1 | 1126.6 | 940.7 | 1026.2 |
| 2004 | 1454.0 | 650.7 | 1507.9 | 2347.0 | 1147.7 | 1023.4 | 984.9 |
| 2005 | 1591.5 | 734.1 | 1660.7 | 2525.0 | 1244.8 | 1095.1 | 1170.6 |
| 2006 | 1659.9 | 755.4 | 1748.7 | 2621.0 | 1293.3 | 1154.2 | 1224.4 |
| 2007 | 1736.3 | 784.9 | 1808.2 | 2681.3 | 1348.9 | 1210.8 | 1281.9 |
| 2008 | 1791.8 | 750.0 | 1882.3 | 2840.3 | 1415.0 | 1255.6 | 1315.3 |
| 2009 | 1854.5 | 723.0 | 1967.0 | 2948.2 | 1470.2 | 1302.1 | 1362.7 |
| 2010 | 1925 | 733.8 | 2043.7 | 3063.2 | 1527.5 | 1355.5 | 1418.6 |
| 2011 | 1999.7 | 744.4 | 2123.2 | 3184.7 | 1589.8 | 1411.7 | 1473.5 |
| 2012 | 2057.7 | 715.9 | 2191.1 | 3286.1 | 1641.2 | 1461.1 | 1521.3 |
| 2013 | 2112.2 | 717.3 | 2261.2 | 3391.3 | 1693.7 | 1502.0 | 1568.5 |

# 3-7 农林牧渔业总产值(2013年)

## Gross Output Value of Farming, Forestry, Animal Husbandry and Fishery (2013)

单位:万元 (10 000 yuan)

| 指标 | Item | 全市 Whole Municipality | 越城区 Yuecheng District | 柯桥区 Keqiao District | 上虞区 Shangyu District | 诸暨市 Zhuji City | 嵊州市 Shengzhou City | 新昌县 Xinchang County |
|---|---|---|---|---|---|---|---|---|
| **总产值合计** | **Total** | **2912077** | **211645** | **476265** | **656658** | **743242** | **543573** | **280694** |
| 1.农业 | Farming | 1832284 | 114913 | 286894 | 415123 | 413144 | 386221 | 215989 |
| 2.林业 | Forestry | 251963 | 9068 | 38851 | 37028 | 95009 | 45637 | 26370 |
| 3.牧业 | Animal Husbandry | 531127 | 49976 | 100162 | 92618 | 152766 | 104153 | 31452 |
| 4.渔业 | Fishery | 276581 | 35683 | 47422 | 105825 | 77891 | 5682 | 4078 |
| 5.农林牧渔服务业 | Service for Farming, Forestry, Animal Husbandry and Fishery | 20122 | 2005 | 2936 | 6064 | 4432 | 1880 | 2805 |

# 3-8 农林牧渔业增加值(2013年)

## The Value-added of Farming, Forestry, Animal Husbandry and Fishery (2013)

单位:万元 (10 000 yuan)

| 指标 | Item | 全市 Whole Municipality | 越城区 Yuecheng District | 柯桥区 Keqiao District | 上虞区 Shangyu District | 诸暨市 Zhuji City | 嵊州市 Shengzhou City | 新昌县 Xinchang County |
|---|---|---|---|---|---|---|---|---|
| **增加值合计** | **Total** | **1927527** | **148264** | **309218** | **412360** | **487472** | **365478** | **204735** |
| 1.农业 | Farming | 1268785 | 81807 | 192835 | 256480 | 287260 | 280279 | 170124 |
| 2.林业 | Forestry | 187173 | 5359 | 32055 | 28154 | 69074 | 32387 | 20144 |
| 3.牧业 | Animal Husbandry | 268681 | 35712 | 53926 | 50816 | 70250 | 47195 | 10782 |
| 4.渔业 | Fishery | 186786 | 23965 | 29043 | 71025 | 56456 | 3737 | 2560 |
| 5.农林牧渔服务业 | Service for Farming, Forestry, Animal Husbandry and Fishery | 16102 | 1421 | 1359 | 5885 | 4432 | 1880 | 1125 |

# 3-9 历年粮食总产量

## Total Output of Grain over the Years

单位：吨　　(ton)

| 年　份 Year | 全　市 Whole Municipality | 越城区 Yuecheng District | 柯桥区 Keqiao District | 上虞区 Shangyu District | 诸暨市 Zhuji City | 嵊州市 Shengzhou City | 新昌县 Xinchang County |
|---|---|---|---|---|---|---|---|
| 1949 | 485438 | | 146955 | 89977 | 103026 | 99190 | 46290 |
| 1952 | 763093 | | 207525 | 157834 | 200884 | 130250 | 66600 |
| 1957 | 767930 | | 207480 | 142400 | 210475 | 141690 | 65885 |
| 1962 | 760560 | | 212526 | 133511 | 207852 | 134651 | 72020 |
| 1965 | 1100809 | | 308430 | 201575 | 321819 | 191780 | 77205 |
| 1970 | 1195197 | | 343180 | 204507 | 330400 | 217210 | 99900 |
| 1975 | 1184651 | | 319950 | 201526 | 328495 | 227040 | 107640 |
| 1980 | 1571384 | | 443144 | 252770 | 417255 | 324110 | 134105 |
| 1985 | 1787787 | 50442 | 489130 | 327324 | 458421 | 329900 | 132570 |
| 1986 | 1803613 | 53354 | 504708 | 337744 | 459860 | 324983 | 122964 |
| 1987 | 1835343 | 50392 | 506483 | 337953 | 461601 | 342919 | 135995 |
| 1988 | 1837810 | 51756 | 526280 | 347286 | 475564 | 313390 | 123534 |
| 1989 | 1797215 | 53714 | 502615 | 325013 | 471950 | 321870 | 122053 |
| 1990 | 1862007 | 56550 | 528531 | 340067 | 478698 | 328340 | 129821 |
| 1991 | 1900798 | 56594 | 529987 | 347351 | 496270 | 337205 | 133391 |
| 1992 | 1865999 | 56444 | 514004 | 341781 | 497350 | 327698 | 128722 |
| 1993 | 1729881 | 49096 | 449908 | 329783 | 471949 | 303805 | 125340 |
| 1994 | 1685600 | 46575 | 453405 | 322361 | 448110 | 296931 | 118218 |
| 1995 | 1742472 | 39397 | 465289 | 329028 | 479244 | 314878 | 114636 |
| 1996 | 1854589 | 42678 | 487904 | 345068 | 516800 | 336138 | 126001 |
| 1997 | 1812626 | 42891 | 483395 | 349191 | 489291 | 323017 | 124841 |
| 1998 | 1820846 | 43154 | 480929 | 345433 | 510445 | 315204 | 125681 |
| 1999 | 1801722 | 42134 | 472586 | 332266 | 505393 | 322807 | 126536 |
| 2000 | 1444149 | 130880 | 245927 | 295991 | 411141 | 247478 | 112732 |
| 2001 | 1131807 | 88613 | 181945 | 246113 | 332094 | 188778 | 94264 |
| 2002 | 1000057 | 69497 | 162084 | 228851 | 294147 | 164659 | 80819 |
| 2003 | 838295 | 48090 | 140635 | 210669 | 256902 | 127682 | 54317 |
| 2004 | 953495 | 57203 | 162898 | 240543 | 286372 | 147829 | 58650 |
| 2005 | 963920 | 54141 | 163356 | 242649 | 295489 | 149760 | 58525 |
| 2006 | 1038979 | 59192 | 169555 | 257634 | 324988 | 165920 | 61690 |
| 2007 | 1093141 | 59920 | 183805 | 264219 | 348480 | 168065 | 68643 |
| 2008 | 1138572 | 61263 | 197259 | 274792 | 364700 | 169331 | 71227 |
| 2009 | 1183742 | 62585 | 209332 | 285814 | 376150 | 172925 | 76936 |
| 2010 | 1163233 | 58725 | 206073 | 275838 | 375197 | 169027 | 78373 |
| 2011 | 1183094 | 58982 | 206813 | 287625 | 379351 | 170323 | 80000 |
| 2012 | 1200558 | 59071 | 210243 | 294151 | 384835 | 170924 | 81334 |
| 2013 | 1206830 | 62655 | 210686 | 292968 | 387662 | 170597 | 82262 |

注：2007 年开始马铃薯统计在粮食作物中。

Note:Potato was added up in food crops from 2007.

# 3-10 历年茶叶总产量

## Total Output of Tea over the Years

单位：吨 (ton)

| 年 份<br>Year | 全 市<br>Whole Municipality | 越城区<br>Yuecheng District | 柯桥区<br>Keqiao District | 上虞区<br>Shangyu District | 诸暨市<br>Zhuji City | 嵊州市<br>Shengzhou City | 新昌县<br>Xinchang County |
|---|---|---|---|---|---|---|---|
| 1949 | 3583 | | 834 | 179 | 504 | 1600 | 466 |
| 1952 | 4532 | | 1007 | 270 | 643 | 1974 | 638 |
| 1957 | 5932 | | 1329 | 345 | 1020 | 2500 | 738 |
| 1962 | 2606 | | 721 | 185 | 455 | 944 | 301 |
| 1965 | 3254 | | 797 | 230 | 484 | 1318 | 425 |
| 1970 | 6146 | | 1670 | 508 | 952 | 2200 | 816 |
| 1975 | 10039 | | 2479 | 1183 | 2003 | 2775 | 1599 |
| 1980 | 20693 | | 4622 | 2321 | 4801 | 5321 | 3628 |
| 1985 | 26052 | 84 | 6679 | 3064 | 5252 | 7335 | 3638 |
| 1986 | 29250 | 79 | 7229 | 3394 | 6007 | 8272 | 4269 |
| 1987 | 32684 | 106 | 7815 | 3798 | 6872 | 9213 | 4880 |
| 1988 | 36405 | 107 | 9150 | 4529 | 7250 | 9911 | 5458 |
| 1989 | 34051 | 123 | 8667 | 4042 | 6171 | 9680 | 5368 |
| 1990 | 33684 | 261 | 8407 | 3875 | 5910 | 9806 | 5425 |
| 1991 | 32622 | 274 | 8440 | 3743 | 6087 | 9005 | 5073 |
| 1992 | 32258 | 455 | 7817 | 4224 | 5875 | 8979 | 4908 |
| 1993 | 32600 | 279 | 8073 | 4293 | 5936 | 8953 | 5066 |
| 1994 | 29432 | 430 | 7695 | 4074 | 5028 | 7422 | 4783 |
| 1995 | 27233 | 291 | 6901 | 4263 | 3908 | 7153 | 4717 |
| 1996 | 25816 | 224 | 7427 | 3683 | 3013 | 7037 | 4432 |
| 1997 | 26943 | 149 | 7542 | 3396 | 3554 | 7770 | 4532 |
| 1998 | 30609 | 200 | 8124 | 4188 | 4005 | 9158 | 4934 |
| 1999 | 31426 | 183 | 8641 | 2792 | 5017 | 9647 | 5146 |
| 2000 | 31605 | 954 | 7530 | 2661 | 5380 | 10057 | 5023 |
| 2001 | 31994 | 846 | 7150 | 2483 | 6935 | 9516 | 5064 |
| 2002 | 37421 | 765 | 7783 | 2631 | 8822 | 12261 | 5159 |
| 2003 | 39125 | 755 | 8833 | 2944 | 9540 | 11592 | 5461 |
| 2004 | 41840 | 670 | 8602 | 2922 | 9267 | 14837 | 5542 |
| 2005 | 43415 | 665 | 9222 | 3304 | 9492 | 15098 | 5634 |
| 2006 | 46584 | 545 | 9173 | 3511 | 10694 | 16991 | 5670 |
| 2007 | 48027 | 397 | 9244 | 3305 | 11777 | 17406 | 5898 |
| 2008 | 48181 | 393 | 8589 | 3376 | 11903 | 17904 | 6016 |
| 2009 | 50295 | 510 | 9509 | 3286 | 12282 | 18554 | 6154 |
| 2010 | 49580 | 480 | 8432 | 3339 | 12266 | 19138 | 5925 |
| 2011 | 50307 | 422 | 8844 | 2968 | 12400 | 19710 | 5963 |
| 2012 | 51319 | 430 | 8797 | 2992 | 12501 | 20601 | 5998 |
| 2013 | 49710 | 440 | 8766 | 2817 | 12175 | 19867 | 5645 |

# 3－11 历年猪牛羊肉产量

## Output of Pork, Beef and Mutton over the Years

单位：吨　　　　(ton)

| 年份<br>Year | 全市<br>Whole Municipality | 越城区<br>Yuecheng District | 柯桥区<br>Keqiao District | 上虞区<br>Shangyu District | 诸暨市<br>Zhuji City | 嵊州市<br>Shengzhou City | 新昌县<br>Xinchang County |
|---|---|---|---|---|---|---|---|
| 1949 | 7349 | | 358 | 915 | 4528 | 912 | 636 |
| 1952 | 9389 | | 386 | 1100 | 5261 | 1325 | 1317 |
| 1957 | 21075 | | 1285 | 2543 | 11911 | 3070 | 2266 |
| 1962 | 8340 | | 1549 | 746 | 3172 | 1919 | 954 |
| 1965 | 40030 | | 8708 | 4439 | 16213 | 7091 | 3579 |
| 1970 | 42380 | | 8256 | 4904 | 17719 | 7351 | 4150 |
| 1975 | 50769 | | 10897 | 5872 | 19791 | 9219 | 4990 |
| 1980 | 70617 | | 17644 | 9181 | 25516 | 12854 | 5422 |
| 1985 | 82538 | 1547 | 18288 | 10756 | 28740 | 15713 | 7494 |
| 1986 | 88985 | 1714 | 19421 | 13405 | 29711 | 17008 | 7726 |
| 1987 | 74515 | 2294 | 15717 | 12110 | 22948 | 14478 | 6968 |
| 1988 | 82269 | 2244 | 14396 | 13985 | 30025 | 14727 | 6892 |
| 1989 | 78818 | 2433 | 13960 | 11052 | 30182 | 14356 | 6835 |
| 1990 | 79695 | 2190 | 15443 | 10292 | 31663 | 13880 | 6227 |
| 1991 | 84015 | 2193 | 15750 | 11507 | 32941 | 14673 | 6951 |
| 1992 | 89089 | 2493 | 18661 | 13776 | 33560 | 13604 | 6995 |
| 1993 | 81380 | 2343 | 16296 | 10315 | 31843 | 13919 | 6664 |
| 1994 | 75852 | 2043 | 14221 | 11544 | 29551 | 11581 | 6912 |
| 1995 | 74874 | 2696 | 15415 | 12745 | 28508 | 9127 | 6383 |
| 1996 | 72038 | 3377 | 16155 | 11293 | 27399 | 7907 | 5907 |
| 1997 | 79459 | 5055 | 19158 | 12266 | 28912 | 8471 | 5597 |
| 1998 | 82789 | 5762 | 16913 | 12428 | 30244 | 11208 | 6234 |
| 1999 | 89164 | 6240 | 19049 | 16113 | 28921 | 11893 | 6948 |
| 2000 | 97046 | 11293 | 20145 | 14961 | 30029 | 12875 | 7743 |
| 2001 | 103085 | 10886 | 22580 | 17809 | 29841 | 13380 | 8589 |
| 2002 | 105526 | 10085 | 24470 | 19798 | 29169 | 13155 | 8849 |
| 2003 | 105206 | 8056 | 22602 | 22123 | 30388 | 13948 | 8089 |
| 2004 | 111287 | 8834 | 23803 | 23533 | 32093 | 15167 | 7857 |
| 2005 | 118601 | 8074 | 26170 | 24599 | 32156 | 19247 | 8355 |
| 2006 | 97712 | 6280 | 24577 | 16328 | 26218 | 19162 | 5148 |
| 2007 | 93290 | 5642 | 22638 | 15901 | 24504 | 20337 | 4268 |
| 2008 | 118533 | 5698 | 27196 | 26448 | 33579 | 21297 | 4315 |
| 2009 | 127882 | 5316 | 29032 | 30363 | 35504 | 22996 | 4671 |
| 2010 | 137789 | 5532 | 31590 | 32475 | 36707 | 26628 | 4857 |
| 2011 | 146185 | 5964 | 34126 | 35782 | 38976 | 26255 | 5082 |
| 2012 | 147496 | 5795 | 33808 | 32134 | 40149 | 30199 | 5411 |
| 2013 | 144841 | 6726 | 32621 | 30945 | 41326 | 27352 | 5871 |

# 3-12 历年蚕茧产量

## Total Output of Silkworm Cocoon over the Years

单位：吨 (ton)

| 年份<br>Year | 全市<br>Whole Municipality | 越城区<br>Yuecheng District | 柯桥区<br>Keqiao District | 上虞区<br>Shangyu District | 诸暨市<br>Zhuji City | 嵊州市<br>Shengzhou City | 新昌县<br>Xinchang County |
|---|---|---|---|---|---|---|---|
| 1949 | 734 | | 1 | | 405 | 328 | |
| 1952 | 1792 | | 3 | 26 | 1096 | 551 | 116 |
| 1957 | 1918 | | 10 | 51 | 1077 | 609 | 171 |
| 1962 | 1153 | | 22 | 42 | 583 | 391 | 115 |
| 1965 | 1336 | | 27 | 49 | 684 | 456 | 120 |
| 1970 | 2576 | | 71 | 158 | 1226 | 820 | 301 |
| 1975 | 3486 | | 123 | 318 | 1419 | 1148 | 478 |
| 1980 | 4437 | | 153 | 551 | 1771 | 1395 | 567 |
| 1985 | 5248 | 1 | 187 | 827 | 1718 | 1723 | 792 |
| 1986 | 6074 | | 196 | 1069 | 1919 | 2008 | 882 |
| 1987 | 6149 | | 169 | 1186 | 1700 | 2153 | 941 |
| 1988 | 6568 | | 186 | 1274 | 1836 | 2235 | 1037 |
| 1989 | 7082 | | 182 | 1417 | 1939 | 2410 | 1134 |
| 1990 | 7718 | | 187 | 1535 | 2053 | 2653 | 1290 |
| 1991 | 9023 | | 199 | 1794 | 2214 | 3275 | 1541 |
| 1992 | 11758 | | 258 | 2299 | 2825 | 4196 | 2180 |
| 1993 | 12245 | | 296 | 2459 | 2835 | 4404 | 2251 |
| 1994 | 13148 | | 256 | 2719 | 2419 | 5069 | 2685 |
| 1995 | 11535 | | 268 | 2506 | 1935 | 4326 | 2500 |
| 1996 | 7141 | | 154 | 1976 | 799 | 2456 | 1756 |
| 1997 | 7643 | | 162 | 1978 | 1156 | 2305 | 2042 |
| 1998 | 8151 | | 186 | 2085 | 1271 | 2485 | 2124 |
| 1999 | 7505 | | 141 | 1864 | 1080 | 2492 | 1928 |
| 2000 | 7009 | 30 | 94 | 1655 | 989 | 2299 | 1942 |
| 2001 | 7850 | 37 | 100 | 2148 | 1087 | 2517 | 1961 |
| 2002 | 8275 | 32 | 95 | 2731 | 1127 | 2343 | 1947 |
| 2003 | 6465 | 24 | 68 | 2403 | 754 | 1886 | 1330 |
| 2004 | 5980 | - | 60 | 2203 | 742 | 1644 | 1331 |
| 2005 | 5500 | - | 58 | 1663 | 747 | 1652 | 1380 |
| 2006 | 5476 | - | 56 | 1541 | 727 | 1723 | 1429 |
| 2007 | 5678 | - | 56 | 1720 | 711 | 1731 | 1460 |
| 2008 | 4383 | - | 50 | 1308 | 620 | 1333 | 1072 |
| 2009 | 3459 | - | 48 | 1115 | 520 | 956 | 820 |
| 2010 | 3048 | - | 31 | 911 | 501 | 836 | 769 |
| 2011 | 2976 | - | 42 | 863 | 503 | 815 | 753 |
| 2012 | 2754 | - | 33 | 738 | 406 | 812 | 765 |
| 2013 | 2599 | - | 14 | 455 | 207 | 402 | 362 |

# 3-13 历年水产品总产量

## Total Output of Aquatic Products over the Years

单位：吨 (ton)

| 年份<br>Year | 全市<br>Whole Municipality | 越城区<br>Yuecheng District | 柯桥区<br>Keqiao District | 上虞区<br>Shangyu District | 诸暨市<br>Zhuji City | 嵊州市<br>Shengzhou City | 新昌县<br>Xinchang County |
|---|---|---|---|---|---|---|---|
| 1949 | 3859 | | 2000 | 1575 | 284 | | |
| 1952 | 6338 | | 3320 | 2523 | 480 | 15 | |
| 1957 | 9784 | | 4290 | 3844 | 1350 | 265 | 35 |
| 1962 | 8783 | | 3705 | 4317 | 576 | 160 | 25 |
| 1965 | 9530 | | 3475 | 5085 | 650 | 225 | 95 |
| 1970 | 13244 | | 4675 | 7211 | 1188 | 150 | 20 |
| 1975 | 12804 | | 3640 | 7879 | 1000 | 210 | 75 |
| 1980 | 12082 | | 4745 | 5314 | 1425 | 512 | 86 |
| 1985 | 18706 | 2437 | 6119 | 6785 | 2000 | 990 | 375 |
| 1986 | 23777 | 3018 | 7635 | 9268 | 2250 | 1150 | 456 |
| 1987 | 26924 | 3209 | 8980 | 10077 | 2750 | 1350 | 558 |
| 1988 | 29746 | 3164 | 9555 | 11975 | 3050 | 1375 | 627 |
| 1989 | 31245 | 3224 | 10218 | 12368 | 3215 | 1510 | 710 |
| 1990 | 31980 | 3317 | 10742 | 12412 | 3215 | 1540 | 754 |
| 1991 | 33339 | 3232 | 11261 | 12960 | 3400 | 1665 | 821 |
| 1992 | 36069 | 3477 | 12052 | 13789 | 3951 | 1863 | 937 |
| 1993 | 39745 | 3698 | 13064 | 14661 | 4962 | 2305 | 1055 |
| 1994 | 43253 | 3981 | 14387 | 15859 | 5455 | 2318 | 1253 |
| 1995 | 45614 | 4019 | 15133 | 16315 | 6274 | 2515 | 1358 |
| 1996 | 48216 | 4093 | 16126 | 17120 | 6698 | 2617 | 1562 |
| 1997 | 51546 | 5090 | 16873 | 18200 | 7000 | 2715 | 1668 |
| 1998 | 54996 | 4810 | 18908 | 19317 | 7250 | 2885 | 1826 |
| 1999 | 63772 | 5396 | 20245 | 25507 | 7500 | 3117 | 2007 |
| 2000 | 74013 | 10196 | 18104 | 32137 | 8200 | 3320 | 2056 |
| 2001 | 91413 | 10532 | 24716 | 40120 | 10405 | 3510 | 2130 |
| 2002 | 99532 | 11835 | 25030 | 45767 | 11000 | 3690 | 2210 |
| 2003 | 102360 | 13301 | 25450 | 46557 | 11500 | 3242 | 2310 |
| 2004 | 91781 | 13545 | 23441 | 37053 | 11700 | 3730 | 2312 |
| 2005 | 99033 | 14088 | 24420 | 39754 | 14485 | 3956 | 2330 |
| 2006 | 86613 | 12497 | 21080 | 34709 | 12730 | 3536 | 2061 |
| 2007 | 86998 | 12415 | 20693 | 35536 | 12659 | 3559 | 2136 |
| 2008 | 90606 | 9511 | 23843 | 36252 | 14815 | 3585 | 2600 |
| 2009 | 89325 | 9479 | 24002 | 34479 | 15150 | 3640 | 2575 |
| 2010 | 93931 | 9654 | 24432 | 37825 | 15700 | 3713 | 2607 |
| 2011 | 93549 | 8410 | 25338 | 38557 | 14720 | 3824 | 2700 |
| 2012 | 96594 | 8910 | 26452 | 38804 | 15630 | 4015 | 2783 |
| 2013 | 99459 | 9561 | 26867 | 37745 | 18360 | 4216 | 2710 |

# 3-14 农作物播种面积（2013年）

单位：公顷

| 指　　标 | Item | 全　市<br>Whole Municipality |
|---|---|---|
| **农作物播种面积总计** | **Total Area of Crops** | **330709** |
| **一、粮食作物合计** | **Total Grain Crops** | **188756** |
| 1.谷　　物 | Cereal | 156741 |
| (1)稻　　谷 | Rice | 127485 |
| #籼　稻 | Indica Rice | – |
| 粳　稻 | Japonica Rice | – |
| ①早　　稻 | Early Rice | 30024 |
| ②晚稻及单季稻 | Late Rice and Single Cropping of Rice | 97461 |
| #单 季 稻 | Single Cropping of Rice | 67770 |
| 连作晚稻 | Late Rice | 29691 |
| (2)小　　麦 | Wheat | 13649 |
| (3)大　　麦 | Barley | 1620 |
| (4)玉　　米 | Corn | 11180 |
| (5)其他谷物 | Other Grain | 2807 |
| 2.豆　　类 | Beans | 17532 |
| (1)大　　豆 | Soybeans | 10102 |
| (2)蚕(豌)豆 | Broad Bean | 4104 |
| (3)杂　　豆 | Others Beans | 3326 |
| 3.蕃薯及马铃薯 | Tubers and tomatoes | 14483 |
| **二、油　料** | **Oilseed** | **25610** |
| 1.油 菜 籽 | Rapeseeds | 20797 |
| 2.花　　生 | Peanut | 4066 |
| 3.芝　　麻 | Sesame | 747 |

# Total Sown Area of Farm Crops (2013)

(hectare)

| 越城区<br>Yuecheng District | 柯桥区<br>Keqiao District | 上虞区<br>Shangyu District | 诸暨市<br>Zhuji City | 嵊州市<br>Shengzhou City | 新昌县<br>Xinchang County |
|---|---|---|---|---|---|
| **14411** | **53189** | **81893** | **94711** | **56348** | **30157** |
| **8881** | **30392** | **49593** | **56432** | **28669** | **14789** |
| 8018 | 27703 | 42263 | 47108 | 21890 | 9759 |
| 6848 | 23641 | 32659 | 38886 | 18380 | 7071 |
| – | – | – | – | – | – |
| – | – | – | – | – | – |
| 1292 | 6582 | 11871 | 8131 | 2080 | 68 |
| 5556 | 17059 | 20788 | 30755 | 16300 | 7003 |
| 4439 | 10955 | 8889 | 22783 | 13979 | 6725 |
| 1117 | 6104 | 11899 | 7972 | 2321 | 278 |
| 615 | 2438 | 5283 | 3594 | 881 | 838 |
| 16 | 298 | 606 | 380 | 240 | 80 |
| 354 | 1321 | 3020 | 2550 | 2186 | 1749 |
| 185 | 5 | 695 | 1698 | 203 | 21 |
| 502 | 859 | 5561 | 4908 | 3675 | 2027 |
| 206 | 663 | 3144 | 2697 | 2085 | 1307 |
| 152 | | 1399 | 1217 | 828 | 508 |
| 144 | 196 | 1018 | 994 | 762 | 212 |
| 361 | 1830 | 1769 | 4416 | 3104 | 3003 |
| **1076** | **3063** | **6474** | **5940** | **4195** | **4862** |
| 845 | 2910 | 5840 | 4978 | 2957 | 3267 |
| 24 | 100 | 543 | 787 | 1080 | 1532 |
| 207 | 53 | 91 | 175 | 158 | 63 |

# 3－14 续表

单位：公顷

| 指　　标 | Item | 全　市<br>Whole Municipality |
|---|---|---|
| **三、棉花(皮棉)** | **Cotton** | **1895** |
| **四、麻　类** | **Fiber Crops** | **21** |
| **五、甘　蔗** | **Sugar Crops** | **809** |
| **六、烟　叶** | **Tobacco** | **716** |
| **七、药材类** | **Medicinal Crops** | **2231** |
| **八、蔬　菜** | **Vegetables** | **65310** |
| **九、果用瓜** | **Fruits** | **10400** |
| 1.西　　瓜 | Watermelon | 8487 |
| 2.甜　　瓜 | Muskmelon | 604 |
| 3.草　　莓 | Strawberry | 548 |
| 4.其　　他 | Others | 761 |
| **十、花卉园艺** | **Flowers & Horticultures** | |
| 1.花卉苗木 | Flowers and Plants Nursery Stock | 16746 |
| (1)花　卉 | Flowers and Plants | 2484 |
| (2)苗　木 | Plants Nursery Stock | 13887 |
| (3)草　皮 | Sod | 375 |
| 2.盆栽类园艺　(万盆) | Potted Horticultures　(10 000 pots) | 416.95 |
| **十一、其他作物** | **Other Farm Crops** | **18215** |
| 1.绿　　肥 | Green Manure | 15793 |
| 2.席　　草 | Rush | － |
| 3.饲 料 草 | Forage Grass | 315 |
| 4.其　　他 | Others | 2107 |

## Continued

(hectare)

| 越城区<br>Yuecheng District | 柯桥区<br>Keqiao District | 上虞区<br>Shangyu District | 诸暨市<br>Zhuji City | 嵊州市<br>Shengzhou City | 新昌县<br>Xinchang County |
|---|---|---|---|---|---|
| **183** | **31** | **1401** | **13** | **141** | **126** |
| **–** | **–** | **–** | **–** | **21** | **–** |
| **29** | **99** | **162** | **279** | **222** | **18** |
| **–** | **–** | **–** | **8** | **259** | **449** |
| **–** | **58** | **63** | **408** | **1087** | **615** |
| **2350** | **11461** | **16862** | **16311** | **12709** | **5617** |
| **904** | **1384** | **3466** | **2496** | **1487** | **663** |
| 720 | 1183 | 2996 | 1827 | 1160 | 601 |
| 16 | 59 | 165 | 190 | 145 | 29 |
| 81 | 28 | 25 | 331 | 74 | 9 |
| 87 | 114 | 280 | 148 | 108 | 24 |
| | | | | | |
| 847 | 3859 | 1965 | 2407 | 5561 | 2107 |
| 62 | 792 | 617 | 314 | 449 | 250 |
| 495 | 3046 | 1337 | 2044 | 5110 | 1855 |
| 290 | 21 | 11 | 49 | 2 | 2 |
| 4.69 | 206.1 | 88.05 | 62.2 | 53 | 2.91 |
| **141** | **2842** | **1907** | **10417** | **1997** | **911** |
| 66 | 2453 | 1701 | 9630 | 1576 | 367 |
| – | – | – | – | – | – |
| 7 | 76 | 86 | 22 | 81 | 43 |
| 68 | 313 | 120 | 765 | 340 | 501 |

# 3-15 农作物总产量情况(2013年)

单位：吨

| 指　　标 | Item | 全　市 Whole Municipality |
|---|---|---|
| **一、粮食作物合计** | **Total Grain Crops** | **1206830** |
| 1.谷　　物 | Cereal | 1070379 |
| (1)稻　　谷 | Rice | 949198 |
| #籼　稻 | Indica Rice | – |
| 粳　稻 | Japonica Rice | – |
| ①早　　稻 | Early Rice | 203618 |
| ②晚稻及单季稻 | Late Rice and Single Cropping of Rice | 745580 |
| #单 季 稻 | Single Cropping of Rice | 538251 |
| 连作晚稻 | Late Rice | 207329 |
| (2)小　　麦 | Wheat | 52063 |
| (3)大　　麦 | Barley | 5527 |
| (4)玉　　米 | Corn | 51268 |
| (5)其他谷物 | Other grain | 12323 |
| 2.豆　　类 | Beans | 51346 |
| (1)大　　豆 | Soybeans | 31486 |
| (2)蚕(豌)豆 | Broad Bean | 10395 |
| (3)杂　　豆 | Others Beans | 9465 |
| 3.蕃薯及马铃薯 | Tubers and tomatoes | 85105 |
| **二、油　料** | **Oil-bearing Crops** | **55220** |
| 1.油 菜 籽 | Rapeseeds | 41993 |
| 2.花　　生 | Peanuts | 11685 |
| 3.芝　　麻 | Sesame | 1542 |
| **三、棉花(皮棉)** | **Cotton** | **2551** |
| **四、麻　类** | **Fiber Crops** | **38** |
| **五、甘　蔗** | **Sugar Crops** | **45641** |
| **六、烟　叶** | **Tobacco** | **1757** |
| **七、药材类** | **Medicinal Crops** | **8195** |
| **八、蔬　菜** | **Vegetables** | **2292207** |
| **九、食用菌** | **Edible Mushroom** | **5810** |
| **十、果用瓜** | **Fruits** | **348710** |
| 1.西　瓜 | Watermelon | 295879 |
| 2.甜　瓜 | Muskmelon | 17035 |
| 3.草　莓 | Strawberry | 15334 |
| 4.其　他 | Others | 20462 |

# Total Output of Farm Crops (2013)

(ton)

| 越城区 Yuecheng District | 柯桥区 Keqiao District | 上虞区 Shangyu District | 诸暨市 Zhuji City | 嵊州市 Shengzhou City | 新昌县 Xinchang County |
|---|---|---|---|---|---|
| **62655** | **210686** | **292968** | **387662** | **170597** | **82262** |
| 59258 | 196699 | 267203 | 341488 | 143112 | 62619 |
| 53380 | 178433 | 227458 | 306694 | 129854 | 53379 |
| – | – | – | – | – | – |
| – | – | – | – | – | – |
| 8851 | 45571 | 82230 | 53304 | 13231 | 431 |
| 44529 | 132862 | 145228 | 253390 | 116623 | 52948 |
| 36205 | 89209 | 65402 | 194603 | 101750 | 51082 |
| 8324 | 43653 | 79826 | 58787 | 14873 | 1866 |
| 2726 | 9524 | 21574 | 12767 | 2935 | 2537 |
| 62 | 920 | 2244 | 1236 | 810 | 255 |
| 2381 | 7800 | 13468 | 12569 | 8652 | 6398 |
| 709 | 22 | 2459 | 8222 | 861 | 50 |
| 1644 | 3099 | 16743 | 15402 | 10154 | 4304 |
| 733 | 2360 | 9551 | 9166 | 6774 | 2902 |
| 428 | – | 4102 | 3327 | 1558 | 980 |
| 483 | 739 | 3090 | 2909 | 1822 | 422 |
| 1753 | 10888 | 9022 | 30772 | 17331 | 15339 |
| **2563** | **6589** | **15070** | **12623** | **8162** | **10213** |
| 1927 | 6129 | 13224 | 9056 | 5150 | 6507 |
| 100 | 348 | 1659 | 3123 | 2847 | 3608 |
| 536 | 112 | 187 | 444 | 165 | 98 |
| **493** | **117** | **1578** | **19** | **141** | **203** |
| **1** | **–** | **–** | **–** | **36** | **1** |
| **1463** | **6313** | **8547** | **15460** | **13213** | **645** |
| **–** | **–** | **–** | **19** | **528** | **1210** |
| **1** | **313** | **637** | **1617** | **3776** | **1851** |
| **85953** | **441653** | **641028** | **541318** | **405670** | **176585** |
| **–** | **–** | **–** | **–** | **5700** | **110** |
| **25382** | **61827** | **112671** | **82383** | **48787** | **17660** |
| 19782 | 54306 | 100294 | 63678 | 41210 | 16609 |
| 382 | 2415 | 4621 | 5368 | 3781 | 468 |
| 2582 | 828 | 478 | 9711 | 1597 | 138 |
| 2636 | 4278 | 7278 | 3626 | 2199 | 445 |

# 3－16 林业生产情况（2013年）

| 指　　标 | Item | 全　市<br>Whole Municipality |
|---|---|---|
| **一、造林面积　（公顷）** | **Build Forestry Areas　(hectare)** | **3820** |
| #竹　林 | Bamboo Forest | － |
| 1.用材林 | Timber Forest | 56 |
| 2.经济林 | Economic Forest | 757 |
| 3.防护林 | Shelter Forest | 3007 |
| **二、迹地更新　（公顷）** | **Forest Updating　(hectare)** | **216** |
| **三、封山育林（新封）　（公顷）** | **Afforestation in Enclosed Mountain　(hectare)** | **667** |
| **四、四旁植树　（万株）** | **Planting Trees Piecemeal　(10 000 plants)** | **141** |
| **五、种籽采集　（吨）** | **Seed Collection　(ton)** | **40** |
| **六、育苗面积　（公顷）** | **Raise Seeding Areas　(hectare)** | **23126** |
| **七、中、幼林抚育面积　（公顷）** | **Area of Tending Seeding　(hectare)** | **20695** |
| **八、低产林改造　（公顷）** | **Area of Transform Low Yield Forest　(hectare)** | **833** |
| **九、林产品产量　（吨）** | **Output of Forest Products　(ton)** | |
| #竹笋干 | Dried Bamboo Shoots | 24182 |
| 板　栗 | Chestnut | 28270 |
| 香　榧 | Chinese Torreya | 2305 |
| **十、木材采伐量　（立方米）** | **Timber Cut　(cu.m)** | **31369** |
| **十一、毛竹篙竹采伐量　（万根）** | **Bamboo Cut　(10 000 pieces)** | **2627.4** |

# Basic Indicators on Forestry (2013)

| 越城区<br>Yuecheng District | 柯桥区<br>Keqiao District | 上虞区<br>Shangyu District | 诸暨市<br>Zhuji City | 嵊州市<br>Shengzhou City | 新昌县<br>Xinchang County |
|---|---|---|---|---|---|
| **213** | **743** | **168** | **1070** | **934** | **692** |
| – | – | – | – | – | – |
| – | – | – | – | 56 | – |
| – | – | – | 407 | 28 | 322 |
| 213 | 743 | 168 | 663 | 850 | 370 |
| **13** | **–** | **23** | **80** | **30** | **70** |
| **–** | **–** | **–** | **–** | **667** | **–** |
| **10** | **–** | **20** | **80** | **31** | **–** |
| **–** | **–** | **–** | **40** | **–** | **–** |
| **586** | **5085** | **1969** | **4162** | **8824** | **2500** |
| **1033** | **9242** | **1333** | **2667** | **2400** | **4020** |
| **–** | **400** | **–** | **200** | **–** | **233** |
| 55 | 5917 | 4230 | 5875 | 6585 | 1520 |
| – | 211 | 4000 | 2009 | 550 | 21500 |
| **–** | **225** | **–** | **1350** | **700** | **30** |
| **–** | **2668** | **5397** | **12450** | **1939** | **8915** |

# 3－17 桑、茧、茶叶、水果生产情况（2013 年）

| 指　　标 | Item | 全　市<br>Whole Municipality |
|---|---|---|
| **一、桑园总面积　(公顷)** | **Total Area of Mulberry Field　(hectare)** | **4181** |
| 本年新增面积 | Newly Increased Area This Year | – |
| 本年采摘面积 | Picked Area This Year | 3954 |
| **二、饲养蚕种张数　(张)** | **Number of Silkworm Cocoon (piece)** | **55610** |
| 1.春　蚕 | Number of Spring's Silkworm Cocoon | 30056 |
| 2.夏　蚕 | Number of Summer's Silkworm Cocoon | 2045 |
| 3.秋　蚕 | Number of Autumn's Silkworm Cocoon | 23509 |
| **三、蚕茧总产量　(吨)** | **Output of Silkworm Cocoon(ton)** | **2599** |
| 1.春　蚕 | Number of Spring's Silkworm Cocoon | 1440 |
| 2.夏　蚕 | Number of Summer's Silkworm Cocoon | 101 |
| 3.秋　蚕 | Number of Autumn's Silkworm Cocoon | 1058 |
| **四、茶园面积　(公顷)** | **Area of Tea(hectare)** | **32732** |
| 本年新增面积 | New-added Area in This Year | 157 |
| 本年采摘面积 | Picked Area in This Year | 31096 |
| **五、茶叶总产量　(吨)** | **Output of Tea (ton)** | **49710** |
| 1.春 茶 | Spring Tea | 28294 |
| 2.夏 茶 | Summer Tea | 9543 |
| 3.秋 茶 | Autumn Tea | 11873 |
| **六、果园面积　(公顷)** | **Area of Orchards　(hectare)** | **19492** |
| **七、水果总产量　(吨)** | **Output of Fruit (ton)** | **641171** |

## Basic Indicators on Mulberry, Silk-worm Cocoons, Tea and Fruits (2013)

| 越城区<br>Yuecheng District | 柯桥区<br>Keqiao District | 上虞区<br>Shangyu District | 诸暨市<br>Zhuji City | 嵊州市<br>Shengzhou City | 新昌县<br>Xinchang County |
|---|---|---|---|---|---|
| **–** | **174** | **812** | **573** | **1709** | **913** |
| – | – | – | – | – | – |
| – | 174 | 806 | 479 | 1622 | 873 |
| **–** | **739** | **16088** | **6562** | **17383** | **14838** |
| – | 323 | 9888 | 3608 | 8817 | 7420 |
| – | 35 | 425 | 482 | 532 | 571 |
| – | 381 | 5775 | 2472 | 8034 | 6847 |
| **–** | **31** | **729** | **368** | **773** | **698** |
| – | 14 | 455 | 207 | 402 | 362 |
| – | 2 | 20 | 29 | 22 | 28 |
| – | 15 | 254 | 132 | 349 | 308 |
| **251** | **5279** | **2006** | **6759** | **12070** | **6367** |
| – | 7 | – | 69 | 59 | 22 |
| 213 | 5072 | 1566 | 6447 | 11785 | 6013 |
| **440** | **8766** | **2817** | **12175** | **19867** | **5645** |
| 192 | 5626 | 1811 | 7830 | 9769 | 3066 |
| 150 | 2059 | 501 | 1750 | 3847 | 1236 |
| 98 | 1081 | 505 | 2595 | 6251 | 1343 |
| **194** | **1946** | **5797** | **4228** | **5507** | **1820** |
| **28035** | **69503** | **248922** | **143654** | **115315** | **35742** |

# 3－18 畜牧业生产情况（2013年）

| 指　　标 | Item | 全市 Whole Municipality |
|---|---|---|
| **一、生　　猪　(万头)** | **Hogs　(10 000 heads)** | |
| 1.年末存栏头数(含未断奶小猪) | Being Raised at Year-end | 123.74 |
| (1)能繁殖的母猪 | Reproducible Hogs | 13.73 |
| (2)其他生猪 | Others | 110.01 |
| 2.年内肥猪出栏头数 | Slaughtered Fattened Hogs | 196.75 |
| 3.全年饲养量 | Number of Hogs Raised | 320.49 |
| **二、牛　(头)** | Cattle and Buffaloes　(head) | |
| 1.年末存栏头数 | Being Raised at Year-end | 10959 |
| #良种及改良种乳 | Milch Cows of Fine Breed and Improved Varieties | 1075 |
| 2.年内牛出栏头数 | Slaughtered Cattle and Buffaloes of the Year | 9179 |
| **三、羊　(万只)** | **Sheep and Goats　(10 000 heads)** | |
| 1.年末存栏只数 | Being Raised at Year-end | 12.48 |
| 2.年内羊出栏只数 | Slaughtered Sheep and Goat of the Year | 15.48 |
| **四、家　　禽　(万只)** | **Poultry　(10 000 heads)** | |
| 1.年末存栏只数 | Being Raised at Year-end | 1000.93 |
| #肉　禽 | Table Poultry | 637.69 |
| 蛋　禽 | Egg Poultry | 363.24 |
| 2.年内出栏只数 | Slaughtered Poultry of the Year | 2086.02 |
| (1)鸡 | Chicken | 801.78 |
| (2)鸭 | Duck | 1207.81 |
| (3)鹅 | Goose | 76.43 |

## Basic Indicators on Animal Husbandry (2013)

| 越城区 Yuecheng District | 柯桥区 Keqiao District | 上虞区 Shangyu District | 诸暨市 Zhuji City | 嵊州市 Shengzhou City | 新昌县 Xinchang County |
|---|---|---|---|---|---|
| | | | | | |
| 6.28 | 25.37 | 33.34 | 31.43 | 21.85 | 5.47 |
| 0.54 | 2.15 | 3.53 | 2.68 | 4.15 | 0.68 |
| 5.74 | 23.22 | 29.81 | 28.75 | 17.7 | 4.79 |
| 9.16 | 43.51 | 41.72 | 53.23 | 41.17 | 7.96 |
| 15.44 | 68.88 | 75.06 | 84.66 | 63.02 | 13.43 |
| | | | | | |
| 72 | 611 | 1053 | 2709 | 4924 | 1590 |
| 5 | 385 | 162 | – | 523 | – |
| 43 | 161 | 988 | 4428 | 2759 | 800 |
| | | | | | |
| 0.1 | 2.34 | 3.2 | 1.99 | 4 | 0.85 |
| 0.11 | 2.53 | 5.47 | 1.97 | 4.61 | 0.79 |
| | | | | | |
| 90.95 | 189.12 | 179.4 | 420.71 | 88.72 | 32.03 |
| 49.92 | 105.35 | 142.35 | 268.01 | 59.88 | 12.18 |
| 41.03 | 83.77 | 37.05 | 152.7 | 28.84 | 19.85 |
| 291.35 | 378.14 | 440.65 | 778.8 | 161.71 | 35.37 |
| 187.56 | 150.76 | 113.62 | 187.97 | 135.15 | 26.72 |
| 76.07 | 210.96 | 308.21 | 580.48 | 23.99 | 8.1 |
| 27.72 | 16.42 | 18.82 | 10.35 | 2.57 | 0.55 |

# 3－18 续表

| 指　　标 | | Item | | 全　市<br>Whole Municipality |
|---|---|---|---|---|
| **五、兔** | **(万只)** | **Rabbits** | **(10 000 heads)** | |
| 1.年末存栏只数 | | Being Raised at Year-end | | 49.97 |
| (1)肉 用 兔 | | Table Rabbits | | 17.67 |
| (2)长 毛 兔 | | Long Wool Rabbits | | 32.3 |
| 2.年内出栏只数 | | Slaughtered Rabbits | | 50.94 |
| **六、养蜂年末箱数** | **(箱)** | **Number of Beehives** | **(box)** | **68701** |
| **七、畜禽产品产量** | **(吨)** | **Output of Livestock Production** | **(ton)** | |
| 1.肉类产量 | | Output of Meat | | 178146 |
| (1)猪　肉 | | Pork | | 141508 |
| (2)牛　肉 | | Beef | | 1263 |
| (3)羊　肉 | | Mutton | | 2070 |
| (4)兔　肉 | | Rabbits Meat | | 1417 |
| (5)禽　肉 | | Fresh poultry | | 31629 |
| (6)其　它 | | Others | | 259 |
| 2.禽蛋产量 | | Output of poultry eggs | | 50314 |
| 3.蜂蜜产量 | | Output of Honey | | 6305 |
| 4.蜂皇浆产量 | (千克) | Output of Royal Jelly | (kg) | 155327 |
| 5.牛奶产量 | | Output of milk | | 6273 |
| 6.兔毛产量 | | Output of Rabbit Wool | | 606 |

Continued

| 越城区 Yuecheng District | 柯桥区 Keqiao District | 上虞区 Shangyu District | 诸暨市 Zhuji City | 嵊州市 Shengzhou City | 新昌县 Xinchang County |
|---|---|---|---|---|---|
| | | | | | |
| 0.16 | 2.75 | 3.37 | 1.07 | 20.76 | 21.86 |
| 0.15 | 2.11 | 2.74 | 1.04 | 1.92 | 9.71 |
| 0.01 | 0.64 | 0.63 | 0.03 | 18.84 | 12.15 |
| 0.36 | 4.52 | 4.8 | 1.48 | 19.15 | 20.63 |
| **980** | **5064** | **7752** | **19477** | **21045** | **14383** |
| 10844 | 38566 | 37849 | 53545 | 30353 | 6989 |
| 6707 | 32201 | 30126 | 40441 | 26381 | 5652 |
| 11 | 20 | 138 | 635 | 359 | 100 |
| 8 | 400 | 681 | 250 | 612 | 119 |
| 7 | 96 | 94 | 32 | 734 | 454 |
| 4111 | 5836 | 6693 | 12178 | 2239 | 572 |
| | 13 | 117 | 9 | 28 | 92 |
| 6085 | 13192 | 4918 | 18886 | 4984 | 2249 |
| 8 | 360 | 746 | 1660 | 2779 | 752 |
| 1511 | 6494 | 13888 | 45730 | 64170 | 23534 |
| 16 | 1717 | 540 | – | 4000 | – |
| – | 1 | 11 | – | 434 | 160 |

# 3－19 水产养殖面积（2013年）

单位：公顷

| 指　　标 | Item | 全　市<br>Whole Municipality |
|---|---|---|
| **水产品养殖面积** | **Water Aquiculture Area** | **21225** |
| **（一）海水养殖面积** | **Seawater Aquiculture Area** | **－** |
| 1.鱼　类 | Fish | － |
| 2.甲壳类 | Crustacean | － |
| **（二）淡水养殖面积** | **Freshwater Aquiculture Area** | **21225** |
| 1.池　塘 | Ponds | 10978 |
| 2.湖　泊 | Lake | 1508 |
| 3.河　沟 | River | 4398 |
| 4.水　库 | Reservoirs | 3496 |
| 5.其　它 | Others | 845 |
| **内陆集约化养殖方式（平方米）：** | **Inland Intensive Aquatic Breeding** | |
| 1.网箱养殖 | Mesh Cage Breeding | 200977 |
| 2.围栏养殖 | Fence Breeding | 1718750 |
| 3.工厂化养殖 | Factory Aquiculture | 113040 |
| **附：稻田养殖** | **Breeding in Farmland** | **7851** |

注：稻田养殖产量统计在养殖产量内，面积不统计在养殖面积中。

# Water Aquiculture Area (2013)

( hectare )

| 越城区 Yuecheng District | 柯桥区 Keqiao District | 上虞区 Shangyu District | 诸暨市 Zhuji City | 嵊州市 Shengzhou City | 新昌县 Xinchang County |
|---|---|---|---|---|---|
| **2339** | **4422** | **7142** | **4450** | **1692** | **1180** |
| **–** | **–** | **–** | **–** | **–** | **–** |
| – | – | – | – | – | – |
| – | – | – | – | – | – |
| **2339** | **4422** | **7142** | **4450** | **1692** | **1180** |
| 159 | 1736 | 5718 | 2203 | 962 | 200 |
| 827 | – | 318 | 353 | 10 | – |
| 1335 | 2308 | 713 | – | 42 | – |
| 11 | 368 | 393 | 1075 | 669 | 980 |
| 7 | 10 | – | 819 | 9 | – |
| | | | | | |
| 75530 | 115197 | 4000 | – | – | 6250 |
| 1552000 | – | 166750 | – | – | – |
| 10000 | – | – | 76000 | – | 27040 |
| **188** | **607** | **1953** | **4840** | **230** | **33** |

Note:Output of breeding in farmland includes in output of aquatic products, but its area doesn't includes in aquiculture area.

# 3-20 水产品产量(2013年)

单位：吨

| 指标 | Item | 全市 Whole Municipality |
| --- | --- | --- |
| **水产品总产量** | **Total Aquatic Products** | **99459** |
| **(一)海水产品产量** | **Seawater Aquatic Products** | **2083** |
| 1.海洋捕捞 | Seawater Catching | 1353 |
| 2.海水养殖 | Seawater Aquiculture | – |
| 3.远洋渔业 | Distant Fishery | 730 |
| **(二)内陆水产品产量** | **Inland-Water Aquatic Products** | **97376** |
| 1.淡水捕捞 | Freshwater Catching | 10697 |
| 2.淡水养殖 | Freshwater Aquiculture | 86679 |
| #青　鱼 | Mackerel | 786 |
| 草　鱼 | Glass Carp | 5226 |
| 鲢　鱼 | Silver Carp | 17189 |
| 鳙　鱼 | Aristrichthys Nobilis | 11201 |
| 鲫　鱼 | Crucian Carp | 9480 |
| 鳊　鲂 | Bream | 3618 |
| 鲤　鱼 | Cyprinus carpio | 2267 |
| 鲈　鱼 | Perch Fish | 143 |
| 虾 | Shrimp | 28484 |
| 蟹 | River Crab | 738 |
| 鳖 | Soft-shelled Turtle | 4063 |
| 珍　珠 | Pearl | 330 |
| **内陆水产品产量中：** | **Inland-Water Aquatic Products** | |
| ①鱼　类 | Fish | 52641 |
| ②甲壳类 | Crustacean | 29222 |
| ③贝　类 | Shell-fish | 195 |
| ④其它类 | Others | 4621 |

# Output of Aquatic Products (2013)

(ton)

| 越城区 Yuecheng District | 柯桥区 Keqiao District | 上虞区 Shangyu District | 诸暨市 Zhuji City | 嵊州市 Shengzhou City | 新昌县 Xinchang County |
|---|---|---|---|---|---|
| **9561** | **26867** | **37745** | **18360** | **4216** | **2710** |
| **730** | **–** | **1353** | **–** | **–** | **–** |
| – | – | 1353 | – | – | – |
| – | – | – | – | – | – |
| 730 | – | – | – | – | – |
| **8831** | **26867** | **36392** | **18360** | **4216** | **2710** |
| 2621 | 3090 | 3728 | 250 | 601 | 407 |
| 6210 | 23777 | 32664 | 18110 | 3615 | 2303 |
| 168 | 396 | 97 | 20 | 35 | 70 |
| 398 | 1819 | 1526 | 970 | 263 | 250 |
| 2096 | 4670 | 3124 | 6100 | 819 | 380 |
| 1417 | 3278 | 2235 | 3140 | 526 | 605 |
| 515 | 1930 | 3827 | 2350 | 498 | 360 |
| 399 | 1270 | 494 | 1100 | 225 | 130 |
| 253 | 300 | 274 | 900 | 410 | 130 |
| 37 | 50 | 51 |  | 5 |  |
| 347 | 7425 | 19462 | 1000 | 230 | 20 |
| 55 | 631 | 52 |  |  |  |
| 389 | 1095 | 523 | 1600 | 420 | 36 |
| 15 | 23 | 12 | 280 | – | – |
|  |  |  |  |  |  |
| 5394 | 14310 | 12615 | 15130 | 2945 | 2247 |
| 402 | 8056 | 19514 | 1000 | 230 | 20 |
| – | 195 | – | – | – | – |
| 414 | 1216 | 535 | 1980 | 440 | 36 |

# 3－21 农业机械年末拥有量（2013年末）

| 指标 | | Item | | 全市 Whole Municipality |
|---|---|---|---|---|
| **农业机械总动力** | **（千瓦）** | **Total Power of Agricultural Machinery** | **(kw)** | **2347374** |
| #柴油机 | | Diesel Oil Machinery | | 1358596 |
| 汽油机 | | Gasoline Machinery | | 183681 |
| 电动机 | | Electrical Machinery | | 804638 |
| **一、耕作机械动力** | **（千瓦）** | **Cultivation Machinery** | **(kw)** | **211227** |
| 1.大中型拖拉机 | （台） | Large and Medium Tractors | (unit) | 1319 |
| 2.小型拖拉机 | （台） | Mini-tractors | (unit) | 15384 |
| 3.机耕(滚)船 | （艘） | Boat Tractor | (unit) | 511 |
| 4.机动插秧机 | （台） | Motorized Rice Transplantors | (unit) | 1571 |
| **二、收获机械动力** | **（千瓦）** | **Harvest Machinery** | **(kw)** | **151004** |
| 1.联合收割机 | （台） | Combine Harvesters | (unit) | 2771 |
| 2.机动割晒机 | （台） | Motorized Swathers | (unit) | 338 |
| 3.机动打稻机 | （台） | Motorized Harvesters | (unit) | 83596 |
| 4.谷物烘干机 | （台） | Cereal Dryer | (unit) | 689 |
| **三、植保机械动力** | **（千瓦）** | **Plant Protection Machinery** | **(kw)** | **34262** |
| 机动喷雾粉器 | （架） | Motorized Sprayer | (unit) | 17469 |
| **四、排灌机械动力** | **（千瓦）** | **Drainage and Irrigation Machinery** | **(kw)** | **253037** |
| 1.农用水泵 | （台） | Water Pump for Agricultural Use | (unit) | 70830 |
| 2.喷灌机械 | （套） | Sprinkling Machinery | (unit) | 1043 |
| **五、农产品加工机械动力** | **（千瓦）** | **Processing Machinery of Agricultural Products** | **(kw)** | **185754** |
| 1.粮食加工机械 | （台） | Grain Processing Machinery | (unit) | 10774 |
| 2.棉花加工机械 | （台） | Cotton Processing Machinery | (unit) | 593 |
| 3.油料加工机械 | （台） | Oil Processing Machinery | (unit) | 1094 |
| **六、运输机械动力** | **（千瓦）** | **Transport Machinery** | **(kw)** | **475001** |
| 1.农用运输车 | （辆） | Vehicles for Agricultural Use | (unit) | 7200 |
| 2.运输拖拉机 | （辆） | Trucks for Transport | (unit) | 14234 |
| **七、其他机械动力** | **（千瓦）** | **Other Machinery** | **(kw)** | **319686** |
| **八、渔业机械动力** | **（千瓦）** | **Fishery Machinery** | **(kw)** | **62143** |

## Possession of Agricultural Machinery (End of 2013)

| 越城区 Yuecheng District | 柯桥区 Keqiao District | 上虞区 Shangyu District | 诸暨市 Zhuji City | 嵊州市 Shengzhou City | 新昌县 Xinchang County |
|---|---|---|---|---|---|
| **104529** | **354109** | **495641** | **806948** | **398061** | **188085** |
| 51643 | 202467 | 304264 | 540130 | 182274 | 77816 |
| 11903 | 30951 | 21650 | 77907 | 23870 | 17398 |
| 40861 | 120440 | 169726 | 188910 | 191916 | 92783 |
| **15969** | **39133** | **54203** | **61304** | **29093** | **11523** |
| 85 | 486 | 694 | 233 | 190 | 3 |
| 1493 | 2598 | 2222 | 5225 | 2507 | 979 |
| 26 | 4 | 74 | 308 | 91 | 8 |
| 76 | 193 | 502 | 585 | 208 | 7 |
| **10997** | **36024** | **33416** | **48656** | **21386** | **524** |
| 219 | 565 | 839 | 632 | 512 | 4 |
| 300 | 3 | – | 14 | 21 | – |
| 7145 | 17700 | 17636 | 20045 | 19782 | 1288 |
| 55 | 90 | 178 | 267 | 96 | 3 |
| **2877** | **1100** | **16051** | **6469** | **5854** | **1910** |
| 717 | 333 | 9419 | 1608 | 4570 | 822 |
| **15577** | **33648** | **62122** | **88801** | **37837** | **15051** |
| 2243 | 5358 | 16739 | 33011 | 9771 | 3708 |
| 122 | 187 | 13 | 183 | 159 | 379 |
| **4280** | **54049** | **32234** | **39689** | **32829** | **22672** |
| 139 | 1559 | 1538 | 2687 | 2406 | 2445 |
| 5 | 34 | 245 | 45 | 80 | 184 |
| 16 | 119 | 509 | 134 | 137 | 179 |
| **23253** | **95908** | **45142** | **188919** | **72064** | **49715** |
| 339 | 1773 | 11 | 3220 | 1325 | 532 |
| 383 | 1977 | 2856 | 3972 | 3191 | 1588 |
| **3515** | **40701** | **88112** | **168188** | **11234** | **7936** |
| **5449** | **10008** | **43800** | **2459** | **390** | **36** |

# 3－22 农业能源和农业物资消耗情况（2013 年）

| 指　　标 | Item | 全　市<br>Whole Municipality |
|---|---|---|
| **一、农村用电量　（万千瓦时）** | **Electricity Consumed　(10 000 kwh)** | **2037443** |
| **二、农用化肥施用量　（吨）** | **Agricultural Consumption of Chemical Fertilizers　(ton)** | |
| 1.按实物量计算合计 | Calculated by Kind | 355370 |
| 氮　肥 | Nitrogenous Fertilizer | 240803 |
| 磷　肥 | Phosphate Fertilizer | 46648 |
| 钾　肥 | Potash Fertilizer | 25430 |
| 复合肥 | Compound Fertilizer | 42489 |
| 2.按折纯法计算合计 | 100% Effective Component | 104836 |
| 氮　肥 | Nitrogenous Fertilizer | 71796 |
| 磷　肥 | Phosphate Fertilizer | 8570 |
| 钾　肥 | Potash Fertilizer | 7259 |
| 复合肥 | Compound Fertilizer | 17211 |
| **三、农用塑料薄膜使用量　（吨）** | **Agriculture Plastic Film Use　(ton)** | **4392** |
| # 地膜使用量 | Ground Sheeting Use | 2428 |
| 地膜覆盖面积　(公顷) | Area of Ground Sheeting covered　(hectare) | 59047 |
| **四、农用柴油　（吨）** | **Agriculture Diesel Oil　(ton)** | **15398** |
| **五、农药使用量　（吨）** | **Pesticide use　(ton)** | **6044** |

## Consumption of Agricultural Energy and Material (2013)

| 越城区 Yuecheng District | 柯桥区 Keqiao District | 上虞区 Shangyu District | 诸暨市 Zhuji City | 嵊州市 Shengzhou City | 新昌县 Xinchang County |
|---|---|---|---|---|---|
| **175932** | **1037076** | **171515** | **533070** | **75200** | **44650** |
| 16498 | 25524 | 127506 | 105922 | 40700 | 39220 |
| 8660 | 14501 | 94790 | 69532 | 25000 | 28320 |
| 2208 | 2385 | 17705 | 12290 | 8200 | 3860 |
| 992 | 4159 | 9130 | 7279 | 2500 | 1370 |
| 4638 | 4479 | 5881 | 16821 | 5000 | 5670 |
| 4529 | 7788 | 33690 | 35933 | 11443 | 11453 |
| 2116 | 3501 | 25878 | 25021 | 7350 | 7930 |
| 570 | 431 | 3186 | 2212 | 1476 | 695 |
| 356 | 2080 | 2039 | 1824 | 617 | 343 |
| 1487 | 1776 | 2587 | 6876 | 2000 | 2485 |
| **716** | **902** | **763** | **1161** | **530** | **320** |
| 138 | 726 | 124 | 864 | 350 | 226 |
| 2785 | 5283 | 1453 | 11091 | 35000 | 3435 |
| **1491** | **5796** | **1739** | **3479** | **2800** | **93** |
| **384** | **661** | **2001** | **1903** | **600** | **495** |

# 3-23 农田水利情况(2013年)

| 指　　标 | Item | 全　市<br>Whole Municipality |
|---|---|---|
| 已建成水库　(座) | Number of Reservoirs　(set) | 555 |
| 总库容　(万立方米) | Capacity of Reservoirs　(10 000 cu.m) | 106009 |
| 有效实灌面积　(千公顷) | Effective Irrigated Area　(1000 hectares) | 152.55 |
| 除涝面积　(万亩) | Flooded or Water Logged Area under Control　(10 000 mu) | 2.18 |
| 治理水土流失面积　(千公顷) | Area of Soil Erosion under Control　(1000 hectares) | 62.0 |
| 堤防长度　(公里) | Total Length of Dykes　(km) | 1181.93 |
| 农田基建完成土石方　(万立方米) | Cubic Meter of Earth and stone completed　(10 000 cu.m) | 5189.36 |
| 实用人工　(万工日) | Real Labor Days　(10 000 days) | 7.82 |
| 水利资金总投入　(亿元) | Expend capital　(100 million yuan) | 39.80 |
| 水电站　(千千瓦) | Hydropower Station　(1000 kw) | 329 |
| 水利工程年供水量　(万立方米) | Annually Water Supply of water Conservancy　(10 000 cu.m) | 180180 |

## Water Conservancy Facilities of Farmland (2013)

| 越城区 Yuecheng District | 柯桥区 Keqiao District | 上虞区 Shangyu District | 诸暨市 Zhuji City | 嵊州市 Shengzhou City | 新昌县 Xinchang County |
|---|---|---|---|---|---|
| 8 | 58 | 54 | 167 | 141 | 127 |
| 171 | 7041 | 3362 | 40604 | 25657 | 29174 |
| 6.49 | 17.09 | 42.70 | 43.16 | 30.61 | 12.50 |
| – | 0.15 | – | 2.03 | – | – |
| – | 14.1 | 7.6 | 15.5 | 16.0 | 8.8 |
| 17.15 | 36.09 | 407.38 | 307.00 | 327.52 | 86.79 |
| 560.40 | 437.56 | 932.72 | 1991.50 | 702.18 | 565.00 |
| 0.44 | 1.10 | 1.07 | 1.75 | 2.10 | 1.36 |
| 6.21 | 3.95 | 5.07 | 10.80 | 5.14 | 8.63 |
| – | 20 | 16 | 50 | 123 | 120 |
| 213 | 38897 | 73403 | 36300 | 20528 | 10839 |

# 3-24 全市各镇(乡)基本情况(2013年)

# Basic Statistics on Each Townships and Towns (2013)

| 镇(乡)名称 | Town (Township) | 村民委员会个数(个) Number of Villages' Committees (unit) | 全镇(乡)总人口(人) Population (person) | #户籍人口 Household Register Population | 年末从业人员数(人) Rural Laborers (person) | 年末耕地面积(亩) Cultivated Area ear-end (hectare) | 农作物播种面积(公顷) Total Sown Area of Farm Crops (hectare) |
|---|---|---|---|---|---|---|---|
| **越城区** | **Yuecheng District** | | | | | | |
| 东湖镇 | Donghu | 18 | 59523 | 43650 | 29843 | 1200 | 1955.8 |
| 灵芝镇 | Lingzhi | 35 | 67049 | 53287 | 28450 | 817 | 1613 |
| 东浦镇 | Dongpu | 32 | 56072 | 43383 | 24212 | 1131 | 1485 |
| 鉴湖镇 | Jianhu | 11 | 28927 | 25135 | 17246 | 952.7 | 1337.86 |
| 皋埠镇 | Gaobu | 36 | 54834 | 52951 | 31669 | 1858 | 3127 |
| 马山镇 | Mashan | 36 | 57445 | 52722 | 31836 | 1017 | 1883 |
| 斗门镇 | Doumen | 14 | 75379 | 44093 | 31377 | 421 | 2424.2 |
| 孙端镇 | Sunduan | 16 | 39229 | 39229 | 23290 | 1352 | 3500 |
| 富盛镇 | Fusheng | 14 | 24503 | 23511 | 14717 | 1164 | 3538 |
| 陶堰镇 | Taoyan | 11 | 24035 | 23697 | 12480 | 1124 | 3142 |
| **柯桥区** | **Keqiao District** | | | | | | |
| 齐贤镇 | Qixian | 11 | 40582 | 35941 | 35941 | 660 | 1802 |
| 钱清镇 | Qianqing | 21 | 149296 | 60501 | 76537 | 1270 | 4015 |
| 福全镇 | Fuquan | 22 | 66608 | 40761 | 40247 | 1360 | 2545 |
| 马鞍镇 | Ma'an | 12 | 154104 | 38838 | 128587 | 1449 | 3889 |
| 平水镇 | Pingshui | 28 | 49104 | 53045 | 32718 | 2435 | 5758 |
| 安昌镇 | Anchang | 11 | 64804 | 36898 | 40702 | 750 | 2650 |
| 王坛镇 | Wangtan | 24 | 27645 | 33478 | 18340 | 1879 | 3590 |
| 兰亭镇 | Lanting | 20 | 41951 | 31859 | 31115 | 1333 | 3569 |
| 稽东镇 | Jidong | 25 | 30770 | 32072 | 18864 | 1030 | 2728 |
| 杨汛桥镇 | Yangxunqiao | 12 | 51018 | 34214 | 28868 | 520 | 1005 |
| 漓渚镇 | Lizhu | 12 | 29067 | 22071 | 19834 | 578 | 1099 |
| 夏履镇 | Xialv | 11 | 22596 | 18795 | 13599 | 290 | 1043 |
| **上虞区** | **Shangyu District** | | | | | | |
| 道墟镇 | Daoxu | 21 | 54397 | 45440 | 37016 | 1629 | 4879 |
| 长塘镇 | Changtang | 8 | 13308 | 13627 | 9835 | 751 | 1972 |
| 上浦镇 | Shangpu | 13 | 26185 | 23987 | 15131 | 2160 | 2979 |
| 汤浦镇 | Tangpu | 8 | 15978 | 15314 | 9427 | 547 | 682 |
| 章镇镇 | Zhangzhen | 35 | 42062 | 42161 | 23420 | 3851 | 9241 |
| 下管镇 | Xiaguan | 10 | 12198 | 12200 | 8120 | 598 | 2044 |
| 丰惠镇 | Fenghui | 26 | 50661 | 50648 | 36911 | 2950 | 8901 |
| 永和镇 | Yonghe | 8 | 16040 | 16040 | 9448 | 1092 | 2720 |

# 3－24 续表 1 Continued

| 镇(乡)名称 | Town (Township) | 耕地流转面积(公顷) Cultivated Land Area (hectare) | 种养大户数(户) The Number of Large Farms (Households) | 财政总收入(万元) General Financial Revenue (10 000yuan) | 财政总支出(万元) General Financial Expenditure (10 000yuan) | 年末债务总额(万元) Total Year-end Debt (10 000yuan) | 合作社个数(个) The Number of Cooperatives (unit) |
|---|---|---|---|---|---|---|---|
| **越城区** | **Yuecheng District** | | | | | | |
| 东湖镇 | Donghu | 65 | 68 | 3163 | 3163 | － | 13 |
| 灵芝镇 | Lingzhi | 439 | 64 | 23922 | 23922 | 1516 | 4 |
| 东浦镇 | Dongpu | 780 | 53 | 22616 | 22616 | － | 10 |
| 鉴湖镇 | Jianhu | － | 45 | 9223 | 9223 | 5691 | 8 |
| 皋埠镇 | Gaobu | 498 | 172 | 11000 | 11000 | － | 25 |
| 马山镇 | Mashan | 472 | 124 | 34978 | 4780 | 553 | 45 |
| 斗门镇 | Doumen | 306 | 38 | 18917 | 4352 | 902 | 9 |
| 孙端镇 | Sunduan | 1024 | 164 | 3018 | 4082 | － | 26 |
| 富盛镇 | Fusheng | 847 | 110 | 7945 | 8140 | 5869 | 50 |
| 陶堰镇 | Taoyan | 796 | 61 | 15885 | 10948 | － | 22 |
| **柯桥区** | **Keqiao District** | | | | | | |
| 齐贤镇 | Qixian | 241 | 53 | 40601 | 22997 | 60 | 6 |
| 钱清镇 | Qianqing | 663 | 25 | 134054 | 133122 | 4215 | 5 |
| 福全镇 | Fuquan | 775 | 153 | 18803 | 12359 | 100 | 24 |
| 马鞍镇 | Ma'an | 149 | 50 | 167120 | 61252 | 642 | 33 |
| 平水镇 | Pingshui | 1039 | 59 | 25229 | 13098 | － | 43 |
| 安昌镇 | Anchang | 378 | 134 | 23350 | 6662 | 9668 | 11 |
| 王坛镇 | Wangtan | 612 | 78 | 7616 | 6785 | 30 | 16 |
| 兰亭镇 | Lanting | 844 | 19 | 18956 | 16779 | － | 20 |
| 稽东镇 | Jidong | 310 | 18 | 6178 | 6242 | 154 | 37 |
| 杨汛桥镇 | Yangxunqiao | 399 | 12 | 60168 | 20137 | 36730 | 14 |
| 漓渚镇 | Lizhu | 142 | 6 | 22961 | 6816 | 1000 | 6 |
| 夏履镇 | Xialv | 200 | 8 | 33239 | 34205 | 763 | 6 |
| **上虞区** | **Shangyu District** | | | | | | |
| 道墟镇 | Daoxu | 821 | 140 | 69819 | 71915 | 2564 | 9 |
| 长塘镇 | Changtang | 345 | 41 | 2132 | 1923 | 550 | 17 |
| 上浦镇 | Shangpu | 477 | 286 | 8620 | 6976 | － | 17 |
| 汤浦镇 | Tangpu | 185 | 13 | 8497 | 3725 | 2793 | 6 |
| 章镇镇 | Zhangzhen | 1441 | 196 | 10449 | 10413 | 343 | 158 |
| 下管镇 | Xiaguan | 167 | 13 | 1950 | 1949 | 104 | 18 |
| 丰惠镇 | Fenghui | 82 | 721 | 18828 | 11513 | 3000 | 33 |
| 永和镇 | Yonghe | 549 | 165 | 3454 | 2918 | － | 17 |

# 3-24 续表 2 Continued

| 镇(乡)名称 | Town (Township) | 村民委员会个数(个) Number of Villages' Committees (unit) | 全镇(乡)总人口(人) Population (person) | #户籍人口 Household Register Population | 年末从业人员数(人) Rural Laborers (person) | 年末耕地面积(亩) Cultivated Area ear-end (hectare) | 农作物播种面积(公顷) Total Sown Area of Farm Crops (hectare) |
|---|---|---|---|---|---|---|---|
| 梁湖镇 | Lianghu | 14 | 29153 | 29083 | 16358 | 889 | 2807 |
| 驿亭镇 | Yiting | 16 | 21594 | 21294 | 12307 | 1024 | 2175 |
| 小越镇 | Xiaoyue | 21 | 41327 | 29906 | 21500 | 1027 | 3118 |
| 谢塘镇 | Xietang | 14 | 28002 | 25519 | 16273 | 1458 | 4584 |
| 盖北镇 | Gaibei | 10 | 40836 | 25842 | 25842 | 952 | 2611 |
| 崧厦镇 | Songxia | 38 | 138035 | 105859 | 96030 | 5049 | 10680 |
| 沥海镇 | Lihai | 22 | 59011 | 58984 | 38960 | 2977 | 7224 |
| 岭南乡 | Lingnan | 13 | 9122 | 11606 | 6810 | 611 | 1972 |
| 陈溪乡 | Chenxi | 10 | 8996 | 8996 | 5984 | 358 | 1790 |
| 丁宅乡 | Dingzhai | 9 | 10425 | 10412 | 6937 | 845 | 1301 |
| **诸暨市** | **Zhuji City** | | | | | | |
| 大唐镇 | Datang | 10 | 49177 | 31471 | 42186 | 961 | 2678 |
| 应店街镇 | Yingdian | 27 | 47809 | 47368 | 30260 | 1515 | 2949 |
| 次坞镇 | Ciwu | 22 | 39419 | 38574 | 34309 | 1487 | 4003 |
| 店口镇 | Diankou | 17 | 140222 | 64405 | 93029 | 2450 | 4472 |
| 阮市镇 | Ruanshi | 17 | 40565 | 36016 | 23926 | 2326 | 4599 |
| 直埠镇 | Zhibu | 11 | 26776 | 27823 | 17906 | 2029 | 5048 |
| 江藻镇 | Jiangzao | 13 | 25127 | 27755 | 17638 | 1795 | 4316 |
| 山下湖镇 | Shanxiahu | 11 | 30764 | 28968 | 19071 | 1860 | 4184 |
| 枫桥镇 | Fengqiao | 28 | 73315 | 72348 | 43461 | 2875 | 5527 |
| 赵家镇 | Zhaojia | 13 | 32866 | 32600 | 18793 | 1286 | 2164 |
| 东和乡 | Donghe | 15 | 16486 | 22120 | 12738 | 1275 | 1691 |
| 马剑镇 | Majian | 15 | 17089 | 19641 | 10960 | 1088 | 2631 |
| 五泄镇 | Wuxie | 8 | 16022 | 15699 | 9946 | 500 | 1148 |
| 草塔镇 | Caota | 18 | 44209 | 44536 | 25897 | 1524 | 4234 |
| 王家井镇 | Wangjiajing | 23 | 34073 | 34693 | 19028 | 2112 | 5753 |
| 牌头镇 | Paitou | 27 | 48597 | 47505 | 31236 | 2090 | 5518 |
| 同山镇 | Tongshan | 16 | 16220 | 22242 | 13910 | 764 | 2290 |
| 安华镇 | Anhua | 20 | 33895 | 33931 | 22327 | 1580 | 4278 |
| 街亭镇 | Jieting | 15 | 26026 | 26380 | 11653 | 1325 | 3264 |
| 璜山镇 | Huangshan | 20 | 37737 | 39155 | 22330 | 1804 | 4178 |
| 陈宅镇 | Chenzhai | 11 | 19069 | 19124 | 11839 | 907 | 2362 |
| 岭北镇 | Lingbei | 8 | 12965 | 13169 | 7985 | 341 | 922 |
| 里浦镇 | Lipu | 13 | 19244 | 20773 | 13748 | 915 | 1712 |

## 3－24 续 表 3 Continued

| 镇(乡)名称 | Town (Township) | 耕地流转面积(公顷) Cultivated Land Area (hectare) | 种养大户数(户) The Number of Large Farms (Households) | 财政总收入(万元) General Financial Revenue (10 000yuan) | 财政总支出(万元) General Financial Expenditure (10 000yuan) | 年末债务总额(万元) Total Year-end Debt (10 000yuan) | 合作社个数(个) The Number of Cooperatives (unit) |
|---|---|---|---|---|---|---|---|
| 梁湖镇 | Lianghu | 451 | 148 | 20358 | 5778 | － | 26 |
| 驿亭镇 | Yiting | 442 | 43 | 5638 | 5438 | 1268 | 75 |
| 小越镇 | Xiaoyue | 596 | 126 | 29700 | 7796 | － | 9 |
| 谢塘镇 | Xietang | 780 | 78 | 9402 | 10480 | － | 16 |
| 盖北镇 | Gaibei | 327 | 51 | 1116 | 5278 | － | 33 |
| 崧厦镇 | Songxia | 3277 | 402 | 37059 | 16395 | － | 23 |
| 沥海镇 | Lihai | 1908 | 205 | 24589 | 5860 | － | 12 |
| 岭南乡 | Lingnan | 119 | 24 | 449 | 449 | － | 24 |
| 陈溪乡 | Chenxi | 35 | － | 13007 | 14050 | － | 7 |
| 丁宅乡 | Dingzhai | 80 | 68 | 2749 | 2807 | 200 | 19 |
| **诸暨市** | **Zhuji City** | | | | | | |
| 大唐镇 | Datang | 500 | 8 | 115483 | 43901 | 7385 | 7 |
| 应店街镇 | Yingdian | 94 | 4 | 19898 | 7362 | － | 8 |
| 次坞镇 | Ciwu | 149 | 43 | 40211 | 14402 | － | 1 |
| 店口镇 | Diankou | 1938 | 245 | 180835 | 184836 | － | 27 |
| 阮市镇 | Ruanshi | 1368 | 166 | 13299 | 9024 | 2338 | 17 |
| 直埠镇 | Zhibu | 673 | 126 | 13252 | 15022 | 4437 | 95 |
| 江藻镇 | Jiangzao | 794 | 87 | 13831 | 11965 | － | 30 |
| 山下湖镇 | Shanxiahu | 1557 | 125 | 18574 | 18231 | － | 21 |
| 枫桥镇 | Fengqiao | 1169 | 113 | 73237 | 71853 | － | 18 |
| 赵家镇 | Zhaojia | 282 | 3 | 12796 | 10007 | － | 65 |
| 东和乡 | Donghe | 244 | 6 | 1006 | 1239 | － | 52 |
| 马剑镇 | Majian | 333 | 13 | 6617 | 6095 | － | 20 |
| 五泄镇 | Wuxie | 232 | 10 | 9895 | 10409 | 1419 | 4 |
| 草塔镇 | Caota | 781 | 44 | 43400 | 42497 | 320 | 10 |
| 王家井镇 | Wangjiajing | 680 | 261 | 7784 | 1026 | － | 38 |
| 牌头镇 | Paitou | 1097 | 88 | 14443 | 14443 | － | 20 |
| 同山镇 | Tongshan | 309 | 54 | 6575 | 5592 | － | 28 |
| 安华镇 | Anhua | 867 | 265 | 22467 | 22467 | － | 94 |
| 街亭镇 | Jieting | 554 | 371 | 14234 | 8547 | － | 35 |
| 璜山镇 | Huangshan | 1029 | 63 | 34693 | 33001 | 850 | 21 |
| 陈宅镇 | Chenzhai | 348 | 33 | 6851 | 6986 | － | 33 |
| 岭北镇 | Lingbei | 32 | 4 | 537 | 537 | － | 1 |
| 里浦镇 | Lipu | 538 | 17 | 3361 | 3361 | － | 28 |

## 3－24 续表 4 Continued

| 镇(乡)名称 | Town (Township) | 村民委员会个数(个) Number of Villages' Committees (unit) | 全镇(乡)总人口(人) Population (person) | #户籍人口 Household Register Population | 年末从业人员数(人) Rural Laborers (person) | 年末耕地面积(亩) Cultivated Area ear-end (hectare) | 农作物播种面积(公顷) Total Sown Area of Farm Crops (hectare) |
|---|---|---|---|---|---|---|---|
| 东白湖镇 | Dongbaihu | 20 | 32977 | 37221 | 21305 | 1268 | 3407 |
| **嵊州市** | **Shengzhou City** | | | | | | |
| 甘霖镇 | Ganlin | 71 | 82905 | 85257 | 51979 | 4785 | 6813 |
| 长乐镇 | Changle | 47 | 73215 | 66466 | 50726 | 3733 | 6714 |
| 黄泽镇 | Huangze | 25 | 46310 | 44337 | 26776 | 2357 | 4011 |
| 三界镇 | Sanjie | 38 | 49837 | 60139 | 38231 | 3695 | 9291 |
| 崇仁镇 | Chongren | 54 | 64358 | 70397 | 60938 | 3597 | 5880 |
| 石璜镇 | Shihuang | 17 | 26342 | 24892 | 16655 | 1729 | 2416 |
| 仙岩镇 | Xianyan | 18 | 10272 | 15552 | 6876 | 802 | 1390 |
| 谷来镇 | Gulai | 20 | 24425 | 25727 | 15754 | 805 | 1382 |
| 金庭镇 | Jinting | 9 | 20435 | 26362 | 14515 | 1080 | 1882 |
| 北漳镇 | Beizhang | 13 | 13153 | 17447 | 12070 | 845 | 1646 |
| 下王镇 | Xiawang | 19 | 10465 | 13072 | 7885 | 791 | 2122 |
| 雅璜乡 | Yahuang | 4 | 2413 | 3475 | 3058 | – | – |
| 竹溪乡 | Zhuxi | 3 | 3558 | 4122 | 1490 | 160 | 160 |
| 通源乡 | Tongyuan | 6 | 5104 | 5767 | 1957 | 181 | 12 |
| 里南乡 | Linan | 14 | 9744 | 12925 | 6769 | 565 | 1565 |
| 贵门乡 | Guimen | 10 | 9851 | 9821 | 5731 | 514 | 950 |
| 王院乡 | Wanyuan | 4 | 3927 | 5466 | 3530 | 242 | 640 |
| **新昌县** | **Xinchang** County | | | | | | |
| 澄潭镇 | Chengtan | 28 | 19802 | 21148 | 12915 | 803 | 1567 |
| 梅渚镇 | Meizhu | 26 | 14820 | 17632 | 10102 | 301 | 1669 |
| 镜岭镇 | Jingling | 35 | 24605 | 27263 | 15183 | 1339 | 2188 |
| 回山镇 | Huishan | 26 | 16192 | 22384 | 9811 | 985 | 1716 |
| 儒岙镇 | Ru'ao | 40 | 33868 | 38368 | 22618 | 1584 | 3906 |
| 大市聚镇 | Dashiju | 30 | 26405 | 26490 | 18364 | 1365 | 3036 |
| 小将镇 | Xiaojiang | 24 | 13469 | 20701 | 9408 | 962 | 1634 |
| 沙溪镇 | Shaxi | 17 | 10653 | 14109 | 7045 | 993 | 1836 |
| 城南乡 | Chennan | 19 | 17525 | 22780 | 11105 | 942 | 1895 |
| 东茗乡 | Dongming | 15 | 10496 | 13123 | 7056 | 777 | 1587 |
| 双彩乡 | Shuangcai | 19 | 10655 | 15150 | 6484 | 741 | 1256 |
| 新林乡 | Xinlin | 22 | 9842 | 14338 | 5590 | 709 | 1318 |
| 巧英乡 | Qiaoying | 15 | 9435 | 12778 | 5940 | 641 | 1030 |

# 3－24 续表 5 Continued

| 镇(乡)名称 | Town (Township) | 耕地流转面积(公顷) Cultivated Land Area (hectare) | 种养大户数(户) The Number of Large Farms (Households) | 财政总收入(万元) General Financial Revenue (10 000yuan) | 财政总支出(万元) General Financial Expenditure (10 000yuan) | 年末债务总额(万元) Total Year-end Debt (10 000yuan) | 合作社个数(个) The Number of Cooperatives (unit) |
|---|---|---|---|---|---|---|---|
| 东白湖镇 | Dongbaihu | 444 | 53 | 18000 | 17998 | – | 19 |
| **嵊州市** | **Shengzhou City** | | | | | | |
| 甘霖镇 | Ganlin | 2299 | 750 | 32495 | 32655 | 160 | 145 |
| 长乐镇 | Changle | 1765 | 164 | 15114 | 15047 | 7969 | 149 |
| 黄泽镇 | Huangze | 927 | 263 | 13034 | 8706 | 2157 | 68 |
| 三界镇 | Sanjie | 1908 | 267 | 9093 | 8999 | 1628 | 8 |
| 崇仁镇 | Chongren | 1561 | 756 | 3757 | 3364 | 4160 | 128 |
| 石璜镇 | Shihuang | 729 | 68 | 1154 | 1389 | 1630 | 39 |
| 仙岩镇 | Xianyan | 323 | 66 | 6584 | 3927 | 359 | 28 |
| 谷来镇 | Gulai | 465 | – | 3068 | 3068 | 378 | 44 |
| 金庭镇 | Jinting | 603 | 100 | 582 | 1420 | 2751 | 50 |
| 北漳镇 | Beizhang | 258 | 11 | 1006 | 1006 | – | 52 |
| 下王镇 | Xiawang | 48 | 1 | 2524 | 2409 | 588 | 17 |
| 雅璜乡 | Yahuang | – | – | – | – | – | – |
| 竹溪乡 | Zhuxi | 50 | – | 650 | 630 | – | 17 |
| 通源乡 | Tongyuan | – | 2 | 217 | 400 | – | 15 |
| 里南乡 | Linan | 116 | 12 | 1026 | 1026 | 27 | 6 |
| 贵门乡 | Guimen | 234 | 5 | 1837 | 1837 | 66 | 25 |
| 王院乡 | Wanyuan | 151 | 8 | 388 | 388 | 16 | 12 |
| **新昌县** | **Xinchang County** | | | | | | |
| 澄潭镇 | Chengtan | 267 | 22 | 5786 | 5754 | 200 | 20 |
| 梅渚镇 | Meizhu | 168 | 17 | 1723 | 1723 | – | 9 |
| 镜岭镇 | Jingling | 533 | 4 | 2405 | 2260 | – | 35 |
| 回山镇 | Huishan | 418 | 10 | 1420 | 1280 | 65 | 28 |
| 儒岙镇 | Ru'ao | 10 | 16 | 14500 | 3225 | 667 | 67 |
| 大市聚镇 | Dashiju | 430 | 149 | 4800 | 4200 | – | 28 |
| 小将镇 | Xiaojiang | 334 | 64 | 1500 | 1305 | 426 | 26 |
| 沙溪镇 | Shaxi | 260 | 7 | 2278 | 2214 | – | 25 |
| 城南乡 | Chennan | 515 | 43 | 2962 | 2873 | – | 28 |
| 东茗乡 | Dongming | 292 | 27 | 849 | 748 | – | 30 |
| 双彩乡 | Shuangcai | 343 | – | 1092 | 1092 | – | 26 |
| 新林乡 | Xinlin | 24 | 5 | 775 | 775 | – | 2 |
| 巧英乡 | Qiaoying | 291 | 49 | 332 | 863 | – | 33 |

# 主 要 统 计 指 标 解 释

**农林牧渔业总产值** 是指以货币表现的农、林、牧、渔业全部产品总量，它用价值量形式综合反映一定时期农林牧渔业生产的总规模和总成果。

农、林、牧、渔业的统计范围是：

(1)农业 包括农作物种植业和其他农业。

农作物种植业 包括谷物、豆类、薯类、棉花、油料、糖料、麻类、烟叶、蔬菜、药材、瓜类和其他农作物的种植以及茶园、桑园、果园的生产经营。

其他农业 包括采集野生植物的果实、纤维、树胶、树脂、油料以及柴草、野生药材、菌类等。

(2)林业 包括林木的栽培(不包括茶园、桑园和果园的栽培、管理和收获等活动)、林产品的采集和村及村以下合作经济组织和农户的竹木采伐。

(3)牧业 包括除渔业养殖以外的一切动物饲养和放牧以及野生动物的捕猎和饲养。

(4)渔业 包括水生动物和海类植物的养殖和捕捞。

**粮食产量** 指全社会的粮食产量。包括国有经济经营的、集体统一经营的和农民家庭经营的粮食产量，还包括工矿企业家属办的农场和其他生产单位的产量。粮食除包括稻谷、小麦、玉米、高粱、谷子及其杂粮外，还包括薯类和大豆。

**油料产量** 指全部油料作物的生产量。包括花生、油菜籽、芝麻、向日葵籽、胡麻籽(亚麻籽)和其他油料。不包括大豆，也不包括木本油料和野生油料。花生以带壳干花生计算。

**水产品产量** 指人工养殖的水产品和天然生长的水产品捕捞量，包括海水的鱼类、虾蟹类、贝类和藻类以及内陆水域的鱼类、虾蟹类和贝类，不包括淡水生植物。

**猪、牛、羊肉产量** 指当年出栏并已屠宰后除去头蹄下水后带骨肉的重量（即胴体重）。

**耕地面积** 指可以用来种植农作物、经常进行耕锄的田地，除包括熟地、当年新开荒地、连续撂荒未满三年的耕地和当年的休闲地(轮歇地)外，还包括以种植农作物为主并附带种植桑树、茶树、果树和其他林木的土地，以及沿海、沿湖地区已围垦利用的“海涂”、“湖田”等面积。但不包括属于专业性的桑园、茶园、果园、果木苗圃、林地、芦苇地、天然或人工草地面积。

**农作物播种面积** 指实际播种或移植有农作物的面积。凡是实际种植有农作物的面积，不论种植在耕地上还是种植在非耕地上，均包括在农作物播种面积中，同时还包括因遭灾而重新改种和补种的农作物面积，种一公顷算一公顷。

# Explanatory Notes on Main Statistical Indicators

**Gross Output Value of Farming, Forestry, Animal Husbandry and Fishery** refers to the total volume of products of farming, forestry, animal husbandry and fishery in value terms, which reflects the total scale and total result of agricultural production during a given period of time.

The statistical scopes for farming, forestry, animal husbandry and fishery are:

(1) **Farming** include crop cultivation and other farming crop cultivation, include planting of grain, beans, tubers, cotton, oil-bearing crops, sugar crops, fiber crops, tobacco, vegetables, medicinal materials, melons and others, as well as tea, mulberry and fruit plantation.

Other farming include gathering of wild plant fruits, fiber, gum, oil, firewood, wild medicinal materials, fungi and commodity industry run by rural household.

(2) **Forestry** includes planting of trees (not including planting, management & harvest of tea, mulberry and fruit plantation), collection of forest products, cutting and felling of bamboo and trees by villages and other cooperative organizations under villages.

(3) **Animal Husbandry** include raising and grazing of any kind of animal and hunting and raising of wild animal, excluding fish breeding.

(4) **Fishery** includes cultivation and catches of aquatic animals and seaweed.

**Grain Yield** refers to the yield in the whole country including grains produced by state farms, collective units, industrial enterprises and mines. Grain includes rice, wheat, corn, sorghum, millet and other miscellaneous grains as well as tubers and beans.

**Yield of Oil-bearing Crops** refers to the total yield of oil-bearing crops of various kinds, including peanuts, (dry, in shell) rapeseeds, sesame, sunflower seeds, flax seeds, and other oil-bearing crops. Soybeans, oil-bearing woody plants, and wild oil-bearing crops are not included.

**Output of Aquatic Products** refers to catches of both artificially cultured and naturally grown aquatic products, including fish, shrimps, crabs and shellfish in sea and inland water as well as seaweed. Freshwater plants are not included.

**Output of Pork, Beef, and Mutton** refers to the meat of slaughtered hogs, cattle, sheep and goats with head, feet, and offal taken away.

**Cultivated Area** refers to farmland which is plowed constantly for growing crops, including cultivated land, newly cultivated land in the current year, farmland left without cultivation for less than three years and fallow land in the current year, rotation land, rotation land of grass and crops, farmland with some fruit trees, mulberry trees and other trees and cultivated seashore land, lake land, and etc. The land of mulberry fields, tea plantations, orchards, nurseries of young plants, forestland, reed land, natural and man-made grassland and other land are not included in cultivated land. Ditches, roads and ridges between cultivated fields that are less than 1 meter in width in the south or less than 2 meters in width in the north are included in the cultivated land.

**Sown Area of Crops** refers to area of land sown or transplanted with crops regardless of being in cultivated area or non-cultivated area. Area of land re-sown due to natural disasters is also included.

四

# 工　业

# CHAPTER 4 INDUSTRY

# 工　业
# INDUSTRY

## 主要统计指标
## Main Statistical Indicators

**年主营业务收入 2000 万元及以上工业企业：**

**Industrial Enterprises with an Annual Sales Income above 5 Million Yuan**

| | | | |
|---|---|---|---|
| 2013 年工业总产值 | Gross Industrial Output Value | 9339.31 | 亿元 ($10^8$yuan) |
| 比上年增长 | Increase over Previous Year | 9.2 | % |
| 2013 年实现利税 | Pre-tax Profits | 744.23 | 亿元($10^8$ yuan) |
| 比上年增长 | Increase over Previous Year | 9.9 | % |
| 2013 年布产量 | Output of Cloth | 592832.07 | 万米($10^4$ meters) |
| 比上年增长 | Increase over Previous Year | 14.1 | % |
| 2013 年服装产量 | Output of Costumes | 57254.68 | 万件($10^4$ pieces) |
| 比上年增长 | Increase over Previous Year | -1.0 | % |
| 2013 年化学纤维产量 | Output of Chemical fiber | 495.31 | 万吨($10^4$ton) |
| 比上年增长 | Increase over Previous Year | 13.7 | % |
| 2013 年黄酒产量 | Output of Millet Wine | 388751.21 | 千升($10^3$ Litre ) |
| 比上年增长 | Increase over Previous Year | 4.2 | % |

**年主营业务收入 2000 万元以下工业企业：**

**Enterprises with an Annual Sales Income below 5 Million Yuan**

| | | | |
|---|---|---|---|
| 2013 年工业总产值 | Gross Industrial Output Value | 3235.40 | 亿元($10^8$ yuan) |

# 工业增加值

## Value-added of Industry

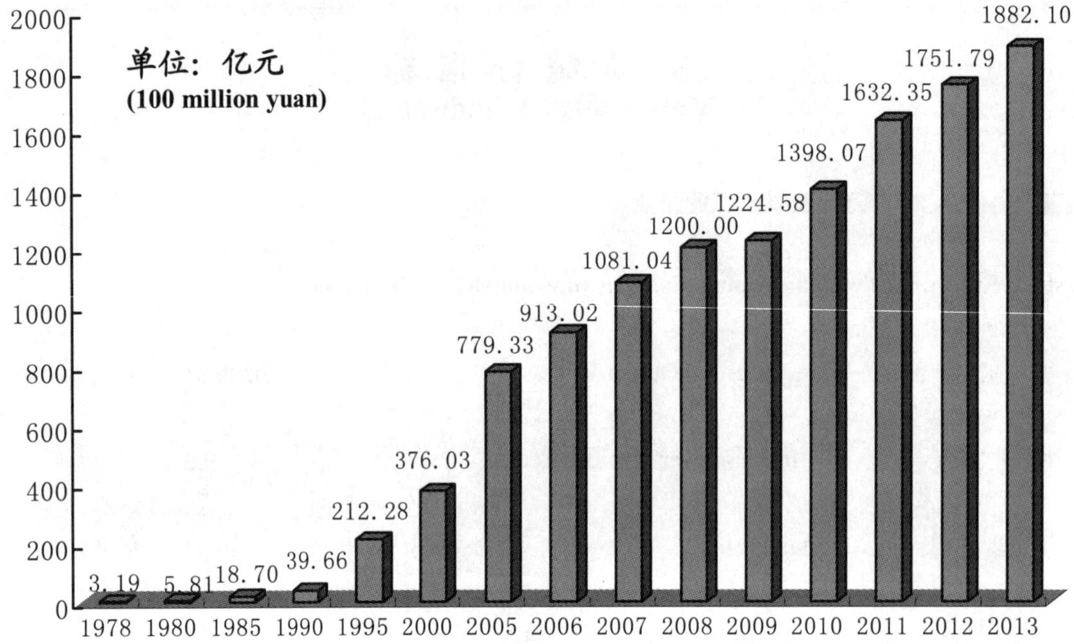


# 国有和规模以上工业企业分所有制构成

## Composition of All State-owned and Non-state-owned above Designated Size Industrial Enterprises

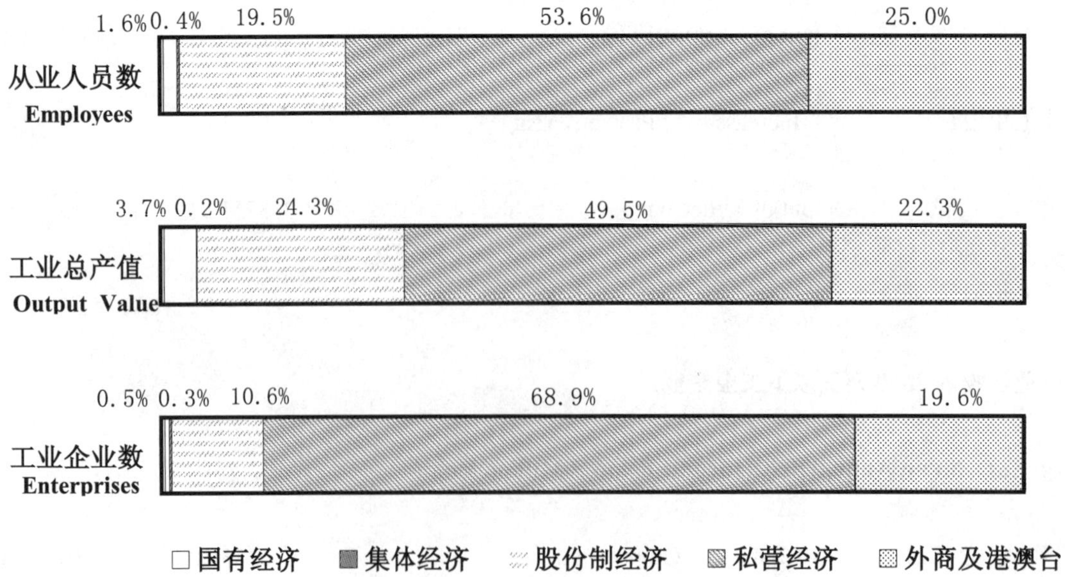

## 4-1 各区、县（市）部工业企业主要经济指标（2013 年）
## Main Economic Indicators of All Industrial Enterprises (2013)

| 地区 | Region | 全部工业单位数（个） Number of Enterprises and Individuals (unit) | #工业企业数 Number of Enterprises | #国有及国有控股企业 State-owned and State-holding Enterprises | 全部工业总产值（万元） Gross Industrial Output Value (10 000 yuan) | #国有及国有控股企业 State-owned and State-holding Enterprises |
|---|---|---|---|---|---|---|
| **全 市** | **Whole Municipality** | **128862** | **22381** | **55** | **125747104** | **4864508** |
| 越城区 | Yuecheng District | 2583 | 2059 | 24 | 13639101 | 2588161 |
| 柯桥区 | Keqiao District | 13535 | 4874 | 8 | 41124099 | 386929 |
| 上虞区 | Shangyu District | 15052 | 4331 | 9 | 19509965 | 549818 |
| 诸暨市 | Zhuji City | 49428 | 5088 | 5 | 33543243 | 770803 |
| 嵊州市 | Shengzhou City | 24735 | 3370 | 3 | 10074115 | 149726 |
| 新昌县 | Xinchang County | 23224 | 1583 | 6 | 7862485 | 419071 |

## 4-2 各区、县（市）规模以下工业企业主要经济指标 (2013 年)
## Main Indicators of Industrial Enterprises below Designated Size (2013)

| 地区 | Region | 规模以下工业单位个数（个） Number of Enterprises and Individuals (unit) | 小型工业 Small Industrial Enterprises | 个体工业 Self-Employed Individuals | 规模以下工业总产值（万元） Gross Industrial Output Value (10 000 yuan) | 小型工业 Small Industrial Enterprises | 个体工业 Self-Employed Individuals |
|---|---|---|---|---|---|---|---|
| **全 市** | **Whole Municipality** | **124783** | **18302** | **106481** | **32354000** | **13371908** | **18982092** |
| 越城区 | Yuecheng District | 1990 | 1466 | 524 | 1188507 | 1152832 | 35675 |
| 柯桥区 | Keqiao District | 12334 | 3673 | 8661 | 6223644 | 2626378 | 3597266 |
| 上虞区 | Shangyu District | 14453 | 3732 | 10721 | 5039294 | 2605315 | 2433979 |
| 诸暨市 | Zhuji City | 48407 | 4067 | 44340 | 11299635 | 3751479 | 7548156 |
| 嵊州市 | Shengzhou City | 24295 | 2930 | 21365 | 6075912 | 1604041 | 4471871 |
| 新昌县 | Xinchang County | 22999 | 1358 | 21641 | 2532913 | 811545 | 1721368 |

注：规模以下工业企业指年主营业务收入 2000 万元以下工业企业。

Note: industrial enterprises below designated size refer to industrial enterprises with an annual sales income below 20 million yuan.

# 4－3　历年规模以上工业企业主要指标

单位：万元

| 年　份 Year | 全　市 Whole Municipality | 越城区 Yuecheng District | 柯桥区 Keqiao District | 上虞区 Shangyu District | 诸暨市 Zhuji City | 嵊州市 Shengzhou City | 新昌县 Xinchang County |
|---|---|---|---|---|---|---|---|
| **企业单位数（个）Number of Enterprises（unit）** | | | | | | | |
| 1997 | 1681 | 215 | 627 | 248 | 266 | 219 | 106 |
| 1998 | 1631 | 196 | 595 | 280 | 271 | 190 | 99 |
| 1999 | 1618 | 192 | 579 | 280 | 262 | 201 | 104 |
| 2000 | 1776 | 322 | 445 | 293 | 400 | 216 | 100 |
| 2001 | 1975 | 351 | 551 | 322 | 418 | 234 | 99 |
| 2002 | 2125 | 418 | 553 | 372 | 411 | 234 | 137 |
| 2003 | 2448 | 486 | 597 | 484 | 466 | 253 | 162 |
| 2004 | 3877 | 683 | 1055 | 710 | 782 | 376 | 271 |
| 2005 | 3676 | 711 | 866 | 698 | 752 | 425 | 224 |
| 2006 | 4032 | 725 | 1074 | 705 | 832 | 477 | 219 |
| 2007 | 4428 | 784 | 1118 | 732 | 936 | 612 | 246 |
| 2008 | 5213 | 832 | 1396 | 884 | 1079 | 703 | 319 |
| 2009 | 5266 | 787 | 1438 | 882 | 1155 | 674 | 330 |
| 2010 | 5545 | 777 | 1498 | 900 | 1270 | 765 | 335 |
| 2010（新口径） | 3226 | 480 | 1018 | 496 | 758 | 291 | 183 |
| 2011 | 3427 | 504 | 1112 | 520 | 789 | 305 | 197 |
| 2012 | 3682 | 513 | 1196 | 552 | 844 | 367 | 210 |
| 2013 | 4079 | 593 | 1201 | 599 | 1021 | 440 | 225 |
| **工业总产值 Gross Industrial Output Value** | | | | | | | |
| 1997 | 7211872 | 992313 | 2799065 | 1613109 | 888121 | 481641 | 437624 |
| 1998 | 7879920 | 874835 | 3282955 | 1782169 | 1007909 | 466870 | 465184 |
| 1999 | 8959160 | 891141 | 3689587 | 2031548 | 1214450 | 549234 | 583200 |
| 2000 | 10451307 | 1599471 | 3538483 | 2297214 | 1731582 | 626617 | 657940 |
| 2001 | 12019285 | 1616156 | 4487689 | 2552035 | 1985584 | 644698 | 733124 |
| 2002 | 14714046 | 2120701 | 5765052 | 2679015 | 2564027 | 627240 | 958012 |
| 2003 | 18953957 | 3194921 | 7167382 | 3067101 | 3497515 | 778999 | 1248039 |
| 2004 | 25774503 | 4947249 | 9595972 | 3637539 | 4916811 | 1165685 | 1511246 |
| 2005 | 32150738 | 5928778 | 11592806 | 4696333 | 6548648 | 1495497 | 1888676 |
| 2006 | 39108689 | 7298954 | 13846380 | 5588093 | 8267115 | 1852968 | 2255178 |
| 2007 | 48690061 | 8764222 | 17566837 | 6777867 | 10559911 | 2462829 | 2558396 |
| 2008 | 53901974 | 9002439 | 19478296 | 7529603 | 12219221 | 2804516 | 2867900 |
| 2009 | 55189053 | 8225619 | 20461657 | 7758145 | 12945029 | 2888509 | 2910094 |
| 2010 | 67973914 | 9675474 | 24146733 | 10268524 | 16274166 | 3764761 | 3844256 |
| 2010（新口径） | 65137633 | 9314632 | 23526452 | 9765821 | 15672941 | 3193667 | 3664120 |
| 2011 | 79326832 | 11275089 | 29431019 | 11999172 | 18444581 | 3788470 | 4388501 |
| 2012 | 85512533 | 11242708 | 33104587 | 13240163 | 19323472 | 3957492 | 4644111 |
| 2013 | 93393104 | 12450594 | 34900455 | 14470671 | 22243608 | 3998203 | 5329571 |

注：①本表各栏指标统计口径为规模以上工业企业（以下有关各表同）。规模以上工业统计口径：2005 年及 2005 年以前为国有和年产品销售收入 500 万元及以上非国有法人工业企业，2006-2010 年为年主营业务收入 500 万元及以上法人工业企业，2010 年新口径、2011 年及以后为年主营业务收入 2000 万及以上法人工业企业。

# Main Indicators on above Designated Size Industrial Enterprises over the Years

(10 000 yuan)

| 年　份 Year | 全　市 Whole Municipality | 越城区 Yuecheng District | 柯桥区 Keqiao District | 上虞区 Shangyu District | 诸暨市 Zhuji City | 嵊州市 Shengzhou City | 新昌县 Xinchang County |
|---|---|---|---|---|---|---|---|
| **主营业务收入 Main Business Income** | | | | | | | |
| 1997 | 6691543 | 971213 | 2635137 | 1464263 | 817803 | 435237 | 367891 |
| 1998 | 7221544 | 828822 | 3023876 | 1622534 | 952362 | 428425 | 365525 |
| 1999 | 8431187 | 847960 | 3532945 | 1904402 | 1174465 | 507245 | 464171 |
| 2000 | 9968523 | 1529076 | 3416932 | 2158299 | 1683211 | 600168 | 580839 |
| 2001 | 11545999 | 1554063 | 4367528 | 2424675 | 1897138 | 628551 | 674043 |
| 2002 | 14211004 | 2047046 | 5592724 | 2553028 | 2500999 | 621690 | 895517 |
| 2003 | 18490024 | 3084394 | 6972126 | 2966475 | 3481066 | 786900 | 1199063 |
| 2004 | 24978860 | 4918083 | 9279111 | 3448171 | 4789961 | 1125319 | 1418215 |
| 2005 | 31481179 | 5949575 | 11259205 | 4491407 | 6449868 | 1478607 | 1852517 |
| 2006 | 38278416 | 7333700 | 13522091 | 5354236 | 8125449 | 1813349 | 2129591 |
| 2007 | 47961175 | 8854176 | 17200329 | 6548797 | 10453146 | 2411324 | 2493403 |
| 2008 | 52968220 | 9135741 | 19037029 | 7175787 | 12080407 | 2708470 | 2830787 |
| 2009 | 54387246 | 8344538 | 19965888 | 7529055 | 12879931 | 2766050 | 2901784 |
| 2010 | 66938501 | 9817692 | 23792522 | 9780382 | 16110989 | 3635961 | 3800954 |
| 2010（新口径） | 64171945 | 9464254 | 23182610 | 9293981 | 15529256 | 3077809 | 3624035 |
| 2011 | 77803109 | 11410053 | 28905041 | 11348285 | 18220682 | 3568548 | 4350501 |
| 2012 | 83336072 | 11198573 | 32162004 | 12518777 | 19076115 | 3788462 | 4592140 |
| 2013 | 90797957 | 12320834 | 33953271 | 13601828 | 21812864 | 3817352 | 5291808 |
| **利税总额 Total Pre-tax Profits** | | | | | | | |
| 1997 | 617245 | 74942 | 228991 | 160849 | 75113 | 31705 | 45646 |
| 1998 | 641490 | 43769 | 250539 | 192318 | 90901 | 29475 | 34487 |
| 1999 | 815409 | 69364 | 295925 | 238221 | 119183 | 43448 | 49268 |
| 2000 | 1044398 | 143767 | 298170 | 265253 | 203564 | 57918 | 75726 |
| 2001 | 1215380 | 133366 | 408358 | 307217 | 224989 | 52204 | 89245 |
| 2002 | 1467281 | 176754 | 493998 | 322919 | 294625 | 57626 | 121359 |
| 2003 | 1875905 | 308516 | 585685 | 370520 | 398471 | 69394 | 143319 |
| 2004 | 2204176 | 311928 | 752884 | 374454 | 519731 | 85190 | 159989 |
| 2005 | 2556911 | 398864 | 725860 | 511978 | 619528 | 117389 | 183291 |
| 2006 | 2952497 | 484291 | 800752 | 582239 | 741780 | 136547 | 206889 |
| 2007 | 3846356 | 653271 | 1141657 | 689286 | 946471 | 166888 | 248784 |
| 2008 | 4089133 | 587308 | 1101981 | 736582 | 1051390 | 163412 | 448461 |
| 2009 | 4465295 | 547926 | 1275502 | 790958 | 1145644 | 178645 | 526620 |
| 2010 | 5888665 | 748940 | 1747924 | 1116834 | 1448332 | 217520 | 609115 |
| 2010（新口径） | 5719527 | 734059 | 1712198 | 1091057 | 1390592 | 192867 | 598754 |
| 2011 | 6888602 | 838576 | 2149261 | 1321384 | 1655159 | 233376 | 690846 |
| 2012 | 6770522 | 678781 | 2325615 | 1325542 | 1587673 | 216130 | 636781 |
| 2013 | 7442350 | 779098 | 2604570 | 1364427 | 1867168 | 225576 | 601511 |

Note: a)the statistics of main indicators in this table refer to above designated size industrial enterprises(The relative tables in the chapter are the same).

# 4－3 续表

单位：万元

| 年　　份<br>Year | 全　市<br>Whole Municipality | 越城区<br>Yuecheng District | 柯桥区<br>Keqiao District | 上虞区<br>Shangyu District | 诸暨市<br>Zhuji City | 嵊州市<br>Shengzhou City | 新昌县<br>Xinchang County |
|---|---|---|---|---|---|---|---|
| **利润总额 Total Profits** | | | | | | | |
| 1997 | 298517 | 15191 | 125425 | 78954 | 38970 | 10624 | 29354 |
| 1998 | 326070 | -917 | 144688 | 105121 | 46569 | 11110 | 19498 |
| 1999 | 451180 | 21167 | 177376 | 133630 | 67846 | 22344 | 28818 |
| 2000 | 604164 | 66321 | 179558 | 155187 | 127025 | 30510 | 45564 |
| 2001 | 753826 | 62932 | 257057 | 197083 | 147907 | 28666 | 60182 |
| 2002 | 945465 | 93225 | 321535 | 214186 | 199157 | 32045 | 85318 |
| 2003 | 1172042 | 139579 | 375505 | 243630 | 282040 | 39071 | 92217 |
| 2004 | 1339749 | 188636 | 404789 | 250219 | 361260 | 48811 | 86036 |
| 2005 | 1614950 | 234342 | 409724 | 346149 | 466012 | 65589 | 93135 |
| 2006 | 1878509 | 284225 | 451366 | 393439 | 566461 | 70393 | 112625 |
| 2007 | 2507812 | 421822 | 673165 | 454558 | 723958 | 93211 | 141098 |
| 2008 | 2642189 | 374461 | 593084 | 479088 | 805569 | 79581 | 310406 |
| 2009 | 2984838 | 328125 | 763493 | 540772 | 876543 | 95974 | 379931 |
| 2010 | 4052658 | 483798 | 1103390 | 805664 | 1112284 | 112341 | 435182 |
| 2010（新口径） | 3970427 | 480228 | 1086687 | 793984 | 1073934 | 104065 | 431530 |
| 2011 | 4807592 | 558935 | 1355003 | 955856 | 1291212 | 134707 | 511878 |
| 2012 | 4546728 | 399784 | 1453914 | 948820 | 1213318 | 98765 | 432127 |
| 2013 | 5054964 | 463267 | 1710742 | 957775 | 1416525 | 92201 | 414454 |
| **资产总计 Total Assets** | | | | | | | |
| 1997 | 7344393 | 1607942 | 3139753 | 929952 | 811241 | 411036 | 444469 |
| 1998 | 7747512 | 1631006 | 3355586 | 1015954 | 878014 | 371060 | 495892 |
| 1999 | 8160390 | 1660974 | 3401921 | 1107417 | 1000637 | 400442 | 588999 |
| 2000 | 9057313 | 2289813 | 3130050 | 1259348 | 1257796 | 485215 | 635091 |
| 2001 | 10016442 | 2373744 | 3577387 | 1412407 | 1432282 | 465506 | 755116 |
| 2002 | 12652138 | 2896666 | 4760458 | 1709879 | 1734189 | 571610 | 979337 |
| 2003 | 17945772 | 4040066 | 6842705 | 2381673 | 2536951 | 766909 | 1377468 |
| 2004 | 23714153 | 4758579 | 9058702 | 3245079 | 3884697 | 1121584 | 1645512 |
| 2005 | 29545157 | 5673404 | 11641949 | 4041050 | 4713659 | 1370195 | 2104901 |
| 2006 | 34299117 | 6445561 | 12976985 | 4975287 | 5726252 | 1682554 | 2492479 |
| 2007 | 42149009 | 7266105 | 16059874 | 6266631 | 7567123 | 2226845 | 2762433 |
| 2008 | 49186838 | 8153319 | 18633613 | 7676824 | 9135987 | 2649001 | 2938096 |
| 2009 | 54212680 | 8597845 | 19613389 | 8801536 | 11078478 | 2783831 | 3337601 |
| 2010 | 63285559 | 10040853 | 21212395 | 10454965 | 14013706 | 3342965 | 4220674 |
| 2010（新口径） | 60112019 | 9600818 | 20567954 | 9878987 | 13197136 | 2844926 | 4022199 |
| 2011 | 68369718 | 10474581 | 23918923 | 11510887 | 14177783 | 3284818 | 5002726 |
| 2012 | 74503680 | 11408792 | 25632594 | 12788978 | 15495942 | 3733003 | 5444371 |
| 2013 | 81702472 | 12702035 | 26079241 | 13972454 | 18512634 | 4365678 | 6070430 |

# Continued

(10 000 yuan)

| 年 份<br>Year | 全 市<br>Whole Municipality | 越城区<br>Yuecheng District | 柯桥区<br>Keqiao District | 上虞区<br>Shangyu District | 诸暨市<br>Zhuji City | 嵊州市<br>Shengzhou City | 新昌县<br>Xinchang County |
|---|---|---|---|---|---|---|---|
| **负债合计 Liabili-ties** | | | | | | | |
| 1997 | 4485634 | 880989 | 2020349 | 545879 | 472157 | 284432 | 281829 |
| 1998 | 4595470 | 909216 | 2108928 | 543863 | 497998 | 240803 | 294663 |
| 1999 | 4780195 | 881614 | 2164764 | 550461 | 573854 | 241429 | 368072 |
| 2000 | 5295519 | 1522147 | 1822629 | 596530 | 672561 | 299982 | 381671 |
| 2001 | 5697106 | 1555292 | 2026190 | 665840 | 726394 | 278845 | 444546 |
| 2002 | 7175311 | 1844534 | 2789563 | 797945 | 803738 | 355312 | 584218 |
| 2003 | 10520444 | 2615076 | 4090103 | 1241126 | 1239703 | 479285 | 855152 |
| 2004 | 14016009 | 2561736 | 5874504 | 1774794 | 2077117 | 704885 | 1022973 |
| 2005 | 17800833 | 3683484 | 7597770 | 2109400 | 2306737 | 804686 | 1298757 |
| 2006 | 20848315 | 4142171 | 8480754 | 2666212 | 3011307 | 1042806 | 1505065 |
| 2007 | 25794706 | 4563996 | 10716533 | 3442187 | 3939129 | 1411061 | 1721800 |
| 2008 | 30178354 | 5170756 | 12589693 | 4283801 | 4797744 | 1710904 | 1625456 |
| 2009 | 33215150 | 5498919 | 13632363 | 4989475 | 5624619 | 1783259 | 1686516 |
| 2010 | 38168303 | 6289919 | 14654043 | 5626094 | 7388918 | 2192332 | 2016997 |
| 2010（新口径） | 36122352 | 6002534 | 14168348 | 5241275 | 6974798 | 1856081 | 1879316 |
| 2011 | 41262985 | 6591280 | 16271991 | 6160518 | 7651585 | 2232063 | 2355549 |
| 2012 | 44548814 | 7094429 | 17407699 | 6647063 | 8288087 | 2577250 | 2534286 |
| 2013 | 48812926 | 8149755 | 17170800 | 7234282 | 10072874 | 3141515 | 3043700 |
| **全部职工年均人数（人）Average Employees (person)** | | | | | | | |
| 1997 | 458530 | 77460 | 175793 | 64357 | 66692 | 44379 | 29849 |
| 1998 | 442618 | 74074 | 170169 | 60471 | 64826 | 42336 | 30742 |
| 1999 | 429423 | 67949 | 161992 | 60760 | 66582 | 41738 | 30402 |
| 2000 | 446636 | 91956 | 131303 | 66595 | 82558 | 43806 | 30418 |
| 2001 | 467085 | 87203 | 145758 | 68052 | 91546 | 42439 | 32087 |
| 2002 | 487526 | 95910 | 153547 | 69335 | 93865 | 36602 | 38267 |
| 2003 | 549633 | 109568 | 174817 | 79066 | 104323 | 38342 | 43517 |
| 2004 | 676692 | 123557 | 223969 | 93787 | 133273 | 47768 | 54338 |
| 2005 | 709684 | 135288 | 225785 | 102021 | 143286 | 49631 | 53673 |
| 2006 | 766076 | 145273 | 240691 | 111069 | 156375 | 57878 | 54790 |
| 2007 | 840419 | 150286 | 265820 | 126365 | 167088 | 69043 | 61817 |
| 2008 | 864796 | 145655 | 271677 | 136781 | 172059 | 73648 | 64976 |
| 2009 | 847517 | 140820 | 262601 | 133751 | 174695 | 72750 | 62900 |
| 2010 | 888903 | 139972 | 276345 | 143430 | 182550 | 80865 | 65741 |
| 2010（新口径） | 782511 | 123394 | 256388 | 124102 | 159522 | 62317 | 56788 |
| 2011 | 810375 | 125963 | 269945 | 128380 | 164729 | 65241 | 56117 |
| 2012 | 801270 | 120241 | 266972 | 129186 | 159706 | 67587 | 57578 |
| 2013 | 811628 | 128699 | 252817 | 134827 | 168196 | 68923 | 58166 |

# 4－4　规模以上工业企业主要经济效益指标（2013 年）

| 年 份（地 区） | Year(Area) | 产销率(%) Proportion of Products Sold (%) | 资产负债率(%) Assets Liability Ratio (%) | 成本费用利润率(%) Rate Between Profit and Cost (%) | 每百元固定资产原值实现利税(元) Pre-tax Profits per 100 Yuan Original Value of Fixed Assets (yuan) |
|---|---|---|---|---|---|
| **年　份** | **Year** | | | | |
| 2001 | | 96.68 | 56.88 | 6.98 | 18.81 |
| 2002 | | 96.96 | 56.71 | 7.11 | 19.75 |
| 2003 | | 97.68 | 58.62 | 6.76 | 20.34 |
| 2004 | | 97.61 | 60.52 | 5.71 | 20.33 |
| 2005 | | 97.49 | 60.25 | 5.40 | 18.63 |
| 2006 | | 97.82 | 60.78 | 5.16 | 19.02 |
| 2007 | | 97.95 | 61.20 | 5.52 | 21.69 |
| 2008 | | 97.74 | 61.35 | 5.24 | 20.44 |
| 2009 | | 98.05 | 61.27 | 5.80 | 20.72 |
| 2010 | | 97.70 | 60.31 | 6.45 | 25.23 |
| 2010（新口径） | | 97.70 | 60.09 | 6.60 | 25.75 |
| 2011 | | 97.41 | 60.36 | 6.54 | 26.90 |
| 2012 | | 97.55 | 59.79 | 5.77 | 24.56 |
| 2013 | | 97.35 | 59.74 | 5.90 | 24.85 |
| **分县（市、区）** | **Grouped by Area** | | | | |
| 总计中：越 城 区 | Yuecheng District | 97.67 | 64.16 | 3.90 | 12.59 |
| 柯 桥 区 | Keqiao District | 97.52 | 65.84 | 5.32 | 23.73 |
| 上 虞 区 | Shangyu District | 95.83 | 51.78 | 7.55 | 28.42 |
| 诸 暨 市 | Zhuji City | 97.56 | 54.41 | 6.99 | 37.28 |
| 嵊 州 市 | Shengzhou City | 97.25 | 71.96 | 2.48 | 16.18 |
| 新 昌 县 | Xinchang County | 98.71 | 50.14 | 8.45 | 37.89 |

# Main Indicators on Economic Benefit of above Designated Size Industrial Enterprises (2013)

| 每百元销售收入实现利税(元) Pre-tax Profits per 100 Yuan Sales Revenue (yuan) | 流动比率(%) Current Ratio (%) | 速动比率(%) Quick Ratio (%) | 企业亏损面(%) Ratio of Number of Deficit Enterprises to Total Enterprises Number (%) | 亏损率(%) Ratio of Total Loss to Total Profit (%) | 出口交货值占工业销售产值比重(%) Export Delivery Value Proportion in Industry Sale Output Value (%) | 利润总额占利税比重(%) Total Profit Proportion in Profit Payments and Tax Turnover (%) | 存货周转次数(次) Number of Times of Turnover of Inventory (time) |
|---|---|---|---|---|---|---|---|
| | | | | | | | |
| 10.53 | 1.00 | 0.69 | 10.89 | 3.17 | 24.28 | 62.02 | 7.53 |
| 10.33 | 1.04 | 0.77 | 9.98 | 2.22 | 25.28 | 64.44 | 8.43 |
| 10.15 | 1.02 | 0.81 | 10.70 | 2.72 | 27.01 | 62.48 | 8.76 |
| 8.90 | 1.04 | 0.81 | 16.59 | 5.70 | 26.47 | 60.82 | 17.86 |
| 8.12 | 1.05 | 0.82 | 12.00 | 3.92 | 24.74 | 63.16 | 16.71 |
| 7.71 | 1.04 | 0.80 | 10.64 | 2.83 | 22.84 | 63.62 | 16.60 |
| 8.02 | 1.05 | 0.81 | 10.34 | 2.49 | 21.48 | 65.20 | 15.79 |
| 7.72 | 1.08 | 0.85 | 15.21 | 5.28 | 21.97 | 64.61 | 7.70 |
| 8.21 | 1.11 | 0.88 | 11.22 | 3.09 | 18.38 | 66.85 | 7.16 |
| 8.80 | 1.14 | 0.91 | 8.03 | 1.77 | 18.45 | 68.82 | 7.48 |
| 8.91 | 1.15 | 0.92 | 6.11 | 1.42 | 18.60 | 69.42 | 7.59 |
| 8.77 | 1.17 | 0.46 | 8.35 | 2.05 | 17.27 | 69.79 | 7.63 |
| 8.12 | 1.22 | 0.97 | 11.03 | 4.19 | 15.66 | 67.15 | 7.66 |
| 8.20 | 1.22 | 0.96 | 11.30 | 3.88 | 14.79 | 67.92 | 7.64 |
| | | | | | | | |
| 6.32 | 1.11 | 0.86 | 15.68 | 9.63 | 17.00 | 59.46 | 6.79 |
| 7.67 | 1.14 | 0.92 | 5.66 | 2.68 | 9.21 | 65.68 | 9.76 |
| 10.03 | 1.36 | 1.07 | 18.36 | 3.89 | 15.78 | 70.20 | 6.28 |
| 8.56 | 1.28 | 0.99 | 3.92 | 1.31 | 17.66 | 75.86 | 7.24 |
| 5.91 | 0.95 | 0.74 | 26.36 | 32.25 | 24.42 | 40.87 | 5.36 |
| 11.37 | 1.64 | 1.39 | 15.11 | 1.54 | 24.18 | 68.90 | 7.04 |

# 4－5 规模以上工业企业主要工业产品生产总量（2013 年）

| 指　　标 | | Item | | 全　市 Whole Municipality |
|---|---|---|---|---|
| 铁矿石原矿量 | （吨） | Iron Ore | （ton） | 1095088 |
| 铜金属含量 | （吨） | Copper Content in Copper Concentrate | （ton） | 1456 |
| 锌金属含量 | （吨） | Zinc Content in Zinc Concentrate | （ton） | 5339 |
| 硫铁矿石（折含 S35%） | （吨） | Sulfur Iron Ore (Equivalent to S35%) | （ton） | 51198 |
| 小麦粉 | （吨） | Wheat Powder | （ton） | 50148 |
| 大米 | （吨） | Rice | （ton） | 49140 |
| 饲料 | （吨） | Forage | （ton） | 816176 |
| 罐头 | （吨） | Canned Food | （ton） | 31331 |
| 酱油 | （吨） | Soy Sauce | （ton） | 21984 |
| 饮料酒 | （千升） | Alcoholic Beverages | （1000units） | 404005 |
| # 白酒（折 65 度） | （千升） | Liquor | （1000units） | 14306 |
| 黄酒 | （千升） | Millet Wine | （1000units） | 388751 |
| 软饮料 | （吨） | Soft Drinks | （ton） | 223220 |
| 精制茶 | （吨） | Tea | （ton） | 179775 |
| 纱 | （吨） | Yarn | （ton） | 353234 |
| 布 | （万米） | Cloth | （10 000 m） | 592832 |
| # 棉布 | （万米） | Cotton Cloth | （10 000 m） | 136247 |
| 棉混纺布 | （万米） | Blended Colth | （10 000 m） | 133314 |
| 化学纤维布 | （万米） | Pure Chemical-fiber Colth | （10 000 m） | 323271 |
| 印染布 | （万米） | Printed Fabric | （10 000 m） | 2015131 |
| 毛纱 | （吨） | wool yarn | （ton） | 3987 |
| 毛机织物（呢绒） | （万米） | Woolen Piece Goods | （10 000 m） | 1265 |
| 亚麻布 | （万米） | Linen Cloth | （10 000 m） | 213 |
| 生丝 | （吨） | Raw Silk | （ton） | 1493 |
| 领带 | (万条) | tie | （1 0000 units） | 14459 |
| 无纺布(无纺织物) | (吨) | Non-woven | （ton） | 36479 |
| 袜子 | (万双) | socks | （10 000 m） | 726975 |
| 服装 | （万件） | Costumes | （1 0000 units） | 57255 |

# Output of Main Industrial Products of above Designated Size Industrial Enterprises (2013)

| 越城区 Yuecheng District | 柯桥区 Keqiao District | 上虞区 Shangyu District | 诸暨市 Zhuji City | 嵊州市 Shengzhou City | 新昌县 Xinchang County |
|---|---|---|---|---|---|
| 1095088 | – | – | – | – | – |
| 1400 | – | – | 56 | – | – |
| 1761 | – | – | 3578 | – | – |
| 51198 | – | – | – | – | – |
| – | – | 50148 | – | – | – |
| – | 35359 | 5969 | – | 7812 | – |
| 70436 | 672403 | – | 73337 | – | – |
| – | – | – | – | – | 31331 |
| – | 21984 | – | – | – | – |
| 134626 | 206173 | 54688 | 7390 | 1128 | – |
| 5029 | 7377 | 1767 | 133 | – | – |
| 128649 | 198796 | 52921 | 7257 | 1128 | – |
| 223220 | – | – | – | – | – |
| 1850 | 66709 | 15209 | 3998 | 87362 | 4648 |
| 59364 | 117837 | 48714 | 113116 | 11407 | 2795 |
| 59941 | 349635 | 2927 | 160896 | 15068 | 4365 |
| 19242 | 32349 | – | 69800 | 10780 | 4077 |
| 13880 | 88411 | – | 29564 | 1460 | – |
| 26819 | 228876 | 2927 | 61532 | 2829 | 288 |
| 141528 | 1789950 | 26162 | 49204 | 8288 | – |
| 3313 | – | – | – | 674 | – |
| 402 | 277 | – | 546 | 39 | – |
| – | 213 | – | – | – | – |
| – | – | – | – | 899 | 594 |
| – | – | – | – | 14198 | 260 |
| 8039 | 26239 | – | – | 1055 | 1146 |
| 1323 | – | 23930 | 701722 | – | – |
| 10529 | 9296 | 4485 | 21810 | 9781 | 1353 |

# 4－5 续表 1

| 指　　标 | | Item | | 全　市 Whole Municipality |
|---|---|---|---|---|
| # 针织服装 | （万件） | Knitting Costumes | （10 000 units） | 29802 |
| # 梭织服装 | （万件） | Shuttle Woven Costumes | （10 000 units） | 27453 |
| # 羽绒服 | （万件） | Eiderdown Costumes | （10 000 units） | 449 |
| 西服套装 | （万件） | Western-style Clothes | （10 000 units） | 1812 |
| 衬衫 | （万件） | Shirt | （10 000 units） | 8995 |
| 轻革 | （平方米） | Light Leather | （square meter） | 2486458 |
| 实木木地板 | （平方米） | Wooden Board | （square meter） | 1536623 |
| 复合木地板 | （平方米） | engineered hardwood | （square meter） | 612637 |
| 家具 | （件） | Furniture | （unit） | 4548723 |
| # 木质家具 | （件） | Wooden Furniture | （unit） | 1825689 |
| 金属家具 | （件） | Metal Furniture | （unit） | 12891 |
| 软体家具(含床垫、沙发) | （件） | Soft Furniture （include Mattress and Settee） | （unit） | 2297487 |
| 机制纸及纸板 | （吨） | Machine-made Paper and Paperboard | （ton） | 469788 |
| 箱纸板 | （吨） | Box carton | （ton） | 111566 |
| 纸制品 | （吨） | Paper Products | （ton） | 954246 |
| # 瓦楞纸箱（吨） | （吨） | Cardboard box | （ton） | 801003 |
| 硫酸（折１００％） | （吨） | sulfuric Acid | （ton） | 145213 |
| 合成氨 | （吨） | Synthetic Ammonia | （ton） | 97752 |
| 农用氮磷钾化肥(折纯) | （吨） | Chemical Fertilizer | （ton） | 38256 |
| # 氮肥(折含 N100%) | （吨） | Nitrogenous Fertilizer（100%） | （ton） | 38256 |
| 涂料 | （吨） | Dope | （ton） | 38562 |
| 染料 | （吨） | Dye | （ton） | 38904 |
| 合成纤维单体 | （吨） | Synthetic Fiber Monomer | （ton） | 2734935 |
| 合成纤维聚合物 | （吨） | Synthetic Fiber Polymer | （ton） | 1578906 |
| # 聚脂 | （吨） | Polyester | （ton） | 1398958 |
| 化学药品原药 | （吨） | Chemical Medicine | （ton） | 131893 |
| 中成药 | （吨） | Traditional Chinese Medicine | （ton） | 4398 |
| 化学纤维 | （吨） | Chemical Fiber | （ton） | 4953110 |

## Continued 1

| 越城区 Yuecheng District | 柯桥区 Keqiao District | 上虞区 Shangyu District | 诸暨市 Zhuji City | 嵊州市 Shengzhou City | 新昌县 Xinchang County |
|---|---|---|---|---|---|
| 3876 | 5060 | 3946 | 8623 | 7065 | 1232 |
| 6653 | 4236 | 540 | 13187 | 2716 | 122 |
| 161 | 28 | – | 260 | – | – |
| 228 | 200 | – | 1315 | 69 | – |
| 3563 | 336 | 323 | 2838 | 1936 | – |
| 658346 | 1828112 | – | – | – | – |
| 1536623 | – | – | – | – | – |
| 403820 | – | – | 208817 | – | – |
| 1641112 | 1482116 | 692449 | 668944 | 64102 | – |
| 397230 | 647703 | 191496 | 525158 | 64102 | – |
| – | – | 12891 | – | – | – |
| 1243882 | 714413 | 311193 | 27999 | – | – |
| – | 202972 | – | – | 266816 | – |
| – | 81943 | – | – | 29623 | – |
| 241528 | 347737 | 39687 | 316391 | 6416 | 2487 |
| 138776 | 320969 | 31543 | 301120 | 6416 | 2179 |
| – | 48773 | 96440 | – | – | – |
| 97752 | – | – | – | – | – |
| 38256 | – | – | – | – | – |
| 38256 | – | – | – | – | – |
| 5239 | 3274 | 30049 | – | – | – |
| – | 12787 | 26117 | – | – | – |
| – | 2734935 | – | – | – | – |
| 416803 | 1158571 | 3532 | – | – | – |
| 321402 | 1077556 | – | – | – | – |
| 1889 | 6375 | 28567 | 111 | 1698 | 93253 |
| 1032 | – | 8 | 1459 | 1899 | – |
| 828166 | 3489864 | 1954 | 629322 | – | 3804 |

## 4－5 续表 2

| 指　　标 | | Item | | 全　市 Whole Municipality |
|---|---|---|---|---|
| # 合成纤维 | （吨） | Synthetic Fiber | （ton） | 4949474 |
| 锦纶纤维 | （吨） | Polyamide fiber | （ton） | 181474 |
| 涤纶纤维 | （吨） | Polyester Fiber | （ton） | 4363169 |
| 氨纶纤维 | （吨） | Polypropylene Fiber | （ton） | 75506 |
| 橡胶轮胎外胎 | （条） | Tries | （unit） | 2440560 |
| 塑料制品 | （吨） | Plastic Membrane | （ton） | 2433539 |
| # 塑料薄膜 | （吨） | Plastic Film | （ton） | 1666607 |
| # 农用薄膜 | （吨） | Plastic Sheeting for Farm use | （ton） | 90919 |
| 日用塑料制品 | （吨） | Household Plastic Products | （ton） | 171814 |
| 水泥熟料 | （万吨） | Cement clinker | （10 000 tons） | 435 |
| 水泥 | （万吨） | Cement | （10 000 tons） | 1243 |
| 预应力混凝土桩 | （米） | prestressed-concretepile | （meter） | 3252546 |
| 砖（折标准砖） | （万块） | Bricks | （10 000 pieces） | 9221 |
| 平板玻璃 | （重量箱） | Plate Glass | （weight cases） | 4331550 |
| 玻璃包装容器 | （吨） | Glass packaging container | （ton） | 44382 |
| 耐火材料制品 | （吨） | Fireproof Material Products | （ton） | 232165 |
| 钢材 | （吨） | Steel Products | （ton） | 2039380 |
| # 线材（盘条) | （吨） | Wire Material | （ton） | 22458 |
| 中板 | （吨） | Medium Plate | （ton） | 152972 |
| 冷轧薄板 | （吨） | Cold-rolled sheet | （ton） | 977607 |
| 热轧窄钢带 | （吨） | Hot rolling narrow steel belt | （ton） | 6050 |
| 冷轧窄钢带 | （吨） | Steel Strip | （ton） | 103823 |
| 无缝钢管 | （吨） | Seamless Steel Pipe | （ton） | 262344 |
| 焊接钢管 | （吨） | Welded Steel Pipe | （ton） | 169024 |
| 白银 | （千克） | Silver | （kg） | 811225 |
| 铜材 | （吨） | Copper　Material | （ton） | 785263 |
| 铝材 | （吨） | Aluminum | （ton） | 359052 |
| 金属切削工具 | （万件） | Metal-cutting tools | （10 000 pieces） | 20 |

## Continued 2

| 越城区 Yuecheng District | 柯桥区 Keqiao District | 上虞区 Shangyu District | 诸暨市 Zhuji City | 嵊州市 Shengzhou City | 新昌县 Xinchang County |
|---|---|---|---|---|---|
| 828166 | 3486228 | 1954 | 629322 | – | 3804 |
| 1650 | – | 1954 | 177870 | – | – |
| 716319 | 3257661 | – | 385385 | – | 3804 |
| 8740 | 9223 | – | 57543 | – | – |
| – | 1892500 | – | – | – | 548060 |
| 275609 | 684311 | 102589 | 1206439 | 12704 | 151887 |
| 256296 | 494463 | – | 915848 | – | – |
| – | – | – | 90919 | – | – |
| – | – | 11763 | 156784 | 3267 | – |
| 5 | 147 | – | 284 | – | – |
| 153 | 316 | 131 | 613 | 29 | – |
| – | 1571374 | 812336 | – | 868836 | – |
| 624 | 4322 | 4275 | – | – | – |
| 4331550 | – | – | – | – | – |
| 44382 | – | – | – | – | – |
| – | 208 | 230159 | 1479 | 319 | – |
| 15900 | 295066 | 517835 | 1114823 | 95756 | – |
| – | – | 10784 | 11674 | – | – |
| – | 139574 | – | – | 13398 | – |
| 15900 | – | 421359 | 540348 | – | – |
| – | 6050 | – | – | – | – |
| – | 69510 | – | – | 34313 | – |
| – | – | – | 228393 | 33951 | – |
| – | 79932 | 74092 | 15000 | – | – |
| 791 | – | 810434 | – | – | – |
| 7400 | 105888 | 271924 | 373638 | 8411 | 18003 |
| 33291 | 253467 | 19979 | 27392 | 24922 | – |
| – | 17 | – | – | – | 3 |

## 4-5 续表 3

| 指　　标 | | Item | | 全市 Whole Municipality |
|---|---|---|---|---|
| 不锈钢日用制品 | （吨） | Daily Use Stainless Steel Product | （ton） | 12141 |
| 工业锅炉 | （蒸发量吨） | Industry　Boiler | （ton） | 214 |
| 发动机 | （千瓦） | Engine | （kw） | 8680000 |
| 金属切削机床 | （台） | Metal-cutting Machine Tools | （unit） | 20275 |
| #数控金属切削机床 | （台） | Numerically Metal-cutting Machine Tools | （unit） | 17660 |
| 金属成形机床 | （台） | Metal forming machine tools | （unit） | 7733 |
| 起重机 | （吨） | Derrick | （ton） | 31172 |
| 泵 | （台） | Pump | （unit） | 3455296 |
| 阀门 | （吨） | Valve | （ton） | 404021 |
| 滚动轴承 | （万套） | Bearing | （10 000 units） | 56423 |
| 风机 | （台） | Wind Machine | （unit） | 338998 |
| 两轮脚踏自行车 | （辆） | Bicycle | （unit） | 286387 |
| 电动自行车 | （辆） | Electric Bicycle | （unit） | 725045 |
| 交流电动机 | （千瓦） | Alternating Current Motor | （kw） | 20855735 |
| 高压开关板 | （面） | High Voltage Switchboard | （panel） | 3554 |
| 低压开关板 | （面） | Low Voltage Switchboard | （panel） | 28007 |
| 通信及电子网络用电缆 | （对千米） | Communication and electronic network cable | （pair km） | 960460 |
| 电力电缆 | （千米） | Electric Power Cable | （km） | 110130 |
| 铅酸蓄电池 | （千伏安时） | Storage Battery | （kvah） | 2875953 |
| 太阳能电池（光伏电池） | （千瓦） | | | 289298 |
| 家用吸排油烟机 | （台） | Household Smoke Absorbers | （unit） | 1897692 |
| 家用燃气灶具 | （台） | Houdehold Gas Burning Appliance | （set） | 775441 |
| 灯具及照明装置 | 〔万套（台、个）〕 | Lamps and illumination devices | （10 000pcs） | 47657 |
| 液晶（LCD）电视机 | （台） | Liquid crystal (LCD) TV | （set） | 926614 |
| 集成电路 | （万块） | integrated circuit | （10 000 units） | 174942 |
| 汽车仪器仪表 | （台） | Automobile Instrument | （set） | 5294683 |
| 伞类制品 | （万把） | Umbrella | （10 000 units） | 17873 |
| 发电量 | （万千瓦时） | Electricity | （10 000 kwh） | 896710 |
| #火电 | （万千瓦时） | Thermal Power Generation | （10 000 kwh） | 896710 |

Continued 3

| 越城区<br>Yuecheng District | 柯桥区<br>Keqiao District | 上虞区<br>Shangyu District | 诸暨市<br>Zhuji City | 嵊州市<br>Shengzhou City | 新昌县<br>Xinchang County |
|---|---|---|---|---|---|
| – | 2120 | 10021 | – | – | – |
| – | 214 | – | – | – | – |
| – | – | – | – | – | 8680000 |
| 108 | – | – | 16008 | 479 | 3680 |
| 108 | – | – | 13855 | 427 | 3270 |
| – | – | – | – | 7733 | – |
| 4831 | – | – | 26341 | – | – |
| 473498 | – | – | 2965292 | 1162 | 15344 |
| – | 555 | 1726 | 401060 | – | 680 |
| 27819 | 730 | 6858 | 989 | 2082 | 17946 |
| – | – | 229625 | – | 59284 | 50089 |
| 286387 | – | – | – | – | – |
| – | 261977 | 463068 | – | – | – |
| 929916 | – | 17347809 | – | 2578010 | – |
| 1890 | – | 1657 | – | 7 | – |
| 4700 | – | 939 | – | 20326 | 2042 |
| 536606 | – | – | 423854 | – | – |
| 4646 | 104856 | 627 | – | – | – |
| 1762103 | – | 1113850 | – | – | – |
| 232288 | – | 57010 | – | – | – |
| – | – | – | – | 1897692 | – |
| – | – | – | – | 775441 | – |
| 5621 | 267 | 41325 | 194 | 251 | – |
| 926614 | – | – | – | – | – |
| 174942 | – | – | – | – | – |
| 2454376 | 2840307 | – | – | – | – |
| – | – | 17873 | – | – | – |
| 75109 | 641143 | 96585 | 42349 | 26555 | 14971 |
| 75109 | 641143 | 96585 | 42349 | 26555 | 14971 |

# 4－6 分地区、分行业 规模以上工业企业总产值(2013年)

单位：万元

| 指　　标 | Item | 全　市 Whole Municipality |
|---|---|---|
| **总　计** | **Whole Municipality** | **93393104** |
| **采掘业** | **Mining and Quarrying** | **116787** |
| 黑色金属矿采选业 | Ferrous Metals Mining and Dressing | 80258 |
| 有色金属矿采选业 | Nonferrous Metals Mining and Dressing | 15386 |
| 非金属矿采选业 | Nonmetal Minerals Mining and Dressing | 21143 |
| **制造业** | **Manufacturing** | **88958547** |
| 农副食品加工业 | Manufacturing of Agricultural and Non-staple Foodstuff | 658861 |
| 食品制造业 | Foodstuff Manufacturing Industry | 161433 |
| 酒、饮料和精制茶制造业 | Manufacturing Industry of beverage, drinking and refiined tea | 892890 |
| 纺织业 | Textile Industry | 22840376 |
| 纺织服装、服饰业 | Manufacturing Industry of Textile Costumes, Shoes, and Caps | 3437178 |
| 皮革、毛皮、羽毛及其制品和制鞋业 | Manufacturing Industry of Leather, Fur, Feather (Cloth with Soft Nap) and their Products | 260952 |
| 木材加工和木、竹、藤、棕、草制品业 | Wood Processing and Manufacturing Industry of Wood, Bamboo, Rattan, Palm, and Straw-made Articles | 216699 |
| 家具制造业 | Cabinetmaking Industry | 462211 |
| 造纸和纸制品业 | Papermaking and Paper Product Industry | 750683 |
| 印刷和记录媒介复制业 | Printing Industry and Reproduction of Record Media | 213965 |
| 文教、工美、体育和娱乐用品制造业 | Manufacturing Industry of Culture, Education and Sports stuff | 2184550 |
| 石油加工、炼焦和核燃料加工业 | Petroleum Processing,Coking and Nuclear Fuel Manufacture | 63369 |
| 化学原料和化学制品制造业 | Chemical Feedstock and Chemical Manufacturing Industry | 9837836 |
| 医药制造业 | Medicine Manufacturing Industry | 2303203 |
| 化学纤维制造业 | Chemical Fiber Manufacturing Industry | 8352915 |
| 橡胶和塑料制品业 | manufacturing industriy of robber and plastic | 4489547 |
| 非金属矿物制品业 | Non-metallic Minerals Product Industry | 2128518 |
| 黑色金属冶炼和压延加工业 | Ferrous Metal Smelting and Extrusion | 1572701 |
| 有色金属冶炼和压延加工业 | Non-ferrous Smelting and Extrusion | 5507925 |
| 金属制品业 | Metalwork Industry | 3066787 |
| 通用设备制造业 | General-purpose Equipment Manufacturing Industry | 7227431 |
| 专用设备制造业 | Specialized Facility Manufacturing Industry | 2988513 |
| 汽车制造业 | Manufacturing Industry of Transport and Communication Facilities | 2514193 |
| 铁路、船舶、航空航天和其他运输设备制造业 | Manufacturing Industry of railway, shipping, spackflight and other transiport equipments | 54926 |
| 电气机械和器材制造业 | Electric Machinery and Equipment Manufacturing Industry | 5202889 |
| 计算机、通信和其他电子设备制造业 | Manufacturing Industry of Communication Equipment, Computers and Other Electronic Equipment | 989554 |
| 仪器仪表制造业 | Manufacturing Industry of Instruments and Meters | 168250 |
| 其他制造业 | Artwork and Other Manufacturing Industries | 376019 |
| 废弃资源综合利用业 | Processing of Discarded Resources, and Waste and cycle | 29862 |
| 金属制品、机械和设备修理业 | Repair of Metalwork，Machinery and Equipments | 4313 |
| **电力、燃气及水的生产和供应业** | **Production and Supply of Electric Power, Gas and Water** | **4317770** |
| 电力、热力生产和供应业 | Production and Supply of Electric Power and Heat Power | 3904423 |
| 燃气生产和供应业 | Gas Generation and Supply | 179012 |
| 水的生产和供应业 | Water Production and Supply | 234336 |

注：2011年始采用新《国民经济行业分类》(GB/T4754-2011)。

# Gross Industrial Output Value of above Designated Size Industrial Enterprises by Sector and Area(2013)

(10 000 yuan)

| 越城区 Yuecheng District | 柯桥区 Keqiao District | 上虞区 Shangyu District | 诸暨市 Zhuji City | 嵊州市 Shengzhou City | 新昌县 Xinchang County |
|---|---|---|---|---|---|
| **12450594** | **34900455** | **14470671** | **22243608** | **3998203** | **5329571** |
| **90237** | **4527** | **3202** | **16436** | **2386** | **–** |
| 80258 | – | – | – | – | – |
| 9979 | – | – | 5407 | – | – |
| – | 4527 | 3202 | 11029 | 2386 | – |
| **10034917** | **34251912** | **13963899** | **21700408** | **3815644** | **5191767** |
| 63082 | 332472 | 89042 | 167094 | 7172 | – |
| 71770 | 32821 | 13159 | 2536 | 11075 | 30073 |
| 265762 | 319680 | 89962 | 47699 | 156589 | 13198 |
| 2836688 | 14203204 | 1290722 | 3791027 | 526396 | 192339 |
| 311845 | 635545 | 74207 | 1441613 | 926760 | 47209 |
| 110527 | 83374 | 10023 | 37338 | 19690 | – |
| 68215 | – | 4725 | 139849 | 3909 | – |
| 147056 | 152505 | 69809 | 78281 | 14560 | – |
| 129144 | 212892 | 47498 | 264786 | 96363 | – |
| 30763 | 90746 | 58168 | 12010 | 4936 | 17343 |
| 145042 | 1422056 | 105601 | 486989 | 2777 | 22086 |
| 19000 | – | 33891 | 10478 | – | – |
| 1128526 | 4265778 | 3852915 | 537916 | 52701 | – |
| 322841 | 78516 | 593556 | 140621 | 155866 | 1011803 |
| 1584727 | 5438827 | 11690 | 1314618 | – | 3053 |
| 561785 | 1336193 | 389836 | 1921468 | 36138 | 244127 |
| 365905 | 849562 | 336003 | 519379 | 57668 | – |
| 59128 | 865104 | 115254 | 453065 | 70207 | 9944 |
| 177410 | 899695 | 2024377 | 2242899 | 99511 | 64033 |
| 120064 | 1116979 | 505183 | 1256577 | 54878 | 13107 |
| 139600 | 312142 | 971503 | 3203922 | 349439 | 2250825 |
| 158151 | 521001 | 338600 | 1723787 | 81935 | 165039 |
| 32338 | 486218 | 286193 | 654570 | 47143 | 1007733 |
| 12351 | 1028 | – | 11307 | 8524 | 21716 |
| 819341 | 483111 | 2183011 | 1089825 | 596742 | 30859 |
| 309888 | 62622 | 16379 | 125924 | 434667 | 40075 |
| 43972 | 43391 | 62903 | 10778 | – | 7205 |
| – | – | 376019 | – | – | – |
| – | 6451 | 13671 | 9741 | – | – |
| – | – | – | 4313 | – | – |
| **2325440** | **644017** | **503570** | **526765** | **180173** | **137805** |
| 2163879 | 530702 | 430276 | 487952 | 166212 | 125402 |
| 96829 | 20738 | 37161 | 19635 | – | 4648 |
| 64732 | 92576 | 36133 | 19178 | 13962 | 7755 |

# 4－7 分地区、分行业
# 规模以上工业企业增加值（2013年）

单位：万元

| 指 标 | Item | 全 市 Whole Municipality |
|---|---|---|
| **总 计** | **Whole Municipality** | **14837515** |
| **采掘业** | **Mining and Quarrying** | **31084** |
| 黑色金属矿采选业 | Ferrous Metals Mining and Dressing | 18510 |
| 有色金属矿采选业 | Nonferrous Metals Mining and Dressing | 8409 |
| 非金属矿采选业 | Nonmetal Minerals Mining and Dressing | 4165 |
| **制造业** | **Manufacturing** | **14109885** |
| 农副食品加工业 | Manufacturing of Agricultural and Non-staple Foodstuff | 75847 |
| 食品制造业 | Foodstuff Manufacturing Industry | 33247 |
| 酒、饮料和精制茶制造业 | Manufacturing Industry of beverage, drinking and refiined tea | 207945 |
| 纺织业 | Textile Industry | 3899408 |
| 纺织服装、服饰业 | Manufacturing Industry of Textile Costumes, Shoes, and Caps | 643042 |
| 皮革、毛皮、羽毛及其制品和制鞋业 | Manufacturing Industry of Leather, Fur, Feather (Cloth with Soft Nap) and their Products | 35117 |
| 木材加工和木、竹、藤、棕、草制品业 | Wood Processing and Manufacturing Industry of Wood, Bamboo, Rattan, Palm, and Straw-made Articles | 29245 |
| 家具制造业 | Cabinetmaking Industry | 115685 |
| 造纸和纸制品业 | Papermaking and Paper Product Industry | 155422 |
| 印刷和记录媒介复制业 | Printing Industry and Reproduction of Record Media | 36060 |
| 文教、工美、体育和娱乐用品制造业 | Manufacturing Industry of Culture, Education and Sports stuff | 254965 |
| 石油加工、炼焦和核燃料加工业 | Petroleum Processing,Coking and Nuclear Fuel Manufacture | 1848 |
| 化学原料和化学制品制造业 | Chemical Feedstock and Chemical Manufacturing Industry | 1279765 |
| 医药制造业 | Medicine Manufacturing Industry | 505169 |
| 化学纤维制造业 | Chemical Fiber Manufacturing Industry | 933081 |
| 橡胶和塑料制品业 | manufacturing industriy of robber and plastic | 773772 |
| 非金属矿物制品业 | Non-metallic Minerals Product Industry | 368873 |
| 黑色金属冶炼和压延加工业 | Ferrous Metal Smelting and Extrusion | 174752 |
| 有色金属冶炼和压延加工业 | Non-ferrous Smelting and Extrusion | 428169 |
| 金属制品业 | Metalwork Industry | 550024 |
| 通用设备制造业 | General-purpose Equipment Manufacturing Industry | 1368539 |
| 专用设备制造业 | Specialized Facility Manufacturing Industry | 572560 |
| 汽车制造业 | Manufacturing Industry of Transport and Communication Facilities | 494923 |
| 铁路、船舶、航空航天和其他运输设备制造业 | Manufacturing Industry of railway, shipping, spackflight and other transiport equipments | 12282 |
| 电气机械和器材制造业 | Electric Machinery and Equipment Manufacturing Industry | 893992 |
| 计算机、通信和其他电子设备制造业 | Manufacturing Industry of Communication Equipment, Computers and Other Electronic Equipment | 159752 |
| 仪器仪表制造业 | Manufacturing Industry of Instruments and Meters | 37751 |
| 其他制造业 | Artwork and Other Manufacturing Industries | 63848 |
| 废弃资源综合利用业 | Processing of Discarded Resources, and Waste and cycle | 3000 |
| 金属制品、机械和设备修理业 | Repair of Metalwork，Machinery and Equipments | 1804 |
| **电力、燃气及水的生产和供应业** | **Production and Supply of Electric Power, Gas and Water** | **696546** |
| 电力、热力生产和供应业 | Production and Supply of Electric Power and Heat Power | 592403 |
| 燃气生产和供应业 | Gas Generation and Supply | 28201 |
| 水的生产和供应业 | Water Production and Supply | 75942 |

注：2011年始采用新《国民经济行业分类》(GB/T4754-2011)。

# Value-added of Industry of above Designated Size Industrial Enterprises by Sector and Area(2013)

(10 000 yuan)

| 越城区 Yuecheng District | 柯桥区 Keqiao District | 上虞区 Shangyu District | 诸暨市 Zhuji City | 嵊州市 Shengzhou City | 新昌县 Xinchang County |
|---|---|---|---|---|---|
| **1867422** | **4908401** | **2494399** | **3820292** | **652512** | **1094491** |
| **24608** | **860** | **767** | **4565** | **283** | **–** |
| 18510 | – | – | – | – | – |
| 6098 | – | – | 2311 | – | – |
| – | 860 | 767 | 2254 | 283 | – |
| **1560334** | **4727922** | **2395669** | **3759251** | **607154** | **1059556** |
| 11301 | 26989 | 12667 | 24736 | 155 | – |
| 11328 | 6537 | 2504 | 920 | 2236 | 9721 |
| 76643 | 82875 | 19353 | 8357 | 18931 | 1786 |
| 539790 | 2304449 | 262313 | 688280 | 78394 | 26182 |
| 60141 | 98479 | 26837 | 287509 | 160902 | 9175 |
| 9469 | 9218 | 2548 | 8075 | 5807 | – |
| 6042 | – | 707 | 21731 | 765 | – |
| 39541 | 30770 | 17633 | 21941 | 5799 | – |
| 23876 | 35222 | 22280 | 59788 | 14257 | – |
| 6300 | 10930 | 12810 | 1406 | 1187 | 3428 |
| 20176 | 129113 | 11397 | 80151 | 483 | 13645 |
| 268 | – | 1188 | 391 | – | – |
| 101581 | 340496 | 726943 | 96123 | 14622 | – |
| 58479 | 23479 | 82549 | 21259 | 42224 | 277179 |
| 130448 | 620977 | 2057 | 179357 | – | 242 |
| 64003 | 226037 | 91252 | 346810 | 4616 | 41054 |
| 50032 | 146682 | 60366 | 102157 | 9636 | – |
| 5948 | 74296 | 16240 | 68066 | 7679 | 2523 |
| 17387 | 62277 | 119730 | 219069 | 7145 | 2561 |
| 21165 | 193933 | 93477 | 230671 | 7896 | 2881 |
| 32638 | 57839 | 195188 | 588496 | 55415 | 438963 |
| 51112 | 98457 | 51120 | 324142 | 12997 | 34733 |
| 7004 | 88470 | 92372 | 130456 | 8196 | 168426 |
| 1847 | 183 | – | 2236 | 1269 | 6747 |
| 154695 | 46287 | 392103 | 202939 | 90591 | 7378 |
| 47120 | 8370 | 4304 | 33652 | 55953 | 10353 |
| 12002 | 4746 | 11652 | 6770 | – | 2581 |
| – | – | 63848 | – | – | – |
| – | 812 | 230 | 1959 | – | – |
| – | – | – | 1804 | – | – |
| **282480** | **179618** | **97962** | **56476** | **45075** | **34935** |
| 252002 | 147916 | 72223 | 47824 | 39381 | 33057 |
| 10037 | 7626 | 8176 | 2066 | – | 296 |
| 20441 | 24076 | 17564 | 6586 | 5694 | 1582 |

# 4－8 规模以上工业企业主要财务指标（2013 年）

单位：万元

| 分类 | Item | 企业个数（个）<br>Number of Enterprises (unit) | 工业总产值现行价<br>Gross Industrial Output Value | 工业增加值（收入法）<br>Value-added of Industry (Income method) |
|---|---|---|---|---|
| **全市总计** | **Whole Municipality** | **4079** | **93393104** | **14837515** |
| 总计中：越城区 | Yuecheng District | 593 | 12450594 | 1867422 |
| 柯桥区 | Keqiao District | 1201 | 34900455 | 4908401 |
| 上虞区 | Shangyu District | 599 | 14470671 | 2494399 |
| 诸暨市 | Zhuji City | 1021 | 22243608 | 3820292 |
| 嵊州市 | Shengzhou City | 440 | 3998203 | 652512 |
| 新昌县 | Xinchang County | 225 | 5329571 | 1094491 |
| **按登记注册类型分** | **Grouped by Registration Status** | | | |
| 内资企业 | Domestic Funded Enterprises | 3278 | 72539349 | 11442018 |
| 国有企业 | State-owned Enterprises | 7 | 2995840 | 345902 |
| 地方企业 | Local Enterprises | 5 | 759655 | 107627 |
| 集体企业 | Collective-owned Enterprises | 8 | 43191 | 8474 |
| 股份合作企业 | Share-holding Cooperative Enterprises | 6 | 99087 | 18202 |
| 有限责任公司 | Limited liability Corporations | 384 | 17211427 | 2502114 |
| 国有独资公司 | Sole State-funded Corporations | 13 | 485013 | 145101 |
| 其他有限责任公司 | Other Limited liability Corporations | 371 | 16726414 | 2357014 |
| 股份有限公司 | Share-holding Corporations Ltd. | 61 | 5983580 | 1253673 |
| 私营企业 | Private Enterprises | 2811 | 46202484 | 7313203 |
| 私营独资企业 | Private-funded Enterprises | 158 | 1202391 | 174554 |
| 私营合伙企业 | Private Partnership Enterprises | 5 | 18867 | 2474 |
| 私营有限责任公司 | Private Limited Liability Corporations | 2630 | 43680914 | 6906419 |
| 私营股份有限公司 | Private Shareholding Corporations Ltd., | 18 | 1300312 | 229756 |

# Main Financial Indicators of above Designated Size Industrial Enterprises (2013)

(10 000 yuan)

| 本年应付职工薪酬 Wages Payable | 全部职工年均人数(人) Average Employees (person) | 流动资产合计 Circulating Funds | #产成品 Products | 固定资产合计 Total Fixed Assets | 固定资产原价 Original Value of Fixed Assets | 累计折旧 Depreciation | #本年折旧 Depreciation in This Year | 资产总计 Total Assets | 负债总计 Total Liabilities |
|---|---|---|---|---|---|---|---|---|---|
| **3489438** | **811628** | **49733050** | **4792378** | **19916226** | **29953306** | **12367310** | **2112355** | **81702472** | **48812926** |
| 570408 | 128699 | 7035244 | 651468 | 4026290 | 6186725 | 2793394 | 407119 | 12702035 | 8149755 |
| 1139488 | 252817 | 15869386 | 1596008 | 6888676 | 10975441 | 4650527 | 841771 | 26079241 | 17170800 |
| 609052 | 134827 | 8488543 | 902961 | 3603466 | 4801113 | 1788671 | 330130 | 13972454 | 7234282 |
| 660561 | 168196 | 11550545 | 1145556 | 3478224 | 5008224 | 1914455 | 316968 | 18512634 | 10072874 |
| 244640 | 68923 | 2741928 | 215714 | 917595 | 1394101 | 574266 | 91075 | 4365678 | 3141515 |
| 265289 | 58166 | 4047405 | 280671 | 1001975 | 1587704 | 645997 | 125294 | 6070430 | 3043700 |
| | | | | | | | | | |
| 2609013 | 608926 | 36792316 | 3650608 | 15347746 | 23304674 | 9616071 | 1595707 | 61696940 | 36642638 |
| 54096 | 5001 | 48646 | 6 | 1073261 | 1921278 | 990615 | 149828 | 1149532 | 920530 |
| 21825 | 2503 | 37130 | 6 | 352609 | 552480 | 239220 | 47260 | 404929 | 240531 |
| 4170 | 1093 | 19007 | 2471 | 4730 | 16371 | 11641 | 591 | 28790 | 12932 |
| 6705 | 1949 | 71834 | 17417 | 27924 | 39030 | 21860 | 1414 | 111076 | 87587 |
| 566238 | 117449 | 8422806 | 738355 | 4690217 | 7068702 | 2777293 | 409320 | 15829948 | 9643768 |
| 47911 | 7884 | 804747 | 104465 | 526547 | 708354 | 269353 | 33485 | 1704075 | 847428 |
| 518327 | 109565 | 7618059 | 633890 | 4163670 | 6360348 | 2507939 | 375835 | 14125873 | 8796340 |
| 246104 | 48628 | 5129949 | 452062 | 1414883 | 2016843 | 866185 | 139186 | 7966433 | 2831012 |
| 1731566 | 434745 | 23098343 | 2440293 | 8135564 | 12240599 | 4947793 | 895218 | 36607980 | 23144543 |
| 40432 | 11183 | 450353 | 50658 | 151858 | 252449 | 114368 | 17272 | 646341 | 454979 |
| 839 | 295 | 11332 | 700 | 2040 | 4287 | 2247 | 371 | 14625 | 11192 |
| 1655154 | 415252 | 22164683 | 2346976 | 7820214 | 11712378 | 4697668 | 858562 | 35205004 | 22265727 |
| 35141 | 8015 | 471975 | 41960 | 161452 | 271485 | 133511 | 19014 | 742010 | 412645 |

# 4-8 续表 1

单位：万元

| 分类 | Item | 主营业务收入 Main Business Income | 主营业务成本 Cost of Main Business | 主营业务税金及附加 Main Business Tax and Extra Charges |
|---|---|---|---|---|
| **全市总计** | **Whole Municipality** | **90797957** | **79819027** | **380623** |
| 总计中：越城区 | Yuecheng District | 12320834 | 11026187 | 46459 |
| 柯桥区 | Keqiao District | 33953271 | 30640677 | 158516 |
| 上虞区 | Shangyu District | 13601828 | 11596150 | 53522 |
| 诸暨市 | Zhuji City | 21812864 | 18958400 | 78526 |
| 嵊州市 | Shengzhou City | 3817352 | 3284041 | 17273 |
| 新昌县 | Xinchang County | 5291808 | 4313572 | 26326 |
| **按登记注册类型分** | **Grouped by Registration Status** | | | |
| 内资企业 | Domestic Funded Enterprises | 70707227 | 62160609 | 311353 |
| 国有企业 | State-owned Enterprises | 3009329 | 2930189 | 8255 |
| 地方企业 | Local Enterprises | 757639 | 732981 | 2877 |
| 集体企业 | Collective-owned Enterprises | 41782 | 37773 | 141 |
| 股份合作企业 | Share-holding Cooperative Enterprises | 100380 | 83152 | 540 |
| 有限责任公司 | Limited liability Corporations | 16714388 | 14704689 | 71344 |
| 国有独资公司 | Sole State-funded Corporations | 511032 | 389631 | 7182 |
| 其他有限责任公司 | Other Limited liability Corporations | 16203356 | 14315057 | 64162 |
| 股份有限公司 | Share-holding Corporations Ltd. | 5754524 | 4622000 | 28571 |
| 私营企业 | Private Enterprises | 45083083 | 39779398 | 202492 |
| 私营独资企业 | Private-funded Enterprises | 1174723 | 1066967 | 5432 |
| 私营合伙企业 | Private Partnership Enterprises | 17831 | 15686 | 89 |
| 私营有限责任公司 | Private Limited Liability Corporations | 42687473 | 37626913 | 193620 |
| 私营股份有限公司 | Private Shareholding Corporations Ltd., | 1203057 | 1069833 | 3352 |

# Continued 1

(10 000 yuan)

| 销售费用<br>Business Expenses | 管理费用<br>Management Expenses | 财务费用<br>Finance Expenses | 利息支出<br>Interest Expenditure | 利息收入<br>Interest Income | 营业利润<br>Business Profits | 利润总额<br>Total Profits | 亏损企业亏损额<br>Total Loss | 利税总额<br>Total Pre-tax Profits | 本年应交增值税<br>Value Added Tax Payable |
|---|---|---|---|---|---|---|---|---|---|
| **1392569** | **2716574** | **1739302** | **1865924** | **238294** | **4889649** | **5054964** | **204314** | **7442350** | **2001692** |
| 234872 | 402773 | 225259 | 251981 | 41540 | 438885 | 463267 | 49394 | 779098 | 268469 |
| 265100 | 653701 | 626351 | 669733 | 86095 | 1650904 | 1710742 | 47036 | 2604570 | 734006 |
| 273098 | 555142 | 265367 | 276079 | 33654 | 931418 | 957775 | 38752 | 1364427 | 352525 |
| 386478 | 549527 | 384948 | 417763 | 44560 | 1390396 | 1416525 | 18770 | 1867168 | 370702 |
| 86130 | 212302 | 138631 | 140459 | 16130 | 86728 | 92201 | 43892 | 225576 | 115360 |
| 146892 | 343129 | 98745 | 109910 | 16315 | 391318 | 414454 | 6469 | 601511 | 160630 |
| | | | | | | | | | |
| 1104857 | 2070340 | 1324670 | 1410271 | 154749 | 3849186 | 3988504 | 136030 | 5874175 | 1570388 |
| 278 | 30056 | 9475 | 9690 | 288 | 56921 | 58736 | – | 134692 | 67233 |
| 278 | 18629 | 9336 | 9453 | 166 | 7618 | 8196 | – | 37391 | 26072 |
| 460 | 1365 | 724 | 756 | 35 | 1514 | 1480 | 76 | 3022 | 1401 |
| 1482 | 9009 | 2910 | 2866 | 185 | 2729 | 2601 | 2768 | 6466 | 3324 |
| 278496 | 518356 | 316569 | 382310 | 57168 | 787008 | 869035 | 65548 | 1245648 | 304472 |
| 28898 | 46646 | 19998 | 19204 | 1933 | 20617 | 26335 | 5449 | 58939 | 25408 |
| 249598 | 471710 | 296571 | 363106 | 55236 | 766391 | 842700 | 60099 | 1186709 | 279064 |
| 199941 | 283574 | 68076 | 87660 | 22569 | 596765 | 607501 | 12131 | 812977 | 176750 |
| 624132 | 1227843 | 926798 | 926871 | 74504 | 2404228 | 2449133 | 55508 | 3671264 | 1017130 |
| 11194 | 23200 | 16843 | 15886 | 1340 | 51189 | 51163 | 257 | 81949 | 25341 |
| 469 | 695 | 587 | 448 | 2 | 308 | 297 | 94 | 813 | 427 |
| 594712 | 1169489 | 888324 | 888675 | 70983 | 2280809 | 2326315 | 54822 | 3492269 | 969838 |
| 17757 | 34460 | 21044 | 21862 | 2179 | 71922 | 71357 | 334 | 96232 | 21524 |

# 4-8 续表 2

单位：万元

| 分 类 | Item | 企业个数(个) Number of Enterprises (unit) | 工业总产值现行价 Gross Industrial Output Value | 工业增加值(收入法) Value-added of Industry (Income method) |
|---|---|---|---|---|
| 港、澳、台商投资公司 | Enterprises with Investment from Hong Kong,Macao and Taiwan | 512 | 13564915 | 2195819 |
| 内地与港澳台合资经营企业 | Joint-venture Enterprises with Investment from Hong Kong,Macao and Taiwan | 323 | 10029285 | 1587476 |
| 内地与港澳台合作经营企业 | Cooperative Enterprises with Investment from Hong Kong,Macao and Taiwan | 11 | 384746 | 79469 |
| 港澳台商独资经营企业 | Sole Investment from Hong Kong,Macao and Taiwan | 169 | 3045798 | 515417 |
| 港澳台商投资股份有限公司 | Share-holding Corporations Ltd. With Investment from Hong Kong,Macao and Taiwan | 8 | 99898 | 12860 |
| 外商投资企业公司 | Enterprises with Foreign Investment | 289 | 7288840 | 1199679 |
| 中外合资经营企业 | Joint-venture Enterprises with Foreign Investment | 191 | 4801702 | 832306 |
| 中外合作经营企业 | Cooperative Enterprises with Foreign Investment | 4 | 187733 | 34507 |
| 外商独资经营企业 | Enterprises with Sole Foreign Investment | 89 | 1543079 | 253777 |
| 外商投资股份有限公司 | Share-holding Corporations Ltd. with Foreign Investment | 5 | 756326 | 79088 |
| 总计中：亏损企业 | Loss Enterprises | 461 | 3626643 | 434271 |
| 总计中：国有控股企业 | State-owned and State-holding Enterprises | 55 | 4864508 | 833278 |
| 总计中：轻工业 | Light Industry | 2551 | 49460762 | 8141752 |
| 重工业 | Heavy Industry | 1528 | 43932342 | 6695764 |
| 总计中：大型企业 | Large | 94 | 32219345 | 5174214 |
| 中型企业 | Medium-sized | 548 | 28637606 | 4803998 |
| 小型企业 | Small | 3168 | 31347627 | 4761199 |
| 微型企业 | Miniature | 269 | 1188526 | 98104 |
| **按主营业务收入分** | **Grouped by Main Business Income** | | | |
| 2000–3000 万 | 20 -30million | 851 | 2119692 | 395641 |
| 3000–5000 万 | 30 -50million | 817 | 3251299 | 568565 |
| 5000–1 亿 | 50 -100million | 872 | 6279912 | 1112569 |
| 1 亿–5 亿 | 100-500 million | 1119 | 24290042 | 4335868 |
| 5 亿–10 亿 | 500-1000 million | 171 | 11972041 | 1925372 |
| 10 亿–50 亿 | 1-5 billion | 126 | 25684524 | 3877199 |
| 50 亿–100 亿 | 5-10 billion | 12 | 8789293 | 1227520 |
| 100 亿及以上 | Above10 billion | 6 | 10833145 | 1368825 |

## Continued 2

(10 000 yuan)

| 本年应付职工薪酬 Wages Payable | 全部职工年均人数(人) Average Employees (person) | 流动资产合计 Circulating Funds | #产成品 Products | 固定资产合计 Total Fixed Assets | 固定资产原价 Original Value of Fixed Assets | 累计折旧 Depreciation | #本年折旧 Depreciation in This Year | 资产总计 Total Assets | 负债总计 Total Liabilities |
|---|---|---|---|---|---|---|---|---|---|
| 555978 | 128456 | 9023642 | 778246 | 2978169 | 4451618 | 1852126 | 353976 | 13616224 | 8292598 |
| 378486 | 85748 | 6514370 | 565192 | 2010392 | 3125358 | 1310277 | 258944 | 9815294 | 5936329 |
| 14575 | 3621 | 163515 | 27219 | 80103 | 155023 | 79473 | 13603 | 253384 | 123245 |
| 158544 | 37735 | 2266584 | 179241 | 850453 | 1131629 | 440082 | 78795 | 3372866 | 2109620 |
| 4110 | 1253 | 76088 | 6287 | 35978 | 38018 | 21947 | 2490 | 170263 | 119579 |
| 324448 | 74246 | 3917092 | 363524 | 1590312 | 2197014 | 899113 | 162673 | 6389307 | 3877690 |
| 217465 | 51285 | 2645469 | 260915 | 1040375 | 1536267 | 622031 | 116491 | 4098971 | 2481410 |
| 2356 | 696 | 41871 | 2183 | 23410 | 36119 | 23161 | 3260 | 69746 | 27488 |
| 89132 | 19149 | 983775 | 87053 | 478300 | 543104 | 219130 | 36875 | 1556010 | 974522 |
| 15495 | 3116 | 245977 | 13373 | 48227 | 81525 | 34792 | 6047 | 664580 | 394271 |
| 281981 | 71350 | 3658193 | 320257 | 1770469 | 2537344 | 1011611 | 155639 | 6727650 | 4948430 |
| 193630 | 25887 | 2124884 | 166211 | 2749029 | 4392901 | 1932580 | 276619 | 5489972 | 3080513 |
| 2157580 | 525866 | 27943239 | 2986324 | 10280245 | 15560574 | 6508233 | 1123259 | 44071104 | 26119020 |
| 1331859 | 285762 | 21789812 | 1806054 | 9635982 | 14392733 | 5859078 | 989096 | 37631367 | 22693906 |
| 986033 | 200943 | 15440085 | 1512453 | 6249250 | 9867843 | 4290681 | 764214 | 26269161 | 14031306 |
| 1219641 | 278223 | 15286285 | 1334713 | 6605728 | 10065963 | 4424515 | 686724 | 25686177 | 15137182 |
| 1254142 | 328147 | 18017433 | 1890987 | 6968978 | 9903490 | 3617344 | 652817 | 28118814 | 18482689 |
| 29622 | 4315 | 989248 | 54225 | 92271 | 116010 | 34770 | 8601 | 1628319 | 1161749 |
| | | | | | | | | | |
| 167312 | 50895 | 1700927 | 156638 | 580945 | 852993 | 323664 | 54716 | 2619958 | 1788619 |
| 233398 | 67477 | 2446317 | 235450 | 890823 | 1246734 | 452998 | 80302 | 3791300 | 2523189 |
| 387392 | 106816 | 3939036 | 394665 | 1591949 | 2290073 | 846492 | 146521 | 6271642 | 4242781 |
| 1199009 | 281960 | 15050336 | 1512196 | 6505489 | 9610141 | 3822781 | 623393 | 24972888 | 15811987 |
| 418621 | 88991 | 5895750 | 593696 | 2129163 | 3250452 | 1368654 | 224406 | 9474368 | 5055993 |
| 693688 | 141069 | 13223897 | 1258694 | 4673055 | 6837516 | 2923309 | 531072 | 20823022 | 10951410 |
| 206246 | 39884 | 3476306 | 366062 | 1392720 | 2099251 | 784501 | 180480 | 6649526 | 3755548 |
| 167045 | 28164 | 3744064 | 253307 | 2076712 | 3657208 | 1801194 | 265311 | 6687285 | 4387738 |

# 4-8 续表 3

单位：万元

| 分　类 | Item | 主营业务收入 Main Business Income | 主营业务成本 Cost of Main Business | 主营业务税金及附加 Main Business Tax and Extra Charges |
|---|---|---|---|---|
| 港、澳、台商投资公司 | Enterprises with Investment from Hong Kong,Macao and Taiwan | 13076044 | 11529676 | 46589 |
| 内地与港澳台合资经营企业 | Joint-venture Enterprises with Investment from Hong Kong,Macao and Taiwan | 9649150 | 8580610 | 32597 |
| 内地与港澳台合作经营企业 | Cooperative Enterprises with Investment from Hong Kong,Macao and Taiwan | 380204 | 332861 | 1417 |
| 港澳台商独资经营企业 | Sole Investment from Hong Kong,Macao and Taiwan | 2950547 | 2532482 | 12365 |
| 港澳台商投资股份有限公司 | Share-holding Corporations Ltd. With Investment from Hong Kong,Macao and Taiwan | 90954 | 79022 | 200 |
| 外商投资企业公司 | Enterprises with Foreign Investment | 7014687 | 6128742 | 22681 |
| 中外合资经营企业 | Joint-venture Enterprises with Foreign Investment | 4543132 | 3927081 | 15651 |
| 中外合作经营企业 | Cooperative Enterprises with Foreign Investment | 186904 | 166681 | 548 |
| 外商独资经营企业 | Enterprises with Sole Foreign Investment | 1518246 | 1331140 | 5450 |
| 外商投资股份有限公司 | Share-holding Corporations Ltd. with Foreign Investment | 766406 | 703840 | 1033 |
| 总计中：亏损企业 | Loss Enterprises | 3450837 | 3093479 | 13013 |
| 总计中：国有控股企业 | State-owned and State-holding Enterprises | 4896305 | 4464593 | 21626 |
| 总计中：轻工业 | Light Industry | 48376200 | 42569800 | 214090 |
| 重工业 | Heavy Industry | 42421757 | 37249227 | 166533 |
| 总计中：大型企业 | Large | 31288112 | 27314051 | 143627 |
| 中型企业 | Medium-sized | 27839094 | 24570375 | 110576 |
| 小型企业 | Small | 30484389 | 26855103 | 122365 |
| 微型企业 | Miniature | 1186362 | 1079498 | 4054 |
| **按主营业务收入分** | **Grouped by Main Business Income** | | | |
| 2000-3000 万 | 20 -30million | 2064203 | 1789590 | 10986 |
| 3000-5000 万 | 30 -50million | 3165786 | 2747752 | 15218 |
| 5000-1 亿 | 50 -100million | 6122370 | 5324783 | 29251 |
| 1 亿-5 亿 | 100-500 million | 23599613 | 20436553 | 102443 |
| 5 亿-10 亿 | 500-1000 million | 11639352 | 10211061 | 50971 |
| 10 亿-50 亿 | 1-5 billion | 24997042 | 22076797 | 90823 |
| 50 亿-100 亿 | 5-10 billion | 8548181 | 7564944 | 35515 |
| 100 亿及以上 | Above10 billion | 10520927 | 9545944 | 44595 |

# Continued 3

(10 000 yuan)

| 销售费用 Business Expenses | 管理费用 Management Expenses | 财务费用 Finance Expenses | 利息支出 Interest Expenditure | 利息收入 Interest Income | 营业利润 Business Profits | 利润总额 Total Profits | 亏损企业亏损额 Total Loss | 利税总额 Total Pre-tax Profits | 本年应交增值税 Value Added Tax Payable |
|---|---|---|---|---|---|---|---|---|---|
| 200440 | 389594 | 287418 | 318025 | 61181 | 660146 | 680942 | 46866 | 1025388 | 297301 |
| 103370 | 268049 | 199198 | 224709 | 45276 | 494452 | 509536 | 21769 | 756586 | 214040 |
| 3452 | 7598 | 6611 | 6285 | 174 | 28852 | 29474 | 97 | 39764 | 8873 |
| 91867 | 110354 | 78664 | 84618 | 15527 | 132439 | 137445 | 24673 | 223485 | 73532 |
| 1724 | 3303 | 2944 | 2413 | 203 | 4341 | 4425 | 328 | 5428 | 803 |
| 87273 | 256640 | 127214 | 137627 | 22365 | 380317 | 385518 | 21417 | 542788 | 134003 |
| 52565 | 165998 | 96785 | 102840 | 17195 | 274564 | 275298 | 12642 | 389560 | 98408 |
| 2478 | 3430 | 2315 | 2192 | 111 | 11402 | 11362 | – | 12718 | 808 |
| 22763 | 72152 | 26466 | 25927 | 4200 | 72575 | 77308 | 8775 | 111622 | 28861 |
| 9467 | 15060 | 1648 | 6669 | 860 | 21775 | 21550 | – | 28888 | 5926 |
| 120469 | 232553 | 176281 | 185054 | 21979 | -209737 | -204314 | 204314 | -109690 | 81298 |
| 55425 | 161254 | 75992 | 74440 | 4677 | 152866 | 172740 | 23254 | 334631 | 139701 |
| 782598 | 1371886 | 994620 | 1025916 | 124017 | 2580103 | 2627311 | 102415 | 4023363 | 1179072 |
| 609971 | 1344688 | 744682 | 840008 | 114277 | 2309546 | 2427652 | 101899 | 3418987 | 822620 |
| 585469 | 848617 | 463027 | 537468 | 69606 | 1966498 | 2026794 | 5667 | 2837725 | 666410 |
| 339645 | 830108 | 548522 | 602298 | 95042 | 1541250 | 1591456 | 68839 | 2370965 | 667227 |
| 455929 | 1013751 | 707138 | 707112 | 73207 | 1350902 | 1403513 | 123062 | 2175292 | 647105 |
| 11526 | 24098 | 20615 | 19046 | 440 | 30999 | 33201 | 6746 | 58368 | 20949 |
| | | | | | | | | | |
| 40470 | 117831 | 63037 | 60795 | 3687 | 45622 | 51784 | 16943 | 114532 | 51422 |
| 64574 | 172979 | 89268 | 84930 | 6387 | 80191 | 87137 | 28761 | 184676 | 81731 |
| 123619 | 271761 | 157156 | 153207 | 14421 | 216662 | 225801 | 37703 | 410940 | 155005 |
| 381803 | 866185 | 572345 | 583903 | 71940 | 1270592 | 1314452 | 80306 | 2008594 | 590599 |
| 154239 | 317325 | 216350 | 222215 | 26293 | 722236 | 750976 | 25626 | 1073974 | 271367 |
| 437712 | 602963 | 354682 | 422202 | 81480 | 1547202 | 1578098 | 7656 | 2263641 | 594220 |
| 104967 | 150784 | 131835 | 168981 | 11560 | 514364 | 520766 | – | 681217 | 124217 |
| 82630 | 206054 | 144869 | 160082 | 22221 | 497364 | 530271 | – | 704370 | 129335 |

## 4-8 续表 4

单位：万元

| 分类 | Item | 企业个数(个) Number of Enterprises (unit) | 工业总产值现行价 Gross Industrial Output Value | 工业增加值(收入法) Value-added of Industry (Income method) |
|---|---|---|---|---|
| **按工业行业类别分** | **Grouped by Economic Sector** | | | |
| 采掘业 | Mining and Quarrying | 9 | 116787 | 31084 |
| 黑色金属矿采选业 | Ferrous Metals Mining and Dressing | 1 | 80258 | 18510 |
| 有色金属矿采选业 | Nonferrous Metals Mining and Dressing | 2 | 15386 | 8409 |
| 非金属矿采选业 | Nonmetal Minerals Mining and Dressing | 6 | 21143 | 4165 |
| 制造业 | Manufacturing | 4017 | 88958547 | 14109885 |
| 农副食品加工业 | Manufacturing of Agricultural and Non-staple Foodstuff | 40 | 658861 | 75847 |
| 食品制造业 | Foodstuff Manufacturing Industry | 10 | 161433 | 33247 |
| 酒、饮料和精制茶制造业 | Manufacturing Industry of Beverage, Drinking and Refiined Tea | 49 | 892890 | 207945 |
| 黄酒制造 | Yellow Rice or Millet Wine Manufacturing Industry | 14 | 439650 | 137970 |
| 纺织业 | Textile Industry | 1296 | 22840376 | 3899408 |
| 棉纺织及印染精加工 | Cotton Textile, Printing and Dyeing Finish Machining | 643 | 15227594 | 2740009 |
| 毛纺织及染整精加工 | Wool Weaving, Dyeing and Finish Machining | 17 | 106745 | 18371 |
| 麻纺织及染整精加工 | Linen Weaving, Dyeing and Finish Machining | 3 | 53132 | 8815 |
| 丝绢纺织及印染精加工 | Silk Weaving , Printing and Dyeing, and Finish Machining | 33 | 468004 | 80130 |
| 化纤织造及印染精加工 | Chemical Fibre Product, Printing and Dyeing and Finish Machining | 7 | 153966 | 23218 |
| 针织或钩针编织物及其制品制造 | Knitwear, Braid and their Product Manufacturing | 476 | 5530716 | 819847 |
| 家用纺织制成品制造 | Manufacturing of Textile Products In Home Application | 94 | 1042937 | 168964 |
| 非家用纺织制成品制造 | Manufacturing of Textile Products Not In Home Application | 23 | 257282 | 40053 |
| 纺织服装、服饰业 | Manufacturing Industry of Textile Costumes, Shoes, and Caps | 358 | 3437178 | 643042 |
| 机织服装制造 | Manufacturing Industry of Textile Costumes In Machine | 210 | 2178406 | 399035 |
| 针织或钩针编织服装制造 | Manufacturing Industry of Stockinet and Knitting | 92 | 724133 | 159132 |
| 服饰制造 | Manufacturing Industry of Clothes | 56 | 534638 | 84876 |
| 皮革、毛皮、羽毛及其制品和制鞋业 | Manufacturing Industry of Leather, Fur, Feather (Cloth with Soft Nap) and Their Products | 33 | 260952 | 35117 |
| 木材加工和木、竹、藤、棕、草制品业 | Wood Processing and Manufacturing Industry of Wood, Bamboo, Rattan, Palm, and Straw-made Articles | 10 | 216699 | 29245 |
| 家具制造业 | Cabinetmaking Industry | 26 | 462211 | 115685 |
| 造纸和纸制品业 | Papermaking and Paper Product Industry | 46 | 750683 | 155422 |
| 印刷和记录媒介复制业 | Printing Industry and Reproduction of Record Media | 24 | 213965 | 36060 |
| 文教、工美、体育和娱乐用品制造业 | Manufacturing Industry of Culture, Education and Sports Stuff | 117 | 2184550 | 254965 |
| 石油加工、炼焦和核燃料加工业 | Petroleum Processing,Coking and Nuclear Fuel Manufacture | 4 | 63369 | 1848 |

注：该表中工业行业类别按 2011 年国民经济行业分类进行分类。

# Continued 4

(10 000 yuan)

| 本年应付职工薪酬 Wages Payable | 全部职工年均人数(人) Average Employees (person) | 流动资产合计 Circulating Funds | #产成品 Products | 固定资产合计 Total Fixed Assets | 固定资产原价 Original Value of Fixed Assets | 累计折旧 Depreciation | #本年折旧 Depreciation in This Year | 资产总计 Total Assets | 负债总计 Total Liabilities |
|---|---|---|---|---|---|---|---|---|---|
| 12583 | 2349 | 108098 | 8450 | 52097 | 82886 | 39330 | 3568 | 219842 | 94041 |
| 6557 | 1222 | 79449 | 3136 | 30902 | 55028 | 27389 | 2459 | 141485 | 39354 |
| 4890 | 854 | 13893 | 3282 | 15136 | 18755 | 8841 | 712 | 33669 | 18290 |
| 1137 | 273 | 14756 | 2032 | 6059 | 9103 | 3100 | 397 | 44688 | 36398 |
| 3355232 | 794530 | 48712397 | 4773916 | 17237225 | 25520840 | 10325107 | 1828261 | 77646727 | 45954511 |
| 18468 | 4471 | 274960 | 41469 | 105138 | 156985 | 57581 | 8094 | 433047 | 227755 |
| 10505 | 2676 | 78251 | 15709 | 34098 | 48620 | 15008 | 3539 | 136157 | 85324 |
| 65613 | 12184 | 956639 | 260168 | 333212 | 419938 | 140602 | 20149 | 1682752 | 812964 |
| 42605 | 7705 | 674957 | 233691 | 258687 | 312672 | 105989 | 13759 | 1298886 | 616641 |
| 1074126 | 260512 | 11916599 | 1151294 | 4618317 | 7497013 | 3289654 | 554352 | 18896149 | 12090369 |
| 782970 | 183413 | 7555959 | 680583 | 3276883 | 5451306 | 2486387 | 407387 | 12350554 | 7981777 |
| 7948 | 2463 | 98651 | 9538 | 29994 | 55114 | 28358 | 3193 | 147915 | 82844 |
| 3081 | 781 | 19729 | 5315 | 8313 | 19121 | 10816 | 869 | 31138 | 20103 |
| 30645 | 7788 | 514593 | 41307 | 106484 | 190572 | 86297 | 10517 | 769823 | 428059 |
| 5374 | 1285 | 42259 | 13110 | 39838 | 73926 | 34088 | 5946 | 82233 | 43933 |
| 184832 | 49962 | 2890328 | 316908 | 922615 | 1377337 | 519178 | 99258 | 4368621 | 2809061 |
| 49791 | 12555 | 671990 | 72218 | 163261 | 220403 | 77385 | 21257 | 923939 | 606894 |
| 9485 | 2265 | 123090 | 12315 | 70927 | 109232 | 47145 | 5925 | 221926 | 117697 |
| 244868 | 74109 | 1915644 | 175521 | 497691 | 786524 | 338599 | 47611 | 2972450 | 1880495 |
| 148475 | 46105 | 1073338 | 106582 | 251970 | 400083 | 165169 | 20656 | 1602399 | 939022 |
| 58443 | 16989 | 401108 | 42206 | 141034 | 211344 | 88939 | 15952 | 674321 | 442077 |
| 37950 | 11015 | 441198 | 26733 | 104687 | 175097 | 84491 | 11002 | 695730 | 499396 |
| 13547 | 4656 | 146581 | 17544 | 43013 | 56631 | 21729 | 3957 | 207836 | 142720 |
| 3720 | 1148 | 83465 | 6383 | 19338 | 23150 | 8863 | 1004 | 125153 | 77036 |
| 42422 | 10276 | 392294 | 37226 | 160171 | 235516 | 87123 | 9298 | 608756 | 273159 |
| 27997 | 7632 | 460452 | 22742 | 206110 | 309953 | 147286 | 27828 | 716320 | 406909 |
| 12922 | 3287 | 139929 | 10386 | 75359 | 101167 | 37780 | 7187 | 232184 | 175724 |
| 56602 | 15532 | 1504373 | 334291 | 247117 | 329902 | 104745 | 18562 | 2019715 | 1097611 |
| 440 | 106 | 34351 | 1913 | 3243 | 2123 | 680 | 136 | 41180 | 24926 |

Note:Among the form,industrial sectors was classfied by the national economic industrial classification of 2011.

# 4－8 续表 5

单位：万元

| 分　　类 | Item | 主营业务收入 Main Business Income | 主营业务成本 Cost of Main Business | 主营业务税金及附加 Main Business Tax and Extra Charges |
|---|---|---|---|---|
| **按工业行业类别分** | **Grouped by Economic Sector** | | | |
| 采掘业 | Mining and Quarrying | 118140 | 89366 | 1767 |
| 黑色金属矿采选业 | Ferrous Metals Mining and Dressing | 81927 | 66860 | 1129 |
| 有色金属矿采选业 | Nonferrous Metals Mining and Dressing | 14798 | 9127 | 357 |
| 非金属矿采选业 | Nonmetal Minerals Mining and Dressing | 21416 | 13379 | 281 |
| 制造业 | Manufacturing | 86367064 | 75728347 | 364968 |
| 农副食品加工业 | Manufacturing of Agricultural and Non-staple Foodstuff | 644974 | 576954 | 2305 |
| 食品制造业 | Foodstuff Manufacturing Industry | 167064 | 144151 | 862 |
| 酒、饮料和精制茶制造业 | Manufacturing Industry of Beverage, Drinking and Refiined Tea | 838235 | 602855 | 14404 |
| 黄酒制造 | Yellow Rice or Millet Wine Manufacturing Industry | 400168 | 261416 | 11660 |
| 纺织业 | Textile Industry | 22483186 | 20066878 | 104635 |
| 棉纺织及印染精加工 | Cotton Textile, Printing and Dyeing Finish Machining | 14877183 | 13289844 | 70691 |
| 毛纺织及染整精加工 | Wool Weaving, Dyeing and Finish Machining | 105928 | 95830 | 490 |
| 麻纺织及染整精加工 | Linen Weaving, Dyeing and Finish Machining | 51992 | 44972 | 243 |
| 丝绢纺织及印染精加工 | Silk Weaving , Printing and Dyeing, and Finish Machining | 498436 | 446105 | 1632 |
| 化纤织造及印染精加工 | Chemical Fibre Product, Printing and Dyeing and Finish Machining | 153205 | 143966 | 238 |
| 针织或钩针编织物及其制品制造 | Knitwear, Braid and their Product Manufacturing | 5416733 | 4816661 | 25505 |
| 家用纺织制成品制造 | Manufacturing of Textile Products In Home Application | 1123089 | 1003503 | 4936 |
| 非家用纺织制成品制造 | Manufacturing of Textile Products Not In Home Application | 256622 | 225998 | 901 |
| 纺织服装、服饰业 | Manufacturing Industry of Textile Costumes, Shoes, and Caps | 3377969 | 2912466 | 15166 |
| 机织服装制造 | Manufacturing Industry of Textile Costumes In Machine | 2146405 | 1842191 | 9967 |
| 针织或钩针编织服装制造 | Manufacturing Industry of Stockinet and Knitting | 704582 | 615664 | 3286 |
| 服饰制造 | Manufacturing Industry of Clothes | 526982 | 454611 | 1912 |
| 皮革、毛皮、羽毛及其制品和制鞋业 | Manufacturing Industry of Leather, Fur, Feather (Cloth with Soft Nap) and Their Products | 257014 | 234186 | 705 |
| 木材加工和木、竹、藤、棕、草制品业 | Wood Processing and Manufacturing Industry of Wood, Bamboo, Rattan,Palm,and Straw-made Articles | 212339 | 191354 | 887 |
| 家具制造业 | Cabinetmaking Industry | 507549 | 419921 | 2310 |
| 造纸和纸制品业 | Papermaking and Paper Product Industry | 722960 | 619577 | 3099 |
| 印刷和记录媒介复制业 | Printing Industry and Reproduction of Record Media | 203988 | 177976 | 657 |
| 文教、工美、体育和娱乐用品制造业 | Manufacturing Industry of Culture, Education and Sports Stuff | 2119494 | 1895581 | 8693 |
| 石油加工、炼焦和核燃料加工业 | Petroleum Processing,Coking and Nuclear Fuel Manufacture | 62177 | 59663 | 60 |

# Continued 5

(10 000 yuan)

| 销售费用 Business Expenses | 管理费用 Management Expenses | 财务费用 Finance Expenses | 利息支出 Interest Expenditure | 利息收入 Interest Income | 营业利润 Business Profits | 利润总额 Total Profits | 亏损企业亏损额 Total Loss | 利税总额 Total Pre-tax Profits | 本年应交增值税 Value Added Tax Payable |
|---|---|---|---|---|---|---|---|---|---|
| 4118 | 18112 | 2423 | 2868 | 594 | 3458 | 3683 | 321 | 12033 | 6583 |
| 1746 | 9511 | 684 | 890 | 272 | 2660 | 3019 | – | 7650 | 3502 |
| 329 | 4569 | 784 | 755 | 9 | 99 | 86 | – | 2031 | 1588 |
| 2043 | 4032 | 954 | 1223 | 313 | 699 | 578 | 321 | 2351 | 1492 |
| 1380540 | 2606629 | 1645876 | 1769269 | 232166 | 4743755 | 4892418 | 181059 | 7152416 | 1890451 |
| 8369 | 14709 | 10368 | 10111 | 373 | 35746 | 35693 | 37 | 43327 | 5329 |
| 3304 | 5894 | 4380 | 4689 | 219 | 8710 | 8503 | – | 16917 | 7551 |
| 100734 | 38625 | 22413 | 20185 | 988 | 59601 | 62119 | 6636 | 113752 | 36887 |
| 38611 | 27506 | 15022 | 13214 | 111 | 45685 | 49331 | – | 82825 | 21508 |
| 194254 | 552337 | 510625 | 511161 | 53351 | 1099287 | 1116459 | 22650 | 1801414 | 578928 |
| 91232 | 360548 | 336307 | 342176 | 37041 | 748526 | 756359 | 14822 | 1247583 | 419501 |
| 1182 | 4306 | 3335 | 3318 | 267 | 1269 | 1585 | 866 | 5210 | 3135 |
| 210 | 1513 | 2838 | 2835 | 53 | 2220 | 2235 | – | 3592 | 1114 |
| 6353 | 23287 | 12734 | 13017 | 1460 | 12868 | 21219 | 1457 | 31401 | 8550 |
| 358 | 2163 | 2534 | 2327 | 10 | 3938 | 3941 | – | 5758 | 1580 |
| 65503 | 124699 | 126116 | 120091 | 8236 | 274222 | 274471 | 2445 | 405601 | 105301 |
| 25625 | 29087 | 18862 | 20071 | 5725 | 43908 | 44057 | 2575 | 79181 | 30179 |
| 3792 | 6735 | 7899 | 7326 | 559 | 12337 | 12592 | 486 | 23088 | 9569 |
| 98579 | 149237 | 88292 | 82754 | 6582 | 121226 | 120628 | 23857 | 218957 | 83054 |
| 75727 | 91420 | 45423 | 42143 | 1729 | 86021 | 86562 | 10013 | 149474 | 52904 |
| 12927 | 29489 | 20369 | 18389 | 844 | 23352 | 23192 | 5581 | 45573 | 19066 |
| 9925 | 28329 | 22500 | 22223 | 4009 | 11853 | 10874 | 8263 | 23910 | 11084 |
| 3117 | 7221 | 4453 | 5251 | 1467 | 7491 | 7520 | 735 | 12582 | 4320 |
| 1382 | 2951 | 2612 | 2917 | 352 | 13988 | 14009 | 25 | 16555 | 1658 |
| 23428 | 25563 | 7850 | 9472 | 2073 | 28631 | 28646 | 2726 | 46362 | 15405 |
| 8622 | 17050 | 16973 | 16571 | 1315 | 59008 | 60033 | 1647 | 89209 | 26075 |
| 4369 | 9212 | 7462 | 7993 | 902 | 5252 | 7113 | 372 | 13153 | 5383 |
| 34830 | 36919 | 43475 | 43084 | 4684 | 110025 | 112365 | 1231 | 158982 | 37909 |
| 1063 | 1003 | -123 | 1844 | 2243 | 513 | 474 | – | 1073 | 539 |

# 4－8 续表 6

单位：万元

| 分　　类 | Item | 企业个数（个） Number of Enterprises (unit) | 工业总产值现行价 Gross Industrial Output Value | 工业增加值（收入法） Value-added of Industry (Income method) |
|---|---|---|---|---|
| 化学原料和化学制品制造业 | Chemical Feedstock and Chemical Manufacturing Industry | 155 | 9837836 | 1279765 |
| 涂料、油墨、颜料及类似产品制造 | Coat, Ink, Coloring Agent and Similar Product Manufacturing | 40 | 2399524 | 426236 |
| 合成材料制造 | Synthetic Material Manufacturing | 12 | 4333396 | 329217 |
| 专用化学产品制造 | Special Chemical Product Manufacturing | 48 | 641388 | 110308 |
| 医药制造业 | Medicine Manufacturing Industry | 77 | 2303203 | 505169 |
| 化学纤维制造业 | Chemical Fiber Manufacturing Industry | 188 | 8352915 | 933081 |
| 橡胶和塑料制品业 | Manufacturing industriy of robber and plastic | 127 | 4489547 | 773772 |
| 非金属矿物制品业 | Non-metallic Minerals Product Industry | 114 | 2128518 | 368873 |
| 黑色金属冶炼和压延加工业 | Ferrous Metal Smelting and Extrusion | 56 | 1572701 | 174752 |
| 有色金属冶炼和压延加工业 | Non-ferrous Smelting and Extrusion | 114 | 5507925 | 428169 |
| 金属制品业 | Metalwork Industry | 157 | 3066787 | 550024 |
| 通用设备制造业 | General-purpose Equipment Manufacturing Industry | 366 | 7227431 | 1368539 |
| 轴承、齿轮和传动部件制造 | Manufacturing of Bearing, Gear, Driving Unit | 106 | 1131545 | 238564 |
| 烘炉、风机、衡器、包装等设备制造 | Dring furnace, Fans,Weighing Apparatus, Package and Other General-purpose Equipment's manufacturing | 73 | 2417624 | 452384 |
| 通用零部件制造 | General-purpose Spare Parts Manufacturing and Machinery Repairs | 78 | 1944035 | 377705 |
| 专用设备制造业 | Specialized Facility Manufacturing Industry | 199 | 2988513 | 572560 |
| 纺织、服装和皮革加工专用设备制造 | Specialized Facility's Manufacturing Industry of Textile Costumes and Leather transform | 94 | 992383 | 185285 |
| 环保、社会公共服务及其他专用设备制造 | Environmental Protection, Social Public Security and Other Special Use | 51 | 1572629 | 296371 |
| 汽车制造业 | Manufacturing Industry of Transport and Communication Facilities | 100 | 2514193 | 494923 |
| 铁路、船舶、航空航天和其他运输设备制造 | Manufacturing Industry of railway, shipping, spackflight and other transiport equipments | 11 | 54926 | 12282 |
| 电气机械和器材制造业 | Electric Machinery and Equipment Manufacturing Industry | 214 | 5202889 | 893992 |
| 计算机、通信和其他电子设备制造业 | Manufacturing Industry of Communication Equipment, Computers and Other Electronic Equipment | 64 | 989554 | 159752 |
| 仪器仪表制造业 | Manufacturing Industry of Instruments and Meters | 20 | 168250 | 37751 |
| 其他制造业 | Artwork and Other Manufacturing Industries | 37 | 376019 | 63848 |
| 废弃资源综合利用业 | Processing of Discarded Resources, and Waste and cycle | 4 | 29862 | 3000 |
| 金属制品、机械和设备修理业 | Repair of Metalwork，Machinery and Equipments | 1 | 4313 | 1804 |
| 电力、燃气及水的生产和供应业 | Production and Supply of Electric Power, Gas and Water | 53 | 4317770 | 696546 |
| 电力、热力生产和供应业 | Production and Supply of Electric Power and Heat Power | 30 | 3904423 | 592403 |
| 燃气生产和供应业 | Gas Generation and Supply | 8 | 179012 | 28201 |
| 水的生产和供应业 | Water Production and Supply | 15 | 234336 | 75942 |

注：该表中工业行业类别按 2011 年国民经济行业分类进行分类。

## Continued 6

(10 000 yuan)

| 本年应付职工薪酬 Wages Payable | 全部职工年均人数(人) Average Employees (person) | 流动资产合计 Circulating Funds | #产成品 Products | 固定资产合计 Total Fixed Assets | 固定资产原价 Original Value of Fixed Assets | 累计折旧 Depreciation | #本年折旧 Depreciation in This Year | 资产总计 Total Assets | 负债总计 Total Liabilities |
|---|---|---|---|---|---|---|---|---|---|
| 194788 | 37192 | 4679973 | 394898 | 2023589 | 3048189 | 1286440 | 210666 | 7657576 | 4248271 |
| 73105 | 14120 | 1570335 | 166252 | 574257 | 796204 | 383730 | 65183 | 2421793 | 952859 |
| 26206 | 4966 | 1714201 | 67050 | 811200 | 1378770 | 573105 | 82568 | 2888743 | 2099227 |
| 20690 | 3684 | 284855 | 46973 | 138279 | 191545 | 67532 | 13053 | 488000 | 260674 |
| 118389 | 23861 | 1998390 | 145295 | 564642 | 856347 | 330316 | 56658 | 3133584 | 995260 |
| 149041 | 31903 | 3928783 | 380375 | 1726268 | 2449244 | 965582 | 212117 | 6434800 | 4420498 |
| 104349 | 25762 | 2125972 | 137504 | 778460 | 1154746 | 621896 | 104730 | 3171318 | 1948327 |
| 77975 | 16690 | 1764748 | 106250 | 483619 | 780943 | 325752 | 62237 | 3064696 | 1942853 |
| 38008 | 7908 | 680677 | 75961 | 239413 | 327981 | 120295 | 24811 | 1007326 | 601806 |
| 72487 | 15542 | 1604340 | 226292 | 348326 | 554225 | 227192 | 38282 | 3050103 | 1878137 |
| 123243 | 26199 | 1871796 | 237554 | 744431 | 925582 | 247880 | 68225 | 2945863 | 1699690 |
| 347660 | 81388 | 4621122 | 422961 | 1526676 | 2168910 | 805218 | 135536 | 7398176 | 4235981 |
| 79709 | 20553 | 849828 | 64145 | 376251 | 565799 | 226529 | 33967 | 1447225 | 837017 |
| 101865 | 21130 | 1266790 | 107025 | 406707 | 582792 | 219093 | 36545 | 2015286 | 1069800 |
| 76790 | 18100 | 1328342 | 137019 | 353281 | 514698 | 189779 | 38841 | 1961784 | 1196504 |
| 102876 | 26189 | 1953363 | 146478 | 606677 | 769606 | 225882 | 49480 | 2967761 | 1761173 |
| 47749 | 11116 | 691856 | 52839 | 203307 | 270949 | 90923 | 21511 | 1003838 | 574569 |
| 33865 | 9231 | 958981 | 63915 | 287246 | 352817 | 83133 | 18047 | 1474961 | 880477 |
| 129544 | 25138 | 1274724 | 104875 | 486297 | 635246 | 238301 | 47908 | 2142600 | 1240859 |
| 5272 | 1284 | 50792 | 3750 | 19238 | 19754 | 8812 | 1173 | 80528 | 62125 |
| 224726 | 52311 | 3138968 | 210403 | 999179 | 1315008 | 427749 | 87319 | 4877454 | 2558068 |
| 54835 | 14643 | 802036 | 67047 | 226209 | 392391 | 189226 | 16999 | 1144764 | 781095 |
| 13639 | 3612 | 110213 | 16294 | 45179 | 59907 | 20820 | 4455 | 175703 | 99908 |
| 25681 | 7904 | 189223 | 22121 | 72812 | 89142 | 31390 | 5546 | 295988 | 167588 |
| 912 | 289 | 10014 | 1213 | 2648 | 5055 | 2416 | 283 | 21726 | 14950 |
| 579 | 126 | 3726 | 0 | 759 | 1043 | 290 | 122 | 5064 | 2930 |
| 121624 | 14749 | 912556 | 10012 | 2626905 | 4349581 | 2002874 | 280527 | 3835902 | 2764374 |
| 94158 | 10875 | 589305 | 7473 | 1815169 | 3195893 | 1532599 | 215046 | 2622645 | 1914292 |
| 5532 | 777 | 77176 | 744 | 120164 | 143888 | 40786 | 8873 | 209145 | 135508 |
| 21933 | 3097 | 246074 | 1795 | 691572 | 1009800 | 429489 | 56607 | 1004112 | 714573 |

# 4－8 续表 7

单位：万元

| 分　　类 | Item | 主营业务收入 Main Business Income | 主营业务成本 Cost of Main Business | 主营业务税金及附加 Main Business Tax and Extra Charges |
|---|---|---|---|---|
| 化学原料和化学制品制造业 | Chemical Feedstock and Chemical Manufacturing Industry | 9304262 | 8226470 | 41687 |
| 涂料、油墨、颜料及类似产品制造 | Coat, Ink, Coloring Agent and Similar Product Manufacturing | 2290087 | 1914827 | 9308 |
| 合成材料制造 | Synthetic Material Manufacturing | 4042785 | 3774026 | 21518 |
| 专用化学产品制造 | Special Chemical Product Manufacturing | 599165 | 511639 | 2576 |
| 医药制造业 | Medicine Manufacturing Industry | 2232777 | 1754207 | 11720 |
| 化学纤维制造业 | Chemical Fiber Manufacturing Industry | 8126999 | 7512049 | 18245 |
| 橡胶和塑料制品业 | Manufacturing industriy of robber and plastic | 4381474 | 3885113 | 17436 |
| 非金属矿物制品业 | Non-metallic Minerals Product Industry | 2068170 | 1744179 | 10880 |
| 黑色金属冶炼和压延加工业 | Ferrous Metal Smelting and Extrusion | 1525452 | 1424420 | 3357 |
| 有色金属冶炼和压延加工业 | Non-ferrous Smelting and Extrusion | 5300423 | 4865254 | 7237 |
| 金属制品业 | Metalwork Industry | 2888191 | 2461046 | 17758 |
| 通用设备制造业 | General-purpose Equipment Manufacturing Industry | 7040774 | 5828368 | 37613 |
| 轴承、齿轮和传动部件制造 | Manufacturing of Bearing, Gear, Driving Unit | 1081567 | 889461 | 4925 |
| 烘炉、风机、衡器、包装等设备制造 | Dring furnace, Fans,Weighing Apparatus, Package and Other General-purpose Equipment's manufacturing | 2356942 | 1961409 | 13506 |
| 通用零部件制造 | General-purpose Spare Parts Manufacturing and Machinery Repairs | 1924632 | 1562607 | 12071 |
| 专用设备制造业 | Specialized Facility Manufacturing Industry | 2935219 | 2529008 | 10189 |
| 纺织、服装和皮革加工专用设备制造 | Specialized Facility's Manufacturing Industry of Textile Costumes and Leather transform | 977534 | 824698 | 4887 |
| 环保、社会公共服务及其他专用设备制造 | Environmental Protection, Social Public Security and Other Special Use | 1551252 | 1365566 | 3886 |
| 汽车制造业 | Manufacturing Industry of Transport and Communication Facilities | 2473119 | 2054500 | 9735 |
| 铁路、船舶、航空航天和其他运输设备制造 | Manufacturing Industry of railway, shipping, spackflight and other transiport equipments | 55769 | 43112 | 280 |
| 电气机械和器材制造业 | Electric Machinery and Equipment Manufacturing Industry | 4929125 | 4211587 | 18894 |
| 计算机、通信和其他电子设备制造业 | Manufacturing Industry of Communication Equipment, Computers and Other Electronic Equipment | 955522 | 822530 | 2925 |
| 仪器仪表制造业 | Manufacturing Industry of Instruments and Meters | 158626 | 124978 | 648 |
| 其他制造业 | Artwork and Other Manufacturing Industries | 360870 | 311036 | 2401 |
| 废弃资源综合利用业 | Processing of Discarded Resources, and Waste and cycle | 29749 | 26608 | 146 |
| 金属制品、机械和设备修理业 | Repair of Metalwork，Machinery and Equipments | 3595 | 2323 | 35 |
| 电力、燃气及水的生产和供应业 | Production and Supply of Electric Power, Gas and Water | 4312753 | 4001315 | 13888 |
| 电力、热力生产和供应业 | Production and Supply of Electric Power and Heat Power | 3910028 | 3645710 | 11958 |
| 燃气生产和供应业 | Gas Generation and Supply | 172397 | 155385 | 1017 |
| 水的生产和供应业 | Water Production and Supply | 230328 | 200220 | 913 |

## Continued 7

(10 000 yuan)

| 销售费用 Business Expenses | 管理费用 Management Expenses | 财务费用 Finance Expenses | 利息支出 Interest Expenditure | 利息收入 Interest Income | 营业利润 Business Profits | 利润总额 Total Profits | 亏损企业亏损额 Total Loss | 利税总额 Total Pre-tax Profits | 本年应交增值税 Value Added Tax Payable |
|---|---|---|---|---|---|---|---|---|---|
| 111281 | 225368 | 143047 | 169422 | 30752 | 588645 | 612331 | 6191 | 802612 | 148539 |
| 49298 | 92792 | 37045 | 41004 | 6555 | 198095 | 196909 | 209 | 274486 | 68261 |
| 8533 | 25917 | 69710 | 80874 | 16736 | 145237 | 167803 | 139 | 200840 | 11519 |
| 15079 | 30252 | 11764 | 12403 | 1072 | 42097 | 42504 | 1130 | 62032 | 16952 |
| 86725 | 158343 | 24982 | 32755 | 8325 | 218662 | 222714 | 16215 | 312627 | 78145 |
| 28546 | 77226 | 118591 | 139743 | 24196 | 392917 | 396809 | 7445 | 523527 | 107810 |
| 61078 | 95398 | 73918 | 90304 | 20792 | 256303 | 264126 | 2343 | 356042 | 74477 |
| 60092 | 75077 | 46519 | 48155 | 3310 | 130499 | 146753 | 7177 | 227348 | 69645 |
| 9119 | 20833 | 20362 | 22614 | 3099 | 54262 | 54395 | 8226 | 74554 | 16783 |
| 33716 | 64642 | 51423 | 86351 | 12554 | 195930 | 209215 | 4797 | 265671 | 48770 |
| 66069 | 109824 | 57593 | 60859 | 3835 | 169828 | 173745 | 16339 | 263746 | 72212 |
| 173389 | 372513 | 169190 | 171867 | 13229 | 456408 | 473607 | 15314 | 697021 | 185075 |
| 21163 | 73653 | 34567 | 32338 | 1693 | 67771 | 70874 | 5966 | 104950 | 29127 |
| 68469 | 99989 | 44222 | 45724 | 3653 | 161855 | 164037 | 1007 | 232843 | 54705 |
| 41713 | 117827 | 48433 | 47906 | 802 | 130989 | 138515 | 191 | 208462 | 57773 |
| 42873 | 118346 | 53050 | 53245 | 8225 | 184469 | 194598 | 7795 | 266466 | 61585 |
| 17475 | 52636 | 19546 | 19219 | 3350 | 62341 | 69302 | 3206 | 100500 | 26278 |
| 17285 | 42474 | 21020 | 22120 | 4251 | 101333 | 103360 | 812 | 133365 | 26118 |
| 62828 | 133890 | 41084 | 44076 | 9568 | 178913 | 182324 | 3574 | 271670 | 79532 |
| 2003 | 4245 | 3098 | 2775 | 304 | 3062 | 3258 | 618 | 5069 | 1530 |
| 127869 | 198247 | 85007 | 90334 | 14666 | 311389 | 328189 | 19810 | 455990 | 108516 |
| 18279 | 59789 | 26274 | 28718 | 4104 | 27807 | 29637 | 4341 | 55923 | 23314 |
| 4618 | 17515 | 2772 | 2512 | 83 | 8323 | 10219 | 640 | 14414 | 3544 |
| 9049 | 13007 | 9354 | 8680 | 570 | 16065 | 16145 | 205 | 25590 | 7045 |
| 691 | 913 | 794 | 790 | 1 | 601 | 598 | 115 | 1375 | 631 |
| 265 | 734 | 41 | 39 | 5 | 197 | 195 | – | 490 | 261 |
| 7911 | 91833 | 91003 | 93787 | 5534 | 142436 | 158863 | 22934 | 277902 | 104658 |
| 709 | 64706 | 62509 | 64749 | 4330 | 151655 | 163663 | 2389 | 271096 | 95090 |
| 1614 | 5762 | 2284 | 2370 | 122 | 11100 | 10997 | 172 | 14518 | 2417 |
| 5587 | 21365 | 26210 | 26669 | 1082 | -20319 | -15797 | 20373 | -7712 | 7151 |

# 4－9 全部独立核算国有控股工业企业主要财务指标（2013 年）

单位：万元

| 分　类 | Item | 企业个数（个） Number of Enterprises（unit） | 工业总产值现行价 Gross Industrial Output Value | 工业增加值（收入法） Value-added of Industry (Income method) |
|---|---|---|---|---|
| **全 市 总 计** | **Whole Municipality** | **55** | **4864508** | **833278** |
| 总计中：越 城 区 | Yuecheng District | 24 | 2588161 | 364699 |
| 柯 桥 区 | Keqiao District | 8 | 386929 | 100154 |
| 上 虞 区 | Shangyu District | 9 | 549818 | 93337 |
| 诸 暨 市 | Zhuji City | 5 | 770803 | 98542 |
| 嵊 州 市 | Shengzhou City | 3 | 149726 | 32545 |
| 新 昌 县 | Xinchang County | 6 | 419071 | 144002 |
| **按工业行业类别分** | **Grouped by Economic Sector** | | | |
| 黑色金属矿采选业 | Ferrous Metals Mining and Dressing | 1 | 80258 | 18510 |
| 有色金属矿采选业 | Nonferrous Metals Mining and Dressing | 1 | 9979 | 6098 |
| 农副食品加工业 | Manufacturing of Agricultural and Non-staple Foodstuff | 1 | 24034 | 1725 |
| 酒、饮料和精制茶制造业 | Manufacturing Industry of beverage, drinking and refiined tea | 1 | 131501 | 47405 |
| 纺织业 | Textile Industry | 1 | 168933 | 29831 |
| 纺织服装、服饰业 | Manufacturing Industry of Textile Costumes, Shoes, and Caps | – | – | – |
| 印刷和记录媒介复制业 | Printing Industry and Reproduction of Record Media | 1 | 3115 | 1431 |
| 化学原料和化学制品制造业 | Chemical Feedstock and Chemical Manufacturing Industry | 4 | 215597 | 34833 |
| 医药制造业 | Medicine Manufacturing Industry | 4 | 338660 | 125135 |
| 化学纤维制造业 | Chemical Fiber Manufacturing Industry | 2 | 15928 | 3649 |
| 非金属矿物制品业 | Non-metallic Minerals Product Industry | 3 | 112422 | 22794 |
| 有色金属冶炼和压延加工业 | Non-ferrous Smelting and Extrusion | 1 | 19535 | 1755 |
| 专用设备制造业 | Specialized Facility Manufacturing Industry | 2 | 126057 | 24095 |
| 电气机械和器材制造业 | Electric Machinery and Equipment Manufacturing Industry | 2 | 39936 | 10181 |
| 计算机、通信和其他电子设备制造业 | Manufacturing Industry of Communication Equipment, Computers and Other Electronic Equipment | 4 | 41125 | 12330 |
| 电力、热力生产和供应业 | Production and Supply of Electric Power and Heat Power | 9 | 3168482 | 396565 |
| 燃气生产和供应业 | Gas Generation and Supply | 5 | 142804 | 23663 |
| 水的生产和供应业 | Water Production and Supply | 13 | 226141 | 73277 |

注：2011 年始采用新《国民经济行业分类》( GB/T4754-2011)。

# Main Financial Indicators of Independent Accounting State-owned and State-holding Industrial Enterprises (2013)

(10 000 yuan)

| 本年应付职工薪酬 Wages Payable | 全部职工年均人数(人) Average Employees (person) | 流动资产合计 Circulating Funds | #产成品 Products | 固定资产合计 Total Fixed Assets | 固定资产原价 Original Value of Fixed Assets | 累计折旧 Depreciation | #本年折旧 Depreciation in This Year | 资产总计 Total Assets | 负债总计 Total Liabilities |
|---|---|---|---|---|---|---|---|---|---|
| **193630** | **25887** | **2124884** | **166211** | **2749029** | **4392901** | **1932580** | **276619** | **5489972** | **3080513** |
| 85332 | 11592 | 646711 | 109789 | 1197889 | 1982964 | 1017032 | 125036 | 2190395 | 1360496 |
| 23114 | 2344 | 191404 | 4310 | 461994 | 833983 | 358238 | 49584 | 701168 | 534801 |
| 21719 | 2375 | 138455 | 15220 | 489136 | 642971 | 182991 | 36872 | 695832 | 444489 |
| 24317 | 4380 | 431134 | 16052 | 315323 | 475004 | 189324 | 26155 | 874460 | 514652 |
| 9376 | 812 | 22264 | 0 | 119147 | 175930 | 63001 | 8523 | 144843 | 85331 |
| 29773 | 4384 | 694917 | 20842 | 165541 | 282050 | 121995 | 30450 | 883274 | 140744 |
| | | | | | | | | | |
| 6557 | 1222 | 79449 | 3136 | 30902 | 55028 | 27389 | 2459 | 141485 | 39354 |
| 3560 | 596 | 5983 | 630 | 14202 | 16209 | 7229 | 578 | 20185 | 6873 |
| 929 | 120 | 4999 | 153 | 1833 | 4377 | 2544 | 249 | 7716 | 7841 |
| 17827 | 3103 | 369378 | 87026 | 121768 | 152155 | 52733 | 6031 | 753236 | 302236 |
| 10628 | 2290 | 193726 | 7916 | 51403 | 77204 | 26010 | 2859 | 331871 | 187716 |
| – | – | – | – | – | – | – | – | – | – |
| 695 | 85 | 1985 | – | 379 | 626 | 247 | 51 | 2369 | 825 |
| 9498 | 1074 | 38659 | 13484 | 31435 | 66918 | 35728 | 7300 | 89935 | 39907 |
| 30638 | 4728 | 676118 | 23488 | 119002 | 201915 | 96395 | 13434 | 820289 | 50046 |
| 1916 | 309 | 17321 | 2086 | 7753 | 21380 | 13626 | 891 | 25619 | 7786 |
| 3314 | 647 | 73331 | 1104 | 43911 | 70748 | 26836 | 3523 | 121990 | 88675 |
| 894 | 178 | 8501 | 638 | 1886 | 2915 | 1029 | 156 | 10534 | 8490 |
| 4166 | 829 | 217690 | 8136 | 18293 | 20148 | 8468 | 757 | 272609 | 146943 |
| 2079 | 321 | 31583 | 9000 | 4873 | 9404 | 4531 | 494 | 37629 | 23471 |
| 8171 | 1247 | 35348 | 4097 | 35516 | 101045 | 66319 | 2043 | 77174 | 41502 |
| 66495 | 5510 | 102514 | 3254 | 1499704 | 2497373 | 1110399 | 173487 | 1671258 | 1358481 |
| 4644 | 602 | 32805 | 271 | 95191 | 115482 | 32838 | 7867 | 136245 | 88002 |
| 21621 | 3026 | 235497 | 1795 | 670977 | 979975 | 420259 | 54442 | 969831 | 682366 |

# 4-9 续表

单位：万元

| 分类 | Item | 主营业务收入 Main Business Income | 主营业务成本 Cost of Main Business | 主营业务税金及附加 Main Business Tax and Extra Charges |
|---|---|---|---|---|
| **全市总计** | **Whole Municipality** | **4896305** | **4464593** | **21626** |
| 总计中：越城区 | Yuecheng District | 2601740 | 2430209 | 11277 |
| 柯桥区 | Keqiao District | 381911 | 334139 | 2031 |
| 上虞区 | Shangyu District | 538763 | 486511 | 1642 |
| 诸暨市 | Zhuji City | 804890 | 759633 | 3330 |
| 嵊州市 | Shengzhou City | 149560 | 139917 | 761 |
| 新昌县 | Xinchang County | 419440 | 314184 | 2584 |
| **按工业行业类别分** | **Grouped by Economic Sector** | | | |
| 黑色金属矿采选业 | Ferrous Metals Mining and Dressing | 81927 | 66860 | 1129 |
| 有色金属矿采选业 | Nonferrous Metals Mining and Dressing | 9723 | 5433 | 256 |
| 农副食品加工业 | Manufacturing of Agricultural and Non-staple Foodstuff | 26255 | 24708 | 1 |
| 酒、饮料和精制茶制造业 | Manufacturing Industry of beverage, drinking and refiined tea | 150238 | 99029 | 4077 |
| 纺织业 | Textile Industry | 195343 | 178731 | 671 |
| 纺织服装、服饰业 | Manufacturing Industry of Textile Costumes, Shoes, and Caps | – | – | – |
| 印刷和记录媒介复制业 | Printing Industry and Reproduction of Record Media | 3094 | 2186 | 14 |
| 化学原料和化学制品制造业 | Chemical Feedstock and Chemical Manufacturing Industry | 188248 | 163675 | 579 |
| 医药制造业 | Medicine Manufacturing Industry | 337931 | 232291 | 2267 |
| 化学纤维制造业 | Chemical Fiber Manufacturing Industry | 14951 | 13278 | 32 |
| 非金属矿物制品业 | Non-metallic Minerals Product Industry | 115403 | 96430 | 984 |
| 有色金属冶炼和压延加工业 | Non-ferrous Smelting and Extrusion | 19150 | 18306 | 27 |
| 专用设备制造业 | Specialized Facility Manufacturing Industry | 133649 | 115245 | 986 |
| 电气机械和器材制造业 | Electric Machinery and Equipment Manufacturing Industry | 39936 | 31383 | 320 |
| 计算机、通信和其他电子设备制造业 | Manufacturing Industry of Communication Equipment, Computers and Other Electronic Equipment | 38112 | 28874 | 173 |
| 电力、热力生产和供应业 | Production and Supply of Electric Power and Heat Power | 3183857 | 3070300 | 8394 |
| 燃气生产和供应业 | Gas Generation and Supply | 136319 | 124526 | 808 |
| 水的生产和供应业 | Water Production and Supply | 222169 | 193341 | 908 |

注：2011年始采用新《国民经济行业分类》(GB/T4754-2011)。

## Continued

(10 000 yuan)

| 销售费用<br>Business Expenses | 管理费用<br>Management Expenses | 财务费用<br>Finance Expenses | 利息支出<br>Interest Expenditure | 利息收入<br>Interest Income | 营业利润<br>Business Profits | 利润总额<br>Total Profits | 亏损企业亏损额<br>Total Loss | 利税总额<br>Total Pre-tax Profits | 本年应交增值税<br>Value Added Tax Payable |
|---|---|---|---|---|---|---|---|---|---|
| **55425** | **161254** | **75992** | **74440** | **4677** | **152866** | **172740** | **23254** | **334631** | **139701** |
| 24956 | 51417 | 14822 | 14105 | 1566 | 75246 | 77087 | 5537 | 143590 | 54902 |
| 1704 | 18286 | 23297 | 23663 | 410 | 658 | 6699 | 14457 | 24315 | 15573 |
| 11878 | 23383 | 15054 | 13983 | 265 | 17812 | 18939 | 1438 | 33227 | 12592 |
| 4977 | 19948 | 13743 | 13910 | 835 | 8251 | 16527 | 1313 | 43629 | 23704 |
| 255 | 11987 | 4014 | 3923 | 354 | 2787 | 2794 | 338 | 10710 | 7067 |
| 11656 | 36234 | 5063 | 4856 | 1247 | 48112 | 50693 | 172 | 79160 | 25863 |
| | | | | | | | | | |
| 1746 | 9511 | 684 | 890 | 272 | 2660 | 3019 | – | 7650 | 3502 |
| 161 | 3543 | 334 | 305 | 9 | 31 | 18 | – | 1275 | 1002 |
| 654 | 458 | -18 | – | 24 | 463 | 472 | – | 477 | 4 |
| 16959 | 10837 | 4868 | 3070 | 12 | 14427 | 17057 | – | 29979 | 8845 |
| 1377 | 8815 | 4167 | 3809 | – | 5792 | 12685 | – | 16943 | 3587 |
| – | – | – | – | – | – | – | – | – | – |
| 1 | 365 | -16 | – | 17 | 555 | 552 | – | 566 | – |
| 6066 | 7842 | 1540 | 980 | 87 | 11502 | 11973 | – | 15469 | 2918 |
| 15383 | 34488 | 147 | 51 | 1414 | 51956 | 51424 | 404 | 75429 | 21704 |
| 159 | 1256 | 10 | 254 | 240 | 271 | 501 | – | 970 | 437 |
| 1926 | 1857 | 1621 | 1623 | 4 | 9567 | 9740 | – | 14524 | 3801 |
| 96 | 560 | 402 | 468 | 68 | 141 | 133 | – | 381 | 221 |
| 3599 | 9780 | 1861 | 2353 | 741 | 2708 | 3650 | – | 10590 | 5955 |
| 311 | 3055 | -7 | – | 12 | 5003 | 4874 | – | 6466 | 1272 |
| 760 | 7290 | 1226 | 1207 | 153 | 298 | 750 | – | 2004 | 1044 |
| – | 36283 | 32628 | 32380 | 478 | 58486 | 62566 | 2389 | 147598 | 76254 |
| 641 | 4524 | 1242 | 1291 | 68 | 9126 | 9083 | 172 | 11983 | 2005 |
| 5587 | 20793 | 25304 | 25760 | 1078 | -20119 | -15754 | 20288 | -7674 | 7151 |

# 4－10 规模以上外商和港澳台投资工业企业主要财务指标（2013 年）

单位：万元

| 分　类 | Item | 企业个数（个）<br>Number of Enterprises (unit) | 工业总产值现行价<br>Gross Industrial Output Value | 工业增加值（收入法）<br>Value-added of Industry (Income method) |
|---|---|---|---|---|
| **全　市　总　计** | **Whole Municipality** | **801** | **20853755** | **3395497** |
| 总计中：越城区 | Yuecheng District | 192 | 3962986 | 623038 |
| 柯桥区 | Keqiao District | 200 | 8067177 | 1267118 |
| 上虞区 | Shangyu District | 122 | 3208007 | 605070 |
| 诸暨市 | Zhuji City | 149 | 3904428 | 614051 |
| 嵊州市 | Shengzhou City | 112 | 1423168 | 216121 |
| 新昌县 | Xinchang County | 26 | 287989 | 70100 |
| **按工业行业类别分** | **Grouped by Economic Sector** | | | |
| 农副食品加工业 | Manufacturing of Agricultural and Non-staple Foodstuff | 2 | 13190 | 2855 |
| 食品制造业 | Foodstuff Manufacturing Industry | 4 | 82803 | 13204 |
| 酒、饮料和精制茶制造业 | Manufacturing Industry of beverage, drinking and refiined tea | 5 | 126576 | 29079 |
| 纺织业 | Textile Industry | 235 | 6033277 | 1186722 |
| 纺织服装、服饰业 | Manufacturing Industry of Textile Costumes, Shoes, and Caps | 141 | 1248604 | 252714 |
| 皮革、毛皮、羽毛及其制品和制鞋业 | Manufacturing Industry of Leather, Fur, Feather (Cloth with Soft Nap) and their Products | 5 | 50964 | 11186 |
| 木材加工和木、竹、藤、棕、草制品业 | Wood Processing and Manufacturing Industry of Wood,Bamboo,Rattan,Palm,and Straw-made Articles | 3 | 176352 | 22036 |
| 家具制造业 | Cabinetmaking Industry | 5 | 29821 | 5313 |
| 造纸和纸制品业 | Papermaking and Paper Product Industry | 10 | 187288 | 52210 |
| 印刷和记录媒介复制业 | Printing Industry and Reproduction of Record Media | 2 | 52758 | 5226 |
| 文教、工美、体育和娱乐用品制造业 | Manufacturing Industry of Culture, Education and Sports stuff | 28 | 271359 | 42467 |

注：2011 年始采用新《国民经济行业分类》（GB/T4754-2011)。

## Main Financial Indicators of Foreign Funded Industrial Enterprises and Enterprises Funded by Entrepreneurs from Hong kong,Macao and Taiwan above Designated Size(2013)

(10 000 yuan)

| 本年应付职工薪酬<br>Wages Payable | 全部职工年均人数(人)<br>Average Employees (person) | 流动资产合计<br>Circulating Funds | #产成品<br>Products | 固定资产合计<br>Total Fixed Assets | 固定资产原价<br>Original Value of Fixed Assets | 累计折旧<br>Depreciation | #本年折旧<br>Depreciation in This Year | 资产总计<br>Total Assets | 负债总计<br>Total Liabilities |
|---|---|---|---|---|---|---|---|---|---|
| **880425** | **202702** | **12940734** | **1141770** | **4568481** | **6648632** | **2751239** | **516649** | **20005532** | **12170288** |
| 209859 | 47571 | 2725788 | 218157 | 1174223 | 1580246 | 612664 | 111306 | 4373528 | 2636595 |
| 285540 | 60401 | 4372224 | 353142 | 1701750 | 2645200 | 1203818 | 230957 | 6901003 | 4427746 |
| 147843 | 30976 | 1814832 | 213979 | 699903 | 982676 | 376486 | 71558 | 2771165 | 1493149 |
| 121597 | 31574 | 2653478 | 233276 | 617350 | 845709 | 302745 | 63216 | 3902877 | 2239316 |
| 89920 | 25963 | 1164152 | 104056 | 301056 | 478380 | 206530 | 32046 | 1756220 | 1231650 |
| 25667 | 6217 | 210261 | 19160 | 74199 | 116422 | 48996 | 7567 | 300739 | 141832 |
| | | | | | | | | | |
| 858 | 328 | 11881 | 4161 | 8451 | 11927 | 3476 | 463 | 22401 | 8796 |
| 2125 | 472 | 24377 | 3474 | 15168 | 22725 | 7881 | 1940 | 46999 | 18486 |
| 15694 | 2164 | 118094 | 4026 | 27256 | 33151 | 5895 | 2441 | 149284 | 50321 |
| 342141 | 76766 | 3560574 | 358564 | 1365132 | 2235967 | 993679 | 176804 | 5562626 | 3333584 |
| 105249 | 32025 | 866717 | 70798 | 236352 | 356579 | 152543 | 21983 | 1266384 | 829322 |
| 4786 | 1886 | 54565 | 7680 | 11613 | 17272 | 6061 | 923 | 71281 | 50541 |
| 1927 | 510 | 47397 | 3431 | 6338 | 5530 | 2960 | 455 | 68629 | 38222 |
| 3216 | 741 | 16672 | 2114 | 4073 | 6538 | 2465 | 425 | 22112 | 15494 |
| 11180 | 2323 | 200977 | 9457 | 68025 | 88579 | 36864 | 8639 | 285343 | 157415 |
| 1557 | 397 | 32753 | 683 | 10794 | 14303 | 4476 | 1020 | 44183 | 22086 |
| 10666 | 3586 | 224682 | 40142 | 43292 | 60951 | 17967 | 3237 | 312570 | 179673 |

# 4-10 续表 1

单位：万元

| 分　类 | Item | 主营业务收入 Main Business Income | 主营业务成本 Cost of Main Business | 主营业务税金及附加 Main Business Tax and Extra Charges |
|---|---|---|---|---|
| **全 市 总 计** | **Whole Municipality** | **20090731** | **17658419** | **69270** |
| 总计中：越 城 区 | Yuecheng District | 3866224 | 3406208 | 13709 |
| 柯 桥 区 | Keqiao District | 7842100 | 6982046 | 27537 |
| 上 虞 区 | Shangyu District | 2944670 | 2505046 | 12440 |
| 诸 暨 市 | Zhuji City | 3792221 | 3358696 | 9660 |
| 嵊 州 市 | Shengzhou City | 1358804 | 1174261 | 4865 |
| 新 昌 县 | Xinchang County | 286712 | 232162 | 1059 |
| **按工业行业类别分** | **Grouped by Economic Sector** | | | |
| 农副食品加工业 | Manufacturing of Agricultural and Non-staple Foodstuff | 13014 | 9848 | 42 |
| 食品制造业 | Foodstuff Manufacturing Industry | 82602 | 73959 | 389 |
| 酒、饮料和精制茶制造业 | Manufacturing Industry of beverage, drinking and refiined tea | 130293 | 75836 | 1062 |
| 纺织业 | Textile Industry | 5803512 | 5098706 | 21874 |
| 纺织服装、服饰业 | Manufacturing Industry of Textile Costumes, Shoes, and Caps | 1222792 | 1072599 | 4960 |
| 皮革、毛皮、羽毛及其制品和制鞋业 | Manufacturing Industry of Leather, Fur, Feather (Cloth with Soft Nap) and their Products | 51380 | 44108 | 148 |
| 木材加工和木、竹、藤、棕、草制品业 | Wood Processing and Manufacturing Industry of Wood, Bamboo, Rattan, Palm, and Straw-made Articles | 173091 | 158065 | 631 |
| 家具制造业 | Cabinetmaking Industry | 27620 | 24472 | 180 |
| 造纸和纸制品业 | Papermaking and Paper Product Industry | 178341 | 143776 | 822 |
| 印刷和记录媒介复制业 | Printing Industry and Reproduction of Record Media | 46069 | 41279 | 86 |
| 文教、工美、体育和娱乐用品制造业 | Manufacturing Industry of Culture, Education and Sports stuff | 265054 | 227577 | 1114 |

注：2011 年始采用新《国民经济行业分类》(GB/T4754-2011)。

# Continued 1

(10 000 yuan)

| 销售费用<br>Business Expenses | 管理费用<br>Management Expenses | 财务费用<br>Finance Expenses | 利息支出<br>Interest Expenditure | 利息收入<br>Interest Income | 营业利润<br>Business Profits | 利润总额<br>Total Profits | 亏损企业亏损额<br>Total Loss | 利税总额<br>Total Pre-tax Profits | 本年应交增值税<br>Value Added Tax Payable |
|---|---|---|---|---|---|---|---|---|---|
| **287712** | **646233** | **414632** | **455652** | **83546** | **1040463** | **1066460** | **68284** | **1568175** | **431304** |
| 103520 | 157702 | 71898 | 88698 | 26243 | 137332 | 142212 | 25521 | 251407 | 95273 |
| 52794 | 159743 | 146532 | 164519 | 28888 | 472408 | 477882 | 4445 | 682506 | 176878 |
| 44520 | 138017 | 60719 | 62313 | 8632 | 203682 | 206729 | 11396 | 284299 | 65020 |
| 47632 | 94082 | 77791 | 83194 | 11977 | 187073 | 198685 | 3880 | 260908 | 52101 |
| 32900 | 72100 | 53648 | 53696 | 7514 | 20114 | 19483 | 21262 | 58616 | 34135 |
| 6346 | 24589 | 4045 | 3232 | 291 | 19853 | 21469 | 1780 | 30440 | 7897 |
| | | | | | | | | | |
| 479 | 435 | 992 | 663 | 12 | 1227 | 1230 | – | 1467 | 195 |
| 395 | 2639 | 936 | 1561 | 29 | 4372 | 4377 | – | 8612 | 3846 |
| 51370 | 4883 | 398 | 719 | 431 | -2862 | -4511 | 5419 | 5660 | 9109 |
| 53788 | 184860 | 137658 | 138915 | 17576 | 309936 | 315400 | 6606 | 500280 | 162697 |
| 23349 | 59723 | 40967 | 37539 | 4592 | 24832 | 23506 | 16167 | 63240 | 34725 |
| 1159 | 2482 | 1730 | 2504 | 1156 | 1809 | 1769 | 440 | 3017 | 1100 |
| 440 | 1502 | 1065 | 1401 | 341 | 12051 | 12087 | – | 13552 | 834 |
| 816 | 1558 | 763 | 674 | 8 | -197 | -150 | 497 | 1146 | 1116 |
| 2250 | 5764 | 4158 | 3903 | 780 | 23224 | 23799 | 54 | 30878 | 6255 |
| 518 | 1434 | 1691 | 1832 | 162 | 1236 | 1217 | – | 1831 | 528 |
| 4364 | 7587 | 8354 | 7194 | 288 | 16559 | 16375 | 114 | 21554 | 4066 |

# 4－10 续表 2

单位：万元

| 分　　类 | Item | 企业个数（个） Number of Enterprises (unit) | 工业总产值现行价 Gross Industrial Output Value | 工业增加值（收入法） Value-added of Industry (Income method) |
|---|---|---|---|---|
| 石油加工、炼焦和核燃料加工业 | Petroleum Processing,Coking and Nuclear Fuel Manufacture | 1 | 10478 | 391 |
| 化学原料和化学制品制造业 | Chemical Feedstock and Chemical Manufacturing Industry | 41 | 1279478 | 202042 |
| 医药制造业 | Medicine Manufacturing Industry | 16 | 555318 | 70927 |
| 化学纤维制造业 | Chemical Fiber Manufacturing Industry | 44 | 4428816 | 500435 |
| 橡胶和塑料制品业 | manufacturing industriy of robber and plastic | 27 | 909807 | 134781 |
| 非金属矿物制品业 | Non-metallic Minerals Product Industry | 12 | 331251 | 61992 |
| 黑色金属冶炼和压延加工业 | Ferrous Metal Smelting and Extrusion | 6 | 238014 | 28056 |
| 有色金属冶炼和压延加工业 | Non-ferrous Smelting and Extrusion | 7 | 1250024 | 86730 |
| 金属制品业 | Metalwork Industry | 28 | 485245 | 97866 |
| 通用设备制造业 | General-purpose Equipment Manufacturing Industry | 57 | 867394 | 189137 |
| 专用设备制造业 | Specialized Facility Manufacturing Industry | 28 | 353323 | 78891 |
| 汽车制造业 | Manufacturing Industry of Transport and Communication Facilities | 16 | 399340 | 69125 |
| 铁路、船舶、航空航天和其他运输设备制造业 | Manufacturing Industry of railway, shipping, spackflight and other transiport equipments | 1 | 1769 | 542 |
| 电气机械和器材制造业 | Electric Machinery and Equipment Manufacturing Industry | 47 | 696493 | 119812 |
| 计算机、通信和其他电子设备制造业 | Manufacturing Industry of Communication Equipment, Computers and Other Electronic Equipment | 20 | 470524 | 34598 |
| 仪器仪表制造业 | Manufacturing Industry of Instruments and Meters | 2 | 15466 | 5154 |
| 其他制造业 | Artwork and Other Manufacturing Industries | 1 | 32987 | 4909 |
| 电力、热力生产和供应业 | Production and Supply of Electric Power and Heat Power | 5 | 235358 | 82408 |
| 燃气生产和供应业 | Gas Generation and Supply | 1 | 16572 | 2472 |
| 水的生产和供应业 | Water Production and Supply | 1 | 3108 | 2220 |

## Continued 2

(10 000 yuan)

| 本年应付职工薪酬 Wages Payable | 全部职工年均人数(人) Average Employees (person) | 流动资产合计 Circulating Funds | #产成品 Products | 固定资产合计 Total Fixed Assets | 固定资产原价 Original Value of Fixed Assets | 累计折旧 Depreciation | #本年折旧 Depreciation in This Year | 资产总计 Total Assets | 负债总计 Total Liabilities |
|---|---|---|---|---|---|---|---|---|---|
| 85 | 22 | 26224 | 214 | 2181 | 740 | 238 | 47 | 31783 | 18292 |
| 31410 | 6166 | 870978 | 90565 | 241501 | 358306 | 152875 | 27312 | 1232622 | 661932 |
| 22984 | 5186 | 251747 | 31167 | 134117 | 179953 | 54430 | 12191 | 412006 | 247239 |
| 66000 | 14317 | 2236663 | 201771 | 1014960 | 1323587 | 537416 | 115327 | 3625433 | 2358878 |
| 18598 | 4559 | 717747 | 34371 | 273108 | 374915 | 194397 | 33277 | 1003199 | 752316 |
| 15204 | 2582 | 404437 | 28741 | 82241 | 99516 | 24025 | 10305 | 795075 | 519469 |
| 5764 | 1446 | 133138 | 22029 | 56612 | 74865 | 21891 | 3669 | 195004 | 100412 |
| 18166 | 3225 | 429405 | 32791 | 68433 | 123925 | 55885 | 9945 | 897155 | 543813 |
| 29944 | 6612 | 373300 | 33854 | 136416 | 196963 | 69568 | 14016 | 544887 | 325804 |
| 57458 | 12086 | 696121 | 64468 | 200877 | 279608 | 104111 | 16564 | 956350 | 486611 |
| 17079 | 4257 | 302406 | 16684 | 65950 | 81369 | 25969 | 5508 | 399939 | 202294 |
| 16764 | 3368 | 195485 | 8570 | 79327 | 91712 | 42135 | 5629 | 299574 | 118345 |
| 294 | 55 | 2446 | 90 | 480 | 733 | 252 | 51 | 2927 | 1997 |
| 54885 | 11736 | 570626 | 37657 | 224412 | 311919 | 92463 | 22625 | 942109 | 605148 |
| 14735 | 3668 | 376675 | 30933 | 32845 | 46693 | 19727 | 3709 | 445016 | 342233 |
| 634 | 137 | 11130 | 2129 | 11603 | 13754 | 2151 | 1451 | 27245 | 5033 |
| 2518 | 798 | 23516 | 1202 | 11040 | 14237 | 4332 | 686 | 36405 | 27561 |
| 7526 | 1140 | 122015 | – | 128110 | 208871 | 109404 | 15367 | 259146 | 119723 |
| 408 | 53 | 37157 | 6 | 1577 | 2714 | 1137 | 194 | 39013 | 26371 |
| 573 | 91 | 830 | – | 6197 | 10731 | 4566 | 445 | 8833 | 2879 |

# 4－10 续表 3

单位：万元

| 分　类 | Item | 主营业务收入 Main Business Income | 主营业务成本 Cost of Main Business | 主营业务税金及附加 Main Business Tax and Extra Charges |
|---|---|---|---|---|
| 石油加工、炼焦和核燃料加工业 | Petroleum Processing,Coking and Nuclear Fuel Manufacture | 10482 | 10428 | 3 |
| 化学原料和化学制品制造业 | Chemical Feedstock and Chemical Manufacturing Industry | 1208561 | 1014038 | 4630 |
| 医药制造业 | Medicine Manufacturing Industry | 502913 | 430289 | 1345 |
| 化学纤维制造业 | Chemical Fiber Manufacturing Industry | 4285885 | 3945708 | 8153 |
| 橡胶和塑料制品业 | manufacturing industriy of robber and plastic | 871818 | 782234 | 4758 |
| 非金属矿物制品业 | Non-metallic Minerals Product Industry | 315677 | 260918 | 3016 |
| 黑色金属冶炼和压延加工业 | Ferrous Metal Smelting and Extrusion | 227445 | 211853 | 630 |
| 有色金属冶炼和压延加工业 | Non-ferrous Smelting and Extrusion | 1217076 | 1152246 | 1347 |
| 金属制品业 | Metalwork Industry | 466279 | 400328 | 2446 |
| 通用设备制造业 | General-purpose Equipment Manufacturing Industry | 836684 | 694183 | 4767 |
| 专用设备制造业 | Specialized Facility Manufacturing Industry | 348082 | 279314 | 1275 |
| 汽车制造业 | Manufacturing Industry of Transport and Communication Facilities | 380915 | 297325 | 1409 |
| 铁路、船舶、航空航天和其他运输设备制造业 | Manufacturing Industry of railway, shipping, spackflight and other transiport equipments | 2720 | 1951 | 31 |
| 电气机械和器材制造业 | Electric Machinery and Equipment Manufacturing Industry | 677399 | 573801 | 2345 |
| 计算机、通信和其他电子设备制造业 | Manufacturing Industry of Communication Equipment, Computers and Other Electronic Equipment | 448494 | 409533 | 608 |
| 仪器仪表制造业 | Manufacturing Industry of Instruments and Meters | 15126 | 10775 | 77 |
| 其他制造业 | Artwork and Other Manufacturing Industries | 31609 | 27235 | – |
| 电力、热力生产和供应业 | Production and Supply of Electric Power and Heat Power | 230119 | 169846 | 1085 |
| 燃气生产和供应业 | Gas Generation and Supply | 16572 | 14703 | 21 |
| 水的生产和供应业 | Water Production and Supply | 3108 | 1488 | 19 |

# Continued 3

(10 000 yuan)

| 销售费用 Business Expenses | 管理费用 Management Expenses | 财务费用 Finance Expenses | 利息支出 Interest Expenditure | 利息收入 Interest Income | 营业利润 Business Profits | 利润总额 Total Profits | 亏损企业亏损额 Total Loss | 利税总额 Total Pre-tax Profits | 本年应交增值税 Value Added Tax Payable |
|---|---|---|---|---|---|---|---|---|---|
| 20 | 281 | -449 | 1630 | 2235 | 201 | 201 | – | 230 | 26 |
| 17591 | 49112 | 23947 | 25856 | 7458 | 99029 | 98481 | 3268 | 130254 | 27143 |
| 7986 | 31173 | 12882 | 10593 | 1531 | 20802 | 21787 | 4466 | 29146 | 6014 |
| 16339 | 37022 | 58888 | 78154 | 18395 | 237488 | 236915 | 4913 | 297445 | 52193 |
| 10396 | 14885 | 23740 | 38418 | 12975 | 36417 | 41565 | 1078 | 64068 | 17745 |
| 8543 | 10032 | 6248 | 5964 | 159 | 22022 | 22045 | 2609 | 38685 | 13625 |
| 1693 | 3046 | 4423 | 4796 | 405 | 5787 | 5793 | 1867 | 7887 | 1464 |
| 11703 | 21524 | 8502 | 14848 | 4058 | 17148 | 30377 | 1025 | 41820 | 9708 |
| 10575 | 21372 | 10084 | 9417 | 635 | 27237 | 28123 | 1032 | 43054 | 12473 |
| 18139 | 55209 | 17205 | 15852 | 1200 | 46475 | 47413 | 3677 | 73307 | 21111 |
| 5980 | 23996 | 6257 | 6115 | 558 | 31522 | 32749 | 857 | 42046 | 8012 |
| 13978 | 28032 | 4595 | 3619 | 235 | 26591 | 27575 | 312 | 43745 | 14761 |
| 298 | 271 | 88 | 24 | – | 84 | 97 | – | 130 | 1 |
| 15618 | 47654 | 24585 | 27496 | 6830 | 20694 | 20867 | 12878 | 32403 | 9059 |
| 8791 | 18493 | 7982 | 9344 | 1163 | 3337 | 3499 | 605 | 8537 | 4394 |
| 774 | 1144 | 35 | – | 2 | 2323 | 2379 | 402 | 2889 | 434 |
| 335 | 1303 | 1509 | 1291 | – | 1227 | 1227 | – | 1227 | – |
| – | 7980 | 5128 | 5036 | 310 | 47448 | 47836 | – | 57200 | 8279 |
| 26 | 297 | 102 | 109 | 18 | 1641 | 1647 | – | 1873 | 205 |
| – | 541 | 170 | 185 | 4 | 805 | 788 | – | 993 | 187 |

# 4－11 全市大中型工业企业主要财务指标(2013年)

单位：万元

| 分　　类 | Item | 企业个数(个) Number of Enterprises (unit) | 工业总产值现行价 Gross Industrial Output Value | 工业增加值(收入法) Value-added of Industry (Income method) |
|---|---|---|---|---|
| **全　市　总　计** | **Whole Municipality** | **642** | **60856951** | **9978212** |
| 总计中：越　城　区 | Yuecheng District | 107 | 8722832 | 1305685 |
| 柯　桥　区 | Keqiao District | 229 | 23374439 | 3460214 |
| 上　虞　区 | Shangyu District | 99 | 9378896 | 1750568 |
| 诸　暨　市 | Zhuji City | 118 | 13238484 | 2227215 |
| 嵊　州　市 | Shengzhou City | 53 | 1825747 | 322033 |
| 新　昌　县 | Xinchang County | 36 | 4316554 | 912497 |
| **按工业行业类别分** | **Grouped by Economic Sector** | | | |
| 黑色金属矿采选业 | Ferrous Metals Mining and Dressing | 1 | 80258 | 18510 |
| 有色金属矿采选业 | Nonferrous Metals Mining and Dressing | 1 | 9979 | 6098 |
| 农副食品加工业 | Manufacturing of Agricultural and Non-staple Foodstuff | 3 | 149673 | 14370 |
| 食品制造业 | Foodstuff Manufacturing Industry | 2 | 41148 | 11957 |
| 酒、饮料和精制茶制造业 | Manufacturing Industry of beverage, drinking and refiined tea | 6 | 517995 | 150598 |
| 纺织业 | Textile Industry | 242 | 13863169 | 2665153 |
| 纺织服装、服饰业 | Manufacturing Industry of Textile Costumes, Shoes, and Caps | 56 | 1994972 | 370768 |
| 皮革、毛皮、羽毛及其制品和制鞋业 | Manufacturing Industry of Leather, Fur, Feather (Cloth with Soft Nap) and their Products | 2 | 28574 | 7371 |
| 木材加工和木、竹、藤、棕、草制品业 | Wood Processing and Manufacturing Industry of Wood, Bamboo, Rattan, Palm, and Straw-made Articles | 1 | 52813 | 3023 |
| 家具制造业 | Cabinetmaking Industry | 7 | 317048 | 82537 |
| 造纸和纸制品业 | Papermaking and Paper Product Industry | 6 | 445446 | 106293 |
| 印刷和记录媒介复制业 | Printing Industry and Reproduction of Record Media | 3 | 68500 | 13114 |

注：2011年始采用新《国民经济行业分类》(GB/T4754-2011)。

# Main Financial Indicators of Large and Medium-sized Industrial Enterprises(2013)

(10 000 yuan)

| 本年应付职工薪酬 Wages Payable | 全部职工年均人数(人) Average Employees (person) | 流动资产合计 Circulating Funds | #产成品 Products | 固定资产合计 Total Fixed Assets | 固定资产原价 Original Value of Fixed Assets | 累计折旧 Depreciation | #本年折旧 Depreciation in This Year | 资产总计 Total Assets | 负债总计 Total Liabilities |
|---|---|---|---|---|---|---|---|---|---|
| **2205674** | **479166** | **30726369** | **2847166** | **12854978** | **19933807** | **8715196** | **1450938** | **51955338** | **29168488** |
| 364148 | 72820 | 4523612 | 405915 | 2769734 | 4319302 | 1995287 | 293326 | 8489654 | 5254238 |
| 768767 | 166854 | 10415452 | 1019214 | 4787439 | 7906098 | 3536145 | 610664 | 17352916 | 10924514 |
| 396958 | 81530 | 5549975 | 546706 | 2224260 | 3024450 | 1239551 | 219139 | 9131155 | 4190664 |
| 365302 | 88857 | 5825192 | 543962 | 1885961 | 2784544 | 1138467 | 184811 | 10148936 | 5187993 |
| 109637 | 29584 | 1074283 | 103035 | 417579 | 651971 | 290348 | 41437 | 1829375 | 1292857 |
| 200863 | 39521 | 3337856 | 228334 | 770005 | 1247443 | 515399 | 101561 | 5003302 | 2318223 |
| | | | | | | | | | |
| 6557 | 1222 | 79449 | 3136 | 30902 | 55028 | 27389 | 2459 | 141485 | 39354 |
| 3560 | 596 | 5983 | 630 | 14202 | 16209 | 7229 | 578 | 20185 | 6873 |
| 3300 | 923 | 65120 | 9484 | 22350 | 33836 | 13688 | 2172 | 93319 | 55010 |
| 6674 | 1707 | 31949 | 8529 | 6826 | 11926 | 5100 | 742 | 49489 | 40942 |
| 53040 | 8677 | 699814 | 207008 | 260714 | 313246 | 102521 | 15505 | 1311587 | 566668 |
| 734885 | 168234 | 7269293 | 647951 | 3076339 | 5196858 | 2391956 | 392950 | 11958690 | 7303871 |
| 116379 | 35816 | 1083843 | 98045 | 285604 | 440322 | 188095 | 24810 | 1748898 | 986384 |
| 2304 | 1193 | 23134 | 5908 | 5892 | 10764 | 4877 | 669 | 33271 | 17069 |
| 1229 | 334 | 14095 | 492 | 3194 | 3194 | 1760 | 299 | 17393 | 12135 |
| 34415 | 8070 | 303075 | 19607 | 120197 | 182713 | 72899 | 7041 | 462250 | 203520 |
| 12128 | 3192 | 235031 | 9636 | 115954 | 199260 | 113690 | 19692 | 377078 | 143953 |
| 4769 | 1275 | 30069 | 2537 | 27018 | 35205 | 16538 | 2905 | 58603 | 48382 |

## 4-11 续表 1

单位：万元

| 分类 | Item | 主营业务收入 Main Business Income | 主营业务成本 Cost of Main Business | 主营业务税金及附加 Main Business Tax and Extra Charges |
|---|---|---|---|---|
| **全市总计** | **Whole Municipality** | **59127206** | **51884426** | **254204** |
| 总计中：越城区 | Yuecheng District | 8664240 | 7783933 | 32705 |
| 柯桥区 | Keqiao District | 22643414 | 20359419 | 116121 |
| 上虞区 | Shangyu District | 8810490 | 7466031 | 34468 |
| 诸暨市 | Zhuji City | 13009987 | 11328200 | 40979 |
| 嵊州市 | Shengzhou City | 1709039 | 1462023 | 8114 |
| 新昌县 | Xinchang County | 4290037 | 3484820 | 21816 |
| **按工业行业类别分** | **Grouped by Economic Sector** | | | |
| 黑色金属矿采选业 | Ferrous Metals Mining and Dressing | 81927 | 66860 | 1129 |
| 有色金属矿采选业 | Nonferrous Metals Mining and Dressing | 9723 | 5433 | 256 |
| 农副食品加工业 | Manufacturing of Agricultural and Non-staple Foodstuff | 142054 | 128935 | 738 |
| 食品制造业 | Foodstuff Manufacturing Industry | 47994 | 41322 | 298 |
| 酒、饮料和精制茶制造业 | Manufacturing Industry of beverage, drinking and refiined tea | 485135 | 309403 | 10988 |
| 纺织业 | Textile Industry | 13617489 | 12028143 | 67809 |
| 纺织服装、服饰业 | Manufacturing Industry of Textile Costumes, Shoes, and Caps | 1956281 | 1653877 | 9073 |
| 皮革、毛皮、羽毛及其制品和制鞋业 | Manufacturing Industry of Leather, Fur, Feather (Cloth with Soft Nap) and their Products | 28562 | 23908 | 100 |
| 木材加工和木、竹、藤、棕、草制品业 | Wood Processing and Manufacturing Industry of Wood, Bamboo, Rattan, Palm, and Straw-made Articles | 49588 | 46804 | 247 |
| 家具制造业 | Cabinetmaking Industry | 369099 | 302633 | 1611 |
| 造纸和纸制品业 | Papermaking and Paper Product Industry | 426117 | 356314 | 1706 |
| 印刷和记录媒介复制业 | Printing Industry and Reproduction of Record Media | 67985 | 58713 | 194 |

注：2011 年始采用新《国民经济行业分类》(GB/T4754-2011)。

# Continued 1

(10 000 yuan)

| 销售费用 Business Expenses | 管理费用 Management Expenses | 财务费用 Finance Expenses | 利息支出 Interest Expenditure | 利息收入 Interest Income | 营业利润 Business Profits | 利润总额 Total Profits | 亏损企业亏损额 Total Loss | 利税总额 Total Pre-tax Profits | 本年应交增值税 Value Added Tax Payable |
|---|---|---|---|---|---|---|---|---|---|
| **925114** | **1678725** | **1011549** | **1139766** | **164648** | **3507748** | **3618250** | **74506** | **5208690** | **1333638** |
| 174462 | 235676 | 123449 | 152302 | 31848 | 353673 | 374342 | 7865 | 589380 | 181864 |
| 173588 | 418672 | 418877 | 460922 | 63319 | 1198649 | 1244311 | 28816 | 1855854 | 494683 |
| 182806 | 348319 | 153030 | 159835 | 21355 | 694105 | 709784 | 15108 | 998562 | 253940 |
| 246142 | 300071 | 192257 | 231194 | 27440 | 845179 | 856332 | 8169 | 1111510 | 213286 |
| 36851 | 98229 | 53480 | 53521 | 6633 | 61203 | 61698 | 14488 | 127507 | 57620 |
| 111265 | 277758 | 70457 | 81991 | 14052 | 354941 | 371783 | 61 | 525878 | 132244 |
| | | | | | | | | | |
| 1746 | 9511 | 684 | 890 | 272 | 2660 | 3019 | – | 7650 | 3502 |
| 161 | 3543 | 334 | 305 | 9 | 31 | 18 | – | 1275 | 1002 |
| 1194 | 2066 | 2800 | 2689 | 2 | 6726 | 6717 | – | 7999 | 545 |
| 1420 | 1792 | 2025 | 1717 | 90 | 1240 | 1025 | – | 3795 | 2473 |
| 86510 | 27379 | 11839 | 9957 | 581 | 39762 | 41610 | 5367 | 80307 | 27710 |
| 116046 | 357724 | 330903 | 343642 | 39640 | 756765 | 770038 | 4504 | 1226214 | 387703 |
| 69279 | 81247 | 47133 | 45997 | 3755 | 101422 | 100826 | 7846 | 158296 | 48397 |
| 529 | 1050 | 930 | 1264 | 352 | 2080 | 2040 | – | 2790 | 650 |
| 199 | 1157 | 731 | 731 | – | 996 | 996 | – | 1792 | 548 |
| 19720 | 20323 | 4603 | 6471 | 2041 | 20966 | 21030 | 2229 | 34682 | 12041 |
| 4467 | 6013 | 7335 | 7235 | 725 | 50478 | 50680 | – | 67620 | 15234 |
| 2742 | 2979 | 1857 | 2183 | 509 | 1669 | 2072 | 45 | 4854 | 2588 |

# 4－11 续表 2

单位：万元

| 分　　类 | Item | 企业个数（个） Number of Enterprises (unit) | 工业总产值现行价 Gross Industrial Output Value | 工业增加值（收入法） Value-added of Industry (Income method) |
|---|---|---|---|---|
| 文教、工美、体育和娱乐用品制造业 | Manufacturing Industry of Culture, Education and Sports stuff | 9 | 1093186 | 104653 |
| 化学原料和化学制品制造业 | Chemical Feedstock and Chemical Manufacturing Industry | 26 | 8103063 | 965836 |
| 医药制造业 | Medicine Manufacturing Industry | 19 | 1590171 | 362726 |
| 化学纤维制造业 | Chemical Fiber Manufacturing Industry | 23 | 5770971 | 650659 |
| 橡胶和塑料制品业 | manufacturing industriy of robber and plastic | 18 | 3440811 | 611217 |
| 非金属矿物制品业 | Non-metallic Minerals Product Industry | 15 | 1088344 | 217372 |
| 黑色金属冶炼和压延加工业 | Ferrous Metal Smelting and Extrusion | 6 | 722511 | 69045 |
| 有色金属冶炼和压延加工业 | Non-ferrous Smelting and Extrusion | 9 | 2729043 | 260369 |
| 金属制品业 | Metalwork Industry | 16 | 1611031 | 288924 |
| 通用设备制造业 | General-purpose Equipment Manufacturing Industry | 63 | 5196283 | 980916 |
| 专用设备制造业 | Specialized Facility Manufacturing Industry | 16 | 1515624 | 302886 |
| 汽车制造业 | Manufacturing Industry of Transport and Communication Facilities | 12 | 1845801 | 366453 |
| 铁路、船舶、航空航天和其他运输设备制造业 | Manufacturing Industry of railway, shipping, spackflight and other transiport equipments | 1 | 21716 | 6747 |
| 电气机械和器材制造业 | Electric Machinery and Equipment Manufacturing Industry | 41 | 4103989 | 715477 |
| 计算机、通信和其他电子设备制造业 | Manufacturing Industry of Communication Equipment, Computers and Other Electronic | 12 | 635973 | 98224 |
| 仪器仪表制造业 | Manufacturing Industry of Instruments and Meters | 4 | 86321 | 13155 |
| 其他制造业 | Artwork and Other Manufacturing Industries | 6 | 244939 | 44807 |
| 电力、热力生产和供应业 | Production and Supply of Electric Power and Heat Power | 12 | 3369458 | 433955 |
| 水的生产和供应业 | Water Production and Supply | 4 | 118142 | 35002 |

## Continued 2

(10 000 yuan)

| 本年应付职工薪酬 Wages Payable | 全部职工年均人数(人) Average Employees (person) | 流动资产合计 Circulating Funds | #产成品 Products | 固定资产合计 Total Fixed Assets | 固定资产原价 Original Value of Fixed Assets | 累计折旧 Depreciation | #本年折旧 Depreciation in This Year | 资产总计 Total Assets | 负债总计 Total Liabilities |
|---|---|---|---|---|---|---|---|---|---|
| 22405 | 5416 | 747121 | 210030 | 92686 | 123711 | 42902 | 6483 | 962444 | 449644 |
| 132383 | 24760 | 3656055 | 271878 | 1666243 | 2517668 | 1074920 | 171889 | 6132836 | 3348187 |
| 86202 | 16190 | 1609923 | 92921 | 407625 | 638397 | 248361 | 39332 | 2517934 | 640935 |
| 99714 | 19860 | 2405854 | 215801 | 1288607 | 1770701 | 700322 | 164314 | 4271566 | 2809066 |
| 63858 | 14534 | 1490406 | 82584 | 571144 | 872839 | 506187 | 81853 | 2229686 | 1311360 |
| 37301 | 7863 | 739371 | 53186 | 278152 | 429874 | 161947 | 32841 | 1391547 | 724852 |
| 19196 | 3419 | 267184 | 29066 | 79398 | 106436 | 38400 | 8674 | 410528 | 205868 |
| 40436 | 7944 | 777007 | 91246 | 172057 | 294089 | 128973 | 22306 | 1893482 | 1092241 |
| 68979 | 12951 | 1061150 | 141523 | 439133 | 539449 | 125286 | 44881 | 1644055 | 987177 |
| 225677 | 49053 | 2963535 | 282768 | 1001817 | 1457551 | 558845 | 87567 | 4857080 | 2782905 |
| 34968 | 8952 | 943194 | 63884 | 261992 | 321902 | 82861 | 16560 | 1435665 | 789864 |
| 98539 | 16544 | 902765 | 68206 | 330414 | 442875 | 188637 | 35721 | 1533317 | 931098 |
| 2688 | 589 | 20793 | 1930 | 12234 | 6200 | 2242 | 522 | 39678 | 37143 |
| 157813 | 33880 | 2255478 | 155079 | 678652 | 895079 | 297323 | 59934 | 3510158 | 1619989 |
| 34074 | 9197 | 479243 | 43050 | 129914 | 254135 | 140276 | 8027 | 651073 | 464766 |
| 7721 | 2132 | 54306 | 8226 | 22078 | 27254 | 9149 | 1472 | 82988 | 53710 |
| 16479 | 5198 | 121747 | 16924 | 47076 | 57778 | 23533 | 3570 | 195859 | 96256 |
| 66195 | 7715 | 317008 | 4219 | 1154405 | 2198383 | 1185159 | 165546 | 1567036 | 1167163 |
| 11806 | 1730 | 73375 | 1683 | 252160 | 480926 | 254133 | 29627 | 356158 | 232105 |

# 4－11 续表 3

单位：万元

| 分　类 | Item | 主营业务收入 Main Business Income | 主营业务成本 Cost of Main Business | 主营业务税金及附加 Main Business Tax and Extra Charges |
|---|---|---|---|---|
| 文教、工美、体育和娱乐用品制造业 | Manufacturing Industry of Culture, Education and Sports stuff | 1068879 | 983680 | 3291 |
| 化学原料和化学制品制造业 | Chemical Feedstock and Chemical Manufacturing Industry | 7650736 | 6867694 | 34109 |
| 医药制造业 | Medicine Manufacturing Industry | 1566479 | 1229094 | 8650 |
| 化学纤维制造业 | Chemical Fiber Manufacturing Industry | 5610112 | 5212290 | 12376 |
| 橡胶和塑料制品业 | manufacturing industriy of robber and plastic | 3357658 | 2985322 | 12695 |
| 非金属矿物制品业 | Non-metallic Minerals Product Industry | 1046735 | 863619 | 6796 |
| 黑色金属冶炼和压延加工业 | Ferrous Metal Smelting and Extrusion | 727941 | 685022 | 1142 |
| 有色金属冶炼和压延加工业 | Non-ferrous Smelting and Extrusion | 2679473 | 2393380 | 3784 |
| 金属制品业 | Metalwork Industry | 1455248 | 1236742 | 11006 |
| 通用设备制造业 | General-purpose Equipment Manufacturing Industry | 5065788 | 4185124 | 27069 |
| 专用设备制造业 | Specialized Facility Manufacturing Industry | 1494636 | 1283742 | 3650 |
| 汽车制造业 | Manufacturing Industry of Transport and Communication Facilities | 1828541 | 1509928 | 6765 |
| 铁路、船舶、航空航天和其他运输设备制造业 | Manufacturing Industry of railway, shipping, spackflight and other transiport equipments | 21708 | 13676 | 76 |
| 电气机械和器材制造业 | Electric Machinery and Equipment Manufacturing Industry | 3844146 | 3279496 | 13894 |
| 计算机、通信和其他电子设备制造业 | Manufacturing Industry of Communication Equipment, Computers and Other Electronic Equipment | 615158 | 532035 | 1813 |
| 仪器仪表制造业 | Manufacturing Industry of Instruments and Meters | 80694 | 65068 | 295 |
| 其他制造业 | Artwork and Other Manufacturing Industries | 232415 | 196800 | 1491 |
| 电力、热力生产和供应业 | Production and Supply of Electric Power and Heat Power | 3383801 | 3230834 | 10725 |
| 水的生产和供应业 | Water Production and Supply | 115108 | 108537 | 426 |

## Continued 3

(10 000 yuan)

| 销售费用 Business Expenses | 管理费用 Management Expenses | 财务费用 Finance Expenses | 利息支出 Interest Expenditure | 利息收入 Interest Income | 营业利润 Business Profits | 利润总额 Total Profits | 亏损企业亏损额 Total Loss | 利税总额 Total Pre-tax Profits | 本年应交增值税 Value Added Tax Payable |
|---|---|---|---|---|---|---|---|---|---|
| 19779 | 12023 | 19142 | 21334 | 2905 | 45719 | 48244 | – | 72264 | 20729 |
| 73445 | 140209 | 105841 | 131086 | 26469 | 456876 | 481170 | – | 616910 | 101582 |
| 62187 | 115419 | 12011 | 19801 | 6058 | 163732 | 166443 | 10925 | 230877 | 55750 |
| 16736 | 42209 | 72189 | 87970 | 15022 | 277317 | 282292 | – | 373170 | 78073 |
| 44533 | 59179 | 46601 | 61018 | 17226 | 216462 | 223213 | 412 | 292123 | 56214 |
| 22190 | 36120 | 22046 | 22899 | 1389 | 100943 | 105293 | 208 | 150078 | 37989 |
| 3611 | 7441 | 6830 | 6679 | 128 | 29962 | 31142 | 1867 | 38668 | 6365 |
| 22207 | 31476 | 19870 | 53936 | 8969 | 136563 | 136709 | – | 168473 | 27592 |
| 31554 | 59254 | 24678 | 27706 | 1243 | 85995 | 89797 | 12123 | 137176 | 36360 |
| 125472 | 256788 | 116541 | 116043 | 5863 | 352550 | 364102 | 7843 | 525279 | 133553 |
| 19189 | 49426 | 14971 | 17852 | 5557 | 127081 | 134068 | – | 167497 | 29779 |
| 50559 | 108635 | 26733 | 30126 | 9329 | 129569 | 133671 | 2731 | 200489 | 60053 |
| 739 | 2830 | 1973 | 1853 | 272 | 2414 | 2558 | – | 3462 | 829 |
| 103109 | 133701 | 49998 | 54627 | 10172 | 287502 | 301259 | 1303 | 398593 | 83376 |
| 11307 | 38276 | 17049 | 18927 | 2936 | 15392 | 17048 | 1879 | 34485 | 15624 |
| 2294 | 9885 | 1556 | 1327 | 12 | 1728 | 3153 | 230 | 4734 | 1286 |
| 6308 | 7947 | 6373 | 5797 | 407 | 13533 | 13585 | – | 19490 | 4415 |
| 707 | 41839 | 27139 | 28596 | 2389 | 95607 | 99367 | – | 188574 | 78099 |
| 5177 | 11288 | 8837 | 9109 | 330 | -15988 | -14930 | 14995 | -10926 | 3578 |

# 4－12 越城区规模以上工业企业主要财务指标(2013 年)

单位：万元

| 分类 | Item | 企业个数(个) Number of Enterprises(unit) | 工业总产值现行价 Gross Industrial Output Value | 工业增加值(收入法) Value-added of Industry (Income method) |
|---|---|---|---|---|
| **越城区总计** | **Yuecheng District** | **593** | **12450594** | **1867422** |
| 总计中：市直属 | City | 481 | 11385157 | 1682329 |
| 越城区(直管) | Yuecheng | 112 | 1065438 | 185093 |
| **按登记注册类型分组** | **Grouped by Registration Status** | | | |
| 内资企业 | Domestic Funded Enterprises | 401 | 8487608 | 1244384 |
| 国有企业 | State-owned Enterprises | 2 | 2036485 | 219226 |
| 地方企业 | Local Enterprises | 1 | 32891 | #N/A |
| 股份合作企业 | Share-holding Cooperative Enterprises | 2 | 45833 | 11994 |
| 有限责任公司 | Limited liability Corporations | 66 | 2236951 | 396037 |
| 国有独资公司 | Sole State-funded Corporations | 5 | 252622 | 79570 |
| 其他有限责任公司 | Other Limited liability Corporations | 61 | 1984330 | 316467 |
| 股份有限公司 | Share-holding Corporations Ltd. | 5 | 160713 | 46482 |
| 私营企业 | Private Enterprises | 322 | 3979141 | 566100 |
| 私营独资企业 | Private-funded Enterprises | 11 | 91682 | 9268 |
| 私营合伙企业 | Private Partnership Enterprises | – | – | – |
| 私营有限责任公司 | Private Limited Liability Corporations | 310 | 3884209 | 555828 |
| 私营股份有限公司 | Private Shareholding Corporations Ltd., | 1 | 3250 | 1005 |
| 港、澳、台商投资公司 | Enterprises with Investment from Hong Kong, Macao and Taiwan | 112 | 2812026 | 435417 |
| 内地与港澳台合资经营企业 | Joint-venture Enterprises with Investment from Hong Kong, Macao and Taiwan | 51 | 2132950 | 305877 |

## Main Financial Indicators of above Designated Size Industrial Enterprises(2013)

(10 000 yuan)

| 本年应付职工薪酬 Wages Payable | 全部职工年均人数(人) Average Employees (person) | 流动资产合计 Circulating Funds | #产成品 Products | 固定资产合计 Total Fixed Assets | 固定资产原价 Original Value of Fixed Assets | 累计折旧 Depreciation | #本年折旧 Depreciation in This Year | 资产总计 Total Assets | 负债总计 Total Liabilities |
|---|---|---|---|---|---|---|---|---|---|
| **570408** | **128699** | **7035244** | **651468** | **4026290** | **6186725** | **2793394** | **407119** | **12702035** | **8149755** |
| 493508 | 110221 | 6173057 | 570147 | 3606681 | 5475974 | 2420198 | 367571 | 11230419 | 7172601 |
| 76900 | 18478 | 862186 | 81321 | 419610 | 710751 | 373196 | 39548 | 1471616 | 977155 |
| | | | | | | | | | |
| 360550 | 81128 | 4309456 | 433311 | 2852067 | 4606479 | 2180729 | 295813 | 8328507 | 5513160 |
| 28570 | 2301 | 15520 | – | 689631 | 1288190 | 707634 | 94671 | 712566 | 699393 |
| 2108 | 245 | 7320 | – | 35531 | 46842 | 17137 | 2740 | 43837 | 30665 |
| 2531 | 489 | 36234 | 11121 | 8768 | 14610 | 5842 | 674 | 47681 | 28181 |
| 118086 | 22728 | 1455776 | 186033 | 924493 | 1258292 | 531528 | 65458 | 2881849 | 1541592 |
| 30680 | 5243 | 465065 | 91746 | 261002 | 323557 | 129951 | 15229 | 1027929 | 412131 |
| 87406 | 17485 | 990711 | 94288 | 663492 | 934734 | 401577 | 50229 | 1853920 | 1129461 |
| 19029 | 3712 | 144638 | 10719 | 56304 | 122719 | 73473 | 4171 | 227088 | 82554 |
| 190659 | 51378 | 2644975 | 223507 | 1168796 | 1910416 | 854076 | 130211 | 4440114 | 3152279 |
| 3391 | 942 | 46642 | 6918 | 16512 | 23551 | 10451 | 1324 | 64546 | 55825 |
| – | – | – | – | – | – | – | – | – | – |
| 187100 | 50362 | 2579590 | 216567 | 1147715 | 1882087 | 842796 | 128711 | 4349500 | 3071658 |
| 168 | 74 | 18744 | 22 | 4568 | 4777 | 829 | 177 | 26069 | 24796 |
| 132934 | 29125 | 2015371 | 147029 | 742658 | 1060767 | 394259 | 80376 | 3161504 | 1890420 |
| 71355 | 15215 | 1478511 | 101094 | 533334 | 780028 | 307340 | 61914 | 2347603 | 1463690 |

## 4－12 续 表 1

单位：万元

| 分类 | Item | 主营业务收入 Main Business Income | 主营业务成本 Cost of Main Business | 主营业务税金及附加 Main Business Tax and Extra Charges |
|---|---|---|---|---|
| **越城区总计** | **Yuecheng District** | **12320834** | **11026187** | **46459** |
| 总计中：市直属 | City | 11275928 | 10107911 | 41746 |
| 越城区(直管) | Yuecheng | 1044906 | 918277 | 4714 |
| **按登记注册类型分组** | **Grouped by Registration Status** | | | |
| 内资企业 | Domestic Funded Enterprises | 8454610 | 7619979 | 32750 |
| 国有企业 | State-owned Enterprises | 2036485 | 1981957 | 4581 |
| 地方企业 | Local Enterprises | 32891 | 30444 | 79 |
| 股份合作企业 | Share-holding Cooperative Enterprises | 47583 | 37075 | 376 |
| 有限责任公司 | Limited liability Corporations | 2240842 | 1894501 | 12493 |
| 国有独资公司 | Sole State-funded Corporations | 272737 | 201512 | 5472 |
| 其他有限责任公司 | Other Limited liability Corporations | 1968105 | 1692989 | 7021 |
| 股份有限公司 | Share-holding Corporations Ltd. | 162030 | 118691 | 971 |
| 私营企业 | Private Enterprises | 3939971 | 3562784 | 14246 |
| 私营独资企业 | Private-funded Enterprises | 91388 | 84860 | 412 |
| 私营合伙企业 | Private Partnership Enterprises | – | – | – |
| 私营有限责任公司 | Private Limited Liability Corporations | 3843664 | 3473693 | 13829 |
| 私营股份有限公司 | Private Shareholding Corporations Ltd., | 4919 | 4231 | 6 |
| 港、澳、台商投资公司 | Enterprises with Investment from Hong Kong, Macao and Taiwan | 2730828 | 2384462 | 9426 |
| 内地与港澳台合资经营企业 | Joint-venture Enterprises with Investment from Hong Kong, Macao and Taiwan | 2064354 | 1835745 | 6473 |

# Continued 1

(10 000 yuan)

| 销售费用 Business Expenses | 管理费用 Management Expenses | 财务费用 Finance Expenses | 利息支出 Interest Expenditure | 利息收入 Interest Income | 营业利润 Business Profits | 利润总额 Total Profits | 亏损企业亏损额 Total Loss | 利税总额 Total Pre-tax Profits | 本年应交增值税 Value Added Tax Payable |
|---|---|---|---|---|---|---|---|---|---|
| **234872** | **402773** | **225259** | **251981** | **41540** | **438885** | **463267** | **49394** | **779098** | **268469** |
| 214243 | 355456 | 192077 | 218565 | 37633 | 413161 | 435824 | 40753 | 723829 | 245369 |
| 20629 | 47318 | 33182 | 33416 | 3907 | 25724 | 27443 | 8642 | 55269 | 23100 |
| | | | | | | | | | |
| 131352 | 245071 | 153361 | 163283 | 15297 | 301553 | 321055 | 23874 | 527691 | 173196 |
| 106 | 1777 | 447 | 539 | 138 | 49116 | 50135 | – | 88606 | 33636 |
| 106 | 1777 | 277 | 263 | 16 | 1445 | 1502 | – | 2322 | 656 |
| 1055 | 3820 | 145 | 155 | 15 | 5071 | 4954 | – | 7070 | 1739 |
| 72570 | 102412 | 38811 | 47929 | 5912 | 121633 | 133626 | 10577 | 200903 | 54751 |
| 19009 | 25934 | 6488 | 4878 | 312 | 15316 | 18494 | 1900 | 37583 | 13616 |
| 53561 | 76478 | 32323 | 43051 | 5601 | 106317 | 115131 | 8677 | 163320 | 41135 |
| 15303 | 13373 | 1098 | 2094 | 1153 | 13728 | 13311 | 1122 | 19323 | 5041 |
| 42013 | 122830 | 112057 | 111729 | 8044 | 111192 | 118254 | 12174 | 210000 | 77098 |
| 1176 | 1694 | 1964 | 1805 | 148 | 1284 | 1091 | 70 | 3161 | 1658 |
| – | – | – | – | – | – | – | – | – | – |
| 40766 | 121043 | 109920 | 109644 | 7788 | 109368 | 116633 | 12104 | 206258 | 75394 |
| 71 | 93 | 173 | 281 | 108 | 541 | 530 | – | 581 | 46 |
| 88144 | 106657 | 53404 | 70905 | 22483 | 101378 | 102240 | 20464 | 181112 | 69319 |
| 26607 | 73707 | 40302 | 59905 | 21159 | 92119 | 93292 | 7516 | 147492 | 47605 |

# 4－12 续表 2

单位：万元

| 分类 | Item | 企业个数（个） Number of Enterprises (unit) | 工业总产值现行价 Gross Industrial Output Value | 工业增加值（收入法） Value-added of Industry (Income method) |
|---|---|---|---|---|
| 港澳台商独资经营企业 | Sole Investment from Hong Kong,Macao and Taiwan | 59 | 670483 | 128070 |
| 港澳台商投资股份有限公司 | Share-holding Corporations Ltd. With Investment from Hong Kong,Macao and Taiwan | 2 | 8593 | 1470 |
| 外商投资企业公司 | Enterprises with Foreign Investment | 80 | 1150960 | 187621 |
| 中外合资经营企业 | Joint-venture Enterprises with Foreign Investment | 35 | 565358 | 87211 |
| 中外合作经营企业 | Cooperative Enterprises with Foreign Investment | – | – | – |
| 外商独资经营企业 | Enterprises with Sole Foreign Investment | 41 | 548750 | 93116 |
| 外商投资股份有限公司 | Share-holding Corporations Ltd. with Foreign Investment | 4 | 36853 | 7294 |
| 总计中：亏损企业 | Loss Enterprises | 93 | 677732 | #N/A |
| 总计中：国有控股企业 | State-owned and State-holding Enterprises | 24 | 2588161 | 364699 |
| 总计中：轻工业 | Light Industry | 430 | 6795437 | 1127559 |
| 重工业 | Heavy Industry | 163 | 5655158 | 739863 |
| 总计中：大型企业 | Large | 13 | 4276006 | 622229 |
| 中型企业 | Medium-sized | 94 | 4446826 | 683457 |
| 小型企业 | Small | 457 | 3586529 | 554583 |
| 微型企业 | Miniature | 29 | 141233 | 7154 |
| **按工业行业类别分** | **Grouped by Economic Sector** | | | |
| 采掘业 | Mining and Quarrying | 2 | 90237 | 24608 |
| 黑色金属矿采选业 | Ferrous Metals Mining and Dressing | 1 | 80258 | 18510 |
| 有色金属矿采选业 | Nonferrous Metals Mining and Dressing | 1 | 9979 | 6098 |
| 制造业 | Manufacturing | 580 | 10034917 | 1560334 |
| 农副食品加工业 | Manufacturing of Agricultural and Non-staple Foodstuff | 8 | 63082 | 11301 |

# Continued 2

(10 000 yuan)

| 本年应付职工薪酬 Wages Payable | 全部职工年均人数(人) Average Employees (person) | 流动资产合计 Circulating Funds | #产成品 Products | 固定资产合计 Total Fixed Assets | 固定资产原价 Original Value of Fixed Assets | 累计折旧 Depreciation | #本年折旧 Depreciation in This Year | 资产总计 Total Assets | 负债总计 Total Liabilities |
|---|---|---|---|---|---|---|---|---|---|
| 60819 | 13665 | 532173 | 45661 | 206670 | 279468 | 86382 | 18273 | 805176 | 425118 |
| 760 | 245 | 4687 | 274 | 2654 | 1272 | 537 | 189 | 8725 | 1612 |
| 76925 | 18446 | 710417 | 71128 | 431565 | 519479 | 218406 | 30930 | 1212024 | 746175 |
| 31945 | 7741 | 278310 | 29353 | 122694 | 219483 | 101188 | 13290 | 426237 | 245510 |
| – | – | – | – | – | – | – | – | – | – |
| 42109 | 9629 | 411911 | 36919 | 296367 | 284455 | 112687 | 16928 | 747566 | 479037 |
| 2871 | 1076 | 20196 | 4856 | 12504 | 15541 | 4531 | 712 | 38221 | 21628 |
| 66709 | 15704 | 716196 | 61852 | 468833 | 645818 | 267488 | 37810 | 1281091 | 925791 |
| 85332 | 11592 | 646711 | 109789 | 1197889 | 1982964 | 1017032 | 125036 | 2190395 | 1360496 |
| 407157 | 97422 | 4445639 | 488961 | 2199812 | 3190990 | 1324547 | 208444 | 7575285 | 4689787 |
| 163252 | 31277 | 2589605 | 162507 | 1826478 | 2995735 | 1468847 | 198676 | 5126750 | 3459968 |
| 160392 | 25781 | 1639207 | 186439 | 1393160 | 2375255 | 1117327 | 172538 | 3602946 | 2128475 |
| 203756 | 47039 | 2884406 | 219476 | 1376574 | 1944047 | 877960 | 120788 | 4886707 | 3125763 |
| 202829 | 54804 | 2338866 | 239665 | 1250115 | 1855786 | 792907 | 113265 | 3936570 | 2647526 |
| 3432 | 1075 | 172765 | 5888 | 6442 | 11638 | 5199 | 528 | 275811 | 247992 |
| | | | | | | | | | |
| 10116 | 1818 | 85432 | 3766 | 45103 | 71237 | 34618 | 3037 | 161670 | 46227 |
| 6557 | 1222 | 79449 | 3136 | 30902 | 55028 | 27389 | 2459 | 141485 | 39354 |
| 3560 | 596 | 5983 | 630 | 14202 | 16209 | 7229 | 578 | 20185 | 6873 |
| 520067 | 122695 | 6737481 | 647438 | 2992535 | 4378322 | 1819710 | 287435 | 11289670 | 7028261 |
| 3898 | 942 | 34757 | 6900 | 19984 | 30511 | 10580 | 1329 | 61098 | 31825 |

# 4－12 续表 3

单位：万元

| 分类 | Item | 主营业务收入 Main Business Income | 主营业务成本 Cost of Main Business | 主营业务税金及附加 Main Business Tax and Extra Charges |
|---|---|---|---|---|
| 港澳台商独资经营企业 | Sole Investment from Hong Kong,Macao and Taiwan | 657899 | 541261 | 2909 |
| 港澳台商投资股份有限公司 | Share-holding Corporations Ltd. With Investment from Hong Kong,Macao and Taiwan | 8575 | 7457 | 44 |
| 外商投资企业公司 | Enterprises with Foreign Investment | 1135396 | 1021746 | 4283 |
| 中外合资经营企业 | Joint-venture Enterprises with Foreign Investment | 518934 | 453403 | 2325 |
| 中外合作经营企业 | Cooperative Enterprises with Foreign Investment | – | – | – |
| 外商独资经营企业 | Enterprises with Sole Foreign Investment | 571129 | 528619 | 1845 |
| 外商投资股份有限公司 | Share-holding Corporations Ltd. with Foreign Investment | 45333 | 39724 | 114 |
| 总计中：亏损企业 | Loss Enterprises | 667572 | 575353 | 2770 |
| 总计中：国有控股企业 | State-owned and State-holding Enterprises | 2601740 | 2430209 | 11277 |
| 总计中：轻工业 | Light Industry | 6701937 | 5884193 | 29288 |
| 重工业 | Heavy Industry | 5618897 | 5141994 | 17172 |
| 总计中：大型企业 | Large | 4287976 | 3870485 | 18111 |
| 中型企业 | Medium-sized | 4376264 | 3913449 | 14595 |
| 小型企业 | Small | 3516276 | 3111944 | 13462 |
| 微型企业 | Miniature | 140318 | 130310 | 292 |
| **按工业行业类别分** | **Grouped by Economic Sector** | | | |
| 采掘业 | Mining and Quarrying | 91650 | 72292 | 1385 |
| 黑色金属矿采选业 | Ferrous Metals Mining and Dressing | 81927 | 66860 | 1129 |
| 有色金属矿采选业 | Nonferrous Metals Mining and Dressing | 9723 | 5433 | 256 |
| 制造业 | Manufacturing | 9908878 | 8736416 | 39753 |
| 农副食品加工业 | Manufacturing of Agricultural and Non-staple Foodstuff | 63941 | 53423 | 183 |

# Continued 3

(10 000 yuan)

| 销售费用 Business Expenses | 管理费用 Management Expenses | 财务费用 Finance Expenses | 利息支出 Interest Expenditure | 利息收入 Interest Income | 营业利润 Business Profits | 利润总额 Total Profits | 亏损企业亏损额 Total Loss | 利税总额 Total Pre-tax Profits | 本年应交增值税 Value Added Tax Payable |
|---|---|---|---|---|---|---|---|---|---|
| 61311 | 32403 | 13041 | 10975 | 1311 | 9018 | 8653 | 12948 | 33219 | 21652 |
| 226 | 547 | 62 | 25 | 12 | 241 | 295 | – | 400 | 61 |
| 15376 | 51045 | 18494 | 17793 | 3759 | 35954 | 39972 | 5057 | 70296 | 25954 |
| 7711 | 24978 | 10688 | 9747 | 2056 | 20775 | 21662 | 2496 | 36217 | 12147 |
| – | – | – | – | – | – | – | – | – | – |
| 6862 | 24044 | 6921 | 7214 | 1637 | 13373 | 16432 | 2561 | 31152 | 12873 |
| 803 | 2023 | 885 | 832 | 67 | 1806 | 1879 | – | 2927 | 935 |
| 59003 | 42874 | 35930 | 37353 | 4305 | -44484 | -49394 | 49394 | -25380 | 21219 |
| 24956 | 51417 | 14822 | 14105 | 1566 | 75246 | 77087 | 5537 | 143590 | 54902 |
| 185335 | 245152 | 153989 | 162090 | 20462 | 234433 | 251917 | 34702 | 450151 | 168348 |
| 49537 | 157622 | 71270 | 89891 | 21078 | 204452 | 211350 | 14693 | 328947 | 100121 |
| 128033 | 80717 | 44381 | 43274 | 4832 | 159969 | 167685 | 5367 | 279568 | 93372 |
| 46430 | 154959 | 79068 | 109028 | 27016 | 193704 | 206658 | 2498 | 309812 | 88491 |
| 59349 | 163641 | 99303 | 97174 | 9620 | 82313 | 86065 | 41425 | 184919 | 84957 |
| 1061 | 3456 | 2507 | 2505 | 71 | 2899 | 2859 | 105 | 4800 | 1649 |
| | | | | | | | | | |
| 1907 | 13054 | 1018 | 1194 | 281 | 2691 | 3036 | – | 8925 | 4504 |
| 1746 | 9511 | 684 | 890 | 272 | 2660 | 3019 | – | 7650 | 3502 |
| 161 | 3543 | 334 | 305 | 9 | 31 | 18 | – | 1275 | 1002 |
| 232845 | 372966 | 204554 | 229477 | 39439 | 369965 | 392740 | 44262 | 657873 | 224732 |
| 2049 | 2845 | 1628 | 1351 | 86 | 3925 | 3918 | – | 5226 | 1125 |

# 4－12 续表 4

单位：万元

| 分　　类 | Item | 企业个数（个）Number of Enterprises (unit) | 工业总产值现行价 Gross Industrial Output Value | 工业增加值（收入法）Value-added of Industry (Income method) |
|---|---|---|---|---|
| 食品制造业 | Foodstuff Manufacturing Industry | 3 | 71770 | 11328 |
| 酒、饮料和精制茶制造业 | Manufacturing Industry of beverage, drinking and refiined tea | 7 | 265762 | 76643 |
| 黄酒制造 | Yellow Rice or Millet Wine Manufacturing Industry | 4 | 148746 | 51376 |
| 纺织业 | Textile Industry | 216 | 2836688 | 539790 |
| 棉纺织及印染精加工 | Cotton textile, Printing and Dyeing finish machining | 124 | 2160843 | 446856 |
| 毛纺织及染整精加工 | Wool Weaving, Dyeing and Finish machining | 8 | 42361 | 11685 |
| 麻纺织及染整精加工 | Linen Weaving, Dyeing and Finish machining | 2 | 49068 | 7851 |
| 针织或钩针编织物及其制品制造 | Knitwear, Braid and their Product Manufacturing | 48 | 426446 | 54207 |
| 家用纺织制成品制造 | Manufacturing of textile products in home application | 25 | 117328 | 13163 |
| 非家用纺织制成品制造 | Manufacturing of textile products not in home application | 8 | 37951 | 5620 |
| 纺织服装、服饰业 | Manufacturing Industry of Textile Costumes, Shoes, and Caps | 78 | 311845 | 60141 |
| 机织服装制造 | Manufacturing Industry of Textile Costumes in machine | 70 | 272082 | 51181 |
| 针织或钩针编织服装制造 | Manufacturing Industry of stockinet and knitting | 8 | 39763 | 8960 |
| 皮革、毛皮、羽毛及其制品和制鞋业 | Manufacturing Industry of Leather, Fur, Feather (Cloth with Soft Nap) and their Products | 12 | 110527 | 9469 |
| 木材加工和木、竹、藤、棕、草制品业 | Wood Processing and Manufacturing Industry of Wood, Bamboo, Rattan, Palm, and Straw-made Articles | 4 | 68215 | 6042 |
| 家具制造业 | Cabinetmaking Industry | 6 | 147056 | 39541 |
| 造纸和纸制品业 | Papermaking and Paper Product Industry | 14 | 129144 | 23876 |
| 印刷和记录媒介复制业 | Printing Industry and Reproduction of Record Media | 3 | 30763 | 6300 |
| 文教、工美、体育和娱乐用品制造业 | Manufacturing Industry of Culture, Education and Sports stuff | 24 | 145042 | 20176 |
| 石油加工、炼焦和核燃料加工业 | Petroleum Processing,Coking and Nuclear Fuel Manufacture | 1 | 19000 | 268 |
| 化学原料和化学制品制造业 | Chemical Feedstock and Chemical Manufacturing Industry | 20 | 1128526 | 101581 |
| 涂料、油墨、颜料及类似产品制造 | Coat, Ink, Coloring Agent and Similar Product Manufacturing | 4 | 33892 | 4634 |

## Continued 4

(10 000 yuan)

| 本年应付职工薪酬 Wages Payable | 全部职工年均人数(人) Average Employees (person) | 流动资产合计 Circulating Funds | #产成品 Products | 固定资产合计 Total Fixed Assets | 固定资产原价 Original Value of Fixed Assets | 累计折旧 Depreciation | #本年折旧 Depreciation in This Year | 资产总计 Total Assets | 负债总计 Total Liabilities |
|---|---|---|---|---|---|---|---|---|---|
| 1666 | 325 | 13376 | 2150 | 6079 | 11586 | 5566 | 916 | 25879 | 4319 |
| 34556 | 5544 | 493918 | 95411 | 156334 | 204481 | 71508 | 9130 | 917016 | 365431 |
| 19362 | 3453 | 392680 | 87734 | 127977 | 161920 | 57187 | 6580 | 786210 | 328623 |
| 185159 | 47450 | 1746716 | 185327 | 854178 | 1463684 | 665478 | 91450 | 2853231 | 1786063 |
| 147746 | 37186 | 1321185 | 136507 | 713247 | 1226141 | 559986 | 77723 | 2248947 | 1376724 |
| 5405 | 1571 | 42730 | 6605 | 18176 | 42571 | 24898 | 2076 | 73464 | 43346 |
| 2685 | 699 | 16267 | 4229 | 7772 | 17718 | 9946 | 787 | 27022 | 16580 |
| 19195 | 5061 | 197950 | 25863 | 71508 | 102851 | 37735 | 7389 | 277328 | 193272 |
| 7907 | 2284 | 134569 | 7209 | 25760 | 37260 | 13485 | 2246 | 173159 | 113160 |
| 1940 | 571 | 32348 | 4035 | 17704 | 37128 | 19424 | 1227 | 51633 | 41389 |
| 36617 | 11976 | 179329 | 22591 | 64184 | 97932 | 37046 | 5978 | 252126 | 184280 |
| 32223 | 10595 | 152564 | 15641 | 43774 | 73433 | 29984 | 4177 | 203172 | 155786 |
| 4394 | 1381 | 26765 | 6950 | 20410 | 24499 | 7062 | 1801 | 48954 | 28494 |
| 4573 | 1409 | 69738 | 6875 | 13989 | 15775 | 5200 | 791 | 87346 | 72868 |
| 2185 | 559 | 31000 | 4196 | 10401 | 11070 | 4437 | 581 | 45271 | 28820 |
| 14102 | 2812 | 134011 | 5352 | 34973 | 54940 | 20976 | 2724 | 198369 | 68042 |
| 8309 | 1849 | 93569 | 5524 | 37615 | 65117 | 30392 | 3723 | 145981 | 99059 |
| 2578 | 572 | 13176 | 579 | 15386 | 22761 | 9826 | 1119 | 29558 | 22731 |
| 8455 | 2944 | 76995 | 10166 | 39867 | 48255 | 14208 | 2299 | 124854 | 69071 |
| 103 | 28 | 1605 | 720 | 220 | 138 | 38 | 8 | 1873 | 1574 |
| 14970 | 3053 | 661542 | 22714 | 221122 | 256146 | 96700 | 18510 | 1052547 | 660115 |
| 1104 | 328 | 14018 | 1808 | 3519 | 8562 | 5612 | 504 | 18726 | 13878 |

# 4－12 续表 5

单位：万元

| 分　　类 | Item | 主营业务收入 Main Business Income | 主营业务成本 Cost of Main Business | 主营业务税金及附加 Main Business Tax and Extra Charges |
|---|---|---|---|---|
| 食品制造业 | Foodstuff Manufacturing Industry | 73147 | 65901 | 370 |
| 酒、饮料和精制茶制造业 | Manufacturing Industry of beverage, drinking and refiined tea | 287517 | 180916 | 5589 |
| 黄酒制造 | Yellow Rice or Millet Wine Manufacturing Industry | 166179 | 111105 | 4672 |
| 纺织业 | Textile Industry | 2804736 | 2459956 | 11341 |
| 棉纺织及印染精加工 | Cotton textile, Printing and Dyeing finish machining | 2131424 | 1854431 | 9539 |
| 毛纺织及染整精加工 | Wool Weaving, Dyeing and Finish machining | 41423 | 35997 | 304 |
| 麻纺织及染整精加工 | Linen Weaving, Dyeing and Finish machining | 47771 | 41277 | 230 |
| 针织或钩针编织物及其制品制造 | Knitwear, Braid and their Product Manufacturing | 416028 | 376699 | 815 |
| 家用纺织制成品制造 | Manufacturing of textile products in home application | 129358 | 117957 | 343 |
| 非家用纺织制成品制造 | Manufacturing of textile products not in home application | 35806 | 30850 | 102 |
| 纺织服装、服饰业 | Manufacturing Industry of Textile Costumes, Shoes, and Caps | 306371 | 273375 | 1157 |
| 机织服装制造 | Manufacturing Industry of Textile Costumes in machine | 268486 | 240454 | 1015 |
| 针织或钩针编织服装制造 | Manufacturing Industry of stockinet and knitting | 37885 | 32922 | 141 |
| 皮革、毛皮、羽毛及其制品和制鞋业 | Manufacturing Industry of Leather, Fur, Feather (Cloth with Soft Nap) and their Products | 109696 | 103495 | 267 |
| 木材加工和木、竹、藤、棕、草制品业 | Wood Processing and Manufacturing Industry of Wood, Bamboo, Rattan, Palm, and Straw-made Articles | 64687 | 59174 | 520 |
| 家具制造业 | Cabinetmaking Industry | 146446 | 108339 | 795 |
| 造纸和纸制品业 | Papermaking and Paper Product Industry | 128988 | 111176 | 405 |
| 印刷和记录媒介复制业 | Printing Industry and Reproduction of Record Media | 30453 | 26509 | 128 |
| 文教、工美、体育和娱乐用品制造业 | Manufacturing Industry of Culture, Education and Sports stuff | 145642 | 127357 | 629 |
| 石油加工、炼焦和核燃料加工业 | Petroleum Processing,Coking and Nuclear Fuel Manufacture | 18992 | 18742 | 9 |
| 化学原料和化学制品制造业 | Chemical Feedstock and Chemical Manufacturing Industry | 1117478 | 1022389 | 1445 |
| 涂料、油墨、颜料及类似产品制造 | Coat, Ink, Coloring Agent and Similar Product Manufacturing | 35278 | 29916 | 165 |

## Continued 5

(10 000 yuan)

| 销售费用 Business Expenses | 管理费用 Management Expenses | 财务费用 Finance Expenses | 利息支出 Interest Expenditure | 利息收入 Interest Income | 营业利润 Business Profits | 利润总额 Total Profits | 亏损企业亏损额 Total Loss | 利税总额 Total Pre-tax Profits | 本年应交增值税 Value Added Tax Payable |
|---|---|---|---|---|---|---|---|---|---|
| 354 | 1983 | 347 | 106 | 24 | 4276 | 4282 | – | 8356 | 3704 |
| 68766 | 16172 | 5886 | 4447 | 404 | 10349 | 11470 | 6489 | 34016 | 16957 |
| 17598 | 12053 | 5851 | 4020 | 15 | 14845 | 17486 | – | 31507 | 9349 |
| 25493 | 106354 | 83732 | 82675 | 6021 | 122813 | 130136 | 10834 | 224840 | 83209 |
| 16140 | 81643 | 63672 | 64220 | 4850 | 109634 | 115836 | 7022 | 192846 | 67353 |
| 382 | 2243 | 2143 | 2233 | 176 | 820 | 1015 | 328 | 3156 | 1837 |
| 112 | 1194 | 2736 | 2773 | 38 | 2222 | 2222 | – | 3359 | 908 |
| 6225 | 14491 | 8660 | 7432 | 447 | 9612 | 10207 | 1044 | 21684 | 10662 |
| 1748 | 5013 | 4759 | 4383 | 374 | -274 | 7 | 2439 | 2114 | 1754 |
| 873 | 1680 | 1722 | 1619 | 136 | 771 | 820 | – | 1597 | 650 |
| 5741 | 19252 | 7246 | 5898 | 563 | 153 | -87 | 3592 | 9575 | 8505 |
| 5291 | 16274 | 6148 | 5039 | 499 | -282 | -482 | 3261 | 7847 | 7313 |
| 450 | 2978 | 1098 | 860 | 64 | 435 | 395 | 331 | 1729 | 1192 |
| 1211 | 2721 | 1645 | 2014 | 810 | 649 | 757 | 468 | 2652 | 1628 |
| 653 | 1645 | 1410 | 1409 | 3 | 1954 | 1938 | – | 3252 | 794 |
| 12383 | 9581 | 422 | 1348 | 967 | 15367 | 15290 | – | 19869 | 3784 |
| 3168 | 5148 | 3647 | 3523 | 262 | 6698 | 6985 | 587 | 10310 | 2918 |
| 1233 | 1250 | 800 | 854 | 57 | 948 | 940 | – | 1982 | 913 |
| 3760 | 7332 | 3273 | 2754 | 245 | 3031 | 2838 | 1030 | 5977 | 2503 |
| 48 | 94 | 61 | 61 | – | 38 | 17 | – | 112 | 86 |
| 9261 | 23914 | 8903 | 18462 | 6720 | 48111 | 48837 | 2858 | 61867 | 11585 |
| 1234 | 1973 | 494 | 514 | 23 | 1496 | 1489 | – | 2599 | 946 |

# 4－12 续 表 6

单位：万元

| 分　　类 | Item | 企业个数（个）Number of Enterprises (unit) | 工业总产值现行价 Gross Industrial Output Value | 工业增加值（收入法）Value-added of Industry (Income method) |
|---|---|---|---|---|
| 合成材料制造 | Synthetic Material Manufacturing | 1 | 334476 | 25555 |
| 专用化学产品制造 | Special Chemical Product Manufacturing | 9 | 94066 | 21035 |
| 医药制造业 | Medicine Manufacturing Industry | 12 | 322841 | 58479 |
| 化学纤维制造业 | Chemical Fiber Manufacturing Industry | 16 | 1584727 | 130448 |
| 橡胶和塑料制品业 | manufacturing industriy of robber and plastic | 14 | 561785 | 64003 |
| 非金属矿物制品业 | Non-metallic Minerals Product Industry | 26 | 365905 | 50032 |
| 黑色金属冶炼和压延加工业 | Ferrous Metal Smelting and Extrusion | 3 | 59128 | 5948 |
| 有色金属冶炼和压延加工业 | Non-ferrous Smelting and Extrusion | 11 | 177410 | 17387 |
| 金属制品业 | Metalwork Industry | 13 | 120064 | 21165 |
| 通用设备制造业 | General-purpose Equipment Manufacturing Industry | 13 | 139600 | 32638 |
| 轴承、齿轮和传动部件制造 | Manufacturing of Bearing, Gear, Driving Unit | 4 | 65550 | 18346 |
| 通用零部件制造 | General-purpose Spare Parts Manufacturing and Machinery Repairs | 1 | 10897 | 1398 |
| 专用设备制造业 | Specialized Facility Manufacturing Industry | 19 | 158151 | 51112 |
| 纺织、服装和皮革加工专用设备制造 | Specialized Facility's Manufacturing Industry of Textile Costumes and Leather transform | 13 | 61184 | 18061 |
| 汽车制造业 | Manufacturing Industry of Transport and Communication Facilities | 4 | 32338 | 7004 |
| 铁路、船舶、航空航天和其他运输设备制造业 | Manufacturing Industry of railway, shipping, spackflight and other transiport equipments | 4 | 12351 | 1847 |
| 电气机械和器材制造业 | Electric Machinery and Equipment Manufacturing Industry | 27 | 819341 | 154695 |
| 计算机、通信和其他电子设备制造业 | Manufacturing Industry of Communication Equipment, Computers and Other Electronic Equipment | 16 | 309888 | 47120 |
| 仪器仪表制造业 | Manufacturing Industry of Instruments and Meters | 6 | 43972 | 12002 |
| 电力、燃气及水的生产和供应业 | Production and Supply of Electric Power, Gas and Water | 11 | 2325440 | 282480 |
| 电力、热力生产和供应业 | Production and Supply of Electric Power and Heat Power | 6 | 2163879 | 252002 |
| 燃气生产和供应业 | Gas Generation and Supply | 2 | 96829 | 10037 |
| 水的生产和供应业 | Water Production and Supply | 3 | 64732 | 20441 |

# Continued 6

(10 000 yuan)

| 本年应付职工薪酬 Wages Payable | 全部职工年均人数(人) Average Employees (person) | 流动资产合计 Circulating Funds | #产成品 Products | 固定资产合计 Total Fixed Assets | 固定资产原价 Original Value of Fixed Assets | 累计折旧 Depreciation | #本年折旧 Depreciation in This Year | 资产总计 Total Assets | 负债总计 Total Liabilities |
|---|---|---|---|---|---|---|---|---|---|
| 1365 | 274 | 278219 | 3473 | 38471 | 69452 | 32269 | 5131 | 387292 | 235080 |
| 5666 | 913 | 53198 | 8533 | 20054 | 28422 | 8526 | 2257 | 75933 | 36615 |
| 24640 | 5102 | 202981 | 22543 | 115693 | 156585 | 61495 | 9943 | 356790 | 206824 |
| 34159 | 6246 | 945210 | 81404 | 585613 | 705600 | 284664 | 62207 | 1785382 | 1335256 |
| 10409 | 2233 | 449434 | 27970 | 185423 | 291181 | 138002 | 22721 | 701708 | 413502 |
| 10939 | 2485 | 276886 | 6849 | 81205 | 132290 | 56190 | 9708 | 566207 | 417051 |
| 1389 | 439 | 26846 | 3941 | 11304 | 21754 | 10450 | 697 | 40688 | 23715 |
| 5522 | 1469 | 68500 | 8639 | 26229 | 40045 | 15627 | 1770 | 105162 | 61161 |
| 6926 | 1472 | 53981 | 4680 | 30898 | 30602 | 7744 | 2187 | 88848 | 57432 |
| 11980 | 2548 | 114126 | 6953 | 57862 | 103387 | 46971 | 5150 | 193257 | 130865 |
| 6324 | 1292 | 38095 | 1958 | 29680 | 62687 | 33061 | 2838 | 73136 | 41422 |
| 728 | 136 | 3691 | – | 1487 | 1617 | 186 | 157 | 6194 | 4832 |
| 12228 | 3138 | 166957 | 15383 | 55916 | 68884 | 20388 | 5109 | 247988 | 157981 |
| 7189 | 1786 | 98053 | 11350 | 30024 | 39704 | 14162 | 3201 | 142317 | 85481 |
| 1942 | 503 | 20189 | 2260 | 9065 | 9101 | 2306 | 1309 | 29990 | 10881 |
| 1521 | 387 | 13192 | 747 | 3236 | 7614 | 4378 | 281 | 16489 | 12764 |
| 55607 | 11419 | 517410 | 73150 | 238079 | 286242 | 66263 | 18472 | 871235 | 502033 |
| 21984 | 4776 | 296124 | 18544 | 98602 | 214953 | 124493 | 6867 | 427897 | 290687 |
| 3653 | 1015 | 35914 | 5870 | 19080 | 27688 | 8786 | 2454 | 62883 | 13915 |
| 40225 | 4186 | 212330 | 265 | 988652 | 1737167 | 939065 | 116647 | 1250695 | 1075268 |
| 32106 | 3142 | 173803 | – | 715748 | 1422962 | 814012 | 100043 | 926059 | 873401 |
| 3089 | 338 | 15882 | 265 | 56489 | 71497 | 24372 | 3827 | 73358 | 47985 |
| 5030 | 706 | 22646 | – | 216414 | 242708 | 100681 | 12777 | 251279 | 153882 |

# 4-12 续表 7

单位：万元

| 分类 | Item | 主营业务收入 Main Business Income | 主营业务成本 Cost of Main Business | 主营业务税金及附加 Main Business Tax and Extra Charges |
|---|---|---|---|---|
| 合成材料制造 | Synthetic Material Manufacturing | 328889 | 301904 | 334 |
| 专用化学产品制造 | Special Chemical Product Manufacturing | 90419 | 68076 | 369 |
| 医药制造业 | Medicine Manufacturing Industry | 284450 | 231139 | 1183 |
| 化学纤维制造业 | Chemical Fiber Manufacturing Industry | 1551233 | 1497510 | 3362 |
| 橡胶和塑料制品业 | manufacturing industriy of robber and plastic | 549966 | 509356 | 2059 |
| 非金属矿物制品业 | Non-metallic Minerals Product Industry | 373080 | 330881 | 1310 |
| 黑色金属冶炼和压延加工业 | Ferrous Metal Smelting and Extrusion | 58190 | 53005 | 151 |
| 有色金属冶炼和压延加工业 | Non-ferrous Smelting and Extrusion | 173574 | 159746 | 587 |
| 金属制品业 | Metalwork Industry | 118264 | 106967 | 453 |
| 通用设备制造业 | General-purpose Equipment Manufacturing Industry | 136824 | 115032 | 540 |
| 轴承、齿轮和传动部件制造 | Manufacturing of Bearing, Gear, Driving Unit | 64806 | 52952 | 228 |
| 通用零部件制造 | General-purpose Spare Parts Manufacturing and Machinery Repairs | 10961 | 10229 | 42 |
| 专用设备制造业 | Specialized Facility Manufacturing Industry | 153205 | 107152 | 880 |
| 纺织、服装和皮革加工专用设备制造 | Specialized Facility's Manufacturing Industry of Textile Costumes and Leather transform | 58876 | 48046 | 356 |
| 汽车制造业 | Manufacturing Industry of Transport and Communication Facilities | 31025 | 28171 | 153 |
| 铁路、船舶、航空航天和其他运输设备制造业 | Manufacturing Industry of railway, shipping, spackflight and other transiport equipments | 13463 | 11825 | 111 |
| 电气机械和器材制造业 | Electric Machinery and Equipment Manufacturing Industry | 824551 | 686266 | 4922 |
| 计算机、通信和其他电子设备制造业 | Manufacturing Industry of Communication Equipment, Computers and Other Electronic Equipment | 299384 | 256743 | 940 |
| 仪器仪表制造业 | Manufacturing Industry of Instruments and Meters | 43575 | 31871 | 264 |
| 电力、燃气及水的生产和供应业 | Production and Supply of Electric Power, Gas and Water | 2320307 | 2217479 | 5322 |
| 电力、热力生产和供应业 | Production and Supply of Electric Power and Heat Power | 2161783 | 2069632 | 4872 |
| 燃气生产和供应业 | Gas Generation and Supply | 96828 | 90926 | 160 |
| 水的生产和供应业 | Water Production and Supply | 61696 | 56922 | 290 |

# Continued 7

(10 000 yuan)

| 销售费用 Business Expenses | 管理费用 Management Expenses | 财务费用 Finance Expenses | 利息支出 Interest Expenditure | 利息收入 Interest Income | 营业利润 Business Profits | 利润总额 Total Profits | 亏损企业亏损额 Total Loss | 利税总额 Total Pre-tax Profits | 本年应交增值税 Value Added Tax Payable |
|---|---|---|---|---|---|---|---|---|---|
| 11 | 2443 | 7261 | 7596 | 4091 | 14640 | 14367 | – | 17815 | 3115 |
| 4808 | 8960 | 642 | 578 | 43 | 8082 | 8181 | – | 12140 | 3591 |
| 9344 | 24433 | 10040 | 8563 | 1589 | 10802 | 12380 | 4118 | 20553 | 6957 |
| 8561 | 22316 | 20206 | 32767 | 7151 | 17828 | 19382 | 5294 | 36099 | 12956 |
| 7974 | 10189 | 7361 | 15156 | 8883 | 15954 | 15684 | – | 26267 | 8524 |
| 8336 | 12909 | 5916 | 5945 | 371 | 14108 | 16874 | 150 | 27793 | 9609 |
| 507 | 1256 | 1651 | 1696 | 70 | 1992 | 1829 | – | 2911 | 930 |
| 1659 | 6061 | 2752 | 2722 | 143 | 3325 | 3544 | – | 6569 | 2426 |
| 2826 | 5375 | 641 | 845 | 81 | 2578 | 2630 | 1486 | 8281 | 5198 |
| 2154 | 9751 | 4460 | 4337 | 213 | 7426 | 7583 | 284 | 12092 | 3970 |
| 446 | 6222 | 1299 | 1188 | 90 | 6527 | 6566 | – | 8039 | 1244 |
| – | 454 | -7 | – | 7 | 182 | 182 | – | 426 | 202 |
| 5682 | 18168 | 4854 | 4991 | 550 | 18363 | 19810 | 739 | 26409 | 5719 |
| 1838 | 5005 | 2635 | 2930 | 488 | 2662 | 3179 | 25 | 5309 | 1774 |
| 914 | 2421 | 236 | 215 | 4 | 3244 | 1564 | – | 3960 | 2242 |
| 551 | 784 | 540 | 342 | 25 | -346 | -306 | 603 | -82 | 113 |
| 42958 | 34174 | 17212 | 16433 | 2872 | 45470 | 51783 | 4401 | 77625 | 20921 |
| 5133 | 21958 | 9265 | 10202 | 1319 | 6929 | 7836 | 919 | 14683 | 5871 |
| 2127 | 4881 | 422 | 360 | 8 | 3981 | 4827 | 409 | 6678 | 1588 |
| 119 | 16753 | 19687 | 21310 | 1819 | 66229 | 67491 | 5132 | 112300 | 39233 |
| – | 9072 | 13947 | 15602 | 1735 | 65642 | 67112 | 2389 | 107628 | 35474 |
| 119 | 2669 | 1121 | 1119 | 29 | 3069 | 3057 | – | 4635 | 1333 |
| – | 5012 | 4619 | 4590 | 55 | -2483 | -2679 | 2743 | 37 | 2426 |

# 4－13　越城区规模以上工业企业主要财务指标（旧区划）（2013 年）

单位：万元

| 分　　类 | Item | 企业个数（个）Number of Enterprises (unit) | 工业总产值现行价 Gross Industrial Output Value | 工业增加值（收入法）Value-added of Industry (Income method) |
|---|---|---|---|---|
| **越城区总计** | **Yuecheng District** | **530** | **11879208** | **1773359** |
| 总计中：市直属 | City | 112 | 1065438 | 185093 |
| 越城区(直管) | Yuecheng | 418 | 10813771 | 1588266 |
| **按工业行业类别分** | **Grouped by Economic Sector** | | | |
| 黑色金属矿采选业 | Ferrous Metals Mining and Dressing | 1 | 80258 | 18510 |
| 有色金属矿采选业 | Nonferrous Metals Mining and Dressing | 1 | 9979 | 6098 |
| 农副食品加工业 | Manufacturing of Agricultural and Non-staple Foodstuff | 8 | 63082 | 11301 |
| 食品制造业 | Foodstuff Manufacturing Industry | 3 | 71770 | 11328 |
| 酒、饮料和精制茶制造业 | Manufacturing Industry of beverage, drinking and refiined tea | 5 | 253153 | 73723 |
| 纺织业 | Textile Industry | 190 | 2614756 | 500370 |
| 纺织服装、服饰业 | Manufacturing Industry of Textile Costumes, Shoes, and Caps | 72 | 289133 | 56141 |
| 皮革、毛皮、羽毛及其制品和制鞋业 | Manufacturing Industry of Leather, Fur, Feather (Cloth with Soft Nap) and their Products | 12 | 110527 | 9469 |
| 木材加工和木、竹、藤、棕、草制品业 | Wood Processing and Manufacturing Industry of Wood, Bamboo, Rattan, Palm, and Straw-made Articles | 4 | 68215 | 6042 |
| 家具制造业 | Cabinetmaking Industry | 6 | 147056 | 39541 |
| 造纸和纸制品业 | Papermaking and Paper Product Industry | 13 | 123137 | 23004 |
| 印刷和记录媒介复制业 | Printing Industry and Reproduction of Record Media | 3 | 30763 | 6300 |
| 文教、工美、体育和娱乐用品制造业 | Manufacturing Industry of Culture, Education and Sports stuff | 20 | 129595 | 16912 |
| 石油加工、炼焦和核燃料加工业 | Petroleum Processing,Coking and Nuclear Fuel Manufacture | 1 | 19000 | 268 |
| 化学原料和化学制品制造业 | Chemical Feedstock and Chemical Manufacturing Industry | 19 | 1117366 | 99026 |
| 医药制造业 | Medicine Manufacturing Industry | 12 | 322841 | 58479 |

## Main Financial Indicators of above Designated Size Industrial Enterprises(Old Division )(2013)

(10 000 yuan)

| 本年应付职工薪酬 Wages Payable | 全部职工年均人数(人) Average Employees (person) | 流动资产合计 Circulating Funds | #产成品 Products | 固定资产合计 Total Fixed Assets | 固定资产原价 Original Value of Fixed Assets | 累计折旧 Depreciation | #本年折旧 Depreciation in This Year | 资产总计 Total Assets | 负债总计 Total Liabilities |
|---|---|---|---|---|---|---|---|---|---|
| **535286** | **119381** | **6622029** | **620084** | **3882993** | **5969338** | **2708456** | **392562** | **11942671** | **7533150** |
| 76900 | 18478 | 862186 | 81321 | 419610 | 710751 | 373196 | 39548 | 1471616 | 977155 |
| 458386 | 100903 | 5759842 | 538762 | 3463384 | 5258587 | 2335260 | 353015 | 10471055 | 6555995 |
| | | | | | | | | | |
| 6557 | 1222 | 79449 | 3136 | 30902 | 55028 | 27389 | 2459 | 141485 | 39354 |
| 3560 | 596 | 5983 | 630 | 14202 | 16209 | 7229 | 578 | 20185 | 6873 |
| 3898 | 942 | 34757 | 6900 | 19984 | 30511 | 10580 | 1329 | 61098 | 31825 |
| 1666 | 325 | 13376 | 2150 | 6079 | 11586 | 5566 | 916 | 25879 | 4319 |
| 33562 | 5274 | 474971 | 90730 | 151701 | 191266 | 62628 | 8639 | 891114 | 343177 |
| 168208 | 42757 | 1618015 | 168566 | 793226 | 1376632 | 633693 | 85001 | 2653727 | 1614098 |
| 32981 | 10970 | 168895 | 20722 | 61012 | 93151 | 35393 | 5622 | 236932 | 171248 |
| 4573 | 1409 | 69738 | 6875 | 13989 | 15775 | 5200 | 791 | 87346 | 72868 |
| 2185 | 559 | 31000 | 4196 | 10401 | 11070 | 4437 | 581 | 45271 | 28820 |
| 14102 | 2812 | 134011 | 5352 | 34973 | 54940 | 20976 | 2724 | 198369 | 68042 |
| 8051 | 1748 | 87643 | 4928 | 36070 | 62772 | 29592 | 3525 | 138434 | 92409 |
| 2578 | 572 | 13176 | 579 | 15386 | 22761 | 9826 | 1119 | 29558 | 22731 |
| 7389 | 2625 | 66603 | 8383 | 31920 | 37370 | 11216 | 1756 | 105545 | 58758 |
| 103 | 28 | 1605 | 720 | 220 | 138 | 38 | 8 | 1873 | 1574 |
| 14369 | 2913 | 656802 | 22658 | 218572 | 252541 | 95645 | 18298 | 1045257 | 655089 |
| 24640 | 5102 | 202981 | 22543 | 115693 | 156585 | 61495 | 9943 | 356790 | 206824 |

## 4－13 续表 1

单位：万元

| 分 类 | Item | 主营业务收入 Main Business Income | 主营业务成本 Cost of Main Business | 主营业务税金及附加 Main Business Tax and Extra Charges |
|---|---|---|---|---|
| **越城区总计** | **Yuecheng District** | **11748241** | **10527267** | **44333** |
| 总计中：市直属 | City | 1044906 | 918277 | 4714 |
| 越城区(直管) | Yuecheng | 10703335 | 9608991 | 39620 |
| **按工业行业类别分** | **Grouped by Economic Sector** | | | |
| 黑色金属矿采选业 | Ferrous Metals Mining and Dressing | 81927 | 66860 | 1129 |
| 有色金属矿采选业 | Nonferrous Metals Mining and Dressing | 9723 | 5433 | 256 |
| 农副食品加工业 | Manufacturing of Agricultural and Non-staple Foodstuff | 63941 | 53423 | 183 |
| 食品制造业 | Foodstuff Manufacturing Industry | 73147 | 65901 | 370 |
| 酒、饮料和精制茶制造业 | Manufacturing Industry of beverage, drinking and refiined tea | 274472 | 171371 | 5289 |
| 纺织业 | Textile Industry | 2576734 | 2258489 | 10723 |
| 纺织服装、服饰业 | Manufacturing Industry of Textile Costumes, Shoes, and Caps | 284814 | 254437 | 1076 |
| 皮革、毛皮、羽毛及其制品和制鞋业 | Manufacturing Industry of Leather, Fur, Feather (Cloth with Soft Nap) and their Products | 109696 | 103495 | 267 |
| 木材加工和木、竹、藤、棕、草制品业 | Wood Processing and Manufacturing Industry of Wood, Bamboo, Rattan, Palm, and Straw-made Articles | 64687 | 59174 | 520 |
| 家具制造业 | Cabinetmaking Industry | 146446 | 108339 | 795 |
| 造纸和纸制品业 | Papermaking and Paper Product Industry | 122981 | 105720 | 400 |
| 印刷和记录媒介复制业 | Printing Industry and Reproduction of Record Media | 30453 | 26509 | 128 |
| 文教、工美、体育和娱乐用品制造业 | Manufacturing Industry of Culture, Education and Sports stuff | 130503 | 114713 | 529 |
| 石油加工、炼焦和核燃料加工业 | Petroleum Processing,Coking and Nuclear Fuel Manufacture | 18992 | 18742 | 9 |
| 化学原料和化学制品制造业 | Chemical Feedstock and Chemical Manufacturing Industry | 1106306 | 1013354 | 1386 |
| 医药制造业 | Medicine Manufacturing Industry | 284450 | 231139 | 1183 |

# Continued 1

(10 000 yuan)

| 销售费用 Business Expenses | 管理费用 Management Expenses | 财务费用 Finance Expenses | 利息支出 Interest Expenditure | 利息收入 Interest Income | 营业利润 Business Profits | 利润总额 Total Profits | 亏损企业亏损额 Total Loss | 利税总额 Total Pre-tax Profits | 本年应交增值税 Value Added Tax Payable |
|---|---|---|---|---|---|---|---|---|---|
| **223467** | **381466** | **206452** | **233318** | **40027** | **417796** | **441850** | **47433** | **740649** | **253563** |
| 20629 | 47318 | 33182 | 33416 | 3907 | 25724 | 27443 | 8642 | 55269 | 23100 |
| 202837 | 334149 | 173270 | 199902 | 36119 | 392072 | 414407 | 38792 | 685380 | 230463 |
| | | | | | | | | | |
| 1746 | 9511 | 684 | 890 | 272 | 2660 | 3019 | – | 7650 | 3502 |
| 161 | 3543 | 334 | 305 | 9 | 31 | 18 | – | 1275 | 1002 |
| 2049 | 2845 | 1628 | 1351 | 86 | 3925 | 3918 | – | 5226 | 1125 |
| 354 | 1983 | 347 | 106 | 24 | 4276 | 4282 | – | 8356 | 3704 |
| 68024 | 15234 | 4778 | 3349 | 396 | 10088 | 10990 | 6489 | 32822 | 16544 |
| 22808 | 99453 | 74912 | 73725 | 5018 | 115048 | 122133 | 9666 | 210926 | 77916 |
| 4574 | 17849 | 6764 | 5422 | 507 | 615 | 344 | 2900 | 9317 | 7897 |
| 1211 | 2721 | 1645 | 2014 | 810 | 649 | 757 | 468 | 2652 | 1628 |
| 653 | 1645 | 1410 | 1409 | 3 | 1954 | 1938 | – | 3252 | 794 |
| 12383 | 9581 | 422 | 1348 | 967 | 15367 | 15290 | – | 19869 | 3784 |
| 3063 | 5074 | 3413 | 3270 | 248 | 6562 | 6848 | 587 | 10154 | 2903 |
| 1233 | 1250 | 800 | 854 | 57 | 948 | 940 | – | 1982 | 913 |
| 3472 | 6543 | 2724 | 2396 | 229 | 2261 | 2039 | 1030 | 4746 | 2171 |
| 48 | 94 | 61 | 61 | – | 38 | 17 | – | 112 | 86 |
| 8576 | 23588 | 8889 | 18449 | 6720 | 47031 | 47757 | 2858 | 60312 | 11168 |
| 9344 | 24433 | 10040 | 8563 | 1589 | 10802 | 12380 | 4118 | 20553 | 6957 |

# 4－13 续 表 2

单位：万元

| 分　类 | Item | 企业个数（个）Number of Enterprises (unit) | 工业总产值现行价 Gross Industrial Output Value | 工业增加值（收入法）Value-added of Industry (Income method) |
|---|---|---|---|---|
| 化学纤维制造业 | Chemical Fiber Manufacturing Industry | 16 | 1584727 | 130448 |
| 橡胶和塑料制品业 | manufacturing industriy of robber and plastic | 14 | 561785 | 64003 |
| 非金属矿物制品业 | Non-metallic Minerals Product Industry | 13 | 185677 | 24685 |
| 黑色金属冶炼和压延加工业 | Ferrous Metal Smelting and Extrusion | 2 | 41426 | 3336 |
| 有色金属冶炼和压延加工业 | Non-ferrous Smelting and Extrusion | 11 | 177410 | 17387 |
| 金属制品业 | Metalwork Industry | 12 | 115434 | 20064 |
| 通用设备制造业 | General-purpose Equipment Manufacturing Industry | 13 | 139600 | 32638 |
| 专用设备制造业 | Specialized Facility Manufacturing Industry | 17 | 148138 | 49360 |
| 汽车制造业 | Manufacturing Industry of Transport and Communication Facilities | 4 | 32338 | 7004 |
| 铁路、船舶、航空航天和其他运输设备制造业 | Manufacturing Industry of railway, shipping, spackflight and other transiport equipments | 4 | 12351 | 1847 |
| 电气机械和器材制造业 | Electric Machinery and Equipment Manufacturing Industry | 24 | 772436 | 146570 |
| 计算机、通信和其他电子设备制造业 | Manufacturing Industry of Communication Equipment, Computers and Other Electronic Equipment | 15 | 295739 | 46502 |
| 仪器仪表制造业 | Manufacturing Industry of Instruments and Meters | 5 | 40950 | 11553 |
| 其他制造业 | Artwork and Other Manufacturing Industries | 5 | 2159008 | 250972 |
| 电力、热力生产和供应业 | Production and Supply of Electric Power and Heat Power | 2 | 96829 | 10037 |
| 水的生产和供应业 | Water Production and Supply | 3 | 64732 | 20441 |

## Continued 2

(10 000 yuan)

| 本年应付职工薪酬 Wages Payable | 全部职工年均人数（人）Average Employees (person) | 流动资产合计 Circulating Funds | #产成品 Products | 固定资产合计 Total Fixed Assets | 固定资产原价 Original Value of Fixed Assets | 累计折旧 Depreciation | #本年折旧 Depreciation in This Year | 资产总计 Total Assets | 负债总计 Total Liabilities |
|---|---|---|---|---|---|---|---|---|---|
| 34159 | 6246 | 945210 | 81404 | 585613 | 705600 | 284664 | 62207 | 1785382 | 1335256 |
| 10409 | 2233 | 449434 | 27970 | 185423 | 291181 | 138002 | 22721 | 701708 | 413502 |
| 4325 | 1191 | 101894 | 5357 | 31700 | 65789 | 36595 | 4876 | 158704 | 92895 |
| 698 | 236 | 18942 | 2511 | 9658 | 15008 | 5350 | 413 | 28600 | 16852 |
| 5522 | 1469 | 68500 | 8639 | 26229 | 40045 | 15627 | 1770 | 105162 | 61161 |
| 6552 | 1347 | 51813 | 4651 | 30256 | 29501 | 7279 | 2083 | 85988 | 54982 |
| 11980 | 2548 | 114126 | 6953 | 57862 | 103387 | 46971 | 5150 | 193257 | 130865 |
| 11278 | 2877 | 157707 | 15002 | 53057 | 65290 | 19653 | 4773 | 233645 | 148514 |
| 1942 | 503 | 20189 | 2260 | 9065 | 9101 | 2306 | 1309 | 29990 | 10881 |
| 1521 | 387 | 13192 | 747 | 3236 | 7614 | 4378 | 281 | 16489 | 12764 |
| 53528 | 10812 | 493901 | 71448 | 236243 | 283848 | 65291 | 18278 | 845693 | 477029 |
| 21804 | 4696 | 287280 | 18544 | 97993 | 214181 | 124329 | 6753 | 418444 | 283431 |
| 3273 | 926 | 33964 | 5267 | 19009 | 27442 | 8611 | 2403 | 60842 | 11344 |
| 31756 | 3012 | 168346 | – | 710416 | 1408812 | 803445 | 99653 | 915270 | 863802 |
| 3089 | 338 | 15882 | 265 | 56489 | 71497 | 24372 | 3827 | 73358 | 47985 |
| 5030 | 706 | 22646 | – | 216414 | 242708 | 100681 | 12777 | 251279 | 153882 |

# 4－13 续表 3

单位：万元

| 分类 | Item | 主营业务收入 Main Business Income | 主营业务成本 Cost of Main Business | 主营业务税金及附加 Main Business Tax and Extra Charges |
|---|---|---|---|---|
| 化学纤维制造业 | Chemical Fiber Manufacturing Industry | 1551233 | 1497510 | 3362 |
| 橡胶和塑料制品业 | manufacturing industriy of robber and plastic | 549966 | 509356 | 2059 |
| 非金属矿物制品业 | Non-metallic Minerals Product Industry | 195192 | 174337 | 748 |
| 黑色金属冶炼和压延加工业 | Ferrous Metal Smelting and Extrusion | 41166 | 38062 | 125 |
| 有色金属冶炼和压延加工业 | Non-ferrous Smelting and Extrusion | 173574 | 159746 | 587 |
| 金属制品业 | Metalwork Industry | 113680 | 102769 | 427 |
| 通用设备制造业 | General-purpose Equipment Manufacturing Industry | 136824 | 115032 | 540 |
| 专用设备制造业 | Specialized Facility Manufacturing Industry | 143192 | 98575 | 864 |
| 汽车制造业 | Manufacturing Industry of Transport and Communication Facilities | 31025 | 28171 | 153 |
| 铁路、船舶、航空航天和其他运输设备制造业 | Manufacturing Industry of railway, shipping, spackflight and other transiport equipments | 13463 | 11825 | 111 |
| 电气机械和器材制造业 | Electric Machinery and Equipment Manufacturing Industry | 778318 | 647465 | 4595 |
| 计算机、通信和其他电子设备制造业 | Manufacturing Industry of Communication Equipment, Computers and Other Electronic Equipment | 285236 | 243989 | 940 |
| 仪器仪表制造业 | Manufacturing Industry of Instruments and Meters | 40666 | 29796 | 258 |
| 其他制造业 | Artwork and Other Manufacturing Industries | 2156911 | 2065691 | 4872 |
| 电力、热力生产和供应业 | Production and Supply of Electric Power and Heat Power | 96828 | 90926 | 160 |
| 水的生产和供应业 | Water Production and Supply | 61696 | 56922 | 290 |

# Continued 3

(10 000 yuan)

| 销售费用 Business Expenses | 管理费用 Management Expenses | 财务费用 Finance Expenses | 利息支出 Interest Expenditure | 利息收入 Interest Income | 营业利润 Business Profits | 利润总额 Total Profits | 亏损企业亏损额 Total Loss | 利税总额 Total Pre-tax Profits | 本年应交增值税 Value Added Tax Payable |
|---|---|---|---|---|---|---|---|---|---|
| 8561 | 22316 | 20206 | 32767 | 7151 | 17828 | 19382 | 5294 | 36099 | 12956 |
| 7974 | 10189 | 7361 | 15156 | 8883 | 15954 | 15684 | – | 26267 | 8524 |
| 4067 | 5909 | 2364 | 2354 | 184 | 7970 | 10933 | 56 | 15645 | 3963 |
| 291 | 733 | 959 | 978 | 43 | 1257 | 1137 | – | 1573 | 311 |
| 1659 | 6061 | 2752 | 2722 | 143 | 3325 | 3544 | – | 6569 | 2426 |
| 2822 | 5110 | 640 | 844 | 81 | 2487 | 2538 | 1486 | 7950 | 4985 |
| 2154 | 9751 | 4460 | 4337 | 213 | 7426 | 7583 | 284 | 12092 | 3970 |
| 5550 | 17556 | 4502 | 4634 | 545 | 18040 | 19487 | 739 | 25988 | 5637 |
| 914 | 2421 | 236 | 215 | 4 | 3244 | 1564 | – | 3960 | 2242 |
| 551 | 784 | 540 | 342 | 25 | -346 | -306 | 603 | -82 | 113 |
| 42572 | 32819 | 15667 | 15067 | 2702 | 41649 | 47965 | 4401 | 72303 | 19743 |
| 4490 | 21782 | 8433 | 9348 | 1296 | 6576 | 7483 | 919 | 14306 | 5846 |
| 2044 | 4320 | 223 | 164 | 4 | 4052 | 4834 | 402 | 6617 | 1526 |
| – | 8689 | 13518 | 15173 | 1735 | 65494 | 66975 | 2389 | 107485 | 35469 |
| 119 | 2669 | 1121 | 1119 | 29 | 3069 | 3057 | – | 4635 | 1333 |
| – | 5012 | 4619 | 4590 | 55 | -2483 | -2679 | 2743 | 37 | 2426 |

# 4-14 全市规模以上工业企业分行业主要能源消费量(2013 年)

| 行 业 | Item | 综合能耗(吨标准煤) Total Energy Consumption (Ton standard coal) |
|---|---|---|
| **总 计** | **Total** | **10930427** |
| 黑色金属矿采选业 | Ferrous Metals Mining and Dressing | 25769 |
| 有色金属矿采选业 | Nonferrous Metals Mining and Dressing | 2495 |
| 非金属矿采选业 | Nonmetal Minerals Mining and Dressing | 1974 |
| 农副食品加工业 | Manufacturing of Foodstuff and Non-Staple Foodstuff | 24094 |
| 食品制造业 | Foodstuff Manufacturing | 19814 |
| 酒、饮料和精制茶制造业 | Manufacturing Industry of beverage, drinking and refiined tea | 58191 |
| 纺织业 | Textile | 4584210 |
| 纺织服装、服饰业 | Manufacturing Industry of Textile Costumes, Shoes, and Caps | 74057 |
| 皮革、毛皮、羽毛及其制品和制鞋业 | Manufacturing Industry of Leather, Fur, Feather (Cloth with Soft Nap) and their Products | 5408 |
| 木材加工及竹、藤、棕、草制品业 | Wood Processing and Manufacturing of Wood, Bamboo, Rattan, Palm, and Straw-made Articles | 1574 |
| 家具制造业 | Cabinetmaking | 23645 |
| 造纸及纸制品业 | Papermaking and Paper Product | 140057 |
| 印刷和记录媒介复制业 | Printing Industry and Reproduction of Record Media | 13034 |
| 文教、工美、体育和娱乐用品制造业 | Manufacturing Industry of Culture, Education and Sports stuff | 14858 |
| 石油加工、炼焦及核燃料加工 | Petroleum Processing, Coking and Nuclear Fuel Manufacture | 192 |
| 化学原料及化学制品制造业 | Chemical Feedstock and Chemical Manufacture | 1159776 |
| 医药制造业 | Medicine Manufacturing | 207642 |
| 化学纤维制造业 | Chemical Fiber Manufacturing | 737683 |
| 橡胶制品业 | Rubber Production | 282151 |
| 塑料制品业 | Plastic | 911607 |
| 非金属矿物制品业 | Non-metallic Minerals Product | 123403 |
| 黑色金属冶炼及压延加工业 | Ferrous Metal Smelting and Extrusion | 120868 |
| 有色金属冶炼及压延加工业 | Non-ferrous Smelting and Extrusion | 59842 |
| 金属制品业 | Metalwork | 137025 |
| 通用设备制造业 | General-purpose Equipment Manufacturing | 134727 |
| 专用设备制造业 | Specialized Facility Manufacturing | 136901 |
| 交通运输设备制造业 | Transport and Communication Facilities Manufacturing | 4636 |
| 电气机械及器材制造业 | Electric Machinery and Equipment Manufacturing | 103102 |
| 通信设备、计算机及其他电子设备制造业 | Manufacturing of Communication Equipment, Computers and Other Electronic Equipment | 24985 |
| 仪器仪表及文化、办公用机械制造业 | Manufacturing of Instruments and Meters, and Machinery for Culture and Office | 1752 |
| 工艺品及其他制造业 | Other Manufacturing Industries | 5232 |
| 废弃资源和废旧材料回收加工业 | Processing of Discarded Resources, and Waste and Scrap Recovery | 6136 |
| 电力、热力的生产和供应业 | Production and Supply of Electric Power and Heat Power | 1749060 |
| 燃气生产和供应业 | Gas Generation and Supply | 817 |
| 水的生产和供应业 | Water Production and Supply | 33709 |

注：能源统计快报代替年报，与规模以上工业经济指标的统计单位数略有差异。

# Main Resources Consumption of above Designated Size Industrial Enterprises by Sector(2013)

| 万元产值能耗(吨标准煤/万元) Energy Consumption per 10 000 RMB Output | 原 煤 (吨) Coal (ton) | 热 力 (百万千焦) Electricity (10 000 kwh) | 电 力 (万千瓦时) Heat (million kilo-joule) | 汽 油 (吨) Gasoline (ton) | 柴 油 (吨) Diesel Oil (ton) | 燃料油 (吨) Fuel Oil (ton) | 液化石油气 (吨) LPG (ton) |
|---|---|---|---|---|---|---|---|
| **0.1179** | **11039412** | **88226461** | **2267118** | **32143** | **63871** | **73742** | **3200** |
| 0.3211 | – | – | 6484 | 23 | 268 | – | – |
| 0.1622 | 495 | – | 2100 | 16 | 20 | – | – |
| 0.0930 | – | – | 1074 | 48 | 401 | – | – |
| 0.0361 | 8404 | 252064 | 7286 | 227 | 247 | – | – |
| 0.1016 | 6403 | 332897 | 2829 | 42 | 162 | – | – |
| 0.0657 | 21115 | 720368 | 6802 | 458 | 940 | – | 60 |
| 0.2035 | 2408778 | 62856160 | 735581 | 8646 | 5701 | 744 | 615 |
| 0.0203 | 24877 | 513945 | 28126 | 2548 | 1708 | 1 | 3 |
| 0.0216 | 1403 | 15191 | 2948 | 95 | 74 | – | 2 |
| 0.0149 | 819 | – | 726 | 38 | 41 | – | 1 |
| 0.0429 | 10697 | 272292 | 5151 | 232 | 179 | – | – |
| 0.1815 | 63061 | 1551467 | 24634 | 278 | 1534 | – | – |
| 0.0709 | 9621 | 31049 | 3783 | 132 | 659 | – | – |
| 0.0073 | 1807 | 4414 | 10618 | 415 | 207 | – | 5 |
| 0.0032 | 12 | 700 | 119 | 2 | – | – | – |
| 0.1195 | 697503 | 14988623 | 228339 | 619 | 2570 | – | 42 |
| 0.0920 | 30758 | 3359024 | 58046 | 711 | 159 | – | – |
| 0.0884 | 329310 | 663497 | 367286 | 1108 | 1240 | – | 9 |
| 0.0644 | 133047 | 805272 | 97374 | 3715 | 5383 | – | 1 |
| 0.4389 | 686448 | 178775 | 110352 | 750 | 19023 | 72598 | 162 |
| 0.0837 | 10382 | 99483 | 42515 | 143 | 486 | – | 224 |
| 0.0215 | 8663 | 291234 | 60739 | 1005 | 4527 | 122 | 247 |
| 0.0225 | 7599 | 28197 | 33591 | 1366 | 1469 | – | 181 |
| 0.0189 | 12424 | 9403 | 84383 | 3784 | 5441 | 124 | 211 |
| 0.0425 | 30148 | 56859 | 33693 | 2038 | 1492 | – | – |
| 0.0586 | 65381 | – | 42328 | 840 | 5850 | 2 | 39 |
| 0.0837 | 91 | 1530 | 1224 | 43 | 37 | – | – |
| 0.0189 | 2504 | 118234 | 67578 | 1310 | 2068 | – | 1328 |
| 0.0250 | 1949 | 97156 | 14914 | 410 | 315 | – | – |
| 0.0103 | – | – | 1282 | 104 | 86 | – | – |
| 0.0142 | 428 | – | 3684 | 166 | 318 | – | 69 |
| 0.2976 | 1075 | – | 646 | 2 | 8 | – | – |
| 0.4497 | 6464210 | 978627 | 152491 | 741 | 1194 | 152 | – |
| 0.0047 | – | – | 654 | 29 | – | – | – |
| 0.1441 | – | – | 27737 | 59 | 63 | – | – |

# 4-15 越城区规模以上工业企业分行业主要能源消费量（2013 年）

| 行　　业 | Item | 综合能耗（吨标准煤）Total Energy Consumption (Ton standard coal) |
|---|---|---|
| **总　　计** | **Total** | **1870864** |
| 黑色金属矿采选业 | Ferrous Metals Mining and Dressing | 25769 |
| 有色金属矿采选业 | Nonferrous Metals Mining and Dressing | 2002 |
| 非金属矿采选业 | Nonmetal Minerals Mining and Dressing | 172 |
| 农副食品加工业 | Manufacturing of Foodstuff and Non-Staple Foodstuff | 4159 |
| 食品制造业 | Foodstuff Manufacturing | 10403 |
| 酒、饮料和精制茶制造业 | Manufacturing Industry of beverage, drinking and refiined tea | 34186 |
| 纺织业 | Textile | 798526 |
| 纺织服装、服饰业 | Manufacturing Industry of Textile Costumes, Shoes, and Caps | 6437 |
| 皮革、毛皮、羽毛及其制品和制鞋业 | Manufacturing Industry of Leather, Fur, Feather (Cloth with Soft Nap) and their Products | 2743 |
| 木材加工及竹、藤、棕、草制品业 | Wood Processing and Manufacturing of Wood, Bamboo, Rattan, Palm, and Straw-made Articles | 611 |
| 家具制造业 | Cabinetmaking | 2041 |
| 造纸及纸制品业 | Papermaking and Paper Product | 23281 |
| 印刷和记录媒介复制业 | Printing Industry and Reproduction of Record Media | 856 |
| 文教、工美、体育和娱乐用品制造业 | Manufacturing Industry of Culture, Education and Sports stuff | 2260 |
| 石油加工、炼焦及核燃料加工 | Petroleum Processing，Coking and Nuclear Fuel Manufacture | 123 |
| 化学原料及化学制品制造业 | Chemical Feedstock and Chemical Manufacture | 196640 |
| 医药制造业 | Medicine Manufacturing | 25226 |
| 化学纤维制造业 | Chemical Fiber Manufacturing | 187784 |
| 橡胶制品业 | Rubber Production | 56766 |
| 塑料制品业 | Plastic | 149750 |
| 非金属矿物制品业 | Non-metallic Minerals Product | 3239 |
| 黑色金属冶炼及压延加工业 | Ferrous Metal Smelting and Extrusion | 11800 |
| 有色金属冶炼及压延加工业 | Non-ferrous Smelting and Extrusion | 3277 |
| 金属制品业 | Metalwork | 8929 |
| 通用设备制造业 | General-purpose Equipment Manufacturing | 2870 |
| 专用设备制造业 | Specialized Facility Manufacturing | 406 |
| 交通运输设备制造业 | Transport and Communication Facilities Manufacturing | 315 |
| 电气机械及器材制造业 | Electric Machinery and Equipment Manufacturing | 22338 |
| 通信设备、计算机及其他电子设备制造业 | Manufacturing of Communication Equipment, Computers and Other Electronic Equipment | 10991 |
| 仪器仪表及文化、办公用机械制造业 | Manufacturing of Instruments and Meters，and Machinery for Culture and Office | 447 |
| 工艺品及其他制造业 | Other Manufacturing Industries | - |
| 废弃资源和废旧材料回收加工业 | Processing of Discarded Resources, and Waste and Scrap Recovery | - |
| 电力、热力的生产和供应业 | Production and Supply of Electric Power and Heat Power | 274446 |
| 燃气生产和供应业 | Gas Generation and Supply | 104 |
| 水的生产和供应业 | Water Production and Supply | 1964 |

注：能源统计快报代替年报，与规模以上工业经济指标的统计单位数略有差异。

# Main Resources Consumption of above Designated Size Industrial Enterprises in Yuecheng District by Sector (2013)

| 万元产值能耗(吨标准煤/万元) Energy Consumption per 10 000 RMB Output | 原煤(吨) Coal (ton) | 热力(百万千焦) Electricity (10 000 kwh) | 电力(万千瓦时) Heat (million kilo-joule) | 汽油(吨) Gasoline (ton) | 柴油(吨) Diesel Oil (ton) | 燃料油(吨) Fuel Oil (ton) | 液化石油气(吨) LPG (ton) |
|---|---|---|---|---|---|---|---|
| **0.1523** | **1869789** | **12712428** | **416442** | **3074** | **8158** | **8510** | **186** |
| 0.3211 | – | – | 6484 | 23 | 268 | – | – |
| 0.2006 | 495 | – | 1741 | – | – | – | – |
| 0.0718 | – | – | 140 | – | – | – | – |
| 0.0613 | 1441 | 41628 | 1222 | 32 | 125 | – | – |
| 0.1437 | – | 276328 | 681 | 13 | – | – | – |
| 0.1267 | 15390 | 245943 | 3652 | 36 | 714 | – | 60 |
| 0.2841 | 384767 | 9760781 | 119558 | 1301 | 1115 | 59 | 125 |
| 0.0228 | 302 | 73626 | 2814 | 215 | 105 | – | – |
| 0.0250 | 734 | 15191 | 1252 | 18 | 17 | – | – |
| 0.0089 | – | – | 501 | – | – | – | – |
| 0.0142 | 160 | – | 1527 | 92 | 37 | – | – |
| 0.1515 | 1760 | 480319 | 4146 | 61 | 36 | – | – |
| 0.0365 | – | – | 697 | – | – | – | – |
| 0.0167 | – | 4414 | 1704 | 5 | 23 | – | – |
| 0.0071 | – | – | 100 | – | – | – | – |
| 0.1765 | 127643 | 908865 | 41439 | 182 | 420 | – | – |
| 0.0899 | – | 450358 | 8071 | 74 | 34 | – | – |
| 0.1191 | 111089 | 118109 | 75173 | 88 | 195 | – | – |
| 0.1003 | 30746 | 95620 | 24383 | 32 | 18 | – | – |
| 0.4158 | 13152 | 105065 | 13736 | 16 | 4223 | 8421 | – |
| 0.0549 | 1014 | 1702 | 1999 | – | – | – | – |
| 0.0657 | 2058 | – | 3429 | 26 | 82 | 30 | – |
| 0.0442 | 254 | 14076 | 1978 | 23 | 90 | – | – |
| 0.0682 | 110 | 6561 | 5413 | 157 | 62 | – | – |
| 0.0192 | – | – | 2326 | 84 | 41 | – | – |
| 0.0155 | – | – | 283 | 55 | 72 | – | – |
| 0.0251 | – | 1530 | 120 | 7 | – | – | – |
| 0.0269 | 322 | 62064 | 14333 | 111 | 22 | – | – |
| 0.0366 | – | 50247 | 7753 | 39 | 3 | – | – |
| 0.0100 | – | – | 310 | 32 | 21 | – | – |
| – | – | – | – | – | – | – | – |
| – | – | – | – | – | – | – | – |
| 0.1267 | 1178351 | – | 67794 | 348 | 435 | – | – |
| 0.0011 | – | – | 84 | – | – | – | – |
| 0.0303 | – | – | 1598 | – | – | – | – |

# 4-16 各区、县(市)规模以上工业企业能源综合利用及水消费情况(2013)

单位：吨标准煤

| 指标 | | Item | | 全市 Whole Municipality |
|---|---|---|---|---|
| **综合能耗** | | **Total Energy Consumption** | | **10930427** |
| **万元产值能耗(每一万元产值耗能)** | | **Energy Consumption per 10 000 RMB Output** | | **0.1179** |
| **节能率±%** | | **The Rate of Saved Energy** | | **8.82** |
| **消费量** | | **Consumption** | | **15071058** |
| # 工业生产消费 | | Industry Production Consumption | | 14993283 |
| 非工业生产消费 | | Non-industrial Production Consumption | | 77775 |
| **主要能源消费量** | **(吨)** | **Consumption of Main Energy** | **(ton)** | |
| 原煤 | | Coal | | 11039412 |
| 天然气 | (万立方米) | Natural Gas | (10 000 cu.m) | 31700 |
| 汽油 | | Gasoline | | 32143 |
| 煤油 | | Kerosene | | 4596 |
| 柴油 | | Diesel Oil | | 63871 |
| 燃料油 | | Fuel Oil | | 73742 |
| 液化石油气 | | Liquefied Petroleum Gas | | 3200 |
| 热力 | (百万千焦) | Heat | (million kilo-joule) | 88226461 |
| 电力 | (万千瓦时) | Electricity | (10 000 kwh) | 2267118 |
| **水资源消费量** | (万立方米) | **Water Consumption** | **(10 000 cu.m)** | |
| 取水总量 | | Total Water | | 132343 |
| 陆地地表水 | | Land Surface Water | | 72193 |
| 地下水 | | Groundwater | | 1003 |
| 自来水 | | Tap Water | | 19326 |
| 其他水 | | Other Water | | 39820 |
| 重复用水量 | | Repeat Water Consumption | | 166411 |

# Main Indicators on Economic Benefit and Water Consumption of above Designated Size Industrial Enterprises(2013)

(Ton standard coal)

| 越城区<br>Yuecheng District | 柯桥区<br>Keqiao District | 上虞区<br>Shangyu District | 诸暨市<br>Zhuji City | 嵊州市<br>Shengzhou City | 新昌县<br>Xinchang County |
|---|---|---|---|---|---|
| **1870864** | **6193770** | **1071663** | **1238512** | **241195** | **314422** |
| **0.1523** | **0.1795** | **0.0721** | **0.0574** | **0.0589** | **0.0587** |
| **3.07** | **9.53** | **2.09** | **11.16** | **4.98** | **3.14** |
| **2544711** | **8672099** | **1628173** | **1454718** | **388290** | **383068** |
| 2537300 | 8649994 | 1618824 | 1425840 | 380316 | 381009 |
| 7411 | 22105 | 9349 | 28878 | 7974 | 2058 |
| | | | | | |
| 1869789 | 6866268 | 862787 | 927395 | 266580 | 246592 |
| 5525 | 9624 | 11610 | 2639 | 74 | 2227 |
| 3074 | 7462 | 2690 | 13900 | 2686 | 2331 |
| 32 | 107 | 53 | 3685 | 84 | 634 |
| 8158 | 10154 | 8432 | 24290 | 5074 | 7762 |
| 8510 | 64929 | – | 207 | 91 | 4 |
| 186 | 670 | 1175 | 681 | 385 | 103 |
| 12712428 | 59061736 | 11038632 | 2156229 | 1900741 | 1356695 |
| 416442 | 1085679 | 276109 | 324749 | 72933 | 91206 |
| | | | | | |
| 29772 | 53347 | 19320 | 14714 | 10562 | 4626 |
| 27069 | 15980 | 11140 | 9739 | 4999 | 3265 |
| 84 | 752 | 2 | 107 | 36 | 23 |
| 2618 | 9271 | 3706 | 1543 | 850 | 1338 |
| – | 27344 | 4473 | 3326 | 4677 | 0.06 |
| 28636 | 128725 | 1017 | 1572 | 2977 | 3483 |

# 4－17 全市规模以上工业企业分行业分地区取水量 (2013 年)

单位：万立方米

| 行业 | Item | 全市 Whole Municipality |
|---|---|---|
| **总 计** | **Total** | **132343** |
| 黑色金属矿采选业 | Ferrous Metals Mining and Dressing | 50 |
| 有色金属矿采选业 | Nonferrous Metals Mining and Dressing | 4 |
| 非金属矿采选业 | Nonmetal Minerals Mining and Dressing | 3 |
| 农副食品加工业 | Manufacturing of Foodstuff and Non-Staple Foodstuff | 120 |
| 食品制造业 | Foodstuff Manufacturing | 211 |
| 酒、饮料和精制茶制造业 | Manufacturing Industry of beverage, drinking and refiined tea | 452 |
| 纺织业 | Textile | 24178 |
| 纺织服装、服饰业 | Manufacturing Industry of Textile Costumes, Shoes, and Caps | 745 |
| 皮革、毛皮、羽毛及其制品和制鞋业 | Manufacturing Industry of Leather, Fur, Feather (Cloth with Soft Nap) and their Products | 48 |
| 木材加工及竹、藤、棕、草制品业 | Wood Processing and Manufacturing of Wood, Bamboo, Rattan, Palm, and Straw-made Articles | 8 |
| 家具制造业 | Cabinetmaking | 156 |
| 造纸及纸制品业 | Papermaking and Paper Product | 550 |
| 印刷和记录媒介复制业 | Printing Industry and Reproduction of Record Media | 54 |
| 文教、工美、体育和娱乐用品制造业 | Manufacturing Industry of Culture, Education and Sports stuff | 91 |
| 石油加工、炼焦及核燃料加工 | Petroleum Processing，Coking and Nuclear Fuel Manufacture | 1 |
| 化学原料及化学制品制造业 | Chemical Feedstock and Chemical Manufacture | 3950 |
| 医药制造业 | Medicine Manufacturing | 1255 |
| 化学纤维制造业 | Chemical Fiber Manufacturing | 1190 |
| 橡胶制品业 | Rubber Production | 610 |
| 塑料制品业 | Plastic | 719 |
| 非金属矿物制品业 | Non-metallic Minerals Product | 156 |
| 黑色金属冶炼及压延加工业 | Ferrous Metal Smelting and Extrusion | 293 |
| 有色金属冶炼及压延加工业 | Non-ferrous Smelting and Extrusion | 350 |
| 金属制品业 | Metalwork | 956 |
| 通用设备制造业 | General-purpose Equipment Manufacturing | 270 |
| 专用设备制造业 | Specialized Facility Manufacturing | 348 |
| 交通运输设备制造业 | Transport and Communication Facilities Manufacturing | 16 |
| 电气机械及器材制造业 | Electric Machinery and Equipment Manufacturing | 660 |
| 通信设备、计算机及其他电子设备制造业 | Manufacturing of Communication Equipment, Computers and Other Electronic Equipment | 222 |
| 仪器仪表及文化、办公用机械制造业 | Manufacturing of Instruments and Meters，and Machinery for Culture and Office | 17 |
| 工艺品及其他制造业 | Other Manufacturing Industries | 53 |
| 废弃资源和废旧材料回收加工业 | Processing of Discarded Resources, and Waste and Scrap Recovery | 4 |
| 电力、热力的生产和供应业 | Production and Supply of Electric Power and Heat Power | 5746 |
| 燃气生产和供应业 | Gas Generation and Supply | 5 |
| 水的生产和供应业 | Water Production and Supply | 88853 |

## Water Withdrawals of above Designated Size Industrial Enterprises by Sector and Area (2013)

(10 000 cubic meter)

| 越城区 Yuecheng District | 柯桥区 Keqiao District | 上虞区 Shangyu District | 诸暨市 Zhuji City | 嵊州市 Shengzhou City | 新昌县 Xinchang County |
|---|---|---|---|---|---|
| **29772** | **53347** | **19320** | **14714** | **10562** | **4626** |
| 50 | – | – | – | – | – |
| 1 | – | – | 2 | – | – |
| – | – | – | 1 | 2 | – |
| 42 | 30 | 42 | 7 | – | – |
| 11 | 80 | 2 | – | 7 | 111 |
| 214 | 180 | 45 | 5 | 8 | – |
| 4723 | 17110 | 952 | 816 | 522 | 56 |
| 86 | 171 | 56 | 122 | 302 | 9 |
| 22 | 14 | 3 | 6 | 3 | – |
| 3 | 1 | – | 3 | – | – |
| 20 | 108 | 26 | 2 | – | – |
| 56 | 145 | 9 | 9 | 331 | – |
| 3 | 38 | 11 | – | – | 2 |
| 16 | 30 | 9 | 21 | 7 | 8 |
| – | – | – | 1 | – | – |
| 269 | 1297 | 2336 | 29 | 18 | – |
| 151 | 64 | 282 | 12 | 58 | 688 |
| 347 | 566 | 2 | 275 | – | – |
| 126 | 307 | 80 | 57 | 12 | 27 |
| 148 | 227 | 62 | 269 | 12 | – |
| 25 | 66 | 21 | 31 | 13 | – |
| 25 | 39 | 114 | 101 | 11 | 3 |
| 14 | 103 | 132 | 87 | 12 | 2 |
| 18 | 32 | 100 | 432 | 57 | 317 |
| 17 | 45 | 21 | 159 | 8 | 21 |
| 1 | 29 | 35 | 58 | 13 | 213 |
| 3 | – | – | 1 | 5 | 7 |
| 207 | 68 | 250 | 82 | 52 | 1 |
| 107 | 5 | 2 | 4 | 92 | 13 |
| 4 | 2 | 12 | – | – | – |
| – | – | 53 | – | – | – |
| – | – | – | 4 | – | – |
| 1223 | 3160 | 943 | 162 | 204 | 54 |
| 2 | – | 2 | 1 | – | – |
| 21840 | 29430 | 13720 | 11957 | 8812 | 3094 |

# 主 要 统 计 指 标 解 释

**工业** 指从事自然资源的开采，对采掘品和农产品进行加工和再加工的物质生产部门。具体包括：(1)采矿业；(2)制造业；(3)电力、燃气及水的生产和供应业。

**轻工业** 指主要提供生活消费品和制作手工工具的工业。按其所使用的原料不同，可分为两大类：(1)以农产品为原料的轻工业，是指直接或间接以农产品为基本原料的轻工业。主要包括食品制造、饮料制造、烟草加工、纺织、缝纫、皮革和毛皮制作、造纸以及印刷等工业；(2)以非农产品为原料的轻工业，是指以工业品为原料的轻工业。主要包括文教体育用品、化学药品制造、合成纤维制造、日用化学制品、日用玻璃制品、日用金属制品、手工工具制造、医疗器械制造、文化和办公用机械制造等工业。

**重工业** 是指为国民经济各部门提供物质技术基础的主要生产资料的工业。按其生产性质和产品用途，可以分为下列三类：(1)采掘工业，是指对自然资源的开采，包括石油开采、煤炭开采、金属矿开采、非金属矿开采等工业；(2)原材料工业，指向国民经济各部门提供基本材料、动力和燃料的工业。包括金属冶炼及加工、炼焦及焦炭、化学、化工原料、水泥、人造板以及电力、石油和煤炭加工等工业；(3)加工工业，是指对工业原材料进行再加工制造的工业。包括装备国民经济各部门的机械设备制造工业、金属结构、水泥制品等工业，以及为农业提供的生产资料如化肥、农药等工业。

**工业总产值** 是以货币形式表现的，工业企业在一定时期内生产的工业最终产品或提供工业性劳务活动的总价值量，是反映一定时期内工业生产总规模和总水平的价值量指标，是计算工业增加值的基础指标。工业总产值包括本企业报告期内生产的不再进行加工，经检验包装入库(规定不需要包装的产品除外)的成品价值、对外加工费收入和自制半成品在产品期末期初差额价值。

**工业销售产值** 是以货币形式表现的，工业企业在报告期内销售的本企业生产的工业产品或提供工业性劳务活动的价值总量，是反映一定时期内工业企业产品销售总规模和总水平的重要指标。工业销售产值包括本企业报告期内销售的成品价值和对外加工费收入。

**主营业务收入** 工业企业主营业务收入主要包括销售产品、自制半成品、代制品、代修品、提供工业性劳务及让渡资产使用权等日常性活动所取得的收入。

**利润总额** 是指企业一定时期的最终经营成果，是企业在一定时期内实现的盈亏相抵后的利润总额(亏损以"－"号表示)它等于营业利润加上补贴收入、投资收益、营业外净收入、以前年度损益调整。

**利税总额** 是指企业产品销售税金及附加、应交增值税和利润总额之和。

**资产总计** 是指企业拥有或控制的能以货币计量的经济资源，包括各种财产、债权和其他权利。资产按其流动性可分为流动资产、长期投资、固定资产、无形资产、递延资产和其他资产。

**负债总计** 是指企业资产总额中属于债权人的那部分权益，是企业所承担的能以货币计量，将以资产或劳务偿付的债务。负债一般按偿还期长短分为流动负债和长期负债。

**资产负债率** 反映企业经营风险的大小和企业利用债权人提供的资金从事经营活动的能力。

资产负债率(%)=负债总额/资产总额×100%

**全员劳动生产率** 是工业企业平均每个职工在单位时间内创造的工业生产最终成果，反映企业的生产效率和劳动投入的经济效益。

全员劳动生产率(元/人)=工业增加值/全部从业人员平均人数

**产品销售率** 是反映工业产品已实现销售的程度，是分析工业产销衔接状况、研究工业产品满足社会需求程度的指标。

产品销售率(%)=工业销售产值/工业总产值(现价)×100%

**独资企业** 包括国有企业、集体企业、私营独资企业、港澳台商独资经营企业、外商独资经营企业。

**合作合伙企业** 包括股份合作企业、国有联营企业、集体联营企业、国有与集体联营企业、私营合伙企业、内地与港澳台合作经营企业、中外合作经营企业、其他企业(内资)。

**股份有限公司** 包括股份有限公司(内资)、私营股份有限公司、港澳台商投资股份有限公司、外商投资股份有限公司。

**有限责任公司** 包括国有独资公司、私营有限责任公司、内地与港澳台合资经营企业、中外合资经营企业、其他有限责任公司。

# Explanatory Notes on Main Statistical Indicators

**Industry** refers to the material production sector which is engaged in extraction of natural resources and processing and reprocessing of minerals and agricultural products, including (1) Mining and Quarrying (2) Manufacturing (3) Production and Supply of Electric Power, Gas and Water.

**Light Industry** refers to the industry that produces consumer goods and hand tools. It consists of two categories, depending on the materials used:

(1) Industries using farm products as raw materials. These are branches of light industry which directly or indirectly use farm products as basic raw materials, including the manufacture of food and beverages, tobacco processing, textile, clothing, fur and leather manufacturing, paper making, printing, etc.

(2) Industries using non farm products as raw materials. These are branches of light industry which use manufactured goods as raw materials, including the manufacture of cultural, educational articles and sports goods, chemicals, synthetic fiber, chemical products for daily use, glass products for daily use, metal products for daily use, hand tools, medical apparatus and instruments, and the manufacture of cultural and clerical machinery.

**Heavy Industry** refers to the industry, which produces capital goods, and provides various sectors of the national economy with necessary material and technical basis. It consists of the following three branches according to the purpose of production or the use of products:

(1) Mining, quarrying and logging industry refers to the industry that extracts natural resources, including extraction of petroleum, coal, metal and non-metal ores and logging.

(2) Raw materials industry refers to the industry that provides various sectors of the national economy with raw materials, fuels and power. It includes smelting and processing of metals, coking and coke chemistry, chemical materials and building materials such as cement, plywood, and power, petroleum refining and coal dressing.

(3) Manufacturing industry refers to the industry that processes raw materials. It includes machine-building industry, which equips sectors of the national economy, industries of metal structure and cement products, industries producing means of agricultural production, such as chemical fertilizers and pesticides. According to the above principle of classification, the repairing trades, which are engaged primarily in repairing products of heavy industry, are classified into heavy industry while these engaged in repairing products of light industry are classified into light industry.

**Gross Industrial Output Value** refers to the total volume of final industrial products and industrial services provided during a given period. It reflects the total achievements and overall scale of industrial production during a given period. It's the basic of calculating value-added of industry. It includes the value of the finished products, which are not to be further processed in the enterprises and have been inspected, packed and put in storage, the value of industrial services rendered to other units, and the changes in the value of the semi-finished products and products in process between the beginning and closing of the period.

**Industrial Sales Output Value** refers to the total volume of industrial products sold and industrial services provided by an industrial enterprise during a given period and in the form of currency. It reflects the total achievements and overall scale of the sales of industrial production sale during a given period. Industrial Sales Output Value consists of the value of the finished products during the reference period and the income from external processing.

**Revenue on Main Business** The revenue on main business of industrial enterprises mainly include incomes from sales product, self manufactured semi-product, alternate product, repaired product, industrial labor service, transfer of transition assets right of use, and other regular activities.

**Total Profits** refers to the final achievements of production and operation of the enterprises, represented by the total profits after deducting losses (loss is expressed by the negative figure).It is the sum of profits from operation, income from subsidies, investment earnings, net income from activities other than operation, and adjustment of profits an losses of previous years.

**Total pre-tax Profits** refers to the total sum of profits, products sales tax and surcharges and the value added tax payable of industrial enterprises.

**Total Assets** refers to all economic resources, owned or controlled by enterprises, which could be measured in monetary terms, including properties, creditors equity and other economic rights of all forms. Classified by the degree of equitability, total assets include circulating assets, long－term investment, fixed assets, intangible assets and deferred assets, and other assets.

**Total Liabilities** refers to the rights and interests belong to creditor in enterprise's total assets, it's the debts, measured in monetary terms, which enterprises are responsible for repayment in the form of cash, assets or labor. Classified by terms of repayment, liabilities include liquid liabilities and long-term liabilities.

**Ratio of Debts to Assets** reflect both the operation risk and the capability of the enterprise in making use of the capital from the creditors. It is calculated as follows:

Ratio of debts to assets (%) = (Total debts / total assets) × 100%

**Overall Labor Productivity of Industrial Enterprises** refers to the average output per employed person in industrial enterprises. Reflects efficiency of production and economic results labor input of enterprises.

Overall Labor Productivity=(Value – added of Industry) / (Average Number of Staff and Workers)

**Ratio of Sales to Gross Output Value** refers to the sales of industrial products to the gross industrial output value during the reference period, and is important in reflecting the linkage between production and sales and the extent of the needs of the society that has been met by the supply of industrial products.

Ratio of Sales to Gross Output Value=[Industrial sales / Gross industrial output value (at current prices)] × 100%

**Sole-owned Enterprises** includes state-owned enterprises, collective-owned enterprises, private-funded enterprises, sole investment from Hong Kong, Macao and Taiwan, enterprises with sole foreign investment.

**Cooperation and Partnership** includes share-holding cooperative enterprises, state joint ownership enterprises, collective joint ownership enterprises, joint state-collective ownership enterprises, private partnership enterprises, cooperative enterprises with investment from Hong Kong, Macao and Taiwan, Cooperative enterprises with foreign investment, other enterprises.

**Share-holding Corporations Ltd.** includes Share-holding Corporations Ltd., Private Shareholding Corporations Ltd., Share-holding Corporations Ltd. with Investment from Hong Kong, Macao and Taiwan, Share-holding Corporations Ltd. with Foreign Investment.

**Limited Liability Corporations** includes sole state-funded corporations, private limited liability corporations, joint-venture enterprises with investment from Hong Kong, Macao and Taiwan, joint-venture enterprises with foreign investment, other limited liability corporations.

五

# 交通、邮电及电力

# CHAPTER 5 TRANSPORTATION, POST AND TELECOMMUNICATIONS, ELECTRICITY

# 交通、邮电及电力
# TRANSPORTATION，POST AND TELECOMMUNICATIONS，ELECTRICITY

## 主 要 统 计 指 标
## Main Statistical Indicators

| | | | |
|---|---|---|---|
| 2013 年全社会客运量 | Total Passenger Traffic | 17546 | 万人次 ($10^4$ persons) |
| 比上年增长 | Increase over Previous Year | 0.2 | % |
| 2013 年全社会货运量 | Total Freight Traffic | 9871 | 万吨 ($10^4$ tons) |
| 比上年增长 | Increase over Previous Year | 6.4 | % |
| 2013 年邮电业务收入 | Business Income of Post and Telecommunication | 618020 | 万元 ($10^4$ yuan) |
| 比上年增长 | Increase over Previous Year | 6.4 | % |
| 2013 年固定电话期末用户数 | Number of Subscribers of Fixed Telephone at Year-end | 179.04 | 万户 ($10^4$ subscribers) |
| 比上年增长 | Increase over Previous Year | -8.2 | % |
| 2013 年移动电话用户数 | Number of Subscribers of Mobile Telephone | 526.90 | 万户 ($10^4$ subscribers) |
| 比上年增长 | Increase over Previous Year | 5.9 | % |
| 2013 年全社会用电量 | Total Electricity Consumption | 359.56 | 亿千瓦时($10^8$ kwh) |
| 比上年增长 | Increase over Previous Year | 6.5 | % |
| 2013 年工业用电量 | Industrial Electricity Consumption | 290.81 | 亿千瓦时($10^8$ kwh) |
| 比上年增长 | Increase over Previous Year | 5.0 | % |
| 2013 年城乡居民用电量 | Electricity Consumption in Urban and Rural Areas | 34.49 | 亿千瓦时($10^8$ kwh) |
| 比上年增长 | Increase over Previous Year | 15.5 | % |

注：2009 年起客货运输量口径改为营业性。

Note:From 2009,The caliber of passengers and cargo transportation with road has changed to commercial.

## 年末公路通车里程情况

## Length of Highways (Year-end)

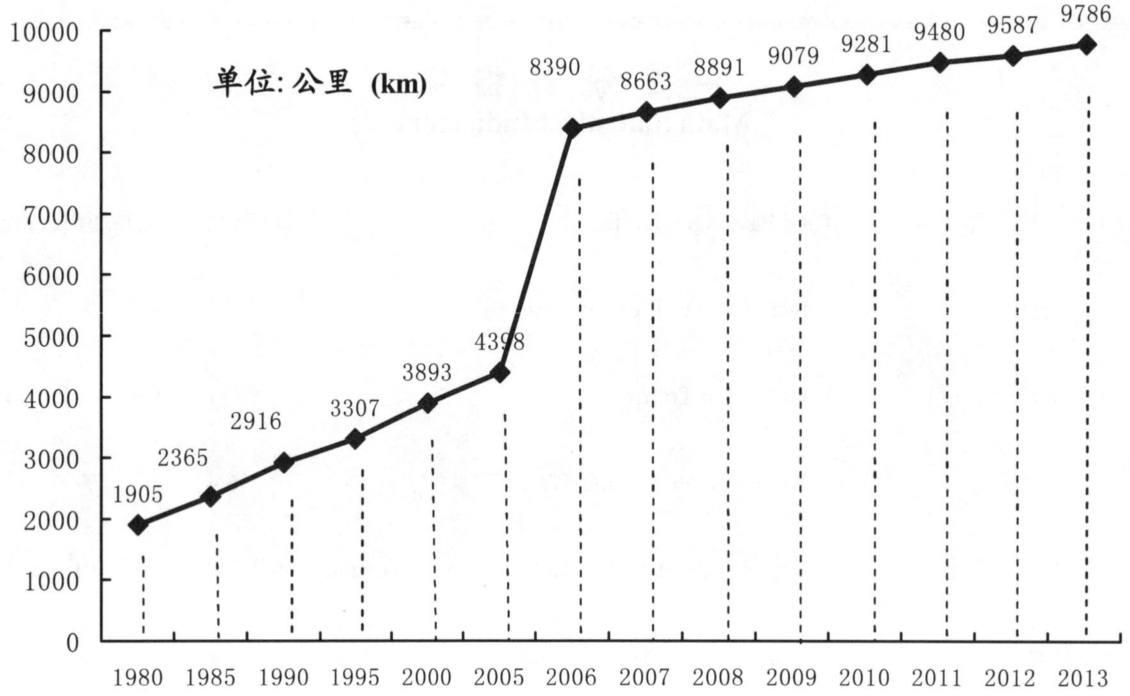


## 全社会客货运输情况

## Total Passenger and Freight Traffic

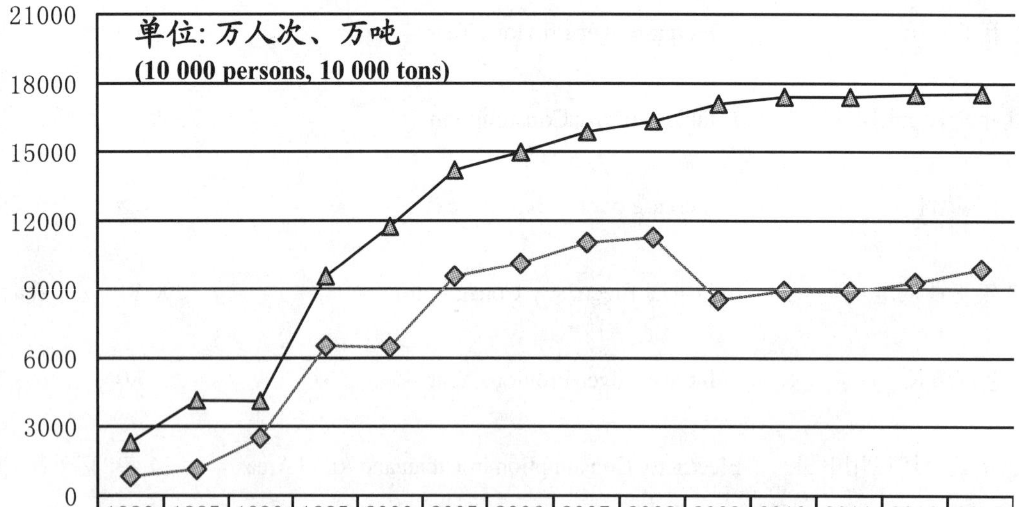


| | 1980 | 1985 | 1990 | 1995 | 2000 | 2005 | 2006 | 2007 | 2008 | 2009 | 2010 | 2011 | 2012 | 2013 |
|---|---|---|---|---|---|---|---|---|---|---|---|---|---|---|
| 客运量 | 2302 | 4162 | 4134 | 9574 | 11753 | 14202 | 14989 | 15878 | 16340 | 17088 | 17398 | 17415 | 17512 | 17546 |
| 货运量 | 844 | 1142 | 2517 | 6531 | 6470 | 9559 | 10119 | 11032 | 11273 | 8528 | 8931 | 8899 | 9274 | 9871 |

# 电　话　用　户　数

## Number of Telephone Subscribers

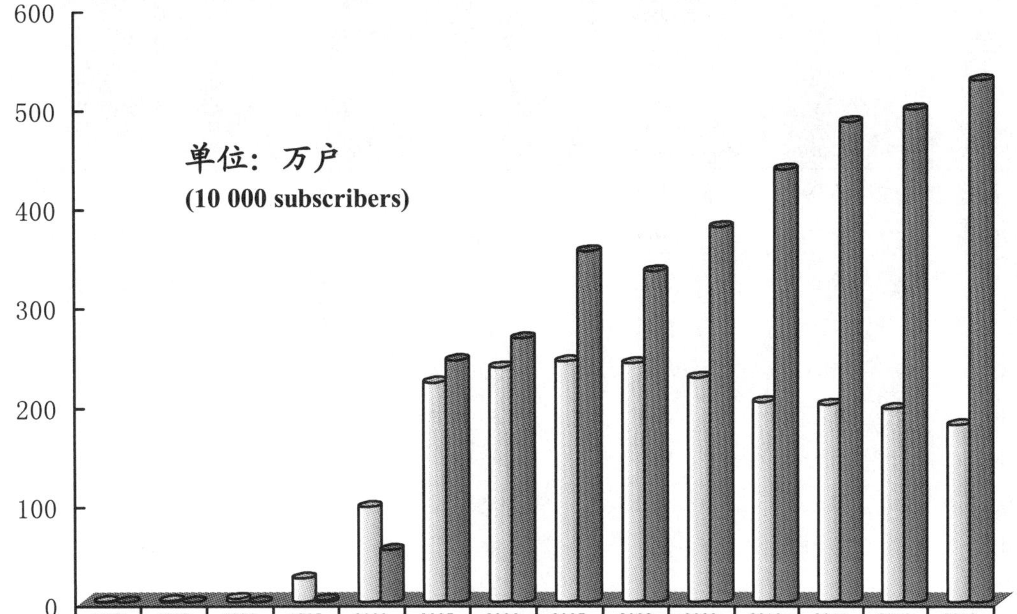


| | 1980 | 1985 | 1990 | 1995 | 2000 | 2005 | 2006 | 2007 | 2008 | 2009 | 2010 | 2011 | 2012 | 2013 |
|---|---|---|---|---|---|---|---|---|---|---|---|---|---|---|
| □固定电话 | 0.65 | 1.16 | 3.47 | 23.8 | 96.02 | 221.39 | 236.65 | 242.78 | 240.78 | 226.28 | 201.8 | 199.22 | 195.06 | 179.04 |
| ■移动电话 | 0 | 0 | 0 | 2.14 | 52.74 | 243.91 | 265.92 | 353.9 | 334.02 | 378.52 | 436.45 | 484.76 | 497.61 | 526.9 |

注：2008年起移动电话用户数口径变为通话用户数。

Note: From 2008, the number of callers was applied instead of the number of mobile phone users caliber.

# 全　社　会　用　电　情　况

## Electricity Consumption

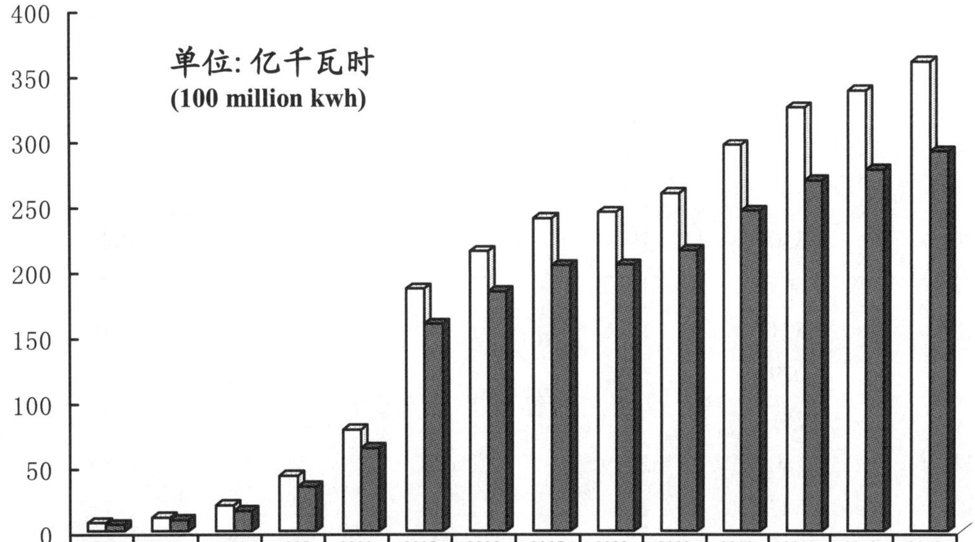


| | 1980 | 1985 | 1990 | 1995 | 2000 | 2005 | 2006 | 2007 | 2008 | 2009 | 2010 | 2011 | 2012 | 2013 |
|---|---|---|---|---|---|---|---|---|---|---|---|---|---|---|
| □全社会用电量 | 6.32 | 10.54 | 19.89 | 42.42 | 77.67 | 185.52 | 214.44 | 239.58 | 244.31 | 258.87 | 295.68 | 324.6 | 337.71 | 359.56 |
| ■工业用电量 | 5.02 | 8.46 | 15.51 | 34.01 | 63.29 | 158.62 | 183.25 | 203.65 | 204.19 | 215.2 | 245.27 | 268.68 | 276.83 | 290.81 |

# 5-1 历年年末公路通车里程
# Total Length of Highways over the Years

单位：公里 (km)

| 年 份 Year | 全 市 Whole Municipality | 越城区及柯桥区 Yuecheng District & Keqiao District | 上虞区 Shangyu District | 诸暨市 Zhuji City | 嵊州市 Shengzhou City | 新昌县 Xinchang County |
|---|---|---|---|---|---|---|
| 1978 | 1638 | 262 | 197 | 334 | 476 | 369 |
| 1979 | 1721 | 262 | 209 | 354 | 517 | 379 |
| 1980 | 1905 | 275 | 246 | 386 | 554 | 444 |
| 1986 | 2479 | 404 | 313 | 513 | 711 | 538 |
| 1987 | 2586 | 431 | 330 | 539 | 736 | 550 |
| 1988 | 2698 | 481 | 340 | 554 | 743 | 581 |
| 1989 | 2839 | 553 | 351 | 565 | 769 | 602 |
| 1990 | 2916 | 550 | 360 | 610 | 778 | 618 |
| 1991 | 2939 | 563 | 364 | 605 | 781 | 626 |
| 1992 | 3176 | 651 | 375 | 629 | 814 | 708 |
| 1993 | 3212 | 681 | 375 | 637 | 811 | 708 |
| 1994 | 3253 | 683 | 378 | 654 | 828 | 711 |
| 1995 | 3307 | 690 | 394 | 672 | 829 | 722 |
| 1996 | 3321 | 675 | 394 | 686 | 835 | 731 |
| 1997 | 3423 | 726 | 391 | 704 | 851 | 752 |
| 1998 | 3556 | 740 | 434 | 750 | 857 | 775 |
| 1999 | 3643 | 783 | 438 | 780 | 858 | 784 |
| 2000 | 3893 | 800 | 460 | 826 | 872 | 788 |
| 2001 | 3955 | 843 | 502 | 883 | 904 | 823 |
| 2002 | 4087 | 876 | 520 | 963 | 904 | 823 |
| 2003 | 4167 | 920 | 520 | 989 | 904 | 834 |
| 2004 | 4235 | 950 | 551 | 991 | 904 | 839 |
| 2005 | 4398 | 1010 | 551 | 1005 | 987 | 845 |
| 2006 | 8390 | 1964 | 1382 | 1980 | 2006 | 1057 |
| 2007 | 8663 | 1977 | 1386 | 2074 | 2027 | 1200 |
| 2008 | 8891 | 1986 | 1394 | 2240 | 2039 | 1231 |
| 2009 | 9079 | 1999 | 1425 | 2333 | 2054 | 1269 |
| 2010 | 9281 | 2003 | 1498 | 2430 | 2071 | 1279 |
| 2011 | 9480 | 2049 | 1506 | 2491 | 2135 | 1298 |
| 2012 | 9587 | 2059 | 1511 | 2532 | 2176 | 1309 |
| 2013 | 9786 | 2067 | 1559 | 2604 | 2231 | 1324 |

注：①2000 年 147.1 公里高速公路未分解到各县市。②2006 年末公路通车里程包括村道。

Note: a)the 147.1 km expressway of year 2000 was not broken down to different counties.b)At the end of 2006,the total length of highway include village highway.

# 5-2 历年全社会客货运输量
# Total Passenger and Freight Traffic over the Years

| 指　标<br>Item | 客运量(万人)<br>Passenger Traffic (10 000 persons) | #公路<br>Highway | 客运周转量(万人公里)<br>Turnover Volume of Passenger Traffic (10 000 person-km) | #公路<br>Highway | 货运量(万吨)<br>Freight Traffic (10 000 tons) | #公路<br>Highway | 货运周转量(万吨公里)<br>Turnover Volume of Freight Traffic (10 000 ton-km) | #公路<br>Highway |
|---|---|---|---|---|---|---|---|---|
| 1978 | 1509 | 1086 | 26666 | 21287 | 693 | 187 | 22821 | 5692 |
| 1979 | 1825 | 1338 | 31414 | 25233 | 788 | 207 | 29237 | 6273 |
| 1980 | 2302 | 1733 | 38874 | 31733 | 844 | 206 | 33648 | 6605 |
| 1981 | 2762 | 2154 | 46217 | 38693 | 840 | 218 | 35254 | 7724 |
| 1982 | 3063 | 2524 | 51511 | 44884 | 934 | 289 | 39736 | 9985 |
| 1983 | 3373 | 2865 | 58219 | 52178 | 916 | 278 | 41136 | 11689 |
| 1984 | 3704 | 3170 | 69287 | 62952 | 1049 | 379 | 47367 | 14625 |
| 1985 | 4162 | 3700 | 88416 | 82607 | 1142 | 471 | 56545 | 19947 |
| 1986 | 4235 | 3887 | 95433 | 91111 | 1204 | 550 | 64101 | 25494 |
| 1987 | 4511 | 4189 | 108159 | 104594 | 3287 | 1242 | 129260 | 50449 |
| 1988 | 4021 | 3772 | 100109 | 97256 | 2940 | 1286 | 122287 | 54040 |
| 1989 | 4107 | 3923 | 95342 | 93228 | 2810 | 1309 | 125878 | 50328 |
| 1990 | 4134 | 4000 | 110600 | 109062 | 2517 | 1235 | 115838 | 47077 |
| 1991 | 4511 | 4412 | 128162 | 126979 | 2583 | 1292 | 128990 | 54341 |
| 1992 | 8240 | 8153 | 220861 | 219795 | 5550 | 4268 | 208667 | 123277 |
| 1993 | 8926 | 8856 | 248288 | 247457 | 5964 | 4628 | 233157 | 140566 |
| 1994 | 9095 | 9046 | 251063 | 250560 | 6214 | 4786 | 241180 | 143910 |
| 1995 | 9574 | 9539 | 278508 | 278203 | 6531 | 5120 | 238990 | 151628 |
| 1996 | 10037 | 10014 | 299589 | 299397 | 6668 | 5390 | 241545 | 162889 |
| 1997 | 10531 | 10517 | 322356 | 322250 | 6723 | 5615 | 244209 | 172368 |
| 1998 | 9416 | 9406 | 319587 | 319501 | 5495 | 4489 | 230478 | 165224 |
| 1999 | 11009 | 11003 | 349365 | 349311 | 5534 | 4570 | 263034 | 185495 |
| 2000 | 11753 | 11751 | 376372 | 376350 | 6470 | 5560 | 284851 | 210913 |
| 2001 | 12634 | 12632 | 408970 | 408951 | 6555 | 5646 | 262139 | 194151 |
| 2002 | 13020 | 13017 | 426003 | 425960 | 7134 | 6079 | 298670 | 213791 |
| 2003 | 12946 | 12944 | 432626 | 432598 | 7894 | 6766 | 332862 | 233961 |
| 2004 | 13739 | 13737 | 458666 | 458643 | 9308 | 8132 | 359577 | 252243 |
| 2005 | 14202 | 14200 | 475619 | 475598 | 9559 | 8406 | 413781 | 262383 |
| 2006 | 14989 | 14985 | 490708 | 490658 | 10119 | 9014 | 480997 | 289771 |
| 2007 | 15878 | 15874 | 539767 | 539724 | 11032 | 9852 | 579820 | 347219 |
| 2008 | 16340 | 16279 | 549269 | 549076 | 11273 | 10235 | 581133 | 361802 |
| 2009 | 17088 | 17025 | 452668 | 452445 | 8528 | 7612 | 872895 | 673793 |
| 2010 | 17398 | 17314 | 459033 | 458779 | 8931 | 7890 | 1001862 | 707482 |
| 2011 | 17415 | 17328 | 475338 | 475100 | 8899 | 7694 | 1102870 | 784353 |
| 2012 | 17512 | 17414 | 479957 | 479693 | 9274 | 8051 | 1110714 | 819204 |
| 2013 | 17546 | 17441 | 495883 | 495573 | 9871 | 8560 | 1185468 | 877218 |

注：2009 年起客货运输量统计口径变化，与以前年份不可比。

Note:From 2009,The caliber of passengers and cargo transportation with road has changed.

# 5－3 各区、县(市)民用车辆拥有量（2013 年末）

单位：辆

| 指　　标 | Item | 全　市<br>Whole Municipality |
|---|---|---|
| **总计** | **Total** | **1109963** |
| **汽车** | **Vehicles** | **739962** |
| 载客汽车 | Passenger Vehicles | 659548 |
| #大型 | Large-Sized | 5863 |
| 中型 | Medium-Sized | 5720 |
| 小型 | Small-Sized | 634643 |
| 微型 | Minicar | 13322 |
| 载货汽车 | Trucks | 77201 |
| #大型 | Large-Sized | 10594 |
| 中型 | Medium-Sized | 9309 |
| 小型 | Small-Sized | 56909 |
| 微型 | Minicar | 389 |
| 其它汽车 | Others | 3213 |
| **摩托车** | **Motorcycles** | **368293** |
| 普通 | Ordinary | 361645 |
| 轻便 | Lightweigh | 6648 |
| **挂车** | **Trailers** | **1708** |

注：5–3 表数据来源于公安局车辆管理所。

## Number of Civil Vehicles Owned by District and County (City) (End of 2013)

(unit)

| 越城区 Yuecheng District | 柯桥区 Keqiao District | 上虞区 Shangyu District | 诸暨市 Zhuji City | 嵊州市 Shengzhou City | 新昌县 Xinchang County |
|---|---|---|---|---|---|
| **166547** | **259308** | **175598** | **252932** | **147639** | **107843** |
| **166093** | **154897** | **98873** | **196401** | **73544** | **50151** |
| 151499 | 132106 | 90548 | 174686 | 64845 | 45862 |
| 1656 | 1096 | 1005 | 1115 | 494 | 496 |
| 1378 | 1025 | 1064 | 1025 | 631 | 597 |
| 146286 | 127744 | 87362 | 167082 | 62353 | 43815 |
| 2179 | 2241 | 1117 | 5464 | 1367 | 954 |
| 13699 | 22246 | 7769 | 21013 | 8417 | 4057 |
| 2591 | 2375 | 1582 | 2374 | 1067 | 605 |
| 2331 | 2937 | 1233 | 1629 | 812 | 367 |
| 8755 | 16839 | 4943 | 16776 | 6522 | 3074 |
| 22 | 95 | 11 | 234 | 16 | 11 |
| 895 | 545 | 556 | 702 | 282 | 232 |
| **32** | **104077** | **76344** | **56208** | **73947** | **57592** |
| 32 | 102649 | 75414 | 55702 | 72605 | 55150 |
| – | 1428 | 930 | 506 | 1342 | 2442 |
| **422** | **334** | **381** | **323** | **148** | **100** |

Note: the data of sheet 5-3 are provided by police automobile administration.

# 5－4 全市运输船舶数（2013年末）

| 指　　标 | | Item | | 全　市<br>Whole Municipality |
|---|---|---|---|---|
| **一、机 动 船** | | **Motor Vessels** | | |
| 艘　　数 | (艘) | Number | (unit) | 878 |
| 净载重量 | (吨位) | Dead Weight Tonnage | (ton) | 200354 |
| 载 客 量 | (客位) | Passenger Capacity | (seat) | 2786 |
| 功　　率 | (千瓦) | Power | (kw) | 98317 |
| **1. 客　船** | | **Passenger Ship** | | |
| 艘　数 | (艘) | Number | (unit) | 50 |
| 载客量 | (客位) | Passenger Capacity | (seat) | 2786 |
| 功　率 | (千瓦) | Power | (kw) | 2274 |
| **2. 货　船** | | **Cargo Ship** | | |
| 艘　数 | (艘) | Number | (unit) | 826 |
| 载货量 | (吨位) | Freight Capacity | (ton) | 200354 |
| 功　率 | (千瓦) | Power | (kw) | 95844 |
| **3. 拖　船** | | **Tugboats** | | |
| 艘　数 | (艘) | Number | (unit) | 2 |
| 功　率 | (千瓦) | Power | (kw) | 199 |
| **二、货　　驳** | | **Cargo Barge** | | |
| 艘　数 | (艘) | Number | (unit) | 5 |
| 载货量 | (吨位) | Freight Capacity | (ton) | 260 |

# 5－5 全市各类公路到达情况（2013年末）

单位：公里

| 指　　标 | Item | 全　市<br>Whole Municipality |
|---|---|---|
| **通 车 里 程** | **Total Length of Highway** | **9785.55** |
| 1.国省道干线公路 | State & Provincial Trunk Highway | 931.31 |
| #国　　道 | State Highway | 472.24 |
| 省　　道 | Provincial Highway | 459.06 |
| 2.农村公路 | Rural Highway | 8854.24 |
| #县　　道 | County Highway | 2270.75 |
| 乡　　道 | Township Highway | 1594.77 |
| 专用公路 | Special Highway | 24.44 |
| 村　　道 | Village Highway | 4964.28 |

# Number of Transport Vessels（End of 2013）

| 越城区 Yuecheng District | 柯桥区 Keqiao District | 上虞区 Shangyu District | 诸暨市 Zhuji City | 嵊州市 Shengzhou City | 新昌县 Xinchang County |
|---|---|---|---|---|---|
| | | | | | |
| 240 | 140 | 184 | 260 | 50 | 4 |
| 38590 | 24588 | 65549 | 62057 | 9570 | – |
| 530 | 638 | – | 1246 | 214 | 158 |
| 20049 | 13130 | 26488 | 33333 | 5134 | 183 |
| | | | | | |
| 19 | 14 | – | 8 | 5 | 4 |
| 530 | 638 | – | 1246 | 214 | 158 |
| 882 | 494 | – | 603 | 112 | 183 |
| | | | | | |
| 221 | 126 | 182 | 252 | 45 | – |
| 38590 | 24588 | 65549 | 62057 | 9570 | – |
| 19167 | 12636 | 26289 | 32730 | 5022 | – |
| | | | | | |
| – | – | 2 | – | – | – |
| – | – | 199 | – | – | – |
| | | | | | |
| – | – | 5 | – | – | – |
| – | – | 260 | – | – | – |

# Length of Highways by Level (End of 2013)

(km)

| 越城区 Yuecheng District | 柯桥区 Keqiao District | 上虞区 Shangyu District | 诸暨市 Zhuji City | 嵊州市 Shengzhou City | 新昌县 Xinchang County |
|---|---|---|---|---|---|
| **651.04** | **1415.69** | **1559.09** | **2604.15** | **2231.16** | **1324.42** |
| 82.29 | 83.74 | 138.32 | 271.36 | 207.92 | 147.68 |
| 44.01 | 27.54 | 134.80 | 53.13 | 133.43 | 79.34 |
| 38.28 | 56.20 | 3.52 | 218.23 | 74.49 | 68.34 |
| 568.75 | 1331.95 | 1420.77 | 2332.79 | 2023.24 | 1176.74 |
| 133.91 | 390.34 | 391.10 | 482.06 | 474.27 | 399.08 |
| 109.60 | 282.26 | 122.58 | 414.44 | 349.23 | 316.66 |
| 3.59 | 11.44 | – | 7.71 | 0.59 | 1.12 |
| 321.65 | 647.91 | 907.10 | 1428.58 | 1199.15 | 459.88 |

# 5-6 全市公路到达情况（2013年末）

单位：公里

| 类别 | Type | 通车里程 Total Length of Highways | 按技术等级分 Grouped by Technical Grade 高速公路 Expressway | 一级 First Class | 二级 Second Class |
|---|---|---|---|---|---|
| **通车里程** | **Total Length of Highways** | **9785.55** | **419.57** | **300.43** | **931.45** |
| #国道 | State Highway | 472.24 | 304.71 | 131.51 | 35.05 |
| 省道 | Provincial Highway | 459.06 | 114.86 | 6.70 | 263.22 |
| 县道 | County Highway | 2270.75 | – | 162.22 | 552.16 |
| 乡道 | Township Highway | 1594.77 | – | – | 15.16 |
| 专用道 | Special Highway | 24.44 | – | – | – |
| 村道 | Village Highway | 4964.28 | – | – | 65.87 |

# 5-7 全社会客货运输量（2013年）

| 指标 | | Item | | 全市 Whole Municipality |
|---|---|---|---|---|
| **客运量** | **（万人）** | **Passenger Traffic** | **(10 000 persons)** | **17546** |
| 公路 | | Highways | | 17441 |
| 水路 | | Waterways | | 105 |
| **客运周转量** | **（万人公里）** | **Passenger-Kilometers** | **(10 000 person-km)** | **495883** |
| 公路 | | Highways | | 495573 |
| 水路 | | Waterways | | 310 |
| **货运量** | **（万吨）** | **Freight Traffic** | **(10 000 tons)** | **9871** |
| 公路 | | Highways | | 8560 |
| 水路 | | Waterways | | 1311 |
| **货运周转量** | **（万吨公里）** | **Freight Ton-kilometers** | **(10 000 ton-km)** | **1185468** |
| 公路 | | Highways | | 877218 |
| 水路 | | Waterways | | 308250 |

注：公路客货运量口径变化，改为营业性

# Length of Highways (End of 2013)

(km)

| | | | 按路面等级分 Grouped by Standard of Road Surface | | |
|---|---|---|---|---|---|
| 三　级 Third Class | 四　级 Forth Class | 等　外 Highway Below Class IV | 高级路面 High | 次高级路面 Sub-high | 中级路面 Medium |
| **390.46** | **7238.46** | **505.20** | **9480.26** | **159.31** | **145.98** |
| 0.98 | – | – | 472.24 | – | – |
| 11.52 | 49.87 | 12.90 | 459.06 | – | – |
| 206.81 | 1311.85 | 37.72 | 2225.61 | 36.13 | 9.01 |
| 54.73 | 1483.19 | 41.69 | 1514.47 | 80.30 | – |
| – | 22.16 | 2.28 | 18.15 | 4.36 | 1.93 |
| 116.42 | 4371.39 | 410.60 | 4790.72 | 38.52 | 135.04 |

# Passenger Traffic and Freight Traffic (2013)

| 越城区 Yuecheng District | 柯桥区 Keqiao District | 上虞区 Shangyu District | 诸暨市 Zhuji City | 嵊州市 Shengzhou City | 新昌县 Xinchang County |
|---|---|---|---|---|---|
| **2845** | **4005** | **2468** | **3944** | **2473** | **1811** |
| 2843 | 3940 | 2468 | 3909 | 2473 | 1808 |
| 2 | 65 | – | 35 | – | 3 |
| **79248** | **112945** | **71309** | **115161** | **67269** | **49951** |
| 79221 | 112880 | 71309 | 114951 | 67269 | 49943 |
| 27 | 65 | – | 210 | – | 8 |
| **1151** | **2565** | **1486** | **2396** | **1282** | **991** |
| 960 | 2297 | 1154 | 1987 | 1171 | 991 |
| 191 | 268 | 332 | 409 | 111 | – |
| **177389** | **271261** | **232631** | **282468** | **134891** | **86828** |
| 136454 | 223695 | 119997 | 193916 | 116328 | 86828 |
| 40935 | 47566 | 112634 | 88552 | 18563 | – |

## 5－8 历年邮电业务收入
## Business Volume of Post and Telecommunications over the Years

单位：万元 (10 000 yuan)

| 年 份<br>Year | 全 市<br>Whole Municipality | 越城区及柯桥区<br>Yuecheng District & Keqiao District | 上虞区<br>Shangyu District | 诸暨市<br>Zhuji City | 嵊州市<br>Shengzhou City | 新昌县<br>Xinchang County |
|---|---|---|---|---|---|---|
| 2000 | 195778 | 92673 | 24541 | 41211 | 22456 | 14896 |
| 2001 | 195275 | 95972 | 23319 | 40237 | 21502 | 14244 |
| 2002 | 231416 | 111348 | 27969 | 48821 | 26016 | 17262 |
| 2003 | 281971 | 135915 | 34222 | 58750 | 31593 | 21492 |
| 2004 | 324367 | 151371 | 42115 | 68477 | 36966 | 25438 |
| 2005 | 341938 | 161868 | 43371 | 72696 | 37283 | 26720 |
| 2006 | 364976 | 172561 | 48001 | 79045 | 39131 | 26239 |
| 2007 | 412391 | 194402 | 55965 | 89943 | 43374 | 28707 |
| 2008 | 456851 | 220908 | 61083 | 97432 | 46849 | 30579 |
| 2009 | 473446 | 232167 | 62194 | 101030 | 47191 | 30863 |
| 2010 | 488718 | 236355 | 65564 | 106943 | 49080 | 30776 |
| 2011 | 536414 | 258713 | 72182 | 119075 | 53264 | 33181 |
| 2012 | 580994 | 287784 | 76278 | 125951 | 55972 | 35009 |
| 2013 | 618020 | 300216 | 82542 | 137183 | 60491 | 37588 |

## 5－9 历年年末固定电话用户数
## Number of Fixed Telephone over the Years

单位：万户 (10 000 subscribers)

| 年 份<br>Year | 全 市<br>Whole Municipality | 越城区及柯桥区<br>Yuecheng District & Keqiao District | 上虞区<br>Shangyu District | 诸暨市<br>Zhuji City | 嵊州市<br>Shengzhou City | 新昌县<br>Xinchang County |
|---|---|---|---|---|---|---|
| 2000 | 96.02 | 37.25 | 15.89 | 21.41 | 13.43 | 8.05 |
| 2001 | 119.00 | 44.40 | 20.10 | 26.30 | 17.20 | 11.00 |
| 2002 | 135.15 | 49.33 | 22.99 | 29.58 | 20.36 | 12.89 |
| 2003 | 159.47 | 59.42 | 26.35 | 34.88 | 23.94 | 14.88 |
| 2004 | 189.92 | 70.52 | 31.31 | 42.03 | 28.06 | 18.00 |
| 2005 | 221.39 | 82.86 | 35.20 | 50.37 | 31.95 | 21.02 |
| 2006 | 236.65 | 90.08 | 37.42 | 54.12 | 33.31 | 21.72 |
| 2007 | 242.78 | 92.91 | 39.45 | 54.75 | 33.65 | 22.01 |
| 2008 | 240.78 | 93.84 | 39.15 | 54.13 | 32.45 | 21.21 |
| 2009 | 226.28 | 90.83 | 36.64 | 50.13 | 29.60 | 19.08 |
| 2010 | 201.80 | 81.69 | 32.64 | 44.60 | 26.69 | 16.19 |
| 2011 | 199.22 | 82.57 | 31.31 | 44.19 | 25.77 | 15.38 |
| 2012 | 195.06 | 81.93 | 30.47 | 43.41 | 24.92 | 14.33 |
| 2013 | 179.04 | 74.85 | 28.14 | 40.49 | 22.87 | 12.69 |

# 5-10 历年年末移动电话用户数
## Number of Mobile Telephone Subscribers over the Years

单位：户 (subscriber)

| 年份 Year | 全市 Whole Municipality | 越城区及柯桥区 Yuecheng District & Keqiao District | 上虞区 Shangyu District | 诸暨市 Zhuji City | 嵊州市 Shengzhou City | 新昌县 Xinchang County |
|---|---|---|---|---|---|---|
| 2000 | 527428 | 236760 | 72997 | 111757 | 66853 | 39061 |
| 2001 | 693021 | 291767 | 95637 | 146920 | 80322 | 78375 |
| 2002 | 1046226 | 507564 | 120112 | 206020 | 119915 | 92615 |
| 2003 | 1502853 | 718742 | 180388 | 309024 | 179979 | 114720 |
| 2004 | 1786216 | 781812 | 236173 | 382769 | 234275 | 151187 |
| 2005 | 2439132 | 1150567 | 296800 | 512899 | 290387 | 188479 |
| 2006 | 2659168 | 1269970 | 331184 | 561187 | 301681 | 195146 |
| 2007 | 3538970 | 1702169 | 456332 | 751631 | 385481 | 243357 |
| 2008 | 3340246 | 1627243 | 422657 | 694396 | 362967 | 232983 |
| 2009 | 3785190 | 1697692 | 519585 | 830128 | 445723 | 292062 |
| 2010 | 4364458 | 1918834 | 617400 | 968741 | 518567 | 340916 |
| 2011 | 4847622 | 2127665 | 693962 | 1073060 | 576408 | 376526 |
| 2012 | 4976080 | 2169332 | 723554 | 1093094 | 597784 | 392316 |
| 2013 | 5269019 | 2346860 | 753641 | 1150944 | 614206 | 403376 |

# 5-11 历年互联网用户数
## Number of Subscribers of Internet Services over the Years

单位：万户 (10 000 subscribers)

| 年份 Year | 全市 Whole Municipality | 越城区及柯桥区 Yuecheng District & Keqiao District | 上虞区 Shangyu District | 诸暨市 Zhuji City | 嵊州市 Shengzhou City | 新昌县 Xinchang County |
|---|---|---|---|---|---|---|
| 2000 | 7.62 | 3.34 | 1.25 | 1.08 | 1.13 | 0.80 |
| 2001 | 17.00 | 7.40 | 2.80 | 2.42 | 2.36 | 2.02 |
| 2002 | 24.16 | 11.86 | 3.31 | 4.11 | 2.86 | 2.02 |
| 2003 | 42.17 | 20.56 | 5.96 | 7.07 | 5.08 | 3.49 |
| 2004 | 38.72 | 19.87 | 4.29 | 6.66 | 4.82 | 3.08 |
| 2005 | 74.66 | 34.40 | 9.47 | 15.10 | 9.66 | 6.04 |
| 2006 | 114.65 | 51.85 | 15.65 | 23.84 | 14.36 | 8.96 |
| 2007 | 91.77 | 42.91 | 12.81 | 19.28 | 10.18 | 6.59 |
| 2008 | 150.10 | 76.87 | 19.87 | 30.68 | 13.65 | 9.04 |
| 2009 | 255.32 | 123.70 | 35.65 | 56.69 | 24.16 | 15.11 |
| 2010 | 342.65 | 165.66 | 46.60 | 73.09 | 32.99 | 21.83 |
| 2011 | 360.47 | 172.48 | 49.31 | 77.32 | 36.92 | 24.49 |
| 2012 | 434.86 | 209.07 | 60.01 | 91.48 | 44.75 | 29.55 |
| 2013 | 519.98 | 244.75 | 70.90 | 112.73 | 54.47 | 37.14 |

# 5-12 邮政基本情况（2013年）

| 指　　标 | | Item | |
|---|---|---|---|
| 邮政业务收入 | (万元) | Postal Business Revenue | (10 000 yuan) |
| 邮政局所总数 | (个) | Number of Post offices | (unit) |
| #自办局所数 | (个) | Number of Self-established Post Offices | (unit) |
| 邮政储蓄点 | (个) | Postal Saving Services | (unit) |
| 信筒信箱 | (个) | Number of Post Boxes | (unit) |
| 邮路及农村投递路线总长度 | (公里) | Length of Postal Routes and Rural Delivery Routes | (km) |
| 1.邮路总长度 | (公里) | Length of Postal Routes | (km) |
| #汽车邮路 | (公里) | Highway Routes | (km) |
| 2.农村投递路线长度 | (公里) | Rural Delivery Routes | (km) |
| 函件总数 | (万件) | Number of Letters | (10 000 pieces) |
| 包　　件 | (万件) | Number of Courier Services | (10 000 pieces) |
| 汇　　票 | (万张) | Number of Bill of Exchange | (10 000 pieces) |
| 特快专递 | (万件) | Pieces of Express Mail Services | (10 000 pieces) |
| 订销报纸累计数 | (万份) | Total of Newspaper Subscribed | (10 000 copies) |
| 订销杂志累计数 | (万份) | Total of Magazine Subscribed | (10 000 copies) |
| 集邮业务 | (万枚) | Philately | (10 000 pieces) |
| 每百人平均函件量 | (件/百人) | Average Number of Letters Mailed per 100 Persons | (piece/100 persons) |
| 每百人平均订阅报刊量 | (份/百人) | Average Number of Newspaper Subscribed per 100 Persons | (copy/100 persons) |
| 每百人平均包件 | (件/百人) | Average Number of Parcels per 100 Persons | (piece/100 persons) |
| 每百人平均汇票量 | (张/百人) | Average Number of Money Order 100 Persons | (piece/100 persons) |

注：从2004年开始函件总数包括邮送广告量。

# Basic Statistics on Post（2013）

| 全 市<br>Whole Municipality | 越城区及柯桥区<br>Yuecheng District & Keqiao District | 上虞区<br>Shangyu District | 诸暨市<br>Zhuji City | 嵊州市<br>Shengzhou City | 新昌县<br>Xinchang County |
|---|---|---|---|---|---|
| 46892 | 16548 | 6816 | 15240 | 5216 | 3072 |
| 153 | 39 | 23 | 56 | 24 | 11 |
| 145 | 38 | 23 | 56 | 17 | 11 |
| 126 | 32 | 11 | 56 | 17 | 10 |
| 1897 | 292 | 446 | 625 | 77 | 457 |
| 19044 | 6130 | 3732 | 3890 | 2854 | 2438 |
| 2562 | 1205 | 268 | 482 | 378 | 229 |
| 2560 | 1205 | 268 | 482 | 376 | 229 |
| 16482 | 4925 | 3464 | 3408 | 2476 | 2209 |
| 5089 | 3203.7 | 668.03 | 619.47 | 265.4 | 332.4 |
| 28.38 | 13.50 | 4.18 | 6.10 | 2.89 | 1.71 |
| 59.76 | 26.27 | 9.40 | 17.67 | 5.18 | 1.24 |
| 26.83 | 12.28 | 3.19 | 7.00 | 2.08 | 2.28 |
| 17712.05 | 7018.20 | 3565.25 | 4174.44 | 1487.04 | 1467.12 |
| 769.73 | 359.89 | 100.10 | 184.67 | 81.85 | 43.22 |
| 395.95 | 202.48 | 88.94 | 29.86 | 5.40 | 69.27 |
| 1152.24 | 2308.86 | 857.02 | 575.47 | 361.74 | 756.46 |
| 4010.33 | 5057.91 | 4573.86 | 3877.91 | 2026.86 | 3338.80 |
| 6.43 | 9.73 | 5.36 | 5.67 | 3.94 | 3.89 |
| 13.53 | 18.93 | 12.06 | 16.41 | 7.06 | 2.82 |

Note: from year 2004, the total mail number includes the advertisement mails.

# 5－13 电信基本情况（2013年）

| 指标 | | Item | |
|---|---|---|---|
| 电信业务收入 | (万元) | Telecommunications Business Revenue | (10 000 yuan) |
| 自办营业网点 | (个) | Self-established Business Points | (unit) |
| 委托代办点总数 | (个) | Number of Authorized Business Point | (unit) |
| 固定电话交换机容量 | (万门) | Fixed Switchboard | (10 000 lines) |
| 移动电话交换机容量 | (万门) | Mobile Switchboard | (10 000 lines) |
| 固定电话年末户数(包括小灵通) | (万户) | Number of Subscribers of Fixed Telephone at Year-end(Including PAS) | (10 000 subscribers) |
| 固定电话主线普及率 | (号线/百人) | Popularization Rate of Telephone Line | (line/100 persons) |
| 移动电话年末户数 | (万户) | Number of Mobile Telephone Subscribers at Year-end | (10 000 subscribers) |
| 移动电话普及率 | (部/百人) | Popularization Rate of Mobile Telephone | (set/100 persons) |
| 长途电话通话量 | (万分钟) | Communication time by Long Distance Telephone Call | (10 000 minutes) |
| 互联网用户数（包括手机上网用户） | (万户) | Number of Subscribers of Internet Services (Including WAP users) | (10 000 subscribers) |

注：电信公司委托代办点口径为合营网点。

# Basic Statistics on Telecommunications (2013)

| 全　市 Whole Municipality | 越城区及柯桥区 Yuecheng District & Keqiao District | 上虞区 Shangyu District | 诸暨市 Zhuji City | 嵊州市 Shengzhou City | 新昌县 Xinchang County |
|---|---|---|---|---|---|
| 571128 | 283668 | 75726 | 121943 | 55275 | 34516 |
| 217 | 99 | 33 | 45 | 22 | 18 |
| 2461 | 1168 | 355 | 520 | 269 | 149 |
| 266 | 112 | 39 | 40 | 33 | 21 |
| 1244 | 228 | 79 | 129 | 69 | 52 |
| 179.04 | 74.85 | 28.14 | 40.49 | 22.87 | 12.69 |
| 40.54 | 53.94 | 36.11 | 37.62 | 31.17 | 28.87 |
| 526.90 | 234.69 | 75.36 | 115.09 | 61.42 | 40.34 |
| 119.30 | 169.13 | 96.68 | 106.92 | 83.72 | 91.80 |
| 237573 | 125624 | 30441 | 55268 | 16713 | 9527 |
| 519.98 | 244.75 | 70.90 | 112.73 | 54.47 | 37.14 |

Note: The caliber of the telecommunications company's commissioned agent branch was joint venture outlets.

# 5－14 历年全社会用电量
# Electricity Consumption over the Years

单位：万千瓦时 (10 000 kwh)

| 年份 Year | 全市 Whole Municipality | 越城区 Yuecheng District | 柯桥区 Keqiao District | 上虞区 Shangyu District | 诸暨市 Zhuji City | 嵊州市 Shengzhou City | 新昌县 Xinchang County |
|---|---|---|---|---|---|---|---|
| 1978 | 44878 | | 22976 | 5966 | 8194 | 5279 | 2462 |
| 1979 | 55515 | | 26943 | 7726 | 10734 | 6839 | 3228 |
| 1980 | 63173 | | 30482 | 9218 | 12079 | 7645 | 3750 |
| 1981 | 70191 | | 33923 | 10237 | 13027 | 8527 | 4477 |
| 1982 | 75582 | | 36909 | 11216 | 13180 | 9290 | 4988 |
| 1983 | 82688 | | 39498 | 12051 | 14738 | 10389 | 6013 |
| 1984 | 92612 | 27401 | 19109 | 11887 | 15820 | 11576 | 6817 |
| 1985 | 105359 | 32366 | 22336 | 14197 | 17477 | 11706 | 7277 |
| 1986 | 122413 | 35495 | 27502 | 16616 | 19612 | 13306 | 8137 |
| 1987 | 150258 | 38521 | 34628 | 20193 | 23999 | 16056 | 10079 |
| 1988 | 170433 | 43117 | 39387 | 22773 | 28057 | 17960 | 12414 |
| 1989 | 176566 | 47915 | 40880 | 21919 | 29588 | 17451 | 13105 |
| 1990 | 198941 | 43523 | 59890 | 23207 | 32628 | 18005 | 14247 |
| 1991 | 236011 | 48316 | 80067 | 26386 | 39478 | 21606 | 15994 |
| 1992 | 286151 | 55381 | 102783 | 31178 | 49210 | 25415 | 18442 |
| 1993 | 335634 | 62064 | 124500 | 35676 | 60766 | 28746 | 19855 |
| 1994 | 378856 | 67354 | 147822 | 42451 | 64757 | 32049 | 22129 |
| 1995 | 424186 | 72931 | 160686 | 46201 | 74224 | 34596 | 26701 |
| 1996 | 490389 | 81578 | 197420 | 50094 | 88610 | 35117 | 29277 |
| 1997 | 566921 | 87493 | 251914 | 52822 | 95942 | 38019 | 32108 |
| 1998 | 625175 | 90563 | 289370 | 56064 | 103564 | 39965 | 36382 |
| 1999 | 678196 | 92446 | 313637 | 64021 | 119663 | 43480 | 40909 |
| 2000 | 776702 | 156974 | 289992 | 75924 | 150731 | 47493 | 50653 |
| 2001 | 901529 | 174502 | 355878 | 84580 | 180254 | 47701 | 53374 |
| 2002 | 1111592 | 220261 | 442823 | 103723 | 219205 | 56723 | 62432 |
| 2003 | 1376353 | 278521 | 540416 | 132517 | 266700 | 70824 | 77732 |
| 2004 | 1547773 | 305812 | 631495 | 142298 | 291024 | 79549 | 85712 |
| 2005 | 1855228 | 353473 | 752030 | 182068 | 365030 | 98200 | 93534 |
| 2006 | 2144386 | 396981 | 853876 | 231237 | 424740 | 114059 | 104390 |
| 2007 | 2395751 | 433115 | 942139 | 268440 | 485970 | 129705 | 114280 |
| 2008 | 2443122 | 432693 | 944071 | 271684 | 517351 | 141039 | 118527 |
| 2009 | 2588674 | 423091 | 1026363 | 292751 | 559365 | 148379 | 118377 |
| 2010 | 2956778 | 485155 | 1166762 | 343075 | 630370 | 168502 | 134728 |
| 2011 | 3246028 | 532462 | 1295069 | 360520 | 690933 | 188719 | 154981 |
| 2012 | 3377115 | 548642 | 1391248 | 381631 | 689912 | 190070 | 154284 |
| 2013 | 3595559 | 589949 | 1439654 | 417712 | 740511 | 209546 | 175217 |

# 5－15 历年工业用电量
## Consumption of Industrial Electricity over the Years

单位：万千瓦时　　　　(10 000 kwh)

| 年份<br>Year | 全市<br>Whole Municipality | 越城区<br>Yuecheng District | 柯桥区<br>Keqiao District | 上虞区<br>Shangyu District | 诸暨市<br>Zhuji City | 嵊州市<br>Shengzhou City | 新昌县<br>Xinchang County |
|---|---|---|---|---|---|---|---|
| 1978 | 34365 | | 18355 | 3270 | 5263 | 3502 | 1753 |
| 1979 | 43587 | | 21705 | 5160 | 7229 | 4856 | 2257 |
| 1980 | 50233 | | 24990 | 6560 | 8401 | 5453 | 2587 |
| 1981 | 55144 | | 27418 | 7340 | 8884 | 6440 | 2917 |
| 1982 | 60191 | | 30134 | 8145 | 9099 | 6836 | 3097 |
| 1983 | 65148 | | 32355 | 9162 | 9978 | 7457 | 3820 |
| 1984 | 73520 | 24830 | 13329 | 8969 | 11557 | 8540 | 4295 |
| 1985 | 84582 | 29277 | 16418 | 11301 | 12740 | 8582 | 4742 |
| 1986 | 98370 | 32212 | 20622 | 12958 | 13455 | 10051 | 5570 |
| 1987 | 119647 | 34722 | 25678 | 16603 | 16634 | 12071 | 6914 |
| 1988 | 133523 | 38808 | 30203 | 17923 | 18713 | 13021 | 8129 |
| 1989 | 138107 | 42992 | 32280 | 16886 | 20118 | 11845 | 8275 |
| 1990 | 155071 | 37970 | 49732 | 17298 | 21783 | 11539 | 9309 |
| 1991 | 185980 | 41977 | 67423 | 19943 | 27039 | 14913 | 10521 |
| 1992 | 229909 | 48286 | 89513 | 24028 | 34768 | 17456 | 12115 |
| 1993 | 271024 | 53167 | 109940 | 27040 | 42468 | 20119 | 14254 |
| 1994 | 304052 | 55959 | 131181 | 31569 | 45070 | 21721 | 16260 |
| 1995 | 340095 | 59923 | 141229 | 33868 | 53134 | 23320 | 19775 |
| 1996 | 397625 | 66850 | 175921 | 36659 | 65121 | 23411 | 21369 |
| 1997 | 464228 | 70514 | 227320 | 39178 | 69499 | 26172 | 22922 |
| 1998 | 508033 | 70530 | 260955 | 39984 | 75196 | 26491 | 25710 |
| 1999 | 557276 | 71310 | 285627 | 48796 | 88651 | 29990 | 28862 |
| 2000 | 632883 | 126612 | 262635 | 57710 | 111901 | 32671 | 36421 |
| 2001 | 735265 | 138981 | 321518 | 64545 | 135410 | 31778 | 37792 |
| 2002 | 912926 | 175596 | 397327 | 81563 | 168274 | 39159 | 44582 |
| 2003 | 1127661 | 216735 | 482700 | 103109 | 210708 | 49158 | 55610 |
| 2004 | 1287520 | 240651 | 560697 | 111080 | 239627 | 56577 | 67004 |
| 2005 | 1586233 | 283190 | 698269 | 145164 | 305371 | 69323 | 74015 |
| 2006 | 1832517 | 318919 | 787764 | 187441 | 355271 | 81106 | 82911 |
| 2007 | 2036465 | 340939 | 866021 | 215800 | 409210 | 91957 | 90436 |
| 2008 | 2041913 | 332587 | 857056 | 211850 | 431992 | 98837 | 91835 |
| 2009 | 2151960 | 311058 | 932355 | 226289 | 468863 | 103629 | 89410 |
| 2010 | 2452700 | 357015 | 1053169 | 264452 | 528836 | 118526 | 102516 |
| 2011 | 2686777 | 391252 | 1161160 | 280997 | 577485 | 133361 | 119177 |
| 2012 | 2768333 | 396203 | 1244942 | 297084 | 564656 | 128703 | 115417 |
| 2013 | 2908052 | 420192 | 1270554 | 322867 | 601789 | 138998 | 130683 |

# 5-16 历年生活用电量

## Residents Consumption of Electricity for Non-production over the Years

单位：万千瓦时 (10 000 kwh)

| 年 份<br>Year | 全 市<br>Whole Municipality | 越城区<br>Yuecheng District | 柯桥区<br>Keqiao District | 上虞区<br>Shangyu District | 诸暨市<br>Zhuji City | 嵊州市<br>Shengzhou City | 新昌县<br>Xinchang County |
|---|---|---|---|---|---|---|---|
| 1978 | 3354 | | 1029 | 686 | 977 | 414 | 249 |
| 1979 | 4026 | | 1228 | 756 | 1247 | 464 | 331 |
| 1980 | 5104 | | 1640 | 996 | 1495 | 565 | 408 |
| 1981 | 6156 | | 2070 | 1118 | 1780 | 709 | 479 |
| 1982 | 7157 | | 2584 | 1303 | 1935 | 793 | 542 |
| 1983 | 8274 | | 3085 | 1177 | 2116 | 1235 | 662 |
| 1984 | 9191 | 1083 | 2835 | 1223 | 1954 | 1423 | 674 |
| 1985 | 10539 | 1390 | 3101 | 1278 | 2356 | 1621 | 793 |
| 1986 | 12817 | 1882 | 4080 | 1659 | 2724 | 1476 | 1013 |
| 1987 | 16540 | 1900 | 6034 | 2023 | 3477 | 2014 | 1212 |
| 1988 | 19435 | 2035 | 5939 | 2452 | 4750 | 2483 | 1777 |
| 1989 | 21314 | 2471 | 5535 | 2711 | 5198 | 3137 | 2262 |
| 1990 | 25179 | 2739 | 6160 | 3463 | 6403 | 4039 | 2483 |
| 1991 | 29725 | 3062 | 8790 | 3738 | 7177 | 4239 | 2720 |
| 1992 | 32212 | 3320 | 8999 | 4002 | 7821 | 4873 | 3197 |
| 1993 | 36712 | 3786 | 9477 | 5205 | 9203 | 5553 | 3488 |
| 1994 | 44156 | 4891 | 10982 | 6421 | 11462 | 6473 | 3926 |
| 1995 | 49071 | 5533 | 12158 | 7422 | 12965 | 6802 | 4191 |
| 1996 | 55124 | 6165 | 14061 | 8339 | 14587 | 7074 | 4898 |
| 1997 | 57710 | 6500 | 14710 | 8177 | 15284 | 7502 | 5538 |
| 1998 | 63368 | 7118 | 15567 | 9165 | 16864 | 8400 | 6255 |
| 1999 | 61407 | 6689 | 13765 | 8826 | 16970 | 8535 | 6622 |
| 2000 | 70328 | 11658 | 11973 | 9934 | 19910 | 9197 | 7656 |
| 2001 | 77995 | 13346 | 12562 | 10515 | 23504 | 9457 | 8611 |
| 2002 | 92075 | 16098 | 15267 | 11843 | 28496 | 10287 | 10083 |
| 2003 | 112251 | 21489 | 17658 | 14671 | 32154 | 13409 | 12871 |
| 2004 | 111502 | 23910 | 19196 | 14034 | 30524 | 13648 | 10190 |
| 2005 | 134711 | 28419 | 24229 | 17741 | 36233 | 16513 | 11577 |
| 2006 | 158827 | 33469 | 29640 | 20945 | 42098 | 19541 | 13133 |
| 2007 | 181692 | 38211 | 34379 | 24504 | 46958 | 22740 | 14899 |
| 2008 | 203703 | 41947 | 39315 | 28275 | 51665 | 25843 | 16658 |
| 2009 | 220397 | 46453 | 42129 | 31176 | 54897 | 27867 | 17874 |
| 2010 | 248269 | 51870 | 47836 | 35558 | 61582 | 31663 | 19761 |
| 2011 | 272042 | 56133 | 54614 | 37679 | 66719 | 35108 | 21789 |
| 2012 | 298645 | 60734 | 60921 | 40929 | 73416 | 38746 | 23899 |
| 2013 | 344917 | 70191 | 73543 | 48208 | 81243 | 44956 | 26776 |

# 5－17　供用电设备情况（2013 年）
# Residents Consumption of Electricity for Non-production (2013)

| 指　标 | Item | 合计 Total | 500kV | 220kV | 110kV | 35kV | 20kV | 10kV |
|---|---|---|---|---|---|---|---|---|
| **变电所　（所）** | **Transformer Substation(place)** | **－** | **－** | **31** | **135** | **170** | **－** | **－** |
| 公　用 | Public | － | － | 29 | 121 | 55 | － | － |
| 用户自备 | Provide | － | － | 2 | 14 | 115 | － | － |
| **变压器　（台）** | **Transformer　( unit)** | **47442** | **－** | **67** | **271** | **293** | **144** | **46667** |
| 公　用 | Public | 21754 | － | 64 | 244 | 106 | － | 21340 |
| 用户自备 | Provide | 25036 | － | 3 | 27 | 187 | 144 | 24675 |
| **铭牌容量（万 kVA）** | **Capacity　(10000 kVA)** | **4261.55** | **－** | **1194.75** | **1203.55** | **300.24** | **10.33** | **1552.68** |
| 公　用 | Public | 3155.39 | － | 1179 | 1112.6 | 143.61 | － | 720.18 |
| 用户自备 | Provide | 1162.66 | － | 15.75 | 90.95 | 156.63 | 10.33 | 889 |
| **线路条数　（条）** | **Number of Lines　( line)** | **－** | **25** | **89** | **246** | **292** | **－** | **－** |
| **线路长度　（公里）** | **Length of Lines　(km)** | **17498.75** | **963.48** | **1448.83** | **2080.27** | **1765.06** | **113.32** | **11127.79** |

# 5－18　水、火发电设备情况 (2013 年)
# Equipment in Water and Fire Power (2013)

| 指　标<br>Item | 全　市<br>Whole Municipality | 越城区<br>Yuecheng District | 柯桥区<br>Keqiao District | 上虞区<br>Shangyu District | 诸暨市<br>Zhuji City | 嵊州市<br>Shengzhou City | 新昌县<br>Xinchang County |
|---|---|---|---|---|---|---|---|
| **水、火发电厂　（座）**<br>**Water and Fire Power plants(set)** | **365** | **9** | **41** | **22** | **51** | **126** | **116** |
| ≥6000kw | 28 | 6 | 12 | 4 | 2 | 2 | 2 |
| **发电容量　（千瓦）**<br>**Power Capacity (kW)** | **1112979** | **223909** | **511800** | **116530** | **76805** | **101935** | **82000** |
| ≥6000kw | 961250 | 213000 | 489000 | 108000 | 54000 | 60500 | 36750 |
| **发电量　（万千瓦时）**<br>**Electricity (10000kWh)** | **474240** | **75395** | **244938** | **49913** | **36412** | **39242** | **28341** |
| ≥6000kw | 444448 | 74698 | 241450 | 48847 | 32905 | 29444 | 17104 |

# 5－19 全社会用电量（2013年）

单位：万千瓦时

| 指标 | Item | 全市 Whole Municipality |
|---|---|---|
| **全社会用电量总计** | **Total** | **3595558.67** |
| **一、行业用电量** | **Consumption of Electricity for Production** | **3250642.00** |
| 1.农林牧渔业 | Farming，Forestry，Animal Husbandry and Fishery | 24610.37 |
| 2.工业用电量合计 | Industry | 2908051.64 |
| (1)轻 工 业 | Light Industry | 1787017.70 |
| (2)重 工 业 | Heavy Industry | 1121033.94 |
| **按行业分** | **Grouped by Sector** | |
| (1)采 矿 业 | Mining and Quarrying | 20550.49 |
| (2)制 造 业 | Manufacturing | 2659666.06 |
| 食品、饮料和烟草制造业 | Food，Beverage and Tobacco Processing | 26556.25 |
| 纺 织 业 | Textile Industry | 1248283.04 |
| 服装鞋帽、皮革羽绒及其制品业 | Manufacturing Industry of Costumes, Shoes, Caps ,Leather, Feather and Their Products | 86585.57 |
| 木材加工及制品和家具制造业 | Wood Processing and Cabinetmaking Industry | 10975.31 |
| 造纸及纸制品业 | Papermaking and Paper Products | 28242.96 |
| 印刷业和记录媒介的复制 | Printing and Record Medium Reproduction | 4366.91 |
| 文体用品制造业 | Cultural and Sports Goods | 4370.57 |
| 石油加工、炼焦及核燃料加工业 | Petroleum Processing, Cooking and Nuclear Fuel Processing | 566.61 |
| 化学原料及化学制品制造业 | Raw Chemical Materials and Chemical Products | 212305.21 |
| 医药制造业 | Medical and Pharmaceutical Products | 70996.45 |
| 化学纤维制造业 | Chemical Fiber | 191314.03 |
| 橡胶及塑料制品业 | Rubber and Plastic Products | 145982.61 |
| 非金属矿物制品业 | Nonmetal Mineral Products | 117444.71 |
| 黑色金属冶炼及压延加工业 | Smelting and Pressing of Ferrous Metals | 11452.85 |
| 有色金属冶炼及压延加工业 | Smelting and Pressing of Nonferrous Metals | 46726.23 |

注：各县市相加与全市数不等，因全市合计数中包括110KV及以上电网线损等。

# Electricity Consumption (2013)

(10 000 kwh)

| 越城区 Yuecheng District | 柯桥区 Keqiao District | 上虞区 Shangyu District | 诸暨市 Zhuji City | 嵊州市 Shengzhou City | 新昌县 Xinchang County |
|---|---|---|---|---|---|
| 589949.17 | 1439653.81 | 417711.52 | 740511.16 | 209545.65 | 175217.26 |
| 519758.21 | 1366111.12 | 369503.36 | 659268.28 | 164589.43 | 148441.49 |
| 1955.40 | 9489.75 | 5119.76 | 4524.23 | 2783.06 | 738.11 |
| 420191.70 | 1270553.68 | 322867.33 | 601788.78 | 138997.63 | 130682.53 |
| 276288.03 | 917543.02 | 131160.23 | 346306.14 | 75325.17 | 40395.20 |
| 143903.68 | 353010.66 | 191707.10 | 255482.63 | 63672.46 | 90287.33 |
| | | | | | |
| 338.87 | 12872.72 | 2300.13 | 2512.77 | 1811.17 | 714.83 |
| 385474.71 | 1182657.06 | 296519.47 | 550501.84 | 122537.81 | 121975.29 |
| 6088.63 | 6414.01 | 3843.88 | 2213.47 | 3854.34 | 1647.13 |
| 158725.23 | 711555.04 | 42537.88 | 294586.45 | 31353.75 | 9524.72 |
| 22738.16 | 31533.07 | 3522.04 | 10589.48 | 15533.99 | 2668.83 |
| 3245.49 | 4043.20 | 1968.05 | 1245.15 | 873.59 | 293.84 |
| 3319.63 | 11870.85 | 1721.52 | 1670.81 | 9545.40 | 114.77 |
| 907.56 | 1315.00 | 652.56 | 890.16 | 293.08 | 308.57 |
| 1632.39 | 1431.07 | 954.09 | 198.20 | 138.84 | 15.99 |
| 1.84 | 364.26 | 2.23 | 99.83 | 98.45 | – |
| 38672.81 | 78417.89 | 86869.04 | 3014.65 | 1227.26 | 4103.56 |
| 12322.97 | 5297.85 | 24217.44 | 1041.04 | 4554.19 | 23562.96 |
| 52884.01 | 125068.15 | 3413.00 | 13333.26 | 39.05 | 36.45 |
| 28122.04 | 60685.33 | 29318.38 | 22448.96 | 4924.49 | 5643.73 |
| 8299.85 | 45298.28 | 14536.82 | 43667.99 | 5130.75 | 1051.48 |
| – | 10396.67 | – | – | 1056.18 | – |
| 2463.51 | 16909.86 | 12393.86 | 11005.33 | 3479.59 | 474.10 |

Note: Since the total number of the city include the line loss of 110 KV and up networks, the sum of the counties does not equal to that of the whole city.

## 5－19 续表

单位：万千瓦时

| 指　　标 | Item | 全　市<br>Whole Municipality |
| --- | --- | --- |
| 金属制品业 | Metal Products | 116670.42 |
| 通用及专用设备制造业 | Common Use and Special Purpose Equipment | 192510.89 |
| 交通运输、电气、电子设备制造业 | Transport and Electronic Equipment Manufacturing | 116844.61 |
| 工艺品及其他制造业 | Artwork and Other Manufacturing　Industries | 24923.46 |
| 废弃资源和废旧材料回收加工业 | Processing of Discarded Resources, and Waste and Scrap Recovery | 2547.37 |
| (3)电力、燃气及水的生产和供应业 | Production and Supply of Electric Power, Gas and Water | 227835.10 |
| 3.建 筑 业 | Construction | 40524.73 |
| 4.交通运输、仓储、邮政业 | Traffic, Storage and Mail Business | 24812.22 |
| (1)交通运输业 | Traffic | 21641.41 |
| (2)仓储业 | Storage | 2390.38 |
| (3)邮政业 | Mail Business | 780.43 |
| 5. 信息传输、计算机服务和软件业 | Information Transfer，Computer Service and Software | 16865.86 |
| 6. 商业、住宿和餐饮业 | Business, Accommodation and Food Industry | 102661.16 |
| (1)批发和零售业 | Wholesale and retail trade | 75056.38 |
| (2)住宿和餐饮业 | Accommodation and food industry | 27604.77 |
| 7. 金融、房地产、商务及居民服务业 | Finance, Realty, Business Service and Neighborhood Services Industry | 57648.52 |
| 8. 公共事业及管理组织 | Public Enterprise and Management Organization | 75467.50 |
| (1)科学研究、技术服务和地质勘查业 | Scientific Research, Technical Service and Geologic Examination Industry | 1409.85 |
| (2)水利、环境和公共设施管理业 | Water Conservancy, Environment and Public Institution Management | 19084.46 |
| (3)教育、文化、体育和娱乐业 | Education, Cultural, Physical and Entertainment Industry | 22855.63 |
| (4)卫生、社会保障和社会福利业 | Sanitation, Social Security and Social Welfare Industry | 14545.97 |
| (5)公共管理和社会组织、国际组织 | Public Administration, Social Organization and International Organizations | 17571.58 |
| **二、城乡居民生活用电量** | **Residents Consumption of Electricity for Non-production** | **344916.67** |
| #乡　　村 | Rural Residents | 172559.31 |
| 城　　市 | Urban Residents | 172357.35 |

Continued

(10 000 kwh)

| 越城区 Yuecheng District | 柯桥区 Keqiao District | 上虞区 Shangyu District | 诸暨市 Zhuji City | 嵊州市 Shengzhou City | 新昌县 Xinchang County |
|---|---|---|---|---|---|
| 10538.86 | 25775.57 | 22152.68 | 45102.80 | 10775.09 | 2692.45 |
| 7211.57 | 22370.39 | 18051.06 | 68562.76 | 10110.23 | 66738.47 |
| 28954.03 | 22219.23 | 23844.24 | 21379.22 | 17811.37 | 2636.53 |
| 3585.52 | 3804.61 | 6276.44 | 9207.63 | 1642.53 | 406.73 |
| 86.65 | 1821.23 | 244.24 | 244.63 | 95.63 | 54.97 |
| 34378.11 | 75023.90 | 24047.73 | 48774.17 | 14648.64 | 7992.41 |
| 8341.55 | 14710.00 | 5378.55 | 8311.67 | 2398.62 | 1384.34 |
| 9880.90 | 9268.92 | 1487.42 | 2634.75 | 904.02 | 636.20 |
| 8964.16 | 8538.24 | 697.86 | 2226.67 | 680.92 | 533.55 |
| 670.74 | 563.53 | 726.04 | 239.41 | 148.07 | 42.59 |
| 246.00 | 167.15 | 63.52 | 168.67 | 75.03 | 60.06 |
| 5144.77 | 3673.38 | 2306.59 | 2652.06 | 1813.62 | 1275.43 |
| 29410.69 | 19831.24 | 16202.83 | 21889.28 | 9019.32 | 6307.80 |
| 20004.03 | 15668.06 | 12288.03 | 16912.43 | 6042.14 | 4141.72 |
| 9406.66 | 4163.18 | 3914.81 | 4976.86 | 2977.18 | 2166.08 |
| 19431.53 | 23381.83 | 5513.11 | 3835.99 | 3155.29 | 2330.74 |
| 25401.67 | 15202.33 | 10627.77 | 13631.52 | 5517.88 | 5086.34 |
| 660.73 | 341.67 | 138.68 | 142.09 | 30.80 | 95.88 |
| 4991.96 | 5641.40 | 2505.30 | 3257.06 | 1304.09 | 1384.65 |
| 9025.12 | 3695.67 | 3150.97 | 4347.58 | 1540.94 | 1095.35 |
| 5209.87 | 1827.72 | 2043.89 | 2838.97 | 1258.92 | 1366.60 |
| 5513.99 | 3695.86 | 2788.92 | 3045.83 | 1383.13 | 1143.86 |
| **70190.95** | **73542.69** | **48208.16** | **81242.88** | **44956.22** | **26775.77** |
| 50637.49 | 29832.02 | 21230.96 | 36725.03 | 20484.14 | 13649.69 |
| 19553.46 | 43710.67 | 26977.20 | 44517.85 | 24472.08 | 13126.08 |

# 主要统计指标解释

**公路里程** 指在一定时期内实际达到《公路工程技术标准 JTJ01—88》规定的等级公路，并经公路主管部门正式验收交付使用的公路里程数。其计算单位为：KM。它包括大中城市的郊区公路以及通过小城镇街道部分的公路里程，也包括桥梁、渡口的长度，但不包括大中城市的街道、厂矿、林区生产用道和农业生产用道的里程。两条或多条公路共同经由同一路段，只计算一次，不得重复计算里程长度。公路里程是反映公路建设发展规模的重要指标，也是计算运输网密度等指标的基础资料。

**货(客)运量** 指在一定时期内，各运输部门实际运送的货物(旅客)数量。是反映运输业为国民经济和人民生活服务的数量指标，也是制定和检查运输生产计划，研究运输发展规模和速度的重要指标。货运按吨计算，客运按人计算。货物不论运输距离长短，货物类别，均按实际重量统计；旅客不论行程远近或票价多少，均按一人一次作为客运量统计。半价票、小孩票也按一人统计。

**货物(旅客)周转量** 指在一定时期内，由各种运输工具运送的货物(旅客)数量与其相应运输距离的乘积之总和，是反映运输业生产总成果的重要指标，也是编制和检查运输生产计划，计算运输效率、劳动生产率以及核算运输单位成本的主要基础资料。通常以吨公里和人公里为计算单位。计算货物周转量通常按发出站与到达站之间的最短距离，也就是计费距离计算。

**移动电话用户** 指在邮电部门登记，通过移动电话交换机进入移动电话网，占有移动电话号码的电话用户。用户数量以实际办理登记手续进入邮电部门移动电话网的户数计算，一部或一台移动电话统计为一户。

**国际互联网用户数** 指连接计算机网的网络，范围遍及全世界，包括局域网、城域网和广域网。用户数包括在邮电部门办理登记手续且已入网的用户数。

# Explanatory Notes on Main Statistical Indicators

**Length of Highways** refers to the length of highways which are built in conformity with the grades specified by the highway engineering standard formulated by the Ministry of Communications, and have been formally checked and accepted by the departments of highways and put into use. The length of highways includes that of the suburb highways at large and medium-sized cities, highways passing through streets at small cities and towns, and also the length of bridges and ferries. It does not include the length of streets in big and medium-sized cities and highways built for the production purpose at factories, mines, forest areas and agricultural areas. If two or more highways go the same section of the way, the length of the section is only calculated for once and no duplication is allowed. The length of highways is an important indicator to show the development of the highway construction and to provide essential information to calculate the transport network density.

**Freight (Passenger) Traffic** refers to the volume of freight (passenger) transported with various means. Freight transport is calculated in tons and passenger traffic is calculated in the number of persons. Despite the type of freight and traveling distance, the freight transport is calculated in the actual weight of the goods: and despite the traveling distance and ticket price, the passenger traffic is calculated by the principle that one person can be counted only once in one travel. The passenger who travels with a half price ticket or a child ticket is also calculated as one person. The freight (passenger) traffic provides a quantitative measure to show how the transport industry serves the national economy and people, and is also an important indicator for planning the transport industry and for studying the development scale and speed of the transport industry.

**Freight Ton-kilometers (Passenger-kilometers)** refer to the sum of the products of the volume of transported cargo (passengers) multiplying by the transport distance, usually using ton-kilometer and passenger-kilometer as units for measurement. Normally, the shortest distance between the departure station and the destination station (i.e., the payable distance) is the basis to calculate the freight ton-kilometers. This is an important indicator to show the total results of the transport industry, to prepare and examine the transport plan and to measure the efficiency, the labor productivity and the unit cost of transport.

The formula is as follows:

Freight Ton-kilometers (Passenger-kilometers)=$\sum$\{Freight (Passenger) Traffic$\times$Distance of Transportation\}

Measuring unit: ton-kilometer (person-kilometer)

**Mobile Telephone Subscribers** refer to the persons who own mobile telephone numbers and are connected with the mobile telephone communication network through the mobile telephone switchboards. The number of subscribers is calculated by the subscribers who have completed registration and have entered into the mobile telephone network. One mobile telephone is taken as a subscriber.

**Internet Subscribers** refer to the nets connect the computer with the scope of all over the world, involved direct net, city nets and world-wide-web. The amount involves the subscribers sign up in the post office and applied for the Internet.

六

# 固定资产投资和建筑业

# CHAPTER 6 INVESTMENT IN FIXED ASSETS, CONSTRUCTION

# 固定资产投资和建筑业
# INVESTMENT IN FIXED ASSETS，CONSTRUCTION

## 主要统计指标
## Main Statistical Indicators

| | | | |
|---|---|---|---|
| 2013 年固定资产投资 | Investment in Fixed Assets | 2001.99 | 亿元 ($10^8$ yuan) |
| 比上年增长 | Increase over Previous Year | 16.2 | % |
| 2013 年工业投资 | Investment in Industry | 999.79 | 亿元 ($10^8$ yuan) |
| 比上年增长 | Increase over Previous Year | 13.4 | % |
| 2013 年基础设施投资 | Infrastructure Investment | 365.20 | 亿元 ($10^8$ yuan) |
| 比上年增长 | Increase over Previous Year | 28.5 | % |
| 2013 年房地产开发投资 | Value of Investment in Real Estate Development | 536.99 | 亿元 ($10^8$ yuan) |
| 比上年增长 | Increase over Previous Year | 14.8 | % |
| 2013 年商品房销售面积 | Floor Space of Selling House | 607.74 | 万平方米($10^4$sq.m) |
| 比上年增长 | Increase over Previous Year | 25.6 | % |
| 2013 年建筑企业个数 | Number of Construction Enterprises | 661 | 个 (unit) |
| 比上年增长 | Increase over Previous Year | 6.6 | % |
| 2013 年建筑企业总产值 | Gross Output Value of Construction Enterprises | 5523.35 | 亿元 ($10^8$ yuan) |
| 比上年增长 | Increase over Previous Year | 13.9 | % |

# 固 定 资 产 投 资

## Investment in Fixed Assets

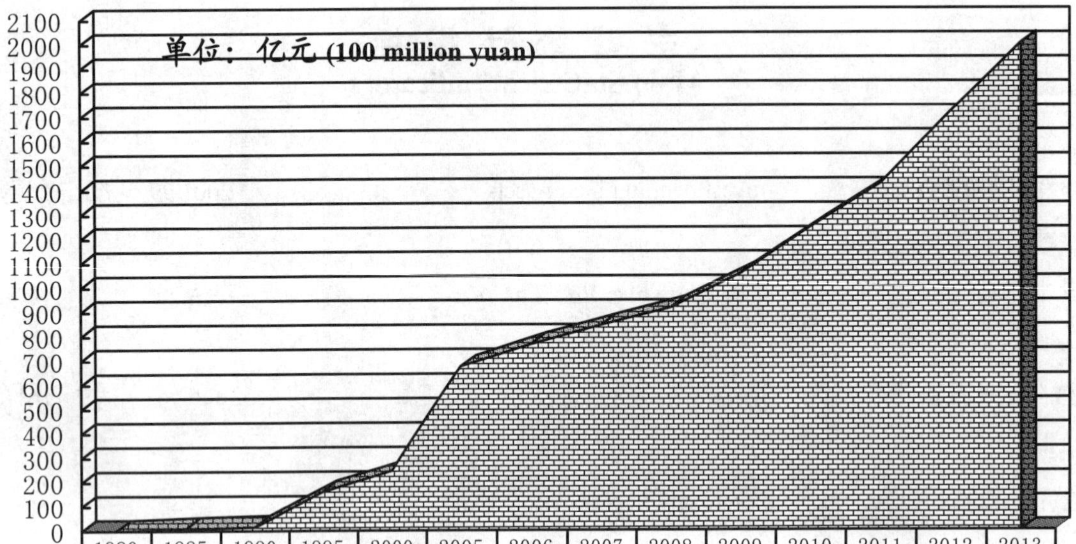


| | 1980 | 1985 | 1990 | 1995 | 2000 | 2005 | 2006 | 2007 | 2008 | 2009 | 2010 | 2011 | 2012 | 2013 |
|---|---|---|---|---|---|---|---|---|---|---|---|---|---|---|
| 投资额 | 1 | 9 | 17 | 162 | 247 | 676 | 766 | 843 | 916 | 1055 | 1246 | 1426 | 1723 | 2002 |

# 房 地 产 投 资

## Investment in Real Estate

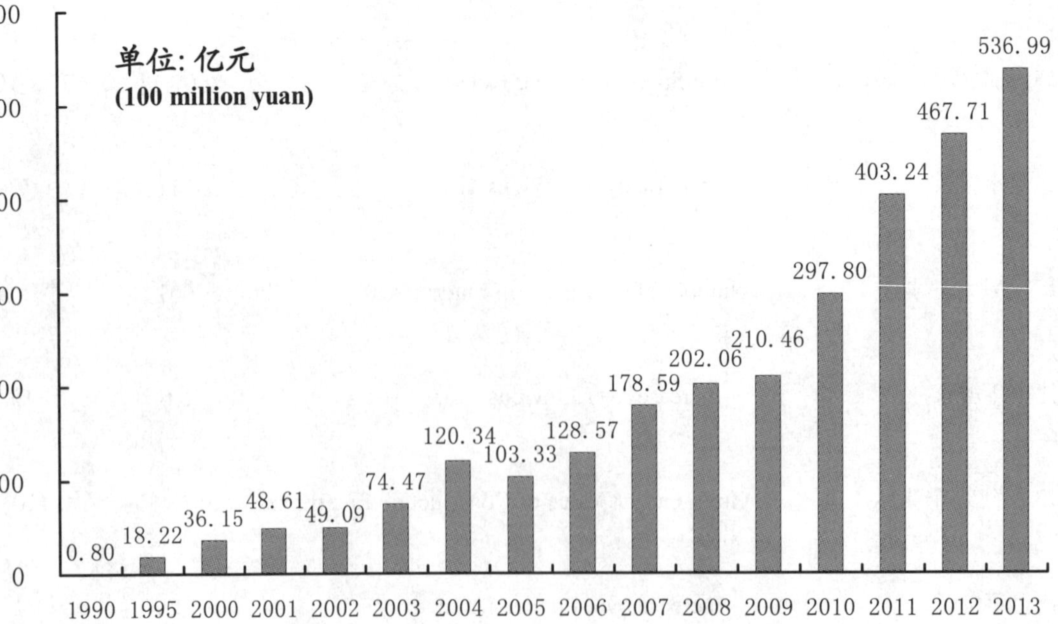

# 6－1 历年分区、县（市）固定资产投资完成额

# Investment in Fixed Assets by District and County (City)

单位：万元 (10 000 yuan)

| 年　份 Year | 全　市 Whole Municipality | 越城区 Yuecheng District | 柯桥区 Keqiao District | 上虞区 Shangyu District | 诸暨市 Zhuji City | 嵊州市 Shengzhou City | 新昌县 Xinchang County |
|---|---|---|---|---|---|---|---|
| 1985 | 91199 | 14656 | 36490 | 14629 | 11297 | 8565 | 5562 |
| 1986 | 105796 | 20010 | 36808 | 18503 | 12465 | 10674 | 7336 |
| 1987 | 145438 | 21549 | 56829 | 26165 | 19426 | 12065 | 9404 |
| 1988 | 180734 | 27804 | 68770 | 29873 | 23250 | 18167 | 12870 |
| 1989 | 164330 | 24164 | 63035 | 27510 | 22340 | 16467 | 10814 |
| 1990 | 172053 | 26802 | 63564 | 27791 | 21937 | 19450 | 12509 |
| 1991 | 244522 | 39597 | 97689 | 36554 | 31778 | 24491 | 14413 |
| 1992 | 446114 | 88259 | 187514 | 64691 | 43249 | 38437 | 23964 |
| 1993 | 1113334 | 229305 | 476373 | 181522 | 135859 | 49886 | 40389 |
| 1994 | 1365648 | 343260 | 413708 | 281572 | 170162 | 84408 | 72598 |
| 1995 | 1623146 | 296269 | 520951 | 354325 | 254324 | 94676 | 102601 |
| 1996 | 1775979 | 306788 | 644014 | 316622 | 323521 | 88286 | 96748 |
| 1997 | 1645175 | 263643 | 535625 | 289445 | 351042 | 89790 | 115630 |
| 1998 | 1701775 | 303936 | 440282 | 301621 | 364521 | 147485 | 143930 |
| 1999 | 1910004 | 368786 | 426538 | 345087 | 386872 | 186403 | 196318 |
| 2000 | 2471758 | 625330 | 455071 | 449359 | 442916 | 207467 | 291615 |
| 2001 | 2865486 | 882621 | 574631 | 426809 | 484175 | 258705 | 238545 |
| 2002 | 3674797 | 991002 | 978044 | 517439 | 668223 | 350955 | 306770 |
| 2003 | 5350324 | 1674106 | 1465906 | 660001 | 885179 | 450318 | 414814 |
| 2004 | 6291005 | 1780256 | 1750399 | 852928 | 1119275 | 552826 | 465321 |
| 2005 | 6761274 | 1613747 | 1701098 | 951719 | 1452253 | 628835 | 413622 |
| 2006 | 7657451 | 1853917 | 1930531 | 1067368 | 1650809 | 696341 | 458485 |
| 2007 | 8433749 | 1905495 | 2145773 | 1258393 | 1855540 | 738990 | 529558 |
| 2008 | 9157476 | 1844390 | 2423840 | 1453185 | 2048263 | 798102 | 589696 |
| 2009 | 10550321 | 2291186 | 2720659 | 1659054 | 2277492 | 933589 | 668341 |
| 2010 | 12455609 | 2740810 | 3116361 | 1980031 | 2739361 | 1099745 | 779301 |
| 2011 | 14262594 | 3079529 | 3568042 | 2410721 | 3246709 | 1174366 | 783227 |
| 2012 | 17225646 | 3494601 | 4300358 | 2965372 | 4110993 | 1391712 | 962610 |
| 2013 | 20019855 | 4056194 | 4916245 | 3475055 | 4822789 | 1625096 | 1124476 |

注：1985 年-2010 年为全社会固定资产投资,2011 年起改为固定资产投资（计划总投资 500 万元及以上项目投资和房地产开发投资）。

Note: In 1985-2010, it was referred as “Total Investment in Fixed Assets”,and instead of “Investment in Fixed Assets”(the projects completed and investment of real estate development plan a total investment of 5000 million yuan and above)since 2011.

# 6－2　分区、县(市)固定资产投资完成情况（2013 年）

单位：万元

| 项　　目 | Item | 全　市 Whole Municipality |
|---|---|---|
| **固定资产投资合计** | **Investment in Fixed Assets** | **20019855** |
| ＃建筑安装工程投资 | Construction and Installation | 10825223 |
| 1.房地产开发投资 | Investment of Real Estate Development | 5369907 |
| 2.项目完成投资数 | Number of Projects Completed | 14649948 |
| ＃工业投资 | Industrial Investment | 9997888 |
| ＃基础设施投资 | Infrastructure Investment | 3652020 |

注：越城区(直管)固定资产投资 1636070 万元，其中工业投资 24416 万元。

# Investment in Fixed Assets by District and County (City) (2013)

(10 000 yuan)

| 越城区<br>Yuecheng District | 柯桥区<br>Keqiao District | 上虞区<br>Shangyu District | 诸暨市<br>Zhuji City | 嵊州市<br>Shengzhou City | 新昌县<br>Xinchang County |
|---|---|---|---|---|---|
| **4056194** | **4916245** | **3475055** | **4822789** | **1625096** | **1124476** |
| 2243643 | 2642089 | 1812342 | 2844308 | 849483 | 433358 |
| 1714371 | 1213705 | 736691 | 1171396 | 288031 | 245713 |
| 2341823 | 3702540 | 2738364 | 3651393 | 1337065 | 878763 |
| 1249182 | 2491429 | 2058830 | 2498938 | 972867 | 726642 |
| 842692 | 939586 | 648747 | 858137 | 272018 | 90840 |

Note: the fixed asset investment of Yuecheng District was 16361million yuan，in which the industrial investment amounted 244million yuan.

# 6－3 全市投资项目完成情况（2013年）

单位：万元

| 指　　标 | Item | 本年累计完成投资 Accumulative Investment | 建筑工程 Construction | 安装工程 Installation |
|---|---|---|---|---|
| **总　计** | **Total** | **14649948** | **6796477** | **698921** |
| #基础设施投资 | Infrastructure Investment | 3652020 | 2616533 | 134606 |
| **一、按国有控股情况分** | **By Type of State-Holding** | | | |
| 国有及国有控股投资 | State-owned and State-holding Units | 3633216 | 2663448 | 98914 |
| 非国有控股投资 | Non-State-holding Units | 11016732 | 4133029 | 600007 |
| #民间投资 | Nongovernmental Investment | 10446762 | 3902043 | 564748 |
| **二、投资项目按建设性质分** | **By Type of Construction** | | | |
| (1)新　建 | New Construction | 5824143 | 3492501 | 259713 |
| (2)扩　建 | Expansion | 6001194 | 2380444 | 308203 |
| (3)改　建 | Reconstruction | 1286181 | 608648 | 87298 |
| **三、按国民经济行业分组** | **Grouped by Sector** | | | |
| 1.农林牧渔业 | Farming，Forestry，Animal Husbandry and Fishery | 150481 | 118322 | 5953 |
| 2.采 矿 业 | Mining | 15944 | 3600 | 398 |
| 3.制 造 业 | Manufacturing | 9382715 | 3039484 | 443862 |
| 4.电力、燃气及水的生产和供应业 | Production and Supply of Electricity, Gas and Water | 599229 | 172241 | 84031 |
| 5.建 筑 业 | Construction | | | |
| 6.交通运输、仓储和邮政业 | Traffic，Storage and Mail Business | 890171 | 742552 | 8976 |
| 7.信息传输、计算机服务和软件业 | Information Transfer, Computer Service and Software | 73186 | 49806 | 20361 |
| 8.批发和零售业 | Wholesale and Retail Trade | 459068 | 314640 | 55539 |
| 9.住宿和餐饮业 | Accommodation and Food | 201726 | 134943 | 20095 |
| 10.金 融 业 | Finance | 10751 | 5006 | 3030 |
| 11.房地产业 | Real Estate Trade | 351185 | 282310 | 572 |
| 12.租赁和商务服务业 | Leasehold and Business Service | 221447 | 131542 | 16338 |
| 13.科学研究、技术服务和地质勘查业 | Scientific Research，Technical Service and Geologic Examination | 56282 | 39029 | 50 |
| 14.水利、环境和公共设施管理业 | Water Conservancy，Environment and Public Institution Management | 1617618 | 1283102 | 5582 |
| 15.居民服务和其他服务业 | Neighborhood Services and Others | 7446 | 2661 | 453 |
| 16.教　　育 | Education | 219232 | 174054 | 11356 |
| 17.卫生、社会保障和社会福利业 | Sanitation，Social Security and Social Welfare | 69247 | 51622 | 3047 |
| 18.文化、体育和娱乐业 | Cultural，Physical and Entertainment | 296067 | 230030 | 18626 |
| 19.公共管理和社会组织 | Public Administration and Social Organization | 28153 | 21533 | 652 |

注：2011年起，项目投资口径改为计划总投资500万元及以上。

# Investment of the Whole Municipality (2013)

(10 000 yuan)

| 设备工器具购置 Purchase of Equipment and Instruments | 其他费用 Others | 本年新增固定资产 Newly Increased Fixed Assets This Year | 施工项目个数 Number of Projects Under Construction | 本年资金来源小计 Source of Funs This Year | #国家预算内资金 State Budgetary Appropriation | #国内贷款 Domestic Loans | #利用外资 Foreign Investment | #自筹资金 Fund Raising |
|---|---|---|---|---|---|---|---|---|
| **5540395** | **1614155** | **11010306** | **3818** | **15219432** | **404164** | **1860416** | **157666** | **12634358** |
| 326778 | 574103 | 2343440 | 764 | 3719102 | 342584 | 741467 | 5580 | 2595456 |
| | | | | | | | | |
| 233160 | 637694 | 2290077 | 677 | 3773365 | 339445 | 836315 | – | 2559964 |
| 5307235 | 976461 | 8720229 | 3141 | 11446067 | 64719 | 1024101 | 157666 | 10074394 |
| 5052997 | 926974 | 8182686 | 2973 | 10824761 | 64719 | 956711 | 72850 | 9610494 |
| | | | | | | | | |
| 1194980 | 876949 | 4376391 | 1264 | 5957070 | 207833 | 758304 | 93721 | 4827108 |
| 2725603 | 586944 | 4774888 | 1821 | 6434558 | 85915 | 982392 | 43965 | 5260827 |
| 488815 | 101420 | 907511 | 550 | 1327028 | 65186 | 87650 | 11980 | 1139998 |
| | | | | | | | | |
| 17491 | 8715 | 55531 | 160 | 138063 | 4832 | 4920 | – | 125001 |
| 5847 | 6099 | 16103 | 5 | 15945 | – | 2000 | – | 12938 |
| 5136791 | 762578 | 7753888 | 2557 | 9540118 | 5320 | 886228 | 149086 | 8412393 |
| 274543 | 68414 | 639749 | 129 | 605689 | 8878 | 116920 | 1600 | 473925 |
| | | | | | | | | |
| 22965 | 115678 | 725280 | 106 | 888882 | 64639 | 205936 | – | 616645 |
| 896 | 2123 | 2500 | 12 | 96530 | – | – | – | 96530 |
| 16917 | 71972 | 211280 | 81 | 498962 | 7450 | 96050 | – | 392832 |
| 5483 | 41205 | 156166 | 73 | 239831 | – | 4000 | 3000 | 229816 |
| 200 | 2515 | 7562 | 12 | 14750 | – | – | – | 14750 |
| 157 | 68146 | 183796 | 41 | 468586 | 27630 | 27060 | – | 387241 |
| 10464 | 63103 | 169923 | 47 | 276133 | – | 87808 | – | 186235 |
| 13419 | 3784 | 25806 | 16 | 34110 | 6814 | 8663 | – | 16888 |
| 9889 | 319045 | 841227 | 436 | 1745968 | 98895 | 363381 | 3980 | 1259988 |
| 1042 | 3290 | 6204 | 10 | 8245 | 400 | – | – | 7845 |
| 4822 | 29000 | 103500 | 43 | 248470 | 117414 | 10800 | – | 119416 |
| 12083 | 2495 | 11556 | 16 | 46833 | 29420 | – | – | 10990 |
| 5268 | 42143 | 70794 | 47 | 322607 | 23338 | 46150 | – | 251117 |
| 2118 | 3850 | 29441 | 27 | 29710 | 9134 | 500 | – | 19808 |

Note:From 2011,investment scheme was modified that totally 5 million yuan or more would be invested.

# 6－4 全市城镇投资完成情况（2013 年）

单位：万元

| 指　　标 | Item | 本年累计完成投资 Accumul-ative Investment | 建筑工程 Construction | 安装工程 Installation |
|---|---|---|---|---|
| **总　　计** | **Total** | **6130754** | **3316026** | **322882** |
| ＃基础设施投资 | Infrastructure Investment | 2226203 | 1711604 | 84074 |
| **一、按国有控股情况分** | **By Type of State-Holding** | | | |
| 国有及国有控股投资 | State-owned and State-holding Units | 2456397 | 1911437 | 58773 |
| 非国有控股投资 | Non-State-holding Units | 3674357 | 1404589 | 264109 |
| ＃民间投资 | Nongovernmental Investment | 3481067 | 1343037 | 253274 |
| **二、投资项目按建设性质分** | **Grouped By Type of Construction** | | | |
| (1)新　　建 | New Construction | 3223553 | 2158827 | 134846 |
| (2)扩　　建 | Expansion | 2016207 | 763510 | 133797 |
| (3)改　　建 | Reconstruction | 509480 | 294724 | 38466 |
| **三、按国民经济行业分组** | **Grouped by sector** | | | |
| 1.农林牧渔业 | Farming，Forestry，Animal Husbandry and Fishery | 6370 | 6070 | － |
| 2.采 矿 业 | Mining | 3007 | － | － |
| 3.制 造 业 | Manufacturing | 2898691 | 886945 | 161511 |
| 4.电力、燃气及水的生产和供应业 | Production and Supply of Electricity, Gas and Water | 156017 | 47166 | 41069 |
| 5.建 筑 业 | Construction | | | |
| 6.交通运输、仓储和邮政业 | Traffic，Storage and Mail Business | 622200 | 550611 | 6485 |
| 7.信息传输、计算机服务和软件业 | Information Transfer, Computer Service and Software | 40925 | 20898 | 19093 |
| 8.批发和零售业 | Wholesale and Retail Trade | 353072 | 242415 | 40565 |
| 9.住宿和餐饮业 | Accommodation and Food | 112546 | 75025 | 7314 |
| 10.金融业 | Finance | 7450 | 3600 | 1650 |
| 11.房地产业 | Realty Business | 243410 | 205415 | 493 |
| 12.租赁和商务服务业 | Leasehold and Business Service | 183885 | 108573 | 14553 |
| 13.科学研究、技术服务和地质勘查业 | Scientific Research，Technical Service and Geologic Examination | 20126 | 18373 | － |
| 14.水利、环境和公共设施管理业 | Water Conservancy，Environment and Public Institution Management | 951990 | 732948 | 1924 |
| 15.居民服务和其他服务业 | Neighborhood Services and Others | 1200 | 50 | － |
| 16.教　　育 | Education | 186019 | 148922 | 10717 |
| 17.卫生、社会保障和社会福利业 | Sanitation，Social Security and Social Welfare | 67152 | 50453 | 2997 |
| 18.文化、体育和娱乐业 | Cultural，Physical and Entertainment | 262821 | 208352 | 14039 |
| 19.公共管理和社会组织 | Public Administration and Social Organization | 13873 | 10210 | 472 |

注：2011 年起，项目投资口径改为计划总投资 500 万元及以上。

# Investment in Urban District (2013)

(10 000 yuan)

| 设备工器具购置 Purchase of Equipment and Instruments | 其他费用 Others | 本年新增固定资产 Newly Increased Fixed Assets This Year | 施工项目个数 Number of Projects Under Construction | 本年资金来源小计 Source of Funs This Year | #国家预算内资金 State Budgetary Appropriation | #国内贷款 Domestic Loans | #利用外资 Foreign Investment | #自筹资金 Fund Raising |
|---|---|---|---|---|---|---|---|---|
| **1701902** | **789944** | **4065219** | **1174** | **6563779** | **304655** | **710840** | **79964** | **5388462** |
| 81999 | 348526 | 1176476 | 340 | 2124821 | 263552 | 255820 | – | 1592043 |
| | | | | | | | | |
| 76746 | 409441 | 1364627 | 363 | 2470156 | 289839 | 330151 | – | 1824447 |
| 1625156 | 380503 | 2700592 | 811 | 4093623 | 14816 | 380689 | 79964 | 3564015 |
| 1525533 | 359223 | 2514341 | 754 | 3892697 | 14816 | 342189 | 28070 | 3458683 |
| | | | | | | | | |
| 384046 | 545834 | 1967552 | 466 | 3465345 | 159690 | 424960 | 53964 | 2777611 |
| 915586 | 203314 | 1394152 | 504 | 2199371 | 63923 | 251079 | 10000 | 1861472 |
| 143230 | 33060 | 421765 | 167 | 529002 | 43892 | 26281 | 8000 | 441089 |
| | | | | | | | | |
| 15 | 285 | – | 6 | 6170 | – | – | – | 6170 |
| 2761 | 246 | 3007 | 1 | 3007 | – | – | – | 2000 |
| 1595505 | 254730 | 2321931 | 673 | 3037330 | 5040 | 256489 | 79964 | 2665425 |
| 57135 | 10647 | 100803 | 49 | 168463 | 4405 | 21861 | – | 142197 |
| | | | | | | | | |
| 2750 | 62354 | 613906 | 47 | 468588 | 45506 | 35562 | – | 387520 |
| 834 | 100 | 450 | 7 | 62907 | – | – | – | 62907 |
| 13273 | 56819 | 169801 | 56 | 424260 | 3500 | 91700 | – | 326430 |
| 2352 | 27855 | 65296 | 17 | 150513 | – | – | – | 148328 |
| – | 2200 | 1651 | 3 | 7450 | – | – | – | 7450 |
| 7 | 37495 | 150960 | 22 | 366022 | 25700 | 17560 | – | 296107 |
| 3671 | 57088 | 114530 | 27 | 226453 | – | 82608 | – | 142295 |
| 269 | 1484 | 14400 | 9 | 17505 | 1314 | 6663 | – | 7783 |
| 6610 | 210508 | 377259 | 189 | 1052758 | 47055 | 143967 | – | 854971 |
| – | 1150 | – | 1 | 2000 | – | – | – | 2000 |
| 1610 | 24770 | 57899 | 22 | 218268 | 113928 | 10000 | – | 93900 |
| 11683 | 2019 | 9601 | 12 | 44431 | 29420 | – | – | 8810 |
| 2202 | 38228 | 49835 | 22 | 291726 | 23238 | 44430 | – | 224058 |
| 1225 | 1966 | 13890 | 11 | 15928 | 5549 | – | – | 10111 |

# 6－5　全市农村投资项目完成情况（2013 年）

单位：万元

| 指　标 | Item | 本年累计完成投资 Accumulative Investment | 建筑工程 Construction | 安装工程 Installation |
|---|---|---|---|---|
| **总　计** | **Total** | **8519194** | **3480451** | **376039** |
| #基础设施投资 | Infrastructure Investment | 1425817 | 904929 | 50532 |
| **一、按国有控股情况分** | **By Type of State-Holding** | | | |
| 国有及国有控股投资 | State-owned and State-holding Units | 1176819 | 752011 | 40141 |
| 非国有控股投资 | Non-State-holding Units | 7342375 | 2728440 | 335898 |
| #民间投资 | Nongovernmental Investment | 6965695 | 2559006 | 311474 |
| **二、投资项目按建设性质分** | **By Type of Construction** | | | |
| (1)新　建 | New Construction | 2600590 | 1333674 | 124867 |
| (2)扩　建 | Expansion | 3984987 | 1616934 | 174406 |
| (3)改　建 | Reconstruction | 776701 | 313924 | 48832 |
| **三、按国民经济行业分组** | **Grouped by sector** | | | |
| 1.农林牧渔业 | Farming,Forestry,Animal Husbandry and Fishery | 144111 | 112252 | 5953 |
| 2.采 矿 业 | Mining | 12937 | 3600 | 398 |
| 3.制 造 业 | Manufacturing | 6484024 | 2152539 | 282351 |
| 4.电力、燃气及水的生产和供应业 | Production and Supply of Electricity, Gas and Water | 443212 | 125075 | 42962 |
| 5.建筑业 | Construction | | | |
| 6.交通运输、仓储和邮政业 | Traffic,Storage and Mail Business | 267971 | 191941 | 2491 |
| 7.信息传输、计算机服务和软件业 | Information Transfer, Computer Service and Software | 32261 | 28908 | 1268 |
| 8.批发和零售业 | Wholesale and Retail Trade | 105996 | 72225 | 14974 |
| 9.住宿和餐饮业 | Accommodation and Food | 89180 | 59918 | 12781 |
| 10.金 融 业 | Finance | 3301 | 1406 | 1380 |
| 11.房地产业 | Real Estate Trade | 107775 | 76895 | 79 |
| 12.租赁和商务服务业 | Leasehold and Business Service | 37562 | 22969 | 1785 |
| 13.科学研究、技术服务和地质勘查业 | Scientific Research，Technical Service and Geologic Examination | 36156 | 20656 | 50 |
| 14.水利、环境和公共设施管理业 | Water Conservancy，Environment and Public Institution Management | 665628 | 550154 | 3658 |
| 15.居民服务和其他服务业 | Neighborhood Services and Others | 6246 | 2611 | 453 |
| 16.教育 | Education | 33213 | 25132 | 639 |
| 17.卫生、社会保障和社会福利业 | Sanitation，Social Security and Social Welfare | 2095 | 1169 | 50 |
| 18.文化、体育和娱乐业 | Cultural，Physical and Entertainment | 33246 | 21678 | 4587 |
| 19.公共管理和社会组织 | Public Administration and Social Organization | 14280 | 11323 | 180 |

注：2011 年起，项目投资口径改为计划总投资 500 万元及以上。

# Investment in Rural Area (2013)

(10 000 yuan)

| 设备工器具购置 Purchase of Equipment and Instruments | 其他费用 Others | 本年新增固定资产 Newly Increased Fixed Assets This Year | 施工项目个数 Number of Projects Under Construction | 本年资金来源小计 Source of Funs This Year | #国家预算内资金 State Budgetary Appropriation | #国内贷款 Domestic Loans | #利用外资 Foreign Investment | #自筹资金 Fund Raising |
|---|---|---|---|---|---|---|---|---|
| **3838493** | **824211** | **6945087** | **2644** | **8655653** | **99509** | **1149576** | **77702** | **7245896** |
| 244779 | 225577 | 1166964 | 424 | 1594281 | 79032 | 485647 | 5580 | 1003413 |
| 156414 | 228253 | 925450 | 314 | 1303209 | 49606 | 506164 | – | 735517 |
| 3682079 | 595958 | 6019637 | 2330 | 7352444 | 49903 | 643412 | 77702 | 6510379 |
| 3527464 | 567751 | 5668345 | 2219 | 6932064 | 49903 | 614522 | 44780 | 6151811 |
| 810934 | 331115 | 2408839 | 798 | 2491725 | 48143 | 333344 | 39757 | 2049497 |
| 1810017 | 383630 | 3380736 | 1317 | 4235187 | 21992 | 731313 | 33965 | 3399355 |
| 345585 | 68360 | 485746 | 383 | 798026 | 21294 | 61369 | 3980 | 698909 |
| 17476 | 8430 | 55531 | 154 | 131893 | 4832 | 4920 | – | 118831 |
| 3086 | 5853 | 13096 | 4 | 12938 | – | 2000 | – | 10938 |
| 3541286 | 507848 | 5431957 | 1884 | 6502788 | 280 | 629739 | 69122 | 5746968 |
| 217408 | 57767 | 538946 | 80 | 437226 | 4473 | 95059 | 1600 | 331728 |
| 20215 | 53324 | 111374 | 59 | 420294 | 19133 | 170374 | – | 229125 |
| 62 | 2023 | 2050 | 5 | 33623 | – | – | – | 33623 |
| 3644 | 15153 | 41479 | 25 | 74702 | 3950 | 4350 | – | 66402 |
| 3131 | 13350 | 90870 | 56 | 89318 | – | 4000 | 3000 | 81488 |
| 200 | 315 | 5911 | 9 | 7300 | – | – | – | 7300 |
| 150 | 30651 | 32836 | 19 | 102564 | 1930 | 9500 | – | 91134 |
| 6793 | 6015 | 55393 | 20 | 49680 | – | 5200 | – | 43940 |
| 13150 | 2300 | 11406 | 7 | 16605 | 5500 | 2000 | – | 9105 |
| 3279 | 108537 | 463968 | 247 | 693210 | 51840 | 219414 | 3980 | 405017 |
| 1042 | 2140 | 6204 | 9 | 6245 | 400 | – | – | 5845 |
| 3212 | 4230 | 45601 | 21 | 30202 | 3486 | 800 | – | 25516 |
| 400 | 476 | 1955 | 4 | 2402 | – | – | – | 2180 |
| 3066 | 3915 | 20959 | 25 | 30881 | 100 | 1720 | – | 27059 |
| 893 | 1884 | 15551 | 16 | 13782 | 3585 | 500 | – | 9697 |

# 6－6 历年房地产开发投资主要指标

单位：万元

| 指　　标 | Item | 2000 | 2001 |
|---|---|---|---|
| **房地产开发投资额** | **Real Estate Development** | **361536** | **486096** |
| **按区、县(市)分** | **Grouped by District and County (City)** | | |
| 越 城 区 | Yuecheng District | 137994 | 185729 |
| 柯 桥 区 | Keqiao District | 84419 | 109311 |
| 上 虞 区 | Shangyu District | 59950 | 48987 |
| 诸 暨 市 | Zhuji City | 35992 | 58534 |
| 嵊 州 市 | Shengzhou City | 25384 | 39781 |
| 新 昌 县 | Xinchang County | 17797 | 43754 |
| **按资金来源分** | **Grouped by Source of Funds** | | |
| 国内贷款 | Domestic Loans | 113714 | 131449 |
| 利用外资 | Foreign Investment | 1760 | – |
| 自筹资金 | Fund Raising | 77032 | 118220 |
| 其他资金 | Others | 187978 | 274569 |
| **按构成分** | **Grouped by Use of Funds** | | |
| 建筑工程 | Construction | 209200 | 329516 |
| 安装工程 | Installation | 7050 | 10736 |
| 设备、工器具购置 | Purchase of Equipment and Instruments | 1186 | 2024 |
| 其他费用 | Others | 144100 | 143820 |
| **按用途分** | **Grouped by Purpose** | | |
| 住　宅 | Residential Buildings | 265534 | 370730 |
| 办公楼 | Office Buildings | 19870 | 22588 |
| 商业营业用房 | Houses for Business Use | 39176 | 68748 |
| 其　他 | Others | 36956 | 24030 |
| **新增固定资产** | **Newly Increased Fixed Assets** | **202746** | **299948** |
| **竣工房屋价值** | **Value of Buildings Completed** | **172470** | **259810** |
| **房屋建筑面积　（万平方米）** | **Floor Space of Buildings　(10 000 sq.m)** | | |
| 施工面积 | Floor Space under Construction | 443.07 | 559.47 |
| #住宅 | Residential Buildings | 368.10 | 465.81 |
| 竣工面积 | Floor Space Completed | 181.30 | 254.45 |
| #住宅 | Residential Buildings | 157.34 | 219.12 |
| **房屋竣工率(%)** | **Rate of Floor Space of Buildings Completed** | **40.9** | **45.5** |
| **商品房销售面积　（万平方米）** | **Floor Space of Selling Houses　(10 000 sq.m)** | **186.64** | **222.73** |
| **商品房待售面积　（万平方米）** | **Floor Space of Leaving Unused (10 000 sq.m)** | **39.86** | **58.26** |
| **商品房销售额** | **Total Sales of Commercial Houses** | **294616** | **381292** |

## Main Statistical Indicators of Investment in Real Estate Development over the Years

(10 000 yuan)

| 2002 | 2003 | 2004 | 2005 | 2006 | 2007 | 2008 | 2009 | 2010 | 2011 | 2012 | 2013 |
|---|---|---|---|---|---|---|---|---|---|---|---|
| **490934** | **744682** | **1203434** | **1033309** | **1285667** | **1785888** | **2020573** | **2104629** | **2978018** | **4032384** | **4677089** | **5369907** |
| | | | | | | | | | | | |
| 183539 | 342533 | 463204 | 326728 | 350893 | 527426 | 583076 | 655664 | 813303 | 1122633 | 1508697 | 1714371 |
| 108153 | 181108 | 319169 | 278785 | 341145 | 428997 | 608193 | 614246 | 966942 | 1243297 | 1300726 | 1213705 |
| 59235 | 43579 | 138980 | 113328 | 186059 | 274856 | 394745 | 359935 | 420434 | 556932 | 602967 | 736691 |
| 59131 | 86103 | 137685 | 217322 | 258144 | 379451 | 222081 | 270687 | 444061 | 701654 | 794272 | 1171396 |
| 44512 | 49013 | 87926 | 69035 | 111735 | 127124 | 121278 | 86401 | 164300 | 219799 | 247470 | 288031 |
| 36364 | 42346 | 56470 | 28111 | 37691 | 48034 | 91200 | 117696 | 168978 | 188069 | 222957 | 245713 |
| | | | | | | | | | | | |
| 155439 | 300998 | 355105 | 280882 | 412534 | 527303 | 513655 | 638492 | 774110 | 961140 | 777538 | 1148375 |
| 1768 | 1985 | 475 | 500 | 95450 | 32520 | 4145 | 1786 | – | – | – | – |
| 171865 | 278874 | 338600 | 354159 | 483579 | 745799 | 727376 | 799902 | 1527790 | 1905956 | 1866242 | 2151972 |
| 289727 | 508320 | 883782 | 655624 | 1037934 | 1481627 | 884002 | 2251878 | 2713498 | 2502853 | 3065032 | 4244941 |
| | | | | | | | | | | | |
| 315317 | 346596 | 679168 | 599518 | 704392 | 895704 | 1102823 | 1187520 | 1636298 | 2026367 | 2500309 | 3007727 |
| 16180 | 17467 | 33646 | 27807 | 55342 | 72066 | 88911 | 118065 | 129762 | 212853 | 220899 | 322098 |
| 2536 | 1760 | 8555 | 4589 | 12756 | 12567 | 30442 | 31718 | 19733 | 22769 | 38037 | 47100 |
| 156901 | 378859 | 482065 | 401395 | 513177 | 805551 | 798397 | 767326 | 1192225 | 1770395 | 1917844 | 1992982 |
| | | | | | | | | | | | |
| 380843 | 541020 | 936902 | 830717 | 909152 | 1290289 | 1345987 | 1399917 | 1995613 | 2897963 | 3472455 | 4182912 |
| 27246 | 57214 | 48154 | 54440 | 111526 | 119111 | 245836 | 185664 | 197515 | 242636 | 261269 | 245894 |
| 72357 | 134676 | 193760 | 120648 | 201635 | 240239 | 251250 | 372623 | 603109 | 519366 | 594741 | 541636 |
| 10488 | 11772 | 24618 | 27504 | 63354 | 136249 | 177500 | 146425 | 181781 | 372419 | 348624 | 399465 |
| **408416** | **357732** | **479175** | **470527** | **518807** | **691337** | **1058216** | **1409181** | **1178436** | **1457995** | **1767794** | **1645827** |
| **348506** | **303448** | **423556** | **411849** | **447320** | **559556** | **886824** | **1248678** | **942807** | **1166944** | **1481206** | **1343504** |
| | | | | | | | | | | | |
| 592.18 | 702.27 | 1099.93 | 1122.53 | 1359.11 | 1665.89 | 1803.63 | 1902.49 | 2178.88 | 2872.72 | 3176.23 | 3603.59 |
| 480.39 | 558.05 | 901.35 | 918.15 | 1019.27 | 1221.16 | 1230.90 | 1295.85 | 1466.06 | 1992.82 | 2243.02 | 2536.23 |
| 316.55 | 248.51 | 411.32 | 363.95 | 330.17 | 356.69 | 390.43 | 469.18 | 344.90 | 453.34 | 488.18 | 462.09 |
| 250.85 | 199.53 | 339.87 | 299.77 | 271.53 | 254.47 | 274.28 | 332.24 | 223.07 | 294.86 | 342.80 | 292.46 |
| **53.5** | **35.4** | **37.4** | **32.4** | **24.3** | **21.4** | **21.6** | **24.7** | **15.8** | **15.8** | **15.4** | **12.8** |
| **266.54** | **226.19** | **359.72** | **367.19** | **387.12** | **479.38** | **216.87** | **476.45** | **610.35** | **456.73** | **483.74** | **607.74** |
| **79.1** | **53.58** | **97.00** | **138.48** | **191.36** | **154.84** | **201.88** | **217.41** | **177.83** | **213.87** | **231.57** | **292.73** |
| **501549** | **572261** | **861487** | **1371516** | **1696779** | **2423011** | **1161205** | **3029877** | **4634095** | **3856161** | **4189122** | **5686506** |

# 6－7　各区、县（市）房地产开发投资（2013 年）

| 项　　目 | | Item | | 全　市<br>Whole Municipality |
|---|---|---|---|---|
| **单 位 数** | **（个）** | **Number** | **(unit)** | **691** |
| **计划总投资** | **（万元）** | **Total Planning Investment** | **(10 000 yuan)** | **24693378** |
| **本年完成投资** | **（万元）** | **Investment Completed This Year** | **(10 000 yuan)** | **5369907** |
| #土地购置费 | | Land Fees Purchased | | 1518765 |
| #住　宅 | | Residential Buildings | | 4182912 |
| **房屋面积** | **（万平方米）** | **Floor Space under Construction** | **(10 000 sq.m)** | **3603.59** |
| #住　宅 | | Residential Buildings | | 2536.23 |
| **新开工** | **（万平方米）** | **Floor Space Started** | **(10 000 sq.m)** | **1019.15** |
| #住　宅 | | Residential Buildings | | 722.69 |
| **竣工面积** | **（万平方米）** | **Floor Space Completed** | **(10 000 sq.m)** | **462.09** |
| #住　宅 | | Residential Buildings | | 292.46 |
| **商品房销售面积** | **（万平方米）** | **Floor Space of Selling Houses** | **(10 000 sq.m)** | **607.74** |
| #住　宅 | | Residential Buildings | | 506.66 |
| **待售面积** | **（万平方米）** | **Floor Space of Leaving Unused** | **(10 000 sq.m)** | **292.73** |
| #住　宅 | | Residential Buildings | | 126.60 |
| **商品房销售额** | **（万元）** | **Total Sales of Commercial Houses** | **(10 000 yuan)** | **5686506** |
| #住　宅 | | Residential Buildings | | 4811246 |

注：为了房地产单位数与名录库保持一致，以上单位数包括全市所有房地产企业。

## Investment in Real Estate Development in Each District and County (City) (2013)

| 越城区 Yuecheng District | 柯桥区 Keqiao District | 上虞区 Shangyu District | 诸暨市 Zhuji City | 嵊州市 Shengzhou City | 新昌县 Xinchang County |
|---|---|---|---|---|---|
| **176** | **166** | **103** | **148** | **52** | **46** |
| **7045277** | **6522573** | **2856233** | **5598871** | **1409128** | **1261296** |
| **1714371** | **1213705** | **736691** | **1171396** | **288031** | **245713** |
| 472741 | 365575 | 242838 | 284324 | 77908 | 75379 |
| 1433444 | 953337 | 621157 | 782707 | 191596 | 200671 |
| **833.97** | **886.85** | **416.46** | **928.15** | **278.22** | **259.93** |
| 634.79 | 602.94 | 339.93 | 568.54 | 188.42 | 201.60 |
| **260.99** | **151.61** | **123.52** | **334.24** | **104.68** | **44.11** |
| 200.38 | 126.54 | 102.00 | 197.06 | 64.38 | 32.32 |
| **63.11** | **186.09** | **60.46** | **92.63** | **17.48** | **42.31** |
| 47.54 | 118.44 | 37.04 | 47.88 | 9.38 | 32.18 |
| **146.98** | **155.42** | **80.92** | **148.28** | **44.90** | **31.23** |
| 123.58 | 133.80 | 72.40 | 110.99 | 38.17 | 27.72 |
| **59.35** | **113.39** | **52.11** | **35.80** | **12.09** | **19.99** |
| 25.80 | 44.07 | 24.12 | 12.86 | 7.41 | 12.34 |
| **1635264** | **1423153** | **689704** | **1328836** | **392821** | **216728** |
| 1426267 | 1228199 | 632472 | 1003376 | 324606 | 196326 |

Note:To keep the real estate units and list of libraries identical,above units include all real estate companies of the city.

# 6-8 限额以上投资主要新增生产力（2013年）

## Main Newly Increased Production Capacity by Designated Size (2013)

| 指标 | | Item | | 本年新增生产力 Newly Increased Production Capacity |
|---|---|---|---|---|
| 新建公路 | （公里） | Length of New Highways | （km） | 58.43 |
| 改建公路 | （公里） | Length of Reconstructed Highways | （km） | 21.67 |
| 铜加工材 | （吨/年） | Copper material | （ ton/year） | 37450 |
| 铝加工 | （吨/年） | Aluminum Fabrication | （ton/year） | 2500 |
| 火力发电 | （万千瓦） | Steam Electric Power Generation | （10 000 kw） | 46.7 |
| 太阳能发电 | （万千瓦） | Solar Power Generation | （10 000 kw） | 0.3 |
| 输电线路长度 | （公里） | The Length of the transmission Line | （km） | 245.7 |
| 新建独立公路桥梁 | （延长米） | New independent high way Bri dges | （lengthen rice） | 1800 |
| 塑料树脂及共聚物 | （吨/年） | Plastic, Colophony and Copolymer | （ton/year） | 13300 |
| 化学纤维 | （吨/年） | Chemical Fiber | （ton/year） | 225960 |
| 其他酒 | （吨/年） | Other Wine | （ton/year） | 4 |

# 6－9 历年分区、县（市）建筑企业总产值

## Gross Output Value of Construction Enterprises by District and County (City) over the Years

单位：亿元 (100 million yuan)

| 年　份 Year | 全　市 Whole Municipality | 越城区 Yuecheng District | 柯桥区 Keqiao District | 上虞区 Shangyu District | 诸暨市 Zhuji City | 嵊州市 Shengzhou City | 新昌县 Xinchang County |
|---|---|---|---|---|---|---|---|
| 1993 | 59.73 | | 19.11 | 21.53 | 11.36 | 3.25 | |
| 1994 | 116.23 | 9.75 | 31.13 | 41.32 | 23.15 | 7.19 | 3.69 |
| 1995 | 181.45 | 13.42 | 44.69 | 59.94 | 47.44 | 12.00 | 3.96 |
| 1996 | 233.87 | 18.17 | 53.97 | 74.01 | 65.39 | 13.88 | 8.45 |
| 1997 | 243.07 | 24.63 | 58.46 | 77.46 | 58.24 | 16.93 | 7.35 |
| 1998 | 245.86 | 22.58 | 65.23 | 78.74 | 50.47 | 18.18 | 10.66 |
| 1999 | 284.67 | 27.41 | 70.52 | 93.13 | 61.47 | 20.31 | 11.83 |
| 2000 | 362.30 | 65.13 | 69.08 | 110.25 | 79.43 | 23.31 | 15.11 |
| 2001 | 457.38 | 91.59 | 91.26 | 133.55 | 93.97 | 27.47 | 19.78 |
| 2002 | 623.69 | 132.33 | 128.69 | 198.44 | 116.18 | 29.21 | 18.83 |
| 2003 | 874.35 | 180.50 | 203.41 | 262.98 | 169.40 | 35.61 | 22.45 |
| 2004 | 1136.12 | 233.65 | 275.96 | 331.58 | 217.21 | 50.21 | 27.51 |
| 2005 | 1407.77 | 278.01 | 343.41 | 411.65 | 279.92 | 60.54 | 34.24 |
| 2006 | 1678.99 | 324.78 | 410.09 | 479.55 | 354.64 | 70.07 | 39.86 |
| 2007 | 2112.59 | 363.32 | 574.36 | 598.58 | 450.09 | 80.33 | 45.92 |
| 2008 | 2417.11 | 423.18 | 649.96 | 651.22 | 539.32 | 92.08 | 61.34 |
| 2009 | 2750.88 | 473.02 | 735.81 | 725.59 | 637.45 | 106.49 | 72.52 |
| 2010 | 3263.37 | 555.11 | 843.60 | 826.57 | 809.98 | 123.60 | 104.51 |
| 2011 | 4212.19 | 677.16 | 1157.07 | 1007.98 | 1093.81 | 155.51 | 120.66 |
| 2012 | 4847.74 | 763.94 | 1372.01 | 1155.71 | 1221.22 | 192.98 | 141.87 |
| 2013 | 5523.35 | 810.66 | 1592.47 | 1282.21 | 1449.61 | 233.44 | 154.95 |

# 6－10 全市建筑企业生产情况（2013年）

| 指 标 | | Item | | 总 计 Total |
|---|---|---|---|---|
| **建筑业总产值** | **(亿元)** | **Gross Output Value** | **(100 million yuan)** | **5523.35** |
| 1.建筑工程 | | Construction | | 5054.15 |
| 2.安装工程 | | Installation | | 349.52 |
| 3.其他产值 | | Others | | 119.67 |
| **竣工产值** | **(亿元)** | **Output Value Of Contraction Completed** | **(100 million yuan)** | **3636.57** |
| **房屋建筑施工面积** | **(万平方米)** | **Floor Space of Buildings under Construction** | **(10 000 sq.m)** | **51214.80** |
| #本年新开工面积 | | Floor Space Started This Year | | 25144.26 |
| **房屋建筑竣工面积** | **(万平方米)** | **Floor Space of Buildings Completed** | **(10 000 sq.m)** | **19280.71** |
| **自有机械设备年末总台数** | **(台)** | **Number of Machinery and Equipment Owned** | **(set)** | **246013** |
| **自有机械设备年末总功率** | **(万千瓦)** | **Total Power of Machinery and Equipment Owned** | **(10 000 kw)** | **449.55** |
| **自有机械设备净值** | **(亿元)** | **Net Value of Machinery and Equipment Owned** | **(100 million yuan)** | **93.86** |
| **全员劳动生产率平均人数** | **(万人)** | **Overall Labor Productivity** | **(10 000 persons)** | **171.66** |

## Productive Condition of Construction Enterprises (2013)

| 按资质等级分 | | | | | (Grouped by Grade) |
|---|---|---|---|---|---|
| 施工总承包 Total Construction Contracting | 特级企业 Special Grade Construction Enterprises | 一级企业 The First Grade Construction Enterprises | 二级企业 The Second Grade Construction Enterprises | 三级企业 The Third Trade Construction Enterprises | 专业承包 Special Contracting |
| **5194.73** | **1990.36** | **2462.60** | **539.50** | **202.27** | **328.62** |
| 4803.49 | 1848.62 | 2280.09 | 492.98 | 181.79 | 250.67 |
| 286.48 | 124.92 | 127.37 | 26.83 | 7.35 | 63.05 |
| 104.76 | 16.81 | 55.13 | 19.70 | 13.12 | 14.90 |
| **3444.15** | **1366.60** | **1557.30** | **390.21** | **130.04** | **192.42** |
| **50611.41** | **22321.90** | **21497.75** | **5095.57** | **1696.20** | **603.39** |
| 24713.02 | 10203.85 | 10955.75 | 2603.43 | 949.99 | 431.24 |
| **19017.05** | **7620.16** | **8216.07** | **2262.06** | **918.76** | **263.66** |
| **227153** | **60231** | **111561** | **38067** | **17294** | **18860** |
| **428.92** | **118.88** | **220.42** | **62.14** | **27.49** | **20.63** |
| **87.98** | **22.90** | **39.40** | **18.48** | **7.18** | **5.88** |
| **163.95** | **61.35** | **74.31** | **20.58** | **7.72** | **7.71** |

# 6－11　全市建筑企业财务情况（2013 年）

单位：亿元

| 指　　标 | Item | 总　计<br>Total |
|---|---|---|
| **一、年末资产负债** | **Assets and Liabilities (Year-end)** | |
| 流动资产合计 | Circulating Funds | 1369.82 |
| #存　　货 | Inventories | 343.88 |
| #在建工程 | Projects under Construction | 22.72 |
| 固定资产合计 | Fixes Assets | 197.11 |
| 固定资产原值合计 | Original Value of Fixed Assets | 265.39 |
| 累计折旧 | Accumulative Depreciation | 102.17 |
| #本年折旧 | Depreciation This Year | 15.33 |
| 资产总计 | Total Assets | 1707.11 |
| 流动负债合计 | Circulating Funds | 877.04 |
| 非流动负债合计 | Non Curent Liabilities | 32.69 |
| 所有者权益合计 | Creditors' Equity | 760.27 |
| **二、损益及分配** | **Expenditure，Income and Distribution** | |
| 主营业务收入 | Main Business Accounts | 4367.73 |
| 主营业务成本 | Main Business Accounts | 3975.47 |
| 主营业务税金及附加 | Taxes and Extra Charges of Main Business | 160.30 |
| 其他业务利润 | Other Profit from Business | 1.20 |
| 管理费用 | Management Cost | 55.84 |
| #税　金 | Tax | 2.41 |
| 利润总额 | Total Profits | 138.95 |
| 应交所得税 | Income Taxes Payable | 30.51 |
| 应付职工薪酬 | Employee compensation payable | 749.71 |
| 亏损企业个数 | Number of Deficits Enterprises | 38 |

# Financial Indicators of Construction Enterprises (2013)

(100 million yuan)

| 按资质等级分 (Grouped by Grade) | | | | | |
|---|---|---|---|---|---|
| 施工总承包 Total Construction Contracting | 特级企业 Special Grade Construction Enterprises | 一级企业 The First Grade Construction Enterprises | 二级企业 The Second Grade Construction Enterprises | 三级企业 The Third Trade Construction Enterprises | 专业承包 Special Contracting |
| | | | | | |
| 1130.67 | 374.35 | 489.75 | 180.12 | 86.44 | 239.15 |
| 293.23 | 93.74 | 132.17 | 49.78 | 17.53 | 50.65 |
| 21.75 | 3.80 | 6.65 | 10.73 | 0.56 | 0.98 |
| 173.17 | 42.55 | 73.33 | 42.83 | 14.47 | 23.93 |
| 230.52 | 57.10 | 105.88 | 48.29 | 19.26 | 34.87 |
| 89.62 | 22.60 | 42.23 | 18.25 | 6.54 | 12.55 |
| 13.47 | 2.71 | 6.43 | 3.13 | 1.21 | 1.85 |
| 1409.93 | 461.47 | 607.66 | 234.58 | 106.21 | 297.18 |
| 701.83 | 238.20 | 303.56 | 105.27 | 54.80 | 175.21 |
| 20.86 | 14.69 | 0.44 | 4.80 | 0.94 | 11.83 |
| 653.80 | 206.42 | 281.95 | 116.69 | 48.74 | 106.47 |
| | | | | | |
| 4065.09 | 1494.23 | 1940.11 | 462.29 | 168.46 | 302.64 |
| 3719.49 | 1386.38 | 1774.70 | 410.96 | 147.46 | 255.98 |
| 151.27 | 53.97 | 74.99 | 16.29 | 6.02 | 9.02 |
| 1.01 | 0.53 | 0.33 | 0.06 | 0.09 | 0.19 |
| 45.18 | 9.47 | 19.61 | 11.43 | 4.67 | 10.67 |
| 1.95 | 0.28 | 0.91 | 0.49 | 0.27 | 0.46 |
| 120.10 | 37.59 | 56.13 | 18.23 | 8.16 | 18.85 |
| 27.11 | 8.07 | 13.25 | 4.08 | 1.70 | 3.40 |
| 708.47 | 276.95 | 321.90 | 78.88 | 30.74 | 41.24 |
| 19 | 0 | 2 | 4 | 13 | 19 |

# 6-12 分区、县（市）建筑企业生产、财务情况（2013 年）

| 指标 | | Item | | 全市 Whole Municipality |
|---|---|---|---|---|
| 建筑业总产值 | (亿元) | Gross Output Value | (100 million yuan) | 5523.35 |
| #建筑工程 | (亿元) | Construction | (100 million yuan) | 5054.15 |
| 竣工产值 | (亿元) | Output Value of Construction Completed | (100 million yuan) | 3636.57 |
| 房屋建筑施工面积 | (万平方米) | Floor Space of Buildings under Construction | (10 000 sq.m) | 51214.80 |
| #本年新开工面积 | (万平方米) | Floor Space Started This Year | (10 000 sq.m) | 25144.26 |
| 房屋建筑竣工面积 | (万平方米) | Floor Space of Building Completed | (10 000 sq.m) | 19280.71 |
| 自有机械设备年末总台数 | (台) | Number of Machinery and Equipment Qwned | (set) | 246013 |
| 自有机械设备年末总功率 | (万千瓦) | Total Power of Machinery and Equipment Owned | (10 000 kw) | 449.55 |
| 自有机械设备净值 | (亿元) | Net Value of Machinery and Equipment Owned | (100 million yuan) | 93.86 |
| 全员劳动生产率平均人数 | (万人) | Overall Labor Productivity | (10 000 persons) | 171.66 |
| 流动资产合计 | (亿元) | Circulating Funds | (100 million yuan) | 1369.82 |
| 固定资产合计 | (亿元) | Fixes Assets | (100 million yuan) | 197.11 |
| 资产总计 | (亿元) | Total Assets | (100 million yuan) | 1707.11 |
| 流动负债合计 | (亿元) | Circulating Funds | (100 million yuan) | 877.04 |
| 非流动负债合计 | (亿元) | Non Curent Liabilities | (100 million yuan) | 32.69 |
| 主营业务收入 | (亿元) | Main Business Accounts | (100 million yuan) | 4367.73 |
| 主营业务成本 | (亿元) | Main Business Accounts | (100 million yuan) | 3975.47 |
| 主营业务税金及附加 | (亿元) | Taxes and Extra Charges of Main Business | (100 million yuan) | 160.30 |
| 利润总额 | (亿元) | Total Profits | (100 million yuan) | 138.95 |
| 应交所得税 | (亿元) | Income Taxes Payable | (100 million yuan) | 30.51 |
| 应付职工薪酬 | (亿元) | Employee compensation payable | (100 million yuan) | 749.71 |

Productive Condition and Financial Indicators of Construction Enterprises by District and County (City) (2013)

| 越城区 Yuecheng District | 柯桥区 Keqiao District | 上虞区 Shangyu District | 诸暨市 Zhuji City | 嵊州市 Shengzhou City | 新昌县 Xinchang County |
|---|---|---|---|---|---|
| 810.66 | 1592.47 | 1282.21 | 1449.61 | 233.44 | 154.95 |
| 747.80 | 1473.48 | 1212.79 | 1265.36 | 218.56 | 136.16 |
| 594.41 | 1128.95 | 800.78 | 884.43 | 125.87 | 102.13 |
| 7197.02 | 13256.77 | 11448.18 | 16389.52 | 1400.41 | 1522.90 |
| 3108.22 | 8380.75 | 5237.48 | 6675.38 | 893.81 | 848.62 |
| 2960.63 | 6403.95 | 3965.97 | 4518.45 | 781.95 | 649.76 |
| 32656.00 | 57222 | 52104 | 78214 | 13600 | 12217 |
| 72.53 | 105.11 | 112.56 | 121.18 | 19.27 | 18.91 |
| 16.66 | 26.66 | 19.15 | 21.58 | 5.48 | 4.34 |
| 28.21 | 45.69 | 44.50 | 39.58 | 8.15 | 5.53 |
| 224.59 | 327.53 | 438.93 | 296.37 | 52.09 | 30.30 |
| 45.10 | 43.94 | 40.81 | 46.66 | 13.24 | 7.35 |
| 312.32 | 398.12 | 522.49 | 365.84 | 68.10 | 40.24 |
| 156.54 | 216.41 | 258.09 | 201.85 | 28.87 | 15.29 |
| 13.55 | 3.46 | 14.44 | 0.17 | 0.44 | 0.62 |
| 666.08 | 1222.94 | 1002.67 | 1147.99 | 198.49 | 129.56 |
| 609.32 | 1128.48 | 902.57 | 1043.60 | 175.37 | 116.13 |
| 22.61 | 44.39 | 38.50 | 43.09 | 7.45 | 4.25 |
| 18.15 | 29.94 | 37.18 | 39.14 | 9.29 | 5.24 |
| 4.57 | 7.03 | 6.87 | 8.87 | 2.32 | 0.86 |
| 114.54 | 214.92 | 178.32 | 187.58 | 31.25 | 23.10 |

# 主 要 统 计 指 标 解 释

**固定资产投资**　即以货币表现的建造和购置固定资产活动的工作量，它是反映固定资产投资规模、速度、比例关系和使用方向的综合性指标。固定资产投资包括基本建设、更新改造、房地产开发投资、其他固定资产投资、城镇集体单位投资和农村集体单位投资、城乡居民个人投资7大部分。

**房地产开发投资**　指各种登记注册类型的房地产开发公司、商品房建设公司及其他房地产开发法人单位和附属于其他法人单位实际从事房地产开发或经营活动的单位统一开发的包括统代建、拆迁还建的住宅、厂房、仓库、饭店、宾馆、度假村、写字楼、办公室等房屋建筑物和配套的服务设施，土地开发工程(如道路、给水、排水、供电、供热、通讯、平整场地等基础设施工程)的投资；不包括单纯的土地交易活动。

**农村投资**　包括农村区域范围内进行固定资产投资活动的企业、事业、行政单位及农村个人投资。

**民间投资**　从投资主体为标准划分，政府或代表政府的国有企、事业单位投资建造和购置固定资产，均为政府投资，非国有、合资企业投资建造和购置固定资产则为民间投资。因此在做民间投资分析时，可以从非国有经济投资中再扣除外商及港澳台商投资部分即为民间投资，但要注意在扣除时，不要再次扣除国有控股部分的外商及港澳台商投资。否则会引起重复扣除。

**基础设施投资**　目前关于基础设施的界定，国际、国内尚没有统一的标准。我们通常在进行基础设施投资分析时，采用的基础设施投资的范围如下：

①　水利、环境和公共设施管理业

②　电力、燃气及水的生产供应业

③　交通运输、仓储和邮政业

④　电信和其他信息传输服务业

⑤　教育设施

⑥　广播、电视、电影和音像业

⑦　文化艺术业

⑧　体育设施

⑨　卫生设施

**施工房屋建筑面积**　是从房屋外墙线算起的各层平面面积的总和，包括可供使用的有效面积和房屋结构(如柱、墙)占用的面积。多层建筑按各自然层(包括地下室)面积总和计算。

**竣工房屋建筑面积**　指在报告期内房屋建筑按照设计要求已全部完工，达到住人和使用条件，经验收鉴定合格，正式移交使用单位的建筑面积。

# Explanatory Notes on Main Statistical Indicators

**Investment in Fixed Assets** investment in fixed assets is the essential means for social reproduction of fixed assets. By means of construction and purchase of fixed assets, more advanced technologies and equipment are adopted in the national economy, and new sectors are established, which promote the adjustment of economic structure and the regional distribution of productive forces and enhance the economic strengths so as to provide the material conditions for improving people's livelihood. This is significant for speeding up the drive of socialist modernization in Shaoxing.

Amount of investment in fixed assets refers to the volume of activities in construction and purchases of fixed assets in monetary terms. It is a comprehensive indicator, which shows the size, pace, proportional relations and use orientation of the investment in fixed assets. Total investment in fixed assets in the whole country includes, by registration type of ownership, the investment by the state-owned units, collective units, individuals, joint ownership units, share-holding units, as well as investment by businessmen from foreign countries and from Hong Kong, Macao and Taiwan, and by other units. According to China's current management system, the investment in fixed assets in the whole country is classified into the following four parts: investment in capital construction, investment in innovation, investment in real estates development and other investment in fixed assets.

**Investment in Real Estate Development** refers to the investment by the real estate development companies, commercial buildings construction companies and other real estate development units of various types of ownership in the construction of house buildings, such as residential buildings, factory buildings, warehouses, hotels, guesthouses, holiday villages, office buildings, and the complementary service facilities and land development projects, such as roads, water supply, water drainage, power supply, heating, telecommunications, land leveling and other projects of infrastructure. It excludes the activities in simple land transactions.

**Rural Investment** Refers to funds received during the reference period, which are not included in the above-mentioned sources.

**Nongovernmental Investment** classifying by the subject of investment, governmental investments refer to those investments in construction or purchasing fixed assets by governments or state owned enterprises representing the government, while nongovernmental investments refer to those investments in construction or purchasing fixed assets by non-state- owned and joint ventures. Therefore, during the governmental investment analysis, it can be calculated by deducting investment from foreign countries and Hong Kong, Macao and Taiwan regions. However, the deduction must not include those investments from foreign countries and Hong Kong, Macao and Taiwan regions under the state owned share-holding part, to avoid double deduction.

**Infrastructure Investment** there is not yet a unified standard of the definition for infrastructures. We usually cover the following categories while pursuing infrastructure investment analysis:

Water Conservation, Environmental Protection and Public Facilities Management

Electric Power, Gas and Water Production and Supply

Transportation, Warehousing and Postal Service

Telecommunication and Other Information Transfer Services

Education Facility

Radio, Television, Film and Audio & Video Business

Cultural and Art

Sport Facility

Health Facility

**Floor Space under Construction** refers to total floor space of all buildings under construction during the reference period, floor space of construction extended from the previous period to the current period, floor space of construction suspended during the previous period and resumed in the current period, floor space of construction completed in the current period, and floor space of construction started and then suspended in the current period.

**Floor Space of Buildings Completed** refers to the floor space of buildings completed in the reference period, which have come up to the designed standards and have been put into use.

七

# 国内贸易和对外经济

# CHAPTER 7 DOMESTIC TRADE, FOREIGN TRADE AND ECONOMIC COOPERATION

# 国内贸易和对外经济
# DOMESTIC TRADE，FOREIGN TRADE AND ECONOMIC COOPERATION

## 主 要 统 计 指 标
## Main Statistical Indicators

| | | | |
|---|---|---|---|
| 2013 年限额以上批发、零售企业数 | Number of Purchases，Sales and Inventory of Wholesale and Retail Trade above Designated Size | 1259 | 个 (unit) |
| 2013 年限额以上批发、零售企业从业人员数 | Employed Persons of Purchases，Sales and Inventory of Wholesale and Retail Trade above Designated Size | 48399 | 人(person) |
| 2013 年社会消费品零售总额 | Total Retail Sales of Consumer Goods | 1318.39 | 亿元（$10^8$ yuan) |
| 比上年增长 | Increase over Previous Year | 13.8 | % |
| 2013 年商品交易市场成交额 | Business Value of Transaction Markets | 2574.00 | 亿元（$10^8$ yuan) |
| 比上年增长 | Increase over Previous Year | 12.0 | % |
| 2013 年自营出口总额 | Total Exports | 2791629 | 万美元(USD 10 000) |
| 比上年增长 | Increase over Previous Year | 9.2 | % |
| 2013 年实际利用外资 | Foreign Capital Actually Used | 80782 | 万美元(USD 10 000) |
| 比上年增长 | Increase over Previous Year | -15.3 | % |
| 2013 年对外承包劳务营业额 | Value of Business Fulfilled in Abroad | 12519 | 万美元(USD 10 000) |
| 比上年增长 | Increase over Previous Year | -71.4 | % |
| 2013 年境外投资额 | Total Investment in Abroad | 34167 | 万美元(USD 10 000) |
| 比上年增长 | Increase over Previous Year | 17.9 | % |

注：2008 年年报开始，贸易限额以上标准由双标调整为单标。

Note:From 2008's annual report,the above standard of trade quotas would be adjusted from double standard to single standard.

# 社会消费品零售总额

## Total Retail Sale of Consumer Goods

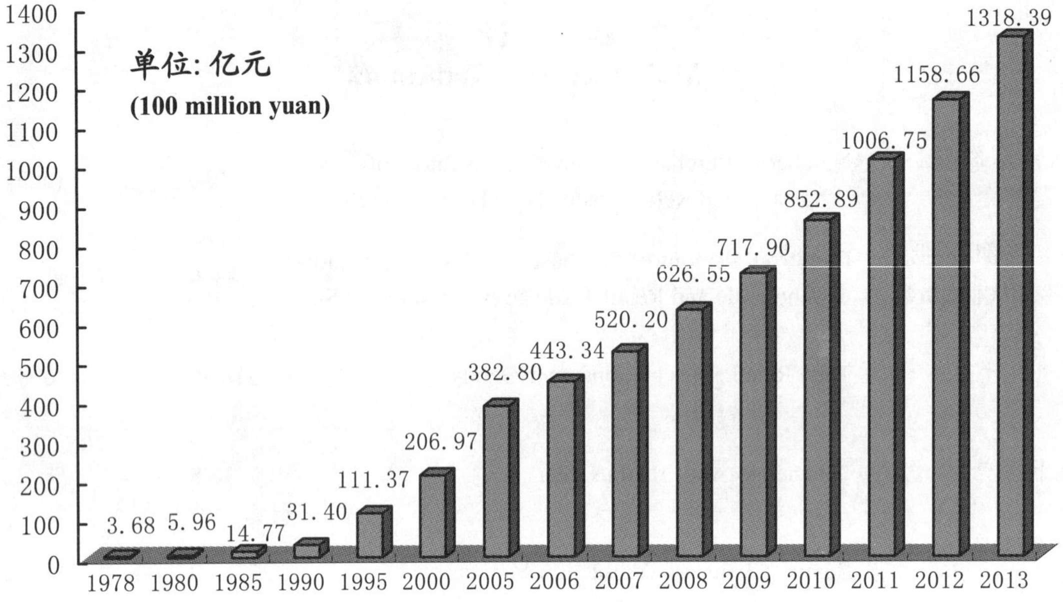


# 商品交易市场成交额

## Business Value of Transaction Markets

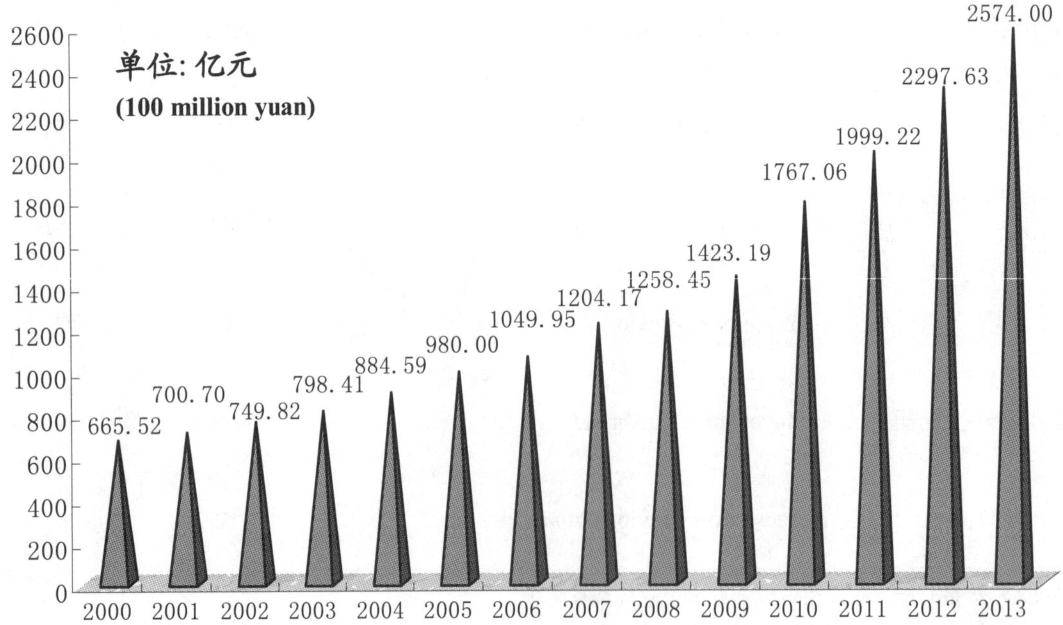

# 自 营 出 口 额

**Exports**

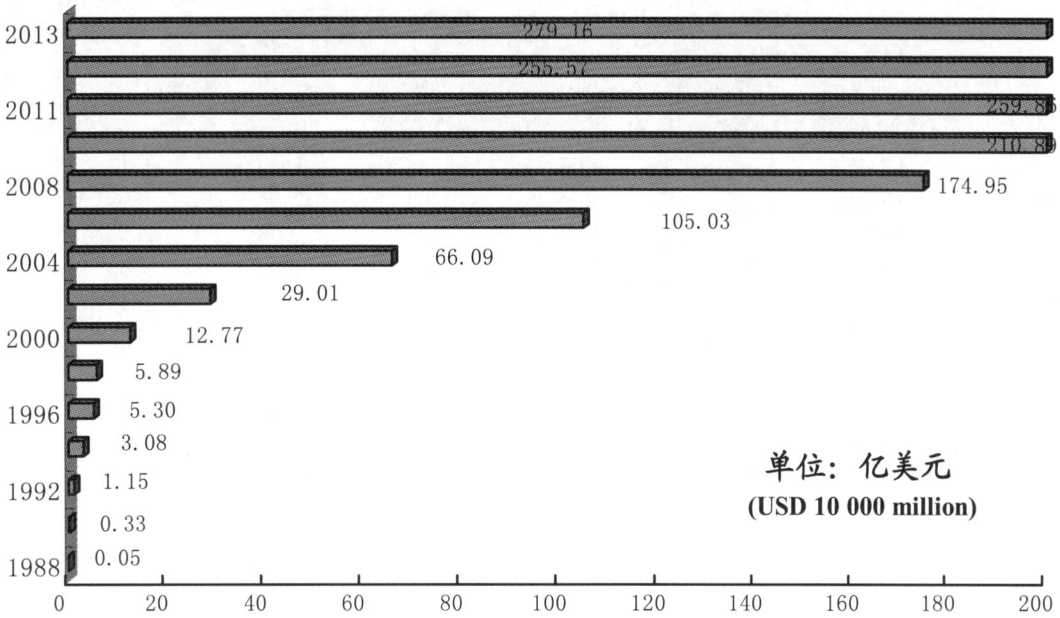


# 外 商 实 际 投 资 额

**Foreign Investment Actually Used**

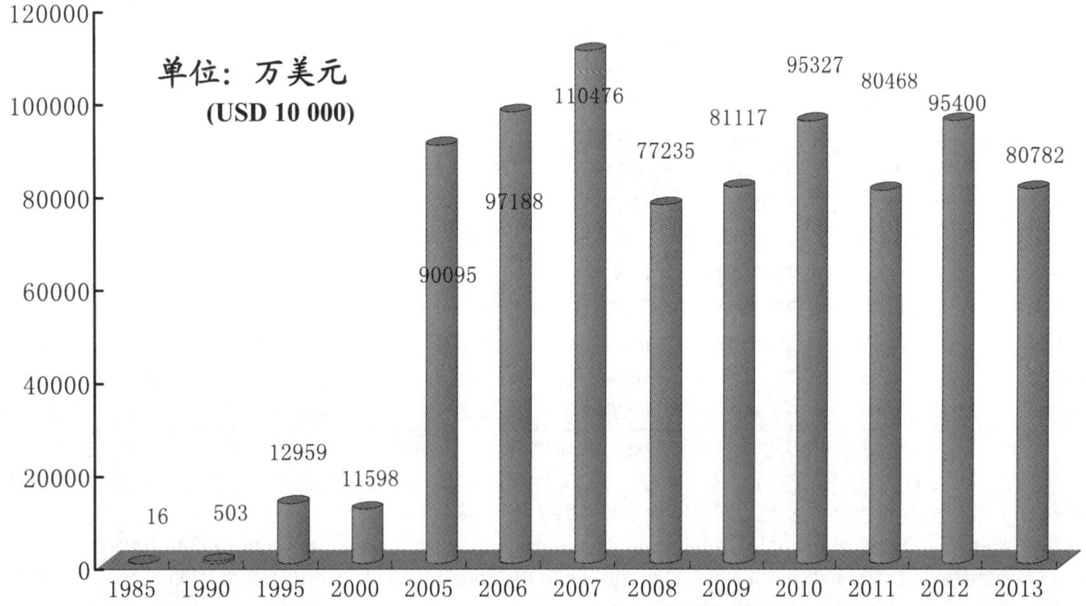

# 7-1 历年各区、县（市）社会消费品零售额

## Total Retail Sales of Consumer Goods in Each District and County (City) over the Year

单位：万元 (10 000 yuan)

| 年份<br>Year | 全市<br>Whole Municipality | 越城区<br>Yuecheng District | 柯桥区<br>Keqiao District | 上虞区<br>Shangyu District | 诸暨市<br>Zhuji City | 嵊州市<br>Shengzhou City | 新昌县<br>Xinchang County |
|---|---|---|---|---|---|---|---|
| 1952 | 9446 | | 4058 | 1688 | 1640 | 1412 | 648 |
| 1955 | 13375 | | 5625 | 2404 | 2496 | 1898 | 952 |
| 1960 | 18863 | | 7906 | 3508 | 3278 | 2604 | 1567 |
| 1965 | 19928 | | 7141 | 3913 | 4318 | 3066 | 1490 |
| 1970 | 23650 | | 8216 | 4928 | 5300 | 3540 | 1666 |
| 1975 | 30658 | | 10739 | 5868 | 6401 | 4763 | 2887 |
| 1980 | 59551 | | 21308 | 10614 | 13286 | 9189 | 5154 |
| 1985 | 147681 | 33964 | 29676 | 26363 | 26837 | 20433 | 10408 |
| 1986 | 182806 | 41173 | 37118 | 32756 | 34573 | 25216 | 11970 |
| 1987 | 219436 | 48583 | 45923 | 38726 | 42070 | 29879 | 14255 |
| 1988 | 289130 | 63634 | 58286 | 50420 | 58700 | 39481 | 18609 |
| 1989 | 299512 | 60016 | 63870 | 50591 | 63247 | 42987 | 18801 |
| 1990 | 314045 | 63585 | 68919 | 50051 | 67787 | 43951 | 19752 |
| 1991 | 353504 | 70178 | 78305 | 53951 | 78313 | 49214 | 23543 |
| 1992 | 443367 | 89967 | 96965 | 66703 | 99289 | 60954 | 29489 |
| 1993 | 594220 | 132545 | 124044 | 95647 | 122306 | 83479 | 60284 |
| 1994 | 861062 | 187941 | 179508 | 143812 | 179599 | 124055 | 81049 |
| 1995 | 1113656 | 227220 | 225779 | 198781 | 238867 | 163980 | 104169 |
| 1996 | 1348508 | 265765 | 271954 | 236134 | 300872 | 205743 | 122698 |
| 1997 | 1523921 | 289109 | 296881 | 266204 | 342990 | 244489 | 146017 |
| 1998 | 1673485 | 326165 | 316628 | 291166 | 357050 | 280201 | 170105 |
| 1999 | 1841136 | 357116 | 340007 | 321747 | 380967 | 325593 | 190331 |
| 2000 | 2069720 | 443186 | 322626 | 362579 | 422727 | 376474 | 206018 |
| 2001 | 2296562 | 487832 | 342117 | 401333 | 463854 | 437086 | 224357 |
| 2002 | 2587766 | 597406 | 391255 | 446283 | 527170 | 490585 | 247179 |
| 2003 | 2914342 | 740415 | 394898 | 468761 | 533811 | 431032 | 262825 |
| 2004 | 3348000 | 836400 | 473100 | 559900 | 663400 | 493600 | 321600 |
| 2005 | 3827993 | 950367 | 549225 | 633286 | 770468 | 558989 | 365659 |
| 2006 | 4433437 | 1098359 | 643695 | 726830 | 900202 | 642394 | 421958 |
| 2007 | 5202050 | 1286832 | 762879 | 848608 | 1063528 | 749104 | 491099 |
| 2008 | 6265502 | 1620431 | 924853 | 1000132 | 1277977 | 874770 | 567340 |
| 2009 | 7179042 | 1893901 | 1058945 | 1143029 | 1440113 | 1000404 | 642650 |
| 2010 | 8528864 | 2537375 | 1193951 | 1301875 | 1653540 | 1128136 | 713987 |
| 2011 | 10067548 | 2965133 | 1422319 | 1548027 | 1966330 | 1329877 | 835863 |
| 2012 | 11586575 | 3293995 | 1674469 | 1803388 | 2312207 | 1538668 | 963848 |
| 2013 | 13183940 | 3440031 | 1985521 | 2118618 | 2744590 | 1783316 | 1111864 |

注：①2003 年始，社会消费品零售不包括制造业、农业生产者直接销售部分。②1993 年至 2005 年的全市社会消费品零售总额已根据 2004 年经济普查资料作了调整。③2005 年至 2008 年全市社会消费品零售总额已根据 2008 年经济普查资料作了调整。④2010 年起社会消费品零售总额制度口径调整。

Note: a)It started to exclude direct sales from manufacturer and agriculture workers. b) From 1993 to 2005 the total volume of social consumer retail sales have been adjusted according to the 2004 economic census information.c) From 2005 to 2008 the total volume of social consumer retail sales have been adjusted according to the 2008 economic census information. d) From 2010, the system caliber of the total volume of social consumer retail sales have been adjusted.

# 7－2 历年社会消费品零售额（按行业分）

## Total Retail Sales of Consumer Goods over the Years (by Sector)

单位：万元 (10 000 yuan)

| 年 份 Year | 合 计 Total | 批发和零售业 Wholesale and Retail Sale Trade | 住宿和餐饮业 Accommodation and Food Industry | 制 造 业 Manufacturing | 农业生产者 Agriculture | 其他行业零售额 Others |
|---|---|---|---|---|---|---|
| 1952 | 10185 | 8489 | 275 | 920 | 501 | – |
| 1955 | 14673 | 12231 | 423 | 1476 | 543 | – |
| 1960 | 22969 | 20594 | 782 | 1287 | 189 | 117 |
| 1965 | 24393 | 22169 | 800 | 913 | 285 | 226 |
| 1970 | 29970 | 26439 | 624 | 893 | 642 | 1372 |
| 1975 | 39389 | 35005 | 976 | 1653 | 950 | 805 |
| 1980 | 75915 | 65892 | 1764 | 6020 | 1677 | 562 |
| 1985 | 171116 | 129040 | 4693 | 22109 | 9433 | 5841 |
| 1986 | 210744 | 149913 | 5509 | 34436 | 12867 | 8019 |
| 1987 | 251756 | 178301 | 7026 | 41339 | 16028 | 9062 |
| 1988 | 331644 | 233674 | 8894 | 48068 | 21048 | 19960 |
| 1989 | 345191 | 250729 | 11209 | 40566 | 26901 | 15786 |
| 1990 | 358915 | 255828 | 13833 | 39940 | 32749 | 16565 |
| 1991 | 401109 | 288073 | 16175 | 37839 | 36871 | 22151 |
| 1992 | 499112 | 360022 | 21187 | 42164 | 45867 | 29872 |
| 1993 | 594220 | 527867 | 32905 | – | – | 33448 |
| 1994 | 861062 | 773458 | 50152 | – | – | 37452 |
| 1995 | 1113656 | 1005857 | 65863 | – | – | 41936 |
| 1996 | 1348508 | 1210972 | 90579 | – | – | 46957 |
| 1997 | 1523921 | 1351269 | 120073 | – | – | 52579 |
| 1998 | 1673485 | 1473345 | 141266 | – | – | 58874 |
| 1999 | 1841136 | 1620876 | 154337 | – | – | 65923 |
| 2000 | 2069720 | 1833586 | 162319 | – | – | 73815 |
| 2001 | 2296562 | 2024109 | 189801 | – | – | 82652 |
| 2002 | 2587766 | 2282940 | 212279 | – | – | 92547 |
| 2003 | 2914342 | 2540808 | 269907 | – | – | 103627 |
| 2004 | 3348000 | 3008513 | 339487 | – | – | – |
| 2005 | 3827993 | 3462372 | 365622 | – | – | – |
| 2006 | 4433437 | 4012076 | 421361 | – | – | – |
| 2007 | 5202050 | 4706823 | 495227 | – | – | – |
| 2008 | 6265502 | 5669851 | 595651 | – | – | – |
| 2009 | 7179042 | 6526898 | 652144 | – | – | – |
| 2010 | 8528864 | 7787004 | 741860 | – | – | – |
| 2011 | 10067548 | 9206157 | 861391 | – | – | – |
| 2012 | 11586575 | 10574029 | 1012547 | – | – | – |
| 2013 | 13183940 | 12103026 | 1002950 | – | – | – |

注：①2003 年始，社会消费品零售不包括制造业、农业生产者直接销售部分。②1993 年至 2005 年的全市社会消费品零售总额已根据 2004 年经济普查资料作了调整。③2005 年至 2008 年全市社会消费品零售总额已根据 2008 年经济普查资料作了调整。④2010 年起社会消费品零售总额制度口径调整。

Note: a)It started to exclude direct sales from manufacturer and agriculture workers. b) From 1993 to 2005 the total volume of social consumer retail sales have been adjusted according to the 2004 economic census information.c) From 2005 to 2008 the total volume of social consumer retail sales have been adjusted according to the 2008 economic census information. d) From 2010, the system caliber of the total volume of social consumer retail sales have been adjusted.

# 7－3 各区、县（市）社会消费品零售总额（2013 年）

单位：万元

| 指　　标 | Item | 全　市<br>Whole Municipality |
|---|---|---|
| **社会消费品零售总额** | **Total Retail Sales of Consumer Goods** | **13183940** |
| **(一)按销售地区分** | **Grouped by Sales Region** | |
| 1.城镇 | Municipality | 11428954 |
| 其中：城区 | City | 6340835 |
| 2.乡村 | Country | 1754986 |
| **(二)按行业分组** | **Grouped by sector** | |
| 1.批发零售贸易业 | Wholesale and Retail Sale Trade | 12103026 |
| 2.住宿和餐饮业 | Accommodation and Food Industry | 1002950 |

注：全市社会消费品零售总额包含部分抽样调查资料。

## Total Retail Sales of Consumer Goods in Each District and County (City) (2013)

(10 000 yuan)

| 越城区 Yuecheng District | 柯桥区 Keqiao District | 上虞区 Shangyu District | 诸暨市 Zhuji City | 嵊州市 Shengzhou City | 新昌县 Xinchang County |
|---|---|---|---|---|---|
| **3440031** | **1985521** | **2118618** | **2744590** | **1783316** | **1111864** |
| | | | | | |
| 3381592 | 1759817 | 1626786 | 2269957 | 1205336 | 1003039 |
| 2490213 | 144 | 1370010 | 1729984 | 634539 | – |
| 58440 | 198399 | 371318 | 461885 | 509759 | 107459 |
| | | | | | |
| – | – | – | – | – | – |
| – | – | – | – | – | – |

Note: The total volume of social consumer retail sales includes the partial sample survey.

# 7-4 全市限额以上批发零售贸易企业主要商品分类销售额（2011-2013年）

单位：万元

| 指　　标 | Item | 销售合计 Total 2011 |
| --- | --- | --- |
| **总　计** | **Total** | **13835981** |
| 食品、饮料、烟酒类 | Food, Beverages, Tobacco and Liquor | 1249243 |
| 食品类 | Edible Vegetable Oil，Food | 327023 |
| 粮油类 | Edible Vegetable Oil | 106610 |
| 肉禽蛋类 | Meat, Poultry and Eggs | 36199 |
| 水产品类 | aquatic product | 6805 |
| 蔬菜类 | Vegetable | 7613 |
| 干鲜果品类 | dry and fresh fruit | 12734 |
| 饮料类 | Beverages | 82747 |
| 烟酒类 | Tobacco and Liquor | 839473 |
| 服装、鞋帽、针纺织品类 | Clothing, Shoes, Hats and Textiles | 4851283 |
| 服装类 | Clothing | 510474 |
| 鞋帽类 | Shoes and Hats | 81172 |
| 针、纺织品类 | Knitwear and Textiles | 4259638 |
| 化妆品类 | Cosmetics | 33709 |
| 金银珠宝类 | Gold, Silver and Jewelry | 228878 |
| 日用品类 | Articles for Daily Use | 178360 |
| #洗涤用品类 | Washing Articles | 42785 |
| 儿童玩具类 | Children Toys | 6496 |
| 五金、电料类 | Hardware and Electrical Materials | 145852 |
| 体育、娱乐用品类 | Sports and Recreation Articles | 3943 |
| 书报杂志类 | Newspapers and Magazines | 34348 |
| 电子出版物及音像制品类 | E-journal and Video Products | 3441 |

# Total Sales of Enterprises above Designated Size in Wholesale and Retail Trade by Category of Main Commodities (2011-2013)

(10 000 yuan)

| | | 批　　发 Wholesale Trade | | | 零　　售 Retail Trade | | |
|---|---|---|---|---|---|---|---|
| 2012 | 2013 | 2011 | 2012 | 2013 | 2011 | 2012 | 2013 |
| **15349663** | **18318679** | **9085642** | **10058405** | **12407153** | **4750339** | **5291259** | **5911526** |
| 1383416 | 1660840 | 825116 | 878845 | 1078322 | 424126 | 504571 | 582518 |
| 414135 | 524545 | 64160 | 81630 | 127240 | 262863 | 332505 | 397305 |
| 126785 | 176076 | 43286 | 45582 | 87460 | 63324 | 81203 | 88617 |
| 40387 | 48901 | 13070 | 11981 | 18210 | 23129 | 28406 | 30690 |
| 40107 | 53974 | 486 | 9068 | 244 | 6318 | 31039 | 53730 |
| 9669 | 18052 | 400 | – | 3 | 7212 | 9669 | 18050 |
| 28180 | 41062 | 1055 | 1274 | 2684 | 11680 | 26906 | 38378 |
| 83881 | 111940 | 37038 | 33822 | 56145 | 45709 | 50059 | 55795 |
| 885400 | 1024355 | 723918 | 763393 | 894937 | 115555 | 122007 | 129418 |
| 5178700 | 5994399 | 4501452 | 4799037 | 5609416 | 349832 | 379663 | 384983 |
| 498775 | 569021 | 273485 | 245732 | 311214 | 236989 | 253043 | 257807 |
| 84175 | 78482 | 20507 | 18887 | 13122 | 60665 | 65288 | 65361 |
| 4595750 | 5346896 | 4207460 | 4534419 | 5285080 | 52178 | 61332 | 61816 |
| 39939 | 45445 | – | – | – | 33709 | 39939 | 45445 |
| 280302 | 404170 | 59903 | 64366 | 52200 | 168975 | 215936 | 351970 |
| 171917 | 192892 | 68215 | 50145 | 55053 | 110145 | 121772 | 137839 |
| 47613 | 54765 | – | 571 | 2228 | 42785 | 47042 | 52537 |
| 4950 | 8740 | 2061 | 324 | 2756 | 4435 | 4626 | 5984 |
| 136861 | 111023 | 127530 | 119535 | 90187 | 18322 | 17325 | 20837 |
| 4958 | 5111 | 166 | 180 | 202 | 3777 | 4778 | 4909 |
| 36825 | 38692 | – | – | – | 34348 | 36825 | 38692 |
| 2738 | 2061 | – | – | – | 3441 | 2738 | 2061 |

# 7-4 续表

单位：万元

| 指　　标 | Item | 销售合计 Total 2011 |
| --- | --- | --- |
| 家用电器和音像器材类 | Household Appliances and Video Appliances | 458350 |
| 中西药品类 | Traditional Chinese and Western Medicines | 531577 |
| #西药 | Western Medicines | 360386 |
| 中草药及中成药 | Traditional Chinese Medicines | 164595 |
| 文化办公用品类 | Cultural and Official Goods | 52485 |
| 家具类 | Furniture | 3403 |
| 通讯器材类 | Communication Appliances | 36139 |
| 煤炭及制品类 | Coal and Related Products | 525561 |
| 木材及制品类 | Wood and Wooden Products | 950 |
| 石油及制品类 | Petroleum and Related Products | 1941313 |
| 化工材料及制品类 | Raw Chemical Materials | 809372 |
| #化肥类 | Fertilizer | 73066 |
| 金属材料类 | Metal Materials | 361468 |
| 建筑及装潢材料类 | Building and Decoration Materials | 50747 |
| 机电产品设备类 | Mechanical and Electrical Products | 203153 |
| #农机类 | Agricultural Machinery | 9568 |
| 汽车类 | Automobile | 1919000 |
| 种子饲料类 | Seed and Feedstuff | 2287 |
| 棉麻类 | Cotton, Hemp | 41557 |
| 其他类 | Others | 169562 |

## Continued

(10 000 yuan)

| | | 批　　发 Wholesale Trade | | | 零　　售 Retail Trade | | |
|---|---|---|---|---|---|---|---|
| 2012 | 2013 | 2011 | 2012 | 2013 | 2011 | 2012 | 2013 |
| 404825 | 414598 | 92618 | 27726 | 15585 | 365732 | 377099 | 399013 |
| 629122 | 731648 | 412234 | 490540 | 574528 | 119344 | 138582 | 157119 |
| 440678 | 515068 | 290166 | 352911 | 412359 | 70219 | 87767 | 102708 |
| 180029 | 203762 | 115786 | 129465 | 149587 | 48809 | 50563 | 54176 |
| 62554 | 67226 | 23457 | 29436 | 26858 | 29028 | 33118 | 40368 |
| 12098 | 10797 | 32 | 21 | 0 | 3371 | 12076 | 10797 |
| 45170 | 53825 | 16646 | 20809 | 27093 | 19493 | 24360 | 26732 |
| 533539 | 529497 | 525561 | 533539 | 529497 | – | – | – |
| 2596 | 1132 | 950 | 164 | 1132 | – | 2432 | – |
| 1969152 | 2546427 | 851637 | 766066 | 1544017 | 1089676 | 1203086 | 1002410 |
| 1174645 | 1503051 | 799398 | 1168181 | 1454069 | 9974 | 6464 | 48982 |
| 82479 | 88027 | 67816 | 77118 | 83052 | 5250 | 5361 | 4976 |
| 602129 | 692500 | 361468 | 602129 | 692500 | – | – | – |
| 122384 | 248110 | 45899 | 115414 | 240444 | 4848 | 6970 | 7665 |
| 175203 | 156510 | 194285 | 168700 | 152202 | 8868 | 6502 | 4308 |
| 8463 | – | 9568 | 8463 | – | – | – | – |
| 2141194 | 2630861 | 6744 | 22014 | 20558 | 1912255 | 2119180 | 2610303 |
| 13158 | 1185 | 2287 | 13158 | 1185 | – | – | – |
| 51526 | 28824 | 41557 | 51526 | 28824 | – | – | – |
| 174715 | 247856 | 128487 | 136873 | 213282 | 41076 | 37842 | 34575 |

# 7－5 全市限额以上批发零售贸易企业财务状况（2013 年）

单位：万元

| 指　　标 | Item | 企业数（个） Number of Enterprises (unit) |
|---|---|---|
| **总　　计** | **Total** | **1259** |
| 其中：国有控股 | State-owned Enterprises | 19 |
| **按区、县(市)分** | **Grouped by District and County (City)** | |
| 越 城 区 | Yuecheng District | 325 |
| 柯 桥 区 | Keqiao District | 380 |
| 上 虞 区 | Shangyu District | 136 |
| 诸 暨 市 | Zhuji City | 270 |
| 嵊 州 市 | Shengzhou City | 84 |
| 新 昌 县 | Xinchang County | 64 |
| **按登记注册类型分组** | **Grouped by Registration Status** | |
| 内资企业 | Domestic Funded Enterprise | 1239 |
| 国有企业 | State-owned Enterprises | 3 |
| 集体企业 | Collective-owned Enterprises | 10 |
| 股份合作企业 | Cooperative Enterprises | – |
| 联营企业 | Joint Ownership Enterprises | – |
| 集体联营企业 | Colleetive Jomt Oweership Enterprises | – |
| 有限责任公司 | Limited Liability Corporations | 206 |
| 国有独资公司 | State-funded Corporations | 15 |
| 其他有限责任公司 | Other Limited Liability Corporations | 191 |
| 股份有限公司 | Share-holding Corporations Ltd. | 17 |
| 私营企业 | Private Enterprises | 1001 |
| 私营独资企业 | Private-funded Enterprises | 24 |
| 私营合伙企业 | Private partnership Ewterprise | – |
| 私营有限责任公司 | Private Limited Liability Corporations | 968 |
| 私营股份有限公司 | Private Share-holding Corporations Ltd. | 9 |
| 其他企业 | Other Enterprises | 2 |
| 港、澳、台商投资企业 | Enterprises with Investment from Hong Kong,Macao and Taiwan | 10 |
| 与港澳台商合资经营企业 | Joint-venture Enterprises with Investment from Hong Kong,Macao and Taiwan | 1 |
| 港澳台商独资经营企业 | Cooperative Enterprises with Investment from Hong Kong,Macao and Taiwan | 9 |
| 外商投资企业 | Enterprises with Foreign Investment | 10 |
| 中外合资经营企业 | Joint-venture Enterprises with Foreign Investment | 5 |
| 外资企业 | Enterprises with Foreign Investment | 5 |

# Main Financial Indicators of Purchases，Sales and Inventory of Wholesale and Retail Trade above Designated Size (2013)

(10 000 yuan)

| 年末资产负债 (Assets and Liabilities) | | | | | | 所有者权益 Creditors Equity | #实收资本 Capital Hold |
|---|---|---|---|---|---|---|---|
| 流动资产小计 Circulating Funds | #存货 Deposits and Loans | 固定资产原价 Original Value of Fixed Assets | #本年折旧 Deprecation | 资产合计 Total Assets | 负债合计 Total Liabilities | | |
| **8676327** | **1205029** | **1265766** | **64986** | **11376403** | **8951849** | **2424554** | **1271772** |
| 514703 | 116776 | 129749 | 4820 | 713708 | 214850 | 498858 | 72634 |
| | | | | | | | |
| 2277770 | 431289 | 270163 | 396777 | 20408 | 2853186 | 2115803 | 737383 |
| 3433393 | 307024 | 188265 | 263999 | 16293 | 4023665 | 3348837 | 674828 |
| 576576 | 110952 | 107008 | 152391 | 6971 | 853392 | 698514 | 154879 |
| 1711597 | 243899 | 283369 | 354704 | 16122 | 2790577 | 2119989 | 670588 |
| 248391 | 47438 | 45255 | 60639 | 2934 | 327241 | 262489 | 64752 |
| 428600 | 64427 | 23171 | 37257 | 2259 | 528343 | 406218 | 122125 |
| | | | | | | | |
| 8367063 | 1182431 | 1229565 | 63019 | 10986589 | 8560818 | 2425771 | 1207725 |
| 298384 | 29789 | 49475 | 1941 | 340346 | 21185 | 319161 | 5179 |
| 15183 | 6543 | 12799 | 382 | 35166 | 21878 | 13289 | 4889 |
| – | – | – | – | – | – | – | – |
| – | – | – | – | – | – | – | – |
| – | – | – | – | – | – | – | – |
| 1970245 | 318222 | 425355 | 20973 | 2633079 | 1937639 | 695440 | 321280 |
| 94217 | 52074 | 37403 | 713 | 134997 | 85194 | 49804 | 8753 |
| 1876028 | 266148 | 387952 | 20260 | 2498081 | 1852445 | 645636 | 312526 |
| 397526 | 56672 | 169313 | 6893 | 1195436 | 809309 | 386127 | 137520 |
| 5685502 | 771182 | 572520 | 32829 | 6782281 | 5770751 | 1011530 | 738708 |
| 17842 | 6915 | 5309 | 478 | 22467 | 16057 | 6410 | 2121 |
| – | – | – | – | – | – | – | – |
| 5592518 | 744086 | 557993 | 31464 | 6676193 | 5683572 | 992621 | 730604 |
| 75142 | 20180 | 9218 | 888 | 83621 | 71122 | 12499 | 5983 |
| 225 | – | 102 | 2 | 281 | – | 224 | 150 |
| 62343 | 12445 | 21872 | 1310 | 83799 | 44486 | 39313 | 40012 |
| 1581 | 781 | 417 | 80 | 1967 | 2721 | -754 | 300 |
| 60762 | 11664 | 21456 | 1230 | 81832 | 41766 | 40067 | 39712 |
| 246921 | 10152 | 14329 | 657 | 306016 | 346545 | -40529 | 24035 |
| 231357 | 7215 | 5878 | 321 | 286519 | 322885 | -36366 | 18605 |
| 15564 | 2937 | 8451 | 337 | 19497 | 23660 | -4163 | 5430 |

# 7-5 续表 1

单位：万元

| 指　　标 | Item | 主营业务收　入<br>Net Sales Revenue | 主营业务成　本<br>Cost of Sales |
|---|---|---|---|
| **总　　计** | **Total** | **18122392** | **16814781** |
| 其中：国有控股 | State-owned Enterprises | 1601581 | 1369511 |
| **按区、县(市)分** | Grouped by District and County (City) | | |
| 越 城 区 | Yuecheng District | 5829524 | 5330966 |
| 柯 桥 区 | Keqiao District | 6078662 | 5683861 |
| 上 虞 区 | Shangyu District | 1365531 | 1267338 |
| 诸 暨 市 | Zhuji City | 3678579 | 3454575 |
| 嵊 州 市 | Shengzhou City | 480342 | 445397 |
| 新 昌 县 | Xinchang County | 689755 | 632644 |
| **按登记注册类型分组** | **Grouped by Registration Status** | | |
| 内资企业 | Domestic Funded Enterprises | 17357801 | 16089022 |
| 国有企业 | State-owned Enterprises | 667028 | 488033 |
| 集体企业 | Collective-owned Enterprises | 94932 | 88599 |
| 股份合作企业 | Cooperative Enterprises | – | – |
| 联营企业 | Joint Ownership Enterprises | – | – |
| 集体联营企业 | Collective Joint Ownership Enterprises | – | – |
| 有限责任公司 | Limited Liability Corporations | 3938911 | 3595917 |
| 国有独资公司 | State-funded Corporations | 206626 | 187453 |
| 其他有限责任公司 | Other Limited Liability Corporations | 3732285 | 3408464 |
| 股份有限公司 | Share-holding Corporations Ltd. | 1745595 | 1654763 |
| 私营企业 | Private Enterprises | 10908703 | 10260160 |
| 私营独资企业 | Private-funded Enterprises | 55906 | 50638 |
| 私营合伙企业 | Private Partnership Enterprises | – | – |
| 私营有限责任公司 | Private Limited Liability Corporations | 10496667 | 9869725 |
| 私营股份有限公司 | Private Share-holding Corporations Ltd. | 356130 | 339798 |
| 其他企业 | Other Enterprises | 2631 | 1551 |
| 港、澳、台商投资企业 | Enterprises with Investment from Hong Kong,Macao and Taiwan | 176275 | 162256 |
| 与港澳台商合资经营企业 | Joint-venture Enterprises with Investment from Hong Kong,Macao and Taiwan | 4014 | 3411 |
| 港澳台商独资经营企业 | Hong Kong,Macao and Taiwan-funded Enterprises | 172261 | 158845 |
| 外商投资企业 | Enterprises with Foreign Investment | 588317 | 563503 |
| 中外合资经营企业 | Joint-venture Enterprises with Foreign Investment | 519677 | 504867 |
| 外资企业 | Enterprises with Foreign Investment | 68640 | 58636 |

# Continued 1

(10 000yuan)

| 营　业<br>费　用<br>Management Cost | 主营业务税金及附加<br>Sales Tax and Extra Charges | 主营业务<br>利　润<br>Total Profits | 管　理<br>费　用<br>Administration Cost | 营　业<br>利　润<br>Management Profits | 利　润<br>总　额<br>Total Profits | 应　付<br>职工薪酬<br>Total Wages Payable | 本年应缴<br>增值税额<br>Value Added Tax Payable |
|---|---|---|---|---|---|---|---|
| **381888** | **76939** | **1230673** | **320532** | **434327** | **413968** | **283338** | **367740** |
| 31103 | 40729 | 191341 | 39660 | 132548 | 131928 | 60002 | 37637 |
| | | | | | | | |
| 153150 | 51038 | 447521 | 125925 | 169502 | 165676 | 121819 | 76261 |
| 63052 | 12445 | 382357 | 64681 | 196769 | 163206 | 68465 | 248766 |
| 42322 | 4308 | 93885 | 36692 | 7578 | 13283 | 27347 | 9090 |
| 74440 | 6839 | 217164 | 69345 | 49236 | 56313 | 43427 | 20931 |
| 13463 | 1159 | 33786 | 12994 | 3358 | 6977 | 11951 | 5392 |
| 35461 | 1150 | 55961 | 10895 | 7885 | 8512 | 10330 | 7301 |
| | | | | | | | |
| 352467 | 76073 | 1192707 | 309195 | 434636 | 414681 | 269487 | 360109 |
| 9259 | 39733 | 139262 | 25075 | 114644 | 114337 | 40871 | 29686 |
| 3635 | 104 | 6229 | 3482 | 673 | 484 | 2910 | 1036 |
| – | – | – | – | – | – | – | – |
| – | – | – | – | – | – | – | – |
| – | – | – | – | – | – | – | – |
| 145327 | 10875 | 332120 | 92259 | 83367 | 86977 | 80616 | 50092 |
| 9268 | 397 | 18777 | 6883 | 1184 | 3265 | 9781 | 2212 |
| 136059 | 10478 | 313343 | 85375 | 82183 | 83712 | 70835 | 47880 |
| 32958 | 3395 | 87438 | 32100 | 34640 | 39495 | 26642 | 20034 |
| 161289 | 21963 | 626581 | 156264 | 200252 | 172326 | 118423 | 259261 |
| 1568 | 185 | 5083 | 2998 | 664 | 996 | 1349 | 567 |
| – | – | – | – | – | – | – | – |
| 155631 | 21567 | 605375 | 149895 | 191236 | 163462 | 115150 | 249320 |
| 4090 | 210 | 16122 | 3371 | 8353 | 7868 | 1925 | 9373 |
| – | – | 1080 | 17 | 1060 | 1063 | 25 | – |
| 6343 | 432 | 13587 | 6347 | 1102 | 1122 | 3795 | 4905 |
| 874 | 24 | 580 | 238 | -328 | -317 | 359 | 75 |
| 5468 | 408 | 13007 | 6108 | 1431 | 1439 | 3436 | 4830 |
| 23078 | 435 | 24379 | 4991 | -1412 | -1835 | 10056 | 2726 |
| 13138 | 214 | 14596 | 3715 | -1072 | -673 | 6416 | 1723 |
| 9941 | 221 | 9783 | 1276 | -340 | -1163 | 3639 | – |

# 7-5 续表 2

单位：万元

| 指标 | Item | 企业数(个) Number of Enterprises (unit) |
|---|---|---|
| **按国民经济行业分** | **Grouped by Sector** | |
| **(一)批发业** | **Wholesale Trades** | |
| 农、林、牧产品批发 | Wholesale of Farming and Animal Products | 9 |
| 食品、饮料及烟草制品批发 | Wholesale of Food，Beverages and Tobaccos | 31 |
| 纺织品、服装及日用品批发 | Wholesale of Textiles, Garment and Daily Goods | 586 |
| 文化、体育用品及器材批发 | Wholesale of Cultural and Sports Appliances | 31 |
| 医药及医疗器材批发 | Wholesale of Medicines and Medical Appliances | 18 |
| 矿产品、建材及化工产品批发 | Wholesale of Mineral Products，Building Materials and Chemical Products | 184 |
| 机械设备、五金交电及电子产品批发 | Wholesale of Mechanical Facilities，Hardware，Transport，Electric and Electrical Products | 54 |
| 贸易经纪与代理 | Trade Manager and Agency Industry | 1 |
| 其他批发 | Other Wholesale Trade | 12 |
| **(二)零售业** | **Retail Trades** | |
| 综合零售 | Specialty Retail of General Products | 37 |
| 食品、饮料及烟草制品专门零售 | Specialty Retail of Food，Beverages and Tobaccos | 7 |
| 纺织品、服装及日用品专门零售 | Specialty Retail of Textiles, Garment and Daily Goods | 8 |
| 文化、体育用品及器材专门零售 | Specialty Retail of Cultural and Sports Appliances | 31 |
| 医药及医疗器材专门零售 | Specialty Retail of Medicines and Medical Appliances | 9 |
| 汽车、摩托车、燃料及零配件专门零售 | Specialty Retail of Automobile，Motorcycle，Fuel and Their Parts | 186 |
| 家用电器及电子产品专门零售 | Specialty Retail of Electrical Household Appliances and Electronic Products | 38 |
| 五金、家具及室内装修材料专门零售 | Specialty Retail of Metals，Furniture and Building Decoration Materials | 12 |
| 无店铺及其他零售 | Direct and Other Wholesale | 5 |

## Continued 2

(10 000yuan)

| 年末资产负债 (Assets and Liabilities) | | | | | | 所有者权益 Creditors Equity | #实收资本 Capital Hold |
|---|---|---|---|---|---|---|---|
| 流动资产小计 Circulating Funds | #存货 Deposits and Loans | 固定资产原价 Original Value of Fixed Assets | #本年折旧 Deprecation | 资产合计 Total Assets | 负债合计 Total Liabilities | | |
| | | | | | | | |
| 65115 | 29122 | 19044 | 453 | 83426 | 69209 | 14217 | 6270 |
| 423705 | 62858 | 77015 | 2849 | 511621 | 120868 | 390753 | 34727 |
| 3444856 | 356491 | 199441 | 14185 | 4015791 | 3294387 | 721405 | 435642 |
| 135751 | 15319 | 19706 | 714 | 162363 | 123749 | 38614 | 23824 |
| 248533 | 42388 | 46970 | 1845 | 366970 | 216422 | 150548 | 36215 |
| 2118018 | 126232 | 200791 | 8991 | 2974883 | 2476588 | 498295 | 311011 |
| 324427 | 48709 | 12813 | 641 | 354052 | 313430 | 40622 | 27288 |
| 12773 | – | – | – | 12773 | 8325 | 4448 | 500 |
| 68019 | 5828 | 8629 | 349 | 93552 | 73611 | 19942 | 21333 |
| | | | | | | | |
| 528080 | 89692 | 296375 | 12573 | 985872 | 820279 | 165593 | 86325 |
| 12992 | 4063 | 3983 | 206 | 17107 | 6267 | 10840 | 1523 |
| 13569 | 6210 | 13903 | 1183 | 24101 | 24281 | -181 | 4043 |
| 149756 | 104271 | 37495 | 850 | 210784 | 97156 | 113629 | 23896 |
| 74905 | 14854 | 15537 | 477 | 89471 | 71270 | 18202 | 12477 |
| 871870 | 266781 | 264622 | 17103 | 1215890 | 1014150 | 201740 | 207628 |
| 75520 | 27007 | 18741 | 1207 | 103582 | 78090 | 25492 | 21935 |
| 103623 | 3074 | 28084 | 1304 | 147120 | 137826 | 9294 | 16001 |
| 4815 | 2131 | 2618 | 56 | 7045 | 5942 | 1103 | 1136 |

# 7-5 续表 3

单位：万元

| 指标 | Item | 主营业务收入 Net Sales Revenue | 主营业务成本 Cost of Sales |
|---|---|---|---|
| **按国民经济行业分** | **Grouped by Sector** | | |
| **(一)批发业** | **Wholesale Trades** | | |
| 农、林、牧产品批发 | Wholesale of Farming and Animal Products | 86810 | 81718 |
| 食品、饮料及烟草制品批发 | Wholesale of Food，Beverages and Tobaccos | 922956 | 704372 |
| 纺织品、服装及日用品批发 | Wholesale of Textiles, Garment and Daily Goods | 6427917 | 6028055 |
| 文化、体育用品及器材批发 | Wholesale of Cultural and Sports Appliances | 294975 | 278324 |
| 医药及医疗器材批发 | Wholesale of Medicines and Medical Appliances | 524995 | 474544 |
| 矿产品、建材及化工产品批发 | Wholesale of Mineral Products，Building Mater-ials and Chemical Products | 3911940 | 3729920 |
| 机械设备、五金交电及电子产品批发 | Wholesale of Mechanical Facilities，Hardware，Transport，Electric and Electrical Products | 677999 | 651184 |
| 贸易经纪与代理 | Trade Manager and Agency Industry | 14308 | 12448 |
| 其他批发 | Other Wholesale Trade | 121915 | 118457 |
| **(二)零售业** | **Retail Trades** | | |
| 综合零售 | Specialty Retail of General Products | 1123309 | 985501 |
| 食品、饮料及烟草制品专门零售 | Specialty Retail of Food，Beverages and Tobaccos | 32962 | 28178 |
| 纺织品、服装及日用品专门零售 | Specialty Retail of Textiles, Garment and Daily Goods | 69822 | 62514 |
| 文化、体育用品及器材专门零售 | Specialty Retail of Cultural and Sports Appliances | 233139 | 200210 |
| 医药及医疗器材专门零售 | Specialty Retail of Medicines and Medical Appliances | 121668 | 100586 |
| 汽车、摩托车、燃料及零配件专门零售 | Specialty Retail of Automobile，Motorcycle，Fuel and Their Parts | 3368156 | 3192368 |
| 家用电器及电子产品专门零售 | Specialty Retail of Electrical Household Appliances and Electronic Products | 157388 | 139083 |
| 五金、家具及室内装修材料专门零售 | Specialty Retail of Metals，Furniture and Building Decoration Materials | 23484 | 19452 |
| 无店铺及其他零售 | Direct and Other Wholesale | 8651 | 7866 |

## Continued 3

(10 000yuan)

| 营业费用 Management Cost | 主营业务税金及附加 Sales Tax and Extra Charges | 主营业务利润 Total Profits | 管理费用 Administration Cost | 营业利润 Management Profits | 利润总额 Total Profits | 应付职工薪酬 Total Wages Payable | 本年应缴增值税额 Value Added Tax Payable |
|---|---|---|---|---|---|---|---|
| 2240 | 14 | 5078 | 2099 | -786 | 1503 | 2207 | 128 |
| 26973 | 40320 | 178263 | 31338 | 127111 | 128132 | 47061 | 33815 |
| 70528 | 9239 | 390624 | 72280 | 157174 | 133266 | 54960 | 227382 |
| 3581 | 387 | 16263 | 3886 | 5147 | 4260 | 3112 | 13292 |
| 30921 | 879 | 49572 | 10151 | 8462 | 6131 | 8710 | 7138 |
| 51027 | 6507 | 175513 | 41054 | 70787 | 74944 | 32186 | 29182 |
| 8237 | 623 | 26191 | 8310 | 7001 | 7731 | 6081 | 4643 |
| 109 | 11 | 1849 | 63 | 1540 | 1540 | 44 | – |
| 1407 | 308 | 3150 | 1123 | 888 | -187 | 573 | 2208 |
| | | | | | | | |
| 77067 | 8600 | 129208 | 57504 | 29187 | 33467 | 47110 | 17065 |
| 1387 | 161 | 4623 | 2236 | 1095 | 1187 | 4122 | 782 |
| 3329 | 470 | 6838 | 4809 | -189 | -514 | 1945 | 679 |
| 15448 | 4098 | 1230673 | 5534 | 6513 | 6470 | 8829 | 1831 |
| 12756 | 461 | 20622 | 5465 | 2390 | 2623 | 7468 | 2969 |
| 65011 | 3835 | 171952 | 64630 | 21373 | 16286 | 50697 | 20965 |
| 10036 | 689 | 17616 | 6907 | 348 | 795 | 6511 | 4654 |
| 1457 | 324 | 3707 | 2691 | -3597 | -3625 | 1262 | 380 |
| 376 | 13 | 772 | 455 | -116 | -41 | 460 | 627 |

# 7－6 全市限额以上住宿餐饮企业财务状况（2013年）

单位：万元

| 指 标 | Item | 企业数（个） Number of Enterprises (unit) |
|---|---|---|
| **总 计** | **Total** | **201** |
| 其中：国有控股 | State-owned Enterprises | 5 |
| **按区、县(市)分** | Grouped by District and County (City) | |
| 越 城 区 | Yuecheng District | 38 |
| 柯 桥 区 | Keqiao District | 37 |
| 上 虞 区 | Shangyu District | 20 |
| 诸 暨 市 | Zhuji City | 75 |
| 嵊 州 市 | Shengzhou City | 15 |
| 新 昌 县 | Xinchang County | 16 |
| **按登记注册类型分组** | **Grouped by Registration Status** | |
| 内资企业 | Domestic Funded Enterprises | 195 |
| 国有企业 | State-owned Enterprises | 3 |
| 集体企业 | Collective-owned Enterprises | – |
| 股份合作企业 | Cooperative Enterprises | – |
| 联营企业 | Joint Ownership Enterprises | – |
| 集体联营 | Collective Joint Ownership Enterprises | – |
| 国有与集体联营企业 | Joint State-collective Enterprises | – |
| 有限责任公司 | Liablilty Corporations | 34 |
| 国有独资 | State-funded Corporations | 2 |
| 其他有限责任公司 | Other Limited Liability Corporations | 32 |
| 股份有限公司 | Share-holding Corporations Ltd. | – |
| 私营企业 | Private Enterprises | 156 |
| 私营独资企业 | Private-funded Enterprises | 50 |
| 私营合伙企业 | Private Partnership Enterprises | 2 |
| 私营有限责任公司 | Private Limited Liability Corporations | 102 |
| 私营股份有限公司 | Private Share-holding Corporations Ltd. | 2 |
| 港、澳、台商投资经营企业 | Enterprises With Sole Investment from HongKong, Macao and Taiwan | 6 |
| 外商投资企业 | Enterprises with Foreign Investment | – |
| **按国民经济行业分组** | **Grouped By Sector** | |
| 旅游饭店 | Tourist Hotel | 65 |
| 一般旅馆 | General Hotel | 16 |
| 其他住宿服务 | Other Residential Services | 1 |
| 正餐服务 | Dinner Service | 117 |
| 快餐服务 | Fast Food Service | – |
| 其他餐饮服务 | Other Food and Beverage Service | 2 |

# Main Financial Indicators of Accommodation and Catering Serviced Enterprises Above Designated Size (2013)

(10 000 yuan)

| 年末资产负债 (Assets and Liabilities) | | | | | | 所有者权益 | |
|---|---|---|---|---|---|---|---|
| 流动资产小计 | | 固定资产原价 | | 资产合计 | 负债合计 | | #实收资本 |
| Circulating Funds | #存货 Deposits and Loans | Original Value of Fixed Assets | #本年折旧 Deprecation | Total Assets | Total Liabilities | Creditors Equity | Capital Hold |
| **330138** | **21764** | **483315** | **25127** | **880852** | **667385** | **213467** | **232516** |
| 39276 | 435 | 35116 | 1181 | 81576 | 40527 | 41049 | 16547 |
| | | | | | | | |
| 100436 | 9250 | 164856 | 7261 | 237837 | 169690 | 68148 | 126495 |
| 29653 | 3620 | 73561 | 3255 | 143730 | 144422 | -692 | 27476 |
| 66939 | 2821 | 121660 | 7099 | 219625 | 133444 | 86181 | 34093 |
| 44070 | 4956 | 68503 | 3354 | 131651 | 91495 | 40155 | 22397 |
| 68428 | 724 | 27221 | 2275 | 96595 | 82075 | 14521 | 13735 |
| 20612 | 393 | 27515 | 1882 | 51414 | 46259 | 5155 | 8320 |
| | | | | | | | |
| 282207 | 19099 | 375594 | 20089 | 767430 | 626308 | 141123 | 209669 |
| 3531 | 171 | 18138 | 522 | 33117 | 10861 | 22256 | 12897 |
| – | – | – | – | – | – | – | – |
| – | – | – | – | – | – | – | – |
| – | – | – | – | – | – | – | – |
| – | – | – | – | – | – | – | – |
| – | – | – | – | – | – | – | – |
| 162185 | 10015 | 154218 | 7454 | 358562 | 289808 | 68754 | 63540 |
| 35745 | 264 | 16977 | 659 | 48459 | 29666 | 18792 | 3650 |
| 126440 | 9751 | 137241 | 6795 | 310103 | 260142 | 49961 | 59890 |
| – | – | – | – | – | – | – | – |
| 116081 | 8848 | 199412 | 12097 | 369659 | 321303 | 48356 | 131683 |
| 4320 | 376 | 10051 | 369 | 17059 | 3782 | 13277 | 5798 |
| 408 | 45 | 333 | 4 | 696 | 296 | 400 | 398 |
| 110939 | 8419 | 188710 | 11675 | 350856 | 315914 | 34942 | 75007 |
| 415 | 8 | 318 | 49 | 1048 | 1311 | -263 | 50480 |
| 47931 | 2665 | 107721 | 5038 | 113421 | 41077 | 72344 | 22847 |
| – | – | – | – | – | – | – | – |
| | | | | | | | |
| 253914 | 8167 | 357236 | 17405 | 663298 | 509172 | 154126 | 134922 |
| 2832 | 107 | 8361 | 441 | 8945 | 9967 | -1022 | 2980 |
| 424 | 62 | 744 | 33 | 560 | 1296 | -736 | – |
| 67642 | 11612 | 110490 | 7048 | 196497 | 143064 | 53434 | 93514 |
| – | – | – | – | – | – | – | – |
| 5325 | 1817 | 6485 | 201 | 11552 | 3887 | 7665 | 1100 |

# 7-6 续表

单位：万元

| 指　　标 | Item | 主营业收入<br>Not Sales Revenue | 主营业务成本<br>Cost of Sales |
|---|---|---|---|
| **总　　计** | **Total** | **376090** | **166854** |
| 其中：国有控股 | State-owned Enterprises | 17013 | 6392 |
| **按区、县(市)分** | Grouped by District and County (City) | | |
| 越城区 | Yuecheng District | 112310 | 45940 |
| 柯桥区 | Keqiao District | 49966 | 20500 |
| 上虞区 | Shangyu District | 98377 | 41564 |
| 诸暨市 | Zhuji City | 73335 | 38583 |
| 嵊州市 | Shengzhou City | 25922 | 11214 |
| 新昌县 | Xinchang County | 16181 | 9052 |
| **按登记注册类型分组** | **Grouped by Registration Status** | | |
| 内资企业 | Domestic Funded Enterprises | 311110 | 144585 |
| 国有企业 | State-owned Enterprises | 7921 | 2939 |
| 集体企业 | Collective-owned Enterprises | - | - |
| 股份合作企业 | Cooperative Enterprises | - | - |
| 联营企业 | Joint Ownership Enterprises | - | - |
| 集体联营 | Collective Joint Ownership Enterprises | - | - |
| 国有与集体联营企业 | Joint State-collective Enterprises | - | - |
| 有限责任公司 | Limited Liablilty Corporations | 132532 | 55598 |
| 国有独资 | State-funded Corporations | 9092 | 3453 |
| 其他有限责任公司 | Other Limited Liability Corporations | 123440 | 52145 |
| 股份有限公司 | Share-holding Corporations Ltd. | - | - |
| 私营企业 | Private Enterprises | 169752 | 85526 |
| 私营独资企业 | Private-funded Enterprises | 15725 | 10520 |
| 私营合伙企业 | Private Partnership Enterprises | 424 | 245 |
| 私营有限责任公司 | Private Limited Liability Corporations | 152734 | 74639 |
| 私营股份有限公司 | Private Share-holding Corporations Ltd. | 869 | 122 |
| 港、澳、台商独资(投资)经营企业 | Enterprises With Sole Investment from HongKong, Macao and Taiwan | 64979 | 22270 |
| 外商投资企业 | Enterprises with Foreign Investment | - | - |
| **按国民经济行业分组** | **Grouped By Sector** | | |
| 旅游饭店 | Tourist Hotel | 207557 | 77215 |
| 一般旅馆 | General Hotel | 6229 | 1387 |
| 其他住宿服务 | Other Residential Services | 3392 | 610 |
| 正餐服务 | Dinner Service | 142782 | 75926 |
| 快餐服务 | Fast Food Service | - | - |
| 其他餐饮服务 | Other Food and Beverage Service | 16129 | 11716 |

# Continued

(10 000 yuan)

| 营业费用 Management Cost | 主营业务税金及附加 Sales Tax and Extra Charges | 管理费用 Administration Cost | 营业利润 Management Profits | 利润总额 Total Profits | 应付职工薪酬 Total Wages Payable |
|---|---|---|---|---|---|
| **100873** | **19518** | **77748** | **–804** | **3318** | **68306** |
| 6653 | 959 | 5834 | -2489 | -2205 | 6795 |
| | | | | | |
| 37818 | 6505 | 27952 | -9803 | -9078 | 21901 |
| 15523 | 2736 | 13174 | -4172 | -3162 | 11466 |
| 18987 | 5012 | 17046 | 12285 | 14602 | 10877 |
| 17801 | 2897 | 9198 | 3843 | 3449 | 14252 |
| 8544 | 1488 | 6392 | -2102 | -2058 | 6070 |
| 2201 | 882 | 3987 | -855 | -436 | 3740 |
| | | | | | |
| 87256 | 15944 | 69243 | -16018 | -12455 | 59907 |
| 3201 | 455 | 2317 | -877 | -580 | 3777 |
| – | – | – | – | – | – |
| – | – | – | – | – | – |
| – | – | – | – | – | – |
| – | – | – | – | – | – |
| – | – | – | – | – | – |
| 43251 | 7354 | 29695 | -8855 | -6272 | 21859 |
| 3452 | 505 | 3517 | -1612 | -1625 | 3018 |
| 39800 | 6849 | 26179 | -7242 | -4647 | 18841 |
| – | – | – | – | – | – |
| 40329 | 8090 | 37073 | -6010 | -5348 | 34106 |
| 988 | 456 | 1357 | 2236 | 1693 | 2885 |
| 30 | 30 | 74 | 6 | 6 | 93 |
| 38664 | 7552 | 34530 | -7203 | -6063 | 30915 |
| 648 | 52 | 1112 | -1048 | -983 | 213 |
| 13617 | 3574 | 8505 | 15213 | 15773 | 8399 |
| – | – | – | – | – | – |
| | | | | | |
| 59447 | 11565 | 51108 | 1209 | 5795 | 43669 |
| 2504 | 340 | 2278 | -230 | -274 | 1389 |
| 2508 | 186 | 355 | -295 | -275 | 870 |
| 35275 | 7193 | 22981 | -3268 | -3782 | 21512 |
| – | – | – | – | – | – |
| 1139 | 234 | 1026 | 1780 | 1853 | 866 |

# 7－7　分区、县（市）商品交易市场成交情况（2013 年）

| 指　标 | Item | 全　市<br>Whole Municipality |
| --- | --- | --- |
| **商品交易市场个数　（个）** | **Number of Transaction Markets　(unit)** | **413** |
| #超亿元市场 | Above 100 Million Yuan | 68 |
| 超十亿元市场 | Above 1000 Million Yuan | 28 |
| 超百亿元市场 | Above 10 000 Million Yuan | 8 |
| **商品交易市场成交额 (万元)** | **Business Value of Transaction Markets (10 000 yuan)** | **25739964** |
| 一、消费品市场 | Consumer Goods Market | 14988240 |
| 1.消费品综合市场 | General Market | 1176305 |
| 2.农副产品市场 | Agricultural Products and By-products Market | 2926355 |
| 3.工业消费品市场 | Industrial Consumer Goods Market | 10885580 |
| 二、生产资料市场 | Means of Industrial Production Market | 10751724 |
| 1.生产资料综合市场 | General Market | 1455804 |
| 2.工业生产资料市场 | Means of Industrial Production Market | 9291620 |
| 3.农业生产资料市场 | Means of Agricultural Production Market | 4300 |
| 三、服务市场 | Service Market | － |
| **商品交易市场成交量（吨）** | **Business Volume of Transaction Markets　(ton)** | |
| 一、粮食类（大米） | Food (rice) | 383971 |
| 二、油脂油料类 | Oil and Oil-bearing | 55156 |
| 三、肉食禽蛋类 | Meal，Poultry and Eggs | 265151 |
| 四、水产品类 | Aquatic Products | 247509 |
| 五、蔬 菜 类 | Vegetables | 1102026 |
| 六、干鲜果类 | Dried and Fresh Fruits | 1985868 |
| 七、牲畜幼禽类 | Livestocks and poults | － |
| 八、机动车（辆） | Motor vehicles | 261391 |
| 九、钢　　材 | Steel Products | 266100 |
| 十、煤　　炭 | Coal | － |
| 十一、木　　材（立方米） | Timber　(cu.m) | 274496 |
| 十二、饲　　料 | Fodder | － |

## Transactions at Commodity Market in Each District and County (City) (2013)

| 越城区 Yuecheng District | 柯桥区 Keqiao District | 上虞区 Shangyu District | 诸暨市 Zhuji City | 嵊州市 Shengzhou City | 新昌县 Xinchang County |
|---|---|---|---|---|---|
| **92** | **92** | **54** | **86** | **50** | **39** |
| 27 | 12 | 8 | 14 | 3 | 4 |
| 11 | 5 | 2 | 6 | 2 | 2 |
| 3 | 3 | – | 2 | – | – |
| **6647430** | **11538044** | **1129630** | **4942566** | **751194** | **731100** |
| 4121738 | 6769160 | 713600 | 2043845 | 744097 | 595800 |
| 530 | 15192 | – | 1093348 | 67235 | – |
| 925108 | 339223 | 385270 | 505632 | 374822 | 396300 |
| 3196100 | 6414745 | 328330 | 444865 | 302040 | 199500 |
| 2525692 | 4768884 | 416030 | 2898721 | 7097 | 135300 |
| 37824 | – | – | 1417980 | – | – |
| 2487868 | 4768884 | 416030 | 1480741 | 7097 | 131000 |
| – | – | – | – | – | 4300 |
| – | – | – | – | – | – |
| | | | | | |
| 93558 | 241380 | 7250 | 7376 | 29887 | 4520 |
| 20064 | 7180 | 3440 | 2647 | 16985 | 4840 |
| 44762 | 20421 | 32120 | 61378 | 48970 | 57500 |
| 41665 | 27905 | 18710 | 72600 | 73489 | 13140 |
| 268605 | 93893 | 152820 | 324017 | 211191 | 51500 |
| 59824 | 20400 | 88680 | 1412616 | 387488 | 16860 |
| – | – | – | – | – | – |
| 248410 | – | – | 2181 | – | 10800 |
| 69764 | – | – | 12336 | – | 184000 |
| – | – | – | – | – | – |
| 171830 | – | – | 102666 | – | – |
| – | – | – | – | – | – |

# 7－8 历年各区、县（市）直接利用外资情况

## Utilization of Foreign Capital in Each District and County (City) over the Years

单位：万美元 (USD 10 000)

| 年份<br>Year | 全市<br>Whole Municipality | 越城区<br>Yuecheng District | 柯桥区<br>Keqiao District | 上虞区<br>Shangyu District | 诸暨市<br>Zhuji City | 嵊州市<br>Shengzhou City | 新昌县<br>Xinchang County |
|---|---|---|---|---|---|---|---|
| **合同利用外资**<br>**Foreign Capital in the Signed Agreements & Contracts** | | | | | | | |
| 1990 | 1132 | | | | | | |
| 1991 | 2578 | | | | | | |
| 1992 | 15917 | | | | | | |
| 1993 | 38403 | | | | | | |
| 1994 | 23063 | 4386 | 8263 | 5626 | 3211 | 791 | 786 |
| 1995 | 26166 | 5087 | 14329 | 2182 | 2505 | 1194 | 869 |
| 1996 | 32220 | 7382 | 15138 | 7166 | 1704 | 43 | 787 |
| 1997 | 7487 | 3210 | 2015 | 537 | 354 | 1205 | 166 |
| 1998 | 12871 | 3801 | 6176 | 1996 | 710 | 152 | 36 |
| 1999 | 12333 | 3038 | 6196 | 2309 | 254 | 398 | 138 |
| 2000 | 16642 | 6342 | 5261 | 2955 | 1318 | 193 | 573 |
| 2001 | 28826 | 9634 | 10150 | 5622 | 1726 | 1010 | 684 |
| 2002 | 80175 | 21372 | 23333 | 8763 | 13560 | 10012 | 3135 |
| 2003 | 150121 | 33226 | 36022 | 20212 | 25657 | 26309 | 8695 |
| 2004 | 167117 | 38694 | 45374 | 26221 | 31696 | 14002 | 11130 |
| 2005 | 202139 | 43671 | 50864 | 32139 | 39107 | 23645 | 12713 |
| 2006 | 216311 | 51816 | 53446 | 34443 | 40339 | 22438 | 13829 |
| 2007 | 236516 | 48396 | 68663 | 33562 | 42133 | 30787 | 12975 |
| 2008 | 166823 | 19218 | 56311 | 35047 | 30149 | 20399 | 5699 |
| 2009 | 94193 | 18758 | 2470 | 41049 | 18537 | 11445 | 1934 |
| 2010 | 144641 | 21264 | 9570 | 54392 | 44007 | 13687 | 1721 |
| 2011 | 115468 | 21504 | 15465 | 32251 | 30263 | 13837 | 2148 |
| 2012 | 83173 | 8239 | 21717 | 35055 | 16867 | 1028 | 267 |
| 2013 | 93903 | 12080 | 26135 | 34972 | 18834 | -1009 | 2891 |
| **实际利用外资**<br>**Foreign Capital Actually Used** | | | | | | | |
| 1990 | 503 | 59 | 305 | 57 | 23 | 11 | 48 |
| 1991 | 1213 | 88 | 460 | 66 | 268 | 79 | 252 |
| 1992 | 1657 | 79 | 510 | 206 | 375 | 236 | 251 |
| 1993 | 11132 | 1477 | 5789 | 1330 | 1120 | 894 | 522 |
| 1994 | 11166 | 2468 | 5294 | 1022 | 1104 | 662 | 616 |
| 1995 | 12959 | 4532 | 5130 | 1565 | 814 | 496 | 422 |
| 1996 | 11518 | 3338 | 4847 | 1540 | 475 | 546 | 772 |
| 1997 | 11481 | 4213 | 5737 | 1002 | 455 | 23 | 51 |
| 1998 | 11789 | 4064 | 4587 | 2061 | 205 | 816 | 56 |
| 1999 | 8249 | 1351 | 4816 | 1725 | 158 | 114 | 86 |
| 2000 | 11598 | 2857 | 5050 | 2302 | 703 | 367 | 319 |
| 2001 | 15777 | 5167 | 5212 | 2804 | 955 | 861 | 778 |
| 2002 | 38167 | 10780 | 10453 | 6221 | 4031 | 4066 | 2616 |
| 2003 | 74271 | 15760 | 23016 | 10842 | 11081 | 10006 | 3566 |
| 2004 | 82344 | 19249 | 25120 | 13535 | 15027 | 5066 | 4347 |
| 2005 | 90095 | 20278 | 23480 | 15504 | 18912 | 10246 | 1675 |
| 2006 | 97188 | 30086 | 26502 | 10104 | 18813 | 8597 | 3086 |
| 2007 | 110476 | 24760 | 33136 | 15518 | 24525 | 9018 | 3519 |
| 2008 | 77235 | 14283 | 23221 | 12012 | 20510 | 6307 | 903 |
| 2009 | 81117 | 13766 | 10230 | 25229 | 23225 | 6616 | 2051 |
| 2010 | 95327 | 14656 | 22001 | 30015 | 18003 | 8308 | 2344 |
| 2011 | 80468 | 14385 | 15015 | 15011 | 24965 | 8672 | 2420 |
| 2012 | 95400 | 14132 | 23238 | 25351 | 22109 | 8013 | 2557 |
| 2013 | 80782 | 15547 | 20527 | 20007 | 21311 | 675 | 2715 |

注：2002 年始，利用外资不包括境外借款。（7-9、7-18 表类同）

Note:Since 2002 don’t include foreign loans (Similarly in table 7-9 and 7-18).

# 7-9 各区、县(市)利用外资情况(2013年)

## Utilization of Foreign Capital in Each District and County (City) (2013)

单位：万美元 (USD 10 000)

| 指标 | Item | 全市 Whole Municipality | 越城区 Yuecheng District | 柯桥区 Keqiao District | 上虞区 Shangyu District | 诸暨市 Zhuji City | 嵊州市 Shengzhou City | 新昌县 Xinchang County |
|---|---|---|---|---|---|---|---|---|
| **累计三资企业总数 (个)** | **Accumulative Foreign-funded Enterprises (unit)** | **5835** | **1205** | **1514** | **1175** | **940** | **756** | **245** |
| #2013年新增 | Newly Increased in Current Year | 138 | 10 | 61 | 41 | 22 | 2 | 2 |
| **累计总投资额** | **Accumulative Investment** | **3795985** | **799122** | **1063406** | **798528** | **624812** | **346559** | **163558** |
| #2013年新增 | Newly Increased in Current Year | 126749 | 24592 | 35939 | 40958 | 25180 | -768 | 848 |
| **累计注册资本** | **Accumulative Registered Capital** | **2358313** | **448133** | **613985** | **511723** | **447323** | **229904** | **107245** |
| #2013年新增 | Newly Increased in Current Year | 90440 | 16499 | 22591 | 33573 | 17660 | -327 | 444 |
| **累计合同外资** | **Accumulative Agreement of Foreign Investment** | **1961224** | **403498** | **485094** | **422526** | **367985** | **196603** | **85518** |
| #2013年新增 | Newly Increased in Current Year | 93903 | 12080 | 26135 | 34972 | 18834 | -1009 | 2891 |
| **累计实到外资** | **Accumulative Foreign Investment** | **1112401** | **242585** | **298772** | **215081** | **229240** | **90745** | **35978** |
| #2013年新增 | Newly Increased in Current Year | 80782 | 15547 | 20527 | 20007 | 21311 | 675 | 2715 |

# 7-10 历年各区、县（市）进出口总额

# Imports and Exports in Each District and County (City) over the Years

单位：万美元 (USD 10 000)

| 年份 Year | 全市 Whole Municipality | 越城区 Yuecheng District | 柯桥区 Keqiao District | 上虞区 Shangyu District | 诸暨市 Zhuji City | 嵊州市 Shengzhou City | 新昌县 Xinchang County |
|---|---|---|---|---|---|---|---|
| 1988 | 786 | | | | | | |
| 1989 | 2637 | | | | | | |
| 1990 | 3349 | | | | | | |
| 1991 | 5770 | | | | | | |
| 1992 | 11673 | | | | | | |
| 1993 | 18624 | | | | | | |
| 1994 | 31871 | | | | | | |
| 1995 | 49137 | 17141 | 15824 | 3425 | 8166 | 3422 | 1159 |
| 1996 | 80914 | 23145 | 40453 | 7098 | 10127 | 2556 | 3010 |
| 1997 | 79792 | 24530 | 26994 | 9098 | 12043 | 3724 | 5628 |
| 1998 | 91023 | 25930 | 34320 | 5708 | 11071 | 4392 | 9602 |
| 1999 | 98019 | 27949 | 31056 | 7285 | 13250 | 5047 | 13432 |
| 2000 | 166245 | 40358 | 67173 | 15766 | 19534 | 9647 | 13767 |
| 2001 | 247085 | 50028 | 112223 | 26081 | 29876 | 13256 | 15621 |
| 2002 | 387036 | 85014 | 194037 | 30978 | 36934 | 18245 | 21828 |
| 2003 | 596134 | 128727 | 302124 | 43526 | 63192 | 24577 | 33988 |
| 2004 | 866224 | 175118 | 426990 | 65043 | 109430 | 37271 | 52370 |
| 2005 | 1048473 | 223390 | 454422 | 96651 | 163852 | 51276 | 58881 |
| 2006 | 1394914 | 303739 | 581260 | 124438 | 246518 | 61283 | 77676 |
| 2007 | 1929473 | 408201 | 815000 | 174696 | 346573 | 91580 | 93421 |
| 2008 | 2382668 | 478583 | 989097 | 229776 | 444597 | 117178 | 123437 |
| 2009 | 2049048 | 401955 | 843114 | 208837 | 400731 | 101110 | 93302 |
| 2010 | 2701612 | 551791 | 1092973 | 286463 | 500366 | 140591 | 129428 |
| 2011 | 3350542 | 728477 | 1331964 | 335012 | 622945 | 165997 | 166247 |
| 2012 | 3209794 | 699460 | 1283227 | 322867 | 574990 | 167870 | 161380 |
| 2013 | 3336958 | 788266 | 1285889 | 373582 | 540376 | 162910 | 183644 |

注：1998年起按海关口径统计。

Note: Data since 1998 have been obtained from the customs statistics.

# 7-11 历年各区、县（市）自营出口额

## Total Export in Each District and County (City) over the Years

单位：万美元 (USD 10 000)

| 年份 Year | 全市 Whole Municipality | 市区 Urban District | 绍兴 Shaoxing | 上虞 Shangyu | 诸暨 Zhuji | 嵊州 Shengzhou | 新昌 Xinchang |
|---|---|---|---|---|---|---|---|
| 1988 | 786 | 199 | 58 | 2 | 441 | 82 | 4 |
| 1989 | 2273 | 967 | 281 | 367 | 547 | 71 | 40 |
| 1990 | 3338 | 1155 | 367 | 367 | 941 | 434 | 74 |
| 1991 | 5729 | 2633 | 778 | 65 | 1739 | 425 | 89 |
| 1992 | 11500 | 5105 | 2597 | 492 | 2097 | 965 | 244 |
| 1993 | 18109 | 6500 | 4292 | 1530 | 3823 | 1635 | 329 |
| 1994 | 30850 | 11048 | 6680 | 2175 | 6020 | 4049 | 878 |
| 1995 | 44917 | 16046 | 13166 | 3275 | 7907 | 3364 | 1159 |
| 1996 | 53000 | 20598 | 16144 | 6812 | 9441 | 2470 | 3010 |
| 1997 | 65471 | 22139 | 17583 | 7778 | 11380 | 3206 | 5628 |
| 1998 | 58904 | 19174 | 16500 | 3420 | 9200 | 3060 | 7550 |
| 1999 | 71271 | 19547 | 22637 | 4931 | 8792 | 4517 | 10847 |
| 2000 | 127735 | 28895 | 51354 | 12232 | 14832 | 8783 | 11639 |
| 2001 | 187459 | 32334 | 85126 | 21349 | 23162 | 12721 | 12767 |
| 2002 | 290118 | 50836 | 146071 | 26908 | 31461 | 16836 | 18005 |
| 2003 | 453313 | 76509 | 236665 | 37414 | 53315 | 21717 | 27691 |
| 2004 | 660853 | 115323 | 321827 | 57510 | 88589 | 32998 | 44607 |
| 2005 | 814162 | 163379 | 337405 | 80878 | 134626 | 46330 | 51545 |
| 2006 | 1050294 | 211688 | 398627 | 107216 | 202463 | 58866 | 71435 |
| 2007 | 1381235 | 272598 | 527909 | 148418 | 261954 | 84078 | 86277 |
| 2008 | 1749502 | 338512 | 642264 | 191258 | 353605 | 108133 | 115730 |
| 2009 | 1576149 | 312961 | 598692 | 163165 | 321264 | 93244 | 86824 |
| 2010 | 2108906 | 431327 | 793902 | 227014 | 410180 | 124717 | 121766 |
| 2011 | 2598605 | 544916 | 946909 | 273990 | 507859 | 154504 | 152428 |
| 2012 | 2555689 | 524170 | 974143 | 274693 | 474748 | 158388 | 149547 |
| 2013 | 2791629 | 609227 | 1083202 | 311856 | 461833 | 152155 | 173357 |

注：1998 年起按海关口径统计。

Note: Data since 1998 have been obtained from the customs statistics.

# 7－12 主要洲、国别（地区）外贸进出口

# Import and Export by Continent and County (Region)

单位：万美元 (USD 10 000)

| 国别(地区) | Country (Territory) | 2012年 | | 2013年 | |
|---|---|---|---|---|---|
| | | 出口额 Exports | 出口额 Exports | 出口额 Exports | 进口额 Imports |
| **总　计** | **Total** | **2555689** | **654105** | **2791629** | **545329** |
| **亚　洲** | **Asia** | **983293** | **487412** | **1123400** | **401083** |
| #香　港 | Hong Kong | 54860 | 1538 | 44813 | 2231 |
| 日　本 | Japan | 74698 | 88000 | 78490 | 82756 |
| 韩　国 | Korea，Rep. | 46729 | 125676 | 53775 | 93168 |
| 印度尼西亚 | Indonesia | 68157 | 5894 | 74913 | 5781 |
| 新加坡 | Singapore | 14536 | 5122 | 12239 | 8897 |
| 台　湾 | Taiwan | 15646 | 96318 | 16866 | 75867 |
| 泰　国 | Thailand | 44092 | 21954 | 44367 | 9640 |
| 马来西亚 | Malaysia | 37284 | 9086 | 46693 | 10635 |
| 菲律宾 | Philippines | 20322 | 978 | 22271 | 856 |
| 越　南 | Vietnam | 60576 | 3695 | 73705 | 3732 |
| **欧　洲** | **Europe** | **504224** | **57961** | **543826** | **62590** |
| #德意志共和国 | Germany | 92593 | 16673 | 100194 | 15664 |
| 意大利 | Italy | 53928 | 5260 | 57313 | 3261 |
| 英　国 | United Kingdom | 44790 | 890 | 50981 | 445 |
| 比利时 | Belgium | 17620 | 5282 | 18834 | 7746 |
| 西班牙 | Spain | 33744 | 2108 | 42958 | 907 |
| 法　国 | France | 39027 | 828 | 41790 | 642 |
| 俄罗斯 | Russian Fed. | 72844 | 9810 | 72677 | 14378 |
| 荷　兰 | Netherlands | 41535 | 1773 | 42473 | 3860 |
| **北美洲** | **North America** | **363663** | **33423** | **402916** | **15043** |
| #美　国 | United States | 332406 | 26584 | 369223 | 10221 |
| 加拿大 | Canada | 31258 | 6839 | 33693 | 4822 |
| **非　洲** | **Africa** | **310354** | **4210** | **319678** | **8970** |
| **拉丁美洲** | **Latin America** | **355702** | **65035** | **363978** | **49275** |
| #墨西哥 | Mexico | 54625 | 680 | 56528 | 499 |
| 巴　西 | Brazil | 123564 | 3339 | 139031 | 820 |
| 智　利 | Chile | 38321 | 55903 | 43772 | 38691 |
| **大洋洲** | **Oceania** | **38453** | **6049** | **37832** | **8363** |
| #澳大利亚 | Australia | 33702 | 5990 | 32125 | 7072 |

# 7-13 进出口贸易方式（2006-2013年）

# The Value of Import and Export Goods (2006-2013)

单位：万美元 (USD 10 000)

| 贸易方式 | Type | 2006 | 2007 | 2008 | 2009 | 2010 | 2011 | 2012 | 2013 |
|---|---|---|---|---|---|---|---|---|---|
| **进口贸易方式** | **Imports by Type** | **344617** | **548238** | **633166** | **472899** | **592941** | **752274** | **654105** | **545329** |
| 一般贸易 | Original Trade | 259483 | 404067 | 457270 | 365175 | 437559 | 601738 | 527239 | 420695 |
| 外商投资企业作为投资进口的设备物品 | Imported Commodities as Investment of Foreign Enterprises | 12176 | 18957 | 13012 | 7449 | 11816 | 11050 | 1354 | 5688 |
| 进料加工贸易 | Processing Imported Raw Materials | 60476 | 117908 | 154757 | 94807 | 135581 | 128881 | 115221 | 110050 |
| 来料加工装配贸易 | Processing and Assembling Raw Material Supplied by Foreign Firms | 5419 | 6830 | 5807 | 4698 | 6981 | 6653 | 5216 | 6301 |
| 保税仓库进出境货物 | Import & Export Commodities in Protective Tariff Zone | 6864 | 202 | 2127 | 587 | 753 | 3624 | 4605 | 2142 |
| 来料加工装配进口的设备 | Assembling Imported Equipment | – | – | 32 | – | – | – | – | – |
| 加工贸易进口设备 | Processing Imported Equipment | 39 | 8 | – | – | – | – | – | – |
| 补偿贸易 | Compensation Trade | – | – | – | – | – | – | – | – |
| 其他贸易 | Others | 160 | 266 | 161 | 184 | 251 | 311 | 470 | 453 |
| 捐赠物资 | Donations | – | – | – | – | – | – | – | – |
| **出口贸易方式** | **Exports by Type** | **1050294** | **1381234** | **1749502** | **1576149** | **2108431** | **2598614** | **2555689** | **2791629** |
| 一般贸易 | Original Trade | 921233 | 1191572 | 1514761 | 1412774 | 1879103 | 2327878 | 2311472 | 2533986 |
| 进料加工贸易 | Processing Imported Raw Materials | 120216 | 176677 | 224346 | 154848 | 216990 | 258052 | 231292 | 245091 |
| 来料加工装配贸易 | Processing and Assembling Raw Material Supplied by Foreign Firms | 8835 | 12985 | 10381 | 8486 | 12322 | 12596 | 12546 | 12079 |
| 国家间、国际无偿援助和赠送的物资 | Nonreimbursable Assistance and Donations between Nations | – | – | – | – | – | – | – | 428 |
| 保税仓库进出境货物 | Import & Export Commodities in Protective Tariff Zone | – | – | – | – | – | – | – | 9 |
| 边境小额贸易 | Border Small-volume Trade | 10 | – | – | – | – | – | – | 1 |
| 对外承包工程出口货物 | Exported Commodities for Contracted Projects | – | – | 8 | – | – | – | 4 | – |
| 其他贸易 | Others | – | – | 8 | 41 | 16 | 19 | 33 | 35 |

# 7－14 主要进口及出口商品额(2007-2013年)

# The Value of Import and Export Goods (2007-2013)

单位：万美元 (USD 10 000)

| 商品名称 | Item | 2007 | 2008 | 2009 | 2010 | 2011 | 2012 | 2013 |
|---|---|---|---|---|---|---|---|---|
| **进口商品名称** | **Import Goods** | | | | | | | |
| #机电产品 | Mechanical and Electrical Products | 44990 | 45465 | 31235 | 58993 | 85442 | 42971 | 42187 |
| #高新技术产品 | High Tech Product | 8455 | 9419 | 15036 | 29536 | 30767 | 19309 | 15829 |
| #对苯二甲酸 | Telephthalic Acid | 165468 | 148831 | 109126 | 126750 | 144664 | 103304 | 39296 |
| 乙二醇 | Ethylene Glycol | 86425 | 97729 | 45292 | 68262 | 95146 | 89713 | 68799 |
| 未锻造的铜及铜材 | Unwrought Copper and its Alloys | 59808 | 74103 | 90335 | 105162 | 122177 | 104171 | 85358 |
| 初级形状的塑料 | Primary Plastics | 30596 | 39195 | 26042 | 30928 | 35612 | 39110 | 40325 |
| 纺织机械 | Textile Machinery | 23619 | 20472 | 6896 | 14503 | 28605 | 11534 | 8617 |
| 纺织纱线、织物及制品 | Spinning, Textile and Related produets | 13037 | 12633 | 13955 | 17149 | 21402 | 27042 | 28998 |
| 废铜 | Waste copper | 4220 | 2772 | 823 | 3602 | 7024 | 10371 | 8243 |
| 农产品 | Farm products | 3390 | 4626 | 3743 | 7743 | 4959 | 4371 | 4240 |
| 成品油 | Processed oil | 2630 | 4159 | 628 | 5624 | 147 | 255 | 114 |
| 印刷、装订机械及零件 | Printing, binding machinery and related parts | 2587 | 2775 | 2472 | 1755 | 1429 | 1768 | 1613 |
| 棉花 | Cotton | 2471 | 2684 | 1342 | 4544 | 2761 | 2577 | 2999 |
| 锯材 | Lumber | 2247 | 2865 | 2562 | 3110 | 1847 | 1471 | 1967 |
| 废纸 | Waste paper | 2028 | 1360 | 8 | – | 692 | 960 | 755 |
| **出口商品名称** | **Export Goods** | | | | | | | |
| #机电产品 | Mechanical and Electrical Products | 235217 | 318573 | 267647 | 384797 | 464252 | 438496 | 478257 |
| #高新技术产品 | High Tech Product | 44698 | 70975 | 68883 | 121338 | 117938 | 99867 | 91300 |
| #纺织纱线、织物及制品 | Textiles | 664460 | 810920 | 769907 | 1025908 | 1295488 | 1288211 | 1433416 |
| 服装及衣着附件 | Garments | 238534 | 290856 | 286971 | 366188 | 432330 | 432615 | 456298 |
| 未锻造的铜及铜材 | Unwrought Copper and its Alloys | 59760 | 72958 | 35670 | 47938 | 49653 | 37815 | 38329 |
| 医药品 | Medical and Pharmaceutical Products | 24041 | 49746 | 38925 | 51326 | 64437 | 58840 | 65721 |
| 汽车零件 | Parts of Motor Vehicles | 21466 | 28858 | 18471 | 25918 | 32448 | 32281 | 36177 |
| 珍珠、宝石及半宝石 | Pearl, Gem and Semi-gem | 18458 | 19844 | 20189 | 24666 | 28705 | 27201 | 16613 |
| 电视机 | Tv | 14491 | 25844 | 27751 | 32322 | 35314 | 42600 | 35310 |
| 摩托车及自行车零件 | Parts of motorcycle and bicycle | 14310 | 5476 | 12031 | 17156 | 20824 | 19389 | 20393 |
| 纺织机械及零件 | Textile machinery and related parts | 12793 | 14172 | 23465 | 19745 | 30830 | 21873 | 26099 |
| 灯具、照明装置及类似品 | Lighting Installation | 11723 | 13830 | 11022 | 16360 | 19907 | 23433 | 31962 |
| 合成有机染料 | Synthetic Organic Dyestuffs | 10475 | 12703 | 11533 | 14841 | 19927 | 22875 | 25225 |
| 床垫、寝具及类似品 | Bedding | 10219 | 11007 | 10173 | 11242 | 14019 | 13478 | 13599 |
| 茶叶 | Tea | 9737 | 10315 | 10659 | 10837 | 13750 | 13829 | 16166 |

# 7－15 外贸企业获权情况（2013年）

## Basic Conditions of Foreign Trade Enterprises Being Approved (2013)

单位：家 (unit)

| 指标 | Item | 全市 Whole Munici-pality | 越城区 Yuecheng District | 柯桥区 Keqiao District | 上虞区 Shangyu District | 诸暨市 Zhuji City | 嵊州市 Shengzhou City | 新昌县 Xinchang County |
|---|---|---|---|---|---|---|---|---|
| **累计获权企业数** | **Accumulative Approved** | **15630** | **3332** | **7527** | **1512** | **1921** | **807** | **531** |
| 1.内资企业 | Domestic Funded Enterprises | 15455 | 3133 | 7513 | 1484 | 1847 | 783 | 515 |
| 2.个体工商户 | Self-employed Individuals | 175 | 19 | 14 | 28 | 74 | 24 | 16 |
| **当年新批企业数** | **Newly Approved in Current Year** | **1696** | **342** | **861** | **163** | **206** | **82** | **42** |
| 1.内资企业 | Domestic Funded Enterprises | 1683 | 342 | 859 | 161 | 200 | 80 | 41 |
| 2.个体工商户 | Self-employed Individuals | 13 | – | 2 | 2 | 6 | 2 | 1 |

# 7－16 对外经济技术合作情况（2013年）

## Economic Cooperation with Foreign Countries or Territories (2013)

单位：万美元 (USD 10 000)

| 指标 | Item | 全市 Whole Munici-pality | 越城区 Yuechen g District | 柯桥区 Keqiao District | 上虞区 Shangyu District | 诸暨市 Zhuji City | 嵊州市 Shengzhou City | 新昌县 Xinchang County |
|---|---|---|---|---|---|---|---|---|
| **承包工程** | **Contracting Projects** | | | | | | | |
| 合同额 | Contracted Value | 12079 | – | 5130 | – | 6949 | – | – |
| 营业额 | Turnover | 12519 | – | 4606 | 2623 | 5290 | – | – |
| **新批境外投资企业** | **Newly Approved of Foreign Investment Enterprises** | | | | | | | |
| 企业家数 | Number of Enterprises | 49 | 3 | 16 | 7 | 15 | 3 | 5 |
| 总投资额 | Total Investment | 34167 | 4568 | 9636 | 867 | 9569 | 1920 | 7568 |
| #中方投资 | China investment | 33207 | 4567 | 9636 | 867 | 9569 | 1000 | 7568 |

# 7－17 境外投资情况（2013年）

## Investment Abroad (2013)

| 指标 | Item | 全市 Whole Municipality | 越城区 Yuecheng District | 柯桥区 Keqiao District | 上虞区 Shangyu District | 诸暨市 Zhuji City | 嵊州市 Shengzhou City | 新昌县 Xinchang County |
|---|---|---|---|---|---|---|---|---|
| **累计批准企业数（家）** | **Number of Registered Enterprises (unit)** | **1043** | **107** | **477** | **95** | **238** | **61** | **65** |
| # 2013年新批 | Newly Approved in Current Year | 49 | 3 | 16 | 7 | 15 | 3 | 5 |
| **累计总投资额（万美元）** | **Total Investment (USD 10 000)** | **249813** | **17832** | **67317** | **41716** | **94540** | **5935** | **22473** |
| # 2013年新增 | Newly Increased in Current Year | 34167 | 4568 | 9636 | 867 | 9569 | 1920 | 7568 |

# 7－18 省级经济开发区利用外资情况（2013年）

## Utilization of Foreign Capital in Province Development Areas (2013)

单位：万美元 (USD 10 000)

| 指标 | Item | 企业家数(家) Number of Registered Enterprises (unit) | | 合同外资 Foreign Capital in the Signed Agreements & Contracts | | 实到外资 Foreign Capital Actually Used | |
|---|---|---|---|---|---|---|---|
| | | 当年新批 Newly Approved in Current Year | 累计 Accumulative | 当年新批 Newly Approved in Current Year | 累计 Accumulative | 当年新批 Newly Approved in Current Year | 累计 Accumulative |
| **合计** | **Total** | **29** | **1618** | **27558** | **862704** | **30217** | **539309** |
| 绍兴开发区 | Shaoxing Economic Development Zone | 1 | 173 | 110 | 79689 | 1935 | 51837 |
| 柯桥开发区 | Keqiao Economic Development Zone | 7 | 232 | 3705 | 147500 | 1454 | 92925 |
| 上虞开发区 | Shangyu Economic Development Zone | 6 | 288 | 7886 | 135813 | 3734 | 64743 |
| 嵊州开发区 | Shengzhou Economic Development Zone | 2 | 256 | -1009 | 116566 | 675 | 70448 |
| 诸暨开发区 | Zhuji Economic Development Zone | 7 | 174 | 6467 | 124730 | 9201 | 96221 |
| 袍江开发区 | Paojiang Economic Development Zone | 6 | 495 | 10399 | 258406 | 13218 | 163135 |

# 主 要 统 计 指 标 解 释

**社会消费品零售额** 指各种经济类型的批发零售贸易业、餐饮业和其他行业对城乡居民和社会集团的消费品零售额。这个指标反映通过各种商品流通渠道向居民和社会集团供应的生活消费品来满足他们生活需要，是研究人民生活、社会消费品购买力、货币流通等问题的重要指标。

**批发零售贸易业** 指不直接从事商品的生产，而是从农业、工业或其他的单位那里购买（或调拨）成品或半成品。未作任何加工，或只做简单的加工，通过转卖以获取利益的单位。

**餐饮业** 指在一定的场所内，以烹饪、调制等手段，向购买者提供各种主要供现场消费的食品、饮料，并且所提供的这种服务要大于所提供的其他服务（如娱乐）的单位。

**利用外资** 指我国各级政府、部门、企业和其他经济组织通过对外借款、吸收外商直接投资以及用其他方式筹措的境外现汇、设备、技术等。

**外商直接投资** 是指外国企业和经济组织或个人(包括华侨、港澳台胞以及我国在境外注册的企业)按我国有关政策、法规，用现汇、实物、技术等在中国大陆开办外商独资企业、与中国大陆的企业或经济组织共同举办中外合资经营企业、合作经营企业或者合作开发资源的投资(包括外商投资收益的再投资)以及经政府有关部门批准的项目投资总额内，企业从境外借入的资金。

**自营出口** 指对外贸易中报告期内实际离开我国口岸或边境的出口商品。包括来料加工装配(上缴费)和补偿贸易出口等。实际出口统计的原则是“谁出口、谁统计”。即不论是进出口企业之间的代理出口，还是没有进出口经营权的企业委托有进出口经营权的企业代理出口，均由代理方做出口统计，委托方不做出口统计。

**对外承包工程** 指各对外承包公司以招标议标承包方式承揽的下列业务：(1)承包国外工程建设项目；(2)承包我国对外经援项目；(3)承包我国驻外机构的工程建设项目；(4)与外国承包公司全营或联合承包工程项目时我国分包部分；(5)以服务成果向业主收费的技术项目(包括承担地形地貌测绘；地质资源勘探与普查；建设地域规则；提供设计文件、图纸、生产工艺技术资料和工程技术经济咨询；工程项目的可行性考察、研究和评估；进行技术指导和培训人员等)；(6)对外承包兼营的房屋开发业务，对外承包工程的营业额是以货币表现的本期内完成的对外承包工程的工作量，包括以前年度签订的合同和本年度新签订的合同在报告期完成的工作量。

**对外劳务合作** 指以收取工资的形式向业主或承包商提供技术和劳动服务的活动。我国对外承包公司在境外开办的合资企业，中国公司同时又提供劳务的，其劳务部门也纳入劳务合作统计。劳务合作营业额按报告期内向雇主提交的结算数(包括工资、加班费和奖金等)统计。

# Explanatory Notes on Main Statistical Indicators

**Total Retail Sales of Consumer Goods** refer to the sum of retail sales of consumer goods sold by all sectors of the national economy to urban and rural residents and social groups. This indicator is used to show the supply of consumers' goods through various channels to households and institutions, and is very important for the study on changes at the domestic retail market, and on economic cycles.

**Wholesale and Retail Enterprises** refer to the enterprises do not produce goods directly but (or allocate) end product or half-done products from the enterprises of farming, industry or other fields, do not do any process or only do some easy processing, get profits by selling to the others.

**Catering trade** refer to the units offer various food and drinks consumed at once in certain places and this kind of service is more important than other services (entertainment, e.g.) offered.

**Utilization of Foreign Capital** refers to remittance, equipment and technology financed from abroad, by loans, foreign direct investment and other forms undertaken by the Chinese governments at all levels, by various departments, enterprises and other economic units.

**Direct Investment by Foreign Entrepreneurs** refers to the investments inside China by foreign enterprises and economic organizations or individuals (including overseas Chinese, compatriots from Hong Kong and Macao, and Chinese enterprises registered abroad), following the relevant policies and laws of China, for the establishment of ventures exclusively with foreign own investment, Sino-foreign joint ventures and cooperative enterprises or for co-operative exploration of resources with enterprises or economic organizations in China. It includes the reinvestment of the foreign entrepreneurs with the profits gained from the investment and the funds that enterprises borrow from abroad in the total investment of projects, which are approved by the relevant department of the government.

**Contracted Projects with Foreign Countries** refer to projects undertaken by Chinese contractors (project contracting companies) through bidding process. They include: (1) overseas civil engineering construction projects financed by foreign investors; (2) overseas projects financed by the Chinese government through its foreign aid programs; (3) construction projects of Chinese diplomatic missions, trade offices and other institutions stationed abroad; (4) construction projects in China financed by foreign investment; (5) sub-contracted projects to be taken by contractors; (6) housing development projects. The business income from international contracted projects is the work volume of contracted projects completed during the reference period, expressed in monetary terms, including completed work on projects signed in previous years.

**Service Cooperation with Foreign Countries** refer to the activities of providing technology and labour services to employers or contractors in the forms of receiving salaries and wages. Labour services providing by contractual joint ventures of Chinese international contracting corporations should be included in the statistics of service co-operation with foreign countries. The business income of labour service co-operation is the income in the form of wages and salaries, overtime pay, bonuses and other remuneration received from the employers during the reference period.

# 八

# 财政、金融、保险

# CHAPTER 8 PUBLIC FINANCE, BANKING AND INSURANCE

# 财政、金融、保险
# PUBLIC FINANCE，BANKING AND INSURANCE

## 主要统计指标
## Main Statistical Indicators

| | | | |
|---|---|---|---|
| 2013 年财政总收入 | Financial Revenue | 502.15 | 亿元 ($10^8$ yuan) |
| 比上年增长 | Increase over Previous Year | 7.0 | % |
| 2013 年公共财政预算收入 | Public Financial Revenue | 293.07 | 亿元 ($10^8$ yuan) |
| 比上年增长 | Increase over Previous Year | 10.3 | % |
| 2013 年公共财政预算支出 | Public Financial Expenditure | 312.11 | 亿元 ($10^8$ yuan) |
| 比上年增长 | Increase over Previous Year | 12.0 | % |
| 2013 年金融系统存款余额(本外币) | Deposits Balance in Financial System (RMB and Foreign Currency) | 6461.73 | 亿元 ($10^8$ yuan) |
| 比年初增长 | Increase over the Beginning of the Year | 9.1 | % |
| 2013 年金融系统存款余额(人民币) | Deposits Balance in Financial System (RMB) | 6365.45 | 亿元 ($10^8$ yuan) |
| 比年初增长 | Increase over the Beginning of the Year | 8.9 | % |
| 2013 年城乡居民储蓄存款余额(人民币) | Residents' Savings(RMB) | 2724.25 | 亿元 ($10^8$ yuan) |
| 比年初增长 | Increase over the Beginning of the Year | 9.3 | % |
| 2013 年金融系统贷款余额 (本外币) | Loans Balance in Financial System (RMB and Foreign Currency) | 5644.15 | 亿元 ($10^8$ yuan) |
| 比年初增长 | Increase over the Beginning of the Year | 10.0 | % |
| 2013 年金融系统贷款余额 (人民币) | Loans Balance in Financial System (RMB) | 5447.84 | 亿元 ($10^8$ yuan) |
| 比年初增长 | Increase over the Beginning of the Year | 10.4 | % |
| 2013 年全市保险系统保费收入 | Premium in Insurance System | 84.24 | 亿元 ($10^8$ yuan) |
| 比上年增长 | Increase over Previous Year | 12.0 | % |

注：2012 年起，“地方财政预算收入”改为“公共财政预算收入”，“地方财政预算支出”改为“公共财政预算支出”，口径保持不变。

Note：From 2012, “Financial Revenue of the Local Government” renamed “Public Financial Revenue”, and “Financial Expenditure of the Local Government” renamed “Public Financial Expenditure”，the caliber unchanged.

# 财 政 收 支 情 况

## Financial Revenue and Expenditure

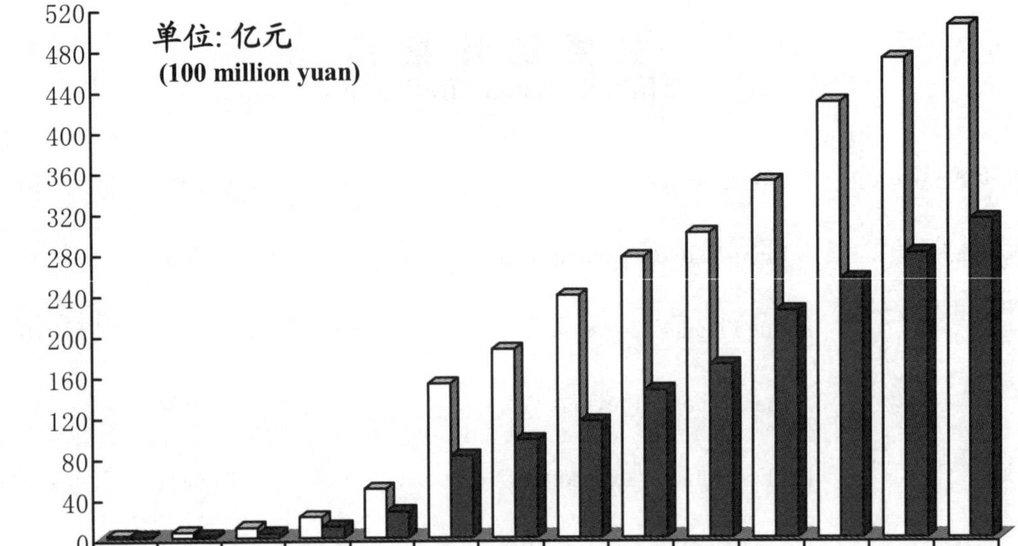


| | 1980 | 1985 | 1990 | 1995 | 2000 | 2005 | 2006 | 2007 | 2008 | 2009 | 2010 | 2011 | 2012 | 2013 |
|---|---|---|---|---|---|---|---|---|---|---|---|---|---|---|
| □财政收入 | 2.35 | 5.72 | 10.12 | 20.60 | 47.86 | 150.56 | 184.73 | 237.12 | 274.65 | 298.53 | 349.25 | 426.45 | 469.31 | 502.15 |
| ■财政支出 | 0.92 | 2.16 | 4.59 | 10.96 | 25.76 | 80.04 | 95.49 | 113.76 | 144.09 | 169.53 | 221.95 | 253.31 | 278.71 | 312.11 |

# 金融系统年末人民币存贷款余额

## RMB Deposits and Savings Balance of Financial Institutions (Year-end)

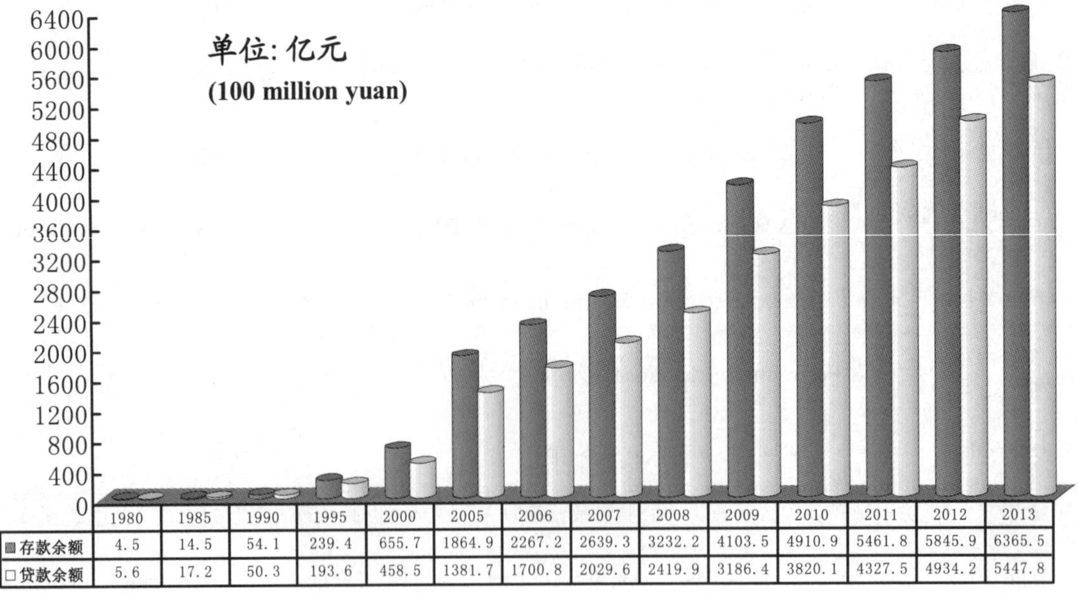


| | 1980 | 1985 | 1990 | 1995 | 2000 | 2005 | 2006 | 2007 | 2008 | 2009 | 2010 | 2011 | 2012 | 2013 |
|---|---|---|---|---|---|---|---|---|---|---|---|---|---|---|
| ■存款余额 | 4.5 | 14.5 | 54.1 | 239.4 | 655.7 | 1864.9 | 2267.2 | 2639.3 | 3232.2 | 4103.5 | 4910.9 | 5461.8 | 5845.9 | 6365.5 |
| □贷款余额 | 5.6 | 17.2 | 50.3 | 193.6 | 458.5 | 1381.7 | 1700.8 | 2029.6 | 2419.9 | 3186.4 | 3820.1 | 4327.5 | 4934.2 | 5447.8 |

# 8-1 历年财政收入

## Financial Revenue over the Years

单位：万元 (10 000 yuan)

| 年 份<br>Year | 全 市<br>Whole Municipality | 越城区<br>Yuecheng District | 柯桥区<br>Keqiao District | 上虞区<br>Shangyu District | 诸暨市<br>Zhuji City | 嵊州市<br>Shengzhou City | 新昌县<br>Xinchang County |
|---|---|---|---|---|---|---|---|
| 1949 | 1612 | | 790 | 306 | 292 | 165 | 60 |
| 1952 | 3864 | | 2036 | 560 | 637 | 462 | 169 |
| 1957 | 6694 | | 3488 | 788 | 1136 | 791 | 492 |
| 1962 | 7298 | | 3938 | 937 | 1002 | 839 | 582 |
| 1965 | 7790 | | 3301 | 1175 | 1460 | 1237 | 617 |
| 1970 | 8897 | | 3945 | 1329 | 1541 | 1476 | 607 |
| 1975 | 11407 | -46 | 4961 | 1831 | 1774 | 1920 | 967 |
| 1980 | 23549 | 1630 | 10349 | 3004 | 3269 | 3147 | 2150 |
| 1981 | 26915 | 1275 | 12370 | 3427 | 3680 | 3698 | 2465 |
| 1982 | 31085 | 1235 | 14732 | 4044 | 4175 | 4261 | 2639 |
| 1983 | 35503 | 858 | 18657 | 4981 | 4339 | 4220 | 2449 |
| 1984 | 41060 | 11557 | 11650 | 5883 | 5000 | 4349 | 2620 |
| 1985 | 57203 | 15459 | 17191 | 8000 | 6344 | 6165 | 4044 |
| 1986 | 68491 | 18149 | 22120 | 9332 | 7634 | 6680 | 4576 |
| 1987 | 77396 | 20758 | 25563 | 10212 | 8532 | 7279 | 5052 |
| 1988 | 85669 | 22390 | 28180 | 11411 | 9678 | 8180 | 5830 |
| 1989 | 95647 | 25243 | 31052 | 12654 | 10503 | 9305 | 6891 |
| 1990 | 101159 | 26737 | 33330 | 13194 | 10845 | 10071 | 6982 |
| 1991 | 108717 | 28636 | 35329 | 14590 | 11741 | 10680 | 7741 |
| 1992 | 115231 | 30328 | 37849 | 14788 | 12891 | 10861 | 8514 |
| 1993 | 155807 | 40651 | 53391 | 20018 | 17068 | 14129 | 10550 |
| 1994 | 182590 | 48681 | 60517 | 23676 | 21317 | 15985 | 12414 |
| 1995 | 205980 | 54059 | 67788 | 27106 | 25189 | 17583 | 14255 |
| 1996 | 235296 | 61933 | 77046 | 30983 | 28919 | 20116 | 16299 |
| 1997 | 270090 | 72655 | 87570 | 35817 | 32969 | 22238 | 18841 |
| 1998 | 306137 | 81198 | 98012 | 41305 | 38417 | 25406 | 21799 |
| 1999 | 341179 | 84368 | 107717 | 47499 | 45311 | 30105 | 26179 |
| 2000 | 478654 | 130099 | 139743 | 55204 | 76204 | 40262 | 37142 |
| 2001 | 623692 | 149661 | 182983 | 72026 | 110123 | 51154 | 57745 |
| 2002 | 849967 | 212796 | 240800 | 109088 | 141123 | 74123 | 72037 |
| 2003 | 1073378 | 266645 | 308276 | 138634 | 181613 | 90180 | 88030 |
| 2004 | 1267090 | 315216 | 364454 | 158168 | 225978 | 102902 | 100372 |
| 2005 | 1505617 | 376998 | 423230 | 201816 | 271936 | 117572 | 114065 |
| 2006 | 1847269 | 475699 | 520969 | 250087 | 334260 | 131246 | 135008 |
| 2007 | 2371225 | 598699 | 670247 | 330278 | 435500 | 165698 | 170803 |
| 2008 | 2746472 | 691637 | 757283 | 398063 | 503301 | 193178 | 203010 |
| 2009 | 2985319 | 747472 | 812021 | 439641 | 546880 | 208320 | 230985 |
| 2010 | 3492469 | 834568 | 935035 | 541333 | 655100 | 245103 | 281330 |
| 2011 | 4264528 | 981644 | 1170265 | 651066 | 800512 | 321506 | 339535 |
| 2012 | 4693118 | 1037566 | 1277625 | 729262 | 925995 | 337279 | 385391 |
| 2013 | 5021486 | 1081219 | 1357709 | 783770 | 1000066 | 375723 | 422999 |

注：2004 年财政收入按 2005 年财政体制进行了调整。

Note:The financial revenue of year 2004 was adjusted according to the financial system of year 2005.

# 8-2 历年公共财政预算收入

## Public Financial Revenue over the Years

单位：万元　　　　( 10 000 yuan)

| 年份<br>Year | 全市<br>Whole Municipality | 越城区<br>Yuecheng District | 柯桥区<br>Keqiao District | 上虞区<br>Shangyu District | 诸暨市<br>Zhuji City | 嵊州市<br>Shengzhou City | 新昌县<br>Xinchang County |
|---|---|---|---|---|---|---|---|
| 1994 | 84199 | 23020 | 26238 | 10016 | 12605 | 6558 | 5762 |
| 1995 | 95243 | 26006 | 28738 | 11335 | 15142 | 7615 | 6407 |
| 1996 | 108287 | 30219 | 32052 | 12850 | 17252 | 8640 | 7274 |
| 1997 | 125370 | 35987 | 36676 | 14904 | 19411 | 9732 | 8660 |
| 1998 | 142046 | 40236 | 40580 | 17321 | 22556 | 11197 | 10156 |
| 1999 | 170226 | 45830 | 47614 | 21038 | 27474 | 14965 | 13305 |
| 2000 | 245398 | 73154 | 65394 | 26647 | 41379 | 20335 | 18489 |
| 2001 | 355860 | 93673 | 98019 | 41774 | 64802 | 29053 | 28539 |
| 2002 | 396198 | 112726 | 105022 | 45157 | 68412 | 36178 | 28703 |
| 2003 | 504849 | 141561 | 135362 | 59456 | 89711 | 43990 | 34769 |
| 2004 | 635661 | 175344 | 170991 | 73060 | 119244 | 53566 | 43456 |
| 2005 | 761326 | 211784 | 201336 | 100081 | 141473 | 57437 | 49215 |
| 2006 | 945465 | 268302 | 256531 | 122353 | 174002 | 64596 | 59681 |
| 2007 | 1221169 | 338583 | 327923 | 167056 | 227499 | 83830 | 76278 |
| 2008 | 1435954 | 389598 | 385212 | 202334 | 265235 | 100045 | 93530 |
| 2009 | 1604310 | 430134 | 435832 | 227646 | 295666 | 108594 | 106438 |
| 2010 | 1932305 | 483297 | 517568 | 291582 | 373327 | 131523 | 135008 |
| 2011 | 2396916 | 592237 | 637690 | 355195 | 457520 | 184346 | 169928 |
| 2012 | 2657555 | 637549 | 704424 | 391888 | 526188 | 197498 | 200008 |
| 2013 | 2930721 | 674641 | 775655 | 431075 | 596047 | 227275 | 226028 |

注：①1994 年税制改革前，财政收入无地方与中央之分。②2004 年地方财政收入按 2005 年财政体制进行了调整。③2011 年及以前，指标名称为“地方财政收入”，2012 年起改名为“公共财政预算收入”，口径保持不变。

Note: a)Before the reform of tax system in 1994, Financial Revenue is not divided into Local Financial Revenue and Central Financial Revenue. b)The local financial revenue of year 2004 was adjusted according to the financial system of year 2005. c) It was named as “Financial Revenue of the Local Government” in 2011 and before, renamed “Public Financial Revenue” from 2012, the caliber unchanged.

# 8-3 历年公共财政预算支出

## Public Financial Expenditure over the Years

单位：万元 (10 000 yuan)

| 年 份<br>Year | 全 市<br>Whole Municipality | 越城区<br>Yuecheng District | 柯桥区<br>Keqiao District | 上虞区<br>Shangyu District | 诸暨市<br>Zhuji City | 嵊州市<br>Shengzhou City | 新昌县<br>Xinchang County |
|---|---|---|---|---|---|---|---|
| 1949 | 70 | | 43 | 3 | 2 | 15 | 7 |
| 1952 | 410 | | 100 | 39 | 114 | 124 | 33 |
| 1957 | 1606 | | 655 | 207 | 349 | 226 | 169 |
| 1962 | 2816 | | 695 | 514 | 864 | 491 | 253 |
| 1965 | 2292 | | 896 | 360 | 449 | 338 | 250 |
| 1970 | 3289 | | 913 | 549 | 618 | 767 | 442 |
| 1975 | 5487 | 429 | 1500 | 971 | 998 | 832 | 757 |
| 1980 | 9152 | 819 | 2249 | 1370 | 2016 | 1522 | 1175 |
| 1981 | 9551 | 678 | 2542 | 1560 | 1808 | 1796 | 1166 |
| 1982 | 10875 | 866 | 3084 | 1655 | 2100 | 1846 | 1325 |
| 1983 | 13383 | 867 | 4361 | 2147 | 2403 | 2001 | 1603 |
| 1984 | 20163 | 3930 | 5564 | 3258 | 3249 | 2267 | 1895 |
| 1985 | 21579 | 5356 | 4647 | 3552 | 3194 | 2626 | 2203 |
| 1986 | 29589 | 7007 | 7943 | 4326 | 4153 | 3262 | 2898 |
| 1987 | 28854 | 6760 | 7784 | 3968 | 4471 | 3244 | 2628 |
| 1988 | 36939 | 8779 | 8872 | 5159 | 5662 | 4796 | 3671 |
| 1989 | 43674 | 10296 | 10851 | 6407 | 6484 | 5398 | 4238 |
| 1990 | 45854 | 10390 | 11618 | 6352 | 7172 | 5868 | 4454 |
| 1991 | 50104 | 11586 | 12248 | 7550 | 7649 | 6273 | 4798 |
| 1992 | 55989 | 12913 | 13417 | 8167 | 9600 | 6643 | 5249 |
| 1993 | 77204 | 17134 | 19402 | 12195 | 12177 | 9353 | 6943 |
| 1994 | 100236 | 20271 | 32677 | 15013 | 14528 | 8839 | 8908 |
| 1995 | 109642 | 24572 | 30142 | 15609 | 17138 | 11574 | 10607 |
| 1996 | 123236 | 29319 | 33305 | 18008 | 19223 | 11612 | 11769 |
| 1997 | 141658 | 35844 | 35490 | 21063 | 22804 | 13083 | 13374 |
| 1998 | 164393 | 41096 | 40845 | 26318 | 25604 | 15204 | 15326 |
| 1999 | 194252 | 47531 | 48939 | 30489 | 31151 | 18909 | 17233 |
| 2000 | 257595 | 71836 | 57000 | 38224 | 43749 | 24085 | 22701 |
| 2001 | 373650 | 96873 | 92134 | 48170 | 66164 | 35628 | 34681 |
| 2002 | 451569 | 119977 | 111083 | 58702 | 79457 | 42299 | 40051 |
| 2003 | 570548 | 146403 | 150216 | 74182 | 99051 | 52838 | 47858 |
| 2004 | 645049 | 186124 | 146243 | 84210 | 115681 | 59678 | 53113 |
| 2005 | 800388 | 222671 | 188995 | 111600 | 144257 | 70054 | 62811 |
| 2006 | 954864 | 271917 | 231280 | 133488 | 165399 | 79754 | 73026 |
| 2007 | 1137609 | 298188 | 272671 | 168929 | 206423 | 101460 | 89938 |
| 2008 | 1440939 | 384274 | 340021 | 212191 | 278350 | 123887 | 102216 |
| 2009 | 1695366 | 405810 | 420590 | 267468 | 322913 | 145856 | 132729 |
| 2010 | 2219473 | 555715 | 518692 | 321821 | 436976 | 198140 | 188129 |
| 2011 | 2533091 | 635331 | 586443 | 357568 | 494358 | 231803 | 227588 |
| 2012 | 2787074 | 687442 | 626082 | 399217 | 556945 | 268498 | 248890 |
| 2013 | 3121077 | 731902 | 686815 | 452132 | 670386 | 304114 | 275728 |

注：2011 年及以前，指标名称为“地方财政支出”，2012 年起改名为“公共财政预算支出”，口径保持不变。

Note: It was named as "Financial Expenditure of the Local Government" in 2011 and before, renamed "Public Financial Expenditure" from 2012, the caliber unchanged.

# 8-4 财政预算收入（2013年）

单位：万元

| 指　　标 | Item | 全　市<br>Whole Municipality |
|---|---|---|
| **财政总收入** | **Financial Revenue** | **5021486** |
| **一、地方财政收入** | **Revenue of Local Governments** | **2930721** |
| 1.税收收入 | Taxes | 2765024 |
| #增 值 税(25%部分) | Value-added Tax (25%) | 432001 |
| 改征增值税 | The Change from Business Tax to Value-Added Tax | 39573 |
| 营 业 税 | Operation Tax | 782164 |
| 企业所得税(40%部分) | Enterprises' Income Tax (40%) | 366866 |
| 个人所得税(40%部分) | Individual Income Tax (40%) | 130383 |
| 城市维护建设税 | Tax on Town Maintenance and Construction | 161944 |
| 房 产 税 | Tax on Real Estates | 133316 |
| 耕地占用税 | Tax on The Occupancy of Cultivated Land | 61085 |
| 契　　税 | Contract Tax | 209906 |
| 其他税收 | Other Taxes (Income，Revenue) | 447786 |
| 2.行政事业性收费 | Administrative Fees | 28557 |
| 3.国有资本经营收入 | Planning Subsidies to Loss-suffering State-owned Enterprises | -41964 |
| 4.罚没收入 | Penalty and confiscatory income | 74482 |
| 5.专项收入 | Expert Project Income | 83070 |
| 6.其他收入 | Other Revenue | 21552 |
| **二、地方上划中央四税** | **Revenue of Central Government** | **2090765** |
| 1.增 值 税(75%部分) | Value-added Tax (75%) | 1296003 |
| 2消 费 税 | Consumption Tax | 48887 |
| 3.企业所得税(60%部分) | Enterprises' Income Tax (60%) | 550300 |
| 4.个人所得税(60%部分) | Individual Income Tax (60%) | 195575 |

# Financial Budgetary Revenue (2013)

(10 000yuan)

| 越城区 Yuecheng District | 柯桥区 Keqiao District | 上虞区 Shangyu District | 诸暨市 Zhuji City | 嵊州市 Shengzhou City | 新昌县 Xinchang County |
|---|---|---|---|---|---|
| **1081219** | **1357709** | **783770** | **1000066** | **375723** | **422999** |
| **674641** | **775655** | **431075** | **596047** | **227275** | **226028** |
| 640352 | 731311 | 408210 | 550795 | 217810 | 216546 |
| 64968 | 130459 | 72396 | 82855 | 34530 | 46793 |
| 14166 | 5708 | 6297 | 7624 | 2703 | 3075 |
| 223252 | 195157 | 100792 | 152838 | 58742 | 51383 |
| 81440 | 93482 | 67403 | 76139 | 21620 | 26782 |
| 34342 | 30180 | 21176 | 25989 | 7896 | 10800 |
| 44078 | 36068 | 24448 | 30902 | 14232 | 12216 |
| 34107 | 44561 | 16398 | 20904 | 9444 | 7902 |
| 7352 | 8227 | 9754 | 15790 | 4340 | 15622 |
| 44829 | 51357 | 39181 | 49984 | 14289 | 10266 |
| 91818 | 136112 | 50365 | 87770 | 50014 | 31707 |
| 15819 | 1129 | 3872 | 6360 | 759 | 618 |
| -22000 | -1200 | -7714 | 0 | -7000 | -4050 |
| 15470 | 14476 | 8772 | 21181 | 8739 | 5844 |
| 18903 | 24001 | 12044 | 15237 | 6183 | 6702 |
| 6097 | 5938 | 5891 | 2474 | 784 | 368 |
| **406578** | **582054** | **352695** | **404019** | **148448** | **196971** |
| 194904 | 391377 | 217188 | 248565 | 103591 | 140378 |
| 38004 | 5185 | 2637 | 2261 | 581 | 219 |
| 122158 | 140223 | 101106 | 114209 | 32431 | 40173 |
| 51512 | 45269 | 31764 | 38984 | 11845 | 16201 |

# 8－5 财政预算支出（2013年）

单位：万元

| 指　　标 | Item | 全　市<br>Whole Municipality |
|---|---|---|
| **财政预算支出合计** | **Financial Expenditure** | **3121077** |
| 1.一般公共服务 | General Public Services | 384976 |
| 2.外交 | Diplomacy | – |
| 3.国防 | Expenditure for National Defense | 4452 |
| 4.公共安全 | Public Safety | 236983 |
| 5.教育支出 | Education Expenditure | 705628 |
| 6.科学技术 | Science and Technology | 158729 |
| 7.文化体育与传媒 | Cultural, Sports and the Media | 81016 |
| 8.社会保障和就业 | Social Security and Employment | 260646 |
| 9.医疗卫生 | Expenditure for Public Health | 255840 |
| 10.节能环保 | Energy Conservation and Environmental Protection | 69084 |
| 11.城乡社区事务 | Urban and Rural Community Affairs | 176791 |
| 12.农林水事务 | Agriculture, Forestry, Water Affairs | 332004 |
| 13.交通运输 | Transport | 159522 |
| 14.资源勘探电力信息等事务 | Dig and Electric Information | 91931 |
| 15.粮油物资储备管理及金融监管等事务 | Cereads Oils，Material Reserve Management and Financial Regulatory Affairs Expenditure | 8358 |
| 16.商业服务业等事务 | Commercial Services | 52608 |
| 17.援助其他地区支出 | Aid Other Area Spending | 12075 |
| 18.国土资源气象等事务 | Land Resources Meteorological Expenditure | 7053 |
| 19.住房保障支出 | Housing Security Spending | 62967 |
| 20.债务付息支出 | Debt servicing | 3736 |
| 21.其他支出 | Other Expenditure | 56678 |

# Financial Budgetary Expenditure (2013)

( 10 000 yuan)

| 越城区<br>Yuecheng District | 柯桥区<br>Keqiao District | 上虞区<br>Shangyu District | 诸暨市<br>Zhuji City | 嵊州市<br>Shengzhou City | 新昌县<br>Xinchang County |
|---|---|---|---|---|---|
| **731902** | **686815** | **452132** | **670386** | **304114** | **275728** |
| 97697 | 85974 | 66289 | 63976 | 34914 | 36126 |
| – | – | – | – | – | – |
| 1113 | 941 | 532 | 871 | 468 | 527 |
| 73294 | 43754 | 34336 | 43287 | 23579 | 18733 |
| 134599 | 133190 | 109436 | 178739 | 84154 | 65510 |
| 37026 | 37707 | 20207 | 36700 | 14866 | 12223 |
| 39753 | 13953 | 6057 | 8678 | 6867 | 5708 |
| 46953 | 58093 | 38435 | 61387 | 29662 | 26116 |
| 59117 | 56265 | 26699 | 67677 | 25655 | 20427 |
| 8896 | 14824 | 25486 | 10572 | 5226 | 4080 |
| 42917 | 74067 | 13021 | 27394 | 7358 | 12034 |
| 33024 | 80501 | 62336 | 66697 | 45224 | 44222 |
| 52072 | 15499 | 27368 | 46558 | 9832 | 8193 |
| 17797 | 35645 | 7754 | 14019 | 4615 | 12101 |
| 521 | 2921 | 1546 | 1950 | 870 | 550 |
| 14395 | 14676 | 7945 | 6319 | 3615 | 5658 |
| 3444 | 3075 | 1958 | 2088 | 758 | 752 |
| 2542 | 775 | 695 | 967 | 549 | 1525 |
| 23521 | 9514 | 1272 | 22108 | 5853 | 699 |
| 36 | 1718 | 760 | 677 | 9 | 536 |
| 43185 | 3723 | – | 9722 | 40 | 8 |

# 8－6 金融系统机构、人员数（2013 年末）

单位：个、人

| 机构名称 | Name of Institutions | 全 市 Whole Municipality | | 越城区 Yuecheng District | |
|---|---|---|---|---|---|
| | | 机构数 Number of Institution | 从业人员 Employees | 机构数 Number of Institution | 从业人员 Employees |
| **金融系统** | **Financial System** | **930** | **19522** | **218** | **7416** |
| 人民银行 | The People's Bank | 5 | 231 | 1 | 130 |
| 中国银监会绍兴监管分局 | The CBRC Shaoxing Field Office | 5 | 57 | 1 | 42 |
| 农业发展银行 | Agriculture Developing Bank | 5 | 104 | 1 | 45 |
| 工商银行 | Industrial and Commercial Bank | 92 | 1992 | 30 | 863 |
| 农业银行 | Agricultural Bank | 111 | 2578 | 30 | 914 |
| 中国银行 | Bank of China | 82 | 1969 | 22 | 735 |
| 建设银行 | Construction Bank | 74 | 1729 | 19 | 622 |
| 交通银行 | Bank of Communications | 34 | 871 | 11 | 396 |
| 中信银行 | CITIC Industrial Bank | 9 | 389 | 5 | 238 |
| 光大银行 | Everbright Bank | 1 | 86 | 1 | 86 |
| 华夏银行 | Huaxia Bank | 8 | 355 | 2 | 200 |
| 广发银行 | Guangfa Bank | 1 | 64 | 1 | 64 |
| 招商银行 | China Merchants Bank | 9 | 333 | 5 | 227 |
| 浦发银行 | Pudong Development Bank | 8 | 271 | 4 | 131 |
| 兴业银行 | Industrial Bank | 1 | 129 | 1 | 129 |
| 民生银行 | Minsheng Bank | 3 | 204 | 1 | 140 |
| 恒丰银行 | Hengfeng Bank | 1 | 74 | 1 | 74 |
| 浙商银行 | Zheshang Bank | 5 | 268 | 1 | 32 |
| 渤海银行 | Bohai Bank | 1 | 46 | 1 | 46 |
| 绍兴银行 | Shaoxing Bank | 42 | 1157 | 27 | 877 |
| 杭州银行 | Hangzhou Bank | 4 | 182 | 1 | 96 |
| 北京银行 | Beijing Bank | 2 | 124 | 1 | 94 |
| 上海银行 | Shanghai Bank | 1 | 55 | – | 0 |
| 嘉兴银行 | Jiaxing Bank | 1 | 54 | 1 | 54 |
| 民泰银行 | Mintai Bank | 1 | 135 | 1 | 135 |
| 瑞丰银行 | Bank of Ruifeng | 101 | 1576 | 13 | 183 |
| 诸暨农村商业银行 | Zhuji Rural Commercial Bank | 73 | 871 | – | – |
| 新昌农村商业银行 | Xinchang Rural Commercial Bank | 30 | 464 | – | – |
| 天津滨海农商行 | Tianjin Binhai Rural Commercial Bank | 1 | 61 | – | – |
| 恒信农村合作银行 | Hengxin Rural Credit Bank | 31 | 700 | 31 | 700 |
| 上虞农村合作银行 | Shangyu Rural Credit Bank | 95 | 930 | – | – |
| 嵊州农村合作银行 | Shengzhou Rural Credit Bank | 54 | 639 | – | – |
| 嵊州瑞丰村镇银行 | Shengzhou Ruifeng Village Bank | 5 | 77 | – | – |
| 新昌浦发村镇银行 | SPD Rural Bank | 2 | 40 | – | – |
| 诸暨联合村镇银行 | Zhuji United Rural Bank | 1 | 50 | – | – |
| 绍兴县联合村镇银行 | Shaoxing United Rural Bank | 1 | 50 | – | – |
| 邮政储蓄银行 | Postal Savings Bank | 28 | 576 | 4 | 150 |
| 华侨银行 | Bank of Overseas Chinese | 1 | 13 | 1 | 13 |
| 海亮集团财务公司 | HAILIANG FINANCE CO.,LTD | 1 | 18 | – | – |

# Number of Institutions and Persons Engaged in Financial System (End of 2013)

(unit，person)

| 柯桥区 Keqiao District | | 上虞区 Shangyu District | | 诸暨市 Zhuji City | | 嵊州市 Shengzhou City | | 新昌县 Xinchang County | |
|---|---|---|---|---|---|---|---|---|---|
| 机构数 Number of Institution | 从业人员 Employees | 机构数 Number of Institution | 从业人员 Employees | 机构数 Number of Institution | 从业人员 Employees | 机构数 Number of Institution | 从业人员 Employees | 机构数 Number of Institution | 从业人员 Employees |
| **196** | **3617** | **172** | **2491** | **164** | **2824** | **109** | **1815** | **71** | **1359** |
| – | – | 1 | 25 | 1 | 31 | 1 | 23 | 1 | 22 |
| – | – | 1 | 4 | 1 | 5 | 1 | 3 | 1 | 3 |
| – | – | 1 | 17 | 1 | 19 | 1 | 18 | 1 | 5 |
| 19 | 311 | 11 | 198 | 16 | 289 | 8 | 174 | 8 | 157 |
| 26 | 474 | 17 | 345 | 18 | 393 | 12 | 259 | 8 | 193 |
| 18 | 373 | 14 | 264 | 14 | 280 | 7 | 167 | 7 | 150 |
| 16 | 275 | 12 | 245 | 15 | 287 | 7 | 166 | 5 | 134 |
| 7 | 137 | 5 | 99 | 5 | 101 | 3 | 70 | 3 | 68 |
| 1 | 37 | 1 | 45 | 1 | 41 | 1 | 28 | – | – |
| – | – | – | – | – | – | – | – | – | – |
| 2 | 53 | 1 | 34 | 2 | 41 | 1 | 27 | – | – |
| – | – | – | – | – | – | – | – | – | – |
| 2 | 47 | – | – | 1 | 35 | 1 | 24 | – | – |
| 1 | 37 | 1 | 38 | 1 | 39 | 1 | 26 | – | – |
| – | – | – | – | – | – | – | – | – | – |
| 1 | 26 | 1 | 38 | – | – | – | – | – | – |
| – | – | – | – | – | – | – | – | – | – |
| 2 | 149 | 1 | 33 | 1 | 54 | – | – | – | – |
| – | – | – | – | – | – | – | – | – | – |
| 5 | 85 | 3 | 52 | 4 | 72 | 2 | 42 | 1 | 29 |
| – | – | 1 | 24 | 1 | 37 | – | – | 1 | 25 |
| – | – | – | – | 1 | 30 | – | – | – | – |
| 1 | 55 | – | – | – | – | – | – | – | – |
| – | – | – | – | – | – | – | – | – | – |
| – | – | – | – | – | – | – | – | – | – |
| 88 | 1393 | – | – | – | – | – | – | – | – |
| – | – | – | – | 73 | 871 | – | – | – | – |
| – | – | – | – | – | – | – | – | 30 | 464 |
| 1 | 61 | – | – | – | – | – | – | – | – |
| – | – | – | – | – | – | – | – | – | – |
| – | – | 95 | 930 | – | – | – | – | – | – |
| – | – | – | – | – | – | 54 | 639 | – | – |
| – | – | – | – | – | – | 5 | 77 | – | – |
| – | – | – | – | – | – | – | – | 2 | 40 |
| – | – | – | – | 1 | 50 | – | – | – | – |
| 1 | 50 | – | – | – | – | – | – | – | – |
| 5 | 54 | 6 | 100 | 6 | 131 | 4 | 72 | 3 | 69 |
| – | – | – | – | – | – | – | – | – | – |
| – | – | – | – | 1 | 18 | – | – | – | – |

## 8－7　历年金融系统年末人民币存款余额

## RMB Deposits Balance in Financial System (Year-end) Over the Years

单位：万元　　　　　　　　　　　　　　　　　　　　　　　　( 10 000 yuan)

| 年　份<br>Year | 全　市<br>Whole Municipality | 越城区<br>Yuecheng District | 柯桥区<br>Keqiao District | 上虞区<br>Shangyu District | 诸暨市<br>Zhuji City | 嵊州市<br>Shengzhou City | 新昌县<br>Xinchang County |
|---|---|---|---|---|---|---|---|
| 1949 | 65 | 60 | | 1 | 2 | 1 | 1 |
| 1952 | 917 | 492 | | 84 | 140 | 137 | 64 |
| 1957 | 2751 | 1101 | | 440 | 542 | 366 | 302 |
| 1962 | 4951 | 1818 | | 826 | 1180 | 833 | 294 |
| 1965 | 6979 | 2613 | | 1545 | 1322 | 976 | 522 |
| 1970 | 10489 | 4258 | | 1987 | 1946 | 1575 | 723 |
| 1975 | 17899 | 6556 | | 3727 | 3487 | 2579 | 1551 |
| 1980 | 44907 | 18795 | | 7537 | 7784 | 6492 | 4299 |
| 1981 | 56258 | 25044 | | 9345 | 9024 | 8060 | 4785 |
| 1982 | 69642 | 31502 | | 12549 | 10824 | 9301 | 5466 |
| 1983 | 85672 | 41312 | | 14310 | 12910 | 10593 | 6547 |
| 1984 | 113554 | 52718 | | 19844 | 17575 | 14856 | 8562 |
| 1985 | 144690 | 69726 | | 24094 | 21993 | 17691 | 11187 |
| 1986 | 219858 | 110896 | | 34584 | 32823 | 25877 | 15678 |
| 1987 | 266159 | 135717 | | 41185 | 39651 | 31294 | 18312 |
| 1988 | 306657 | 156736 | | 44645 | 48110 | 35972 | 21195 |
| 1989 | 403195 | 80327 | 110869 | 68721 | 68200 | 47536 | 27542 |
| 1990 | 541126 | 120586 | 141851 | 87245 | 92374 | 62607 | 36463 |
| 1991 | 716501 | 177966 | 192617 | 108429 | 108063 | 80559 | 48867 |
| 1992 | 987949 | 229617 | 276831 | 154181 | 157832 | 104530 | 64958 |
| 1993 | 1274253 | 291989 | 360479 | 215845 | 198278 | 132619 | 75043 |
| 1994 | 1776553 | 397106 | 527786 | 293275 | 275065 | 180188 | 103133 |
| 1995 | 2394140 | 542831 | 727018 | 398081 | 370586 | 227318 | 128305 |
| 1996 | 3159406 | 756360 | 994546 | 499721 | 438260 | 297897 | 172622 |
| 1997 | 4008666 | 954114 | 1323371 | 615487 | 517719 | 371000 | 226975 |
| 1998 | 5058127 | 1253654 | 1622009 | 754066 | 672511 | 464469 | 291418 |
| 1999 | 5976042 | 1590429 | 1811452 | 868945 | 809866 | 530163 | 365187 |
| 2000 | 6556579 | 1974448 | 1716523 | 954802 | 918577 | 585693 | 406536 |
| 2001 | 7595686 | 2618642 | 1705411 | 1072799 | 1094720 | 630418 | 473696 |
| 2002 | 9702439 | 3325640 | 2251125 | 1322392 | 1423109 | 767033 | 613140 |
| 2003 | 12801778 | 4609212 | 2929131 | 1777407 | 1863562 | 903246 | 719220 |
| 2004 | 15234995 | 5449930 | 3718632 | 2102526 | 2194159 | 1009502 | 760246 |
| 2005 | 18648862 | 6913599 | 4511286 | 2510803 | 2628871 | 1183841 | 900462 |
| 2006 | 22671625 | 8521062 | 5467242 | 3014011 | 3190645 | 1376085 | 1102580 |
| 2007 | 26392686 | 10146464 | 6334024 | 3481770 | 3712370 | 1526121 | 1191936 |
| 2008 | 32322192 | 11845854 | 8151888 | 4298805 | 4767320 | 1825148 | 1433177 |
| 2009 | 41035362 | 14837843 | 10240419 | 5519567 | 6213358 | 2456139 | 1768037 |
| 2010 | 49108509 | 17888366 | 11318528 | 6827547 | 7792698 | 3013718 | 2267653 |
| 2011 | 54618323 | 19448885 | 12248934 | 7731231 | 9151326 | 3403288 | 2634660 |
| 2012 | 58459494 | 20319270 | 13419440 | 7896743 | 9906907 | 3978774 | 2938361 |
| 2013 | 63654548 | 21727967 | 14649968 | 8307036 | 10987381 | 4587041 | 3395155 |

# 8-8 历年城乡居民储蓄

## Residents' Savings Deposits in Urban and Rural Areas Over the Years

单位：万元 (10 000 yuan)

| 年份 Year | 全市 Whole Municipality | 越城区 Yuecheng District | 柯桥区 Keqiao District | 上虞区 Shangyu District | 诸暨市 Zhuji City | 嵊州市 Shengzhou City | 新昌县 Xinchang County |
|---|---|---|---|---|---|---|---|
| 1952 | 315 | 182 | | 35 | 43 | 42 | 13 |
| 1957 | 853 | 363 | | 150 | 137 | 131 | 71 |
| 1962 | 859 | 349 | | 131 | 156 | 153 | 70 |
| 1965 | 1867 | 687 | | 403 | 318 | 307 | 152 |
| 1970 | 2474 | 990 | | 465 | 450 | 395 | 174 |
| 1975 | 5391 | 2108 | | 1058 | 921 | 845 | 459 |
| 1980 | 16333 | 6393 | | 2823 | 2955 | 2657 | 1505 |
| 1981 | 21913 | 8949 | | 3795 | 3602 | 3576 | 1990 |
| 1982 | 29563 | 12267 | | 5253 | 5027 | 4534 | 2482 |
| 1983 | 38348 | 16236 | | 6882 | 6500 | 5696 | 3033 |
| 1984 | 49694 | 21144 | | 9738 | 8167 | 6865 | 3779 |
| 1985 | 73654 | 32515 | | 13912 | 11933 | 9897 | 5398 |
| 1986 | 112069 | 51335 | | 20075 | 17687 | 14938 | 8033 |
| 1987 | 151432 | 70934 | | 26983 | 23370 | 19837 | 10308 |
| 1988 | 167859 | 78865 | | 27994 | 27629 | 21397 | 11974 |
| 1989 | 243520 | 41132 | 75256 | 43182 | 39099 | 28741 | 16110 |
| 1990 | 340765 | 62092 | 102925 | 57511 | 55428 | 40312 | 22497 |
| 1991 | 466308 | 89598 | 136694 | 79002 | 74938 | 55121 | 30955 |
| 1992 | 609494 | 93634 | 196892 | 106366 | 102562 | 71609 | 38431 |
| 1993 | 830483 | 127942 | 269299 | 153568 | 135471 | 93537 | 50671 |
| 1994 | 1186165 | 176394 | 396330 | 221381 | 187747 | 134793 | 69520 |
| 1995 | 1628839 | 241010 | 572841 | 302722 | 242161 | 179206 | 90898 |
| 1996 | 2172233 | 343509 | 790118 | 383472 | 299203 | 234640 | 121289 |
| 1997 | 2709469 | 462863 | 957115 | 475147 | 367153 | 291507 | 155684 |
| 1998 | 3413135 | 615703 | 1200287 | 585811 | 459902 | 357066 | 194366 |
| 1999 | 3907533 | 729803 | 1355567 | 672292 | 519547 | 395563 | 234761 |
| 2000 | 3989333 | 893941 | 1173680 | 698497 | 553701 | 415766 | 253748 |
| 2001 | 4566555 | 1266739 | 1138451 | 767330 | 662454 | 446898 | 284683 |
| 2002 | 5396353 | 1526785 | 1336128 | 874296 | 811057 | 505355 | 342732 |
| 2003 | 6649024 | 1937704 | 1669822 | 1051282 | 1023285 | 571194 | 395737 |
| 2004 | 7590618 | 2227901 | 1897614 | 1215560 | 1208048 | 622569 | 418926 |
| 2005 | 8890981 | 2620744 | 2192302 | 1418535 | 1435301 | 736659 | 487440 |
| 2006 | 10450417 | 3131559 | 2562497 | 1649778 | 1671269 | 852136 | 583178 |
| 2007 | 10868531 | 3270549 | 2611653 | 1692720 | 1810688 | 890013 | 592907 |
| 2008 | 14060403 | 4203963 | 3548374 | 2082224 | 2340157 | 1131605 | 754081 |
| 2009 | 16961977 | 4941577 | 4212475 | 2590734 | 2879007 | 1421718 | 916465 |
| 2010 | 19355337 | 5485734 | 4650198 | 3093927 | 3383042 | 1682418 | 1060018 |
| 2011 | 22176428 | 6280588 | 5123299 | 3513849 | 4050206 | 1971396 | 1237091 |
| 2012 | 24920890 | 6740576 | 5880757 | 3780843 | 4774239 | 2321042 | 1423432 |
| 2013 | 27242485 | 7118402 | 6199877 | 4137074 | 5471969 | 2664712 | 1650452 |

# 8-9 历年金融系统人民币贷款余额

## RMB Loans Balance in Financial System (Year-end) Over the Years

单位：万元　　　　　　　　　　　　　　　　　　　　　　　　　　　　(10 000 yuan)

| 年 份<br>Year | 全 市<br>Whole Municipality | 越城区<br>Yuecheng District | 柯桥区<br>Keqiao District | 上虞区<br>Shangyu District | 诸暨市<br>Zhuji City | 嵊州市<br>Shengzhou City | 新昌县<br>Xinchang County |
|---|---|---|---|---|---|---|---|
| 1952 | 345 | 176 | | 19 | 74 | 68 | 8 |
| 1957 | 5264 | 2166 | | 787 | 1001 | 874 | 437 |
| 1962 | 10444 | 4038 | | 1825 | 1829 | 1827 | 925 |
| 1965 | 9690 | 3290 | | 1888 | 2105 | 1494 | 913 |
| 1970 | 17286 | 6703 | | 2942 | 3263 | 2542 | 1836 |
| 1975 | 22780 | 10884 | | 3862 | 3219 | 2947 | 1869 |
| 1980 | 55750 | 27576 | | 7381 | 7572 | 7976 | 5245 |
| 1981 | 60331 | 28700 | | 8297 | 8982 | 8271 | 6081 |
| 1982 | 74523 | 36871 | | 9989 | 11033 | 9998 | 6632 |
| 1983 | 86624 | 46088 | | 10209 | 11399 | 11203 | 7726 |
| 1984 | 141842 | 72856 | | 18125 | 20669 | 18262 | 11930 |
| 1985 | 171935 | 84254 | | 24901 | 24660 | 21980 | 16141 |
| 1986 | 250599 | 123061 | | 36705 | 35453 | 32237 | 23144 |
| 1987 | 307454 | 153847 | | 44795 | 44209 | 38281 | 26322 |
| 1988 | 385087 | 200785 | | 51605 | 54236 | 46957 | 31504 |
| 1989 | 405081 | 101180 | 99124 | 60409 | 60848 | 50194 | 33326 |
| 1990 | 503232 | 134924 | 123188 | 72559 | 72760 | 60637 | 39164 |
| 1991 | 641391 | 177716 | 151194 | 92586 | 88149 | 81432 | 50314 |
| 1992 | 854558 | 230681 | 203908 | 127713 | 126836 | 99802 | 65608 |
| 1993 | 1129387 | 303332 | 296097 | 176072 | 156664 | 120341 | 76881 |
| 1994 | 1488442 | 380514 | 419084 | 233966 | 205872 | 156624 | 92382 |
| 1995 | 1936372 | 510470 | 566824 | 307454 | 265566 | 178511 | 107554 |
| 1996 | 2543421 | 721108 | 730842 | 390681 | 335758 | 220034 | 145004 |
| 1997 | 3161321 | 861951 | 1016906 | 469998 | 386517 | 256320 | 169629 |
| 1998 | 3788597 | 1049635 | 1209200 | 551657 | 459242 | 320730 | 198133 |
| 1999 | 4285624 | 1273755 | 1258654 | 620555 | 540916 | 358364 | 233380 |
| 2000 | 4585080 | 1527171 | 1198689 | 637983 | 610273 | 366941 | 244023 |
| 2001 | 5142476 | 1861137 | 1189706 | 696538 | 703139 | 407058 | 284898 |
| 2002 | 6950958 | 2670219 | 1495088 | 883814 | 983636 | 511950 | 406251 |
| 2003 | 9867918 | 4003852 | 2028090 | 1282967 | 1323773 | 675140 | 554096 |
| 2004 | 11767640 | 4569898 | 2702869 | 1568006 | 1567348 | 756146 | 603373 |
| 2005 | 13816789 | 5431422 | 3185553 | 1846758 | 1851419 | 828475 | 673162 |
| 2006 | 17008493 | 6492259 | 4017500 | 2340293 | 2363229 | 1036128 | 759084 |
| 2007 | 20296222 | 7859268 | 4716808 | 2783492 | 2920764 | 1164742 | 851148 |
| 2008 | 24198779 | 9152066 | 5837351 | 3321085 | 3594414 | 1322510 | 971353 |
| 2009 | 31863826 | 11754958 | 7792710 | 4341915 | 4973059 | 1784349 | 1216835 |
| 2010 | 38201180 | 14342875 | 8785299 | 5122667 | 6226718 | 2234655 | 1489065 |
| 2011 | 43274959 | 15976621 | 9765421 | 6064140 | 7161669 | 2520045 | 1787063 |
| 2012 | 49341738 | 18142388 | 11017814 | 6698163 | 8458371 | 2957602 | 2067400 |
| 2013 | 54478356 | 19356339 | 12223560 | 7237768 | 9677168 | 3541706 | 2441815 |

# 8－10　金融系统本外币存、贷款余额基本情况（2013年末）

## Deposits and Loans Balance of Financial System (End of 2013)

单位：万元　　　　　　　　　　　　　　　　　　　　　　　　　　　　( 10 000 yuan)

| 指　　标 | Item | 全　市<br>Whole Municipality | | 越城区<br>Yuecheng District | |
|---|---|---|---|---|---|
| | | 总　量<br>Total | 比年初±<br>Increase over the Beginning of the Year | 总　量<br>Total | 比年初±<br>Increase over the Beginning of the Year |
| **一、各项存款** | **Deposits** | **64617303** | **5367009** | **22193278** | **1449209** |
| 1.单位存款 | Deposits of Enterprises | 34178442 | 2442923 | 13222844 | 978260 |
| #活　期 | Demand | 10755219 | 962022 | 3462454 | 43493 |
| 定　期 | Time | 11969673 | 305125 | 4353559 | -525747 |
| 2.个人存款 | Individual Deposits | 28328437 | 2757548 | 7429842 | 478464 |
| #储蓄存款 | Urban and Rural Savings Deposits | 27355224 | 2331675 | 7171410 | 383311 |
| 3.财政性存款 | Financial Deposits | 976306 | -149772 | 765616 | -215815 |
| 4.委托存款 | Commission Deposits | 94836 | -49258 | 45214 | -78472 |
| 5.其他存款 | Other Deposits | 1039283 | 365568 | 729762 | 286773 |
| **二、各项贷款** | **Loans** | **56441504** | **5116164** | **20622852** | **1195067** |
| 1.短期贷款 | Short-term Loans | 42782645 | 3176749 | 15243527 | 544584 |
| 2.中长期贷款 | Medium-term & Long-term Loans | 13129707 | 1961927 | 5042870 | 708038 |
| 3.票据融资 | Circulating Funds of Bills | 369689 | -69647 | 222185 | -79215 |
| 4.各项垫款 | Paying in Advance | 158583 | 47181 | 114107 | 21878 |
| 5.其他贷款 | Other Loans | 879 | -45 | 162 | -219 |

# 8－11　金融系统外币存、贷款余额基本情况（2013 年末）

## Foreign Deposits and Loans Balance of Financial System (End of 2013)

单位：万美元　　　　　　　　　　　　　　　　　　（USD 10 000)

| 指　　标 | Item | 全　市 Whole Municipality | | 越城区 Yuecheng District | |
|---|---|---|---|---|---|
| | | 总　量 Total | 比年初± Increase over the Beginning of the Year | 总　量 Total | 比年初± Irease over the Beginning of the Year |
| **一、各项存款** | **Deposits** | **157909** | **34310** | **76319** | **9873** |
| 1.单位存款 | Deposits of Enterprises | 137736 | 33305 | 66676 | 9696 |
| #活　期 | Demand | 57936 | 12389 | 14117 | 820 |
| 定　期 | Time | 44952 | 20192 | 26793 | 5434 |
| 2.个人存款 | Individual Deposits | 18722 | 517 | 8852 | -337 |
| #储蓄存款 | Urban and Rural Savings Deposits | 18491 | 561 | 8694 | -282 |
| 3.财政性存款 | Financial Deposits | – | – | – | – |
| 4.委托存款 | Commission Deposits | 12 | 1 | 12 | 1 |
| 5.其他存款 | Other Deposits | 1440 | 486 | 780 | 514 |
| **二、各项贷款** | **Loans** | **321991** | **11712** | **207731** | **4912** |
| 1.短期贷款 | Short-term Loans | 296866 | 7891 | 193530 | 2351 |
| 2.中长期贷款 | Medium-term & Long-term Loans | 21346 | 4153 | 11631 | 3609 |
| 3.票据融资 | Circulating Funds of Bills | – | – | – | – |
| 4.各项垫款 | Paying in Advance | 3779 | -332 | 2569 | -1047 |
| 5.其他贷款 | Other Loans | – | – | – | – |

# 8－12 金融系统人民币存、贷款余额基本情况（2013 年末）

# RMB Deposits and Loans Balance of Financial System (End of 2013)

单位：万元　　（10 000 yuan）

| 指　标 | Item | 全　市 Whole Municipality | | 越城区 Yuecheng District | |
|---|---|---|---|---|---|
| | | 总　量 Total | 比年初± Increase over the Beginning of the Year | 总　量 Total | 比年初± Irease over the Beginning of the Year |
| **一、各项存款** | **Deposits** | **63654548** | **5181138** | **21727967** | **1401543** |
| 1.单位存款 | Deposits of Enterprises | 33338681 | 2259559 | 12816328 | 929888 |
| #活　期 | Demand | 10401988 | 895080 | 3376386 | 40999 |
| 定　期 | Time | 11695604 | 186687 | 4190203 | -554848 |
| 2.个人存款 | Individual Deposits | 28214292 | 2757828 | 7375875 | 482254 |
| #储蓄存款 | Urban and Rural Savings Deposits | 27242485 | 2331638 | 7118402 | 386721 |
| 3.财政性存款 | Financial Deposits | 976306 | -149772 | 765616 | -215815 |
| 4.委托存款 | Commission Deposits | 94764 | -49259 | 45143 | -78474 |
| 5.其他存款 | Other Deposits | 1030505 | 362782 | 725006 | 283691 |
| **二、各项贷款** | **Loans** | **54478356** | **5103278** | **19356339** | **1203369** |
| 1.短期贷款 | Short-term Loans | 40972682 | 3183137 | 14063595 | 566308 |
| 2.中长期贷款 | Medium-term & Long-term Loans | 12999560 | 1939851 | 4971954 | 687549 |
| 3 票据融资 | Circulating Funds of Bills | 369689 | -69647 | 222185 | -79215 |
| 4.各项垫款 | Paying in Advance | 135546 | 49982 | 98443 | 28946 |
| 5.其他贷款 | Other Loans | 879 | -45 | 162 | -219 |

# 8-13 历年保险事业基本情况

## Basic Statistics of Insurance over the Years

单位：万元 (10 000 yuan)

| 年份 Year | 全市 Whole Municipality | 越城区 Yuecheng District | 柯桥区 Keqiao District | 上虞区 Shangyu District | 诸暨市 Zhuji City | 嵊州市 Shengzhou City | 新昌县 Xinchang County |
|---|---|---|---|---|---|---|---|
| **保费收入 Premium** | | | | | | | |
| 1994 | 23893 | 10169 | | 4853 | 3416 | 3633 | 1822 |
| 1995 | 27893 | 11402 | | 5436 | 4458 | 4088 | 2509 |
| 1996 | 41989 | 19008 | | 7521 | 6241 | 5512 | 3706 |
| 1997 | 32708 | 16792 | | 4784 | 5092 | 3360 | 2680 |
| 1998 | 65693 | 39251 | | 6707 | 9038 | 6664 | 4033 |
| 1999 | 74800 | 40065 | | 9379 | 11254 | 8444 | 5656 |
| 2000 | 86534 | 48205 | | 10065 | 13519 | 8865 | 5882 |
| 2001 | 128143 | 70692 | | 15269 | 20015 | 13119 | 9048 |
| 2002 | 192634 | 53395 | 30628 | 29393 | 40004 | 22904 | 16309 |
| 2003 | 207393 | 68245 | 28114 | 30368 | 37000 | 26096 | 17570 |
| 2004 | 227195 | 76057 | 28563 | 33469 | 44314 | 27140 | 17652 |
| 2005 | 247731 | 95957 | 33419 | 34770 | 42843 | 23567 | 17174 |
| 2006 | 294933 | 117942 | 32826 | 40269 | 54480 | 29810 | 19606 |
| 2007 | 351877 | 142015 | 41964 | 44889 | 66546 | 34114 | 22358 |
| 2008 | 411759 | 155196 | 52122 | 54731 | 82863 | 39877 | 26968 |
| 2009 | 475369 | 179212 | 72332 | 83026 | 43271 | 59923 | 37606 |
| 2010 | 618683 | 229713 | 78934 | 89761 | 126245 | 56946 | 37085 |
| 2011 | 665560 | 232028 | 95195 | 88569 | 146949 | 61038 | 41781 |
| 2012 | 752160 | 261678 | 101314 | 101049 | 166660 | 75286 | 46174 |
| 2013 | 842448 | 310332 | 112188 | 106042 | 182061 | 82113 | 49712 |
| **赔偿费支出 Settled Claim and Payment** | | | | | | | |
| 1997 | 19987 | 10741 | | 3082 | 2810 | 1880 | 1474 |
| 1998 | 35222 | 21318 | | 3714 | 4545 | 3453 | 2192 |
| 1999 | 26925 | 14464 | | 3112 | 4491 | 2856 | 2002 |
| 2000 | 26934 | 13458 | | 3308 | 4480 | 3271 | 2417 |
| 2001 | 34632 | 18223 | | 5031 | 4867 | 4069 | 2442 |
| 2002 | 48896 | 11858 | 9342 | 7112 | 9105 | 5250 | 6228 |
| 2003 | 56694 | 18415 | 9202 | 7801 | 9857 | 6556 | 4861 |
| 2004 | 71069 | 23459 | 10137 | 10670 | 13212 | 7791 | 5799 |
| 2005 | 80091 | 30617 | 12831 | 12676 | 12364 | 5953 | 5650 |
| 2006 | 76930 | 33112 | 9049 | 9501 | 11410 | 8247 | 5612 |
| 2007 | 123022 | 51242 | 14125 | 15448 | 20905 | 13055 | 8247 |
| 2008 | 161367 | | | | | | |
| 2009 | 134116 | 57012 | 17608 | 22092 | 9940 | 15060 | 12404 |
| 2010 | 159322 | 61259 | 19628 | 21608 | 28704 | 16555 | 11568 |
| 2011 | 182350 | 70518 | 22967 | 23234 | 36274 | 16891 | 12467 |
| 2012 | 246498 | 95921 | 34408 | 32518 | 47709 | 21092 | 14849 |
| 2013 | 304635 | 110736 | 43313 | 43667 | 61516 | 25693 | 17527 |

# 8-14 保险事业情况（2013年）

## Basic Statistics on Insurance (2013)

| 指　　标 | Item | 全　市 Whole Municipality |
|---|---|---|
| **有效承保金额　（亿元）** | **Amount Insured　(100 million yuan)** | |
| **1.财产保险** | **Property Insurance** | **28855** |
| #企业财产保险 | Enterprise Property Insurance | 4113 |
| 家庭财产保险 | Family Property Insurance | 780 |
| 机动车辆保险 | Motor Vehicle Insurance | 5289 |
| 货物运输保险 | Freight Transport Insurance | 1250 |
| 责任保险 | Liability Insurance | 3252 |
| 其他保险 | Other Insurance | 14173 |
| **2.人身保险** | **Life Insurance** | |
| #寿　险 | Life Insurance | |
| 健康险 | Health Insurance | |
| 人身意外伤害险 | Unforeseen Human Injury Insurance | |
| **保费收入　（万元）** | **Premium　(10 000 yuan)** | **842448** |
| **1.财产保险** | **Property Insurance** | **402402** |
| #企业财产保险 | Enterprise Property Insurance | 40842 |
| 家庭财产保险 | Family Property Insurance | 5921 |
| 机动车辆保险 | Motor Vehicle Insurance | 327849 |
| 货物运输保险 | Freight Transport Insurance | 5334 |
| 责任保险 | Liability Insurance | 6256 |
| 其他保险 | Other Insurance | 16200 |
| **2.人身保险** | **Life Insurance** | **440046** |
| #寿　险 | Life Insurance | 395014 |
| 健康险 | Health Insurance | 31327 |
| 人身意外伤害险 | Unforeseen Human Injury Insurance | 13705 |
| **各种赔款和给付　（万元）** | **Settled Claim and Payment　(10 000 yuan)** | **304635** |
| **1.财产保险** | **Property Insurance** | **254936** |
| #企业财产保险 | Enterprise Property Insurance | 30998 |
| 家庭财产保险 | Family Property Insurance | 1093 |
| 机动车辆保险 | Motor Vehicle Insurance | 212888 |
| 货物运输保险 | Freight Transport Insurance | 1354 |
| 责任保险 | Liability Insurance | 3074 |
| 其他保险 | Other Insurance | 5529 |
| **2.人身保险** | **Life Insurance** | **49699** |
| #寿　险 | Life Insurance | 40328 |
| 健康险 | Health Insurance | 7823 |
| 人身意外伤害险 | Unforeseen Human Injury Insurance | 1548 |

# 8-15 历年各区、县（市）证券市场基本情况

## Basic Statistics of stock market over the Years

单位：万元 (10 000 yuan)

| 年 份 Year | 全 市 Whole Municipality | 越城区 Yuecheng District | 柯桥区 Keqiao District | 上虞区 Shangyu District | 诸暨市 Zhuji City | 嵊州市 Shengzhou City | 新昌县 Xinchang County |
|---|---|---|---|---|---|---|---|
| **上市公司家数 The number of listed companies** | | | | | | | |
| 2011 | 36 | 3 | 5 | 9 | 13 | – | 6 |
| 2012 | 38 | 4 | 5 | 9 | 13 | – | 7 |
| 2013 | 38 | 4 | 5 | 9 | 13 | – | 7 |
| **业务收入 Operating income** | | | | | | | |
| 2011 | 10089457 | 490370 | 987914 | 3595383 | 3225714 | – | 1790076 |
| 2012 | 9602616 | 535712 | 903721 | 3064803 | 3278502 | – | 1819877 |
| 2013 | 11943945 | 563089 | 1123973 | 4505176 | 3706702 | – | 2045005 |
| **净利润 Net profit** | | | | | | | |
| 2011 | 899649 | 23974 | 85447 | 376833 | 110013 | – | 303382 |
| 2012 | 585525 | -1699 | 13124 | 248482 | 88953 | – | 236665 |
| 2013 | 749125 | 36920 | 40359 | 391033 | 73898 | – | 206915 |
| **净资产 Net assets** | | | | | | | |
| 2011 | 7049750 | 431478 | 674973 | 2630417 | 1676010 | – | 1636873 |
| 2012 | 7456794 | 565220 | 815203 | 2557203 | 1637137 | – | 1882031 |
| 2013 | 8212136 | 591331 | 867543 | 2990378 | 1770957 | – | 1991927 |
| **证券融资 Securities financing** | | | | | | | |
| 2011 | 908600 | – | 238400 | 103500 | 521400 | – | 45300 |
| 2012 | 916000 | 148600 | 100000 | 301700 | 155000 | – | 210700 |
| 2013 | 114200 | – | 39000 | – | 75200 | – | – |

注：本表统计范围为境内上市企业，其中证券融资不包含债券。

Note:This form's statistical coverage just included the domestic listed companies,furthermore,securities financing did not include the bonds.

# 主 要 统 计 指 标 解 释

**财政总收入**　指国家财政参与社会产品分配所取得的收入。是实现国家职能的财力保证。由中央财政和地方财政收入组成，其具体包括的内容几经变化，目前主要包括：

(1)各项税收　包括增值税、营业税、消费税、个人所得税、证券交易税、遗产税、土地增值税、城市维护建设税、房产税、车船使用税、屠宰税、资源税、印花税、城镇土地使用税、筵席税、固定资产投资方向调节税、关税、企业所得税、企业所得税退税。

(2)国有企业上缴利润　是指国有企业缴纳所得税后上缴国家预算的利润。

(3)国有企业计划亏损补贴　这项为负收入，冲减财政收入。

(4)债务收入　包括国外借款、国内公债收入、国库券收入以及专业银行购买财政专项债券等。

(5)其他收入　包括专款收入、基建贷款归还收入、国家能源交通重点建设基金收入、其他收入、罚没收入、行政性收费收入。

**财政支出**　指国家财政将筹集起来的资金进行分配使用的数额。以满足经济建设和各项事业的需要，主要包括：

(1)基本建设支出　指按国家有关规定，属于基本建设范围内的基本建设有偿使用、拨款、资本金支出以及经国家批准对专项和政策性基建投资贷款，在部门的基建投资额中统筹支付的贴息支出。

(2)企业挖潜改造资金　指国家预算内拨给的用于企业挖潜、革新和改造方面的资金。包括个部门企业挖潜改造资金和企业挖潜改造贷款资金，为农业服务的县办“五小”企业技术改造补助，挖潜改造贷款利息支出。

(3)地质勘探费用　指国家预算用于地质勘探单位的勘探工作费用，包括地质勘探管理机构及其事业单位经费、地质勘探经费。

(4)科技三项费用　指国家预算用于科技支出的费用，包括新产品试制费、中间试验费、重要科学研究补助费。

(5)支援农村生产支出　指国家财政支援农村集体(户)各项生产的支出。包括对农村举办的小型农田水利和打井喷灌等的补助费；对农村水土保持措施的补助费；对农村举办的小水电站的补助费特大抗旱的补助费；农村开荒的补助费；扶持乡镇企业资金；农村农技推广和植保补助费；农村草场和畜禽保护补助费；农村造林和林木保护补助费；农村水产补助费；发展粮食生产专项资金。

(6)农林水利气象等部门的事业费用　指国家财政用于农垦、农场、农业、林业、森林、水利、水产、气象、乡镇企业的技术推广、良种推广(示范)、植物(畜禽、森林)保护、水质监测、勘探设计、资源调查、干部训练等项费用，园艺特产场补助费，中等专业学校经费，飞播牧草试验补助费，营林机构、气象机构经费，渔政费以及农业管理事业费等。

(7)工业交通商业等部门的事业费　指国家预算支付给工交商各部门用于个事业发展的经费。包括勘探设计费、中等专业学校经费、技术学校经费、干部训练费。

(8)文教科学卫生事业费　指国家预算用于文化、出版、文物、教育、卫生、中医、公费医疗、体育、档案、地震、海洋、通讯、电影电视、计划生育、党政群干部训练、自然科学、社会科学、科协等项事业的经费支出和高科技研究专项经费。主要包括工资、补助工资、福利费、离退休费、助学金、公务费、设备购置费、修缮费、业务费、差额补助费。

(9)抚恤和社会福利救济费　指国家预算用于抚恤和社会救济事业的经费，包括由民政部门开支的烈士家属的一次性、定期抚恤金、革命伤残人员的抚恤金，各种伤残补助费、烈军属、复员退伍军人生活补助费、退伍军人安置费，优抚事业单位经费，烈士纪念建筑物管理、维修费，自然灾害救济事业费和特大自然灾害灾后重建补助费等。

(10)国防支出　指国家预算用于国防建设和保卫国家安全的支出，包括国防费、国防科研事业费、民兵建设以及专项工程支出等。

(11)行政管理费　指行政管理支出，党派团体补助支出，外交支出，公安安全支出，司法支出，法院支出，检察院支出和公检法办案费用补助。

(12)价格补贴支出　指经国家批准，由国家财政拨给的政策性补贴支出，主要包括粮食加价款，粮、棉、油差价补贴，棉花收购价外奖励款，副食品风险基金，市镇居民的肉食价格补贴，平抑市价肉食、蔬菜价差补贴等以及经国家批准的教材课本、报刊新闻纸等价格补贴。

**中央财政收入和地方财政收入**　指按财政体制划分的中央本级收入和地方本级收入。1994 年税制财政体制以后，属于中央财政的收入包括关税、海关代征消费税和增值税，中央企业所得税，地方银行和外资银行及非银行金融企业所得税，铁道、银行总行、保险总公司等集中缴纳的营业税、所得税、利润和城市维护建设税，增值税的 75%部分，海洋石油资源税和证券(印花)税 88%部分。属于地方财政的收入包括营业税，地方企业所得税个人所得税，城镇土地使用税，固定资产投资方向调节税，城镇维护建设税，房产税，车船使用税，印花税，屠宰税，农牧业税，农业特产税，耕地占用税，契税，增值税 25%部分，证券交易税(印花税)的 12%部分和除海洋石油资源以外的其他资源税。

**存　款**　指企业、机关、团体或居民根据可以收回的原则，把货币资金存入银行或其他信用机构保管并取得一定利息的一种信用活动形式。根据存款对象的不同可划分为企业存款、财政存款、机关团体存款、基本建设存款、城镇储蓄存款、农村存款等项目。它是银行信贷资金的主要来源。

**城乡储蓄存款余额**　城乡储蓄存款，包括城镇居民储蓄存款和农民个人储蓄存款两部分，不包括居民的手存现金和工矿企业、部队、机关团体等集团存款。城乡居民储蓄存款余额指城乡居民存入银行及农村信用社储蓄的时点数(存入数扣除取出数的余额)，如月末、季末或年末数额。

**贷　款**　指银行或其他信用机构根据必须归还的原则，按一定利率，为企业、个人等提供资金的一种信用活动形式。我国银行贷款，分流动资金贷款、固定资产贷款、城乡个体工商户贷款以及农户贷款等科目。

**承保额(保险金额)**　指保险人对被保险人负担损失补偿或约定给付的金额。它是保险合同上的最高责任额，也是计算保费的依据。

**保费(保险费)**　指保险人根据保险合同的有关规定，为被保险人取得因约定危险事故发生所造成的经济损失补偿(或给付)权利，付给保险人的代价。包括财产险和人身险储金收入。

**保险赔款**　指保险事故发生后，经查证确属保险责任范围以内的保险标的损失，保险人根据保险合同的规定履行赔偿义务，给予被保险人的款项叫做赔款，赔款可分为已决赔款和未决赔款两种。

# Explanatory Notes on Main Statistical Indicators

**Total Government Revenue** refers to the revenue of the government finance by means of participating in the distribution of the social products, which is the financial resource for ensuring the government to function. The contents of government revenue have been changed several times. Now it includes the following main items:

(1) Various tax revenues, including value added tax, business tax, consumption tax, personal income tax, stock swap tax, inheritance tax, land value added tax, tax on city maintenance and construction, house property tax, tax on use of vehicles and vessels, tax on slaughtering animals, resources tax, stamp tax, tax on use of urban land, feast tax (banquet tax), tax on adjustment of the orientation of investment in fixed assets, tariff, enterprise income tax, drawback on enterprise income tax, etc.

(2) Profits turned over to the state of the state-owned enterprises, refers to the state-owed enterprises turned over to the profits of state budget after they had pain income tax.

(3) Planned subsidies for the losses of the state-owned enterprises. This is an item of negative revenue, used to eat up part of the government revenue.

(4) Debt revenues, including external loan, revenue from domestic government bond, revenue from State treasury bond and financial dedicated bond bought by specialized bank, etc.

(5) Other revenues, including revenue from special fund, revenue from the repayment of capital construction loan, revenue from capital construction projects, other revenues, forfeit revenue and revenue from administrative fees, etc.

**Government Expenditure** refers to the distribution and use of the funds the government finance has risen, so as to meet the needs of economic construction and various causes. It includes the following main items:

(1) Expenditure for capital construction: It refers to the non-gratuitous use and appropriation of funds for capital construction in the range of capital construction, outlay of capital as well as the loans on capital construction approved by the government for special purpose or policy purpose and the expenditure with discount paid in an overall way within the amount of the funds appropriated to the departments for capital construction.

(2) Innovation funds of the enterprises: They refer to the funds appropriated from the government budget for the enterprises to tap the latent power, upgrade the technology and carry out innovation, including the innovation fund of the departments, loan of the enterprises for innovation, subsidies on the innovation of the small fertilizer plant, small cement plant, small coal mines, small machinery plant and small steel plant, the expenditure of interest for the loan for innovation.

(3) Geological prospecting expenses: They refer to the expenses appropriated from the government budget to the geological prospecting units for the expenditure of the prospecting work, including the expenditures of the administrative agencies for geological prospecting and their institutional units as well as the geological prospecting expenditure.

(4) Expenditures for science and technology promotion: They refer to the expenses appropriated from the government budget for the scientific and technological expenditure, including new products development expenditure, expenditure for intermediate trial and subsidies on important scientific researches.

(5) Expenditure for supporting rural production: It refers to the expenditures appropriated from the government budget for supporting the various expenditures of the rural collective units or households for

production, including the subsidies to the small water conservancy projects and well drilling, sprinkling irrigation projects run by the villages; subsidies on the rural water and soil conserving measures; subsidies to the small power stations run by the villages; subsidies to the expenditure for fighting against particularly severe draughts; subsidies on the rural waste land exclamation; fund for supporting the township enterprises; subsidies to the expenditure for popularization of the agricultural technologies and plant protection in the rural areas; subsidies to the expenditure for the protection of grasslands and cattle and fowls; subsidies on afforestation and forest protection in rural areas; subsidies on the rural aquatic products industry; special fund for developing grain production.

(6) Operating expenses of the departments of farming, forestry, water conservancy and meteorology etc.: They refer to the expenses appropriated from the government budget for the expenditures of agricultural exclamation, farms, agriculture, animal husbandry, agricultural machinery, forestry, timber industry, water conservancy, aquatic products industry, meteorology, technology popularization in township enterprises, popularization (demonstration) of improved varieties, plant (cattle and fowls, forest) protection, water quality monitoring, prospecting and designing, resources investigation, cadres training, subsidies to horticulture gardens, expenditure of specialized secondary schools, subsidies on the experiments of sowing herbage seeds by flights, expenditures of afforestation agencies and meteorology agencies, expenses for fishery administration and operating expenses for agricultural administration, etc.

(7) Operating expenses of the departments of industry, transport and commerce: They refer to the expenses appropriated from the government budget to the departments of industry, transport and commerce for the expenditure of business development, including expenses for prospecting and designing, expenditures of specialized secondary schools, expenditures of the technical training schools and expenditures for cadres training, etc.

(8) Operating expenses of the departments of culture, education, science and public health: They refer to the expenses appropriated from the government budget for the expenditures of the causes of culture, publication, cultural relics, education, public health, traditional Chinese medical science, free medical services, sports, archives, earthquake, ocean, communications, broadcasting, film and television, family planning; expenditure for training of cadres of government, party and mass organization; expenditures for natural sciences, social sciences, associations for science and technology and the special expenditure for the high-tech researches. They include mainly wages, extra wages, welfare funds, pension for the retirees, stipend, expenses for official business, expenses for equipment purchases, expenses for repairs, business expenses and subsidies to the units which are unable to support their expenditures by their own earnings.

(9) Pension for the disabled or for the families of the bereaved and relief funds for social welfare: They refer to the funds appropriated from the government budget for the expenditures of pension for the disabled or for the families of the bereaved and relief funds for social welfare, including the lump-sum or regular pension paid by the departments of civil affairs to the members of martyrs families and families of those who died for the public interest, pension to the revolutionary disabled, subsidies for permanent disability of various kinds, subsidies to the military martyrs dependents and the demobilized servicemen, expenditure for settling down the demobilized servicemen, operating expenses of the consoling institutions, expenses for management and repair of the commemorative buildings for the martyrs, the expenses managed by the departments of civil affairs for the

retirees and those who have quitted their work, expenses for social relief in rural and urban areas, operating expenses for providing relief to the areas of natural calamity and subsidies on the reconstruction after the particularly severe natural calamities, etc.

(10) Expenditures for national defence: They refer to the funds appropriated from the government budget for the expenditures for building up national defence and safeguarding national security, including expenses of national defence, expenses of scientific researches on national defence, expenses for building up peoples militia and expenditure for special projects, etc.

(11) Administrative expenses: They include expenditure for administration, subsidies to the parties and mass organizations, diplomatic expenditure, expenditure for public security, judicial expenditure, law court expenditure, procuratorial expenditure and subsidies to the expenses for treating the cases by the public security departments, procuratorial organs and law courts.

(12) Expenditure for price subsidies: It refers to the expenditure appropriated, with the approval of the government, from the government budget for the policy subsidies to price adjustment, including the fund for the increase of grain prices, the subsidies to the difference between the selling prices and purchasing prices of grains, cotton and edible oil, awards in addition to the purchasing prices of cotton, risk fund for non-staple food, subsidies on the prices of meat and meat products, subsidies on the price difference for curbing the high market prices of meat, meat products and vegetables and the subsidies approved by the government on the prices of textbooks and newsprint of newspapers and periodicals.

**Revenue of the central government and revenue of the local governments** In accordance with the classification of the structure of the government finance in 1994 on the basis of the classification of channels for collection of tax revenues, the revenue of the central government and the revenue of the local governments have different coverage. The revenue of the central government includes tariff, consumption tax and value added tax levied by the customs, consumption tax, income tax of the enterprises subordinate to the central government, income taxes of the local banks, foreign-funded banks and non-bank financial institutions, business tax, income tax and profits of railways, head offices of banks, head office of insurance company, which are handed over to the government in a centralized way, tax on city maintenance and construction, 75% of the value added tax, tax on ocean petroleum resources, 50% of the tax on stock dealing (stamp tax). The revenue of the local governments includes business tax, income tax of the enterprises subordinate to the local government, personal income tax, tax on the use of urban land, tax on the adjustment of the investment in fixed assets, tax on town maintenance and construction, tax on real estates, tax on the use of vehicles and ships, stamp tax, slaughter tax, tax on agriculture and animal husbandry, tax on special agricultural products, tax on the occupancy of cultivated land, contract tax, 25% of the value added tax, 50% of the tax on stock dealing (stamp tax) and tax on resources other than the ocean petroleum resources.

**Deposit** is a form of credit by which enterprises, institutions, organizations or households can put money into banks and other credit institutions for safekeeping and interest earning under the principle of free withdrawal. According to different depositors, deposits are divided into enterprise deposits, treasury deposits, deposits of government agencies and organizations, capital construction deposits, urban savings deposits, rural deposits and other deposits. Deposits are Main sources of the credit funds of banks.

**Saving Deposits Balance of Urban and Rural residents** saving deposits include the bank savings deposits of organizations such as industrial and mining enterprises, army units, institutions, ect. The outstanding amount of savings deposits refers to the money put into banks and rural credit unions at certain time points (balance between deposit and withdrawal), such as the end of the month, quarter or year.

**Loan** is a form of credit by which banks and other credit institutions provide funds at certain interest rate to enterprises and individuals in the light of the principle of unconditional repayment. Loans from Chinese banks include circulating capital loans, fixed assets loans, loans to urban and rural individuals engaged in industrial and commercial business and agricultural loans.

**Amount Insured** refers to the maximum that the insurant will get for the claim of the case insured.

**Premium** is the fee paid by the insurant to the insurer to obtain the obligation of compensation from the insurance within the agreed terms.

**Settled Claim** is the compensation paid by the insurer to the insurant in accordance with the insurance contract.

九

# 物价、人民生活

# CHAPTER 9 PRICES AND PEOPLE’S LIVELIHOOD

# 物价、人民生活
# PRICES AND PEOPLE'S LIVELIHOOD

## 主要统计指标
## Main Statistical Indicators

| | | | |
|---|---|---|---|
| 2013年越城区居民消费价格指数(上年=100) | Consumer Price Indices of Yuecheng District | 102.0 | |
| 比上年增加 | Increase over Previous Year | 0.0 | |
| 2013年越城区商品零售价格指数(上年=100) | Retail Price Indices of Yuecheng District | 101.0 | |
| 比上年增加 | Increase over Previous Year | -0.4 | |
| 2013年全市城镇居民人均可支配收入 | Per Capita Annual Disposable Income of Urban Households of the Whole Municipality | 40454 | 元(yuan) |
| 比上年增长 | Increase over Previous Year | 9.6 | % |
| 2013年全市城镇居民人均消费性支出 | Per Capita Annual Living Expenditures for Consumption of the Whole Municipality | 24469 | 元(yuan) |
| 比上年增长 | Increase over Previous Year | 10.2 | % |
| 2013年越城区城镇居民人均可支配收入 | Per Capita Annual Disposable Income in Urban Households of Yuecheng District | 37881 | 元(yuan) |
| 比上年增长 | Increase over Previous Year | 9.6 | % |
| 2013年越城区城镇居民人均消费性支出 | Per Capita Annual Living Expenditures for Consumption in Vrban Households of Yuecheng District | 24524 | 元(yuan) |
| 比上年增长 | Increase over Previous Year | 8.3 | % |
| 2013年农村居民人均纯收入 | Per Capita Annual Net Income of Rural Households | 19618 | 元(yuan) |
| 比上年增长 | Increase over Previous Year | 10.8 | % |
| 2013年农村居民人均生活消费支出 | Per Capita Annual Living Expenditures for Consumption of Rural Households | 12402 | 元(yuan) |
| 比上年增长 | Increase over Previous Year | 11.7 | % |

# 物　价　指　数

## Price Indices of Urban District

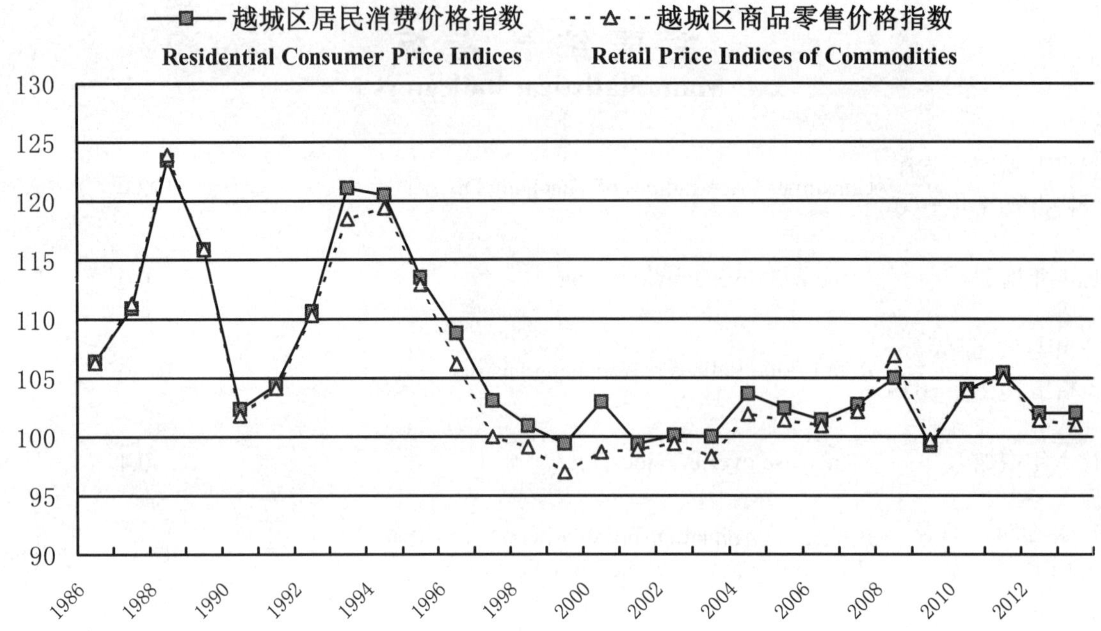


# 居　民　收　入

## Income of Households

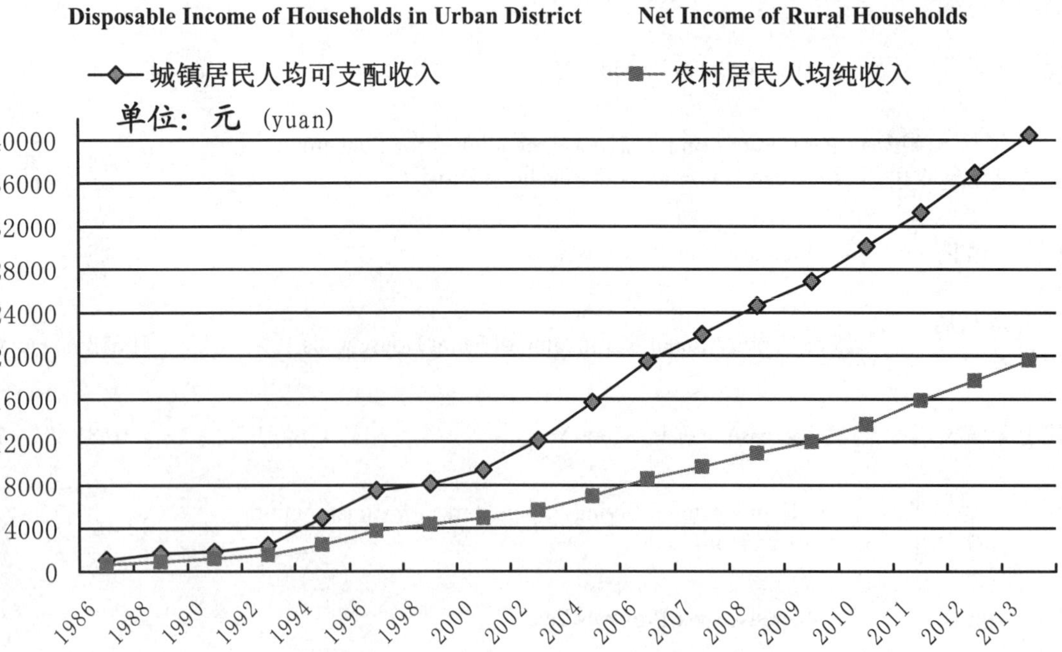

# 9-1 历年越城区物价指数
## Price Indices of Yuecheng District over the Years

(上年=100) (preceding year=100)

| 年 份<br>Year | 居民消费价格指数<br>Consumer Price Index | #食 品<br>Food Price Index | #服务项目<br>Service Price Index | 商品零售价格指数<br>Retail Price Index | 农产品成交价格指数<br>Transaction Price Indices of Farm Products |
|---|---|---|---|---|---|
| 1990 | 102.3 | 101.6 | 109.7 | 101.8 | |
| 1991 | 104.4 | 106.8 | 107.6 | 104.1 | |
| 1992 | 110.6 | 114.4 | 113.5 | 110.3 | |
| 1993 | 121.1 | 122.5 | 145.1 | 118.5 | |
| 1994 | 120.5 | 129.7 | 125.9 | 119.4 | 122.4 |
| 1995 | 113.5 | 118.8 | 126.3 | 112.9 | 113.3 |
| 1996 | 108.8 | 107.7 | 114.5 | 106.2 | 103.9 |
| 1997 | 103.0 | 97.8 | 129.6 | 100.0 | 94.6 |
| 1998 | 100.9 | 100.8 | 105.6 | 99.1 | 96.2 |
| 1999 | 99.4 | 96.0 | 113.9 | 97.0 | 93.0 |
| 2000 | 102.9 | 97.7 | 126.8 | 98.7 | 93.7 |
| 2001 | 99.4 | 96.8 | 106.1 | 98.9 | 94.8 |
| 2002 | 100.1 | 103.0 | 99.6 | 99.4 | 102.9 |
| 2003 | 100.0 | 100.0 | 106.5 | 98.3 | – |
| 2004 | 103.6 | 110.6 | 103.4 | 101.9 | – |
| 2005 | 102.4 | 103.8 | 103.9 | 101.4 | – |
| 2006 | 101.4 | 102.3 | 102.0 | 100.9 | – |
| 2007 | 102.7 | 107.5 | 101.4 | 102.1 | – |
| 2008 | 105.0 | 114.7 | 98 | 106.9 | – |
| 2009 | 99.2 | 101.7 | 96.6 | 99.7 | – |
| 2010 | 104.0 | 106.2 | 103.7 | 103.9 | – |
| 2011 | 105.4 | 111.6 | 102.7 | 105.0 | – |
| 2012 | 102.0 | 103.3 | 102.7 | 101.4 | – |
| 2013 | 102.0 | 103.8 | 102.3 | 101.0 | – |

注：1993 年以前居民消费品价格指数栏为生活费用价格指数。

Note: the consumer price index of year 1993 and earlier refers to the cost of living index.

# 9－2 越城区居民消费价格指数 (2013年)

(上年=100)

| 项　　目 | Item | 越城区<br>Yuecheng District |
|---|---|---|
| **居民消费价格总指数** | **Consumer Price Index** | **102.0** |
| **一、食　　品** | **Food** | **103.8** |
| 1.粮　　食 | Grain | 101.2 |
| 2.淀粉及制品 | Starch | 99.4 |
| 3.干豆类及豆制品 | Bean and Its Products | 105.5 |
| 4.油 脂 类 | Oil or Fat | 100.0 |
| 5.肉禽及其制品 | Meal，Poultry and Their Products | 103.6 |
| 6.蛋　　类 | Eggs | 104.9 |
| 7.水产品类 | Aquatic Products | 103.3 |
| 8.菜　　类 | Vegetables | 113.9 |
| (1)鲜　　菜 | Fresh Vegetables | 115.2 |
| (2)干菜及菜制品 | Dried Vegetables and Theirs Products | 99.3 |
| 9.调 味 品 | Flavoring | 101.6 |
| 10.糖 | Carbohydrate | 99.3 |
| 11.茶及饮料 | Tea and Beverages | 102.4 |
| 12.干鲜瓜果类 | Dried and Fresh Melons and Fruits | 99.5 |
| (1)鲜瓜果 | Fresh Fruits | 101.5 |
| (2)干(坚)果 | Dried and Fruits and Related Products | 95.3 |
| 13.糕点饼干面包 | Cake，Biscuit and bread | 103.0 |
| 14.液体乳及乳制品 | Liquid Milk and Dairy Products | 106.6 |
| 15.在外用膳食品 | Outward Dinner | 102.9 |
| 16.其它食品 | Other Foods | 97.8 |
| **二、烟酒** | **Tobacco and Liquor** | **99.1** |
| 1.烟　　草 | Tobacco，Liquor and Articles | 100.0 |
| 2.酒 | Liquor | 97.1 |
| **三、衣 着 类** | **Clothing** | **104.7** |
| 1.服　　装 | Garments | 105.4 |
| (1)男式服装 | Men's Garments | 106.7 |
| (2)女式服装 | Women's Garments | 105.9 |
| (3)儿童服装 | Kids' Garments | 98.9 |
| 2.衣着材料 | Clothing Material | 101.1 |

# Residential Consumer Price Indices of Yuecheng District (2013)

(preceding year=100)

| 项　　目 | Item | 越城区 Yuecheng District |
|---|---|---|
| 3.鞋 袜 帽 | Footgear and Hats | 102.1 |
| (1)鞋 | Footgear | 102.4 |
| (2)袜　子 | Stockings | 98.2 |
| (3)帽　子 | Hats | 103.2 |
| 4.衣着加工服务 | Clothing Manufacturing Services | 101.0 |
| **四、家庭设备用品及维修服务** | **Household Facilities，Articles and Services** | **101.7** |
| 1.耐用消费品 | Durable Consumer Goods | 101.5 |
| (1)家　具 | Furniture | 100.6 |
| (2)家庭设备 | Household Facilities | 101.8 |
| 2.室内装饰品 | Interior Decoration | 101.0 |
| 3.床上用品 | Bed Articles | 100.3 |
| 4.家庭日用杂品 | Daily Use Household Articles | 100.6 |
| 5.家庭服务及加工维修服务 | Other Household Service and Manufacturing Upkeep | 106.4 |
| **五、医疗保健和个人用品** | **Health Cares & Personal Articles** | **99.3** |
| 1.医疗保健 | Medical Appliances and Articles | 99.2 |
| 2.个人用品及服务 | Personal Articles and Services | 99.6 |
| **六、交通和通讯** | **Transportation and Communication** | **99.0** |
| 1.交　通 | Transportation | 98.9 |
| 2.通　信 | Communications | 99.0 |
| **七、娱乐教育文化用品及服务** | **Recreation，Education and Culture Articles** | **100.4** |
| 1.文娱耐用消费品及服务 | Durable Consumer Goods for Recreational Use | 97.6 |
| 2.教　育 | Education | 100.2 |
| (1)教材及参考书 | Teaching Materials | 101.6 |
| (2)教育服务 | Education Service | 100.2 |
| 3.文化娱乐类 | Cultural and Recreational Articles | 101.9 |
| (1)文化娱乐用品 | Cultural and Recreational Articles | 98.8 |
| (2)书报杂志 | Book，Newspapers and Magazines | 111.6 |
| (3)文 娱 费 | Expenditure of Entertainment | 101.0 |
| (4)旅游 | Touring | 101.9 |
| **八、居　住** | **Residence** | **102.7** |
| 1.建房及装修材料 | Building and Building Decoration Materials | 100.3 |
| 2.住房租金 | Rent | 103.4 |
| 3.自有住房 | Private Housing | 103.7 |
| 4.水、电、燃料 | Water，Electricity and Fuels | 101.3 |

# 9－3　省内各市居民消费价格指数（2013 年）

(上年=100)

| 项　　目 | Item | 全　省 Whole Province | 杭州市区 Hangzhou | 宁波市区 Ningbo |
|---|---|---|---|---|
| **居民消费价格指数** | **Consumer Price Index** | **102.3** | **102.5** | **102.2** |
| **一、食 品 类** | **Food** | **103.8** | **104.2** | **102.6** |
| #粮　　食 | Grain | 102.8 | 103.5 | 101.9 |
| 肉禽及其制品 | Meat，Poultry and Theirs Products | 103.9 | 103.9 | 104.8 |
| 蛋　　类 | Eggs | 102.8 | 99.5 | 101.3 |
| 水产品类 | Aquatic Products | 104.8 | 106.8 | 102.7 |
| 鲜　　菜 | Fresh Vegetables | 106.6 | 109.1 | 100.1 |
| 鲜 瓜 果 | Fresh Fruits | 105.4 | 104.5 | 104.9 |
| **二、烟酒及用品** | **Tobacco，Liquor and Articles** | **99.8** | **99.5** | **100.8** |
| **三、衣　　着** | **Clothing** | **102.9** | **101.3** | **102.6** |
| **四、家庭设备用品及维修服务** | **Household Facilities，Articles and Services** | **102.2** | **103.3** | **102.0** |
| **五、医疗保健和个人用品** | **Health Cares & Personal Articles** | **100.3** | **101.1** | **102.8** |
| **六、交通和通讯** | **Transportation and Communication** | **99.4** | **99.5** | **99.4** |
| **七、娱乐教育文化用品及服务** | **Recreation，Education and Culture Articles** | **102.5** | **103.9** | **101.9** |
| **八、居　　住** | **Residence** | **102.5** | **102.1** | **103.5** |

注：该表中绍兴市区为越城区统计范围，下表同。

# Residential Consumer Price Indices of Zhejiang by City (2013)

(preceding year=100)

| 温州市区 Wenzhou | 嘉兴市区 Jiaxin | 湖州市区 Huzhou | 绍兴市区 Shaoxing | 金华市区 Jinhua | 衢州市区 Quzhou | 舟山市区 Zhoushan | 台州市区 Taizhou | 丽水市区 Lishui |
|---|---|---|---|---|---|---|---|---|
| **101.9** | **101.7** | **102.1** | **102.0** | **103.1** | **102.6** | **102.1** | **101.8** | **102.9** |
| **103.4** | **104.6** | **103.7** | **103.8** | **104.1** | **104.8** | **103.0** | **104.9** | **106.0** |
| 102.8 | 100.3 | 103.6 | 101.2 | 104.0 | 100.2 | 101.4 | 102.1 | 106.9 |
| 104.2 | 107.0 | 105.1 | 103.6 | 103.2 | 105.5 | 103.6 | 103.2 | 107.4 |
| 112.9 | 102.7 | 102.8 | 104.9 | 103.0 | 106.0 | 101.1 | 107.7 | 103.1 |
| 103.8 | 105.1 | 103.2 | 103.3 | 104.0 | 107.7 | 102.0 | 105.1 | 108.1 |
| 105.3 | 111.3 | 108.7 | 115.2 | 97.8 | 110.3 | 103.4 | 103.5 | 110.6 |
| 100.4 | 110.9 | 104.9 | 101.5 | 103.5 | 109.3 | 104.2 | 113.2 | 102.1 |
| **99.8** | **98.8** | **99.8** | **99.1** | **99.1** | **100.0** | **100.6** | **99.8** | **99.5** |
| **106.4** | **101.5** | **108.1** | **104.7** | **112.0** | **100.8** | **101.4** | **101.4** | **102.7** |
| **101.9** | **101.9** | **103.1** | **101.7** | **102.9** | **101.8** | **101.8** | **101.0** | **101.5** |
| **101.3** | **97.8** | **101.4** | **99.3** | **100.6** | **100.6** | **101.8** | **97.5** | **101.2** |
| **99.7** | **99.5** | **98.7** | **99.0** | **97.4** | **100.6** | **99.7** | **97.9** | **100.1** |
| **100.6** | **102.4** | **100.4** | **100.4** | **101.4** | **102.8** | **103.0** | **101.4** | **104.0** |
| **100.7** | **100.0** | **101.0** | **102.7** | **104.4** | **102.0** | **102.2** | **101.7** | **100.5** |

Note:The statistical caliber of Shaoxing's Urban District is Yuecheng District,The same as the following table.

# 9－4 省内各市商品零售价格指数（2013 年）

(上年=100)

| 项　　目 | Item | 全　省<br>Whole Province | 杭州市区<br>Hangzhou | 宁波市区<br>Ningbo |
|---|---|---|---|---|
| **商品零售价格总指数** | **Retail Price Index** | **101.0** | **101.5** | **101.0** |
| 一、食 品 类 | Food | 103.8 | 104.2 | 102.6 |
| 二、饮料、烟酒 | Beverages，Tobacco and Liquor | 100.2 | 99.5 | 101.4 |
| 三、服装、鞋帽类 | Garments，Shoes and Hats | 103.0 | 101.3 | 102.5 |
| 四、纺织品类 | Textiles | 102.1 | 104.5 | 101.9 |
| 五、家用电器及音像器材 | Household Appliances and Acoustics Appliances | 99.4 | 99.5 | 99.9 |
| 六、文化办公用品 | Cultural and Sports Goods | 98.2 | 98.8 | 99.1 |
| 七、日 用 品 | Articles for daily Use | 100.6 | 100.6 | 100.9 |
| 八、体育娱乐用品 | Sports and Recreational Goods | 100.4 | 100.4 | 100.3 |
| 九、交通、通信用品 | Transportation and Communication | 98.7 | 98.9 | 99.1 |
| 十、家　　具 | Furniture | 101.0 | 99.0 | 101.3 |
| 十一、化妆品类 | Cosmetics | 101.5 | 104.1 | 101.5 |
| 十二、金银珠宝类 | Jewelry | 91.8 | 98.5 | 90.9 |
| 十三、中西药品及医疗保健用品类 | Traditional Chinese and Western Medicines，Medical Articles | 98.6 | 101.5 | 103.1 |
| 十四、书报杂志及电子出版物类 | Newspapers，Magazines and Electronic Publication | 100.5 | 100.0 | 100.0 |
| 十五、燃 料 类 | Fuels | 99.8 | 101.3 | 98.9 |
| 十六、建筑材料及五金电料类 | Building Materials and Metals | 100.3 | 99.1 | 99.6 |

## Retail Price Indices of Commodities of Zhejiang by City (2013)

(preceding year=100)

| 温州市区<br>Wenzhou | 嘉兴市区<br>Jiaxin | 湖州市区<br>Huzhou | 绍兴市区<br>Shaoxing | 金华市区<br>Jinhua | 衢州市区<br>Quzhou | 舟山市区<br>Zhoushan | 台州市区<br>Taizhou | 丽水市区<br>Lishui |
|---|---|---|---|---|---|---|---|---|
| **101.0** | **100.7** | **101.7** | **101.0** | **101.2** | **101.3** | **100.5** | **100.3** | **102.5** |
| 103.5 | 104.6 | 103.8 | 103.9 | 104.3 | 104.9 | 103.0 | 105.2 | 106.3 |
| 100.4 | 99.3 | 100.1 | 99.3 | 99.1 | 100.2 | 100.8 | 100.1 | 99.5 |
| 105.5 | 101.2 | 108.0 | 104.6 | 111.9 | 100.7 | 101.5 | 101.4 | 102.7 |
| 103.7 | 101.1 | 105.1 | 101.0 | 106.7 | 100.0 | 99.7 | 103.1 | 102.2 |
| 96.2 | 100.1 | 101.3 | 100.1 | 96.8 | 98.5 | 100.6 | 99.2 | 101.4 |
| 96.2 | 100.2 | 98.1 | 98.8 | 93.5 | 99.0 | 98.1 | 95.7 | 100.1 |
| 99.5 | 100.5 | 101.1 | 101.7 | 98.4 | 101.2 | 100.9 | 100.6 | 101.0 |
| 99.0 | 100.3 | 100.8 | 100.4 | 101.1 | 100.3 | 100.0 | 99.5 | 100.9 |
| 99.2 | 98.9 | 98.7 | 98.0 | 96.4 | 99.5 | 99.2 | 95.9 | 100.8 |
| 100.0 | 101.3 | 104.0 | 100.6 | 100.5 | 100.8 | 100.3 | 102.8 | 103.7 |
| 101.2 | 100.9 | 102.6 | 102.4 | 99.9 | 100.8 | 100.6 | 100.9 | 102.2 |
| 88.5 | 91.9 | 88.9 | 91.2 | 89.0 | 89.3 | 93.5 | 94.2 | 88.9 |
| 102.1 | 94.0 | 101.6 | 95.9 | 101.0 | 101.8 | 96.4 | 91.2 | 102.4 |
| 100.8 | 99.9 | 100.1 | 106.3 | 99.9 | 100.0 | 100.1 | 100.0 | 102.3 |
| 99.4 | 100.2 | 99.6 | 99.9 | 99.4 | 98.7 | 98.7 | 99.6 | 100.1 |
| 99.7 | 98.9 | 99.9 | 99.8 | 99.4 | 101.4 | 102.0 | 100.2 | 99.3 |

# 9－5 全市工业品价格指数（2013年）

## Ex-Factory Price Indices of Industrial Products (2013)

(上年=100) (preceding year=100)

| 指标 | Item | 指数 Index |
|---|---|---|
| **全部工业品** | **Total** | **98.27** |
| **按轻重工业分** | **Grouped by Light and Heavy Industry** | |
| 轻工业 | Light Industry | 98.59 |
| 重工业 | Heavy Industry | 97.84 |
| **按工业行业大、中类分** | **Grouped by Sector** | |
| 黑色金属矿采选业 | Mining and Dressing of Ferrous Metals | 97.76 |
| 有色金属矿采选业 | Mining and Dressing of Nonferrous Metals | 95.98 |
| 农副食品加工业 | Manufacturina of agricultural and non-staple food stuff | 106.13 |
| 食品制造业 | Food Production | 103.95 |
| 饮料制造业 | Beverage Production | 101.14 |
| 纺织业 | Textile Industry | 98.34 |
| 纺织服装、鞋、帽制造业 | Garments and Other Fiber Products | 98.91 |
| 皮革、毛皮、羽毛(绒)及其制品业 | Leather, Furs, Down and Related Products | 102.23 |
| 木材加工及木、竹、藤、棕、草制品业 | Timber processing, Bamboo, Cane, Palm Fiber and Straw Products | 102.76 |
| 家具制造业 | Furniture Manufacturing | 102.26 |
| 造纸及纸制品业 | Papermaking and Paper Products | 96.95 |
| 印刷业和记录媒介的复制 | Printing and Record Pressing | 93.79 |
| 文教体育用品制造业 | Stationery, Education and Sports Goods | 100.09 |
| 石油加工、炼焦及核燃料加工业 | Oil processing | 100.15 |
| 化学原料及化学制品制造业 | Raw Chemical Materials and Chemical Products | 98.63 |
| 医药制造业 | Medical and Pharmaceutical Products | 90.89 |
| 化学纤维制造业 | Chemical Fibers | 95.80 |
| 橡胶制品业 | Rubber Products | 98.16 |
| 塑料制品业 | Plastic Products | 98.36 |
| 非金属矿物制品业 | Nonmetal mineral Products | 100.17 |
| 黑色金属冶炼及压延加工业 | Smelting and pressing of Ferrous Metals | 96.22 |
| 有色金属冶炼及压延加工业 | Smelting and pressing of Nonferrous Metals | 93.60 |
| 金属制品业 | Metal Products | 101.02 |
| 通用设备制造业 | Ordinary Machinery Manufacturing | 100.13 |
| 专用设备制造业 | Special Purpose Equipment Manufacturing | 99.89 |
| 交通运输设备制造业 | Transportation Equipment Manufacturing | 97.30 |
| 电气机械及器材制造业 | Electric Equipment and Machinery | 97.27 |
| 通信设备、计算机及其他电子设备制造业 | Electronic and Telecommunications | 97.55 |
| 仪器仪表及文化、办公用机械制造业 | Manufacturing Industry of Instruments and Meters, and Machinery for Culture and Office | 99.53 |
| 工艺品及其他制造业 | Artwork and Other Manufacturing | 103.44 |
| 电力、热力的生产和供应业 | Electricity, Steam and Hot Water Production and Supply | 99.93 |
| 燃气生产和供应业 | Gas Production and Supply | 103.74 |
| 水的生产和供应业 | Tap Water Production and Supply | 100.02 |

# 9－6 历年全市城镇居民家庭收支情况

## Basic Statistics on Urban Households over the Years

| 年　份<br>Year | 全　市<br>Whole Municipality | 越城区<br>Yuecheng District | 柯桥区<br>Keqiao District | 上虞区<br>Shangyu District | 诸暨市<br>Zhuji City | 嵊州市<br>Shengzhou City | 新昌县<br>Xinchang County |
|---|---|---|---|---|---|---|---|
| **可支配收入　（元）<br>Disposable Income (yuan)** | | | | | | | |
| 1999 | 8580 | 8518 | | 8615 | 8949 | 8352 | 8342 |
| 2000 | 9422 | 9401 | | 9438 | 9447 | 9334 | 9545 |
| 2001 | 10534 | 10669 | | 10439 | 10452 | 10316 | 10420 |
| 2002 | 11746 | 12130 | 12013 | 11276 | 11707 | 11291 | 11683 |
| 2003 | 13152 | 13535 | 13506 | 12680 | 13288 | 12735 | 13355 |
| 2004 | 15642 | 15676 | 16033 | 15179 | 15856 | 15192 | 15635 |
| 2005 | 17516 | 17319 | 18128 | 17008 | 17788 | 17150 | 17153 |
| 2006 | 19486 | 19178 | 20460 | 19132 | 20056 | 19207 | 19132 |
| 2007 | 21971 | 21717 | 23241 | 21605 | 22759 | 21743 | 21142 |
| 2008 | 24646 | 23509 | 26155 | 24360 | 25678 | 24400 | 23007 |
| 2009 | 26874 | 25418 | 28496 | 26513 | 27896 | 26597 | 24987 |
| 2010 | 30164 | 27626 | 32223 | 29931 | 31413 | 29796 | 27396 |
| 2011 | 33273 | 31368 | 36547 | 34011 | 35697 | 33553 | 30808 |
| 2012 | 36911 | 34563 | 40805 | 37981 | 39950 | 37098 | 34410 |
| 2013 | 40454 | 37881 | 44821 | 41627 | 43905 | 40585 | 37782 |
| **消费性支出　（元）<br>Expenditure for Consumption uan)** | | | | | | | |
| 1999 | 6971 | 6850 | | 7719 | 7009 | 6723 | 6228 |
| 2000 | 7514 | 7430 | | 8296 | 6761 | 7665 | 7567 |
| 2001 | 8136 | 8243 | | 8904 | 7862 | 8044 | 7877 |
| 2002 | 8788 | 9004 | 8219 | 9072 | 8542 | 8440 | 8229 |
| 2003 | 9469 | 9305 | 9368 | 9822 | 9468 | 9354 | 8630 |
| 2004 | 10608 | 10660 | 10545 | 9899 | 12182 | 10178 | 9063 |
| 2005 | 12027 | 11270 | 11740 | 11925 | 15189 | 11096 | 11979 |
| 2006 | 13069 | 12301 | 12811 | 13183 | 15826 | 12584 | 13379 |
| 2007 | 13907 | 13077 | 15407 | 14201 | 15427 | 12807 | 13764 |
| 2008 | 15534 | 14837 | 16824 | 15326 | 16259 | 13340 | 15029 |
| 2009 | 16607 | 16220 | 16926 | 16530 | 17334 | 14341 | 14289 |
| 2010 | 18267 | 17400 | 18869 | 18397 | 20498 | 16301 | 16141 |
| 2011 | 20353 | 19881 | 21140 | 21310 | 22430 | 18002 | 19321 |
| 2012 | 22204 | 22635 | 23014 | 24106 | 23735 | 16552 | 20036 |
| 2013 | 24469 | 24524 | 24636 | 25209 | 25440 | 20048 | 22467 |
| **恩格尔系数　(%)<br>Engle Coefficient　(%)** | | | | | | | |
| 1999 | 36.7 | 39.9 | | 34.1 | 33.0 | 36.8 | 37.4 |
| 2000 | 37.0 | 40.8 | | 31.7 | 38.0 | 34.7 | 34.6 |
| 2001 | 35.3 | 36.7 | | 30.5 | 35.6 | 33.0 | 33.6 |
| 2002 | 37.0 | 38.8 | 40.5 | 34.7 | 37.0 | 35.0 | 36.3 |
| 2003 | 34.8 | 36.4 | 36.9 | 33.5 | 34.2 | 33.1 | 36.9 |
| 2004 | 35.7 | 37.0 | 36.2 | 35.9 | 30.1 | 37.3 | 38.3 |
| 2005 | 34.0 | 36.9 | 35.7 | 32.8 | 27.9 | 34.8 | 30.0 |
| 2006 | 33.6 | 35.1 | 35.7 | 32.2 | 31.0 | 33.0 | 29.6 |
| 2007 | 35.3 | 37.3 | 34.0 | 34.9 | 34.3 | 37.6 | 30.9 |
| 2008 | 35.4 | 39.3 | 35.7 | 35.4 | 33.0 | 38.0 | 33.0 |
| 2009 | 37.2 | 37.5 | 38.2 | 34.2 | 37.4 | 35.3 | 34.3 |
| 2010 | 34.6 | 37.5 | 35.8 | 33 | 33.1 | 32.3 | 28.4 |
| 2011 | 35.0 | 38.1 | 35.6 | 33.1 | 30.0 | 33.2 | 33.2 |
| 2012 | 35.2 | 36.1 | 37.8 | 31.8 | 32.1 | 39.0 | 34.3 |
| 2013 | 35.7 | 35.2 | 34.5 | 31.7 | 33.1 | 36.4 | 34.2 |

# 9－7 历年越城区城市居民家庭基本情况

| 指　　标 | Item | 1999 | 2000 |
|---|---|---|---|
| **一、调查户数　　(户)** | **Number of Households Surveyed (Household)** | **100** | **100** |
| **二、家庭人口　　(人)** | **Household Size (person)** | **303** | **299** |
| 户均家庭人口 | Average Household Size | 3.03 | 2.99 |
| **三、就业人口　　(人)** | **Number of Employed Persons (person)** | **196** | **182** |
| 1.国有单位职工 | Staff & Workers in State-owned Units | 100 | 77 |
| 2.集体单位职工 | Staff & Workers in Collective-owned Units | 61 | 56 |
| 3.其他经济职工 | Staff & Workers in Other Types of Ownership | 17 | 35 |
| 4.个体经营者 | Individual Employer | 2 | 2 |
| 5.个体被雇人数 | Individual Employee | 5 | 5 |
| 6.聘留离退人员 | Re-employed Retired Persons | 11 | 7 |
| 7.其他就业者 | Other Employed Persons | – | – |
| 平均每户就业人口 | Average Number of Employed Persons per Household | 1.96 | 1.82 |
| **四、平均就业负担　　(元)** | **Number of Persons Supported By Each Employee (yuan)** | **1.54** | **1.64** |
| **五、年人均可支配收入　　(元)** | **Per Capita Annual Disposable Income (yuan)** | **8518** | **9401** |
| **六、年人均消费性支出　　(元)** | **Per Capita Annual Living Expenditure For Consumption (yuan)** | **6850** | **7430** |
| #食　　品 | Food | 2734 | 3033 |
| 衣　　着 | Clothing | 521 | 527 |
| 居　　住 | Residence | 790 | 613 |
| 设备及用品 | Household Facilities Articles and Services | 808 | 851 |
| 交通通讯 | Transportation and Communications | 350 | 403 |
| 文教娱乐 | Cultural，Education，Recreation，Articles & Services | 950 | 1347 |
| **七、年人均非消费性支出 (元)** | **Per Capita Annual Living Expenditure For Non–Consumption (yuan)** | **2090** | **3060** |

## Basic Statistics on Urban Households in Yuecheng District

| 2001 | 2002 | 2003 | 2004 | 2005 | 2006 | 2007 | 2008 | 2009 | 2010 | 2011 | 2012 | 2013 |
|---|---|---|---|---|---|---|---|---|---|---|---|---|
| **100** | **100** | **100** | **100** | **200** | **200** | **200** | **200** | **200** | **200** | **200** | **200** | |
| **297** | **283** | **278** | **274** | **272** | **270** | **266** | **263** | **258** | **257** | **271** | **274** | |
| 2.97 | 2.83 | 2.78 | 2.74 | 2.72 | 2.7 | 2.66 | 2.63 | 2.58 | 2.57 | 2.71 | 2.74 | **2.68** |
| **172** | **165** | **167** | **172** | **173** | **170** | **166** | **152** | **164** | **165** | **170** | **169** | **166** |
| 67 | 61 | 50 | 44 | 51 | 49 | 47 | 49 | 57 | 55 | 35 | 36 | **27** |
| 46 | 23 | 19 | 18 | 18 | 17 | 12 | 16 | 21 | 20 | 20 | 19 | **14** |
| 46 | 53 | 62 | 74 | 61 | 58 | 62 | 38 | 42 | 44 | 54 | 52 | **56** |
| 2 | 4 | 8 | 9 | 10 | 10 | 9 | 9 | 14 | 14 | 24 | 22 | **21** |
| 5 | 14 | 14 | 15 | 19 | 19 | 21 | 22 | 17 | 16 | 30 | 31 | **38** |
| 6 | 6 | 8 | 8 | 12 | 12 | 10 | 6 | 12 | 13 | 7 | 8 | **6** |
| – | 4 | 6 | 5 | 4 | 4 | 4 | 10 | 2 | 2 | 2 | 2 | **4** |
| 1.72 | 1.65 | 1.67 | 1.72 | 1.73 | 1.7 | 1.66 | 1.52 | 1.64 | 1.65 | 1.7 | 1.69 | **1.63** |
| **1.73** | **1.72** | **1.66** | **1.59** | **1.57** | **1.59** | **1.60** | **1.73** | **1.57** | **1.56** | **1.59** | **1.62** | **1.61** |
| **10669** | **12130** | **13535** | **15676** | **17319** | **19178** | **21717** | **23509** | **25418** | **27626** | **31368** | **34563** | **37881** |
| **8243** | **9004** | **9305** | **10660** | **11270** | **12301** | **13077** | **14837** | **16220** | **17400** | **19881** | **22635** | **24524** |
| 3028 | 3495 | 3392 | 3945 | 4156 | 4323 | 4882 | 5828 | 6075 | 6532 | 7581 | 8163 | **8624** |
| 534 | 809 | 822 | 1023 | 1160 | 1234 | 1263 | 1423 | 1592 | 1789 | 2248 | 2132 | **2498** |
| 933 | 1324 | 1263 | 903 | 861 | 1029 | 1104 | 1189 | 1794 | 1486 | 1311 | 1431 | **1639** |
| 1470 | 613 | 545 | 716 | 678 | 737 | 643 | 843 | 869 | 952 | 1138 | 1079 | **1135** |
| 469 | 630 | 787 | 1479 | 1232 | 1602 | 939 | 1737 | 1878 | 1962 | 2941 | 4672 | **4823** |
| 1101 | 1503 | 1644 | 1681 | 2089 | 2008 | 2332 | 2442 | 2615 | 2812 | 2851 | 3233 | **3665** |
| **2667** | **3630** | **4134** | **6804** | **5804** | **3879** | **12309** | **4583** | **10561** | **6259** | **7498** | **8364** | **9044** |

# 9－8 分区、县(市)城镇居民家庭收支基本情况（2013 年）

单位：元

| 指　　标 | Item | 全　市<br>Whole Municipality |
|---|---|---|
| **人均可支配收入** | **Per Capita Annual Disposable Income** | **40454** |
| #工资性收入 | Wages Income | 28170 |
| **消费性支出** | **Expenditure for Consumption** | **24469** |
| 1.食　　品 | Food | 8744 |
| 2.衣　　着 | Clothing | 2570 |
| 3.居　　住 | Residence | 1924 |
| 4.家庭设备用品及服务 | Household Facilities Articles and Services | 1192 |
| 5.医疗保健 | Medicine and Medical Articles | 1041 |
| 6.交通与通信 | Transportation and Communication | 4747 |
| (1)交　　通 | Transportation | 3478 |
| (2)通　　信 | Communication | 1269 |
| 7.教育文化娱乐服务 | Recreation，Education and Cultural Services | 3355 |
| (1)文化娱乐用品 | Recreation Goods | 571 |
| (2)教　　育 | Education | 1845 |
| (3)文化娱乐服务 | Recreation Services | 939 |
| 8.其他商品与服务 | Miscellaneous Commodities and Services | 897 |

## Basic Income and Expenditures of Urban Households in Each District and County (City) (2013)

(yuan)

| 越城区<br>Yuecheng District | 柯桥区<br>Keqiao District | 上虞区<br>Shangyu District | 诸暨市<br>Zhuji City | 嵊州市<br>Shengzhou City | 新昌县<br>Xinchang County |
|---|---|---|---|---|---|
| **37881** | **44821** | **41627** | **43905** | **40585** | **37782** |
| 26997 | 30524 | 30035 | 26489 | 20494 | 28195 |
| **24524** | **24636** | **25209** | **25440** | **20048** | **22467** |
| 8624 | 8503 | 8001 | 8432 | 7289 | 7687 |
| 2498 | 1999 | 3288 | 2013 | 2464 | 2400 |
| 1639 | 3622 | 1558 | 2151 | 1155 | 1491 |
| 1135 | 649 | 1538 | 1108 | 1523 | 1144 |
| 1104 | 487 | 1029 | 1258 | 1017 | 1430 |
| 4823 | 5887 | 5582 | 6204 | 3368 | 4454 |
| 3369 | 4611 | 3827 | 4901 | 2400 | 3361 |
| 1454 | 1276 | 1755 | 1303 | 969 | 1092 |
| 3665 | 2109 | 3447 | 3491 | 2614 | 3288 |
| 519 | 194 | 451 | 322 | 506 | 594 |
| 2210 | 817 | 984 | 1242 | 1555 | 1987 |
| 936 | 1098 | 2012 | 922 | 553 | 707 |
| 1036 | 1381 | 766 | 783 | 617 | 635 |

## 9－9 分区、县（市）城镇居民家庭居住情况（2013 年）

| 指 标 | | Item | | 全 市 Whole Municipality |
|---|---|---|---|---|
| 家庭人口 | (人/户) | Household Size | (person/household) | 2.89 |
| 现住房总建筑面积 | (平方米/人) | Total Floorage of Buildings | (sq.m/person) | 40.20 |

## 9－10 分区、县（市）每百户城镇居民家庭主要消费品拥有量（2013 年末）

| 项 目 | | Item | | 全 市 Whole Municipality |
|---|---|---|---|---|
| 1.摩 托 车 | (辆) | Motorcycle | (unit) | 15 |
| 2.助 力 车 | (辆) | Electric Bicycles | (unit) | 88 |
| 3.家用汽车 | (辆) | Automobile | (unit) | 46 |
| 4.洗 衣 机 | (台) | Washing Machine | (unit) | 98 |
| 5.电 冰 箱 | (台) | Refrigerator | (unit) | 104 |
| 6.彩色电视机 | (台) | Color Television Set | (unit) | 199 |
| 7.家用电脑 | (台) | Computer | (unit) | 109 |
| 8.组合音响 | (套) | Hi-Fi Stereo Component System | (set) | 27 |
| 9.摄 像 机 | (台) | Pickup Camera | (unit) | 10 |
| 10.照 相 机 | (台) | Camera | (unit) | 59 |
| 11.钢 琴 | (架) | Piano | (unit) | 1 |
| 12.其他中高档乐器 | (件) | Other Medium and High Grade Musical Instrument | (unit) | 3 |
| 13.微 波 炉 | (台) | Oven | (unit) | 59 |
| 14.空 调 器 | (台) | Air Conditioner | (unit) | 214 |
| 15.淋浴热水器 | (台) | Shower | (unit) | 103 |
| 16.消毒碗柜 | (台) | Disinfecting Case | (unit) | 17 |
| 17.洗 碗 机 | (台) | Dishwasher | (unit) | 2 |
| 18.健身器材 | (台) | Healthy Equipment | (unit) | 7 |
| 19.普通电话 | (部) | Telephone | (set) | 96 |
| 20.移动电话 | (部) | Hand Telephone | (set) | 232 |

## Living Conditions of Urban Households in Each District and County (City) (2013)

| 越城区 Yuecheng District | 柯桥区 Keqiao District | 上虞区 Shangyu District | 诸暨市 Zhuji City | 嵊州市 Shengzhou City | 新昌县 Xinchang County |
|---|---|---|---|---|---|
| 2.68 | 3.15 | 2.93 | 2.56 | 2.64 | 2.90 |
| 30.30 | 40.94 | 36.16 | 42.10 | 38.18 | 40.00 |

## Possession of Main Consumer Goods Per 100 Households In Each District and County (City) (End of 2013)

| 越城区 Yuecheng District | 柯桥区 Keqiao District | 上虞区 Shangyu District | 诸暨市 Zhuji City | 嵊州市 Shengzhou City | 新昌县 Xinchang County |
|---|---|---|---|---|---|
| 2 | 7 | 11 | 9 | 29 | 35 |
| 114 | 62 | 97 | 49 | 61 | 57 |
| 36 | 53 | 60 | 57 | 28 | 54 |
| 101 | 95 | 97 | 93 | 101 | 97 |
| 102 | 95 | 98 | 107 | 99 | 99 |
| 187 | 203 | 219 | 200 | 212 | 207 |
| 115 | 105 | 116 | 83 | 80 | 131 |
| 30 | 11 | 15 | 30 | 13 | 11 |
| 12 | 6 | 6 | 10 | – | 11 |
| 62 | 49 | 61 | 48 | 46 | 45 |
| 2 | – | – | 2 | – | – |
| 3 | 4 | 3 | – | 2 | 5 |
| 62 | 47 | 74 | 56 | 61 | 72 |
| 219 | 209 | 215 | 224 | 210 | 216 |
| 102 | 92 | 103 | 99 | 107 | 67 |
| 13 | 13 | 18 | 16 | 39 | 43 |
| 2 | 2 | 5 | – | 4 | – |
| 7 | 6 | 15 | 15 | 2 | 3 |
| 92 | 85 | 82 | 87 | 92 | 75 |
| 248 | 231 | 237 | 206 | 204 | 238 |

# 9-11 历年农村居民人均纯收入

## Per Capita Annual Net Income of Rural Households over the Years

单位：元 (yuan)

| 年 份<br>Year | 全 市<br>Whole Municipality | 越城区<br>Yuecheng District | 柯桥区<br>Keqiao District | 上虞区<br>Shangyu District | 诸暨市<br>Zhuji City | 嵊州市<br>Shengzhou City | 新昌县<br>Xinchang County |
|---|---|---|---|---|---|---|---|
| 1985 | 569 | | 722 | 611 | 479 | 469 | |
| 1986 | 674 | | 894 | 687 | 556 | 560 | |
| 1987 | 725 | | 983 | 792 | 641 | 666 | 545 |
| 1988 | 905 | | 1183 | 1018 | 890 | 816 | 622 |
| 1989 | 1083 | | 1411 | 1101 | 1059 | 953 | 715 |
| 1990 | 1212 | | 1516 | 1338 | 1159 | 1018 | 731 |
| 1991 | 1358 | | 1822 | 1389 | 1216 | 1151 | 878 |
| 1992 | 1512 | | 1988 | 1484 | 1442 | 1244 | 1027 |
| 1993 | 1879 | | 2273 | 1841 | 1897 | 1601 | 1417 |
| 1994 | 2485 | | 2921 | 2430 | 2485 | 2255 | 1908 |
| 1995 | 3183 | | 3750 | 3086 | 3176 | 2902 | 2437 |
| 1996 | 3813 | | 4528 | 3622 | 3985 | 3271 | 2861 |
| 1997 | 4119 | | 4928 | 3930 | 4363 | 3312 | 3201 |
| 1998 | 4408 | | 5153 | 4326 | 4807 | 3801 | 3520 |
| 1999 | 4681 | | 5332 | 4855 | 4923 | 4138 | 3912 |
| 2000 | 4982 | | 5505 | 5282 | 5193 | 4353 | 4223 |
| 2001 | 5343 | | 5851 | 5566 | 5603 | 4577 | 4637 |
| 2002 | 5690 | | 6257 | 5872 | 5994 | 4951 | 4930 |
| 2003 | 6143 | | 6887 | 6328 | 6462 | 5331 | 5287 |
| 2004 | 6970 | | 8077 | 7120 | 7271 | 5987 | 5933 |
| 2005 | 7704 | | 9241 | 7796 | 8065 | 6535 | 6489 |
| 2006 | 8619 | | 10438 | 8600 | 9050 | 7308 | 7269 |
| 2007 | 9730 | | 11871 | 9670 | 10289 | 8181 | 8092 |
| 2008 | 10950 | | 13372 | 10859 | 11612 | 9187 | 9112 |
| 2009 | 12026 | | 14682 | 11945 | 12762 | 10087 | 9965 |
| 2010 | 13651 | | 16685 | 13534 | 14549 | 11405 | 11263 |
| 2011 | 15861 | 16917 | 19527 | 15833 | 17060 | 13345 | 13079 |
| 2012 | 17706 | 18846 | 21813 | 17686 | 19107 | 14909 | 14609 |
| 2013 | 19618 | 20873 | 24173 | 19608 | 21180 | 16522 | 16190 |

# 9－12 历年农村居民人均生活消费支出

## Per Capita Annual Net Income of Rural Households over the Years

单位：元　　(yuan)

| 年 份<br>Year | 全 市<br>Whole Municipality | 越城区<br>Yuecheng District | 柯桥区<br>Keqiao District | 上虞区<br>Shangyu District | 诸暨市<br>Zhuji City | 嵊州市<br>Shengzhou City | 新昌县<br>Xinchang County |
|---|---|---|---|---|---|---|---|
| 1985 | 486 | | 589 | 560 | 440 | 356 | |
| 1986 | | | | | | | |
| 1987 | 681 | | 956 | 751 | 662 | 568 | 469 |
| 1988 | 872 | | 1123 | 867 | 872 | 862 | 637 |
| 1989 | 937 | | 1290 | 850 | 962 | 888 | 670 |
| 1990 | 992 | | 1285 | 1155 | 884 | 966 | 668 |
| 1991 | 1060 | | 1354 | 1315 | 919 | 920 | 791 |
| 1992 | 1216 | | 1537 | 1378 | 1117 | 1090 | 926 |
| 1993 | 1277 | | 1581 | 1091 | 1469 | 1240 | 980 |
| 1994 | 1699 | | 2331 | 1660 | 1764 | 1379 | 1297 |
| 1995 | 2190 | | 2522 | 2291 | 2565 | 2141 | 1376 |
| 1996 | 2605 | | 3226 | 2905 | 2772 | 2155 | 1881 |
| 1997 | 2523 | | 3103 | 2578 | 2598 | 2320 | 1974 |
| 1998 | 2839 | | 3552 | 3073 | 2930 | 2567 | 2011 |
| 1999 | 3232 | | 3845 | 3280 | 3464 | 2947 | 2554 |
| 2000 | 3650 | | 3920 | 4357 | 4080 | 2921 | 2870 |
| 2001 | 3767 | | 3987 | 3907 | 4239 | 3307 | 3079 |
| 2002 | 3960 | | 4420 | 4272 | 4667 | 3698 | 2741 |
| 2003 | 4615 | | 5031 | 4732 | 5208 | 4049 | 3398 |
| 2004 | 5266 | | 6074 | 5363 | 5806 | 4283 | 4251 |
| 2005 | 5765 | | 7627 | 5682 | 6444 | 4395 | 4003 |
| 2006 | 6298 | | 7711 | 6307 | 6933 | 4979 | 5050 |
| 2007 | 7158 | | 9094 | 7298 | 7841 | 5382 | 5600 |
| 2008 | 7877 | | 9854 | 7699 | 8831 | 6477 | 5557 |
| 2009 | 8171 | | 10319 | 7625 | 9474 | 7014 | 5030 |
| 2010 | 9210 | | 11428 | 8430 | 10615 | 7628 | 6873 |
| 2011 | 10073 | 8640 | 12716 | 9943 | 12350 | 8010 | 7109 |
| 2012 | 11107 | 9139 | 14348 | 10717 | 13593 | 8702 | 7699 |
| 2013 | 12402 | 10225 | 14445 | 11406 | 14960 | 10033 | 8430 |

# 9－13 农村住户家庭生活基本情况（2013年）

| 指　　标 | Item | 全　市<br>Whole Municipality |
|---|---|---|
| **一、全年总收入　(元)** | **Gross Income　(yuan)** | **25052** |
| (一)工资性收入 | Wage Income | 11517 |
| (二)家庭经营收入 | Income from Households Business Operation | 11275 |
| #农业收入 | Agricultural Income | 3178 |
| (三)转移性收入 | Transfer Income | 1809 |
| (四)财产性收入 | Property Income | 450 |
| **二、人均纯收入　(元)** | **Per Capital Annual Net Income　(yuan)** | **19618** |
| **三、全年总支出　(元)** | **Total Expenditure　(yuan)** | **16435** |
| (一)家庭经营费用支出 | Expenditure for Households Business Operation | 3547 |
| (二)购置生产性固定资产支出 | Expenditure for Purchasing Productive Fixed Assets | 189 |
| (三)建造生产性固定资产雇工支出 | Building Productive Fixed Assets Hired Expenditure | 21 |
| (四)税费支出 | Expenditure For Tax and Public Expense | 13 |
| (五)生活消费支出 | Living Expenditure for Consumption | 12402 |
| 1.食品消费支出 | Food | 4477 |
| 2.衣着消费 | Clothing | 854 |
| 3.居住消费 | Residence | 2073 |
| 4.家庭设备、用品及服务 | Household Facilities，Articles and Services | 667 |
| 5.医疗保健 | Medicines and Medical Services | 919 |
| 6.交通通讯消费 | Transportation and Communications | 2093 |
| 7.文教娱乐用品及服务 | Cultural，Education，Recreation，Articles & Services | 1050 |
| 8.其他商品和服务消费 | Others Commodities & Services | 268 |
| (六)财产性支出 | Property Expenditure | 60 |
| (七)转移性支出 | Transfer Expenditure | 2981 |

# Basic Statistics on Living of Rural Households (2013)

| 越城区 Yuecheng District | 柯桥区 Keqiao District | 上虞区 Shangyu District | 诸暨市 Zhuji City | 嵊州市 Shengzhou City | 新昌县 Xinchang County |
|---|---|---|---|---|---|
| **20650** | **27937** | **22236** | **27913** | **19095** | **18311** |
| 14886 | 16530 | 13680 | 10035 | 7581 | 7490 |
| 3218 | 9815 | 6999 | 15075 | 9681 | 8907 |
| 5 | 1336 | 2631 | 2069 | 3054 | 6032 |
| 2231 | 980 | 1313 | 2212 | 1401 | 1349 |
| 315 | 612 | 244 | 592 | 432 | 565 |
| **20873** | **24173** | **19608** | **21180** | **16522** | **16190** |
| **12280** | **20442** | **15558** | **23324** | **13659** | **12770** |
| 181 | 3556 | 1747 | 5248 | 2016 | 1634 |
| 3 | 175 | 179 | 740 | 146 | 212 |
| – | – | – | – | 3 | – |
| 23 | – | 15 | 45 | – | – |
| 10224 | 14445 | 11406 | 14960 | 10453 | 8430 |
| 4791 | 5405 | 4787 | 5139 | 4171 | 3564 |
| 826 | 1042 | 861 | 740 | 664 | 421 |
| 493 | 2881 | 1589 | 1712 | 1419 | 1310 |
| 504 | 749 | 665 | 808 | 572 | 492 |
| 754 | 794 | 1497 | 1408 | 994 | 934 |
| 1309 | 2107 | 1047 | 3653 | 1726 | 825 |
| 1206 | 958 | 673 | 1178 | 779 | 709 |
| 342 | 508 | 287 | 322 | 128 | 174 |
| 35 | 304 | 81 | – | – | 36 |
| 1814 | 1962 | 2130 | 2316 | 1021 | 2458 |

## 9－14　每百户农村居民家庭耐用消费品拥有情况（2013年）
## Durable Consumer Goods Owned Per 100 Rural Households (2013)

| 项　　目 | | Item | | 全市 Whole Municip-ality | 越城区 Yuecheng District | 柯桥区 Keqiao District | 上虞区 Shangyu District | 诸暨市 Zhuji City | 嵊州市 Shengzhou City | 新昌县 Xinchang County |
|---|---|---|---|---|---|---|---|---|---|---|
| 1.洗衣机 | (台) | Washing Machine | (unit) | 82.82 | 81.00 | 94.57 | 84.00 | 82.60 | 79.00 | 62.00 |
| 2.电冰箱 | (台) | Refrigeration | (unit) | 102.05 | 93.00 | 98.57 | 101.00 | 97.60 | 91.00 | 92.00 |
| 3.空调机 | (台) | Air Conditioner | (unit) | 119.13 | 124.00 | 165.13 | 139.00 | 117.30 | 82.00 | 43.00 |
| 4.抽油烟机 | (台) | Exhaust Fan | (unit) | 65.71 | 63.00 | 74.97 | 80.00 | 72.60 | 55.00 | 36.00 |
| 6.微波炉 | (台) | Oven | (unit) | 18.35 | 15.00 | 23.90 | 20.00 | 19.00 | 20.00 | － |
| 7.热水器 | (台) | Shower | (unit) | 81.09 | 68.00 | 77.77 | 89.00 | 79.20 | 71.00 | 56.00 |
| 8.自行车 | (辆) | Bicycle | (unit) | 102.84 | 134.00 | 104.20 | 101.00 | 66.00 | 65.00 | 44.00 |
| 9.摩托车 | (辆) | Motorcycle | (unit) | 31.45 | 11.00 | 21.60 | 22.00 | 33.10 | 35.00 | 46.00 |
| 10.生活用汽车 | (辆) | Automobile | (unit) | 18.30 | 19.00 | 34.63 | 26.00 | 30.70 | 12.00 | 14.15 |
| 11.电话机 | (部) | Telephone | (set) | 87.20 | 80.00 | 92.57 | 95.00 | 90.00 | 73.00 | 70.00 |
| 12.移动电话 | (部) | Hand Telephone | (set) | 208.93 | 214.00 | 207.83 | 221.00 | 156.40 | 172.00 | 178.00 |
| 13.彩色电视机 | (台) | Color TV Set | (unit) | 180.38 | 158.00 | 200.33 | 188.00 | 167.00 | 159.00 | 143.00 |
| 15.摄像机 | (台) | Pickup Camera | (unit) | 1.67 | 2.00 | 2.40 | 2.00 | 1.00 | － | 1.89 |
| 17.照相机 | (台) | Camera | (set) | 11.01 | 18.00 | 22.27 | 13.00 | 7.00 | 6.00 | － |
| 18.家用计算机 | (台) | Computer | (unit) | 48.80 | 72.00 | 77.47 | 65.00 | 34.40 | 23.00 | 15.00 |
| 19.中高档乐器 | (件) | Medium and High Grade Musical Instrument | (unit) | 0.42 | － | 0.40 | － | － | － | 0.94 |

# 主要统计指标解释

**居民消费价格指数** 居民消费价格，指城乡居民支付生活消费品和服务项目消费的价格，是社会产品和服务项目的最终价格，同人民生活密切相关，在整个国民经济价格体系中具有极为重要的地位。居民消费价格指数，就是指反映一定时期内居民消费价格变动趋势和变动程度的相对数。

**商品零售价格指数** 商品零售价格，指工业、商业、餐饮业和其他零售企业向城乡居民、机关团体出售生活消费品和办公用品的价格。商品零售价格指数，就是指反映一定时期内商品零售价格变动趋势和变动程度的相对数。

**城镇居民家庭人口** 指居住在一起、经济上合在一起共同生活的家庭成员，即在同一家庭内共同生活、共同消费的成员。

**城镇居民家庭就业人口** 指城镇居民从事社会劳动并取得劳动报酬或经营收入的人口。就业人口包括通过国家统筹规划和指导由劳动部门介绍就业，自愿组织起来就业和自谋职业等方式，在国有单位、集体单位、中外合资、中外合作、外资在华独资的企业事业单位和私营企业单位工作或从事个体劳动的有固定性职业或临时性职业的人口。被聘用或留用的离休人员也记入就业人口。它是反映城镇居民的就业情况，计算就业面、负担系数的资料之一。

**消费性支出** 指调查户用于日常生活的全部支出，包括食品、衣着、家庭设备用品及服务、医疗保险、交通和通讯、娱乐教育文化服务、居住、杂项商品和服务等 8 大类支出，均按用途划分归类。

**建筑面积** 指居民家庭现有住房总建筑面积，以房产证为准。

**使用面积** 指居民家庭现有住房总使用面积，包括卧室、厨房、走廊、阳台、卫生间、过道面积。

**农村居民家庭纯收入** 指农村常住居民家庭总收入中，扣除从事生产和非生产经营费用支出、缴纳税款和上交承包集体任务金额以后剩余的，可直接用于进行生产性、非生产性建设投资、生活消费和积蓄的那一部分收入。它是反映农民家庭实际收入水平的综合性主要指标。农民家庭纯收入，既包括从事生产性和非生产性的经营收入，又包括取自在外人口寄回带回和国家财政救济、各种补贴等非经营性收入，还包括自产自用的实物收入。但不包括向银行、信用社和向亲友借款等属于借贷性的收入。

**农村居民家庭整半劳动力** 指农村常住居民家庭成员中有劳动能力并经常参加实际劳动的人员。是生产的基本要素指标之一，是发展生产增加农民家庭收入的重要源泉。按规定，农村男 18 周岁至 50 周岁、女 18 周岁至 45 周岁为整劳动力；男 16 周岁到 17 周岁、51 周岁到 60 周岁，女 16 周岁到 17 周岁、46 周岁至 55 周岁为半劳动力。农民家庭整半劳动力，既包括在上述规定劳动年龄内和劳动年龄以外有劳动能力并经常参加实际劳动的男女整半劳动力，也包括农民家庭常住人员中属于职工的劳动力。但不包括在劳动年龄内已丧失劳动能力的人员。

**农村居民家庭生活消费支出** 指农村常住居民家庭年内用于日常生活的全部开支。它是用来反映和研究农民家庭实际生活消费水平高低的重要指标。包括用于吃、穿、住、烧、用等生活消费品开支和文化、生活服务费用开支两大部分。

**农村居民家庭商品性生活消费支出** 指农村常住居民家庭用其货币收入，在市场上购买食品、衣着、家庭用家具器皿、日用杂品、燃料、耐用消费品以及文教卫生用品等生活消费总量。包括向国有商店、集体商店和集市贸易市场以及其他流通渠道购买的全部生活消费品。

**市区居民可支配收入** 指市区居民家庭全部实际收入扣除个人所得税后的收入。包括：

(1)经常性收入，指家庭人口的劳动收入(如固定职工、临时职工和离退休返聘职工的工资、奖金、津贴、洗理费和个体劳动者的净收益等)、退休金、各种定期补助、赡养费、抚恤费、助学金等；

(2)一次性收入，指退职金、复转费、专业费、各种奖励、稿费收入等；

(3)财产性收入，指利息收入、红利收入等；

(4)转移性收入，指接受遗产收入、赠送收入、房屋买卖收益等。

# Explanatory Notes on Main Statistical Indicators

**Consumer Price Index** Consumer price, refers to the price that consumer goods and services purchased by urban and rural residents, is the final price of social products and services, which influences the people's livehood and lay a prominent role in the whole national economic price system. Consumer price index reflects the trend and degree of changes in prices of consumer goods purchased by residents.

**Retail Price Index** the retail price refers to the price that the residents afford for the living consumer and service. It is the final price of social products and service has a direct bearing on the people's lives and has a fairly important states in the whole national economy system.

**Population in Urban Households** refer to the population live together and share the money, in another word, refer to the members live and consume together in a certain family.

**Employment Population in Urban Households** refer to urban residents engaged in certain work and receiving payment for the labor or income from their business operation, including those who work in state-owned or collective units, joint ventures, foreign-owned units and private with permanent or temporary jobs. The self-employed individuals and re-employed retirees are also included. This indictor reflects the situation of urban employment and is the basic data for calculating employment rate and dependency ratio.

**Expenditure of Rural Households for Consumption** refers to total expenditure of rural households on daily life, including expense on food, clothing, housing, fuel, articles for daily use, and expenditures on daily life and services. This indicator is used to show the actual consumption level of peasants.

**Floor Space of Livelihood** refers to the actual floor space for living, exclude the floor space of kitchen, corridor, balcony, restroom, built-in wardrobes, hall and passageway, also exclude public corridor and yard.

**Auxiliary Floor Space** refers to the usable floor space of the households besides the living space, including kitchen, corridor, balcony, toilet, closet, hall wall and passageway, exclude public corridor and yard.

**Net Income of Rural Households** refers to the total income of the permanent residents of the rural households during a year after the deduction of the expenses for productive and non-productive business operation, the payment for taxes and the payment for collective units for their contracted tasks, which can then be spent for investments in productive and non-productive construction, for consumption in daily life and for savings deposit. It is a comprehensive indicator to show the actual level of the income of the peasants' household. The net income of the rural households includes not only the income from the productive and non-productive business operation, but also the income from the non-business operation, such as the money remitted or brought back by the members of the household who are in other places, the government relief payment and various subsidies. It includes not only the money income, but also the income in kind. But the income from borrowing from banks, friends and relatives is excluded.

**Able-bodied and Semi-able Bodied Laborers of Rural Households** refers to permanent residents of rural households who are able to work and actually engaged in social labor, which is one factor of production and sources of rural households income. According to the relevant regulations, male aged 18-50, female aged 18-45 are considered as able bodied laborers; male aged 16-17 and 51-60, female aged 17-17 and 46-55 are considered as able-bodied or semi able bodied laborers. Those who are not in above age but able to work and actually engaged in social labor are also considered as able-bodied or semi-able bodied laborers, while those who are within the above age range but unable to work are not counted as able-bodied or semi able bodied laborers.

**Expenditure of Rural Households for Consumption** refers to total expenses of rural households on daily life, including expenses on food, clothing, housing, fuel, articles for daily use, and expenses on cultural life and services. This indicator is used to show the actual consumption level of peasants, including expense on food, clothing, housing, fuel, articles for daily use, and expenditure on daily life and services.

**Cash Expenditure of Rural households for Consumption** refers to the total expense of permanent residents of the rural households on purchases of food, clothing, furniture, household appliances, articles for daily use, fuels, durable goods, and cultural, educational and medical articles, including purchases from state-owned shops, collective shops, free marks, etc.

**Disposable Income of Urban Households** refer to the total actual income of urban households after deducted the income tax, including:

(1) Continuous income, refers to the labor income of households (for example, wages of regular employees, temporary employees and re-employed retirees, bonus, allowance, subsidy and net income of self-employed individuals), pension, various periodical subsidy, alimony payment, consolation money, stipend, etc.

(2) Nonrecurring income, refers to retirement allowance, military severance pay, professional pay, various awards and author's remuneration, etc.

(3) Property income, refers to interest income, dividend income, etc.

(4) Transitionary income, refers to heritage income, presentation income, and housing sales income, etc.

# 十

# 文化、教育、科技和卫生事业

# CHAPTER 10 CULTURE, EDUCATION, TECHNOLOGY, SCIENCE AND PUBLIC HEALTH

# 文化、教育、科技和卫生事业
# CULTURE, EDUCATION, TECHNOLOGY, SCIENCE AND PUBLIC HEALTH

## 主要统计指标
## Main Statistical Indicators

| | | | |
|---|---|---|---|
| 2013 年图书馆总藏书量 | Total Collections of Libraries | 296.35 | 万册($10^4$volumes) |
| 比上年增长 | Increase over Previous Year | 1.1 | % |
| 2013 年普通高校在校学生数 | Student Enrollment of Regular Institutions of Higher Education | 77532 | 人 (person) |
| 比上年增长 | Increase over Previous Year | 29.7 | % |
| 2013 年普通中学在校学生数 | Student Enrollment of Regular Secondary Schools | 251935 | 人 (person) |
| 比上年增长 | Increase over Previous Year | -2.4 | % |
| 2013 年国家重点支持高新技术企业 | Number of High & New Technological Enterprises above Provincial Level | 56 | 家 (unit) |
| 2013 年当年专利授权数 | Number of Patent Applications Approved | 15123 | 项 (item) |
| 比上年增长 | Increase over Previous Year | 22.4 | % |
| 2013 年卫生机构床位数 | Number of Beds in Health Institutions | 20084 | 张 (bed) |
| 比上年增长 | Increase over Previous Year | 6.9 | % |
| 2013 年卫生技术人员数 | Number of Medical Personnel | 27854 | 人 (person) |
| 比上年增长 | Increase over Previous Year | 8.3 | % |

# 10－1 文化事业及活动情况（2013年）

| 指标 | | Item | | 全市 Whole Municipality |
|---|---|---|---|---|
| **一、艺术事业** | | **Art Institutions** | | |
| 1.艺术表演团体 | (个) | Art Performance Troupes | (unit) | 7 |
| #戏曲剧团 | | Local Opera Troupes | | 7 |
| 演出场数 | (场) | Number of Performances | (show) | 893 |
| 观众人数 | (万人次) | Number of Spectators | (10 000 person-times) | 155.68 |
| 2.艺术表演场所（国有） | (个) | Art Centers (state-owned) | (unit) | 6 |
| #剧 场 | | Theaters | | 6 |
| **二、图书馆事业** | | **Libraries** | | |
| 单位数 | (个) | Number of Units | (unit) | 6 |
| 总藏量 | (万册) | Total Collections | (10 000 volumes) | 296.35 |
| #图 书 | | Books | | 257.33 |
| #古 籍 | | Ancient Books | | 23.39 |
| 借阅人次 | (万人次) | Number of Books Borrowed by the Readers | ($10^4$ person-times) | 116.52 |
| **三、群众文化事业** | | **Mass Culture** | | |
| 文化馆数 | (个) | Number of Cultural Centers | (unit) | 7 |
| 文化站数 | (个) | Number of Cultural Stations | (unit) | 118 |
| #乡镇文化站 | | Village and Town Cultural Stations | | 94 |
| 举办展览培训班活动 | (次) | Number of Exhibition and Training Classes | (time) | 1552 |
| **四、文物事业** | | **Cultural Relics** | | |
| 文保单位(法人单位) | (个) | Historical Relic Protection Units | (unit) | 20 |
| #国家级文保单位 | | Historical Relic Protection Units of State Level | | 16 |
| 文物藏品的实际数量 | (件) | Number of Collections | (piece) | 90177 |
| #一级文物 | | Grade One | | 190 |
| 二级文物 | | Grade Two | | 566 |
| 三级文物 | | Grade Three | | 2513 |
| **五、电影事业** | | **Film** | | |
| 电影院 | (个) | Cinemas | (unit) | 28 |
| 电影放映场次 | (万场) | Number of Performances | (10 000show) | 16.01 |
| 电影观众人次 | (万人次) | Spectator | (10 000person-time) | 981.00 |

# Cultural Undertaking and Activities (2013)

| 越城区 Yuecheng District | 柯桥区 Keqiao District | 上虞区 Shangyu District | 诸暨市 Zhuji City | 嵊州市 Shengzhou City | 新昌县 Xinchang County |
|---|---|---|---|---|---|
| | | | | | |
| 1 | 1 | 2 | 1 | 1 | 1 |
| 1 | 1 | 2 | 1 | 1 | 1 |
| 204 | 152 | 226 | 132 | 95 | 84 |
| 41.5 | 26.4 | 34 | 26.4 | 21.5 | 5.88 |
| 2 | – | 1 | 1 | 1 | 1 |
| 2 | – | 1 | 1 | 1 | 1 |
| | | | | | |
| 1 | 1 | 1 | 1 | 1 | 1 |
| 121.76 | 30.9 | 40.83 | 31.93 | 51.92 | 19.01 |
| 95.38 | 30.62 | 35.73 | 29.26 | 48.48 | 17.86 |
| 16.89 | – | 1.52 | 1.72 | 3.26 | – |
| 60.24 | 14.54 | 17.35 | 14.89 | 5.57 | 3.93 |
| | | | | | |
| 2 | 1 | 1 | 1 | 1 | 1 |
| 14 | 19 | 21 | 27 | 21 | 16 |
| 7 | 15 | 18 | 24 | 17 | 13 |
| 196 | 314 | 247 | 300 | 221 | 274 |
| | | | | | |
| 11 | 2 | 2 | 2 | 2 | 1 |
| 8 | 4 | 1 | 1 | 2 | – |
| 27740 | 6524 | 20099 | 3822 | 30260 | 1732 |
| 103 | 42 | 17 | 10 | 16 | 2 |
| 337 | 96 | 49 | 24 | 35 | 25 |
| 1456 | 223 | 108 | 207 | 391 | 128 |
| | | | | | |
| 4 | 5 | 8 | 7 | 2 | 2 |
| 5.82 | 2.36 | 2.33 | 3.77 | 1.32 | 0.41 |
| 206.63 | 188.76 | 186.15 | 188.09 | 131.14 | 80.23 |

# 10－2 历年普通高校、中等职业教育基本情况

## Basic Statistics on Education of Regular Higher Schools and Secondary Vocational Schools over the Years

单位:人 (person)

| 年 份 Year | 普通高校 Regular Institutions of Higher Education | | | 中等职业学校 Secondary Vocational Schools | | |
|---|---|---|---|---|---|---|
| | 在校学生 Student Enrollment | 毕业生数 Graduates | 专任教师 Number of Full-time Teachers | 在校学生 Student Enrollment | 毕业生数 Graduates | 专任教师 Number of Full-time Teachers |
| 1980 | 1210 | 198 | 79 | | | |
| 1981 | 799 | 696 | 115 | | | |
| 1982 | 868 | 290 | 139 | | | |
| 1983 | 845 | 89 | 146 | | | |
| 1984 | 960 | 271 | 149 | | | |
| 1985 | 1238 | 340 | 191 | | | |
| 1986 | 1559 | 361 | 213 | | | |
| 1987 | 1991 | 395 | 238 | | | |
| 1988 | 1885 | 954 | 237 | | | |
| 1989 | 1685 | 777 | 233 | | | |
| 1990 | 1512 | 780 | 253 | | | |
| 1991 | 1408 | 671 | 259 | | | |
| 1992 | 1430 | 593 | 255 | | | |
| 1993 | 1877 | 382 | 254 | | | |
| 1994 | 2102 | 592 | 271 | | | |
| 1995 | 2313 | 787 | 275 | | | |
| 1996 | 2155 | 779 | 289 | 38291 | 11209 | 2137 |
| 1997 | 2367 | 770 | 304 | 43227 | 11804 | 2313 |
| 1998 | 2716 | 809 | 320 | 52310 | 13261 | 2577 |
| 1999 | 3648 | 609 | 332 | 54373 | 13802 | 2801 |
| 2000 | 5800 | 757 | 714 | 53673 | 14914 | 2768 |
| 2001 | 8880 | 989 | 1039 | 36056 | 13810 | 1956 |
| 2002 | 14290 | 1746 | 1114 | 58306 | 16902 | 2898 |
| 2003 | 19344 | 2776 | 1383 | 67929 | 14996 | 2656 |
| 2004 | 25034 | 3435 | 1592 | 77313 | 16290 | 2806 |
| 2005 | 30702 | 5717 | 1946 | 80454 | 21988 | 2740 |
| 2006 | 38332 | 7356 | 2133 | 70151 | 23867 | 2816 |
| 2007 | 44103 | 8566 | 2300 | 69823 | 22142 | 2876 |
| 2008 | 50258 | 10873 | 2494 | 67497 | 23787 | 2815 |
| 2009 | 52898 | 14771 | 2561 | 66678 | 21879 | 2785 |
| 2010 | 53869 | 15111 | 2690 | 66039 | 21407 | 2663 |
| 2011 | 56455 | 14635 | 2761 | 69287 | 19991 | 2619 |
| 2012 | 59758 | 15545 | 2874 | 64422 | 21823 | 2699 |
| 2013 | 77532 | 19124 | 3807 | 60672 | 22518 | 2760 |

# 10－3 历年普通高中在校学生数

## Students Enrollment of Regular Senior School over the Years

单位:人 (person)

| 年份<br>Year | 全市<br>Whole Municipality | 越城区<br>Yuecheng District | 柯桥区<br>Keqiao District | 上虞区<br>Shangyu District | 诸暨市<br>Zhuji City | 嵊州市<br>Shengzhou City | 新昌县<br>Xinchang County |
|---|---|---|---|---|---|---|---|
| 1949 | 846 | | 489 | | 175 | 122 | 60 |
| 1952 | 639 | | 437 | | | 119 | 83 |
| 1957 | 3496 | | 1581 | 348 | 533 | 546 | 488 |
| 1962 | 4349 | | 1205 | 443 | 1038 | 1029 | 634 |
| 1965 | 4097 | | 1494 | 463 | 890 | 785 | 465 |
| 1970 | 4123 | | 1249 | 54 | 1401 | 937 | 482 |
| 1975 | 32283 | | 8425 | 4369 | 8905 | 6432 | 4152 |
| 1980 | 25598 | | 5395 | 4428 | 6955 | 5915 | 2905 |
| 1985 | 26681 | 3402 | 4335 | 4578 | 6358 | 5224 | 2784 |
| 1986 | 29346 | 3459 | 5231 | 5119 | 7078 | 5379 | 3080 |
| 1987 | 30829 | 3403 | 5938 | 5184 | 7458 | 5647 | 3199 |
| 1988 | 30553 | 3236 | 5719 | 5271 | 7484 | 5729 | 3114 |
| 1989 | 29058 | 2868 | 5086 | 5301 | 7340 | 5513 | 2950 |
| 1990 | 28305 | 2546 | 4816 | 5426 | 7456 | 5326 | 2735 |
| 1991 | 27320 | 2034 | 4952 | 5179 | 7451 | 5025 | 2679 |
| 1992 | 27320 | 2052 | 5327 | 4836 | 7338 | 5158 | 2609 |
| 1993 | 27630 | 2334 | 5585 | 4594 | 7481 | 5054 | 2582 |
| 1994 | 30086 | 2786 | 5951 | 4800 | 8448 | 5390 | 2711 |
| 1995 | 33688 | 2825 | 6849 | 5578 | 10007 | 5477 | 2952 |
| 1996 | 35539 | 2704 | 7139 | 6324 | 10706 | 5640 | 3026 |
| 1997 | 39194 | 2956 | 7645 | 7439 | 12009 | 5918 | 3227 |
| 1998 | 43396 | 3271 | 8324 | 7923 | 13931 | 6364 | 3583 |
| 1999 | 49851 | 4407 | 9784 | 8466 | 16215 | 6894 | 4085 |
| 2000 | 56534 | 7506 | 8680 | 8146 | 19074 | 8073 | 5055 |
| 2001 | 61461 | 8024 | 9598 | 8093 | 20663 | 9093 | 5990 |
| 2002 | 70345 | 8990 | 10650 | 9325 | 23706 | 10499 | 7175 |
| 2003 | 84872 | 11228 | 13242 | 13268 | 27553 | 11903 | 7678 |
| 2004 | 96909 | 13260 | 15291 | 15795 | 31498 | 12960 | 8105 |
| 2005 | 106232 | 13719 | 18878 | 17245 | 33858 | 14065 | 8467 |
| 2006 | 102929 | 12958 | 18507 | 15914 | 32796 | 14207 | 8547 |
| 2007 | 102469 | 12817 | 18636 | 15323 | 32823 | 14528 | 8342 |
| 2008 | 98332 | 12411 | 16749 | 14628 | 32618 | 14094 | 7832 |
| 2009 | 101633 | 12663 | 16313 | 15411 | 34885 | 14699 | 7662 |
| 2010 | 103985 | 12699 | 15262 | 15894 | 37949 | 14545 | 7636 |
| 2011 | 111336 | 12971 | 16437 | 16595 | 43029 | 14580 | 7724 |
| 2012 | 111006 | 12737 | 17889 | 15694 | 43070 | 13747 | 7869 |
| 2013 | 109565 | 12621 | 19045 | 15296 | 41659 | 12933 | 8011 |

# 10－4 历年初中在校学生数

## Students Enrollment of Junior School over the Years

单位:人 (person)

| 年份<br>Year | 全市<br>Whole Municipality | 越城区<br>Yuecheng District | 柯桥区<br>Keqiao District | 上虞区<br>Shangyu District | 诸暨市<br>Zhuji City | 嵊州市<br>Shengzhou City | 新昌县<br>Xinchang County |
|---|---|---|---|---|---|---|---|
| 1949 | 4862 | | 1431 | 427 | 1652 | 861 | 491 |
| 1952 | 13335 | | 3994 | 1611 | 3551 | 2569 | 1610 |
| 1957 | 21091 | | 7369 | 2862 | 5912 | 3236 | 1712 |
| 1962 | 25962 | | 7662 | 2530 | 8376 | 4989 | 2405 |
| 1965 | 30087 | | 8883 | 3121 | 8637 | 6376 | 3070 |
| 1970 | 89247 | | 21055 | 9431 | 27187 | 19688 | 11886 |
| 1975 | 180815 | | 43146 | 29564 | 50272 | 36389 | 21444 |
| 1980 | 163595 | | 38479 | 29135 | 50378 | 28308 | 17295 |
| 1985 | 172474 | 10556 | 36300 | 30325 | 47525 | 31584 | 16184 |
| 1986 | 174469 | 10491 | 33975 | 29337 | 51434 | 32313 | 16919 |
| 1987 | 165199 | 9183 | 30908 | 28326 | 50139 | 29828 | 16815 |
| 1988 | 137791 | 7293 | 28713 | 22243 | 40703 | 23850 | 14989 |
| 1989 | 131837 | 7623 | 30402 | 19990 | 34075 | 26176 | 13571 |
| 1990 | 140611 | 8715 | 32550 | 21772 | 34605 | 28798 | 14171 |
| 1991 | 161016 | 10221 | 34288 | 25720 | 40217 | 33851 | 16719 |
| 1992 | 171138 | 10507 | 35006 | 29757 | 43148 | 33799 | 18921 |
| 1993 | 159276 | 9778 | 31868 | 27863 | 39307 | 31371 | 19089 |
| 1994 | 151539 | 10267 | 30179 | 27419 | 35690 | 28710 | 19274 |
| 1995 | 152386 | 11107 | 29557 | 27398 | 35478 | 28577 | 20269 |
| 1996 | 158101 | 12762 | 30843 | 27508 | 36857 | 28767 | 21364 |
| 1997 | 152854 | 12542 | 29113 | 23669 | 36978 | 28605 | 21947 |
| 1998 | 140893 | 11819 | 26075 | 20338 | 35125 | 26445 | 21091 |
| 1999 | 145672 | 11567 | 27746 | 21935 | 37548 | 26082 | 20794 |
| 2000 | 171966 | 23037 | 27951 | 30807 | 42664 | 26715 | 20792 |
| 2001 | 190065 | 25495 | 33367 | 35529 | 47632 | 27945 | 20097 |
| 2002 | 198082 | 27825 | 36657 | 36677 | 49065 | 29220 | 18638 |
| 2003 | 189307 | 26770 | 34671 | 32861 | 48601 | 29211 | 17193 |
| 2004 | 181674 | 26469 | 34789 | 31399 | 45187 | 27903 | 15927 |
| 2005 | 170181 | 24570 | 33227 | 29771 | 41515 | 26192 | 14906 |
| 2006 | 169398 | 25775 | 33826 | 30817 | 40251 | 24795 | 13934 |
| 2007 | 170860 | 25964 | 34067 | 31267 | 41824 | 24265 | 13473 |
| 2008 | 181161 | 28618 | 36256 | 33229 | 45627 | 23815 | 13616 |
| 2009 | 175974 | 27550 | 34671 | 31030 | 46381 | 22892 | 13450 |
| 2010 | 170817 | 27572 | 33916 | 29278 | 44674 | 21931 | 13446 |
| 2011 | 154333 | 25101 | 30187 | 25173 | 40708 | 20297 | 12867 |
| 2012 | 147252 | 24518 | 28787 | 23809 | 38016 | 19436 | 12686 |
| 2013 | 142370 | 23461 | 27357 | 22430 | 37571 | 19153 | 12398 |

# 10－5 历年普通中学专任教师数

## Number of Full-time Teachers at Regular Secondary Schools over the Years

单位：人 (person)

| 年 份<br>Year | 全 市<br>Whole Municipality | 越城区<br>Yuecheng District | 柯桥区<br>Keqiao District | 上虞区<br>Shangyu District | 诸暨市<br>Zhuji City | 嵊州市<br>Shengzhou City | 新昌县<br>Xinchang County |
|---|---|---|---|---|---|---|---|
| 1949 | 278 | | 125 | 25 | | 72 | 56 |
| 1952 | 567 | | 235 | 43 | 116 | 97 | 76 |
| 1957 | 777 | | 296 | 105 | 192 | 116 | 68 |
| 1962 | 1374 | | 361 | 188 | 389 | 309 | 127 |
| 1965 | 1510 | | 459 | 172 | 423 | 303 | 153 |
| 1970 | 3843 | | 779 | 502 | 1330 | 685 | 547 |
| 1975 | 8595 | | 1925 | 1312 | 2531 | 1789 | 1038 |
| 1980 | 9241 | | 2191 | 1548 | 2804 | 1670 | 1028 |
| 1985 | 8623 | 615 | 1764 | 1315 | 2562 | 1445 | 922 |
| 1986 | 8689 | 660 | 1877 | 1331 | 2465 | 1509 | 847 |
| 1987 | 8717 | 690 | 1745 | 1349 | 2509 | 1548 | 876 |
| 1988 | 8953 | 700 | 1759 | 1393 | 2561 | 1636 | 904 |
| 1989 | 8923 | 673 | 1852 | 1458 | 2372 | 1685 | 883 |
| 1990 | 9197 | 704 | 1910 | 1535 | 2443 | 1727 | 878 |
| 1991 | 9660 | 715 | 2056 | 1604 | 2579 | 1798 | 908 |
| 1992 | 10001 | 730 | 2112 | 1684 | 2731 | 1828 | 916 |
| 1993 | 9849 | 706 | 2002 | 1674 | 2698 | 1827 | 942 |
| 1994 | 9824 | 755 | 2027 | 1687 | 2586 | 1811 | 958 |
| 1995 | 9939 | 795 | 2040 | 1742 | 2569 | 1804 | 989 |
| 1996 | 10322 | 883 | 2142 | 1757 | 2672 | 1840 | 1028 |
| 1997 | 10714 | 932 | 2207 | 1791 | 2819 | 1901 | 1064 |
| 1998 | 11090 | 959 | 2357 | 1782 | 2887 | 1980 | 1125 |
| 1999 | 11618 | 1031 | 2472 | 1889 | 3033 | 2028 | 1165 |
| 2000 | 12537 | 1775 | 2053 | 2094 | 3368 | 2054 | 1193 |
| 2001 | 13422 | 1926 | 2231 | 2276 | 3582 | 2139 | 1268 |
| 2002 | 14019 | 1978 | 2342 | 2437 | 3749 | 2240 | 1273 |
| 2003 | 14912 | 2124 | 2539 | 2628 | 3898 | 2435 | 1288 |
| 2004 | 15785 | 2205 | 2763 | 2878 | 4093 | 2519 | 1327 |
| 2005 | 16430 | 2193 | 3022 | 2925 | 4334 | 2594 | 1362 |
| 2006 | 16715 | 2225 | 3152 | 2898 | 4459 | 2641 | 1340 |
| 2007 | 16961 | 2240 | 3219 | 2895 | 4568 | 2681 | 1358 |
| 2008 | 17201 | 2270 | 3247 | 2909 | 4715 | 2690 | 1370 |
| 2009 | 17431 | 2301 | 3308 | 2923 | 4812 | 2694 | 1393 |
| 2010 | 17876 | 2346 | 3447 | 2962 | 5031 | 2695 | 1395 |
| 2011 | 19303 | 2459 | 3677 | 2978 | 5646 | 3108 | 1435 |
| 2012 | 19705 | 2503 | 3687 | 3029 | 5874 | 3081 | 1531 |
| 2013 | 19604 | 2557 | 3712 | 3075 | 5750 | 2978 | 1532 |

注：按主体校原则，九年一贯制学校小学部、十二年一贯制学校小学部的教职工数统计到普通中学。

# 10－6 历年小学在校学生数

## Students Enrollment at Primary Schools over the Years

单位:人　　(person)

| 年份<br>Year | 全市<br>Whole Municipality | 越城区<br>Yuecheng District | 柯桥区<br>Keqiao District | 上虞区<br>Shangyu District | 诸暨市<br>Zhuji City | 嵊州市<br>Shengzhou City | 新昌县<br>Xinchang County |
|---|---|---|---|---|---|---|---|
| 1949 | 124426 | | 23036 | 17388 | 45509 | 25474 | 13019 |
| 1952 | 217621 | | 57197 | 26086 | 66867 | 43207 | 24264 |
| 1957 | 266084 | | 70963 | 41969 | 78186 | 50184 | 24782 |
| 1962 | 302677 | | 67823 | 44899 | 91370 | 67488 | 31097 |
| 1965 | 402389 | | 96277 | 62474 | 120600 | 80750 | 42288 |
| 1970 | 476114 | | 121996 | 83492 | 129904 | 87118 | 53604 |
| 1975 | 528175 | | 147884 | 99904 | 140254 | 87940 | 52193 |
| 1980 | 469963 | | 132478 | 87098 | 124464 | 80775 | 45148 |
| 1985 | 349260 | 16800 | 74728 | 60261 | 88855 | 69522 | 39094 |
| 1986 | 344590 | 17308 | 75865 | 59676 | 84420 | 68017 | 39304 |
| 1987 | 332747 | 17371 | 72691 | 56499 | 78732 | 69607 | 37847 |
| 1988 | 344769 | 19722 | 70887 | 58942 | 82532 | 71901 | 40785 |
| 1989 | 351268 | 20633 | 69826 | 62876 | 84635 | 69602 | 43696 |
| 1990 | 340081 | 21394 | 67532 | 60312 | 80752 | 66132 | 43959 |
| 1991 | 321510 | 21576 | 62749 | 54911 | 76097 | 62668 | 43509 |
| 1992 | 304254 | 21808 | 57879 | 49898 | 72813 | 58927 | 42929 |
| 1993 | 311236 | 23062 | 60467 | 51081 | 75331 | 58251 | 43044 |
| 1994 | 329398 | 24878 | 67622 | 55785 | 79056 | 57959 | 44098 |
| 1995 | 332475 | 25217 | 70983 | 56625 | 80624 | 56615 | 42411 |
| 1996 | 342547 | 25796 | 76332 | 59308 | 83550 | 57111 | 40450 |
| 1997 | 356930 | 26689 | 83105 | 64264 | 86904 | 57312 | 38656 |
| 1998 | 364897 | 27272 | 88974 | 67560 | 87724 | 57075 | 36292 |
| 1999 | 360126 | 27180 | 90247 | 67000 | 86160 | 56072 | 33467 |
| 2000 | 348065 | 48010 | 67480 | 63655 | 83960 | 54126 | 30834 |
| 2001 | 340757 | 47793 | 66910 | 62255 | 82700 | 52023 | 29076 |
| 2002 | 339127 | 48626 | 68864 | 62145 | 81847 | 49487 | 28158 |
| 2003 | 335356 | 51471 | 67917 | 60655 | 81219 | 47056 | 27038 |
| 2004 | 337854 | 52840 | 71280 | 59508 | 81659 | 45798 | 26769 |
| 2005 | 332803 | 53052 | 71722 | 57730 | 80196 | 43671 | 26432 |
| 2006 | 326260 | 52431 | 69490 | 55317 | 80497 | 42271 | 26254 |
| 2007 | 320069 | 52724 | 66781 | 52635 | 80367 | 41344 | 26218 |
| 2008 | 309825 | 53104 | 62481 | 49813 | 77791 | 40582 | 26054 |
| 2009 | 300169 | 52259 | 60185 | 47579 | 74266 | 40220 | 25660 |
| 2010 | 300355 | 52919 | 59677 | 46825 | 74724 | 40025 | 26185 |
| 2011 | 303803 | 54964 | 58413 | 47107 | 75915 | 40330 | 27074 |
| 2012 | 302445 | 53819 | 60880 | 46036 | 75331 | 39076 | 27303 |
| 2013 | 299636 | 53706 | 61789 | 44956 | 73941 | 37990 | 27254 |

# 10-7 历年小学专任教师

## Full-time Teachers at Primary Schools over the Years

单位：人 (person)

| 年份 Year | 全市 Whole Municipality | 越城区 Yuecheng District | 柯桥区 Keqiao District | 上虞区 Shangyu District | 诸暨市 Zhuji City | 嵊州市 Shengzhou City | 新昌县 Xinchang County |
|---|---|---|---|---|---|---|---|
| 1949 | 4667 | | 780 | 475 | 1858 | 698 | 856 |
| 1952 | 7097 | | 1905 | 900 | 2015 | 1375 | 902 |
| 1957 | 7295 | | 2186 | 1060 | 1855 | 1326 | 868 |
| 1962 | 8482 | | 2025 | 1342 | 2301 | 1846 | 968 |
| 1965 | 11322 | | 2775 | 1710 | 3090 | 2389 | 1358 |
| 1970 | 15733 | | 4155 | 2669 | 4146 | 3056 | 1707 |
| 1975 | 17738 | | 4748 | 3338 | 4502 | 3216 | 1934 |
| 1980 | 16546 | | 4728 | 2826 | 4153 | 3115 | 1724 |
| 1985 | 13315 | 635 | 2623 | 2154 | 3799 | 2396 | 1708 |
| 1986 | 12719 | 651 | 2666 | 2135 | 3289 | 2393 | 1585 |
| 1987 | 12652 | 647 | 2765 | 2111 | 3164 | 2411 | 1554 |
| 1988 | 12723 | 710 | 2514 | 2164 | 3312 | 2485 | 1538 |
| 1989 | 12823 | 725 | 2543 | 2250 | 3227 | 2537 | 1541 |
| 1990 | 13026 | 744 | 2556 | 2302 | 3405 | 2516 | 1503 |
| 1991 | 13105 | 784 | 2722 | 2305 | 3332 | 2470 | 1492 |
| 1992 | 12908 | 791 | 2710 | 2280 | 3230 | 2449 | 1448 |
| 1993 | 12747 | 810 | 2560 | 2304 | 3184 | 2444 | 1445 |
| 1994 | 12848 | 828 | 2592 | 2308 | 3221 | 2445 | 1454 |
| 1995 | 13005 | 876 | 2656 | 2354 | 3226 | 2435 | 1458 |
| 1996 | 13310 | 937 | 2799 | 2388 | 3303 | 2458 | 1425 |
| 1997 | 13644 | 974 | 2895 | 2420 | 3388 | 2452 | 1515 |
| 1998 | 14353 | 996 | 3201 | 2574 | 3441 | 2478 | 1663 |
| 1999 | 14551 | 1035 | 3258 | 2685 | 3379 | 2436 | 1758 |
| 2000 | 14551 | 1879 | 2538 | 2709 | 3400 | 2357 | 1668 |
| 2001 | 14794 | 1969 | 2563 | 2798 | 3355 | 2345 | 1764 |
| 2002 | 14615 | 2015 | 2628 | 2775 | 3312 | 2340 | 1545 |
| 2003 | 14404 | 2075 | 2570 | 2701 | 3224 | 2277 | 1557 |
| 2004 | 14467 | 2077 | 2678 | 2745 | 3235 | 2193 | 1539 |
| 2005 | 14527 | 2086 | 2707 | 2779 | 3253 | 2162 | 1540 |
| 2006 | 14550 | 2124 | 2729 | 2737 | 3318 | 2110 | 1532 |
| 2007 | 14646 | 2157 | 2777 | 2720 | 3391 | 2104 | 1497 |
| 2008 | 14548 | 2189 | 2748 | 2631 | 3412 | 2103 | 1465 |
| 2009 | 14625 | 2255 | 2766 | 2623 | 3440 | 2091 | 1450 |
| 2010 | 14764 | 2281 | 2793 | 2584 | 3590 | 2077 | 1439 |
| 2011 | 14837 | 2350 | 2807 | 2515 | 3701 | 2051 | 1413 |
| 2012 | 15278 | 2384 | 2953 | 2487 | 3902 | 2063 | 1489 |
| 2013 | 15632 | 2384 | 3078 | 2452 | 4089 | 2138 | 1491 |

# 10－8 全市各级各类学校情况 (2013年)

单位：人

| 指　　标 | Item | 学校数 (所) Number of Schools (unit) | 班　数 (班) Number of Classes (class) |
|---|---|---|---|
| **一、高等教育** | **Higher Education** | **9** | |
| 1.普通高校 | Regular Institutions of Higher Education | 9 | |
| 2.成人高校 | Institutions of Higher Education for Adults | | |
| 3.远程教育 | Long Distance Learning | | |
| **二、中等职业教育** | **Vocational Secondary Education** | **21** | |
| **三、基础教育** | **Foundational Education** | **1221** | **18274** |
| 1.普通中学 | Regular Secondary Schools | 182 | 5690 |
| #高　中 | Senior Secondary Schools | 42 | 2167 |
| 初　中 | Junior Secondary Schools | 140 | 3523 |
| 2.小　　学 | Primary Schools | 373 | 8131 |
| 3.幼 儿 园 | Kindergartens | 659 | 4373 |
| 4.特殊教育学校 | Special Education Schools | 7 | 80 |
| **四、成人教育** | **Adult Education** | **723** | |
| 1.成人中学 | Secondary Schools for Adults | 29 | |
| 2.成人技术培训学校 | Technical Training Schools for Adults | 694 | |

注：按主体校原则，九年一贯制学校小学部、十二年一贯制学校小学部的教职工数统计到普通中学。

# Basic Statistics on Schools of Different Levels and Types (2013)

(person)

| 毕业生数<br>Graduates | 招生数<br>New Students Enrollment | 在校学生数<br>Students Enrollment | 毕业班学生数<br>Students in Graduate Enrollment | 教职工数<br>Staff and Teachers | # 专任教师<br>Number of Full-time Teachers |
|---|---|---|---|---|---|
| **31926** | **35097** | **119129** | **25664** | **5713** | **3807** |
| 19124 | 23543 | 77532 | 20468 | 5713 | 3807 |
| 2352 | 3374 | 8655 | 5196 | | |
| 10450 | 8180 | 32942 | | | |
| **22518** | **19488** | **60672** | **22506** | **3128** | **2760** |
| **182345** | **168992** | **681804** | **134541** | **50223** | **41567** |
| 87598 | 83587 | 251935 | 83652 | | 18317 |
| 36663 | 35073 | 109565 | 38809 | | 7356 |
| 50935 | 48514 | 142370 | 44843 | 37531 | 10961 |
| 49685 | 47928 | 299636 | 50889 | | 15632 |
| 45025 | 37218 | 129487 | | 12545 | 7497 |
| 37 | 259 | 746 | | 147 | 121 |
| **387760** | | **337443** | | **2388** | **1645** |
| 2809 | | 3342 | | 56 | 45 |
| 384951 | | 334101 | | 2332 | 1600 |

# 10－9 普通高校教育情况（2013年）

## Basic Statistics on Education of Regular Higher Schools (2013)

单位：人　　(person)

| 指标 | Item | 学校数(所) Number of Schools (unit) | 毕业生数 Graduates | 招生数 New Student Enrollment | 在校学生数 Student Enrollment | 教职工总数 Staff and Teachers | #专任教师 Number of Full-time Teachers |
|---|---|---|---|---|---|---|---|
| **普通高校教育** | **Regular Higher Schools** | **9** | **19124** | **23543** | **77532** | **5713** | **3807** |
| 绍兴文理学院 | Shaoxing University | 1 | 3536 | 3886 | 14480 | 1388 | 781 |
| 绍兴文理学院元培学院 | Yuanpei College of Shaoxing University | 1 | 2175 | 2215 | 8547 | 454 | 382 |
| 绍兴越秀外国语职业学院 | Shaoxing Yuexiu Foreign Language Vocational Institute | 1 | 2889 | 4440 | 15286 | 923 | 672 |
| 浙江工业大学之江学院 | Zhijiang College of Zhejiang University of Technology | 1 | 1919 | 1849 | 7532 | 622 | 396 |
| 浙江农林大学天目学院 | Tianmu College of Zhejiang A&F University | 1 | 1648 | 1567 | 6108 | 437 | 346 |
| 浙江工业职业技术学院 | Zhejiang Industrial Vocational Technology Institute | 1 | 2698 | 3295 | 8888 | 642 | 411 |
| 绍兴职业技术学院 | Shaoxing Vocational & Technical College | 1 | 2983 | 3353 | 9397 | 574 | 415 |
| 浙江邮电职业技术学院 | Zhejiang Technical College of Posts & Telecom | 1 | 728 | 1192 | 3001 | 335 | 136 |
| 浙江农业商贸职业学院 | Zhejiang Agricultural Business Vocational Institute | 1 | 548 | 1746 | 4293 | 338 | 268 |

# 10－10 中等职业学校基本情况（2013年）

## Basic Statistics on Vocational Secondary Schools (2013)

单位：人　　(person)

| 指标 | Item | 全市 Whole Municipality | 越城区 Yuecheng District | 柯桥区 Keqiao District | 上虞区 Shangyu District | 诸暨市 Zhuji City | 嵊州市 Shengzhou City | 新昌县 Xinchang County |
|---|---|---|---|---|---|---|---|---|
| 学校数(所) | Number of Schools (unit) | 21 | 5 | 4 | 2 | 5 | 3 | 2 |
| 毕业生数 | Graduates | 22518 | 5165 | 4923 | 3211 | 5377 | 2492 | 1350 |
| 招生数 | New Student Enrollment | 19488 | 4431 | 4609 | 2682 | 4341 | 2084 | 1341 |
| 在校学生数 | Student Enrollment | 60672 | 13577 | 13102 | 8687 | 13912 | 6929 | 4465 |
| 教职工总数 | Staff and Teachers | 3128 | 717 | 605 | 389 | 675 | 435 | 307 |
| #专任教师 | Number of Full-time Teachers | 2760 | 585 | 575 | 359 | 577 | 396 | 268 |

# 10－11 普 通 中 学 基 本 情 况 (2013 年)

## Regular Secondary Schools (2013)

单位:人 (person)

| 指 标 | Item | 全 市 Whole Municipality | 越城区 Yuecheng District | 柯桥区 Keqiao District | 上虞区 Shangyu District | 诸暨市 Zhuji City | 嵊州市 Shengzhou City | 新昌县 Xinchang County |
|---|---|---|---|---|---|---|---|---|
| **高 中** | **Senior School** | | | | | | | |
| 学校数 (所) | Number of Schools (unit) | 42 | 4 | 6 | 8 | 13 | 7 | 4 |
| 班级数 (班) | Number of Classes (class) | 2167 | 244 | 390 | 311 | 809 | 258 | 155 |
| 毕业生数 | Graduates | 36663 | 4215 | 5555 | 5492 | 14175 | 4705 | 2521 |
| 招 生 数 | New Student Enrollment | 35073 | 4182 | 6211 | 4452 | 13588 | 3959 | 2681 |
| 在校学生数 | Student Enrollment | 109565 | 12621 | 19045 | 15296 | 41659 | 12933 | 8011 |
| #一年级 | Grade One | 35079 | 4184 | 6212 | 4452 | 13589 | 3959 | 2683 |
| 二年级 | Grade Two | 35677 | 4147 | 5861 | 5180 | 13577 | 4231 | 2681 |
| 三年级 | Grade Three | 38809 | 4290 | 6972 | 5664 | 14493 | 4743 | 2647 |
| 专任教师数 | Number of Full-time Teachers | 7356 | 804 | 1394 | 1101 | 2549 | 1014 | 494 |
| **初 中** | **Junior School** | | | | | | | |
| 学校数 (所) | Number of Schools (unit) | 140 | 16 | 23 | 25 | 31 | 27 | 18 |
| 班级数 (班) | Number of Classes (class) | 3523 | 559 | 720 | 601 | 889 | 447 | 307 |
| 毕业生数 | Graduates | 50935 | 8471 | 10153 | 8319 | 13057 | 6722 | 4213 |
| 招 生 数 | New Student Enrollment | 48514 | 7971 | 9476 | 7436 | 13054 | 6537 | 4040 |
| 在校学生数 | Student Enrollment | 142370 | 23461 | 27357 | 22430 | 37571 | 19153 | 12398 |
| #一年级 | Grade One | 48514 | 7971 | 9476 | 7436 | 13054 | 6537 | 4040 |
| 二年级 | Grade Two | 49013 | 8265 | 9450 | 7883 | 12641 | 6458 | 4316 |
| 三年级 | Grade Three | 44843 | 7225 | 8431 | 7111 | 11876 | 6158 | 4042 |
| 专任教师数 | Number of Full-time Teachers | 10961 | 1705 | 2169 | 1872 | 2650 | 1610 | 955 |

## 10－12 小学教育基本情况（2013年）

## Basic Statistics on Primary Education (2013)

单位：人 (person)

| 指标 | Item | 全市 Whole Munici-pality | 越城区 Yuecheng District | 柯桥区 Keqiao District | 上虞区 Shangyu District | 诸暨市 Zhuji City | 嵊州市 Shengzhou City | 新昌县 Xinchang County |
|---|---|---|---|---|---|---|---|---|
| 学校数（所） | Number of Schools (unit) | 373 | 48 | 71 | 53 | 109 | 58 | 34 |
| 班数（班） | Number of Classes (class) | 8131 | 1479 | 1767 | 1296 | 1859 | 934 | 796 |
| 毕业生数 | Graduates | 49685 | 8646 | 9665 | 7637 | 12944 | 6673 | 4120 |
| 招生数 | New Student Enrollment | 47928 | 8740 | 10492 | 6863 | 11966 | 5706 | 4161 |
| 在校学生数 | Student Enrollment | 299636 | 53706 | 61789 | 44956 | 73941 | 37990 | 27254 |
| 教职工总数 | Staff and Teachers | 15087 | 2382 | 2979 | 2515 | 3700 | 1930 | 1581 |
| #专任教师 | Number of Full-time Teachers | 14345 | 2336 | 2929 | 2350 | 3538 | 1784 | 1408 |

注：按主体校统计原则，九年一贯制学校小学部、十二年一贯制学校小学部的教职工数统计到普通中学。

## 10－13 幼儿园基本情况（2013年）

## Basic Statistics on Kindergartens (2013)

单位：人 (person)

| 指标 | Item | 全市 Whole Munici-pality | 越城区 Yuecheng District | 柯桥区 Keqiao District | 上虞区 Shangyu District | 诸暨市 Zhuji City | 嵊州市 Shengzhou City | 新昌县 Xinchang County |
|---|---|---|---|---|---|---|---|---|
| 园数（所） | Number of Kindergartens (unit) | 659 | 132 | 121 | 90 | 130 | 111 | 75 |
| 班数（班） | Number of Classes (class) | 4373 | 929 | 984 | 589 | 803 | 602 | 466 |
| 在园幼儿数 | Number of Children Enrollment | 129487 | 26378 | 32121 | 16873 | 25445 | 16324 | 12346 |
| 教职工数 | Staff and Teachers | 12545 | 2931 | 2636 | 1828 | 2710 | 1514 | 926 |
| #园长 | Leader | 631 | 132 | 114 | 66 | 130 | 117 | 72 |
| 专任教师 | Number of Full-time Teachers | 7497 | 1676 | 1575 | 1052 | 1676 | 881 | 637 |
| 保健员 | Health-care Provider | 243 | 82 | 12 | 50 | 56 | 35 | 8 |
| 保育员 | Child-care Worker | 1893 | 489 | 435 | 325 | 384 | 222 | 38 |
| 其他 | Other | 2281 | 552 | 500 | 335 | 464 | 259 | 171 |

# 10-14 义务教育普及情况(2013年)

## Popularity of Compulsory Education (2013)

单位：% (%)

| 指标 | Item | 全市 Whole Municipality | 越城区 Yuecheng District | 柯桥区 Keqiao District | 上虞区 Shangyu District | 诸暨市 Zhuji City | 嵊州市 Shengzhou City | 新昌县 Xinchang County |
|---|---|---|---|---|---|---|---|---|
| **小学教育普及情况** | **Popularity of Primary Schools** | | | | | | | |
| 学龄人口（人） | School-age Population (person) | 289408 | 51628 | 59881 | 43053 | 72127 | 36886 | 25833 |
| 入学率 | Enrollment Rate | 100 | 100 | 100 | 100 | 100 | 100 | 100 |
| 巩固率 | Consolidation Rate | 100 | 100 | 100 | 100 | 100 | 100 | 100 |
| 小学升初中比例 | Percentage of Graduates of Primary Schools Entering Junior Secondary Schools | 100 | 100 | 100 | 100 | 100 | 100 | 100 |
| **初中教育普及情况** | **Popularity of Junior Secondary Schools** | | | | | | | |
| 学龄人口(人) | School-age Population (person) | 128303 | 21642 | 24912 | 20533 | 33880 | 16593 | 10743 |
| 入学率 | Enrollment Rate | 100 | 100 | 100 | 100 | 100 | 100 | 100 |
| 巩固率 | Consolidation Rate | 100 | 100 | 100 | 100 | 100 | 100 | 100 |
| 初中升高中比例 | Percentage of Graduates of Junior Secondary Schools Entering Senior Secondary Schools | 99.32 | 99.08 | 99.45 | 99.6 | 99.31 | 98.88 | 98.79 |

## 10－15 研究与开发成果获奖情况（2013年）

## Prizes of Research and Development Achievement (2013)

单位：项 (unit)

| 指　　标 | Item | 合　计 Whole Municipality | 一等奖 First Prize | 二等奖 Second Prize | 三等奖 Third Prize |
|---|---|---|---|---|---|
| 国家科学技术奖 | Number of National Scientific and Technological Prizes Awarded | | | | |
| 省级科学技术奖 | Number of Province Level Scientific and Technological Prizes Awarded | 35 | 2 | 16 | 17 |
| 地市级科学技术奖 | Number of Municipal Level Scientific and Technological Prizes Awarded | 83 | 8 | 26 | 49 |

## 10－16 本地专利情况（2013年）

## Basic Statistics on Local Patents (2013)

单位：项 (unit)

| 指　　标 | Item | 2013年度实　绩 Total of 2013 | 《专利法》实施以来累计 Accumulation Since the Execution of "Patent Law" |
|---|---|---|---|
| **申请数** | **Number of Patent Applications Accepted** | **27651** | **142313** |
| **授权数** | **Number of Patent Applications Approved** | **15123** | **86738** |
| 授权专利分类 | Authorized Patent Classification | | |
| 1.发　明 | Creation and Inventions | 729 | 12195 |
| 2.实用新型 | Utility Models | 7719 | 35422 |
| 3.外观设计 | Designs | 6675 | 82168 |
| 授权专利按权属分 | Authorized Patent Classified as Patent Category | | |
| 1.职　　务 | Occupational | 9943 | 33873 |
| 2.非 职 务 | Non-occupational | 5180 | 52829 |

## 10－17　高新技术产业发展情况（2013 年）

## Statistics on High and New Technology Enterprises (2013)

| 指　　标 | Item | 2012 年 | | 2013 年 | |
|---|---|---|---|---|---|
| | | 累计 Accum-ulated | 当年新增 Current Year | 累计 Accum-ulated | 当年新增 Current Year |
| **高新技术企业　（家）** | **Number of High & New Technological Enterprises　(unit)** | | | | |
| 国家重点扶持高企 | State Level | 334 | 62 | 378 | 56 |
| 市　级 | Municipal Level | 428 | 117 | 635 | 217 |
| 省科技型中小企业（家） | Number of Scientific and Technical Type Small and Medium Enterprises at Provincial Level　(unit) | 968 | 117 | 1282 | 292 |
| 省级新产品（项） | Number of New Products at Provincial Level　(item) | | 908 | | 1070 |
| 省级以上新产品（项） | Number of New Products above Provincial Level　(item) | | 26 | 220 | 25 |
| **高新技术企业主要经济指标　（亿元）** | **Main Economic Indicators of High & New Technological Enterprises (100 million yuan)** | | | | |
| 1.工业总产值 | Gross Industrial Output Value | | 1002.88 | | 2164.40 |
| 2.销售额 | Sales Values | | 975.72 | | 2067.98 |
| 3.利税 | Total Amount of Pre-tax | | 121.65 | | 207.38 |
| 4.出口创汇　（亿美元） | Total Exports　（USD 100 million） | | 33.78 | | 49.46 |

## 10－18　科技创新服务体系建设情况（2013 年）

## Construction of Science and Technology Innovation Service (2013)

| 指　　标 | Item | 2011 年末 Up to 2011 | 2012 年末 Up to 2012 | 2013 年末 Up to 2013 |
|---|---|---|---|---|
| 国家级生产力促进中心 | National Level Productive Force Promotion Center | 3 | 3 | 3 |
| 省级高新技术研究开发中心 | Provincial Level High And Advanced Technology Research And Development Center | 189 | 218 | 247 |
| 省级区域科技创新服务中心 | Provincial Level Regional Science And Technology Innovation Service Center | 24 | 24 | 24 |
| 市级企业研发中心 | Municipal Level Enterprise Research and Development Center | | 624 | 718 |
| 市级以上科技企业孵化器 | Science and Technology Business Incubators above Municipal Level | | 17 | 20 |

# 10－19 规模以上工业企业科技活动及相关情况（2013 年）

| 指　　标 | Item | 全　市<br>Whole Municipality |
|---|---|---|
| **一、科技活动人员情况** | **Statistics on Persons with Scientific and Technical Activities** | |
| 科技活动人员合计（人） | Persons with S&T Activities (person) | 50030 |
| R&D 人员合计（人） | Persons with Engaged R&D (person) | 32564 |
| **二、科技活动费用情况** | **Statistics on Expenditures on S&T Activities** | |
| 企业内部用于科技活动的经费支出（万元） | Internal Expenditures on Scientific and Technical Activities（10 000 yuan） | 1174426 |
| 折旧费用与长期费用摊销（万元） | Depreciation Cost and Long-term Cost Amortization（10 000 yuan） | 62574 |
| 无形资产摊销（万元） | Amortization of Intangible Assets（10 000 yuan） | 16626 |
| 委托外单位开展科技活动的经费支出（万元） | Expenditure on Entrustment（10 000 yuan） | 38265 |
| 当年形成用于科技活动的固定资产（万元） | The Formation of Fixed Assets For S&T Activities（10 000 yuan） | 193116 |
| 使用来自政府部门的科技活动资金（万元） | Government Appropriation Funds（10 000 yuan） | 25185 |
| 购买国内技术经费支出（万元） | Expenditure for Purchasing of Domestic Technology（10 000 yuan） | 23615 |
| R&D 活动经费支出情况 | Statistics on Expenditures on R&D | |
| R&D 经费内部支出合计（万元） | internal Expenditures on R&D（10 000 yuan） | 802801 |
| R&D 经费外部支出合计（万元） | External Expenditures on R&D（10 000 yuan） | 31313 |
| **三、科技项目情况** | **Statistics on Scientific and Technical Projects** | |
| 全部科技项目数（项） | projects of S&T（item） | 4119 |
| 全部 R&D 项目数（项） | projects of R&D（item） | 2878 |
| 全部科技项目经费内部支出（万元） | internal Expenditures on S&T Projects（10 000 yuan） | 1375406 |
| 全部 R&D 项目经费内部支出（万元） | internal Expenditures on R&D Projects（10 000 yuan） | 751848 |
| **四、企业办科技机构情况** | **Statistics on Institutions Found by Enterprises** | |
| 机构数（个） | Number of Institutions（unit） | 773 |
| 机构人员合计（人） | Persons with Institutions Found（person） | 28108 |

## Basic statistics on Scientific and Technical Activities of above Designated Size Industrial Enterprises(2013)

| 越城区 Yuecheng District | 柯桥区 Keqiao District | 上虞区 Shangyu District | 诸暨市 Zhuji City | 嵊州市 Shengzhou City | 新昌县 Xinchang County |
|---|---|---|---|---|---|
| | | | | | |
| 5371 | 11491 | 8415 | 12827 | 3836 | 8090 |
| 2686 | 5967 | 5407 | 9338 | 2600 | 6566 |
| | | | | | |
| 124703 | 356906 | 213361 | 275744 | 84240 | 119473 |
| 8214 | 19824 | 11204 | 11338 | 4406 | 7589 |
| 992 | 5012 | 3615 | 4186 | 1279 | 1542 |
| 2399 | 14986 | 5038 | 5842 | 2141 | 7859 |
| 15484 | 68025 | 31015 | 45748 | 15693 | 17153 |
| 2150 | 4119 | 3122 | 8991 | 2205 | 4598 |
| 2012 | 1565 | 490 | 13121 | 1284 | 5144 |
| | | | | | |
| 49062 | 213219 | 140662 | 219065 | 63188 | 117605 |
| 28301 | 1360 | 358 | 375 | 174 | 745 |
| | | | | | |
| 550 | 590 | 756 | 1256 | 459 | 508 |
| 294 | 357 | 494 | 1023 | 285 | 425 |
| 137541 | 420764 | 238206 | 333923 | 99877 | 145095 |
| 45827 | 195280 | 135874 | 210327 | 59250 | 105290 |
| | | | | | |
| 64 | 191 | 191 | 179 | 99 | 49 |
| 2093 | 5388 | 7956 | 6075 | 2126 | 4470 |

# 10－20 历年医疗机构数

## Number of Health Institutions over the Years

单位：个 (unit)

| 年 份<br>Year | 全 市<br>Whole Municipality | 越城区<br>Yuecheng District | 柯桥区<br>Keqiao District | 上虞区<br>Shangyu District | 诸暨市<br>Zhuji City | 嵊州市<br>Shengzhou City | 新昌县<br>Xinchang County |
|---|---|---|---|---|---|---|---|
| 1949 | 20 | | 11 | 1 | 1 | 6 | 1 |
| 1952 | 194 | | 55 | 12 | 76 | 42 | 9 |
| 1957 | 382 | | 131 | 57 | 75 | 61 | 58 |
| 1962 | 508 | | 175 | 69 | 110 | 90 | 64 |
| 1965 | 560 | | 223 | 77 | 106 | 90 | 64 |
| 1970 | 467 | | 120 | 72 | 113 | 96 | 66 |
| 1975 | 571 | | 171 | 84 | 130 | 112 | 74 |
| 1980 | 670 | | 226 | 92 | 140 | 126 | 86 |
| 1985 | 804 | 176 | 115 | 95 | 162 | 150 | 106 |
| 1986 | 837 | 182 | 125 | 96 | 168 | 152 | 114 |
| 1987 | 877 | 168 | 176 | 90 | 172 | 153 | 118 |
| 1988 | 893 | 172 | 180 | 92 | 172 | 154 | 123 |
| 1989 | 876 | 172 | 168 | 92 | 173 | 153 | 118 |
| 1990 | 900 | 175 | 163 | 117 | 175 | 154 | 116 |
| 1991 | 896 | 157 | 173 | 115 | 177 | 155 | 119 |
| 1992 | 817 | 160 | 160 | 115 | 123 | 147 | 112 |
| 1993 | 815 | 160 | 160 | 115 | 122 | 147 | 111 |
| 1994 | 808 | 161 | 160 | 115 | 115 | 145 | 112 |
| 1995 | 809 | 163 | 160 | 115 | 115 | 144 | 112 |
| 1996 | 796 | 152 | 160 | 115 | 115 | 142 | 112 |
| 1997 | 804 | 152 | 160 | 115 | 115 | 143 | 119 |
| 1998 | 792 | 151 | 157 | 111 | 114 | 141 | 118 |
| 1999 | 670 | 155 | 101 | 71 | 114 | 120 | 109 |
| 2000 | 670 | 155 | 101 | 71 | 114 | 120 | 109 |
| 2001 | 1148 | 183 | 101 | 180 | 238 | 243 | 203 |
| 2002 | 1001 | 242 | 179 | 155 | 172 | 165 | 88 |
| 2003 | 990 | 233 | 181 | 148 | 173 | 164 | 91 |
| 2004 | 1039 | 262 | 194 | 150 | 174 | 167 | 92 |
| 2005 | 1087 | 275 | 213 | 149 | 175 | 169 | 106 |
| 2006 | 1378 | 283 | 228 | 201 | 342 | 190 | 134 |
| 2007 | 1400 | 284 | 233 | 192 | 364 | 190 | 137 |
| 2008 | 1400 | 236 | 240 | 199 | 392 | 198 | 135 |
| 2009 | 1486 | 241 | 263 | 225 | 421 | 208 | 128 |
| 2010 | 1453 | 248 | 262 | 227 | 373 | 219 | 124 |
| 2011 | 1515 | 256 | 266 | 235 | 400 | 232 | 126 |
| 2012 | 2635 | 273 | 438 | 371 | 803 | 442 | 308 |
| 2013 | 2559 | 281 | 415 | 360 | 791 | 413 | 299 |

注：①医疗机构包括卫生机构、诊所、卫生所、医务室、社区卫生服务站。②2012 年起，在原口径基础上增加村卫生室。

Note: a)the medical institutions include health agencies, clinics, health centers, dispensaries and community service health stations. b) Since 2012, on the basis of the original diameter, increase the village clinics.

# 10－21 历年卫生机构床位数

## Number of Health Beds over the Years

单位：张 (unit)

| 年份<br>Year | 全市<br>Whole Municipality | 越城区<br>Yuecheng District | 柯桥区<br>Keqiao District | 上虞区<br>Shangyu District | 诸暨市<br>Zhuji City | 嵊州市<br>Shengzhou City | 新昌县<br>Xinchang County |
|---|---|---|---|---|---|---|---|
| 1949 | 392 | | 241 | 59 | 50 | 42 | |
| 1952 | 2467 | | 1423 | 50 | 900 | 69 | 25 |
| 1957 | 1694 | | 1068 | 73 | 386 | 132 | 35 |
| 1962 | 3198 | | 1944 | 252 | 544 | 343 | 115 |
| 1965 | 3171 | | 1863 | 279 | 479 | 341 | 209 |
| 1970 | 3219 | | 1228 | 434 | 567 | 664 | 326 |
| 1975 | 4929 | | 2256 | 623 | 754 | 839 | 457 |
| 1980 | 6047 | | 2604 | 747 | 1166 | 994 | 536 |
| 1985 | 6176 | 1343 | 1398 | 677 | 1238 | 941 | 579 |
| 1986 | 6553 | 1325 | 1494 | 782 | 1297 | 1002 | 653 |
| 1987 | 7096 | 1400 | 1566 | 847 | 1390 | 1177 | 716 |
| 1988 | 7461 | 1547 | 1581 | 962 | 1410 | 1174 | 787 |
| 1989 | 7556 | 1492 | 1631 | 962 | 1513 | 1201 | 757 |
| 1990 | 7767 | 1677 | 1623 | 961 | 1513 | 1236 | 757 |
| 1991 | 7807 | 1682 | 1614 | 961 | 1531 | 1236 | 783 |
| 1992 | 7994 | 1720 | 1688 | 961 | 1559 | 1219 | 847 |
| 1993 | 8516 | 1881 | 1915 | 1034 | 1586 | 1264 | 836 |
| 1994 | 8299 | 1743 | 1853 | 978 | 1589 | 1268 | 868 |
| 1995 | 8289 | 1713 | 1810 | 1096 | 1378 | 1422 | 870 |
| 1996 | 8656 | 1985 | 1810 | 1079 | 1544 | 1368 | 870 |
| 1997 | 8625 | 1910 | 2055 | 964 | 1586 | 1238 | 872 |
| 1998 | 9418 | 2062 | 2282 | 1079 | 1762 | 1348 | 885 |
| 1999 | 9265 | 1890 | 2226 | 1117 | 1751 | 1399 | 882 |
| 2000 | 9719 | 2150 | 2276 | 1249 | 1872 | 1290 | 882 |
| 2001 | 9968 | 2251 | 2026 | 1189 | 1932 | 1572 | 998 |
| 2002 | 10094 | 2480 | 1820 | 1180 | 2168 | 1413 | 1033 |
| 2003 | 11279 | 2873 | 2279 | 1327 | 2358 | 1382 | 1060 |
| 2004 | 11972 | 2947 | 2480 | 1419 | 2451 | 1583 | 1092 |
| 2005 | 12158 | 2962 | 2556 | 1281 | 2569 | 1686 | 1104 |
| 2006 | 12883 | 3132 | 2788 | 1301 | 2734 | 1788 | 1140 |
| 2007 | 13630 | 3409 | 2772 | 1688 | 2774 | 1836 | 1151 |
| 2008 | 14007 | 3517 | 2801 | 1688 | 2789 | 1850 | 1362 |
| 2009 | 14719 | 3838 | 2920 | 1864 | 2838 | 1883 | 1376 |
| 2010 | 15820 | 4168 | 3032 | 1997 | 3182 | 1886 | 1555 |
| 2011 | 16849 | 4537 | 3087 | 2268 | 3357 | 1956 | 1644 |
| 2012 | 18796 | 4814 | 3397 | 2468 | 4035 | 2201 | 1881 |
| 2013 | 20084 | 4950 | 3545 | 2678 | 4461 | 2311 | 2139 |

# 10-22 历年卫生技术人员数

## Number of Medical Technical Personnel over the Years

单位:人　　(person)

| 年份<br>Year | 全市<br>Whole Municipality | 越城区<br>Yuecheng District | 柯桥区<br>Keqiao District | 上虞区<br>Shangyu District | 诸暨市<br>Zhuji City | 嵊州市<br>Shengzhou City | 新昌县<br>Xinchang County |
|---|---|---|---|---|---|---|---|
| 1949 | 961 | | 249 | 6 | 496 | 158 | 52 |
| 1952 | 2445 | | 717 | 70 | 1239 | 264 | 155 |
| 1957 | 3244 | | 1087 | 279 | 1068 | 505 | 305 |
| 1962 | 3707 | | 1515 | 409 | 865 | 552 | 366 |
| 1965 | 3864 | | 1578 | 516 | 796 | 564 | 410 |
| 1970 | 3723 | | 1266 | 574 | 795 | 638 | 450 |
| 1975 | 5072 | | 1867 | 713 | 1057 | 808 | 627 |
| 1980 | 7075 | | 2623 | 994 | 1411 | 1220 | 827 |
| 1985 | 8345 | 1703 | 1520 | 1097 | 1764 | 1298 | 963 |
| 1986 | 8644 | 1827 | 1591 | 1115 | 1795 | 1330 | 986 |
| 1987 | 8811 | 1862 | 1599 | 1166 | 1821 | 1356 | 1007 |
| 1988 | 9223 | 1968 | 1710 | 1178 | 1916 | 1404 | 1047 |
| 1989 | 9489 | 1962 | 1783 | 1207 | 2020 | 1455 | 1062 |
| 1990 | 9940 | 2021 | 1835 | 1274 | 2202 | 1509 | 1099 |
| 1991 | 10202 | 2052 | 1846 | 1335 | 2301 | 1578 | 1090 |
| 1992 | 10472 | 2104 | 1882 | 1367 | 2383 | 1626 | 1110 |
| 1993 | 10916 | 2196 | 2004 | 1469 | 2358 | 1698 | 1191 |
| 1994 | 11361 | 2330 | 2081 | 1458 | 2454 | 1832 | 1206 |
| 1995 | 11339 | 2346 | 2070 | 1509 | 2487 | 1773 | 1154 |
| 1996 | 10417 | 2108 | 2047 | 1383 | 2326 | 1579 | 974 |
| 1997 | 10807 | 2279 | 2107 | 1471 | 2366 | 1605 | 979 |
| 1998 | 11307 | 2414 | 2188 | 1545 | 2454 | 1656 | 1050 |
| 1999 | 11049 | 2324 | 2220 | 1487 | 2497 | 1491 | 1030 |
| 2000 | 11284 | 2338 | 2283 | 1509 | 2566 | 1558 | 1030 |
| 2001 | 11946 | 2821 | 2055 | 1545 | 2819 | 1656 | 1050 |
| 2002 | 13202 | 3327 | 2129 | 1775 | 2933 | 1893 | 1145 |
| 2003 | 14041 | 3427 | 2471 | 2018 | 3045 | 1845 | 1235 |
| 2004 | 15953 | 3870 | 3063 | 2131 | 3685 | 1946 | 1258 |
| 2005 | 16776 | 4094 | 3267 | 2146 | 3888 | 2021 | 1360 |
| 2006 | 18013 | 4196 | 3389 | 2539 | 4185 | 2226 | 1478 |
| 2007 | 18460 | 4161 | 3570 | 2553 | 4312 | 2335 | 1529 |
| 2008 | 19295 | 4351 | 3606 | 2605 | 4753 | 2365 | 1615 |
| 2009 | 20899 | 4698 | 3910 | 2881 | 5213 | 2520 | 1677 |
| 2010 | 22155 | 4883 | 4058 | 3115 | 5561 | 2627 | 1911 |
| 2011 | 23931 | 5292 | 4459 | 3197 | 5945 | 2862 | 2176 |
| 2012 | 25722 | 5793 | 4860 | 3496 | 6091 | 3178 | 2304 |
| 2013 | 27854 | 6183 | 5234 | 3770 | 6974 | 3329 | 2364 |

# 10－23 历年卫生技术人员中：医生人数

## Number of Doctors over the Years

单位:人 (person)

| 年　份<br>Year | 全　市<br>Whole Municipality | 越城区<br>Yuecheng District | 柯桥区<br>Keqiao District | 上虞区<br>Shangyu District | 诸暨市<br>Zhuji City | 嵊州市<br>Shengzhou City | 新昌县<br>Xinchang County |
|---|---|---|---|---|---|---|---|
| 1965 | 2155 | | 796 | 308 | 538 | 306 | 207 |
| 1970 | 1943 | | 589 | 296 | 513 | 320 | 225 |
| 1975 | 2590 | | 910 | 374 | 589 | 396 | 321 |
| 1980 | 2756 | | 955 | 377 | 576 | 482 | 366 |
| 1981 | 3038 | | 1044 | 416 | 638 | 558 | 382 |
| 1982 | 3198 | | 1129 | 440 | 640 | 596 | 393 |
| 1983 | 3480 | 670 | 587 | 469 | 689 | 610 | 455 |
| 1984 | 3463 | 697 | 611 | 455 | 665 | 605 | 430 |
| 1985 | 3673 | 751 | 594 | 505 | 809 | 581 | 433 |
| 1986 | 3754 | 814 | 618 | 535 | 702 | 591 | 494 |
| 1987 | 3980 | 918 | 604 | 503 | 834 | 618 | 503 |
| 1988 | 5022 | 1056 | 871 | 636 | 1077 | 803 | 579 |
| 1989 | 5098 | 1081 | 863 | 649 | 1109 | 826 | 570 |
| 1990 | 5288 | 1073 | 892 | 690 | 1191 | 871 | 571 |
| 1991 | 5236 | 1039 | 873 | 692 | 1211 | 862 | 559 |
| 1992 | 5288 | 1071 | 833 | 701 | 1231 | 885 | 567 |
| 1993 | 5452 | 1061 | 941 | 734 | 1263 | 917 | 536 |
| 1994 | 5763 | 1124 | 1017 | 701 | 1370 | 942 | 609 |
| 1995 | 6113 | 1192 | 1106 | 802 | 1396 | 1004 | 613 |
| 1996 | 5391 | 963 | 1083 | 737 | 1219 | 885 | 504 |
| 1997 | 5618 | 1045 | 1122 | 768 | 1270 | 901 | 512 |
| 1998 | 5462 | 1070 | 1072 | 699 | 1266 | 830 | 525 |
| 1999 | 5515 | 982 | 1169 | 682 | 1245 | 906 | 531 |
| 2000 | 5707 | 984 | 1229 | 702 | 1294 | 967 | 531 |
| 2001 | 6248 | 1170 | 1126 | 986 | 1431 | 932 | 603 |
| 2002 | 6665 | 1538 | 1094 | 854 | 1575 | 1050 | 554 |
| 2003 | 6994 | 1478 | 1252 | 971 | 1724 | 975 | 594 |
| 2004 | 7846 | 1831 | 1470 | 1033 | 1892 | 1046 | 574 |
| 2005 | 8074 | 1858 | 1533 | 1025 | 1977 | 1058 | 623 |
| 2006 | 8459 | 1867 | 1566 | 1200 | 2057 | 1103 | 666 |
| 2007 | 8827 | 1917 | 1634 | 1229 | 2147 | 1203 | 697 |
| 2008 | 8901 | 1919 | 1612 | 1208 | 2227 | 1228 | 707 |
| 2009 | 9298 | 2048 | 1770 | 1236 | 2290 | 1224 | 730 |
| 2010 | 9593 | 2135 | 1793 | 1298 | 2339 | 1226 | 802 |
| 2011 | 10091 | 2157 | 2018 | 1340 | 2397 | 1291 | 888 |
| 2012 | 10638 | 2315 | 2190 | 1445 | 2363 | 1391 | 934 |
| 2013 | 11605 | 2483 | 2299 | 1555 | 2909 | 1415 | 944 |

# 10－24 卫生机构、床位情况（2013年）

| 指　　标 | Item | 全　市 Whole Municipality |
|---|---|---|
| **一、卫生机构数　　（个）** | **Number of Health Care Institutions　　(unit)** | **209** |
| 1.医　院 | Hospitals | 41 |
| #综合医院 | General Hospitals | 20 |
| 中医医院 | Hospitals of Chinese Medicine | 7 |
| 专科医院 | Specialized Hospitals | 13 |
| #口腔医院 | Hospitals for Mouth | 3 |
| 眼科医院 | Hospitals for Eye | 1 |
| 精神病医院 | Mental Hospitals | 3 |
| 传染病医院 | Hospitals for Infectious Diseases | 1 |
| 皮肤病医院 | Hospitals for Skin Diseases | – |
| 康复医院 | Healing Hospitals | 4 |
| 麻风病医院 | Leprosy Hospitals | 1 |
| 护理院 | Nursing Homes | 1 |
| 2.卫生院 | Commune Hospitals | 110 |
| 3.门诊部 | Clinics | 18 |
| 4.急救中心 | Emergency Aid Center | 2 |
| 5.采供血机构 | Blood and Supplying Blood | 2 |
| 6.妇幼保健院（所） | Hospitals for Maternity and Child Care | 7 |
| 7.专科疾病防治院 | Specialized Prevention and Treatment Centers | 2 |
| 8.疾病预防控制中心 | Center for Disease Prevention and Control | 7 |
| 9.卫生监督所 | Institution of Public Health Inspection | 7 |
| 10.医学在职培训机构 | Medical On-the-job Training Institutions | 4 |
| 11.健康教育所 | Health Education Center | 1 |
| 12.其他卫生机构 | Other Health Care Institutions | 8 |
| **二、卫生机构床位数　　（张）** | **Number of Beds　　(unit)** | **20084** |
| 1.医　院 | Hospitals | 15887 |
| 2.卫生院 | Commune Hospitals | 2939 |
| 3.妇幼保健院 | Hospitals for Maternity and Child Care | 1024 |
| 4.专科疾病防治院 | Specialized Prevention and Treatment Centers | 74 |
| 5.其他卫生机构 | Other Health Care Institutions | 160 |
| **三、每万人拥有总床位　　（张）** | **Total Beds of Per 10 0000 Persons　　(unit)** | **45.47** |
| 每万人拥有医院床位 | Beds of Hospitals Per 10 0000 Persons | 35.97 |

## Basic Statistics on Healthcare Institutions and Beds (2013)

| 越城区 Yuecheng District | 柯桥区 Keqiao District | 上虞区 Shangyu District | 诸暨市 Zhuji City | 嵊州市 Shengzhou City | 新昌县 Xinchang County |
|---|---|---|---|---|---|
| **38** | **35** | **32** | **44** | **35** | **25** |
| 8 | 9 | 4 | 10 | 7 | 3 |
| 3 | 5 | 2 | 7 | 2 | 1 |
| 1 | 1 | 1 | 1 | 1 | 2 |
| 4 | 3 | – | 2 | 4 | – |
| 1 | 1 | – | 1 | – | – |
| – | – | – | – | 1 | – |
| 2 | – | – | – | 1 | – |
| 1 | – | – | – | – | – |
| – | – | – | – | – | – |
| – | 1 | – | 1 | 2 | – |
| – | 1 | – | – | – | – |
| – | – | 1 | – | – | – |
| 14 | 18 | 20 | 22 | 21 | 15 |
| 5 | 3 | 1 | 4 | 3 | 2 |
| 1 | – | 1 | – | – | – |
| 1 | – | – | 1 | – | – |
| 2 | 1 | 1 | 1 | 1 | 1 |
| – | 1 | 1 | – | – | – |
| 2 | 1 | 1 | 1 | 1 | 1 |
| 2 | 1 | 1 | 1 | 1 | 1 |
| – | 1 | 1 | 1 | – | 1 |
| – | – | – | 1 | – | – |
| 3 | – | 1 | 2 | 1 | 1 |
| **4950** | **3545** | **2678** | **4461** | **2311** | **2139** |
| 4076 | 2775 | 1798 | 3650 | 1650 | 1938 |
| 344 | 720 | 591 | 529 | 554 | 201 |
| 500 | – | 265 | 152 | 107 | – |
| – | 50 | 24 | – | – | – |
| 30 | – | – | 130 | – | – |
| **75.20** | **48.61** | **34.36** | **41.44** | **31.50** | **48.68** |
| 61.92 | 38.05 | 23.07 | 33.91 | 22.49 | 44.10 |

# 10－25　卫生事业从业人员情况（2013年）

单位：人

| 指　　标 | Item | 全　市 Whole Municipality |
|---|---|---|
| **一、卫生技术人员** | **Medical Technical Personnel** | **27854** |
| 医　　生 | Doctors | 11605 |
| #执业医师 | Registered Doctor | 9901 |
| 执业助理医师 | Registered Assistant Doctor | 1704 |
| 注册护士 | Registered Nurse | 10537 |
| 药剂人员 | Assistant Pharmacists of Chinese Medicine | 1791 |
| 检验人员 | Assistant Laboratory Technicians | 1099 |
| 其　　他 | Others | 2822 |
| **二、每万人拥有卫生技术人员** | **Number of Medical Technical Personnel per 10 000 Population** | **63.07** |
| 每万人拥有医生 | Number of Doctors per 10 000　Population | 26.28 |

# 10－26　体育事业发展情况（2013年）

| 指　　标 | | Item | | 全　市 Whole Municipality |
|---|---|---|---|---|
| 县级以上运动会次数 | (次) | Number of Sports Meets at County Level | (time) | 3 |
| 参加的运动员人数 | (人) | Number of Athletes | (person) | 5681 |
| 举办全民健身活动次数 | (次) | Times of Civil Sports Activities | (time) | 377 |
| 参加人数 | (人) | Number of Attendees | (person) | 465000 |
| 等级运动员发展人数 | (人) | Number of Athletes in Grades | (person) | 128 |
| #女 | (人) | Female | (person) | 46 |
| 等级裁判员发展人数 | (人) | Number of Referees in Grades | (person) | 163 |
| #女 | (人) | Female | (person) | 52 |
| 社会体育指导员发展人数 | (人) | Number of Newly Developed Social Sports Instructors | (person) | 1887 |
| 省级及以上的比赛成绩 | | Achievement at Province and above Level | | |
| 金　牌 | (枚) | Number of Gold Medal | (piece) | 100 |
| 银　牌 | (枚) | Number of Silver Medal | (piece) | 82 |
| 铜　牌 | (枚) | Number of Copper Medal | (piece) | 140 |
| 体育场 | (个) | Stadiums | (unit) | 38 |
| 体育馆 | (个) | Gymnasiums | (unit) | 25 |
| 游泳池 | (个) | Swimming Pools | (unit) | 40 |
| #室　内 | (个) | Indoor | (unit) | 18 |
| 少体校 | (个) | Number of Sparetime Sports Schools for Children | (unit) | 7 |
| 在校学生数 | (人) | Number of Students Enrollment | (person) | 2639 |
| 专职教练员 | (人) | Full-Time Coaches | (person) | 82 |

# Persons Engaged in Health Care Institutions (2013)

(person)

| 越城区 Yuecheng District | 柯桥区 Keqiao District | 上虞区 Shangyu District | 诸暨市 Zhuji City | 嵊州市 Shengzhou City | 新昌县 Xinchang County |
|---|---|---|---|---|---|
| **6183** | **5234** | **3770** | **6974** | **3329** | **2364** |
| 2483 | 2299 | 1555 | 2909 | 1415 | 944 |
| 2301 | 1940 | 1310 | 2357 | 1187 | 806 |
| 182 | 359 | 245 | 552 | 228 | 138 |
| 2578 | 1910 | 1421 | 2509 | 1162 | 957 |
| 386 | 337 | 273 | 436 | 219 | 140 |
| 277 | 209 | 136 | 248 | 138 | 91 |
| 459 | 479 | 385 | 872 | 395 | 232 |
| **93.93** | **71.77** | **48.37** | **64.79** | **45.37** | **53.80** |
| 37.72 | 31.52 | 19.95 | 27.02 | 19.29 | 21.48 |

# Basic Statistics on Sport Development (2013)

| 越城区 Yuecheng District | 柯桥区 Keqiao District | 上虞区 Shangyu District | 诸暨市 Zhuji City | 嵊州市 Shengzhou City | 新昌县 Xinchang County |
|---|---|---|---|---|---|
| | 1 | 2 | | | |
| | 536 | 5145 | | | |
| 167 | 43 | 40 | 50 | 41 | 36 |
| 250000 | 40000 | 40000 | 65000 | 40000 | 30000 |
| 487 | 128 | 314 | 473 | 353 | 132 |
| 13 | 8 | 5 | 5 | 4 | 3 |
| 10 | 6 | 2 | 4 | 2 | 1 |
| 11 | 9 | 7 | 7 | 3 | 3 |
| 6 | 3 | 2 | 4 | 2 | 1 |
| 2 | 1 | 1 | 1 | 1 | 1 |
| 318 | 600 | 658 | 650 | 310 | 103 |
| 25 | 16 | 16 | 5 | 12 | 8 |

# 主 要 统 计 指 标 解 释

**普通高等学校**　指按照国家规定的设置标准和审批程序批准举办，通过国家统一招生考试，招收高中毕业生为主要培养对象，实施高等教育的全日制大学、独立设置的学院和高等专科学校、短期职业大学。

**成人高等学校**　指按照国家有关规定审批，招收通过全国成人高教统一招生考试的具有高中毕业或同等学历的在职从业人员利用脱产、半脱产、业余或函授等多种形式对其实施高等学历教育，培养高等教育专科或本科毕业水平的专门人才，修业年限、课程设置和总学时数均按高等学历教育要求付诸实施的学校。包括广播电视大学、职工高等学校、农民高等学校、管理干部学院、教育学院、独立设置的函授学院等。

**专任教师数**　指主要从事教育工作人员数。包括临时（一年以内）调出帮助做其它工作的教学人员。不包括调离教学岗位、担任行政领导工作或其他工作的原教学人员。

**发明**　专利法及其实施细则所称的发明是指对有关产品、方法或其改进所提出的新的技术方案。

**实用新型**　专利法及其实施细则所称的实用新型是指对产品的形状、构造或者其结合所提出的适用实用的新的技术方案。

**外观设计**　专利法及其实施细则所称的外观设计是指对产品形状、图案、色彩或者其结合所作出的富有美感并适于工业上应用的新设计。

**电影放映单位**　指具有放映机器设备、固定或不固定的放映场所与专职或兼职的放映技术人员，经有关部门登记批准，经常为一定的观众对象放映电影的机构。

**等级运动员人数**　指经考核正式批准授予等级运动员称号的人数。运动员等级分为国际级运动健将、运动健将、一级运动员、二级运动员、三级运动员、少年级运动员。

**等级裁判员人数**　指经考核正式批准授予等级裁判员称号的人数。裁判员等级分为国际裁判、国家级裁判、一级裁判、二级裁判、三级裁判。

**医院**　指名称为医院，设有固定床位能收容病人住院并能为病人提供医疗、护理服务的医疗机构。包括县及以上医院、其他医院两部分。按所属性质分为卫生部门、工业及其他部门、集体所有制单位 3 类。其中县及以上医院按业务性质分为综合医院和专科医院。

# Explanatory Notes on Main Statistical Indicators

**Regular Institutions of Higher Learning** refer to educational establishments set up according to the government evaluation and approval procedures, enrolling graduates from senior secondary schools and providing higher education courses and training for senior professionals. They include full-time universities, colleges, high professional schools and short-term professional universities.

**Institutions of Higher Learning for Adults** refer to educational establishments, set up in line with relevant rules approved by the government, enrolling staff and workers with senior secondary school or equivalent education , and providing higher education courses in many forms of full time, part time, spare time, or correspondence for adults. Professionals thus trained receive a qualification equivalent to graduates studying regular courses at regular universities, colleges and professional colleges. Institutions of higher learning for adults include Radio and TV universities, schools of high education for staff and workers and peasants, colleges for management cadres, pedagogical colleges, independent correspondence colleges.

**The number of Full-time Teachers** refer to the staff mainly work at teaching involved the staff in teaching fields, temporarily transferred (less than a year), to help doing the other works, exclude the former teachers transferred from teaching, doing the administrative works or other works.

**Inventions** refer to the inventions as specified by the patent law and its detailed rules and regulations for implementation. They refer to the new technical proposals to the products or methods or their modifications.

**Utility Models** refer to the utility models as specified by the patent law and its detailed rules and regulations for implementation. They refer to the practical and new technical proposals on the shape and structure of the product or the combination of both.

**Designs** refer to the designs as specified by the patent law and its detailed rules and regulation for implementation. They refer to the aesthetics and industry applicable new designs for the shape, pattern and color of the product, or their combinations.

**Film Projection Units** refer to units with film projection equipment, full or part time projectionists, permanent or non permanent places, approved by related administrative departments to show films regularly for certain groups of audience, including those film projection units which have been approved to give commercial shows and run business with independent accounting system as well as those film-renting units of the military system.

**Number of Athletes in Grades** refers to the number of athletes who have been given titles through examination. The titles of athletes include international masters of sports, masters of sports, first-grade, second-grade and third-grade sportsmen and young athletes.

**Number of Referees in Grades** refers to the number of referees who have been given titles after examination. They are classified as international referees, national referees and referees of the first, second and third grades.

**Hospitals** refer to medical institutions with permanent hospital beds, which are able to take in patients and provide them with medical and nursing services. Hospitals are classified into three categories: hospitals at or above the county level, hospitals of rural townships, and other hospitals. According to their ownership, hospitals can be classified into three categories: hospitals under the public health departments, hospitals under industrial and other departments and collective-owned hospitals. Hospitals at or above county level are divided into comprehensive and specialized hospitals.

# 十一

# 其　他

# CHAPTER 11 OTHERS

# 11-1 历年个体私营企业基本情况

## Basic Statistics on Self-Employed Individuals and Private Enterprises over the Years

| 年 份 Year | 个体工商户 Self-employed Individuals | | | 私营企业 Private Enterprises | | | |
|---|---|---|---|---|---|---|---|
| | 户数(户) Number of Enterprises (unit) | 从业人员(人) Employed Persons (person) | 注册资金(万元) Registered Funds (10 000 yuan) | 户数(户) Number of Enterprises (unit) | 投资者人数(人) Investors (person) | 雇工人数(人) Employment Persons (person) | 注册资金(万元) Registered Funds (10 000 yuan) |
| 1993 | 111975 | 189401 | | 1752 | 2817 | | |
| 1994 | 149969 | 250527 | | 5227 | 8054 | | |
| 1995 | 168094 | 271978 | | 7107 | 10971 | | |
| 1996 | 182241 | 295972 | | 8502 | 12800 | | |
| 1997 | 164237 | 297482 | | 7724 | 11507 | | |
| 1998 | 157279 | 316749 | | 8295 | 13357 | | |
| 1999 | 161550 | 317823 | 329507 | 9385 | 16151 | 147673 | 623648 |
| 2000 | 128368 | 253816 | 342855 | 11246 | 21847 | 209255 | 911816 |
| 2001 | 140423 | 269295 | 383865 | 14561 | 31744 | 265444 | 1443284 |
| 2002 | 146699 | 282251 | 416547 | 18994 | 39874 | 342246 | 2057931 |
| 2003 | 152622 | 294858 | 443703 | 22957 | 46719 | 377634 | 2763774 |
| 2004 | 167708 | 317427 | 489694 | 27977 | 56220 | 354194 | 3436897 |
| 2005 | 177264 | 338138 | 534034 | 30449 | 61661 | 381387 | 4748216 |
| 2006 | 183330 | 329187 | 576449 | 35239 | 68845 | 369281 | 6134353 |
| 2007 | 183273 | 322538 | 640175 | 39955 | 78817 | 686031 | 8425092 |
| 2008 | 200182 | 340767 | 706121 | 44317 | 85165 | 848984 | 10912294 |
| 2009 | 200506 | 343833 | 773368 | 47723 | 93429 | 877508 | 12744532 |
| 2010 | 210921 | 382928 | 912896 | 54614 | 106949 | 983527 | 16702890 |
| 2011 | 222997 | 419705 | 1124809 | 62775 | 123030 | 1028793 | 20606341 |
| 2012 | 234594 | 455638 | 1349701 | 68399 | 135577 | 1088006 | 23658530 |
| 2013 | 236281 | 467427 | 1574362 | 83427 | 161018 | 1370299 | 28220178 |

# 11－2 个体工商户数及人数（2013年）

| 指　　标 | Item | 全　市 Whole Municipality |
| --- | --- | --- |
| **一、工商业登记户数　　（户）** | **Number of Self-employed Industry and Commerce Enterprises and Personnel Registered　　(unit)** | **236281** |
| #城　镇 | Urban Area | 108353 |
| 农　村 | Rural Area | 127928 |
| 1.农林牧渔业 | Farming, Forestry, Animal Husbandry and Fishery | 2634 |
| 2.采 矿 业 | Mining Industry | 28 |
| 3.制 造 业 | Manufacturing　Industry | 56768 |
| 4.电力、燃气及水的生产和供应业 | Production and Supply of Electric Power, Gas and Water | 47 |
| 5.建 筑 业 | Construction　Industry | 219 |
| 6.交通运输、仓储和邮政业 | Traffic, Storage and Mail Business | 17552 |
| 7.信息传输、计算机服务和软件业 | Information Transfer, Computer Service and Software Industry | 394 |
| 8.批发和零售业 | Wholesale and Retail Trade　Services | 123636 |
| 9.住宿和餐饮业 | Accommodation and Food Industry | 10998 |
| 10.房地产业 | Real Estate Trade | 784 |
| 11.租赁和商务服务业 | Leasehold and Business Service Industry | 3336 |
| 12.居民服务和其他服务业 | Neighborhood Services and Other Service Industry | 18268 |
| 13.卫生、社会保障和社会福利业 | Sanitation, Social Security and Social Welfare Industry | 124 |
| 14.文化、体育和娱乐业 | Cultural, Physical and Entertainment Industry | 794 |
| 15.其他行业 | Others | 699 |
| **二、城乡个体工商从业人数　（人）** | **Employment of Industry and Commerce Enterprises and Personnel Registered　　(person)** | **467427** |
| #城　镇 | Urban Area | 208948 |
| 农　村 | Rural Area | 258479 |
| 1.农林牧渔业 | Farming, Forestry, Animal Husbandry and Fishery | 7501 |
| 2.采 矿 业 | Mining Industry | 105 |
| 3.制 造 业 | Manufacturing　Industry | 164176 |
| 4.电力、燃气及水的生产和供应业 | Production and Supply of Electric Power, Gas and Water | 96 |
| 5.建 筑 业 | Construction　Industry | 602 |
| 6.交通运输、仓储和邮政业 | Traffic, Storage and Mail Business | 19318 |
| 7.信息传输、计算机服务和软件业 | Information Transfer, Computer Service and Software Industry | 645 |
| 8.批发和零售业 | Wholesale and Retail Trade　Services | 195082 |
| 9.住宿和餐饮业 | Accommodation and Food Industry | 31192 |
| 10.房地产业 | Real Estate Trade | 1195 |
| 11.租赁和商务服务业 | Leasehold and Business Service Industry | 6256 |
| 12.居民服务和其他服务业 | Neighborhood Services and Other Service Industry | 35487 |
| 13.卫生、社会保障和社会福利业 | Sanitation, Social Security and Social Welfare Industry | 276 |
| 14.文化、体育和娱乐业 | Cultural, Physical and Entertainment Industry | 4019 |
| 15.其他行业 | Others | 1477 |
| **三、注册资金　　（万元）** | **Registered Capital　　(10 000 yuan)** | **1574362** |

## Number of Self-employed Industry and Commerce Enterprises and Personnel (2013)

| 越城区<br>Yuecheng District | 柯桥区<br>Keqiao District | 上虞区<br>Shangyu District | 诸暨市<br>Zhuji City | 嵊州市<br>Shengzhou City | 新昌县<br>Xinchang County |
|---|---|---|---|---|---|
| **35968** | **47971** | **31141** | **72976** | **28735** | **19490** |
| 19897 | 32039 | 13558 | 17227 | 12428 | 13204 |
| 16071 | 15932 | 17583 | 55749 | 16307 | 6286 |
| 148 | 265 | 139 | 1140 | 661 | 281 |
| 2 | 2 | 15 | – | 5 | 4 |
| 1965 | 5625 | 5136 | 33794 | 5238 | 5010 |
| 1 | – | 3 | 4 | 22 | 17 |
| 68 | 12 | 53 | 23 | 50 | 13 |
| 3498 | 3540 | 4311 | 80 | 5405 | 718 |
| 98 | 59 | 46 | 67 | 85 | 39 |
| 21839 | 31938 | 16804 | 29905 | 13382 | 9768 |
| 2688 | 1496 | 1257 | 2769 | 1508 | 1280 |
| 380 | 125 | 148 | 38 | 92 | 1 |
| 1148 | 627 | 649 | 602 | 211 | 99 |
| 3758 | 4067 | 2255 | 4220 | 1833 | 2135 |
| 31 | 3 | 23 | 29 | 21 | 17 |
| 166 | 87 | 193 | 153 | 142 | 53 |
| 178 | 125 | 109 | 152 | 80 | 55 |
| **63126** | **80147** | **78198** | **159350** | **47135** | **39471** |
| 34226 | 52310 | 39053 | 36083 | 21151 | 26125 |
| 28900 | 27837 | 39145 | 123267 | 25984 | 13346 |
| 316 | 888 | 490 | 3219 | 1629 | 959 |
| -62 | 6 | 59 | 64 | 24 | 14 |
| 4609 | 15552 | 20652 | 91713 | 14609 | 17041 |
| 1 | – | 5 | 13 | 33 | 44 |
| 140 | 24 | 171 | 62 | 166 | 39 |
| 4468 | 3976 | 4583 | 222 | 5274 | 795 |
| 200 | 97 | 73 | 109 | 120 | 46 |
| 32999 | 45393 | 40828 | 45733 | 17015 | 13114 |
| 8916 | 4807 | 3951 | 7354 | 3045 | 3119 |
| 538 | 218 | 240 | 61 | 137 | 1 |
| 1940 | 1384 | 1194 | 1244 | 339 | 155 |
| 7826 | 7213 | 4958 | 8640 | 3167 | 3683 |
| 81 | 14 | 72 | 47 | 23 | 39 |
| 673 | 305 | 683 | 624 | 1421 | 313 |
| 468 | 270 | 212 | 309 | 109 | 109 |
| **163581** | **361581** | **212671** | **574647** | **170448** | **91434** |

# 11－3 私营企业基本情况（2013年）

| 指　标 | Item | 全　市<br>Whole Municipality |
|---|---|---|
| **一、私营企业单位数　（家）** | **Number of Private Enterprises　(unit)** | **83427** |
| #城　镇 | Urban Area | 43328 |
| 农　村 | Rural Area | 40099 |
| 1.农林牧渔业 | Farming, Forestry, Animal Husbandry and Fishery | 1569 |
| 2.采 矿 业 | Mining Industry | 58 |
| 3.制 造 业 | Manufacturing Industry | 33942 |
| 4.电力、燃气及水的生产和供应业 | Production and Supply of Electric Power, Gas and Water | 100 |
| 5.建 筑 业 | Construction Industry | 2728 |
| 6.交通运输、仓储和邮政业 | Traffic, Storage and Mail Business | 892 |
| 7.信息传输、计算机服务和软件业 | Information Transfer, Computer Service and Software Industry | 1139 |
| 8.批发和零售业 | Wholesale and Retail Trade Services | 32371 |
| 9.住宿和餐饮业 | Accommodation and Food Industry | 612 |
| 10.房地产业 | Real Estate Trade | 1735 |
| 11.租赁和商务服务业 | Leasehold and Business Service Industry | 4169 |
| 12.居民服务和其他服务业 | Neighborhood Services and Other Service Industry | 1430 |
| 13.卫生、社会保障和社会福利业 | Sanitation, Social Security and Social Welfare Industry | 12 |
| 14.文化、体育和娱乐业 | Cultural, Physical and Entertainment Industry | 297 |
| 15.其他行业 | Others | 2373 |
| **二、私营企业投资者人数　（人）** | **Number of investors in Private Enterprises　(person)** | **161018** |
| #城　镇 | Urban Area | 89850 |
| 农　村 | Rural Area | 71168 |
| 1.农林牧渔业 | Farming, Forestry, Animal Husbandry and Fishery | 3044 |
| 2.采 矿 业 | Mining Industry | 117 |
| 3.制 造 业 | Manufacturing Industry | 61898 |
| 4.电力、燃气及水的生产和供应业 | Production and Supply of Electric Power, Gas and Water | 324 |
| 5.建 筑 业 | Construction Industry | 5413 |
| 6.交通运输、仓储和邮政业 | Traffic, Storage and Mail Business | 1608 |
| 7.信息传输、计算机服务和软件业 | Information Transfer, Computer Service and Software Industry | 1827 |
| 8.批发和零售业 | Wholesale and Retail Trade Services | 59266 |
| 9.住宿和餐饮业 | Accommodation and Food Industry | 943 |
| 10.房地产业 | Real Estate Trade | 4074 |
| 11.租赁和商务服务业 | Leasehold and Business Service Industry | 12872 |
| 12.居民服务和其他服务业 | Neighborhood Services and Other Service Industry | 2484 |
| 13.卫生、社会保障和社会福利业 | Sanitation, Social Security and Social Welfare Industry | 24 |
| 14.文化、体育和娱乐业 | Cultural, Physical and Entertainment Industry | 595 |
| 15.其他行业 | Others | 6529 |
| **三、注册资金　（万元）** | **Registered Capital　(10 000 yuan)** | **28220178** |

# Number of Private Enterprises and Its Investors (2013)

| 越城区 Yuecheng District | 柯桥区 Keqiao District | 上虞区 Shangyu District | 诸暨市 Zhuji City | 嵊州市 Shengzhou City | 新昌县 Xinchang County |
|---|---|---|---|---|---|
| **18221** | **22915** | **11140** | **17207** | **8511** | **5433** |
| 13526 | 10118 | 5317 | 4966 | 5086 | 4315 |
| 4695 | 12797 | 5823 | 12241 | 3425 | 1118 |
| 194 | 232 | 238 | 525 | 243 | 137 |
| 2 | 5 | 9 | 27 | 11 | 4 |
| 4696 | 7471 | 5577 | 8530 | 4864 | 2804 |
| 9 | 18 | 11 | 25 | 16 | 21 |
| 684 | 445 | 592 | 570 | 265 | 172 |
| 281 | 249 | 122 | 111 | 55 | 74 |
| 388 | 207 | 159 | 173 | 143 | 69 |
| 8775 | 12548 | 3011 | 4851 | 1911 | 1275 |
| 147 | 122 | 111 | 129 | 49 | 54 |
| 341 | 394 | 279 | 327 | 184 | 210 |
| 1620 | 559 | 537 | 753 | 430 | 270 |
| 420 | 291 | 187 | 196 | 161 | 175 |
| 4 | – | 2 | 4 | 1 | 1 |
| 76 | 60 | 47 | 53 | 30 | 31 |
| 584 | 314 | 258 | 933 | 148 | 136 |
| **39023** | **45437** | **20446** | **29318** | **15946** | **10848** |
| 29522 | 19981 | 10675 | 9805 | 10648 | 9219 |
| 9501 | 25456 | 9771 | 19513 | 5298 | 1629 |
| 389 | 513 | 483 | 946 | 404 | 309 |
| 4 | 9 | 29 | 42 | 18 | 15 |
| 8983 | 14494 | 9751 | 14494 | 8967 | 5209 |
| 31 | 84 | 26 | 48 | 28 | 107 |
| 1365 | 893 | 1200 | 1018 | 603 | 334 |
| 503 | 420 | 241 | 187 | 86 | 171 |
| 722 | 342 | 229 | 239 | 186 | 109 |
| 16628 | 23980 | 5505 | 7189 | 3526 | 2438 |
| 228 | 186 | 131 | 199 | 69 | 130 |
| 965 | 952 | 550 | 692 | 453 | 462 |
| 5790 | 2188 | 1354 | 1945 | 964 | 631 |
| 705 | 521 | 294 | 308 | 282 | 374 |
| 7 | – | 2 | 10 | 1 | 4 |
| 152 | 128 | 79 | 121 | 56 | 59 |
| 2553 | 727 | 570 | 1880 | 303 | 496 |
| **5744768** | **7539896** | **4355157** | **7617901** | **1776588** | **1185868** |

# 11－4 环境基本情况（2013年）

| 指　　标 | Item | 全　市<br>Whole Municipality |
|---|---|---|
| **一、工业废水排放总量　（万吨）** | **Volume of Industrial Waste Water Discharged　(10 000 tons)** | **27244.73** |
| 直接排入污水处理厂的 | Directly Discharged to Waste Treatment Plant | 24047.17 |
| 工业重复用水量 | Volume of Water Utilized Repeatedly in Industry | 139115.05 |
| **二、工业废气排放总量（亿标立方米）** | **Volume of Industrial Waste Gas Discharged (100 million cu.m)** | **1420.29** |
| **三、工业二氧化硫排放量　（吨）** | **Volume of Industrial $SO_2$ Discharged　(ton)** | **59635.06** |
| 工业烟（粉）尘排放量 | Volume of Industrial Soot（Dust） Discharged | 30943.94 |
| 工业烟（粉）尘去除量 | Volume of Industrial Soot（Dust） Removed | 1333616.05 |
| **四、一般工业固体废物产生量（万吨）** | **Volume of Industrial Solid Wastes Produced　(10 000 tons)** | **360.15** |
| 一般工业固体废物综合利用量 | Volume of Industrial Solid Wastes Utilized | 333.84 |
| 一般工业固体废物贮存量 | Volume of Industrial Solid Wastes Accumulated | 3.86 |
| 一般工业固体废物处置量 | Volume of Industrial Solid Wastes Treated | 22.64 |
| **五、工业锅炉　（台）** | **Industrial Boilers　(set)** | **1091** |
| **六、工业炉窑　（座）** | **Industrial Furnaces & Kilns　(unit)** | **267** |

## Environment Protection (2013)

| 越城区<br>Yuecheng District | 柯桥区<br>Keqiao District | 上虞区<br>Shangyu District | 诸暨市<br>Zhuji City | 嵊州市<br>Shengzhou City | 新昌县<br>Xinchang County |
|---|---|---|---|---|---|
| **4179.89** | **16567.93** | **3187.39** | **1115.18** | **1088.61** | **1105.73** |
| 3988.04 | 15377.93 | 2243.90 | 868.86 | 856.51 | 711.93 |
| 25478.43 | 81776.55 | 12089.00 | 1804.28 | 5131.07 | 12835.73 |
| **219.34** | **598.14** | **275.97** | **260.02** | **31.30** | **35.52** |
| **14630.38** | **26895.07** | **6120.59** | **7895.05** | **2754.41** | **1339.56** |
| 2881.36 | 20790.44 | 1180.02 | 5034.15 | 270.04 | 787.94 |
| 208830.14 | 371963.15 | 33314.05 | 671124.03 | 42593.37 | 5791.31 |
| **131.25** | **165.46** | **31.40** | **15.67** | **5.34** | **11.03** |
| 115.44 | 163.36 | 25.31 | 13.57 | 5.31 | 10.85 |
| 0.00 | 2.10 | 0.16 | 1.60 | – | – |
| 15.95 | – | 5.97 | 0.50 | 0.03 | 0.19 |
| **198** | **604** | **106** | **103** | **36** | **44** |
| **20** | **21** | **36** | **139** | – | **51** |

# 11－5 历年工业废气排放和处理情况

# Industrial Waste Gas Discharging and Processing Over the Years

| 年 份<br>Year | 一、工业废气排放总量(万标立方米)<br>Volume of Industrial Waste Gas Discharged (10 000 cu.m) | #生产工艺过程中废气排放量<br>Waste Gas from the Process of Production | #燃料燃烧过程中废气排放量<br>Waste Gas in the Process of Fuel Burning | 二、二氧化硫排放量(吨)<br>Emission of Sulfur Sioxide (ton) | 三、工业烟(粉)尘排放量(吨)<br>Volume of Industrial Soot(Dust) Discharged(ton) |
|---|---|---|---|---|---|
| 1992 | 787279 | 313031 | 430629 | 14193 | 9628 |
| 1993 | 860768 | 334919 | 525849 | 12807 | 9287 |
| 1994 | 2537455 | 993288 | 1544167 | 45596 | 36921 |
| 1995 | 3150709 | 1231541 | 1919169 | 61957 | 45115 |
| 1996 | 3567235 | 1152929 | 2414306 | 76420 | 48814 |
| 1997 | 4350245 | 1730725 | 2619520 | 69786 | 35943 |
| 1998 | 4181690 | 1677892 | 2503798 | 71224 | 29935 |
| 1999 | 5080669 | 2364523 | 2716146 | 73253 | 32407 |
| 2000 | 6092375 | 2490816 | 3601559 | 51434 | 25598 |
| 2001 | 6585773 | 2724429 | 3861344 | 48081 | 24239 |
| 2002 | 7224020 | 2538136 | 4685884 | 45616 | 22026 |
| 2003 | 8661055 | 2941230 | 5719825 | 68536 | 22495 |
| 2004 | 11023629 | 4785671 | 6237958 | 70642 | 26201 |
| 2005 | 12604102 | 5332913 | 7271189 | 71851 | 27222 |
| 2006 | 14311657 | 6767415 | 7544242 | 71156 | 22941 |
| 2007 | 16264906 | 6753288 | 9511618 | 68950 | 16825 |
| 2008 | 16095559 | 5941372 | 10154187 | 61490 | 14329 |
| 2009 | 14931375 | 8909577 | 6021798 | 57880 | 18792 |
| 2010 | 14898163 | 9422774 | 5475389 | 54882 | 17883 |
| 2011 | 14803707 | – | – | 60425 | 22999 |
| 2012 | 14312029 | – | – | 59280 | 15693 |
| 2013 | 14202865 | – | – | 59635 | 30944 |

注：2011年起，"生产工艺过程中废气排放量"与"燃料燃烧过程中废气排放量"取消统计；"工业烟尘排放量"改为"工业烟（粉）尘排放量"。

Note: From 2011, " Waste Gas from the Process of Production" and "Waste Gas in the Process of Fuel Burning" cancel statistics; take "Volume of Industrial Soot(Dast) Discharged" instead of "Volume of Industrial Soot&Dust Discharged".

# 11－6　历年工业固体废物排放和处理情况

## Emission and Treatment of Industrial Solid Wastes Over the Years

| 年份<br>Year | 产生量(万吨)<br>Produced Volume (10 000 tons) | 贮存量(万吨)<br>Accumulated Volume (10 000 tons) | 综合利用量(万吨)<br>Utilized Volume in a Comprehensive Way (10 000 tons) | 综合利用率(%)<br>Utilized Percentage in a Comprehensive Way(%) |
|---|---|---|---|---|
| 1992 | 137.55 | 78.88 | 52.86 | 38.43 |
| 1993 | 141.78 | 89.17 | 44.38 | 31.30 |
| 1994 | 170.48 | 83.50 | 75.65 | 44.37 |
| 1995 | 191.55 | 75.66 | 104.42 | 54.51 |
| 1996 | 212.55 | 80.22 | 123.84 | 58.26 |
| 1997 | 208.53 | 79.88 | 118.53 | 56.84 |
| 1998 | 214.50 | 83.90 | 111.00 | 51.75 |
| 1999 | 203.69 | 79.15 | 118.14 | 58.00 |
| 2000 | 217.62 | 73.15 | 139.95 | 64.31 |
| 2001 | 235.25 | 77.24 | 151.76 | 64.51 |
| 2002 | 258.25 | 17.92 | 170.95 | 66.20 |
| 2003 | 252.18 | 0.58 | 174.06 | 69.02 |
| 2004 | 291.98 | 0.39 | 217.49 | 74.49 |
| 2005 | 285.02 | 3.09 | 280.81 | 98.52 |
| 2006 | 326.77 | 63.38 | 239.42 | 73.28 |
| 2007 | 326.28 | 2.81 | 264.36 | 80.84 |
| 2008 | 327.04 | 2.30 | 263.05 | 80.43 |
| 2009 | 335.22 | 2.65 | 271.12 | 80.88 |
| 2010 | 345.17 | 2.73 | 321.52 | 93.15 |
| 2011 | 352.57 | 1.20 | 321.15 | 91.09 |
| 2012 | 379.83 | 12.39 | 349.45 | 92.00 |
| 2013 | 360.15 | 3.86 | 333.84 | 92.69 |

注：1.1993 年及以前统计口径为县属及以上企事业单位，1993 年以后为全部企事业单位。2. 2011 年起，“工业粉尘排放和处理情况”取消统计。

Note:a) the statistics of 1993 and earlier were based on county level and higher enterprises, while that of after 1993 has been on the all enterprises.b) From 2011, “Emission and Treatment of Industrial Dust” cancel statistics.

# 11-7 历年废水排放和处理情况

| 年 份<br>Year | 废水排放总量(万吨)<br>Waste Water Discharged (10 000 tons) | #工业废水排放量<br>Industrial Waste Water Discharged | #符合排放标准的<br>Qualified by Emission Standard | 工业废水排放达标率(%)<br>Rate of Industrial Waste Water up to the Discharge Standards (%) |
|---|---|---|---|---|
| 1992 | 9729 | 6529 | 4357 | 66.74 |
| 1993 | 9459 | 6257 | 4572 | 73.07 |
| 1994 | 20304 | 17113 | 12771 | 74.63 |
| 1995 | 23418 | 20126 | 14522 | 72.15 |
| 1996 | | 18850 | 14467 | 76.79 |
| 1997 | 18210 | 14401 | 8349 | 57.90 |
| 1998 | 17712 | 13212 | 10425 | 78.90 |
| 1999 | 17186 | 12422 | 10335 | 83.20 |
| 2000 | 19080 | 14189 | 12535 | 95.29 |
| 2001 | 21622 | 16582 | 16004 | 96.52 |
| 2002 | 22986 | 17779 | 17660 | 99.33 |
| 2003 | 23650 | 18864 | 18337 | 97.21 |
| 2004 | 24508 | 19678 | 19076 | 96.94 |
| 2005 | 26142 | 20520 | 20225 | 98.56 |
| 2006 | 34086 | 27867 | 27334 | 98.09 |
| 2007 | 37286 | 29043 | 28416 | 97.84 |
| 2008 | 38066 | 28461 | 28062 | 98.60 |
| 2009 | 40828 | 29862 | 29351 | 98.29 |
| 2010 | 41704 | 30230 | 29744 | 98.39 |
| 2011 | 53900 | 33124 | – | – |
| 2012 | 51474 | 30418 | – | – |
| 2013 | 48715 | 27245 | – | – |

# Waste Water Discharging and Processing Over the Years

| 工业废水中有害物质含量 Harmful Substance Content in Industrial Waste | | | | | | |
|---|---|---|---|---|---|---|
| 六价铬（千克） Chromium（kg） | 砷（千克） Arsenic（kg） | 铅（千克） Aluminum（kg） | 挥发酚（千克） Volatile Phenol（kg） | 氰化物（千克） Cyanide（kg） | 石油类（吨） Petroleum Class（ton） | 化学需氧量（吨） Chemical Oxygen Demand（ton） |
| 509 | 22 | 13 | 1882 | 5044 | 78 | 13981 |
| 1208 | 1 | 4 | 2297 | 1678 | 87 | 12510 |
| 9167 | 2 | 587 | 17257 | 4357 | 113 | 28945 |
| 14560 | 1 | 1135 | 1798 | 4129 | 124 | 34622 |
| 9265 | 6 | 1171 | 790 | 1812 | 496 | 39129 |
| 1730 | 22 | 850 | 800 | 1600 | 416 | 61628 |
| 1680 | 250 | 840 | 590 | 1920 | 288 | 44687 |
| 3560 | 230 | 840 | 520 | 1310 | 328 | 42521 |
| 1550 | 210 | 490 | 400 | 1500 | 263 | 43173 |
| 1190 | 20 | 100 | 460 | 1350 | 247 | 43094 |
| 1140 | – | 90 | 400 | 1260 | 173 | 44771 |
| 1090 | – | 40 | 290 | 1830 | 171 | 43910 |
| 1940 | – | 10 | 280 | 1740 | 167 | 46459 |
| 810 | – | 120 | 280 | 90 | 169 | 46166 |
| 470 | – | 43 | 972 | 789 | 91 | 45372 |
| 460 | – | 20 | 630 | 780 | 17 | 42862 |
| 220 | – | 40 | 240 | 190 | 12 | 37852 |
| 230 | – | 30 | 240 | 110 | 10 | 35195 |
| 130 | – | 10 | 60 | 30 | 6.7 | 33547 |
| 72 | – | 30 | 10 | 56 | 20 | 31831 |
| 110 | 11 | 8 | 1633 | 28 | 13 | 30881 |
| 63 | 14 | 35 | 1515 | 15 | 2 | 28486 |

# 11－8 排污费征收、使用及企事业污染治理情况（2013年）

| 指　　标 | | Item | 全 市<br>Whole Municipality |
| --- | --- | --- | --- |
| **一、交纳排污费单位数** | **（个）** | | **1672** |
| 排污费开征额 | （万元） | Imposition of Pollution Fees | 7268 |
| 排污费支出总额 | （万元） | Expenditure of Pollution Fees | 6797 |
| **二、污染源治理本年完成投资总额** | **（万元）** | **Investment Completed in Anti-pollution Projects (10000 yuan)** | |
| 工业污染源治理投资额 | | Investment in Industrial Anti-pollution | 81305 |
| #治理废水 | | Treatment of waste water | 45873 |
| 治理废气 | | Treatment of Waste Gas | 21242 |
| 治理固体废物 | | Treatment of Waste Solid | 177 |
| 治理噪声 | | Treatment of Noise Pollution | - |
| 治理其他 | | Treatment of Others | 14012 |
| 新改扩建“三同时”项目环保投资额（完成环保验收项目环保投资） | | Environmental Protection Investment in the "Three Simultaneity" Project | 132534 |
| **三、污染源治理施工项目数** | **（个）** | **Projects under Construction Completed (unit)** | **194** |

Imposition and Utilization of Pollution Fees and Pollution Treatment (2013)

| 越城区 Yuecheng District | 柯桥区 Keqiao District | 上虞区 Shangyu District | 诸暨市 Zhuji City | 嵊州市 Shengzhou City | 新昌县 Xinchang County |
|---|---|---|---|---|---|
| **152** | **230** | **243** | **655** | **236** | **156** |
| 1263 | 2600 | 961 | 1861 | 322 | 261 |
| 1227 | 2267 | 1137 | 953 | 829 | 384 |
| | | | | | |
| 23130 | 2000 | 43615 | 9194 | 27 | 3340 |
| 11553 | – | 28917 | 2394 | – | 3010 |
| 8536 | 2000 | 9728 | 622 | 27 | 330 |
| 6 | – | 171 | – | – | – |
| – | – | – | – | – | – |
| 3035 | – | 4799 | 6178 | – | – |
| 46263 | 43869 | 15423 | 18051 | 3478 | 5450 |
| **40** | **–** | **118** | **33** | **1** | **2** |

# 11－9 城市公用事业基本情况（2013年）

| 指标 | | Item | | 全市 Whole Municipality |
|---|---|---|---|---|
| **城市建设** | | **City Construction** | | |
| 建成区面积 | （平方公里） | Developed Areas | (sq.km) | 295.96 |
| 人口密度 | （人/平方公里） | Population Density of Districts | (person/sq.km) | 1763 |
| 城市建设用地面积 | （平方公里） | Areas of Urban Construction | (sq.km) | 294.67 |
| **供水、供气、供热** | | **Water Supply，Gas Supply and Heating** | | |
| 供水总量 | （万立方米） | Annual Supply of Water | (10 000 cu.m) | 45251 |
| #居民家庭用水量 | （万立方米） | Water Consumption for Residential Use | (10 000 cu.m) | 12741 |
| 人均日生活用水量 | （升） | Daily Water Consumption for Residential Use Per Capita | (litre) | 160.09 |
| 用水普及率 | （%） | Percentage of Population with Access to Tap Water | (%) | 99.97 |
| 供气总量 | （吨） | Annual Supply of Gas | (ton) | 89775 |
| #居民家庭 | （吨） | Consumption of Liquefied Gas for Residential Use | (ton) | 66730 |
| 供热面积 | （万平方米） | Heated Areas | (10 000 sq.m) | 3416 |
| **市政工程** | | **Municipal Engineering** | | |
| 道路长度 | （公里） | Length of Roads | (km) | 1837.36 |
| 道路面积 | （万平方米） | Area of Roads | (10 000 sq.m) | 3452.81 |
| 人均城市道路面积 | （平方米） | Per Capita Areas of Paved Roads | (sq.m) | 15.70 |
| **公共交通** | | **Public Traffic** | | |
| 公共汽车数量 | （辆） | Public Transportation Vehicles | (unit) | 1910 |
| 出租汽车数量 | （辆） | Taxi | (unit) | 2638 |
| **城市绿化** | | **Afforestation in Cities** | | |
| 绿化覆盖面积 | （公顷） | Afforestation | (hectare) | 15337 |
| 建成区绿地面积 | （公顷） | Green Areas of City Building | (hectare) | 10229 |
| 公园绿地面积 | （公顷） | Green Areas of Park | (hectare) | 2777 |
| 人均公园绿地面积 | （平方米） | Per Capita Green Areas of Park | (sq.m) | 12.62 |
| **环境卫生** | | **Environmental Sanitation** | | |
| 生活垃圾清运量 | （万吨） | Volume of Garbage Disposal | (10 000 tons) | 99.53 |
| 粪便清运量 | （万吨） | Volume of Disposal of Excrement and Urine | (10 000 tons) | 8.42 |
| 污水处理率 | （%） | Rate of Disposal of Waste Water | (%) | 86.19 |
| 生活垃圾无害化处理率 | （%） | Rate of Living Garbage Disposal | (%) | 100 |

## Basic Statistics on Urban Public Utilities (2013)

| 越城区 Yuecheng District | 柯桥区 Keqiao District | 上虞区 Shangyu District | 诸暨市 Zhuji City | 嵊州市 Shengzhou City | 新昌县 Xinchang County |
|---|---|---|---|---|---|
| | | | | | |
| 121.46 | 49.00 | 27.00 | 38.10 | 41.40 | 19.00 |
| 3459 | 2400 | 2139 | 949 | 1374 | 911 |
| 107.98 | 73.26 | 26.89 | 34.19 | 35.00 | 17.35 |
| | | | | | |
| 12154 | 14194 | 6567 | 5122 | 4072 | 3142 |
| 4562 | 1633 | 2168 | 2483 | 1364 | 1237 |
| 159.88 | 116.54 | 250.20 | 206.79 | 126.60 | 197.43 |
| 100.00 | 100.00 | 100.00 | 100.00 | 100.00 | 99.65 |
| 27624 | 17761 | 15078 | 21045 | 7973 | 6386 |
| 13462 | 9500 | 11465 | 15990 | 7714 | 6229 |
| 1418 | 594 | 190 | 325 | 679 | 210 |
| | | | | | |
| 542.48 | 346.87 | 279.26 | 198.90 | 255.06 | 214.79 |
| 1360.26 | 574.64 | 566.26 | 369.06 | 352.36 | 230.23 |
| 17.40 | 14.96 | 23.85 | 11.22 | 11.94 | 13.37 |
| | | | | | |
| 778 | 495 | 135 | 261 | 112 | 129 |
| 941 | 453 | 310 | 533 | 251 | 150 |
| | | | | | |
| 6892 | 2229 | 1170 | 2603 | 1676 | 767 |
| 4127 | 1830 | 975 | 1264 | 1305 | 728 |
| 1185 | 434 | 259 | 364 | 317 | 218 |
| 15.15 | 11.30 | 10.91 | 11.06 | 10.74 | 12.66 |
| | | | | | |
| 27.26 | 20.71 | 20.94 | 10.00 | 9.94 | 10.68 |
| 4.71 | 1.20 | 0.50 | – | 1.32 | 0.69 |
| 95.04 | 85.35 | 83.06 | 85.10 | 79.56 | 76.12 |
| 100 | 100 | 100 | 100 | 100 | 100 |

# 11－10 历年全市档案事业机构、人员、设备情况

| 年 份<br>Year | 一、全市档案馆个数(个)<br>Number of Archives (unit) | 二、人员情况(人)<br>档案行政管理人员<br>Personnel(person) |
|---|---|---|
| 1991 | 7 | 84 |
| 1992 | 7 | 82 |
| 1993 | 7 | 79 |
| 1994 | 7 | 84 |
| 1995 | 7 | 87 |
| 1996 | 7 | 89 |
| 1997 | 7 | 93 |
| 1998 | 7 | 96 |
| 1999 | 7 | 103 |
| 2000 | 7 | 103 |
| 2001 | 7 | 105 |
| 2002 | 7 | 104 |
| 2003 | 7 | 104 |
| 2004 | 7 | 104 |
| 2005 | 7 | 100 |
| 2006 | 7 | 104 |
| 2007 | 7 | 109 |
| 2008 | 7 | 107 |
| 2009 | 7 | 106 |
| 2010 | 7 | 107 |
| 2011 | 7 | 126 |
| 2012 | 7 | 128 |
| 2013 | 7 | 120 |

注：①由于档案馆改扩建后，库房直接接进中央空调，因而空调数量变化较大，1998 年中央空调窗口达 87 只。
②全市档案系统局馆合一，参照公务员，行政管理人员不复存在。

## Institutions, Persons and Facility of Archives over the Years

| 三、设备情况(台)<br>Facilities(unit) | | | | |
|---|---|---|---|---|
| 缩微设备(阅读器)<br>Micro Scale Equipments (readers) | 电子计算机<br>Computer | 复印机<br>Copy Machine | 集中式空调<br>Central Air Conditioner | 去湿机<br>Dehumidifier |
| 2 | 1 | 7 | | 23 |
| 2 | 3 | 7 | | 23 |
| 2 | 3 | 7 | 1 | 25 |
| 2 | 5 | 7 | 1 | 26 |
| 2 | 10 | 7 | 1 | 26 |
| 2 | 21 | 8 | 3 | 28 |
| 2 | 23 | 8 | 26 | 28 |
| 1 | 27 | 10 | 10 | 28 |
| 3 | 48 | 11 | 10 | 31 |
| 2 | 25 | 12 | 3 | 27 |
| 2 | 7 | 13 | 3 | 35 |
| 2 | 14 | 12 | 3 | 35 |
| 2 | 53 | 13 | 4 | 36 |
| 2 | 60 | 14 | 4 | 36 |
| 2 | 89 | 14 | 4 | 42 |
| 2 | 170 | 15 | 5 | 44 |
| 2 | 191 | 15 | 5 | 59 |
| 2 | 295 | 21 | 5 | 47 |
| 2 | 269 | 21 | 5 | 57 |
| 2 | 253 | 22 | 5 | 63 |
| 2 | 275 | 23 | 5 | 54 |
| 2 | 262 | 18 | 4 | 51 |
| 2 | 261 | 22 | 10 | 46 |

Note: a）After the expansion of the archive building, central air conditioning was directly connected to each rooms, therefore there is a considerable change in the number of air conditioners. In 1998, there were 87 central AC windows. b）The archive bureau was combined with the administration, referring to civil servant system. The administrative personnel do not exist any more.

# 11－11　历年档案馆档案资料馆藏和利用情况

| 年　份<br>Year | 一、馆藏档案 Archives Stored<br>全　宗（个）<br>Whole Volume (unit) | 案　卷（卷）<br>File (volume) | 录音、录像影片（盘）<br>Records, Films on Videotape (copy) | 照　片（张）<br>Pictures (piece) | 二、馆藏资料册数（册）<br>Number of Material Stored (volume) | 三、档案馆面　积（平方米）<br>Areas of Archives (sq.m) | # 库房面积<br>Areas of Storerooms |
|---|---|---|---|---|---|---|---|
| 1992 | 1214 | 301982 | 152 | 15575 | 59787 | 7638 | 5133 |
| 1993 | 1279 | 324043 | 170 | 14025 | 62455 | 10211 | 6278 |
| 1994 | 1353 | 356392 | 206 | 16252 | 64296 | 10211 | 6278 |
| 1995 | 1403 | 382508 | 224 | 19391 | 65409 | 11282 | 6365 |
| 1996 | 1450 | 404428 | 233 | 21485 | 67281 | 10511 | 6687 |
| 1997 | 1492 | 432233 | 267 | 25734 | 72541 | 10511 | 6687 |
| 1998 | 1501 | 450215 | 312 | 25915 | 74397 | 10511 | 6687 |
| 1999 | 1521 | 455434 | 324 | 25949 | 75331 | 10573 | 6376 |
| 2000 | 1568 | 506767 | 390 | 30426 | 77490 | 10573 | 6135 |
| 2001 | 1566 | 564054 | 425 | 37470 | 90085 | 10573 | 6135 |
| 2002 | 1591 | 608570 | 578 | 43306 | 92175 | 10573 | 6135 |
| 2003 | 1634 | 643860 | 715 | 47338 | 94512 | 10763 | 6261 |
| 2004 | 1659 | 694972 | 751 | 69611 | 95953 | 10762 | 6261 |
| 2005 | 1680 | 765861 | 769 | 73213 | 97680 | 11117 | 6616 |
| 2006 | 1697 | 819712 | 858 | 101924 | 100466 | 23248 | 10727 |
| 2007 | 1715 | 1213516 | 873 | 111385 | 101749 | 23348 | 11237 |
| 2008 | 1735 | 1351583 | 892 | 122506 | 103392 | 42542 | 14803 |
| 2009 | 1802 | 1228677 | 951 | 175812 | 103715 | 42742 | 14848 |
| 2010 | 1861 | 1277006 | 966 | 178485 | 106000 | 43242 | 15003 |
| 2011 | 1881 | 1333874 | 996 | 186877 | 109357 | 43242 | 15003 |
| 2012 | 1894 | 1420906 | 2872 | 190677 | 110546 | 41180 | 14923 |
| 2013 | 1927 | 1550153 | 3121 | 197968 | 112494 | 55245 | 19454 |

注：2012 年起，馆藏档案口径发生变化，新增市直档案室的数据。

## File-stored and Used in the Archives Over the Years

| 四、档案利用人次（人次） Number of Persons Using Archives (person-time) | 五、档案利用数（卷次） Number of Archives (volume-time) | 六、资料利用人次（人次） Number of Persons Using Material (person-time) | 七、资料利用数（册次） Number of Material Used (volume-time) | 八、复制档案资料（页） Copies (page) | 九、开放档案 Opening Archives | |
|---|---|---|---|---|---|---|
| | | | | | 全宗（个） Whole Volume (unit) | 案卷（卷） Files (volume) |
| 10048 | 26730 | 1190 | 2499 | 88450 | 726 | 66621 |
| 5064 | 17024 | 896 | 2241 | 41950 | 719 | 66621 |
| 3087 | 7173 | 216 | 828 | 36153 | 762 | 77884 |
| 3252 | 8994 | 255 | 642 | 32609 | 810 | 93144 |
| 3611 | 10965 | 215 | 577 | 62699 | 878 | 98006 |
| 3259 | 6775 | 208 | 411 | 53494 | 887 | 129887 |
| 3464 | 7912 | 132 | 706 | 41761 | 985 | 133315 |
| 3835 | 8913 | 245 | 686 | | 937 | 121334 |
| 4446 | 8286 | 177 | 598 | 15322 | 1042 | 106213 |
| 6349 | 13996 | 165 | 448 | 23836 | 1023 | 97223 |
| 6414 | 15153 | 178 | 795 | 27741 | 1071 | 107626 |
| 8327 | 16966 | 175 | 967 | 41191 | 1107 | 111850 |
| 8945 | 34105 | 588 | 2941 | 59605 | 1074 | 86478 |
| 11333 | 57050 | 368 | 3879 | 82248 | 1164 | 118163 |
| 11334 | 35654 | 316 | 1795 | 322519 | 1164 | 118163 |
| 15287 | 32096 | 920 | 3085 | 61266 | 1167 | 119612 |
| 17926 | 27515 | 737 | 2361 | 87841 | 1212 | 120416 |
| 25964 | 53946 | 1148 | 3188 | 122426 | 1138 | 121533 |
| 28160 | 33815 | 482 | 2006 | 155840 | 1151 | 127941 |
| 67697 | 128478 | 1015 | 3155 | 139132 | 1175 | 27678 |
| 69653 | 212852 | 3622 | 14468 | – | 1175 | 139572 |
| 82940 | 118816 | 3457 | 14057 | 1187 | 140147 | 82940 |

# 11－12 计划生育基本情况（2013年）

| 指 标 | | Item | | 全 市 Whole Municipality |
|---|---|---|---|---|
| 计划生育率 | (%) | Pregnant Rate of Control | (%) | 96.35 |
| 计划外怀孕率 | (%) | Pregnant Rate Out of Control | (%) | 1.09 |
| 女性初婚 | (人) | Female First Marriage | (person) | 21937 |
| 晚婚人数 | (人) | Female Late Marriage | (person) | 18345 |
| 女性晚婚率 | (%) | Rate of Female Marriage at Mature Age | (%) | 83.63 |
| 育龄妇女 | (人) | Woman at Child-bearing Age | (person) | 1194125 |
| 已婚育龄妇女 | (人) | Married Woman at Child-bearing Age | (person) | 914515 |
| #已有一孩 | (人) | With a Child | (person) | 644726 |
| 已婚育龄妇女生育率 | (%) | Birth Rate of Married Woman at Child-bearing Age | (%) | 3.35 |
| 已婚育龄妇女一孩率 | (%) | Only-Child Rate of Married Woman at Child-bearing Age | (%) | 70.50 |
| 已领一孩父母光荣证 | (人) | Proportion of Only Child Certificate | (person) | 273559 |
| 已婚育龄妇女领证率 | (%) | Proported Rate of Married Woman at Child-bearing Age | (%) | 29.91 |
| 采取节育措施 | (人) | Take Birth Control Measures | (person) | 796988 |
| 节 育 率 | (%) | Rate of Birth Control | (%) | 87.15 |

## Basic Statistics on Family Planning (2013)

| 越城区<br>Yuecheng District | 柯桥区<br>Keqiao District | 上虞区<br>Shangyu District | 诸暨市<br>Zhuji City | 嵊州市<br>Shengzhou City | 新昌县<br>Xinchang County |
|---|---|---|---|---|---|
| 97.85 | 98.08 | 95.87 | 96.36 | 95.09 | 94.17 |
| 0.82 | 0.80 | 1.32 | 1.32 | 0.91 | 1.25 |
| 3348 | 3232 | 3567 | 5800 | 3621 | 2369 |
| 2898 | 2723 | 2966 | 4868 | 2931 | 1959 |
| 86.56 | 84.25 | 83.15 | 83.93 | 80.94 | 82.69 |
| 190287 | 180976 | 213915 | 291503 | 195948 | 121496 |
| 147926 | 134432 | 162839 | 223360 | 151654 | 94304 |
| 108142 | 86452 | 120585 | 150735 | 111541 | 67271 |
| 3.70 | 3.32 | 2.93 | 3.54 | 3.24 | 3.33 |
| 73.11 | 64.31 | 74.05 | 67.49 | 73.55 | 71.33 |
| 69933 | 53440 | 58412 | 52161 | 21724 | 17889 |
| 47.28 | 39.75 | 35.87 | 23.35 | 14.32 | 18.97 |
| 127904 | 114693 | 144968 | 195229 | 132818 | 81376 |
| 86.46 | 85.32 | 89.03 | 87.41 | 87.58 | 86.29 |

# 11 - 13 历年计划生育率

# Rate of Birth under Control over the Years

单位：% (%)

| 年 份<br>Year | 全 市<br>Whole Municipality | 越城区<br>Yuecheng District | 柯桥区<br>Keqiao District | 上虞区<br>Shangyu District | 诸暨市<br>Zhuji City | 嵊州市<br>Shengzhou City | 新昌县<br>Xinchang County |
|---|---|---|---|---|---|---|---|
| 1983 | 82.08 | 96.33 | 94.76 | 89.39 | 80.67 | 73.89 | 60.99 |
| 1984 | 85.34 | 98.61 | 98.16 | 95.28 | 86.99 | 81.77 | 61.32 |
| 1985 | 89.65 | 97.37 | 98.43 | 95.95 | 93.38 | 88.95 | 66.14 |
| 1986 | 91.75 | 87.24 | 98.81 | 97.46 | 93.08 | 91.06 | 69.57 |
| 1987 | 93.84 | 95.54 | 99.16 | 98.39 | 94.68 | 92.58 | 68.28 |
| 1988 | 96.65 | 98.13 | 99.49 | 99.33 | 96.49 | 96.50 | 82.26 |
| 1989 | 97.45 | 99.15 | 99.56 | 99.52 | 95.84 | 97.18 | 90.07 |
| 1990 | 98.14 | 98.72 | 99.71 | 99.54 | 97.16 | 97.83 | 94.04 |
| 1991 | 97.33 | 98.77 | 98.86 | 96.02 | 97.35 | 97.05 | 95.21 |
| 1992 | 97.03 | 99.50 | 99.37 | 97.81 | 96.06 | 94.63 | 94.56 |
| 1993 | 97.26 | 99.67 | 98.54 | 97.15 | 96.09 | 96.13 | 96.65 |
| 1994 | 98.73 | 99.79 | 99.31 | 98.73 | 98.32 | 98.39 | 98.02 |
| 1995 | 98.88 | 99.63 | 99.49 | 98.23 | 98.94 | 98.23 | 98.73 |
| 1996 | 98.72 | 99.82 | 99.51 | 97.13 | 99.04 | 98.40 | 98.75 |
| 1997 | 99.47 | 99.64 | 99.74 | 99.50 | 99.52 | 99.09 | 98.93 |
| 1998 | 98.92 | 99.88 | 99.25 | 99.47 | 99.34 | 97.44 | 98.13 |
| 1999 | 99.50 | 98.83 | 99.75 | 99.54 | 99.40 | 99.48 | 98.82 |
| 2000 | 97.88 | 99.50 | 98.67 | 99.00 | 98.22 | 95.67 | 95.77 |
| 2001 | 99.06 | 99.82 | 99.62 | 99.10 | 99.03 | 98.38 | 98.00 |
| 2002 | 99.14 | 99.81 | 99.76 | 98.98 | 99.07 | 98.79 | 98.37 |
| 2003 | 98.97 | 99.89 | 99.81 | 99.02 | 98.58 | 98.50 | 98.20 |
| 2004 | 98.50 | 99.86 | 99.47 | 98.08 | 97.95 | 98.34 | 97.43 |
| 2005 | 98.31 | 99.55 | 99.58 | 98.25 | 97.71 | 98.07 | 96.64 |
| 2006 | 98.02 | 99.60 | 99.35 | 97.31 | 97.89 | 98.05 | 95.83 |
| 2007 | 97.54 | 98.87 | 98.86 | 96.86 | 97.11 | 97.78 | 95.83 |
| 2008 | 97.43 | 99.10 | 98.71 | 95.67 | 97.56 | 97.80 | 95.45 |
| 2009 | 97.49 | 99.12 | 98.86 | 96.97 | 96.98 | 96.81 | 96.11 |
| 2010 | 96.93 | 98.60 | 97.51 | 95.85 | 97.20 | 97.49 | 94.21 |
| 2011 | 97.20 | 98.25 | 98.62 | 96.89 | 96.49 | 97.30 | 95.64 |
| 2012 | 96.53 | 98.13 | 97.74 | 95.18 | 97.32 | 95.86 | 94.01 |
| 2013 | 96.35 | 97.85 | 98.08 | 95.87 | 96.36 | 95.09 | 94.17 |

# 11－14 历年已婚育龄妇女生育率

# Birth Rate of Married Woman at Child-bearing Age over the Years

单位：%　　　　(%)

| 年 份<br>Year | 全 市<br>Whole Municipality | 越城区<br>Yuecheng District | 柯桥区<br>Keqiao District | 上虞区<br>Shangyu District | 诸暨市<br>Zhuji City | 嵊州市<br>Shengzhou City | 新昌县<br>Xinchang County |
|---|---|---|---|---|---|---|---|
| 1983 | 8.02 | 9.51 | 7.09 | 7.27 | 7.63 | 8.11 | 11.50 |
| 1984 | 6.07 | 6.48 | 4.47 | 4.08 | 6.69 | 6.92 | 10.07 |
| 1985 | 6.07 | 7.12 | 5.28 | 5.04 | 5.89 | 6.29 | 9.16 |
| 1986 | 7.58 | 7.43 | 7.76 | 7.69 | 7.21 | 6.82 | 9.32 |
| 1987 | 9.01 | 8.68 | 9.68 | 10.96 | 8.09 | 7.51 | 8.87 |
| 1988 | 7.35 | 6.80 | 7.93 | 7.60 | 7.65 | 6.53 | 6.56 |
| 1989 | 7.37 | 7.44 | 8.12 | 7.50 | 7.18 | 7.03 | 6.30 |
| 1990 | 6.59 | 5.94 | 6.86 | 6.41 | 6.65 | 6.79 | 6.21 |
| 1991 | 5.99 | 5.87 | 6.62 | 6.42 | 5.57 | 5.58 | 5.51 |
| 1992 | 5.40 | 4.34 | 5.64 | 5.71 | 5.34 | 5.29 | 5.25 |
| 1993 | 5.80 | 5.43 | 6.87 | 6.26 | 5.18 | 5.29 | 5.02 |
| 1994 | 5.42 | 4.46 | 6.08 | 5.56 | 5.60 | 4.84 | 4.72 |
| 1995 | 5.94 | 5.49 | 6.84 | 6.22 | 5.99 | 5.00 | 4.95 |
| 1996 | 5.20 | 4.28 | 5.43 | 5.15 | 5.57 | 4.92 | 4.88 |
| 1997 | 5.01 | 5.44 | 5.50 | 4.89 | 5.08 | 4.33 | 4.69 |
| 1998 | 4.04 | 3.70 | 3.97 | 3.62 | 4.37 | 4.19 | 4.16 |
| 1999 | 4.18 | 4.42 | 4.52 | 3.97 | 4.08 | 3.88 | 4.42 |
| 2000 | 4.10 | 3.80 | 4.00 | 3.68 | 4.39 | 4.29 | 4.39 |
| 2001 | 4.02 | 4.24 | 4.32 | 3.76 | 4.06 | 3.87 | 3.85 |
| 2002 | 3.99 | 3.99 | 3.86 | 3.45 | 4.14 | 4.18 | 4.52 |
| 2003 | 3.37 | 3.36 | 3.23 | 3.28 | 3.16 | 3.40 | 4.30 |
| 2004 | 4.14 | 4.10 | 4.26 | 3.42 | 4.30 | 4.13 | 4.99 |
| 2005 | 3.86 | 3.82 | 4.03 | 3.27 | 3.96 | 3.89 | 4.44 |
| 2006 | 3.27 | 2.92 | 3.10 | 2.91 | 3.51 | 3.35 | 3.92 |
| 2007 | 3.46 | 3.50 | 3.21 | 2.97 | 3.73 | 3.42 | 4.06 |
| 2008 | 3.12 | 2.85 | 2.82 | 2.65 | 3.55 | 3.26 | 3.52 |
| 2009 | 3.18 | 3.48 | 3.19 | 2.68 | 3.34 | 3.09 | 3.45 |
| 2010 | 3.02 | 2.96 | 2.82 | 2.64 | 3.29 | 3.03 | 3.42 |
| 2011 | 3.34 | 3.50 | 3.23 | 2.78 | 3.45 | 3.30 | 3.98 |
| 2012 | 3.54 | 3.44 | 3.18 | 3.13 | 3.91 | 3.70 | 3.84 |
| 2013 | 3.35 | 3.70 | 3.32 | 2.93 | 3.54 | 3.24 | 3.33 |

# 11-15 历年女性晚婚率

## Proportion of Female Late Marriage over the Years

单位：%　　　　(%)

| 年份 Year | 全市 Whole Municipality | 越城区 Yuecheng District | 柯桥区 Keqiao District | 上虞区 Shangyu District | 诸暨市 Zhuji City | 嵊州市 Shengzhou City | 新昌县 Xinchang County |
|---|---|---|---|---|---|---|---|
| 1983 | 69.69 | 98.16 | 89.98 | 78.71 | 60.99 | 70.19 | 50.12 |
| 1984 | 70.97 | 95.01 | 76.28 | 89.70 | 59.57 | 72.65 | 51.94 |
| 1985 | 65.92 | 87.03 | 64.77 | 71.60 | 56.67 | 72.29 | 54.91 |
| 1986 | 64.43 | 77.62 | 65.33 | 69.19 | 54.87 | 66.42 | 54.08 |
| 1987 | 57.80 | 77.93 | 55.88 | 58.62 | 53.75 | 59.44 | 53.18 |
| 1988 | 65.63 | 74.70 | 73.39 | 71.73 | 54.70 | 65.89 | 57.07 |
| 1989 | 66.50 | 84.52 | 79.79 | 73.08 | 53.45 | 66.75 | 58.97 |
| 1990 | 68.22 | 85.70 | 80.09 | 73.04 | 51.79 | 66.07 | 60.17 |
| 1991 | 63.01 | 81.74 | 73.92 | 60.22 | 51.39 | 65.97 | 60.50 |
| 1992 | 65.56 | 84.04 | 75.51 | 64.57 | 56.31 | 57.80 | 52.60 |
| 1993 | 64.46 | 82.93 | 75.22 | 60.18 | 58.91 | 61.51 | 55.63 |
| 1994 | 68.48 | 88.61 | 77.98 | 65.35 | 60.36 | 64.46 | 58.36 |
| 1995 | 66.00 | 88.31 | 73.31 | 61.25 | 62.33 | 63.96 | 58.20 |
| 1996 | 69.69 | 91.96 | 77.83 | 64.62 | 63.96 | 64.74 | 62.48 |
| 1997 | 69.21 | 91.14 | 74.61 | 66.84 | 66.19 | 66.01 | 63.17 |
| 1998 | 65.93 | 86.59 | 70.88 | 62.19 | 63.15 | 62.32 | 58.53 |
| 1999 | 65.25 | 87.30 | 64.71 | 61.60 | 66.56 | 62.20 | 64.13 |
| 2000 | 63.63 | 72.81 | 63.17 | 57.24 | 63.18 | 63.21 | 65.44 |
| 2001 | 65.11 | 72.68 | 60.24 | 56.74 | 66.64 | 67.50 | 68.53 |
| 2002 | 66.41 | 74.12 | 63.22 | 60.10 | 67.13 | 68.55 | 67.52 |
| 2003 | 63.55 | 65.05 | 56.40 | 57.99 | 65.57 | 67.78 | 66.12 |
| 2004 | 61.92 | 69.00 | 55.41 | 55.58 | 61.71 | 66.30 | 65.47 |
| 2005 | 63.48 | 69.72 | 56.84 | 60.62 | 63.20 | 65.43 | 66.00 |
| 2006 | 68.84 | 78.55 | 65.28 | 65.29 | 67.55 | 68.92 | 67.53 |
| 2007 | 68.23 | 78.20 | 61.22 | 64.00 | 67.80 | 69.67 | 68.79 |
| 2008 | 68.19 | 76.37 | 63.02 | 61.40 | 69.49 | 68.28 | 71.06 |
| 2009 | 67.54 | 76.61 | 60.50 | 57.73 | 69.58 | 68.06 | 71.73 |
| 2010 | 72.31 | 80.05 | 68.16 | 66.32 | 72.45 | 71.43 | 76.51 |
| 2011 | 77.97 | 82.49 | 74.31 | 76.92 | 78.32 | 75.55 | 80.95 |
| 2012 | 81.62 | 87.18 | 81.87 | 80.39 | 81.98 | 76.65 | 79.59 |
| 2013 | 83.63 | 86.56 | 84.25 | 83.15 | 83.93 | 80.94 | 82.69 |

# 11-16 历年已婚育龄妇女一孩率

## Only-Child Rate of Married Woman at Child-bearing Age over the Years

单位：%　　(%)

| 年份 Year | 全市 Whole Municipality | 越城区 Yuecheng District | 柯桥区 Keqiao District | 上虞区 Shangyu District | 诸暨市 Zhuji City | 嵊州市 Shengzhou City | 新昌县 Xinchang County |
|---|---|---|---|---|---|---|---|
| 1983 | 28.83 | 39.36 | 30.01 | 29.98 | 28.43 | 26.98 | 22.19 |
| 1984 | 32.07 | 42.76 | 33.84 | 33.25 | 32.22 | 29.06 | 24.23 |
| 1985 | 34.84 | 47.10 | 36.98 | 35.05 | 35.08 | 32.22 | 26.03 |
| 1986 | 36.37 | 48.16 | 37.61 | 35.72 | 37.17 | 34.95 | 27.71 |
| 1987 | 38.41 | 50.87 | 40.32 | 37.80 | 38.77 | 36.47 | 29.52 |
| 1988 | 40.27 | 52.42 | 42.29 | 39.21 | 40.81 | 37.99 | 31.99 |
| 1989 | 42.94 | 56.06 | 45.41 | 42.10 | 42.85 | 40.22 | 34.81 |
| 1990 | 44.92 | 57.53 | 46.94 | 44.20 | 44.92 | 42.29 | 37.34 |
| 1991 | 46.84 | 61.61 | 49.33 | 45.82 | 46.46 | 43.74 | 39.17 |
| 1992 | 48.70 | 64.30 | 50.24 | 48.06 | 48.50 | 45.95 | 40.79 |
| 1993 | 50.42 | 65.89 | 52.69 | 49.87 | 49.77 | 47.32 | 42.54 |
| 1994 | 51.52 | 67.28 | 53.07 | 50.88 | 51.17 | 49.08 | 43.02 |
| 1995 | 53.36 | 69.38 | 55.19 | 53.28 | 52.31 | 50.98 | 44.72 |
| 1996 | 54.34 | 70.46 | 55.30 | 54.05 | 53.49 | 52.73 | 46.32 |
| 1997 | 56.14 | 71.51 | 57.44 | 56.28 | 55.06 | 53.95 | 48.52 |
| 1998 | 57.49 | 72.45 | 58.14 | 57.51 | 56.54 | 56.28 | 49.84 |
| 1999 | 59.13 | 75.12 | 59.62 | 59.59 | 58.14 | 57.27 | 51.61 |
| 2000 | 60.55 | 68.90 | 59.56 | 61.09 | 60.12 | 59.51 | 52.96 |
| 2001 | 77.32 | 77.66 | 68.00 | 79.98 | 77.44 | 82.78 | 81.52 |
| 2002 | 77.91 | 65.29 | 73.74 | 80.53 | 80.39 | 82.79 | 85.43 |
| 2003 | 65.69 | 72.18 | 63.57 | 66.84 | 65.53 | 65.24 | 59.15 |
| 2004 | 66.27 | 71.92 | 62.76 | 67.63 | 65.84 | 67.90 | 59.98 |
| 2005 | 68.66 | 74.03 | 64.85 | 69.34 | 68.27 | 70.93 | 63.34 |
| 2006 | 68.83 | 73.11 | 64.77 | 71.46 | 67.77 | 70.93 | 63.85 |
| 2007 | 69.83 | 74.20 | 65.56 | 71.97 | 68.40 | 72.23 | 66.28 |
| 2008 | 70.57 | 74.01 | 65.14 | 73.95 | 68.74 | 73.25 | 68.40 |
| 2009 | 70.62 | 74.68 | 64.94 | 73.57 | 68.47 | 73.56 | 69.43 |
| 2010 | 70.38 | 73.84 | 64.18 | 73.51 | 68.11 | 73.76 | 70.13 |
| 2011 | 70.64 | 73.59 | 64.71 | 74.66 | 67.83 | 73.79 | 70.93 |
| 2012 | 70.38 | 73.82 | 64.18 | 73.54 | 67.64 | 73.77 | 71.19 |
| 2013 | 70.50 | 73.11 | 64.31 | 74.05 | 67.49 | 73.55 | 71.33 |

# 11－17　社会福利事业单位基本情况（2013 年）

| 指　　标 | Item | 全 市 Whole Municipality |
|---|---|---|
| **一、机构数　（个）** | **Number of Institutions　(unit)** | **380** |
| 1.社会福利院 | Social Welfare Homes | 5 |
| 2.光 荣 院 | Homes for the Disabled Veterans | 1 |
| 3.城镇老年福利机构 | Welfare Institutions for the Elderly in the Urban Area | 61 |
| 4.农村老年福利机构 | Welfare Institutions for the Elderly in the Rural Area | 135 |
| 5.社会办福利工厂 | Social Welfare Enterprises | 176 |
| 6.儿童福利院 | Children's Welfare Institute | 2 |
| **二、收养人数　（人）** | **Number of Persons Adopted　(person)** | |
| 1.社会福利院 | Social Welfare Homes | 936 |
| 2.光 荣 院 | Homes for the Disabled Veterans | 6 |
| 3.城镇老年福利机构 | Welfare Institutions for the Elderly in the Urban Area | 3376 |
| 4.农村老年福利机构 | Welfare Institutions for the Elderly in the Rural Area | 5477 |
| 5.儿童福利院 | Children's Welfare Institute | 66 |
| **三、社会办福利工厂职工（人）** | **Staff and Workers of Social Welfare Enterprises　(person)** | **21404** |
| #安置残疾职工总数 | Number of Disposing of the Disabled Staff and Workers | 6932 |

# 11－18　城市最低生活保障及农村最低生活保障情况（2013 年）

| 指　　标 | Item | 全 市 Whole Municipality |
|---|---|---|
| **一、城镇居民最低生活保障情况** | **Receiving Lowest Cost–of–living in Urban Area** | |
| 保障对象期末人数　（人） | Number of Persons Receiving Lowest Cost-of-living in Urban Area　(person) | 8266 |
| 保障资金投入总额　（万元） | Funds for Persons Receiving Lowest Cost-of-living in Urban Area　(10 000 yuan) | 5116.1 |
| **二、农村居民最低生活保障情况** | **Receiving Lowest Cost–of–living in Rural Area** | |
| 保障对象期末人数　（人） | Number of Persons Receiving Lowest Cost-of-living in Rural Area　(person) | 44010 |
| 保障资金投入总额　（万元） | Funds for Persons Receiving Lowest Cost-of-living in Rural Area　(10 000 yuan) | 19083 |

## Basic Statistics on Social Welfare Units (2013)

| 越城区 Yuecheng District | 柯桥区 Keqiao District | 上虞区 Shangyu District | 诸暨市 Zhuji City | 嵊州市 Shengzhou City | 新昌县 Xinchang County |
|---|---|---|---|---|---|
| **51** | **21** | **57** | **67** | **133** | **51** |
| 1 | – | 1 | 1 | 1 | 1 |
| – | – | – | 1 | – | – |
| 22 | 1 | 4 | 10 | 22 | 2 |
| 12 | 16 | 20 | 27 | 43 | 17 |
| 15 | 4 | 32 | 28 | 67 | 30 |
| 1 | – | – | – | – | 1 |
| | | | | | |
| 175 | – | 185 | 27 | 233 | 316 |
| – | – | – | 6 | – | 0 |
| 960 | 105 | 232 | 813 | 986 | 280 |
| 370 | 582 | 476 | 439 | 1804 | 1806 |
| 62 | – | – | – | – | 4 |
| **4776** | **1726** | **3243** | **4052** | **5537** | **2070** |
| 1410 | 464 | 978 | 1379 | 1884 | 817 |

## Urban and Rural Lowest Living Ensure Insurance (2013)

| 越城区 Yuecheng District | 柯桥区 Keqiao District | 上虞区 Shangyu District | 诸暨市 Zhuji City | 嵊州市 Shengzhou City | 新昌县 Xinchang County |
|---|---|---|---|---|---|
| | | | | | |
| 2591 | 2508 | 1668 | 532 | 679 | 288 |
| 1799.6 | 1535.3 | 940.8 | 329.5 | 413.1 | 97.8 |
| | | | | | |
| 3254 | 4893 | 7544 | 13680 | 8566 | 6073 |
| 1115 | 2888 | 3537 | 6482 | 3282 | 1779 |

## 11－19　享受国家优抚、补助及救济情况（2013 年）

单位：人

| 指　标 | Item | 全　市<br>Whole Municipality |
|---|---|---|
| **一、革命伤残军人员优抚人数** | **Number of Persons** | **2224** |
| **二、享受定期补助优抚对象** | **Number of persons Receiving Periodical and Fixed Subsidies** | **22731** |
| #在乡复员军人 | Demobilized Servicemen in Rural Area | 2387 |
| 在乡退伍军人 | Demobilized Soldiers in Rural Area | 20344 |
| **三、临时救济户数** | **Number of Households Receiving Temporary Almsgiving** | **6430** |
| #城镇临时救济户数 | Number of Householdss Receiving Temporary Almsgiving in Urban Area | 2188 |
| 农村临时救济户数 | Number of Householdss Receiving Temporary Almsgiving in Rural Area | 4242 |

## 11－20　婚 姻 登 记 情 况 (2013 年)

| 指　标 | | Item | | 全　市<br>Whole Municipality |
|---|---|---|---|---|
| **一、内地准予登记结婚对数** | **(对)** | **Registered Marriages of Mainland** | **(couple)** | **32297** |
| #初婚人数 | (人) | First Marriages | (person) | 53110 |
| 再婚人数 | (人) | Remarriages | (person) | 11484 |
| 再婚中：男性 | (人) | In Remarriages：Male | (person) | 5680 |
| 女性 | (人) | Female | (person) | 5804 |
| **二、登记离婚对数** | **(对)** | **Registered Divorces** | **(couple)** | **8516** |
| **三、涉外及华侨、港澳台胞婚姻** | | **Registered Marriages with Foreigner Overseas Chinese and the Citizen of Hongkong，Macao，Taiwan** | | |
| 准予登记结婚对数 | (对) | Number of Registered Marriages Allowed | (couple) | 69 |
| #内地居民 | | Domestic Residents | | 67 |
| 香港居民 | | Hong Kong Residents | | 5 |
| 澳门居民 | | Macao Residents | | 1 |
| 台湾居民 | | Taiwan Residents | | 9 |
| 华　侨 | | Overseas Chinese | | 4 |
| 外 国 人 | | Foreigners | | 52 |

## Enjoying Subsidy, Commiseration and Relief of Country (2013)

(person)

| 越城区 Yuecheng District | 柯桥区 Keqiao District | 上虞区 Shangyu District | 诸暨市 Zhuji City | 嵊州市 Shengzhou City | 新昌县 Xinchang County |
|---|---|---|---|---|---|
| **491** | **226** | **334** | **576** | **354** | **243** |
| **2555** | **2651** | **4623** | **5550** | **4923** | **2429** |
| 152 | 175 | 382 | 824 | 438 | 416 |
| 2403 | 2476 | 4241 | 4726 | 4485 | 2013 |
| **377** | **2177** | **468** | **498** | **1705** | **1205** |
| 274 | 1120 | 165 | 149 | 270 | 210 |
| 103 | 1057 | 303 | 349 | 1435 | 995 |

## Basic Statistics on Marriage Registration (2013)

| 越城区 Yuecheng District | 柯桥区 Keqiao District | 上虞区 Shangyu District | 诸暨市 Zhuji City | 嵊州市 Shengzhou City | 新昌县 Xinchang County |
|---|---|---|---|---|---|
| **4831** | **4546** | **4930** | **8337** | **5926** | **3727** |
| 7281 | 7661 | 8066 | 13514 | 9427 | 7161 |
| 2381 | 1431 | 1794 | 3160 | 2425 | 293 |
| 1243 | 724 | 880 | 1509 | 1076 | 248 |
| 1138 | 707 | 914 | 1651 | 1349 | 45 |
| **1453** | **1073** | **1251** | **2185** | **1641** | **913** |
| 69 | – | – | – | – | – |
| 67 | – | – | – | – | – |
| 5 | – | – | – | – | – |
| 1 | – | – | – | – | – |
| 9 | – | – | – | – | – |
| 4 | – | – | – | – | – |
| 52 | – | – | – | – | – |

# 11－21 广播、电视机构情况（2013年）

单位：座

| 指　　标 | Item | 全　市 Whole Municipality |
|---|---|---|
| 广播电台 | Number of Broadcasting Stations | 1 |
| 广播发射台及转播台 | Number of Radio broadcasting stations and relay stations | – |
| 调频广播发射台 | Number of FM Broadcast Transmission Stations | 6 |
| 电 视 台 | Number of Television Stations | 1 |
| 乡(镇)广播站 | Number of Broadcasting Stations by Township | – |
| 卫星电视地面站 | Number of Satellite-TV Stations | – |
| 广播电视台 | Number of Broadcasting and Television Stations | 5 |

# 11－22 广播、电视发射设备情况（2013年）

| 指　　标 | Item | 全　市 Whole Municipality |
|---|---|---|
| **一、广播电视发射设备　（部）** | **Transmission Facilities of Broadcasting and Television (unit)** | |
| 无线广播 | Wireless Broadcasting | – |
| 调频广播 | FM Broadcasting | 14 |
| 电视广播 | Television Broadcasting | 16 |
| **二、广播电视发射功率（千瓦）** | **Power of Transmission (kilowatt)** | |
| 无线广播 | Wireless Broadcasting | – |
| 调频广播 | FM Broadcasting | 16.9 |
| 电视广播 | Television Broadcasting | 10.2 |

# Institutions of Broadcasting and Television (2013)

(set)

| 越城区<br>Yuecheng District | 柯桥区<br>Keqiao District | 上虞区<br>Shangyu District | 诸暨市<br>Zhuji City | 嵊州市<br>Shengzhou City | 新昌县<br>Xinchang County |
|---|---|---|---|---|---|
| 1 | – | – | – | – | – |
| – | – | – | – | – | – |
| 1 | 1 | 1 | 1 | 1 | 1 |
| – | – | – | – | – | – |
| – | – | – | – | – | – |
| – | – | – | – | – | – |
| – | 1 | 1 | 1 | 1 | 1 |

# Transmission Facilities of Broadcasting and Television (2013)

| 越城区<br>Yuecheng District | 柯桥区<br>Keqiao District | 上虞区<br>Shangyu District | 诸暨市<br>Zhuji City | 嵊州市<br>Shengzhou City | 新昌县<br>Xinchang County |
|---|---|---|---|---|---|
| | | | | | |
| – | – | – | – | – | – |
| 3 | 2 | 2 | 2 | 4 | 1 |
| 1 | 1 | 3 | 5 | 3 | 3 |
| | | | | | |
| – | – | – | – | – | – |
| 9.0 | 1.0 | 1.3 | 1.3 | 3.3 | 1.0 |
| 3.0 | 0.5 | 1.3 | 1.5 | 0.9 | 3.0 |

# 11－23 有线广播基本情况（2013 年）

| 指　　标 | | Item | | 全　市 Whole Municipality |
|---|---|---|---|---|
| 通广播的乡(镇) | (个) | Number of Township Having Broadcast | (unit) | 94 |
| 通电视的乡(镇) | (个) | Number of Township Having Televison | (unit) | 94 |
| 通广播的村 | (个) | Number of Village Having broadcast | (unit) | 2188 |
| 通电视的村 | (个) | Number of village Having Television | (unit) | 2188 |
| 有线电视用户数 | (万户) | Number of Broadcast Loudspeaker | (10 000 units) | 142.30 |
| 数字电视用户数 | (户) | Number of Digital Television | (unit) | 1340603 |

# 11－24 广播、电视制作情况（2013 年）

单位：小时

| 指　　标 | | Item | | 全　市 Whole Municipality |
|---|---|---|---|---|
| 广播电台全年播出时间 | | Broadcasting Hours Per Year | | 52396 |
| 广播节目全年制作量 | | Production of Broadcasting Programs Per Year | | 38823 |
| 电视台全年播出时间 | | Television Hours Per Year | | 46276 |
| #自办节目 | | Self-producing Programs | | 19946 |
| 电视节目全年制作量 | | Production of TV Programs Per Year | | 7096 |
| 广播节目播出套数 | (套) | Sets of Broadcasting Programs | (set) | 8 |
| 电视节目播出套数 | (套) | Sets of Television Programs | (set) | 8 |

## Basic Statistics on Wire-broadcasting (2013)

| 越城区 Yuecheng District | 柯桥区 Keqiao District | 上虞区 Shangyu District | 诸暨市 Zhuji City | 嵊州市 Shengzhou City | 新昌县 Xinchang County |
|---|---|---|---|---|---|
| 7 | 15 | 18 | 24 | 17 | 13 |
| 7 | 15 | 18 | 24 | 17 | 13 |
| 210 | 291 | 341 | 468 | 463 | 415 |
| 210 | 291 | 341 | 468 | 463 | 415 |
| 25.70 | 22.90 | 22.00 | 33.00 | 23.30 | 15.40 |
| 255311 | 220128 | 220000 | 330000 | 207132 | 108032 |

## Production of Broadcasting，Television Programs (2013)

(hour)

| 越城区 Yuecheng District | 柯桥区 Keqiao District | 上虞区 Shangyu District | 诸暨市 Zhuji City | 嵊州市 Shengzhou City | 新昌县 Xinchang County |
|---|---|---|---|---|---|
| 20720 | 6753 | 6570 | 6500 | 6205 | 5648 |
| 16628 | 6570 | 4770 | 2780 | 5425 | 2650 |
| 19111 | 5680 | 5570 | 5840 | 3870 | 6205 |
| 8258 | 3700 | 1251 | 2780 | 1527 | 2430 |
| 4462 | 520 | 199 | 715 | 600 | 600 |
| 3 | 1 | 1 | 1 | 1 | 1 |
| 3 | 1 | 1 | 1 | 1 | 1 |

# 11－25 质量技术监督基本情况（2013年）

| 指　标 | Item | 全市 Whole Municipality |
| --- | --- | --- |
| 已建社会公用计量标准（项） | Social Public Measurement Standard Established at Province Level (kind) | 251 |
| 已开展强制检定工作计量器具（项） | Has Developed Quantity Checked by Measurement Implement Tested Compulsively | 23 |
| （种） | | 40 |
| 强制检定计量器具实际检定数（台件） | Actual Quantity Checked by Measurement Implement Tested Compulsively (unit) | 336584 |
| 计量仪器检定（台件） | Quantity Checked by Measurement Implement (unit) | 229166 |
| 制造修理计量器具许可证（家） | Number of Persons Receiving Periodical Subsidies (unit) | 17 |
| 持证单位、个体工商户数（户） | Certificate Holding Unites and Individual Units of Industry and Commerce (unit) | 17 |
| 采用国际标准产品验证确认（累计）（个） | Certified by International Standard Product (accumulative) (unit) | 2026 |
| 企业标准备案（个） | Enterprise Standard Documentation (unit) | 4925 |
| 产品质量监督检验受检企业数（个） | Number of Enterprises Passed Quality Check (unit) | 3102 |
| 查出不合格产品企业（个） | Enterprises with Products Unqualified (unit) | 123 |
| 不合格产品企业所占比例（%） | Proportion of Enterprises with Products Unqualified (%) | 3.97 |
| 产品质量监督检验批次（批次） | Inspection Batches (batch) | 5260 |
| 产品质量监督检验合格批次（批次） | Batch up to Standard (batch) | 5131 |
| 平均合格率（%） | Average Qualification Rate (%) | 97.55 |
| 与上年平均合格率对比（±）（百分点） | Comparison with the Average Qualification Rate of Previous Year (one per-centage point) | 0.29 |
| 现有行政执法人员（人） | Administration Executive Personnel Currently in Service (person) | 215 |
| 受理行政案件（件） | Administrative Cases Accepted (unit) | 447 |
| 结案案件（件） | Number of Cases Settled (unit) | 414 |
| 法院强制执行案件（件） | Court Coercive Execution Cases (unit) | 10 |
| 罚没金额（万元） | Income of Fine (10 000 yuan) | 1184 |
| 情报资料（册） | Intelligence Document (volume) | 43104 |
| #国内标准（册） | Domestic Standard (volume) | 42078 |
| #国外标准（册） | Foreign Standard (volume) | 1026 |

## Basic Statistics on Quality Technological Supervising (2013)

| 越城区<br>Yuecheng District | 柯桥区<br>Keqiao District | 上虞区<br>Shangyu District | 诸暨市<br>Zhuji City | 嵊州市<br>Shengzhou City | 新昌县<br>Xinchang County |
|---|---|---|---|---|---|
| 125 | 19 | 37 | 26 | 25 | 19 |
| 19 | 10 | 10 | 10 | 11 | 7 |
| 33 | 15 | 12 | 14 | 19 | 10 |
| 226780 | 44716 | 31915 | 18102 | 12028 | 3043 |
| 132939 | 22904 | 6988 | 30756 | 4584 | 30995 |
| 1 | – | 10 | 4 | 1 | 1 |
| 1 | – | 10 | 4 | 1 | 1 |
| – | – | – | – | – | – |
| 470 | 808 | 1345 | 372 | 441 | 1489 |
| 339 | 599 | 778 | 583 | 519 | 284 |
| 11 | 24 | 37 | 18 | 18 | 15 |
| 3.24 | 4.01 | 4.76 | 3.09 | 3.47 | 5.28 |
| 711 | 1166 | 1170 | 1062 | 708 | 443 |
| 700 | 1139 | 1133 | 1041 | 690 | 428 |
| 98.45 | 97.68 | 96.84 | 98.02 | 97.46 | 96.61 |
| 0.12 | -0.02 | 0.13 | 0.77 | -0.05 | 1.35 |
| 56 | 37 | 36 | 37 | 22 | 27 |
| 114 | 143 | 61 | 26 | 39 | 64 |
| 91 | 138 | 61 | 23 | 39 | 62 |
| 1 | – | 2 | – | – | 7 |
| 409 | 291 | 104 | 45 | 181 | 154 |
| 43104 | – | – | – | – | – |
| 42078 | – | – | – | – | – |
| 1026 | – | – | – | – | – |

# 11－26 历年质量技术监督经费和固定资产总额

## Funds and Fix Asset Investment of Quality Technological Supervising over the Years

单位:万元 (10 000 yuan)

| 年份 Year | 财政拨款 Financial Allocations | 市级机构 City Level | 县级机构 County Level | 固定资产总额 Total Value of Fixed Assets | 市级固定资产 City Level | #仪器设备 Instruments and Equipments | 县级固定资产 County Level | #仪器设备 Instruments and Equipments |
|---|---|---|---|---|---|---|---|---|
| 1992 | 80.30 | 37.64 | 42.66 | 609.50 | 399.05 | 89.23 | 210.45 | 80.04 |
| 1993 | 90.58 | 42.78 | 47.80 | 644.36 | 428.46 | 174.12 | 215.90 | 79.93 |
| 1994 | 122.77 | 50.00 | 72.77 | 680.27 | 438.13 | 200.81 | 242.14 | 96.86 |
| 1995 | 166.28 | 59.73 | 106.55 | 823.74 | 522.81 | 237.96 | 300.93 | 143.88 |
| 1996 | 165.44 | 66.35 | 99.09 | 1102.39 | 725.68 | 374.41 | 376.71 | 216.48 |
| 1997 | 181.46 | 78.48 | 102.98 | 1296.82 | 793.85 | 453.97 | 502.97 | 336.44 |
| 1998 | 217.69 | 89.24 | 128.35 | 1857.62 | 845.31 | 530.70 | 1012.31 | 389.72 |
| 1999 | 247.07 | 106.71 | 140.36 | 2001.34 | 970.99 | 591.35 | 1030.35 | 379.80 |
| 2000 | 329.16 | 130.70 | 198.46 | 2402.19 | 1237.14 | 741.60 | 1165.05 | 393.01 |
| 2001 | 748.49 | 248.26 | 500.23 | 2892.17 | 1350.93 | 571.75 | 1541.24 | 514.14 |
| 2002 | 1137.24 | 308.15 | 829.09 | 3469.77 | 1466.21 | 445.21 | 2003.56 | 696.92 |
| 2003 | 1286.63 | 423.42 | 863.21 | 3829.44 | 1655.89 | 787.85 | 2173.55 | 707.66 |
| 2004 | 2900 | 1069 | 1831 | 4323 | 2025 | 1042 | 2298 | 760 |
| 2005 | 3909 | 1192 | 2717 | 4938 | 2257 | 1300 | 2681 | 1085 |
| 2006 | 5046 | 2204 | 2842 | 11680 | 8397 | 2247 | 3283 | 1581 |
| 2007 | 4740 | 1721 | 3019 | 12714 | 9195 | 2872 | 3519 | 1868 |
| 2008 | 4993 | 1821 | 3172 | 18440 | 9781 | 2927 | 8659 | 2087 |
| 2009 | 4737 | 1750 | 2987 | 22398 | 12023 | 3935 | 10375 | 2594 |
| 2010 | 5841 | 2352 | 3489 | 23673 | 13062 | 4446 | 10611 | 2822 |
| 2011 | 10323 | 5420 | 4903 | 24857 | 13825 | 5151 | 11032 | 3305 |
| 2012 | 16748 | 9078 | 7670 | 28032 | 14792 | 6037 | 13239 | 4031 |
| 2013 | 17084 | 13386 | 3698 | 29236 | 21994 | 8525 | 7242 | 2465 |

# 11－27 质量技术监督机构和人员数（2013年）

## Institutions and Persons of Quality Technological Supervising (2013)

单位:人 (person)

| 指标 | Item | 全市 Whole Municipality | 越城区 Yuecheng District | 柯桥区 Keqiao District | 上虞区 Shangyu District | 诸暨市 Zhuji City | 嵊州市 Shengzhou City | 新昌县 Xinchang County |
|---|---|---|---|---|---|---|---|---|
| **质量技术监督行政部门和技术机构（个）** | **Number of Administrative Departments and Institutions Engaged in Quality Supervising (unit)** | **27** | **7** | **5** | **5** | **3** | **3** | **4** |
| **年末职工总数** | **Number of Year-end Staff and Workers** | **458** | **194** | **82** | **60** | **50** | **38** | **34** |
| #行政机构人员 | Administrative Personnel | 187 | 62 | 32 | 27 | 28 | 21 | 17 |
| 事业机构人员 | Personnel in Institutions | 271 | 132 | 50 | 33 | 22 | 17 | 17 |
| #大、中专毕业 | University, College and Secondary Technical School Graduate | 387 | 155 | 74 | 54 | 42 | 32 | 30 |
| #高级职称 | High-ranking Professional Title | 39 | 29 | 1 | 4 | 3 | 2 | 0 |
| 中级职称 | Intermediate Professional Title | 126 | 82 | 9 | 10 | 8 | 10 | 7 |
| 初级职称 | Primary Professional Title | 106 | 21 | 40 | 19 | 11 | 5 | 10 |

# 11－28 历年绍兴市接待游客情况

## Basic Statistics on Reception of Over-seas Tourists of Shaoxing Municipality over the Years

| 年份<br>Year | 国际游客接待量(万人)<br>Number of International Tourist (10 000 persons) | #外国人<br>Foreigner | #华侨、港、澳、台胞<br>Oversea Chinese, Compatriots from Hong Kong, Macao and Taiwan | 国内游客接待量(万人)<br>Number of Domestic Tourist (10 000 persons) | 旅游外汇收入(万美元)<br>International Tourism Receipt (USD 10 000) | 国内旅游收入(亿元)<br>Domestic Tourism Receipt (100 million yuan) |
|---|---|---|---|---|---|---|
| 1980 | 0.42 | 0.36 | 0.05 | | | |
| 1981 | 0.38 | 0.33 | 0.05 | | | |
| 1982 | 0.58 | 0.42 | 0.17 | | | |
| 1983 | 0.47 | 0.32 | 0.15 | | | |
| 1984 | 0.53 | 0.44 | 0.09 | | | |
| 1985 | 0.47 | 0.37 | 0.10 | | | |
| 1986 | 0.54 | 0.43 | 0.11 | | | |
| 1987 | 0.58 | 0.52 | 0.06 | | | |
| 1988 | 0.50 | 0.42 | 0.08 | | | |
| 1989 | 0.36 | 0.26 | 0.10 | | | |
| 1990 | 0.80 | 0.51 | 0.29 | | | |
| 1991 | 1.22 | 0.62 | 0.60 | | | |
| 1992 | 1.49 | 1.07 | 0.42 | 150 | 295 | |
| 1993 | 1.84 | 1.25 | 0.59 | 217 | 328 | |
| 1994 | 2.21 | 1.68 | 0.53 | 250 | 732 | 1.30 |
| 1995 | 2.71 | 1.68 | 1.03 | 318 | 1232 | 15.75 |
| 1996 | 3.21 | 2.12 | 1.09 | 360 | 1540 | 17.99 |
| 1997 | 3.47 | 1.68 | 1.79 | 410 | 1495 | 23.32 |
| 1998 | 3.61 | 2.07 | 1.54 | 476 | 1557 | 35.25 |
| 1999 | 3.95 | 2.36 | 1.59 | 603 | 1721 | 45.23 |
| 2000 | 4.80 | 3.23 | 1.57 | 729 | 2108 | 54.65 |
| 2001 | 5.96 | 3.81 | 2.15 | 841 | 2360 | 63.26 |
| 2002 | 10.07 | 6.24 | 3.83 | 1007 | 3569 | 75.50 |
| 2003 | 8.68 | 5.86 | 2.82 | 1028 | 3458 | 77.05 |
| 2004 | 15.34 | 10.93 | 4.42 | 1121 | 5357 | 90.75 |
| 2005 | 20.19 | 14.32 | 5.87 | 1503 | 6679 | 110.58 |
| 2006 | 28.03 | 19.47 | 8.56 | 1808 | 8889 | 140.08 |
| 2007 | 36.09 | 24.19 | 11.90 | 2192 | 12063 | 177.36 |
| 2008 | 39.88 | 26.59 | 13.29 | 2435 | 13644 | 204.14 |
| 2009 | 43.17 | 27.02 | 16.15 | 2851 | 14818 | 242.25 |
| 2010 | 52.28 | 32.97 | 19.31 | 3436 | 18478 | 305.84 |
| 2011 | 60.35 | 37.56 | 22.79 | 4128 | 22010 | 399.60 |
| 2012 | 68.68 | 41.69 | 26.99 | 4866 | 24128 | 491.11 |
| 2013 | 69.63 | 43.33 | 26.30 | 5614 | 24386 | 569.25 |

# 11－29 历年分区、县（市）旅游业发展情况

| 年份 Year | 全市 Whole Municipality | 越城区 Yuecheng District | 柯桥区 Keqiao District | 上虞区 Shangyu District | 诸暨市 Zhuji City | 嵊州市 Shengzhou City | 新昌县 Xinchang County |
|---|---|---|---|---|---|---|---|
| **国内游客（万人次）Total Number of Domestic Tourists (10 000 persons)** | | | | | | | |
| 2000 | 729 | 286 | 162 | 56 | 110 | 33 | 80 |
| 2001 | 841 | 329 | 173 | 65 | 125 | 37 | 111 |
| 2002 | 1007 | 386 | 191 | 64 | 152 | 72 | 142 |
| 2003 | 1028 | 394 | 200 | 74 | 159 | 79 | 145 |
| 2004 | 1211 | 457 | 231 | 101 | 184 | 106 | 175 |
| 2005 | 1503 | 533 | 287 | 138 | 222 | 140 | 213 |
| 2006 | 1808 | 612 | 348 | 168 | 262 | 168 | 250 |
| 2007 | 2192 | 739 | 446 | 210 | 365 | 209 | 305 |
| 2008 | 2435 | 813 | 502 | 248 | 422 | 235 | 348 |
| 2009 | 2851 | 945 | 585 | 290 | 527 | 275 | 408 |
| 2010 | 3436 | 1135 | 702 | 356 | 648 | 330 | 493 |
| 2011 | 4128 | 1356 | 838 | 449 | 798 | 400 | 578 |
| 2012 | 4866 | 1566 | 965 | 564 | 991 | 461 | 675 |
| 2013 | 5614 | 1746 | 1285 | 720 | 1292 | 629 | 794 |
| **海外游客（人次）Total Number of Over-seas Tourists Arrival to China (person-time)** | | | | | | | |
| 2000 | 48038 | 19001 | 16577 | 778 | 7396 | 1427 | 2859 |
| 2001 | 59582 | 24902 | 19354 | 1219 | 9407 | 1499 | 3201 |
| 2002 | 100716 | 34014 | 29202 | 4757 | 20422 | 6221 | 6100 |
| 2003 | 86766 | 27139 | 30496 | 3846 | 14161 | 6580 | 4544 |
| 2004 | 153446 | 54987 | 50813 | 7180 | 20072 | 10293 | 10101 |
| 2005 | 201933 | 68490 | 64502 | 13010 | 26130 | 15021 | 14780 |
| 2006 | 280282 | 95381 | 88675 | 18018 | 36509 | 21013 | 20652 |
| 2007 | 360915 | 120559 | 112996 | 24500 | 47206 | 28053 | 27601 |
| 2008 | 398811 | 121387 | 129800 | 28931 | 54689 | 32200 | 31802 |
| 2009 | 431713 | 126212 | 139921 | 31260 | 64414 | 34935 | 34971 |
| 2010 | 522841 | 161256 | 162059 | 38562 | 75223 | 41046 | 44695 |
| 2011 | 603505 | 183092 | 181952 | 47996 | 85149 | 52404 | 52912 |
| 2012 | 686757 | 207281 | 202026 | 59000 | 97393 | 60270 | 60787 |
| 2013 | 696310 | 195428 | 207783 | 62000 | 102295 | 66081 | 62723 |

# Development of Tourism by Each District and County (City) over the Years

| 年 份 Year | 全 市 Whole Municipality | 越城区 Yuecheng District | 柯桥区 Keqiao District | 上虞区 Shangyu District | 诸暨市 Zhuji City | 嵊州市 Shengzhou City | 新昌县 Xinchang County |
|---|---|---|---|---|---|---|---|
| **国内旅游收入（亿元）Domestic Tourism Receipts(100 million yuan)** | | | | | | | |
| 2000 | 54.65 | 20.95 | 12.00 | 3.20 | 9.40 | 3.00 | 6.10 |
| 2001 | 63.26 | 23.03 | 14.07 | 3.85 | 10.89 | 3.61 | 7.81 |
| 2002 | 75.50 | 28.70 | 15.25 | 4.12 | 13.30 | 4.20 | 9.93 |
| 2003 | 77.05 | 28.91 | 15.50 | 4.40 | 13.87 | 4.50 | 9.95 |
| 2004 | 90.75 | 33.50 | 17.50 | 6.13 | 16.06 | 6.60 | 11.86 |
| 2005 | 110.58 | 38.92 | 21.46 | 8.50 | 19.40 | 8.93 | 14.50 |
| 2006 | 140.08 | 48.60 | 27.44 | 11.37 | 22.87 | 11.55 | 18.25 |
| 2007 | 177.36 | 61.34 | 36.61 | 15.37 | 30.45 | 15.38 | 23.61 |
| 2008 | 204.14 | 68.27 | 45.78 | 18.10 | 35.59 | 17.61 | 27.27 |
| 2009 | 242.25 | 80.07 | 54.72 | 21.50 | 52.56 | 21.01 | 32.39 |
| 2010 | 305.84 | 101.00 | 67.71 | 27.22 | 64.62 | 26.51 | 40.88 |
| 2011 | 399.60 | 123.12 | 81.64 | 34.74 | 79.61 | 32.32 | 48.18 |
| 2012 | 491.11 | 158.55 | 95.14 | 44.18 | 99.02 | 37.30 | 56.91 |
| 2013 | 569.25 | 176.50 | 127.51 | 56.81 | 129.21 | 51.04 | 68.73 |
| **国际旅游收入（万美元）International Tourism Receipts (USD 10 000)** | | | | | | | |
| 2000 | 2108 | 812 | 879 | 38 | 212 | 71 | 96 |
| 2001 | 2360 | 950 | 943 | 44 | 227 | 72 | 125 |
| 2002 | 3569 | 1230 | 1372 | 161 | 463 | 167 | 175 |
| 2003 | 3458 | 1049 | 1427 | 133 | 356 | 349 | 143 |
| 2004 | 5357 | 1765 | 2004 | 254 | 516 | 361 | 456 |
| 2005 | 6679 | 2155 | 2347 | 447 | 720 | 466 | 543 |
| 2006 | 8889 | 2821 | 3265 | 605 | 917 | 597 | 683 |
| 2007 | 12063 | 3780 | 4442 | 836 | 1196 | 854 | 955 |
| 2008 | 13644 | 4070 | 5161 | 993 | 1376 | 980 | 1101 |
| 2009 | 14818 | 4288 | 5608 | 1097 | 1555 | 1071 | 1200 |
| 2010 | 18478 | 5754 | 6696 | 1363 | 1863 | 1296 | 1505 |
| 2011 | 22010 | 7393 | 7204 | 1732 | 2221 | 1596 | 1864 |
| 2012 | 24128 | 7607 | 8059 | 2162 | 2533 | 1716 | 2052 |
| 2013 | 24386 | 7288 | 8177 | 2303 | 2634 | 1843 | 2139 |

# 11－30 旅游部门接待能力（2013年）

## Reception of Tourism Departments (2013)

| 指标 | Item | 全市 Whole Municipality | 越城区 Yuecheng District | 柯桥区 Keqiao District | 上虞区 Shangyu District | 诸暨市 Zhuji City | 嵊州市 Shengzhou City | 新昌县 Xinchang County |
|---|---|---|---|---|---|---|---|---|
| **旅游涉外饭店情况** | **Conditions of Tourism Hotels** | | | | | | | |
| 旅游涉外饭店个数（个） | Total Number of Tourist Hotel (unit) | 90 | 27 | 13 | 9 | 17 | 6 | 18 |
| #五星级 | Five-star | 12 | 5 | 2 | 3 | 1 | – | 1 |
| 四星级 | Four-star | 17 | 8 | 1 | – | 5 | 1 | 2 |
| 三星级 | Three-star | 37 | 14 | 6 | 4 | 4 | 4 | 5 |
| 二星级 | Tow-star | 23 | – | 4 | 2 | 7 | 1 | 9 |
| 一星级 | One-star | 1 | – | – | – | – | – | 1 |
| 房间数（间） | Number of Rooms (room) | 11790 | 3988 | 1837 | 1533 | 2031 | 802 | 1599 |
| 床位数（张） | Number of Beds (bed) | 19709 | 6831 | 2973 | 2423 | 3270 | 1332 | 2880 |
| **旅行社情况** | **Statistics on Tourism Agencies** | | | | | | | |
| 旅行社总数（个） | Total Number of Travel Agencies (unit) | 132 | 52 | 7 | 16 | 21 | 16 | 20 |
| 具有出境组团业务的旅行社 | Travel Agents with Outbound Travel Business | 5 | 5 | – | – | – | – | – |
| 不具有出境组团业务的旅行社 | Travel Agents with No Outbound Travel Business | 127 | 47 | 7 | 16 | 21 | 16 | 20 |
| 旅行社职工人数(人) | Number of Staff and Workers of Travel Agencies (person) | 1188 | 565 | 89 | 125 | 150 | 137 | 122 |
| 具有出境组团业务的旅行社 | Travel Agents with Outbound Travel Business | 239 | 239 | – | – | – | – | – |
| 不具有出境组团业务的旅行社 | Travel Agents with No Outbound Travel Business | 949 | 326 | 89 | 125 | 150 | 137 | 122 |

# 11－31 绍兴市友城缔结情况（2013年末）

## Foreign Friendly Cities of Shaoxing (End of 2013)

| 序号 No. | 友城名称 | Cities | 结好时间 Time | 结好地点 Signed in | 备　注 | Relation |
|---|---|---|---|---|---|---|
| 1 | 日本南砺市（福光町） | Nanto, Japan （Fukumitsu） | 2005.4.19 (1983.3.21) | 绍兴市 Shaoxing | 友好城市 | Friendship City |
| 2 | 日本芦原市（芦原町） | Awara, Japan （Awara） | 2004.9.24 (1983.5.18) | 绍兴市 Shaoxing | 友好城市 | Friendship City |
| 3 | 日本西宫市 | Nishinomiya，Japan | 1985.7.23 | 西宫市 Nishinomiya | 友好城市 | Friendship City |
| 4 | 丹麦欧登塞市 | Odense，Denmark | 1991.5.17 | 欧登塞市 Odense | 友好城市 | Friendship City |
| 5 | 法国鲁瓦扬市 | Royan，France | 1994.9.4 | 鲁瓦扬市 Royan | 友好交流关系城市 | Cities of Friendly Exchange Relation |
| 6 | 法国布鲁瓦市 | Blois, France | 1995.7.10 | 布鲁瓦市 Blois | 友好交流关系城市 | Cities of Friendly Exchange Relation |
| 7 | 美国开普吉拉多市 | Cape Girardeau，USA | 1996.10.14 | 开　市 Cape Girardeau | 友好交流关系城市 | Cities of Friendly Exchange Relation |
| 8 | 韩国丽水市（丽川郡） | Yeosu，Korea （Yosu） | 1997.5.21 | 丽川郡 Yosu | 友好交流关系城市 | Cities of Friendly Exchange Relation |
| 9 | 日本富士宫市 | Fujinomiya，Japan | 1997.11.11 | 绍兴市 Shaoxing | 友好交流关系城市 | Cities of Friendly Exchange Relation |
| 10 | 意大利马切拉塔省 | Macerata，Italy | 1997.11.21 | 马　省 Macerata | 友好交流关系城市 | Cities of Friendly Exchange Relation |
| 11 | 英国安伯瓦利市 | Amber Valley, UK | 2001.10.17 | 绍兴市 Shaoxing | 友好交流关系城市 | Cities of Friendly Exchange Relation |
| 12 | 美国卡马里罗市 | Camarillo，USA | 2001.10.17 | 绍兴市 Shaoxing | 友好交流关系城市 | Cities of Friendly Exchange Relation |
| 13 | 美国新泽西州萨默塞特郡 | Somerset, USA | 2003.11.14 | 萨默塞特郡 Somerset | 友好交流关系城市 | Cities of Friendly Exchange Relation |
| 14 | 美国杰克逊维尔市 | Jacksonville，USA | 2004.9.24 | 绍兴市 Shaoxing | 友好交流关系城市 | Cities of Friendly Exchange Relation |
| 15 | 韩国龙山区 | Yongsan, Korea | 2004.10.19 | 绍兴市 Shaoxing | 友好交流关系城市 | Cities of Friendly Exchange Relation |
| 16 | 德国拜罗伊特市 | Bayreuth, Germany | 2005.10.24 | 绍兴市 Shaoxing | 友好交流关系城市 | Cities of Friendly Exchange Relation |
| 17 | 巴西贝伦市 | Belem，Brazil | 2006.11 | | 友好城市 | Friendship City |
| 18 | 俄罗斯莫斯科州列宁大区 | Lenin District, Russia | 2006.11.2 | 列宁大区 Lenin District | 友好交流关系城市 | Cities of Friendly Exchange Relation |
| 19 | 澳大利亚白马市 | Whitehorse, Australia | 2007.9.21 | 白马市 Whitehorse | 友好交流关系城市 | Cities of Friendly Exchange Relation |
| 20 | 日本小山市 | Oyama，Japan | 2009.10.22 | 绍兴市 Shaoxing | 友好交流关系城市 | Cities of Friendly Exchange Relation |
| 21 | 法国艾克斯市 | Aix ,France | 2011.3.10 | 艾克斯市 Aix | 友好交流关系城市 | Cities of Friendly Exchange Relation |
| 22 | 匈牙利佩奇市 | Pecs, Hungary | 2011.9.1 | 佩奇市 Pecs | 友好交流关系城市 | Cities of Friendly Exchange Relation |
| 23 | 达累斯萨拉姆 | DaresSalaam, Tanzania | 2013.4.5 | 达累斯萨拉姆 DaresSalaam | 友好交流关系城市 | Cities of Friendly Exchange Relation |

# 主 要 统 计 指 标 解 释

**社会福利事业单位** 指集中收养社会孤老、残、幼的机构。包括由民政部门管理的社会福利院、儿童福利院、精神病人福利院和城镇集体办的福利院，以及农村集体办的敬老院。

**社会福利事业单位收养人数** 指由民政部门管理的和城镇及农村集体举办的社会福利事业单位中收养的老人、少年儿童、缺乏生活自理能力的残疾人员和精神病人。

**废水排放总量** 包括生产废水和生活污水。生产废水指企、事业单位在生产、科研过程中向外排放的所有排放口的废水量总和。生活污水指城镇居民区和企、事业单位职工集中居住区排放的污水量。

**工业废水排放总量** 指经过工业企业厂区所有排放口排到企业外部的工业废水量。包括外排的直接冷却水、超标排放的矿井地下水和与工业废水混排的厂区生活污水，不包括外排的间接冷却水(清污不分流的间接冷却水应计算在内)。

**工业废水排放达标量** 指全面达到国家、地方排放标准的外排工业废水量，包括经过处理后达标外排的和未经过处理达标外排的两部分工业废水。国家排放标准见国际(GB8978-88)。

**废气排放总量** 指燃料燃烧和生产工艺过程中排放的各种废气总量，以标准状态下每年万标立方米表示。

**工业粉尘排放量** 指工业企业在生产工艺过程中排放的固体微粒总重量。如钢铁企业的耐火材料粉尘、焦化企业的筛焦系统粉尘、烧结机的粉尘、石灰窑的粉尘、建材企业的水泥粉尘等。不包括电厂排入大气的烟尘。

工业粉尘产生量=工业粉尘排放量+工业粉尘回收量

**工业固体废物综合利用量** 指已用作农业肥料、造田、生产建筑材料、筑路以及其他方式综合利用的固体废物量(包括当年利用往年的工业固体废物堆存量)。综合利用量由原产固体废物的单位统计。

**"三废"综合利用产品产值** 指工业企业回收利用"三废"作为主要原料生产的产品产值。按国发(1985)117号文规定执行。

**年底实有铺装道路长度** 指除土路外，路面经过铺装宽度在3.5米以上的道路，包括高级、次高级道路和普通道路。

**年底实有公共汽车** 指年底可参加营运的全部车辆数，包括年底营运车辆和库存查封未参加营运的车辆，不包括非营运车辆，如架线车、油罐车、工程车、货车及其他专用车辆和借入的客运车辆。

**生活用水量** 指居民日常生活与公共福利设施的用水量。包括居民、饮食店、旅馆、医院、理发店、浴池、洗衣店、游泳池、商店、学校、机关、部队等单位的用水量。

**城市人口用水普及率** 指城市用水的非农业人口数(不包括临时人口和流动人口)与城市非农业人口总数之比，计算公式：

用水普及率＝城市用水的非农业人口数/城市非农业人口数×100%

# Explanatory Notes on Main Statistical Indicators

**Social Welfare Institutions** refers to institutions taking care of old people without children, handicapped people and orphans. They include social welfare institutions run by civil affairs departments, children welfare institutions, social welfare institutions for mental patients, and collective-owned old peoples homes in rural areas.

**Number of People Taken in by Social Welfare Institutions** refers to the number of old people, children, totally dependent handicapped people and mental patients taken in by social welfare institutions run by civil affairs departments and those run by collective units in urban and rural areas.

**Total Amount of Waste Water** refers to the total amount of industrial waste water and resident waste water. The industrial refers to the total of the waste water produced in the producing, studying period of the enterprises and institutions. The resident waste water refers to the waste water produced in the residences.

**Volume of Industrial Waste Water Discharged** refers to the volume of industrial waste water discharged, through all outlets, to the outside of industrial enterprises, including waste water produced, direct-cooling water, underground water from mines that does not meet the standard of discharge, and the domestic sewage mixed up with industrial waste water when discharged, but excluding discharged indirect-cooling water.

**Volume of Waste Water up to the Standard for Discharge** refers to the volume of discharged industrial waste water that, with or without treatment, has come up to the national or local standards for discharge.

**Total Amount of Waste Gas Discharged** refers to the volume of various kings of waste gas discharged to the air in the process of fuel burning or in the production process, and is measured by 10, 000 standard cubic meters each year under normal condition.

**Industrial Dust Discharged** refers to the total weight of solid dust discharged by industrial enterprises in the production process, such as dust of refractory materials from iron plants, dust from coke-screening system or from sintering machines of coking plants, dust from lime kilns, cement dust from building material enterprises, etc., but excluding smoke and dust discharged by power plants.

Volume Industrial Dust Production = volume industrial dust discharged + volume industrial dust recovery

**Volume of Industrial Solid Wastes Utilized in a Comprehensive Way** refers to the volume of solid wastes from which useful materials can be extracted or which can be changed to be utilizable resources, energy or other materials, including the volume of industrial solid wastes stored up in the previous years and utilized in the current year, such as the solid wastes utilized as fertilizers, building materials, for making roads or for other purpose. Statistical data on utilization of industrial solid wastes are collected by solid wastes producing units.

**Output Value of Products Made from Utilization of Waste Gas, Waste Water and Industrial Solid Wastes** refers to the value of products (calculated at current prices) made by industrial enterprises using recovered waste water, waste gas or solid wastes as main raw materials. Only the value of the products that have been sold or are ready to be sold should be included. The value of the products, which will be used in the production of the enterprises, should not be included.

**Length of Paved Roads at the Year-end** refers to the length of roads with a paved surface, and with a width of more than 3.5 meters, including high quality, medium quality and ordinary roads.

**Number of Public Vehicles (Buses and Trolley buses) at the Year-end** refers to the total number of operational buses available at the year-end, including the year-end operational vehicles and vehicles in stock. Non-operational vehicles such as stringing cars, tank cars, machine shop cars, trucks and other special vehicles and the borrowed passenger vehicles are excluded.

**Consumption of Water for Residential Use** refers to the water consumption of households for daily life and the water consumption of public welfare facilities, including the consumption of restaurants, hotels, hospitals, barber shops, public bathhouses, laundries, swimming pools, shops, schools, institutions, army units and other units.

**Percentage of Urban Population with Access to Tap Water** refers to the ratio of the urban non-agricultural population (excluding temporary and mobile population) with access to tap water to the total urban non-agricultural population. The formula is:

Percentage of Population with Access to Tap Water=(Urban Non-agricultural Population with Access to Tap Water) / (Urban Non-agricultural Population)

# 十二

# 浙江省及长江三角洲地区城市资料

# CHAPTER 12 REFERENCE BY CITY AND PREFECTURE IN ZHEJIANG PROVINCE AND YANGTSE RIVER DELTA

# 浙江省及长江三角洲地区城市资料

# REFERENCE BY CITY AND PREFECTURE IN ZHEJIANG PROVINCE AND YANGTSE RIVER DELTA

## 主要统计指标

## Main Statistical Indicators

| | | 绍兴在全省的位次<br>Position in Zhejiang Province | 绍兴在长江三角洲地区的位次<br>Position in Yangtse River Delta |
|---|---|---|---|
| 行政区划面积 | Land Area | No.8 | No.5 |
| #市区面积 | Area of Urban District | No.2 | No.4 |
| 年末户籍人口 | Year-end Population | No.6 | No.11 |
| 地区生产总值 | Gross Domestic Product | No.4 | No.9 |
| 人均生产总值（常住） | Per Captia Gross Domestic Product（The permanent） | No.4 | No.10 |
| 公共财政预算收入 | Local Financial Revenue | No.4 | No.9 |
| 固定资产投资 | Investment in Fixed Assets | No.4 | No.10 |
| 社会消费品零售总额 | Total Retail Sales of Consumer Goods | No.6 | No.10 |
| 进出口总额(海关数) | Total Imports and Exports | No.4 | No.7 |
| #自营出口 | Total Exports | No.4 | No.7 |
| 实际利用外资 | Foreign Capital Actually Used | No.5 | No.14 |
| 城镇以上单位在岗职工年平均工资 | Average Annual Wage of Staff and Workers at Work in Urban Units | No.11 | No.14 |
| 城镇居民人均可支配收入 | Per Capita Disposable Income of Urban Residents | No.2 | No.4 |
| 农村居民人均纯收入 | Per Capita Net Income of Rural Residents | No.4 | No.6 |

注：绍兴市区面积为越城区、柯桥区和上虞区面积合计。

Note: The Area of Shaoxing's Urban District is the total area of Yuecheng district, Keqiao district and Shangyu District.

# 12 – 1 浙江省各地主要经济指标（2013 年）

| 地 区 | Region | 土地面积(平方公里) Land Area (sq.km) | #建成区面积 Build-up Areas | 年末户籍人口(万人) Year-end Population (10 000 persons) | 地区生产总值(亿元) Gross Domestic Product (100 million yuan) | 第一产业增加值 Value-Added of Primary Industry |
|---|---|---|---|---|---|---|
| **杭州市** | **Hangzhou Municipality** | **16571** | **542.29** | **706.61** | **8343.52** | **265.42** |
| 杭州市区 | Urban District | 3068 | 462.48 | 450.82 | 6639.86 | 114.91 |
| 江干区 | Jianggan District | | | 37.52 | 422.18 | 0.62 |
| 西湖区 | Xihu District | | | 63.34 | 696.87 | 4.35 |
| 萧山区 | Xiaoshan District | 1163 | 82.27 | 124.38 | 1663.53 | 59.65 |
| 余杭区 | Yuhang District | 1222 | 59.03 | 90.33 | 934.41 | 46.86 |
| 建德市 | Jiande | 2364 | 9.41 | 50.89 | 271.70 | 27.40 |
| 富阳市 | Fuyang | 1808 | 24.85 | 65.86 | 571.40 | 38.01 |
| 临安市 | Linan | 3124 | 15.30 | 52.70 | 409.23 | 35.58 |
| 桐庐县 | Tonglu | 1780 | 17.60 | 40.59 | 278.04 | 20.86 |
| 淳安县 | Chunan | 4427 | 12.65 | 45.75 | 173.31 | 28.66 |
| **宁波市** | **Ningbo Municipality** | **9845** | **468.39** | **580.15** | **7128.87** | **276.35** |
| 宁波市区 | Urban District | 2463 | 294.95 | 227.59 | 4309.46 | 61.34 |
| 江北区 | Jiangbei District | | | 24.18 | 278.43 | 6.01 |
| 北仑区 | Beilun District | | | 38.60 | 924.63 | 8.29 |
| 镇海区 | Zhenhai District | | | 22.91 | 611.51 | 6.71 |
| 鄞州区 | Yinzhou District | | | 84.01 | 1177.68 | 40.05 |
| 余姚市 | Yuyao | 1527 | 49.24 | 83.51 | 749.63 | 40.06 |
| 慈溪市 | Cixi | 1361 | 43.30 | 104.36 | 1031.09 | 49.30 |
| 奉化市 | Fenghua | 1268 | 18.75 | 48.37 | 290.36 | 28.35 |
| 象山县 | Xiangshan | 1382.18 | 28.45 | 54.38 | 363.85 | 57.97 |
| 宁海县 | Ninghai | 1843 | 33.70 | 61.93 | 384.48 | 39.33 |
| **温州市** | **Wengzhou Municipality** | **11784** | **301.55** | **807.24** | **4003.86** | **115.39** |
| 温州市区 | Urban District | 1187 | 204.90 | 151.00 | 1578.29 | 9.90 |
| 鹿城区 | Lucheng District | 294 | | 73.42 | 717.97 | 1.66 |
| 龙湾区 | Longwan District | 279 | | 35.01 | 482.05 | 2.76 |
| 瓯海区 | Ouhai District | 614 | | 42.58 | 378.27 | 5.48 |
| 瑞安市 | Ruian | 1271 | 22.60 | 122.28 | 635.95 | 19.11 |
| 乐清市 | Yueqing | 1174 | 19.70 | 127.79 | 657.92 | 19.61 |
| 洞头县 | Dongtou | 100 | 7.40 | 13.17 | 60.32 | 5.05 |
| 永嘉县 | Yongjia | 2674 | 6.87 | 96.95 | 291.91 | 9.63 |
| 平阳县 | Pingyang | 1051 | 8.73 | 87.96 | 298.54 | 13.21 |
| 苍南县 | Cangnan | 1272 | 16.00 | 132.21 | 364.59 | 26.38 |
| 文成县 | Wencheng | 1293 | 3.50 | 39.58 | 58.63 | 6.45 |
| 泰顺县 | Taishun | 1762 | 11.85 | 36.30 | 58.91 | 6.05 |

# Main Economic Indicators by City and Prefecture in Zhejiang Province (2013)

| 第二产业增加值 Value-Added of Secondary Industry | #工业增加值 Value-Added of Industry | 第三产业增加值 Value-Added of Tertiary Industry | 人均GDP (元/人) Per Captia GDP (yuan/person) | 规模以上工业总产值 (亿元) Gross Industrial Output Value (100 million yuan) | 规模以上工业利润总额 (亿元) Total Industrial Profits (100 million yuan) | 固定资产投资 (亿元) Investment in Fixed Assets (100 million yuan) | 社会消费品零售额 (亿元) Total Retail Sales of Consumer Goods (100 million yuan) | 进口总额 (万美元) Total Imports (USD 10000) |
|---|---|---|---|---|---|---|---|---|
| **3661.98** | **3246.67** | **4416.12** | **118589** | **12407.98** | **854.14** | **4263.87** | **3531.17** | **2030532** |
| 2732.15 | 2399.12 | 3792.80 | 148170 | 9408.69 | 681.83 | 3402.97 | 3041.90 | 1834807 |
| 127.33 | 60.79 | 294.24 | 90812 | 194.07 | 25.49 | 413.84 | 286.79 | 24690 |
| 105.34 | 61.80 | 587.19 | 107112 | 217.30 | 13.26 | 399.14 | 360.23 | 80245 |
| 965.86 | 899.45 | 638.01 | 134182 | 4140.35 | 224.05 | 730.73 | 445.55 | 462637 |
| 435.40 | 389.12 | 452.15 | 104188 | 1455.45 | 62.80 | 631.23 | 277.83 | 43694 |
| 148.97 | 137.30 | 95.33 | 53373 | 404.57 | 34.39 | 117.65 | 77.27 | 9290 |
| 324.12 | 302.34 | 209.27 | 86931 | 1269.61 | 59.37 | 286.83 | 142.16 | 145159 |
| 225.41 | 208.68 | 148.23 | 77726 | 657.90 | 31.70 | 164.45 | 119.17 | 31120 |
| 160.32 | 144.14 | 96.86 | 68642 | 426.16 | 31.64 | 172.60 | 97.79 | 7913 |
| 71.02 | 55.10 | 73.63 | 37964 | 241.06 | 15.21 | 119.38 | 52.88 | 2244 |
| **3741.72** | **3377.97** | **3110.80** | **123139** | **13010.09** | **701.68** | **3422.95** | **2635.71** | **3461875** |
| 2194.72 | 1986.94 | 2053.40 | 189967 | 8598.58 | 484.30 | 1932.02 | 1407.73 | 2995576 |
| 98.69 | 83.98 | 173.72 | 115313 | 438.03 | 17.81 | 203.22 | 164.76 | 143521 |
| 573.23 | 537.50 | 343.10 | 240471 | 2909.89 | 176.52 | 494.30 | 142.74 | 63485 |
| 458.23 | 418.80 | 146.57 | 267812 | 2407.38 | 96.84 | 242.48 | 105.39 | 362512 |
| 714.82 | 683.85 | 422.80 | 140926 | 2162.37 | 133.27 | 505.08 | 356.28 | 358322 |
| 444.47 | 413.52 | 265.09 | 89799 | 1237.64 | 51.79 | 440.06 | 341.29 | 182381 |
| 593.57 | 552.01 | 388.23 | 98882 | 1744.89 | 74.07 | 544.98 | 444.86 | 189940 |
| 134.02 | 115.75 | 127.98 | 60037 | 369.29 | 9.84 | 154.02 | 123.81 | 41330 |
| 166.50 | 122.36 | 139.38 | 67121 | 482.37 | 30.56 | 161.16 | 169.89 | 29757 |
| 208.43 | 187.39 | 136.72 | 62262 | 577.32 | 51.12 | 190.72 | 148.12 | 22891 |
| **2015.48** | **1767.98** | **1872.99** | **49817** | **4516.56** | **236.81** | **2618.16** | **2136.38** | **245584** |
| 759.37 | 626.92 | 809.03 | 106565 | 1628.97 | 66.22 | 894.65 | 1124.39 | 111218 |
| 203.51 | 154.61 | 512.80 | 98358 | 465.70 | 12.58 | 263.15 | 679.76 | 27288 |
| 334.92 | 179.51 | 144.37 | 147349 | 752.30 | 35.03 | 365.44 | 293.70 | 65422 |
| 220.93 | 179.33 | 151.86 | 89224 | 410.96 | 18.62 | 266.06 | 150.93 | 18508 |
| 319.53 | 280.55 | 297.31 | 52152 | 768.55 | 39.81 | 371.75 | 261.04 | 51643 |
| 392.97 | 356.05 | 245.34 | 51612 | 1119.12 | 83.13 | 418.52 | 235.88 | 18032 |
| 25.49 | 14.88 | 29.78 | 39328 | 45.61 | 1.07 | 70.32 | 17.04 | 11392 |
| 179.24 | 145.97 | 103.04 | 30216 | 401.47 | 28.27 | 206.31 | 102.67 | 10776 |
| 146.92 | 122.32 | 138.40 | 34068 | 248.08 | 11.18 | 256.05 | 125.24 | 9468 |
| 171.05 | 139.67 | 167.16 | 27809 | 262.98 | 5.05 | 299.48 | 214.38 | 4117 |
| 20.00 | 13.33 | 32.17 | 14901 | 21.32 | 0.91 | 50.54 | 28.19 | 118 |
| 22.62 | 12.50 | 30.24 | 16286 | 20.47 | 1.17 | 50.53 | 27.56 | 4 |

## 12-1 续表 1

| 地区 | Region | 自营出口总额(万美元) Total Exports (USD 10000) | 实际利用外资(万美元) Foreign Capital Actually Used (USD 10000) | 公共财政预算收入(亿元) Public Financial Revenue (100 million yuan) | 公共财政预算支出(亿元) Public Financial Expenditure (100 million yuan) |
|---|---|---|---|---|---|
| **杭州市** | **Hangzhou Municipality** | **4476570** | **527633** | **945.20** | **855.74** |
| 杭州市区 | Urban District | 4015159 | 456432 | 820.73 | 666.23 |
| 江干区 | Jianggan District | 169254 | 25100 | 57.97 | 34.52 |
| 西湖区 | Xihu District | 215783 | 43300 | 81.78 | 40.73 |
| 萧山区 | Xiaoshan District | 946293 | 91168 | 126.52 | 115.81 |
| 余杭区 | Yuhang District | 511946 | 103077 | 126.10 | 111.50 |
| 建德市 | Jiande | 77733 | 10963 | 17.31 | 27.43 |
| 富阳市 | Fuyang | 120628 | 21337 | 46.36 | 52.69 |
| 临安市 | Linan | 133975 | 14759 | 26.12 | 41.82 |
| 桐庐县 | Tonglu | 111626 | 13642 | 22.14 | 29.97 |
| 淳安县 | Chunan | 17448 | 10500 | 12.55 | 37.59 |
| **宁波市** | **Ningbo Municipality** | **6571020** | **327483** | **792.81** | **939.89** |
| 宁波市区 | Urban District | 4382176 | 222459 | 550.73 | 620.14 |
| 江北区 | Jiangbei District | 257443 | 25540 | 41.90 | 34.93 |
| 北仑区 | Beilun District | 262535 | 110520 | 138.21 | 130.82 |
| 镇海区 | Zhenhai District | 317418 | 28025 | 44.97 | 41.87 |
| 鄞州区 | Yinzhou District | 1098340 | 46560 | 153.29 | 159.42 |
| 余姚市 | Yuyao | 650015 | 37011 | 59.64 | 74.59 |
| 慈溪市 | Cixi | 879116 | 41293 | 92.05 | 98.39 |
| 奉化市 | Fenghua | 246363 | 7108 | 26.57 | 45.52 |
| 象山县 | Xiangshan | 208159 | 9011 | 30.69 | 54.54 |
| 宁海县 | Ninghai | 205191 | 10601 | 33.14 | 46.71 |
| **温州市** | **Wengzhou unicipality** | **1814649** | **50150** | **323.98** | **437.96** |
| 温州市区 | Urban District | 845079 | 28048 | 147.79 | 154.02 |
| 鹿城区 | Lucheng District | 361357 | 4693 | 22.21 | 28.82 |
| 龙湾区 | Longwan District | 286042 | 1860 | 27.73 | 28.53 |
| 瓯海区 | Ouhai District | 197680 | 1605 | 21.00 | 25.36 |
| 瑞安市 | Ruian | 322610 | 2810 | 44.74 | 50.68 |
| 乐清市 | Yueqing | 204196 | 6600 | 51.29 | 51.35 |
| 洞头县 | Dongtou | 5661 | 3994 | 3.83 | 15.41 |
| 永嘉县 | Yongjia | 66332 | 5582 | 20.85 | 40.20 |
| 平阳县 | Pingyang | 67512 | 2316 | 20.36 | 32.82 |
| 苍南县 | Cangnan | 62701 | 260 | 23.65 | 45.33 |
| 文成县 | Wencheng | 2884 | 340 | 5.83 | 24.61 |
| 泰顺县 | Taishun | 2177 | 200 | 5.62 | 23.54 |

## Continued 1

| 年末金融机构人民币存款余额(亿元) Deposits Balance (Year-end) (100 million yuan) | #城乡居民储蓄余额 Savings Deposits | 年末金融机构人民币贷款余额(亿元) Loans Balance (Year-end) (100 million yuan) | 全社会用电量(亿千瓦时) Electricity Consumption of the Whole Society (100 million kwh) | #工业用电 Electricity Consumption of Industry | 全社会从业人员数(万人) Total Number of Employed Persons (10 000 persons) | 城镇以上单位在岗职工平均工资(元/人) Average Annual Wage of Staff and Workers at Work (yuan/person) | 农村居民人均纯收入(元) Per Capita Net Income of Rural Residents (yuan) | 城镇居民人均可支配收入(元) Per Capita Disposable Income of Urban Residents (yuan) |
|---|---|---|---|---|---|---|---|---|
| **21749.05** | **6339.75** | **18399.53** | **638.55** | **417.15** | **650.51** | **65052** | **18923** | **39310** |
| 19747.74 | 5382.55 | 16636.59 | 484.05 | 296.08 | 481.96 | 67035 | | 41262 |
| | | | 25.05 | | 42.03 | 58233 | | |
| | | | 36.21 | | 52.67 | 59234 | | |
| 2959.67 | 1114.62 | 2553.07 | 210.07 | 175.76 | 113.99 | 52804 | 23077 | 44412 |
| 1653.38 | 722.70 | 1191.37 | 76.06 | 49.83 | 74.03 | 64914 | 22647 | 40559 |
| 269.03 | 163.60 | 221.75 | 27.00 | 22.24 | 26.53 | 54828 | 14495 | 31771 |
| 789.41 | 324.45 | 778.29 | 69.18 | 58.30 | 48.42 | 55685 | 19380 | 36385 |
| 395.81 | 196.97 | 328.07 | 30.92 | 22.99 | 39.05 | 52654 | 17561 | 34320 |
| 311.65 | 159.09 | 258.62 | 17.31 | 11.20 | 31.30 | 56138 | 16986 | 33597 |
| 235.40 | 113.09 | 176.21 | 10.09 | 6.35 | 23.25 | 57990 | 10531 | 27612 |
| **12740.52** | **4562.36** | **12493.28** | **559.39** | **414.98** | **503.36** | **63152** | **20534** | **41657** |
| 8681.56 | 2591.53 | 8204.58 | 308.12 | 226.27 | 234.97 | 67874 | 22605 | 41729 |
| | | | 21.40 | 12.95 | 27.30 | 59108 | | |
| 912.21 | 357.34 | 782.42 | 105.13 | 89.73 | 47.26 | 68988 | | |
| 565.79 | 256.69 | 519.45 | 66.00 | 57.34 | 36.54 | 59954 | | |
| 1665.77 | 740.06 | 1428.89 | 76.59 | 53.42 | 96.61 | 61959 | 23156 | 44742 |
| 1154.24 | 565.23 | 1160.98 | 70.79 | 55.00 | 65.74 | 54440 | 19864 | 40938 |
| 1668.63 | 823.42 | 1578.80 | 110.50 | 86.96 | 83.20 | 58776 | 22702 | 41254 |
| 406.11 | 219.63 | 467.74 | 26.11 | 18.55 | 35.36 | 58376 | 19442 | 39414 |
| 381.65 | 172.13 | 544.46 | 18.63 | 10.65 | 36.29 | 53107 | 18127 | 40175 |
| 411.16 | 187.56 | 513.70 | 25.25 | 17.55 | 47.80 | 60400 | 18431 | 39942 |
| **7771.16** | **3821.25** | **7092.32** | **343.33** | **216.08** | **573.96** | **55664** | **16194** | **37852** |
| 4279.89 | 1811.46 | 3650.74 | 122.90 | 73.54 | | 68001 | | |
| | | | 38.78 | 13.51 | 64.16 | 58494 | 19391 | 42569 |
| | | | 48.20 | 37.43 | 38.90 | 50431 | 20717 | 36282 |
| | | | 35.92 | 22.61 | 47.68 | 57074 | 20019 | 39094 |
| 941.93 | 548.22 | 949.37 | 62.63 | 43.93 | 72.53 | 54832 | 17553 | 42302 |
| 984.76 | 539.00 | 1007.90 | 48.76 | 28.76 | 73.59 | 48586 | 19094 | 41067 |
| 50.57 | 20.86 | 41.00 | 2.17 | 0.63 | 4.90 | 78935 | 13412 | 28825 |
| 435.78 | 267.97 | 380.85 | 22.69 | 14.03 | 48.51 | 45560 | 12704 | 30116 |
| 359.71 | 218.10 | 331.47 | 24.69 | 15.38 | 44.01 | 42717 | 13045 | 31264 |
| 471.69 | 264.25 | 571.94 | 48.77 | 32.75 | 62.69 | 50824 | 12737 | 31498 |
| 140.66 | 91.59 | 81.64 | 3.70 | 1.90 | 17.41 | 61511 | 9402 | 25320 |
| 106.18 | 59.81 | 77.41 | 3.21 | 1.32 | 17.46 | 41028 | 9158 | 24112 |

# 12－1 续表 2

| 地　区 | Region | 土地面积(平方公里) Land Area (sq.km) | #建成区面积 Build-up Areas | 年末户籍人口(万人) Year-end Population (10 000 persons) | 地区生产总值(亿元) Gross Domestic Product (100 million yuan) | 第一产业增加值 Value-Added of Primary Industry |
|---|---|---|---|---|---|---|
| **嘉兴市** | **Jiaxing Municipality** | **3915** | **245.92** | **345.93** | **3147.66** | **155.62** |
| 嘉兴市区 | Urban District | 968 | 93.42 | 85.47 | 780.37 | 32.70 |
| 南湖区 | Nanhu District | 426 | | 48.39 | 425.37 | 15.44 |
| 秀洲区 | Xiuzhou District | 542 | | 37.08 | 355.83 | 17.26 |
| 平湖市 | Pinghu | 537 | 18.80 | 48.96 | 461.31 | 17.83 |
| 海宁市 | Haining | 668 | 35.40 | 66.91 | 633.65 | 25.62 |
| 桐乡市 | Tongxiang | 727 | 39.00 | 68.28 | 573.47 | 33.19 |
| 嘉善县 | Jiashan | 507 | 27.40 | 38.64 | 374.25 | 24.49 |
| 海盐县 | Haiyan | 508 | 16.80 | 37.67 | 324.75 | 21.78 |
| **湖州市** | **Huzhou Municipality** | **5824** | **191.60** | **262.49** | **1803.15** | **125.56** |
| 湖州市区 | Urban District | 1572 | 92.10 | 109.93 | 805.57 | 46.93 |
| 吴兴区 | Wuxing District | 794 | | 60.94 | 506.31 | 21.73 |
| 南浔区 | Nanxun District | 778 | | 48.99 | 304.96 | 25.20 |
| 德清县 | Deqing | 936 | 26.00 | 43.57 | 334.34 | 21.79 |
| 长兴县 | Changxing | 1430 | 48.00 | 62.82 | 407.37 | 31.18 |
| 安吉县 | Anji | 1886 | 25.50 | 46.18 | 265.43 | 25.62 |
| **绍兴市** | **Shaoxing Municipality** | **8279** | **295.96** | **441.66** | **3967.29** | **193.27** |
| 绍兴市区 | Urban District | 2965 | 197.46 | 216.71 | 2361.06 | 87.46 |
| 越城区 | Yuecheng District | 493 | 121.46 | 74.46 | 667.42 | 13.20 |
| 柯桥区 | Keqiao District | 1066 | 49.00 | 64.29 | 1068.66 | 32.55 |
| 上虞区 | Shangyu District | 1406 | 27.00 | 77.95 | 624.98 | 41.71 |
| 诸暨市 | Zhuji | 2311 | 38.10 | 107.65 | 900.88 | 48.75 |
| 嵊州市 | Shengzhou | 1789 | 41.40 | 73.37 | 396.38 | 36.56 |
| 新昌县 | Xinchang | 1214 | 19.00 | 43.94 | 306.42 | 20.50 |
| **金华市** | **Jinhua Municipality** | **10942** | **330.63** | **473.35** | **2958.78** | **140.20** |
| 金华市区 | Urban District | 2049 | 76.68 | 94.57 | 571.92 | 32.50 |
| 婺城区 | Wucheng District | 1391 | 60.18 | 62.73 | 430.42 | 18.75 |
| 金东区 | Jindong District | 658 | 16.50 | 31.84 | 141.50 | 13.75 |
| 兰溪市 | Lanxi | 1312 | 33.60 | 66.67 | 251.29 | 23.60 |
| 义乌市 | Yiwu | 1105 | 100.50 | 75.99 | 882.87 | 21.90 |
| 东阳市 | Dongyang | 1747 | 37.00 | 83.07 | 403.91 | 18.22 |
| 永康市 | Yongkang | 1047 | 35.49 | 58.54 | 422.56 | 9.28 |
| 武义县 | Wuyi | 1568 | 19.22 | 34.03 | 181.66 | 15.10 |
| 浦江县 | Pujing | 918 | 22.89 | 39.44 | 175.41 | 9.39 |
| 磐安县 | Panan | 1195 | 4.80 | 21.04 | 69.14 | 10.21 |

## Continued 2

| 第二产业增加值 Value-Added of Secondary Industry | #工业增加值 Value-Added of Industry | 第三产业增加值 Value-Added of Tertiary Industry | 人均GDP(元/人) Per Captia GDP (yuan/person) | 规模以上工业总产值(亿元) Gross Industrial Output Value (100 million yuan) | 规模以上工业利润总额(亿元) Total Industrial Profits (100 million yuan) | 固定资产投资(亿元) Investment in Fixed Assets (100 million yuan) | 社会消费品零售额(亿元) Total Retail Sales of Consumer Goods (100 million yuan) | 进口总额(万美元) Total Imports (USD 10000) |
|---|---|---|---|---|---|---|---|---|
| **1726.73** | **1560.88** | **1265.31** | **91177** | **6893.67** | **356.39** | **1910.15** | **1196.93** | **1025084** |
| 376.27 | 333.95 | 371.40 | 91642 | 1624.90 | 87.15 | 512.09 | 328.30 | 236407 |
| 184.79 | 159.10 | 225.13 | 88438 | 904.74 | 38.77 | 327.68 | 226.45 | 90452 |
| 192.22 | 175.60 | 146.35 | 96024 | 720.16 | 48.38 | 184.41 | 101.85 | 44778 |
| 287.96 | 275.54 | 155.52 | 94282 | 1195.48 | 65.38 | 253.04 | 133.62 | 407752 |
| 364.19 | 316.94 | 243.84 | 94912 | 1325.85 | 55.88 | 368.35 | 269.34 | 119531 |
| 296.54 | 263.24 | 243.74 | 84167 | 1254.73 | 55.87 | 309.68 | 238.63 | 144884 |
| 213.81 | 194.14 | 135.96 | 96914 | 817.79 | 33.13 | 241.86 | 134.72 | 77191 |
| 187.38 | 176.48 | 115.59 | 86298 | 674.93 | 58.98 | 225.13 | 92.33 | 39319 |
| **953.19** | **861.10** | **724.40** | **68839** | **3828.02** | **220.27** | **1070.05** | **766.22** | **144526** |
| 423.31 | 384.91 | 335.33 | 73401 | 1450.34 | 76.00 | 464.85 | 398.55 | 78611 |
| 248.14 | 217.77 | 236.44 | 82576 | 525.89 | 24.71 | 188.76 | 220.71 | 43532 |
| 186.35 | 178.32 | 93.40 | 62209 | 653.90 | 38.41 | 133.88 | 109.87 | 35079 |
| 189.38 | 174.38 | 123.17 | 77010 | 913.43 | 52.88 | 198.01 | 105.27 | 42100 |
| 217.01 | 188.25 | 159.18 | 64964 | 1014.70 | 63.10 | 283.61 | 160.94 | 20366 |
| 129.68 | 118.70 | 110.13 | 57619 | 449.55 | 28.28 | 123.58 | 101.46 | 3448 |
| **2102.93** | **1882.10** | **1671.09** | **89911** | **9339.31** | **505.50** | **2001.99** | **1318.39** | **545329** |
| 1243.19 | 1109.52 | 1030.41 | 109101 | 6182.17 | 313.18 | 1244.75 | 754.42 | 443452 |
| 285.87 | 244.62 | 368.36 | 89792 | 1245.06 | 46.33 | 405.62 | 344.00 | 179039 |
| 613.10 | 562.83 | 423.00 | 166508 | 3490.05 | 171.07 | 491.62 | 198.55 | 202687 |
| 344.22 | 302.07 | 239.05 | 80229 | 1447.07 | 95.78 | 347.51 | 211.86 | 61726 |
| 497.66 | 437.16 | 354.47 | 83803 | 2224.36 | 141.65 | 482.28 | 274.46 | 78543 |
| 202.30 | 184.57 | 157.52 | 53991 | 399.82 | 9.22 | 162.51 | 178.33 | 10755 |
| 160.48 | 151.54 | 125.44 | 69759 | 532.96 | 41.45 | 112.45 | 111.19 | 10287 |
| **1445.70** | **1256.66** | **1372.88** | **62688** | **4233.36** | **241.72** | **1364.36** | **1406.98** | **174238** |
| 249.08 | 209.04 | 290.34 | 60682 | 644.09 | 24.23 | 303.72 | 414.81 | 11926 |
| 173.62 | 152.32 | 238.05 | 68811 | 476.44 | 19.71 | 199.32 | 323.85 | 9801 |
| 75.46 | 56.72 | 52.29 | 44642 | 167.65 | 4.52 | 104.40 | 90.96 | 2125 |
| 142.83 | 130.47 | 84.87 | 37712 | 703.95 | 41.22 | 128.89 | 92.65 | 41031 |
| 357.32 | 305.60 | 503.65 | 116688 | 776.83 | 47.64 | 358.94 | 412.85 | 40670 |
| 198.46 | 162.72 | 187.23 | 48704 | 422.09 | 23.41 | 187.11 | 182.49 | 23762 |
| 259.94 | 238.98 | 153.34 | 72547 | 839.08 | 64.95 | 167.51 | 140.41 | 46291 |
| 100.11 | 89.09 | 66.46 | 53487 | 442.17 | 17.95 | 97.76 | 63.59 | 2661 |
| 103.16 | 93.62 | 62.87 | 44647 | 334.64 | 19.80 | 78.75 | 77.77 | 7242 |
| 34.80 | 27.13 | 24.12 | 32905 | 70.51 | 2.51 | 41.68 | 22.40 | 655 |

# 12－1 续表 3

| 地　区 | Region | 自营出口总额(万美元) Total Exports (USD 10000) | 实际利用外资(万美元) Foreign Capital Actually Used (USD 10000) | 公共财政预算收入(亿元) Public Financial Revenue (100 million yuan) | 公共财政预算支出(亿元) Public Financial Expenditure (100 million yuan) |
|---|---|---|---|---|---|
| **嘉兴市** | **Jiaxing Municipality** | **2151208** | **220676** | **282.31** | **303.36** |
| 嘉兴市区 | Urban District | 639007 | 64708 | 88.46 | 99.23 |
| 南湖区 | Nanhu District | 217979 | 13150 | 19.47 | 20.07 |
| 秀洲区 | Xizhou District | 191491 | 21852 | 12.79 | 15.48 |
| 平湖市 | Pinghu | 383304 | 42030 | 42.22 | 43.08 |
| 海宁市 | Haining | 456191 | 33460 | 52.49 | 51.19 |
| 桐乡市 | Tongxiang | 269400 | 23928 | 45.53 | 47.16 |
| 嘉善县 | Jiashan | 253689 | 45496 | 29.00 | 37.02 |
| 海盐县 | Haiyan | 149617 | 11054 | 24.61 | 25.69 |
| **湖州市** | **Huzhou Municipality** | **808770** | **105860** | **154.66** | **197.61** |
| 湖州市区 | Urban District | 261271 | 50841 | 59.55 | 83.46 |
| 吴兴区 | Wuxing District | 154801 | 43017 | 45.40 | 15.11 |
| 南浔区 | Nanxun District | 106470 | 7824 | 14.16 | 14.58 |
| 德清县 | Deqing | 176224 | 19800 | 30.97 | 33.57 |
| 长兴县 | Changxing | 150958 | 19285 | 39.44 | 47.33 |
| 安吉县 | Anji | 220318 | 15934 | 24.70 | 33.25 |
| **绍兴市** | **Shaoxing Municipality** | **2791629** | **80782** | **293.07** | **312.11** |
| 绍兴市区 | Urban District | 2004285 | 56081 | 188.14 | 187.08 |
| 越城区 | Yuecheng District | 609227 | 15547 | 67.46 | 73.19 |
| 柯桥区 | Keqiao District | 1083202 | 20527 | 77.57 | 68.68 |
| 上虞区 | Shangyu District | 311856 | 20007 | 43.11 | 45.21 |
| 诸暨市 | Zhuji | 461833 | 21311 | 59.60 | 67.04 |
| 嵊州市 | Shengzhou | 152155 | 675 | 22.73 | 30.41 |
| 新昌县 | Xinchang | 173357 | 2715 | 22.60 | 27.57 |
| **金华市** | **Jinhua Municipality** | **3253242** | **24905** | **242.47** | **322.25** |
| 金华市区 | Urban District | 310479 | 9697 | 58.53 | 85.60 |
| 婺城区 | Wucheng District | 205280 | 6279 | 34.19 | 24.08 |
| 金东区 | Jindong District | 105198 | 3418 | 9.39 | 17.36 |
| 兰溪市 | Lanxi | 105291 | 2737 | 18.13 | 31.86 |
| 义乌市 | Yiwu | 1821800 | 6193 | 63.31 | 61.65 |
| 东阳市 | Dongyang | 214509 | 3287 | 35.31 | 43.23 |
| 永康市 | Yongkang | 434402 | 306 | 35.30 | 36.02 |
| 武义县 | Wuyi | 235406 | 1129 | 14.23 | 25.82 |
| 浦江县 | Pujing | 96661 | 1517 | 12.46 | 20.51 |
| 磐安县 | Panan | 34695 | 39 | 5.20 | 17.56 |

# Continued 3

| 年末金融机构人民币存款余额(亿元) Deposits Balance (Year-end) (100 million yuan) | #城乡居民储蓄余额 Savings Deposits | 年末金融机构人民币贷款余额(亿元) Loans Balance (Year-end) (100 million yuan) | 全社会用电量(亿千瓦时) Electricity Consumption of the Whole Society (100 million kwh) | #工业用电 Electricity Consumption of Industry | 全社会从业人员数(万人) Total Number of Employed Persons (10 000 persons) | 城镇以上单位在岗职工平均工资(元/人) Average Annual Wage of Staff and Workers at Work (yuan/person) | 农村居民人均纯收入(元) Per Capita Net Income of Rural Residents (yuan) | 城镇居民人均可支配收入(元) Per Capita Disposable Income of Urban Residents (yuan) |
|---|---|---|---|---|---|---|---|---|
| **5072.69** | **2438.21** | **3860.03** | **385.45** | **314.46** | **327.70** | **53963** | **20556** | **39087** |
| 1741.00 | 708.06 | 1297.14 | 99.12 | 76.90 | 80.55 | 58552 | 20149 | 36743 |
| | | | 38.66 | 25.59 | 40.13 | 64124 | 20091 | 36753 |
| | | | 60.46 | 51.31 | 40.42 | 52871 | 20180 | 36720 |
| 641.37 | 305.85 | 448.76 | 52.52 | 44.31 | 43.59 | 48725 | 20439 | 41260 |
| 990.93 | 485.46 | 706.79 | 68.11 | 54.79 | 62.43 | 54598 | 21359 | 41397 |
| 807.98 | 458.60 | 626.18 | 75.65 | 63.00 | 72.78 | 50720 | 20298 | 39884 |
| 484.79 | 257.29 | 368.16 | 46.47 | 38.08 | 38.60 | 47673 | 20382 | 40082 |
| 406.61 | 222.95 | 413.00 | 39.61 | 33.40 | 29.75 | 63858 | 20683 | 41262 |
| **2577.93** | **1243.80** | **2145.43** | **182.94** | **137.69** | **180.90** | **51640** | **19044** | **36220** |
| 1356.67 | 644.12 | 1033.32 | 75.59 | 53.22 | 77.74 | 51906 | | |
| | | | 41.81 | 26.78 | 46.95 | 52698 | 19645 | 36932 |
| | | | 33.79 | 26.44 | 30.79 | 49041 | 19063 | 33848 |
| 431.45 | 218.07 | 341.58 | 34.14 | 26.73 | 31.35 | 49717 | 19570 | 36796 |
| 470.49 | 214.84 | 421.38 | 52.75 | 43.68 | 41.05 | 53248 | 19341 | 36732 |
| 319.32 | 166.77 | 349.16 | 20.22 | 13.82 | 29.15 | 51922 | 17617 | 35286 |
| **6365.45** | **2724.25** | **5447.84** | **359.56** | **290.81** | **344.39** | **50380** | **19618** | **40454** |
| 4468.50 | 1745.54 | 3881.77 | 244.73 | 201.36 | | 51029 | | |
| 2172.80 | 711.84 | 1935.63 | 58.99 | 42.02 | | 51561 | 20873 | 37881 |
| 1465.00 | 619.99 | 1222.36 | 143.97 | 127.06 | 65.06 | 49051 | 24173 | 44821 |
| 830.70 | 413.71 | 723.78 | 41.77 | 32.29 | 53.19 | 54674 | 19608 | 41627 |
| 1098.74 | 547.20 | 967.72 | 74.05 | 60.18 | 80.90 | 49128 | 21180 | 43905 |
| 458.70 | 266.47 | 354.17 | 20.95 | 13.90 | 46.51 | 48001 | 16522 | 40585 |
| 339.52 | 165.05 | 244.18 | 17.52 | 13.07 | 27.80 | 51648 | 16190 | 37782 |
| **6096.38** | **3005.13** | **5041.73** | **290.68** | **209.54** | **345.29** | **55232** | **14788** | **36423** |
| 1257.26 | 522.04 | 1059.70 | 49.16 | 30.30 | 69.71 | 61150 | 13922 | 35328 |
| | | | 32.97 | 18.85 | 40.75 | 62747 | 13573 | 35377 |
| | | | 16.19 | 11.45 | 21.16 | 52396 | 14271 | 30482 |
| 320.13 | 168.79 | 291.04 | 49.03 | 43.58 | 34.80 | 43761 | 10882 | 26649 |
| 2230.71 | 1154.22 | 1743.94 | 74.21 | 47.37 | 93.70 | 56583 | 21273 | 48962 |
| 748.40 | 372.96 | 549.63 | 34.67 | 23.58 | 52.11 | 55104 | 16634 | 33350 |
| 886.09 | 416.82 | 793.06 | 37.17 | 28.21 | 49.29 | 59624 | 16243 | 35526 |
| 278.85 | 147.36 | 281.42 | 18.96 | 15.06 | 20.78 | 58970 | 10872 | 24530 |
| 264.17 | 166.08 | 236.04 | 22.42 | 17.89 | 30.47 | 49709 | 12389 | 30711 |
| 110.77 | 56.86 | 86.89 | 3.70 | 2.19 | 11.90 | 41658 | 9013 | 24088 |

# 12－1 续表 4

| 地 区 | Region | 土地面积(平方公里) Land Area (sq.km) | #建成区面积 Build-up Areas | 年末户籍人口(万人) Year-end Population (10 000 persons) | 地区生产总值(亿元) Gross Domestic Product (100 million yuan) | 第一产业增加值 Value-Added of Primary Industry |
|---|---|---|---|---|---|---|
| **衢州市** | **Quzhou Municipality** | **8845** | **120.83** | **254.21** | **1056.57** | **83.15** |
| 衢州市区 | Urban District | 2354 | 66.60 | 83.61 | 437.83 | 28.91 |
| 柯城区 | Kecheng District | 607 | | 43.69 | 118.18 | 9.14 |
| 衢江区 | Qujiang District | 1748 | | 39.92 | 121.92 | 19.50 |
| 江山市 | Jiangshan | 2019 | 15.80 | 60.69 | 235.25 | 20.79 |
| 常山县 | Changshan | 1097 | 14.01 | 33.88 | 107.15 | 7.91 |
| 开化县 | Kaihua | 2231 | 11.77 | 35.63 | 94.84 | 11.98 |
| 龙游县 | Longyou | 1143 | 12.65 | 40.40 | 177.82 | 13.57 |
| **舟山市** | **Zhoushan Municipality** | **1455** | **69.98** | **97.31** | **930.85** | **95.73** |
| 舟山市区 | Urban District | 1034 | 59.69 | 70.63 | 680.30 | 48.94 |
| 定海区 | Dinghai District | 572 | 36.23 | 38.39 | 380.30 | 11.21 |
| 普陀区 | Putuo District | 461 | 23.46 | 32.24 | 300.01 | 37.73 |
| 岱山县 | Daishan | 324 | 8.01 | 18.86 | 176.92 | 27.54 |
| 嵊泗县 | Shensi | 97 | 2.28 | 7.82 | 73.61 | 19.25 |
| **台州市** | **Taizhou Municipality** | **9411** | **256.13** | **594.04** | **3153.34** | **213.30** |
| 台州市区 | Urban District | 1536 | 116.19 | 157.76 | 1138.23 | 42.50 |
| 椒江区 | Jiaojiang District | 274 | 42.92 | 52.33 | 403.86 | 16.48 |
| 黄岩区 | Huangyan District | 988 | 33.55 | 60.33 | 305.98 | 15.00 |
| 路桥区 | Luqiao District | 274 | 39.72 | 45.10 | 428.40 | 11.01 |
| 温岭市 | Wenling | 836 | 32.57 | 121.05 | 748.28 | 58.19 |
| 临海市 | Linhai | 2171 | 41.38 | 118.45 | 420.44 | 37.90 |
| 玉环县 | Yuhuan | 378 | 17.36 | 42.81 | 400.47 | 27.01 |
| 三门县 | Sanmen | 1072 | 12.65 | 43.83 | 140.42 | 22.53 |
| 天台县 | Tiantai | 1426 | 19.63 | 59.54 | 159.40 | 11.94 |
| 仙居县 | Xianju | 1992 | 16.35 | 50.60 | 137.87 | 13.32 |
| **丽水市** | **Lishui Municipality** | **17308** | **96.84** | **263.92** | **983.08** | **84.65** |
| 丽水市区 | Urban District | 1502 | 33.33 | 39.61 | 249.15 | 16.24 |
| 青田县 | Qingtian | 2477 | 5.50 | 52.79 | 173.10 | 7.20 |
| 缙云县 | Jinyun | 1494 | 9.96 | 46.04 | 173.76 | 9.25 |
| 遂昌县 | Suichang | 2539 | 7.20 | 23.25 | 84.54 | 9.94 |
| 松阳县 | Songyang | 1406 | 9.23 | 23.97 | 73.47 | 12.19 |
| 云和县 | Yunhe | 984 | 6.50 | 11.35 | 48.13 | 4.24 |
| 庆元县 | Qingyuan | 1898 | 7.50 | 20.63 | 48.36 | 7.07 |
| 景宁县 | Jingning | 1949 | 3.92 | 17.34 | 38.70 | 6.24 |
| 龙泉市 | Longquan | 3059 | 13.70 | 28.93 | 95.89 | 12.29 |

## Continued 4

| 第二产业增加值 Value -Added of Secondary Industry | #工业增加值 Value -Added of Industry | 第三产业增加值 Value -Added of Tertiary Industry | 人均 GDP (元/人) Per Captia GDP (yuan/person) | 规模以上工业总产值 (亿元) Gross Industrial Output Value (100 million yuan) | 规模以上工业利润总额 (亿元) Total Industrial Profits (100 million yuan) | 固定资产投资 (亿元) Investment in Fixed Assets (100 million yuan) | 社会消费品零售额 (亿元) Total Retail Sales of Consumer Goods (100 million yuan) | 进口总额 (万美元) Total Imports (USD 10000) |
|---|---|---|---|---|---|---|---|---|
| **555.92** | **477.29** | **417.51** | **41676** | **1491.95** | **97.54** | **670.72** | **443.67** | **138584** |
| 219.89 | 185.03 | 189.03 | 52526 | 686.02 | 33.75 | 279.20 | 172.98 | 124705 |
| 32.78 | 24.88 | 76.27 | 72602 | 58.00 | 1.22 | 73.07 | 135.82 | 1802 |
| 58.75 | 47.47 | 43.68 | 30601 | 117.33 | 7.20 | 82.87 | 37.16 | 15980 |
| 131.98 | 119.35 | 82.47 | 38888 | 327.54 | 30.50 | 129.29 | 84.59 | 1218 |
| 56.11 | 45.47 | 43.13 | 31768 | 96.34 | 4.72 | 92.27 | 43.59 | 453 |
| 44.79 | 36.28 | 38.07 | 26672 | 106.20 | 10.18 | 63.60 | 50.41 | 2071 |
| 103.27 | 91.24 | 60.98 | 44035 | 275.84 | 18.39 | 106.35 | 92.09 | 10137 |
| **411.54** | **319.10** | **423.57** | **95726** | **1333.56** | **11.70** | **750.02** | **331.65** | **602338** |
| 302.63 | 230.42 | 328.74 | 96488 | 1045.57 | 5.69 | 612.98 | 257.66 | 520602 |
| 176.73 | 129.25 | 192.36 | 99421 | 632.96 | 5.72 | 419.68 | 136.47 | 339413 |
| 125.90 | 101.16 | 136.38 | 93007 | 412.61 | -0.03 | 193.30 | 121.19 | 181189 |
| 96.94 | 83.26 | 52.44 | 93545 | 280.90 | 5.74 | 95.45 | 50.98 | 22440 |
| 10.98 | 4.42 | 43.38 | 93880 | 7.09 | 0.27 | 41.59 | 23.60 | 59296 |
| **1515.55** | **1357.40** | **1424.49** | **53222** | **3805.76** | **197.53** | **1507.87** | **1449.27** | **315714** |
| 529.53 | 477.34 | 566.20 | 72348 | 1386.20 | 57.43 | 532.37 | 586.25 | 250967 |
| 171.22 | 146.88 | 216.15 | 77506 | 495.57 | 26.51 | 265.23 | 191.17 | 57393 |
| 156.43 | 145.67 | 134.55 | 50798 | 353.22 | 18.60 | 110.14 | 153.67 | 11443 |
| 201.88 | 184.78 | 215.50 | 95226 | 537.41 | 12.32 | 157.00 | 241.42 | 144477 |
| 346.60 | 316.82 | 343.48 | 61930 | 694.29 | 36.43 | 286.18 | 377.90 | 14930 |
| 210.87 | 185.18 | 171.67 | 35585 | 606.03 | 29.72 | 211.22 | 162.63 | 20754 |
| 241.36 | 229.71 | 132.10 | 93834 | 675.96 | 49.70 | 112.00 | 124.85 | 19515 |
| 57.63 | 41.17 | 60.26 | 32147 | 155.65 | 6.62 | 138.66 | 61.80 | 3165 |
| 68.96 | 58.48 | 78.50 | 26842 | 173.98 | 12.10 | 109.07 | 74.58 | 3464 |
| 59.69 | 48.29 | 64.85 | 27331 | 113.65 | 5.52 | 118.36 | 61.26 | 2918 |
| **497.87** | **430.15** | **400.56** | **37343** | **1793.41** | **148.17** | **570.42** | **420.80** | **21581** |
| 104.62 | 86.47 | 128.29 | 63172 | 390.84 | 32.76 | 159.98 | 150.58 | 9041 |
| 105.49 | 94.41 | 60.42 | 32995 | 366.35 | 34.57 | 82.03 | 60.47 | 9158 |
| 102.98 | 95.11 | 61.54 | 37804 | 391.62 | 43.18 | 77.83 | 51.46 | 948 |
| 39.55 | 34.92 | 35.06 | 36363 | 169.18 | 7.54 | 40.64 | 33.65 | 1856 |
| 34.47 | 29.52 | 26.81 | 30697 | 166.44 | 10.80 | 41.53 | 27.30 | 4 |
| 26.09 | 22.23 | 17.81 | 42410 | 73.16 | 6.22 | 33.29 | 18.21 | 154 |
| 22.57 | 17.47 | 18.72 | 23437 | 55.93 | 3.01 | 34.71 | 22.57 | 19 |
| 14.39 | 9.98 | 18.06 | 22340 | 18.67 | 1.40 | 33.68 | 19.87 | 183 |
| 45.47 | 37.89 | 38.13 | 33184 | 161.22 | 8.70 | 66.75 | 36.68 | 219 |

# 12－1 续表 5

| 地　区 | Region | 自营出口总　额(万美元) Total Exports (USD 10000) | 实际利用外　资(万美元) Foreign Capital Actually Used (USD 10000) | 公共财政预算收入（亿元） Public Financial Revenue (100 million yuan) | 公共财政预算支出(亿元) Public Financial Expenditure (100 million yuan) |
|---|---|---|---|---|---|
| **衢州市** | **Quzhou Municipality** | **239023** | **6616** | **72.75** | **165.51** |
| 衢州市区 | Urban District | 131920 | 4241 | 39.77 | 71.86 |
| 柯城区 | Kecheng District | 28775 | 406 | 5.14 | 14.34 |
| 衢江区 | Qujiang District | 33703 | 2076 | 6.61 | 16.56 |
| 江山市 | Jiangshan | 52682 | 897 | 12.40 | 28.50 |
| 常山县 | Changshan | 14257 | 604 | 6.51 | 18.88 |
| 开化县 | Kaihua | 13172 | | 5.08 | 22.49 |
| 龙游县 | Longyou | 26992 | 874 | 9.00 | 23.78 |
| **舟山市** | **Zhoushan Municipality** | **664911** | **20930** | **92.63** | **189.83** |
| 舟山市区 | Urban District | 562199 | 10615 | 76.67 | 136.85 |
| 定海区 | Dinghai District | 153454 | 2019 | 12.10 | 27.72 |
| 普陀区 | Putuo District | 408745 | 2940 | 22.42 | 50.76 |
| 岱山县 | Daishan | 84326 | 1252 | 10.59 | 31.46 |
| 嵊泗县 | Shensi | 18386 | 9063 | 5.37 | 21.52 |
| **台州市** | **Taizhou Municipality** | **1872069** | **40001** | **247.73** | **329.03** |
| 台州市区 | Urban District | 731676 | 9447 | 110.39 | 116.87 |
| 椒江区 | Jiaojiang District | 212509 | 3187 | 34.22 | 26.60 |
| 黄岩区 | Huangyan District | 204468 | 2609 | 24.99 | 27.00 |
| 路桥区 | Luqiao District | 194304 | 2895 | 32.15 | 24.57 |
| 温岭市 | Wenling | 383620 | 5705 | 43.85 | 60.72 |
| 临海市 | Linhai | 235805 | 3606 | 32.50 | 46.51 |
| 玉环县 | Yuhuan | 336776 | 18303 | 27.60 | 37.15 |
| 三门县 | Sanmen | 66258 | 903 | 11.80 | 22.66 |
| 天台县 | Tiantai | 57375 | 824 | 12.30 | 23.70 |
| 仙居县 | Xianju | 60558 | 1212 | 9.30 | 21.42 |
| **丽水市** | **Lishui Municipality** | **237302** | **12784** | **73.70** | **195.38** |
| 丽水市区 | Urban District | 53558 | 4298 | 27.55 | 46.25 |
| 青田县 | Qingtian | 34124 | 2600 | 11.91 | 26.91 |
| 缙云县 | Jinyun | 70432 | 2745 | 8.70 | 20.19 |
| 遂昌县 | Suichang | 13230 | 800 | 5.52 | 17.82 |
| 松阳县 | Songyang | 20516 | 504 | 3.91 | 18.25 |
| 云和县 | Yunhe | 9632 | 500 | 3.36 | 12.46 |
| 庆元县 | Qingyuan | 7564 | 300 | 2.51 | 16.34 |
| 景宁县 | Jingning | 3240 | 360 | 4.78 | 18.99 |
| 龙泉市 | Longquan | 25005 | 677 | 5.45 | 18.18 |

# Continued 5

| 年末金融机构人民币存款余额(亿元) Deposits Balance (Year-end) (100 million yuan) | #城乡居民储蓄余额 Savings Deposits | 年末金融机构人民币贷款余额(亿元) Loans Balance (Year-end) (100 million yuan) | 全社会用电量(亿千瓦时) Electricity Consumption of the Whole Society (100 million kwh) | #工业用电 Electricity Consumption of Industry | 全社会从业人员数(万人) Total Number of Employed Persons (10 000 persons) | 城镇以上单位在岗职工平均工资(元/人) Average Annual Wage of Staff and Workers at Work (yuan/person) | 农村居民人均纯收入(元) Per Capita Net Income of Rural Residents (yuan) | 城镇居民人均可支配收入(元) Per Capita Disposable Income of Urban Residents (yuan) |
|---|---|---|---|---|---|---|---|---|
| **1481.46** | **704.08** | **1237.02** | **125.79** | **101.45** | **133.60** | **59620** | **11924** | **28883** |
| 668.62 | 231.26 | 561.27 | 67.58 | 57.18 | 48.58 | 62187 | 12026 | 30507 |
| | | | | | 26.49 | 61573 | 12889 | 31118 |
| | | | | | 22.09 | 61004 | 11441 | 23178 |
| 315.82 | 186.30 | 287.67 | 21.13 | 16.12 | 28.02 | 56688 | 13538 | 28074 |
| 139.70 | 78.94 | 107.95 | 11.83 | 9.52 | 15.98 | 60611 | 11542 | 23036 |
| 142.33 | 84.93 | 95.48 | 5.40 | 3.04 | 15.16 | 62857 | 10594 | 21414 |
| 214.98 | 122.66 | 184.65 | 19.56 | 15.28 | 23.77 | 50836 | 12584 | 27791 |
| **1470.24** | **544.64** | **1304.37** | **42.57** | **21.18** | **72.65** | **63283** | **20573** | **37646** |
| 1253.17 | 434.67 | 1159.32 | 33.91 | 18.05 | 54.91 | | | |
| 935.56 | 273.25 | 811.35 | 19.79 | 10.67 | 31.81 | 65539 | 20589 | 41079 |
| 317.60 | 161.41 | 347.98 | 14.12 | 7.38 | 23.10 | 61032 | 20176 | 36829 |
| 153.34 | 76.61 | 111.67 | 4.61 | 2.43 | 12.69 | 61744 | 20726 | 32878 |
| 63.74 | 33.36 | 33.38 | 4.04 | 0.70 | 4.41 | 57130 | 19740 | 33173 |
| **5154.11** | **2698.13** | **4340.24** | **247.97** | **169.30** | **397.15** | **50593** | **16126** | **37038** |
| 2453.47 | 1169.52 | 2098.21 | 94.22 | 64.31 | 123.70 | 51371 | 17926 | 39123 |
| 526.52 | 214.13 | 431.50 | 25.00 | 17.55 | 43.85 | 55236 | 17707 | 38230 |
| 507.13 | 307.89 | 354.87 | 30.50 | 22.65 | 39.73 | 45718 | 16216 | 35519 |
| 713.81 | 425.27 | 613.50 | 27.22 | 17.99 | 40.12 | 51763 | 19755 | 44151 |
| 1058.58 | 608.13 | 821.05 | 52.21 | 34.49 | 96.12 | 53876 | 18403 | 37647 |
| 591.54 | 333.54 | 451.76 | 33.49 | 22.87 | 61.31 | 51769 | 15390 | 34283 |
| 419.44 | 229.47 | 376.94 | 36.68 | 28.33 | 44.20 | 47313 | 20229 | 44081 |
| 169.60 | 93.63 | 198.90 | 10.28 | 6.17 | 21.52 | 46101 | 12698 | 30324 |
| 240.73 | 137.35 | 211.15 | 10.38 | 6.12 | 22.36 | 46234 | 12546 | 30405 |
| 220.73 | 126.49 | 182.24 | 8.57 | 5.00 | 17.47 | 46363 | 11632 | 27948 |
| **1585.12** | **846.38** | **1286.80** | **77.71** | **53.61** | **140.07** | **60416** | **10024** | **29045** |
| 557.91 | 218.86 | 520.16 | 17.63 | 10.05 | 28.46 | 69551 | 12283 | 31008 |
| 327.96 | 246.91 | 181.50 | 13.66 | 9.13 | 19.30 | 61158 | 10352 | 30364 |
| 204.32 | 112.22 | 170.75 | 7.89 | 6.71 | 26.18 | 60368 | 10302 | 29879 |
| 95.15 | 54.25 | 89.74 | 4.92 | 2.69 | 12.02 | 51153 | 10224 | 30370 |
| 90.92 | 52.93 | 70.85 | 2.20 | 1.10 | 13.30 | 64318 | 9325 | 26836 |
| 62.92 | 33.62 | 47.71 | 15.94 | 12.67 | 7.88 | 49581 | 9704 | 27933 |
| 65.63 | 32.60 | 59.03 | 7.70 | 6.07 | 8.36 | 60763 | 9145 | 25004 |
| 64.72 | 26.68 | 47.59 | 4.88 | 3.24 | 6.08 | 57486 | 9466 | 25332 |
| 115.60 | 68.31 | 99.47 | 1.54 | 0.62 | 15.92 | 51712 | 10368 | 30918 |

# 12－2 长江三角洲地区城市主要经济指标（2013年）

| 地 区 | Region | 土地面积(平方公里) Land Area (sq.km) | #建成区面积 Build-up Areas | 年末户籍人口(万人) Year-end Population (10 000 persons) | 地区生产总值(亿元) Gross Domestic Product (100 million yuan) | 第一产业增加值 Value-Added of Primary Industry |
|---|---|---|---|---|---|---|
| 上海市 | Shanghai Municipality | 6341 | | 1432.34 | 21602.12 | 129.28 |
| 南京市 | Nanjing Municipality | 6587 | 713 | 643.09 | 8011.78 | 204.64 |
| 无锡市 | Wuxi Municipality | 4627 | 455 | 472.23 | 8070.18 | 148.54 |
| 常州市 | Changzhou Municipality | 4372 | 234 | 365.91 | 4360.93 | 138.12 |
| 苏州市 | Suzhou Municipality | 8488 | 727 | 653.84 | 13015.70 | 214.49 |
| 南通市 | Nantong Municipality | 8001 | 300 | 766.51 | 5038.89 | 345.41 |
| 扬州市 | Yangzhou Municipality | 6591 | 227 | 459.84 | 3252.01 | 224.45 |
| 镇江市 | Zhenjiang Municipality | 3847 | 190 | 271.75 | 2927.28 | 129.00 |
| 泰州市 | Taizhou Municipality | 5787 | 190 | 507.80 | 3006.91 | 205.90 |
| 杭州市 | Hangzhou Municipality | 16571 | 542 | 706.61 | 8343.52 | 265.42 |
| 宁波市 | Ningbo Municipality | 9845 | 468 | 580.15 | 7128.87 | 276.35 |
| 嘉兴市 | Jiaxing Municipality | 3915 | 246 | 345.93 | 3147.66 | 155.62 |
| 湖州市 | Huzhou Municipality | 5824 | 192 | 262.49 | 1803.15 | 125.56 |
| 绍兴市 | Shaoxing Municipality | 8279 | 296 | 441.66 | 3967.29 | 193.27 |
| 舟山市 | Zhoushan Municipality | 1455 | 70 | 97.31 | 930.85 | 95.73 |
| 台州市 | Taizhou Municipality | 9411 | 256 | 594.04 | 3153.34 | 213.30 |
| 绍兴位次 | Position in Yangse River Delta | 5 | | 11 | 9 | 9 |

注：长江三角洲地区城市包括：上海、南京、无锡、常州、苏州、南通、扬州、镇江、泰州、杭州、宁波、嘉兴、湖州、绍兴、舟山、台州。

## Main Economic Indicators by City in the Yangtse River Delta (2013)

| 第二产业增加值<br>Value -Added of Secondary Industry | #工业增加值<br>Value -Added of Industry | 第三产业增加值<br>Value -Added of Tertiary Industry | 人均GDP (元/人)(常住口径)<br>Per Captia GDP (yuan/person) | 规模以上工业总产值 (亿元)<br>Gross Industrial Output Value (100 million yuan) | 规模以上工业利润总额 (亿元)<br>Total Industrial Profits (100 million yuan) | 固定资产投资 (亿元)<br>Investment in Fixed Assets (100 million yuan) | 社会消费品零售额 (亿元)<br>Total Retail Sales of Consumer Goods (100 million yuan) |
|---|---|---|---|---|---|---|---|
| 8027.77 | 7236.69 | 13445.07 | 90092 | 33899.38 | 2415.20 | 5647.79 | 8052.00 |
| 3450.58 | 2997.63 | 4356.56 | 98011 | 12563.09 | 979.10 | 5176.24 | 3504.17 |
| 4207.42 | 3893.56 | 3714.22 | 124640 | 14876.33 | 833.47 | 4015.77 | 2759.98 |
| 2250.80 | 2036.27 | 1972.01 | 92995 | 10035.82 | 525.69 | 2850.12 | 1597.01 |
| 6849.59 | 6370.37 | 5951.62 | 123209 | 30276.29 | 1350.12 | 5883.90 | 3662.24 |
| 2623.50 | 2168.16 | 2069.98 | 69050 | 11253.96 | 861.52 | 3298.73 | 1940.39 |
| 1693.70 | 1468.79 | 1333.86 | 72775 | 8324.21 | 576.05 | 2025.18 | 1099.51 |
| 1549.40 | 1431.04 | 1248.88 | 92633 | 7178.79 | 439.63 | 1753.15 | 872.13 |
| 1574.06 | 1362.30 | 1226.95 | 64917 | 8397.24 | 596.09 | 1764.17 | 837.12 |
| 3661.98 | 3246.67 | 4416.12 | 94566 | 12407.98 | 854.14 | 4263.87 | 3531.17 |
| 3741.72 | 3377.97 | 3110.80 | 93176 | 13010.09 | 701.68 | 3422.95 | 2635.71 |
| 1726.73 | 1560.88 | 1265.31 | 69164 | 6893.67 | 356.39 | 1910.15 | 1196.93 |
| 953.19 | 861.10 | 724.40 | 61953 | 3828.02 | 220.27 | 1070.05 | 766.22 |
| 2102.93 | 1882.10 | 1671.09 | 80212 | 9339.31 | 505.50 | 2001.99 | 1318.39 |
| 411.54 | 319.10 | 423.57 | 81582 | 1333.56 | 11.70 | 750.02 | 331.65 |
| 1515.55 | 1357.40 | 1424.49 | 52368 | 3805.76 | 197.53 | 1507.87 | 1449.27 |
| 9 | 9 | 9 | 10 | 9 | 11 | 10 | 10 |

Note: city in the Yangtse River Delta Includes：Shanghai，Nanjing，Wuxi，Changzhou，Suzhou，Nantong，Yangzhou，Zhenjiang，Taizhou，Hangzhou，Ningbo，Jiaxing，Huzhou，Shaoxing，Zhoushan，Taizhou.

# 12-2 续表 1

| 地区 | Region | 进口总额(亿美元) Total Imports (USD 100 million) | 自营出口总额(亿美元) Total Exports (USD 100 million) | 实际利用外资(亿美元) Foreign Capital Actually Used (USD 100 million) | 公共财政预算收入(亿元) Public Financial Revenue (100 million yuan) |
|---|---|---|---|---|---|
| 上海市 | Shanghai Municipality | 4413.98 | 2042.44 | 167.80 | 4109.51 |
| 南京市 | Nanjing Municipality | 235.32 | 322.73 | 40.33 | 831.31 |
| 无锡市 | Wuxi Municipality | 292.23 | 411.48 | 33.39 | 710.91 |
| 常州市 | Changzhou Municipality | 88.39 | 203.74 | 35.30 | 408.88 |
| 苏州市 | Suzhou Municipality | 1336.41 | 1757.06 | 86.98 | 1331.03 |
| 南通市 | Nantong Municipality | 85.37 | 212.78 | 22.87 | 485.88 |
| 扬州市 | Yangzhou Municipality | 19.57 | 75.50 | 19.59 | 259.26 |
| 镇江市 | Zhenjiang Municipality | 37.27 | 62.23 | 30.97 | 254.52 |
| 泰州市 | Taizhou Municipality | 41.50 | 62.92 | 13.23 | 251.28 |
| 杭州市 | Hangzhou Municipality | 203.05 | 447.66 | 52.76 | 945.20 |
| 宁波市 | Ningbo Municipality | 346.19 | 657.10 | 32.75 | 792.81 |
| 嘉兴市 | Jiaxing Municipality | 102.51 | 215.12 | 22.07 | 282.31 |
| 湖州市 | Huzhou Municipality | 14.45 | 80.88 | 10.59 | 154.66 |
| 绍兴市 | Shaoxing Municipality | 54.53 | 279.16 | 8.08 | 293.07 |
| 舟山市 | Zhoushan Municipality | 60.23 | 66.49 | 2.09 | 92.63 |
| 台州市 | Taizhou Municipality | 31.57 | 187.21 | 4.00 | 247.73 |
| 绍兴位次 | Position in Yangse River Delta | 11 | 7 | 14 | 9 |

# Continued 1

| 年末金融机构人民币存款余额(亿元) Deposits Balance (Year-end) (100 million yuan) | #城乡居民储蓄余额 Savings Deposits | 年末金融机构人民币贷款余额(亿元) Loans Balance (Year-end) (100 million yuan) | 全社会用电量(亿千瓦时) Electricity Consumption of the Whole Society (100 million kwh) | #工业用电 Electricity Consumption of Industry | 全社会从业人员数(万人) Total Number of Employed Persons (10 000 persons) | 城镇以上单位在岗职工平均工资(元/人) Average Annual Wage of Staff and Workers at Work (yuan/person) | 农村居民人均纯收入(元) Per Capita Net Income of Rural Residents (yuan) | 城镇居民人均可支配收入(元) Per Capita Disposable Income of Urban Residents (yuan) |
|---|---|---|---|---|---|---|---|---|
| 60321.03 | 20174.75 | 37033.88 | 1410.61 | 799.45 | 1137.35 | 60435 (职工平均工资) | 19208 (可支配收入) | 43851 |
| 18050.82 | 4955.76 | 13791.06 | 462.67 | 286.71 | 481.20 | 64811 | 16531 | 38531 |
| 11205.78 | 4086.84 | 8108.14 | 606.40 | 476.28 | 389.20 | 60581 | 20587 | 38999 |
| 6348.10 | 2753.31 | 4318.32 | 390.98 | 308.06 | 280.91 | 61225 | 18643 | 36611 |
| 20037.58 | 6408.32 | 15495.24 | 1263.21 | 1030.61 | 695.20 | 61416 | 21578 | 42748 |
| 7342.00 | 4130.22 | 4508.54 | 326.15 | 234.38 | 467.20 | 57546 | 14754 | 31059 |
| 3836.87 | 1931.02 | 2341.85 | 197.38 | 139.13 | 265.70 | 52661 | 14214 | 28145 |
| 3289.46 | 1475.49 | 2364.38 | 212.20 | 163.38 | 192.10 | 54747 | 16258 | 32977 |
| 3544.42 | 1786.01 | 2344.27 | 222.55 | 169.02 | 284.20 | 46791 | 13982 | 29112 |
| 21749.05 | 6339.75 | 18399.53 | 638.55 | 417.15 | 650.51 | 65052 | 18923 | 39310 |
| 12740.52 | 4562.36 | 12493.28 | 559.39 | 414.98 | 503.36 | 63152 | 20534 | 41657 |
| 5072.69 | 2438.21 | 3860.03 | 385.45 | 314.46 | 327.70 | 53963 | 20556 | 39087 |
| 2577.93 | 1243.80 | 2145.43 | 182.94 | 137.69 | 180.90 | 51640 | 19044 | 36220 |
| 6365.45 | 2724.25 | 5447.84 | 359.56 | 290.81 | 344.39 | 50380 | 19618 | 40454 |
| 1470.24 | 544.64 | 1304.37 | 42.57 | 21.18 | 72.65 | 63283 | 20573 | 37646 |
| 5154.11 | 2698.13 | 4340.24 | 247.97 | 169.30 | 397.15 | 50593 | 16126 | 37038 |
| 8 | 9 | 7 | 9 | 8 | 9 | 14 | 6 | 4 |

**图书在版编目（C I P）数据**

绍兴统计年鉴. 2014 / 绍兴市统计局, 国家统计局绍兴调查队编. -- 北京 : 中国统计出版社, 2014.9
ISBN 978-7-5037-7165-1

Ⅰ. ①绍… Ⅱ. ①绍… ②国… Ⅲ. ①统计资料一绍兴市一2014一年鉴 Ⅳ. ①C832.553-54

中国版本图书馆 CIP 数据核字(2014)第 173192 号

**绍兴统计年鉴-2014**

作　　者/ 绍兴市统计局　国家统计局绍兴调查队
责任编辑/ 陈越月　朱美红　曹　晶
装帧设计/ 吕强国
出版发行/ 中国统计出版社
地　　址/ 北京市丰台区西三环南路甲 6 号　邮政编码/100073
电　　话/ 邮购（010）63376909　书店（010）68783171
网　　址/ http://csp.stats.gov.cn
印　　刷/ 绍兴市义鸣彩印包装厂
经　　销/ 新华书店
开　　本/ 889mm×1194mm　1/16
字　　数/ 1100 千字
印　　张/ 32.5
版　　别/ 2014 年 9 月第 1 版
版　　次/ 2014 年 9 月第 1 次印刷
定　　价/ 350.00 元

**如有印装差错，由本社发行部调换。**